2025 윤우혁 헌법
합격보장 1개년
기출문제집

윤우혁 편저

박영사

PREFACE
머리말

"객관식 시험에서 기출문제의 중요성은 아무리 강조해도 지나치지 않다."

기출문제집은 이론서를 어느 정도 본 다음에 전체를 정리하는 과정으로 보는 것이 일반적 공부법이고, 그런 방법은 매우 유효하다. 저자는 이미 헌법 기출문제집을 출간한 바 있고 많은 수험생들이 그 책으로 합격으로 가는 길을 줄여서 갔다. 그런데 처음 헌법을 공부하는 학생들이 두꺼운 기출문제집을 보는 것은 시간적으로 무리이고 공부법으로도 비효율적인 점이 있다. 한편, 초심자들이 이론 공부를 하면서 실제기출이 어떻게 출제되는지를 몰라서 이론서를 공부할 때 강약을 조절하지 못하는 답답함도 있다. 또 공부가 많이 된 수험생도 최근의 기출만 별도로 정리하면서 경향을 파악할 필요가 있다. 이런 점을 고려하여 많은 수험생들의 요청에 부응하고자 이 책을 출간하게 되었다.

이 책은 2024 변호사시험, 2024 소방간부, 2024 경찰승진, 2024 입법고시, 2024 5급 공채, 2024 경찰 1차, 2024 국회직 8급, 2024 법원직 9급, 2024 경찰간부, 2024 경찰 2차, 2024 법무사시험, 2024 국가직 7급, 2024 서울시·지방직 7급으로 구성되어 있다. 즉 최근 1년의 문제를 대상으로 하는 것이다. 문제의 배치는 시행처별로 이루어져 있다.

처음 공부하는 학생은 이론서와 함께 공부하면서 공부의 방향을 잡고, 시험을 눈앞에 둔 학생은 최근의 경향을 정리하는 방법으로 활용하면 합격에 많은 도움을 줄 것으로 본다. 공무원 시험에 이 책이 도움이 될 것으로 보고 수험생들의 조속한 합격을 기원한다. 마지막으로 박영사의 임직원들께 감사드린다.

2025년 1월

윤우혁

CONTENTS
차례

TABLE OF PREVIOUS QUESTIONS
기출문제표

PART 01 헌법총론

구분	변호사 시험	소방 간부	경찰 승진	입법 고시	5급 공채	경찰 1차	국회직 8급	법원직 9급	경찰 간부	경찰 2차	법무사	국가직 7급	서울시 지방직 7급
	24	24	24	24	24	24	24	24	24	24	24	24	24
01 헌법과 헌법학	1	1	2	1	1	1	1		1	2			
02 대한민국 헌법 총설	4	2	1	2	2	3	2	1	4	2	1	6	3
출제율	5/20 (25%)	3/25 (12%)	3/40 (7.5%)	3/25 (12%)	3/25 (12%)	4/20 (20%)	3/25 (12%)	1/25 (4%)	5/40 (12.5%)	4/20 (20%)	1/20 (5%)	6/25 (24%)	3/20 (15%)

PART 02 기본권론

구분	변호사 시험	소방 간부	경찰 승진	입법 고시	5급 공채	경찰 1차	국회직 8급	법원직 9급	경찰 간부	경찰 2차	법무사	국가직 7급	서울시 지방직 7급
	24	24	24	24	24	24	24	24	24	24	24	24	24
01 기본권총론		2	1	1	2	4			2	2	3		2
02 인간의 존엄과 가치· 행복추구권·평등권		2	4	3	1	2	2	2	5	1	4		1
03 자유권적 기본권	4	6	16	3	3	7	7	6	15	5	2	5	2
04 경제적 기본권	1	1	1	2	2	1	2	3	2	1	2	2	1
05 정치적 기본권	1		4	1	3		1	2	3	2	1	1	
06 청구권적 기본권	2		3	1		1	1	1	4	1		1	
07 사회적 기본권		1	2	1	1		2	4	4	3	1	1	
08 국민의 기본적 의무				1		1					1		
출제율	8/20 (40%)	12/25 (48%)	31/40 (77.5%)	13/25 (52%)	12/25 (48%)	16/20 (80%)	15/25 (60%)	18/25 (72%)	35/40 (87.5%)	16/20 (80%)	13/20 (65%)	10/25 (40%)	6/20 (30%)

PART 03 국가조직론

구분	변호사 시험	소방 간부	경찰 승진	입법 고시	5급 공채	경찰 1차	국회직 8급	법원직 9급	경찰 간부	경찰 2차	법무사	국가직 7급	서울시 지방직 7급
	24	24	24	24	24	24	24	24	24	24	24	24	24
01 통치구조													
02 국회	1	4	1	4	3		2				2	2	4
03 대통령과 행정부	2	2	2	1	4		1	2			2	2	2
04 사법부		1	1		2		1	1				2	1
05 헌법재판소와 헌법소송	4	3	2	4	1		3	3			2	3	4
출제율	7/20 (35%)	10/25 (40%)	6/40 (15%)	9/25 (36%)	10/25 (40%)		7/25 (28%)	6/25 (24%)			6/20 (30%)	9/25 (36%)	11/20 (55%)

2025

윤우혁 헌법 합격보장 1개년 기출문제집

문제편

01회 | 2024 변호사시험

01

대한민국 헌정사에 관한 설명 중 옳지 않은 것은? (다툼이 있는 경우 판례에 의함)

① 제1차 개정헌법(1952년 개헌)에서는 국무위원과 행정각부장관은 국무총리의 제청으로 대통령이 임면하도록 하고 국무원 불신임결의권을 국회(민의원)에 부여하였다.

② 제4차 개정헌법(1960년 개헌)에서는 부칙에 대통령, 부통령 선거에 관련하여 부정행위를 한 자를 처벌하기 위한 특별법 또는 특정지위에 있음을 이용하여 현저한 반민주행위를 한 자의 공민권을 제한하기 위한 특별법을 제정할 수 있는 소급입법의 근거를 두었다.

③ 제5차 개정헌법(1962년 개헌)에서는 국민이 4년 임기의 대통령을 선거하고, 대통령은 1차에 한하여 중임할 수 있도록 하였으며, 위헌법률심사권을 대법원의 권한으로 하였다.

④ 제7차 개정헌법(1972년 개헌)에서는 5년 임기의 통일주체국민회의 대의원을 국민의 직접선거에 의하여 선출하고, 통일주체국민회의는 국회의원 정수 2분의 1에 해당하는 수의 국회의원을 선거하였다.

⑤ 제8차 개정헌법(1980년 개헌)에서는 행복추구권, 연좌제 금지, 사생활의 비밀과 자유의 불가침, 환경권 등을 신설하였다.

02

대한민국 국적에 관한 설명 중 옳지 않은 것은? (다툼이 있는 경우 판례에 의함)

① 만 20세가 되기 전에 복수국적자가 된 자는 만 22세가 되기 전까지, 만 20세가 된 후에 복수국적자가 된 자는 그 때부터 2년 내에 「국적법」이 정한 절차에 따라 하나의 국적을 선택하여야 한다. 다만, 동법에 따라 법무부장관에게 대한민국에서 외국 국적을 행사하지 아니하겠다는 뜻을 서약한 복수국적자는 제외한다.

② 외국인과의 혼인으로 그 배우자의 국적을 취득하게 된 대한민국의 국민은 그 외국 국적을 취득한 때부터 6개월 내에 대한민국 국적을 보유할 의사가 없다는 뜻을 법무부장관에게 신고하고 이를 법무부장관이 인정하면 신고시부터 대한민국 국적을 상실한다.

③ "법무부장관은 거짓이나 그 밖의 부정한 방법으로 귀화허가, 국적회복허가, 국적의 이탈 허가 또는 국적보유판정을 받은 자에 대하여 그 허가 또는 판정을 취소할 수 있다."라는 「국적법」 조항 중 국적회복허가취소에 관한 부분은 거주·이전의 자유 및 행복추구권을 침해하지 아니한다.

④ 복수국적자가 「병역법」 제8조에 따라 병역준비역에 편입된 때부터 3개월 이내에 하나의 국적을 선택하여야 하고, 이 기간이 지나면 병역의무가 해소되기 전에는 국적이탈 신고를 할 수 없도록 한 「국적법」 조항은 국적이탈의 자유를 침해한다.

⑤ 「국적법」 조항에서의 '품행이 단정할 것'은 귀화신청자를 대한민국의 새로운 구성원으로서 받아들이는 데 지장이 없을 만한 품성과 행실을 갖춘 것을 의미하므로 명확성원칙에 위배되지 아니한다.

03

헌법상 책임주의원칙에 관한 설명 중 옳지 않은 것은? (다툼이 있는 경우 판례에 의함)

① 선박소유자가 고용한 선장이 선박소유자의 업무에 관하여 범죄행위를 하면 그 선박소유자에게도 동일한 벌금형을 과하도록 규정하고 있는 구 「선박안전법」 조항은 선장이 저지른 행위의 결과에 대해 선박소유자의 독자적인 책임에 관하여 전혀 규정하지 않은 채, 단순히 선박소유자가 고용한 선장이 업무에 관하여 범죄행위를 하였다는 이유만으로 선박소유자에 대하여 형사처벌을 과하고 있으므로 책임주의원칙에 위배된다.

② 건설업 등록을 하지 않은 건설공사 하수급인이 근로자에게 임금을 지급하지 못한 경우에, 하수급인의 직상 수급인에 대하여 하수급인과 연대하여 임금을 지급할 의무를 부과하고 직상 수급인이 그 의무를 이행하지 않으면 처벌하도록 한 「근로기준법」 조항은 자기책임원칙에 위배된다고 볼 수 없다.

③ 각 중앙관서의 장이 경쟁의 공정한 집행 또는 계약의 적정한 이행을 해칠 염려가 있는 자 등에 대하여 2년 이내의 범위에서 대통령령이 정하는 바에 따라 입찰참가자격을 제한하도록 한 구 「국가를 당사자로 하는 계약에 관한 법률」 조항은, 부정당업자가 제재처분의 사유가 되는 행위의 책임을 자신에게 돌릴 수 없다는 점 등을 증명하여 제재처분에서 벗어날 수 있게 하므로 자기책임원칙에 위배되지 아니한다.

④ 국민건강보험공단이 사위 기타 부당한 방법으로 보험급여비용을 받은 요양기관에 대하여 급여비용에 상당하는 금액의 전부 또는 일부를 징수할 수 있도록 한 「국민건강보험법」 조항은, 요양기관이 그 피용자를 관리·감독할 주의의무를 다하였다고 하더라도 보험급여비용이 요양기관에 일단 귀속되었고 그 요양기관이 사위 기타 부당한 방법으로 보험급여비용을 지급받은 이상 부당이득반환의무가 있다는 것이므로 책임주의원칙에 어긋난다고 볼 수 없다.

⑤ 법인이 고용한 종업원 등의 일정한 범죄행위에 대하여 곧바로 법인을 종업원 등과 같이 처벌하도록 하고 있는 「산지관리법」 조항은 법인 자신의 지휘·감독의무를 다하지 못한 과실을 처벌하는 것이므로 책임주의원칙에 위배된다고 보기 어렵다.

04

소급입법금지원칙에 관한 설명 중 옳지 않은 것은? (다툼이 있는 경우 판례에 의함)

① 구 「수도권 대기환경개선에 관한 특별법」 조항은, 특정경유자동차에 배출가스저감장치를 부착하여 운행하고 있는 소유자에 대하여 위 조항의 개정 이후 '폐차나 수출 등을 위한 자동차등록의 말소'라는 별도의 요건사실이 충족되는 경우에 배출가스저감장치를 반납하도록 하고 있는데, 이는 부진정소급입법에 해당한다.

② 상가건물 임차인의 계약갱신요구권 행사 기간을 5년에서 10년으로 연장한 「상가건물 임대차보호법」 조항을 개정법 시행 이전에 체결되었더라도 개정법 시행 이후 갱신되는 임대차에 적용하도록 한 동법 부칙조항은 진정소급입법에 해당하여 소급입법금지원칙에 위배된다.

③ 공무원이 '직무와 관련 없는 과실로 인한 경우' 및 '소속상관의 정당한 직무상의 명령에 따르다가 과실로 인한 경우'를 제외하고 재직 중의 사유로 금고 이상의 형을 받은 경우, 퇴직급여 등을 감액하도록 규정한 구 「공무원연금법」 조항을 다음 해부터 적용하도록 규정한 동법 부칙조항은 진정소급입법에 해당하지 않는다.

④ 1945.9.25. 및 1945.12.6. 각각 공포된 재조선미국육군사령부군정청 법령 중, 1945.8.9. 이후 일본인 소유의 재산에 대하여 성립된 거래를 전부 무효로 한 조항과 그 대상이 되는 재산을 1945.9.25.로 소급하여 전부 미군정청의 소유가 되도록 한 조항은 모두 소급입법금지원칙에 대한 예외에 해당하므로 헌법에 위반되지 않는다.

⑤ 1억 원 이상의 벌금형을 선고받는 자에 대하여 노역장유치기간의 하한을 중하게 변경한 「형법」 조항을 시행일 이후 최초로 공소제기되는 경우부터 적용하여 범죄행위 당시보다 불이익하게 소급 적용한 동법 부칙조항은 형벌불소급원칙에 위배된다.

법치행정에 관한 설명 중 옳지 않은 것은? (다툼이 있는 경우 판례에 의함)

① 법률이 공법적 단체 등의 정관에 자치법적 사항을 위임한 경우 헌법 제75조가 정하는 포괄적인 위임입법의 금지가 원칙적으로 적용되며, 위임을 하더라도 그 사항이 국민의 권리·의무에 관련되는 것일 경우 적어도 국민의 권리·의무에 관한 기본적이고 본질적인 사항은 국회가 정하여야 한다.

② 오늘날의 법률유보원칙은 단순히 행정작용이 법률에 근거를 두기만 하면 충분한 것이 아니라, 국가공동체와 그 구성원에게 기본적이고도 중요한 의미를 갖는 영역에 있어서는 국민의 대표자인 입법자 스스로 그 본질적 사항에 대하여 결정하여야 한다는 요구까지 내포하는 것으로 이해되고 있다.

③ 법외노조 통보는 적법하게 설립된 노동조합의 법적 지위를 박탈하는 중대한 침익적 처분으로서 원칙적으로 국민의 대표자인 입법자가 스스로 형식적 법률로써 규정하여야 할 사항이고, 행정입법으로 이를 규정하기 위하여는 반드시 법률의 명시적이고 구체적인 위임이 있어야 한다.

④ 법인세, 종합소득세와 같이 납세의무자에게 조세의 납부의무뿐만 아니라 스스로 과세표준과 세액을 계산하여 신고하여야 하는 의무까지 부과하는 경우에는 신고의무 이행에 필요한 기본적인 사항과 신고의무 불이행시 납세의무자가 입게 될 불이익 등은 납세의무를 구성하는 기본적, 본질적 내용으로서 법률로 정하여야 한다.

⑤ 육군3사관학교 생도는 일반 국민보다 상대적으로 기본권이 더 제한될 수 있으나, 그러한 경우에도 법률유보원칙, 과잉금지원칙 등 기본권 제한의 헌법상 원칙들이 지켜져야 한다.

공무원의 권리 및 의무에 관한 설명 중 옳은 것은? (다툼이 있는 경우 판례에 의함)

① 「국가공무원법」은 공무원의 보수 등에 관하여 '근무조건 법정주의'를 규정하고 있지 않아, 국가 예산에 계상되어 있으면 공무원 보수 지급이 가능하다.

② 「국가공무원법」 조항 중 교육공무원인 초·중등교원은 '그 밖의 정치단체'의 결성에 관여하거나 이에 가입할 수 없다고 한 부분은 명확성원칙에 위배된다.

③ 군인과 달리 국가공무원의 지위에 있지 않은 군무원은 정치적 표현의 자유에 대해 엄격한 제한을 받아서는 안 되며, 군무원의 정치적 의견을 공표하는 행위도 엄격히 제한할 필요가 없다.

④ 「국가공무원법」에서 금지하고 있는 '공무 외의 일을 위한 집단행위'는 비단 '공익에 반하는 목적을 위한 행위로서 직무전념의무를 해태하는 등의 영향을 가져오는 집단적 행위'만을 말하는 것은 아니고, 국민 전체에 대한 봉사자인 공무원의 사명에 입각하여 볼 때 공무가 아닌 어떤 일을 위하여 공무원들이 하는 모든 집단행위를 의미한다.

⑤ 법관의 명예퇴직수당액에 대하여 정년 잔여기간만을 기준으로 하지 아니하고 임기 잔여기간을 함께 반영하여 산정하도록 한 구 「법관 및 법원공무원 명예퇴직수당 등 지급규칙」 조항으로 인해 법관이 '다른 경력직공무원'에 비하여 명예퇴직수당 지급 여부 및 액수 등에 있어 불이익을 볼 가능성이 있는데, 이는 자의적인 차별에 해당한다.

07

개인정보자기결정권에 관한 설명 중 옳은 것(○)과 옳지 않은 것(×)을 올바르게 조합한 것은? (다툼이 있는 경우 판례에 의함)

ㄱ. 공중밀집장소추행죄로 유죄판결이 확정된 자를 그 형사책임의 경중과 관계없이 신상정보 등록대상자로 규정한 법률조항은 개인정보자기결정권을 침해한다.

ㄴ. 게임물 관련사업자에게 게임물 이용자의 회원가입 시 본인 인증을 할 수 있는 절차를 마련하도록 규정한 법조항은 개인정보자기결정권을 침해하지 아니한다.

ㄷ. 보안관찰처분대상자가 교도소 등에서 출소한 후 7일 이내에 출소사실을 신고하도록 하고 이를 위반하는 경우 처벌하는 법률조항은 보안관찰처분대상자의 불편이 크다거나 7일의 신고기간이 지나치게 짧다고 할 수 없으므로 개인정보자기결정권을 침해하지 아니한다.

ㄹ. 채취대상자가 사망할 때까지 디엔에이신원확인정보를 데이터베이스에 수록·관리할 수 있도록 규정한 법률조항은 대상범죄들로 인한 유죄판결이 확정되기만 하면 그 범죄의 경중과 재범의 위험성 등에 관한 아무런 고려 없이 획일적으로 적용되므로 개인정보자기결정권을 침해한다.

ㅁ. 거짓이나 그 밖의 부정한 방법으로 보조금을 교부받거나 보조금을 유용하여 어린이집 운영정지, 폐쇄명령 또는 과징금 처분을 받은 어린이집에 대하여 그 위반사실을 공표하도록 규정한 법률조항은 어린이집 설치·운영자의 유사한 위반행위를 예방하고 영유아 보호자들의 보육기관 선택권을 보장하기 위한 것으로서 개인정보자기결정권을 침해하지 아니한다.

① ㄱ(×), ㄴ(○), ㄷ(○), ㄹ(×), ㅁ(○)
② ㄱ(×), ㄴ(×), ㄷ(○), ㄹ(○), ㅁ(×)
③ ㄱ(×), ㄴ(○), ㄷ(○), ㄹ(○), ㅁ(×)
④ ㄱ(○), ㄴ(×), ㄷ(○), ㄹ(×), ㅁ(×)
⑤ ㄱ(○), ㄴ(○), ㄷ(×), ㄹ(×), ㅁ(○)

08

신체의 자유에 관한 설명 중 옳지 않은 것을 모두 고른 것은? (다툼이 있는 경우 판례에 의함)

ㄱ. 외국에서 형의 전부 또는 일부의 집행을 받은 자에 대하여 형을 감경 또는 면제할 수 있도록 규정한 법률조항은 입법자의 입법형성권의 범위 내에 속하므로 신체의 자유를 침해하지 않는다.

ㄴ. 보안처분은 형벌과는 달리 행위자의 장래 재범위험성에 근거하는 것으로서 행위시가 아닌 재판시의 재범위험성 여부에 대한 판단에 따라 보안처분의 선고 여부가 결정되므로, 어떤 보안처분이 형벌적 성격이 강하여 신체의 자유 박탈에 준하는 정도로 신체의 자유를 제한한다 하더라도 형벌불소급원칙이 적용되지 않는다.

ㄷ. 「인신보호법」상 구제청구를 할 수 있는 피수용자의 범위에서 「출입국관리법」에 따라 보호된 외국인을 제외하는 것은 「인신보호법」에 따른 보호의 적부를 다툴 기회를 배제하고 있어 신체의 자유를 침해한다.

ㄹ. 강제퇴거명령을 받은 사람을 즉시 대한민국 밖으로 송환할 수 없으면 송환할 수 있을 때까지 보호시설에 보호할 수 있도록 규정한 법률조항은 행정의 편의성과 획일성만을 강조한 것으로 신체의 자유를 침해한다.

ㅁ. 변호인과의 접견교통권은 헌법 규정에 비추어 체포 또는 구속당한 피의자·피고인 자신에게만 한정되는 신체의 자유에 관한 기본권이지, 그 규정으로부터 변호인의 구속피의자·피고인에 대한 접견교통권까지 파생된다고 할 수는 없다.

① ㄴ, ㅁ
② ㄷ, ㄹ, ㅁ
③ ㄱ, ㄴ, ㄷ, ㄹ
④ ㄱ, ㄴ, ㄷ, ㅁ
⑤ ㄱ, ㄴ, ㄹ, ㅁ

09

재판청구권에 관한 설명 중 옳은 것(○)과 옳지 않은 것(×)을 올바르게 조합한 것은? (다툼이 있는 경우 판례에 의함)

> ㄱ. 법관에 대한 대법원장의 징계처분 취소청구소송을 대법원에 의한 단심재판에 의하도록 규정하였더라도, 이는 법관이라는 지위 및 법관에 대한 징계절차의 특수성을 감안하여 재판의 신속을 도모하기 위한 것으로서 그 합리성을 인정할 수 있으므로 이로 인하여 해당 법관의 재판청구권이 침해된다고 볼 수 없다.
> ㄴ. 압수물은 공소사실을 입증하고자 하는 검사의 이익을 위해 존재하는 것이므로, 수사기관이 현행범 체포과정에서 압수하였지만 피고인의 소유권 포기가 없는 압수물을 임의로 폐기한 행위가 피고인의 공정한 재판을 받을 권리를 침해한다고 볼 수 없다.
> ㄷ. 범죄인인도절차는 본질적으로 형사소송절차적 성격을 갖는 것이고 재판절차로서의 형사소송절차는 당연히 상급심에의 불복절차를 포함하는 것이므로, 범죄인인도심사를 서울고등법원의 전속관할로 하고 그 결정에 대하여 대법원에의 불복절차를 인정하지 않는 법률조항은 범죄인의 재판청구권을 침해한다.
> ㄹ. 피고인에게 치료감호에 대한 재판절차에의 접근권을 부여하는 것이 피고인의 권리를 보다 효율적으로 보장하기 위하여 필요하다고 인정되므로 '피고인 스스로 치료감호를 청구할 수 있는 권리' 역시 재판청구권의 보호범위에 포함된다.

① ㄱ(○), ㄴ(○), ㄷ(×), ㄹ(○)
② ㄱ(○), ㄴ(×), ㄷ(○), ㄹ(×)
③ ㄱ(○), ㄴ(×), ㄷ(×), ㄹ(×)
④ ㄱ(×), ㄴ(×), ㄷ(○), ㄹ(○)
⑤ ㄱ(×), ㄴ(○), ㄷ(×), ㄹ(×)

10

종교의 자유에 관한 설명 중 옳지 않은 것은? (다툼이 있는 경우 판례에 의함)

① 육군훈련소장이 훈련병들로 하여금 육군훈련소 내 종교 시설에서 개최되는 개신교, 불교, 천주교, 원불교 종교행사 중 하나에 참석하도록 강제한 행위는 특정 종교를 우대하는 것으로 정교분리원칙에 위배된다.

② 양심적 병역거부는 인류의 평화적 공존에 대한 간절한 희망과 결단을 기반으로 하고 있다는 점에서, 특별히 병역을 면제받지 않은 양심적 병역거부자에게 병역이행을 강제하는 「병역법」 조항은 설령 종교적 신앙에 따라 병역을 거부하는 자에게 적용되는 경우에도 해당 종교인의 종교의 자유를 제한하지 않는다.

③ 통계청장이 인구주택총조사의 방문 면접조사를 실시하면서 담당 조사원을 통해 응답자에게 '종교가 있는지 여부'와 '있다면 구체적인 종교명이 무엇인지'를 묻는 조사 항목들에 응답할 것을 요구한 행위는, 통계의 기초자료로 활용하기 위한 조사 사항 중 하나로서 특정 종교를 믿는다는 이유로 불이익을 주거나 종교적 확신에 반하는 행위를 강요하기 위한 것이 아니다.

④ 종교단체에서 구호활동의 일환으로 운영하는 양로시설에 대해서도 양로시설의 설치에 신고의무를 부과하고 그 위반행위를 처벌하는 법률조항은, 일정 규모 이상의 양로시설에서는 안전사고나 인권침해 피해 정도가 커질 수 있어 예외 없이 신고의무를 부과할 필요가 있다는 점에서 종교의 자유를 침해하지 않는다.

⑤ 금치처분을 받은 자에게 금치처분 기간 중 종교상담을 통한 종교활동을 제외하고, 종교의식 또는 종교행사 참석을 금지하는 법조항은 이러한 불이익이 규율 준수를 통하여 수용질서를 유지한다는 공익에 비하여 크다 할 수 없으므로 해당 수용자의 종교의 자유를 침해하지 않는다.

11

재산권에 관한 설명 중 옳은 것(○)과 옳지 않은 것(×)을 올바르게 조합한 것은? (다툼이 있는 경우 판례에 의함)

ㄱ. 헌법 제13조 제2항은 "모든 국민은 소급입법에 의하여 … 재산권을 박탈당하지 아니한다."라고 규정하고 있는바, 여기서 소급입법은 진정소급효를 가지는 법률만 가리킨다.

ㄴ. 「가축전염병 예방법」상 살처분 명령은 이미 형성된 재산권을 개별적·구체적으로 박탈한다는 점에서, 가축 소유자가 수인해야 하는 사회적 제약의 범위를 벗어나는 것으로 보아야 한다.

ㄷ. 댐사용권을 취소·변경할 수 있도록 규정한 「댐건설 및 주변지역지원 등에 관한 법률」 조항은 이미 형성된 구체적인 재산권을 공익을 위하여 개별적이고 구체적으로 박탈·제한하는 것으로서 보상을 요하는 헌법 제23조 제3항의 수용·사용·제한을 규정한 것이라고 볼 수 없고, 적정한 수자원의 공급 및 수재방지 등 공익적 목적에서 건설되는 다목적댐에 관한 독점적 사용권인 댐사용권의 내용과 한계를 정하는 규정인 동시에 공익적 요청에 따른 재산권의 사회적 제약을 구체화하는 규정이라고 보아야 한다.

ㄹ. 종전 규정에 의한 폐기물재생처리신고업자의 사업이 개정 규정에 의한 폐기물중간처리업에 해당하는 경우, 영업을 계속하기 위하여는 법 시행일부터 1년 이내에 개정 규정에 의한 폐기물중간처리업의 허가를 받도록 하고 있는 구 「폐기물관리법」 부칙 규정으로 인해 사실상 폐업이 불가피하게 된 기존의 폐기물재생처리신고업자는 재산권 침해를 이유로 헌법 제23조 제3항에 따른 보상을 받을 수 있다.

① ㄱ(×), ㄴ(○), ㄷ(○), ㄹ(○)
② ㄱ(○), ㄴ(×), ㄷ(×), ㄹ(○)
③ ㄱ(○), ㄴ(×), ㄷ(×), ㄹ(×)
④ ㄱ(○), ㄴ(×), ㄷ(○), ㄹ(×)
⑤ ㄱ(○), ㄴ(○), ㄷ(○), ㄹ(○)

12

영장주의에 관한 설명 중 옳은 것(○)과 옳지 않은 것(×)을 올바르게 조합한 것은? (다툼이 있는 경우 판례에 의함)

ㄱ. 법원이 직권으로 발부하는 영장은 허가장으로서의 성질을 갖지만, 수사기관의 청구에 의하여 발부하는 구속영장은 명령장으로서의 성질을 갖는다.

ㄴ. 관계행정청이 등급분류를 받지 아니하거나 등급분류를 받은 게임물과 다른 내용의 게임물을 발견한 경우 관계공무원으로 하여금 이를 수거·폐기하게 할 수 있도록 한 법률조항은 급박한 상황에 대처하기 위한 것으로서 그 불가피성과 정당성이 충분히 인정되는 경우이므로, 영장 없는 수거를 인정하더라도 영장주의에 위배되는 것으로 볼 수 없다.

ㄷ. 형사재판이 계속 중인 국민의 출국을 금지하는 법무부장관의 출국금지결정은 영장주의가 적용되는 신체에 대하여 직접적으로 물리적 강제력을 수반하는 강제처분에 해당한다.

ㄹ. 교도소장이 마약류사범인 수형자에게 마약류반응검사를 위하여 소변을 받아 제출하게 한 행위는 신체에 대한 강제처분에 해당하므로 영장주의에 위배된다.

① ㄱ(×), ㄴ(○), ㄷ(×), ㄹ(×)
② ㄱ(×), ㄴ(○), ㄷ(×), ㄹ(○)
③ ㄱ(×), ㄴ(×), ㄷ(○), ㄹ(×)
④ ㄱ(○), ㄴ(×), ㄷ(×), ㄹ(×)
⑤ ㄱ(○), ㄴ(×), ㄷ(○), ㄹ(○)

13

선거제도 및 선거권에 관한 설명 중 옳은 것(○)과 옳지 않은 것(×)을 올바르게 조합한 것은? (다툼이 있는 경우 판례에 의함)

> ㄱ. 신체의 장애로 인하여 자신이 기표할 수 없는 선거인에 대해 투표보조인이 가족이 아닌 경우 반드시 투표보조인 2인을 동반하여서만 투표를 보조하게 할 수 있도록 정한 「공직선거법」 조항은 비밀선거의 원칙에 대한 예외를 정하고 있지만, 형사처벌을 통해 투표보조인이 선거인의 투표의 비밀을 침해하는 것을 방지하여 투표의 비밀이 유지되도록 하고 있으므로 선거권을 침해하지 않는다.
>
> ㄴ. 선거운동기간 전에 개별적으로 대면하여 말로 하는 선거운동을 형사처벌하도록 한 구 「공직선거법」 조항은 정치적 표현의 자유를 침해한다.
>
> ㄷ. 지역구국회의원선거에 있어서 당해 국회의원지역구에서 유효투표의 다수를 얻은 자를 당선인으로 결정하는 소선거구 다수대표제를 규정한 「공직선거법」 조항은 다른 선거제도를 배제하는 것으로서 평등권과 선거권을 침해한다.
>
> ㄹ. 지방자치단체장 선거에서 각급선거방송토론위원회가 필수적으로 개최하는 대담·토론회에 대한 참석 기회는 모든 후보자에게 공평하게 주어져야 하므로 그 초청 자격을 제한하고 있는 「공직선거법」 조항은 후보자들의 선거운동의 기회균등원칙과 관련한 평등권을 침해한다.

① ㄱ(○), ㄴ(○), ㄷ(×), ㄹ(×)
② ㄱ(○), ㄴ(×), ㄷ(○), ㄹ(×)
③ ㄱ(○), ㄴ(○), ㄷ(×), ㄹ(○)
④ ㄱ(×), ㄴ(○), ㄷ(○), ㄹ(×)
⑤ ㄱ(×), ㄴ(×), ㄷ(×), ㄹ(○)

14

다음 사례에 관한 설명 중 옳은 것은? (다툼이 있는 경우 판례에 의함)

> A 세무서장은 「국세기본법」상 제2차 납세의무자에 해당하는 甲에게 B 주식회사의 체납국세에 대한 과세처분(이하 '이 사건 과세처분'이라 한다)을 하였다. 이 사건 과세처분의 위법성을 주장하기 위한 행정소송의 제소기간은 경과되었다. 그런데 그로부터 1년 후에 헌법재판소는 乙이 청구한 헌법소원심판 사건에서 이 사건 과세처분의 근거가 되었던 「국세기본법」 규정이 헌법에 위반된다고 결정(이하 '이 사건 위헌결정'이라 한다)하였다. A 세무서장은 이 사건 과세처분에 따라 당시 유효하게 시행 중이던 「국세징수법」을 근거로 甲이 체납 중이던 체납액 및 결손액(가산세 포함)을 징수하기 위하여 甲 명의의 예금채권을 압류했다.

① 이 사건 과세처분의 근거가 된 「국세기본법」 규정이 헌법재판소에 의하여 위헌으로 선언되었으므로 이 사건 과세처분은 법률적 근거가 없는 처분으로서 당연무효이며, 따라서 제소기간이 경과되었지만 그 무효 확인을 구하는 행정소송의 제기는 적법하다.

② 이 사건 위헌결정의 대상 법조항은 이 사건 과세처분의 근거가 된 것이고, 위헌결정의 소급효를 인정하여도 법적 안정성을 침해할 우려가 없으므로 이 사건 위헌결정의 소급효는 甲에게도 미친다.

③ 만약 이 사건 위헌결정 이전에 甲이 이 사건 과세처분의 취소를 구하는 행정소송을 제기하여 이미 패소 확정되었다면, 甲에게는 이 사건 위헌결정이 「헌법재판소법」 제75조 제7항이 정한 재심청구사유에 해당하므로 甲은 재심을 청구할 수 있다.

④ 선행처분인 이 사건 과세처분의 취소사유인 하자는 후속 체납 처분인 압류처분에 승계된다.

⑤ 조세 부과의 근거가 되었던 법률규정이 위헌으로 선언된 경우, 그 위헌결정의 기속력 때문에 그 위헌결정 이후 조세채권의 집행을 위한 새로운 체납처분에 착수하거나 이를 속행하는 것은 더 이상 허용되지 않는다. 이러한 위헌결정의 효력에 위배하여 이루어진 체납처분은 그 사유만으로 하자가 중대하고 객관적으로 명백하여 당연무효이다.

15

사면제도에 관한 설명 중 옳은 것(○)과 옳지 않은 것(×)을 올바르게 조합한 것은? (다툼이 있는 경우 판례에 의함)

> ㄱ. 대통령은 법률이 정하는 바에 의하여 사면·감형 또는 복권을 명할 수 있고, 「사면법」에 따라 일반사면, 일반감형 또는 일반복권을 할 경우 국회의 동의를 얻어야 한다.
>
> ㄴ. 「사면법」에 의하면 법무부장관이 특별사면, 특정한 자에 대한 감형 및 복권을 대통령에게 상신할 때에는 사면심사위원회의 심사를 거쳐야 하고, 대통령이 특별사면, 특정한 자에 대한 감형 및 복권을 할 때에는 국회의 동의를 필요로 하지 않는다.
>
> ㄷ. 복권은 형의 집행이 끝나지 아니한 자 또는 집행이 면제되지 아니한 자에 대하여는 하지 아니한다.
>
> ㄹ. 수형자 개인에게는 특별사면이나 감형을 요구할 수 있는 주관적 권리가 없으므로 대통령이나 법무부장관 등에게 수형자를 특별사면하거나 감형하여야 할 헌법에서 유래하는 작위의무 또는 법률상의 의무가 존재하지 아니한다.

① ㄱ(○), ㄴ(○), ㄷ(×), ㄹ(×)
② ㄱ(○), ㄴ(×), ㄷ(×), ㄹ(○)
③ ㄱ(×), ㄴ(×), ㄷ(○), ㄹ(×)
④ ㄱ(×), ㄴ(○), ㄷ(○), ㄹ(○)
⑤ ㄱ(×), ㄴ(○), ㄷ(×), ㄹ(○)

16

탄핵심판에 관한 설명 중 옳지 않은 것은? (다툼이 있는 경우 판례에 의함)

① 탄핵심판의 이익을 인정하기 위해서는 탄핵결정 선고 당시까지 피청구인이 해당 공직을 보유하는 것이 필요하다.

② 탄핵소추 당시 피청구인이 공직에 있어 적법하게 소추되었더라도 탄핵심판 계속 중 그 직에서 퇴직하였다면 이는 심판절차의 계속을 저지하는 사유이므로 주문에서 심판절차종료선언을 하여야 한다.

③ 헌법은 탄핵소추의 사유를 '헌법이나 법률에 대한 위배'로 명시하고 헌법재판소가 탄핵심판을 관장하게 함으로써 탄핵절차를 정치적 심판절차가 아니라 규범적 심판절차로 규정하였고, 이에 따라 탄핵심판절차의 목적은 '정치적 이유가 아니라 법위반을 이유로 하는' 파면임을 밝히고 있다.

④ 탄핵심판절차에 따른 파면결정으로 피청구인이 된 행정부나 사법부의 고위공직자는 공직을 박탈당하게 되는데, 이는 공무담임권의 제한에 해당한다.

⑤ 헌법재판소의 탄핵결정에 의한 파면은 그 요건과 절차가 준수될 경우 공직의 부당한 박탈이 되지 않으며, 권력분립원칙에 따른 균형을 훼손하지 않는다.

17

행정부에 관한 설명 중 옳은 것은? (다툼이 있는 경우 판례에 의함)

① 국무총리는 대통령의 명을 받아 각 중앙행정기관의 장을 지휘·감독하며, 중앙행정기관의 장의 명령이나 처분이 위법한 경우로 인정될 때에는 대통령의 승인을 얻지 않고 이를 중지 또는 취소할 수 있다.

② 국무총리가 사고로 직무를 수행할 수 없는 경우에는 교육부장관이 겸임하는 부총리, 기획재정부장관이 겸임하는 부총리의 순으로 직무를 대행하고, 국무총리와 부총리가 모두 사고로 직무를 수행할 수 없는 경우에는 대통령의 지명이 있으면 그 지명을 받은 국무위원이, 지명이 없는 경우에는 「정부조직법」 제26조 제1항에 규정된 순서에 따른 국무위원이 그 직무를 대행한다.

③ 대통령이 개성공단의 운영중단 결정 과정에서 국무회의 심의를 거치지 않았더라도 그 결정에 헌법과 법률이 정한 절차를 위반한 하자가 있다거나, 적법절차원칙에 따라 필수적으로 요구되는 절차를 거치지 않은 흠결이 있다고 할 수 없다.

④ 헌법은 공무원의 직무감찰 등을 하기 위하여 대통령 소속하에 감사원을 두고 있다. 감사원의 직무감찰권의 범위에는 인사권자에 대하여 징계를 요구할 권한이 포함되고, 위법성이 감사의 기준이 되며 부당성은 기준이 되지 않는다.

⑤ 대통령의 임기가 만료되거나 궐위된 때 또는 대통령 당선자가 사망하거나 판결 기타의 사유로 그 자격을 상실한 때에는 일정기간 이내에 후임자를 선거하여야 하며, 대통령이 사고로 인하여 직무를 수행할 수 없는 경우에도 마찬가지이다.

18

「국회법」에 관한 설명 중 옳지 않은 것은? (다툼이 있는 경우 판례에 의함)

① 국회의원을 체포하거나 구금하기 위하여 국회의 동의를 받으려고 할 때에는 관할법원의 판사는 영장을 발부하기 전에 체포동의 요구서를 정부에 제출하여야 하며, 정부는 이를 수리한 후 지체 없이 그 사본을 첨부하여 국회에 체포동의를 요청하여야 한다.

② 국회의원은 둘 이상의 상임위원이 될 수 있고, 각 교섭단체 대표의원은 국회운영위원회의 위원이 된다. 다만, 국회의장은 상임위원이 될 수 없다.

③ 국회 상임위원은 소관 상임위원회의 직무와 관련한 영리행위를 하여서는 아니 된다. 다만, 국회 윤리심사자문위원회의 심사를 거쳐 윤리심사자문위원회 위원장의 허가를 받은 경우에는 예외로 한다.

④ 출석의원 과반수의 찬성이 있거나 의장이 국가의 안전보장을 위하여 필요하다고 인정할 때에는 국회의 회의를 공개하지 아니할 수 있다고 규정한 헌법 제50조 제1항 단서가 국회 소위원회에도 적용되므로, 국회 소위원회의 의결로 회의를 비공개할 수 있도록 규정한 「국회법」 조항은 과잉금지원칙에 위배되는 위헌적인 규정이라 할 수 없다.

⑤ 국회의원이 체포 또는 구금된 의원의 석방 요구를 발의할 때에는 국회 재적의원 4분의 1 이상의 연서로 그 이유를 첨부한 요구서를 국회의장에게 제출하여야 한다.

19

헌법소원심판의 적법요건인 직접성에 관한 설명 중 옳지 않은 것은? (다툼이 있는 경우 판례에 의함)

① 법령은 일반적으로 구체적인 집행행위를 매개로 하여 비로소 기본권을 침해하게 되므로 기본권의 침해를 받은 개인은 우선 그 집행행위를 대상으로 하여 일반 쟁송의 방법으로 기본권 침해에 대한 구제절차를 밟는 것이 헌법소원의 성격상 요청된다.

② 살수차의 사용요건 등을 정한 「경찰관 직무집행법」 조항은 집회·시위 현장에서 경찰의 살수행위라는 구체적 집행행위를 예정하고 있으므로 기본권 침해의 직접성이 인정되지 않는다.

③ 법무사의 사무원 총수는 5인을 초과하지 못한다고 규정한 「법무사법 시행규칙」 조항은 사무원 해고 효과를 직접 발생시키지 않으므로 기본권 침해의 직접성이 인정되지 않는다.

④ 검사 징계위원회의 위원 구성을 정한 「검사징계법」 조항은 동법에서 별도의 징계처분을 예정하고 있기 때문에 기본권 침해의 직접성이 인정되지 않는다.

⑤ 교도소장의 서신개봉 재량을 부여하고 있는 「형의 집행 및 수용자의 처우에 관한 법률 시행령」 조항은 교도소장의 금지물품 확인 행위와 같은 구체적인 집행행위를 예정하고 있으므로 수용자의 기본권 침해의 직접성이 인정되지 않는다.

20

권한쟁의심판의 적법요건에 관한 설명 중 옳지 않은 것은? (다툼이 있는 경우 판례에 의함)

① 「국회법」상의 안건조정위원회 위원장은 헌법과 「헌법재판소법」이 정하는 권한쟁의심판을 청구할 수 있는 국가기관에 해당하지 않으므로, 권한쟁의심판에서의 당사자능력이 인정되지 않는다.

② 권한쟁의심판에서 '제3자 소송담당'을 허용하는 법률의 규정이 없는 현행법 체계에서, '예산 외에 국가의 부담이 될 계약'의 체결에 있어 국회의 동의권이 침해되었다고 주장하는 국회의원들의 권한쟁의심판청구는 청구인적격이 없어 부적법하다.

③ 권한쟁의심판청구는 피청구인의 처분 또는 부작위가 헌법 또는 법률에 의하여 부여받은 청구인의 권한을 침해하였거나 침해할 현저한 위험이 있는 때에 한하여 할 수 있는데, 여기서 '처분'이란 법적 중요성을 지닌 것에 한하는 것으로 청구인의 법적 지위에 구체적으로 영향을 미칠 가능성이 있는 행위여야 한다.

④ 권한쟁의심판청구의 적법요건으로서의 '부작위'는 단순한 사실상의 부작위가 아니고 헌법상 또는 법률상의 작위의무가 있는데도 불구하고 이를 이행하지 아니하는 것을 말한다.

⑤ 국가기관의 행위가 헌법과 법률에 의해 그 국가기관에 부여된 독자적인 권능의 행사에 해당하는지와 상관없이 그러한 국가기관의 행위가 다른 국가기관에 의하여 제한을 받는 경우 권한쟁의심판에서 말하는 권한이 침해될 가능성이 인정될 수 있다.

02회 | 2024 소방간부

01

헌법의 개정에 관한 설명으로 옳은 것은?

① 대통령이 헌법개정안을 발의하려면 국회재적의원 과반수의 찬성을 얻어야 한다.

② 현행 헌법은 대통령의 임기연장 또는 중임변경을 위한 헌법개정은 할 수 없다고 규정하고 있다.

③ 헌법개정안은 국회가 의결한 후 20일 이상의 공고기간을 거쳐 국민투표에 붙여진다.

④ 헌법개정안에 대한 국회의 의결은 재적의원 3분의 2 이상의 찬성을 얻어야 한다.

⑤ 헌법개정안은 국민투표에서 국회의원선거권자 과반수의 투표와 투표자 과반수의 찬성을 얻은 후 대통령이 이를 공포한 때에 확정된다.

02

헌법의 기본원리에 관한 설명으로 옳지 않은 것은? (다툼이 있는 경우 헌법재판소 판례에 의함)

① 헌법의 기본원리는 헌법의 이념적 기초인 동시에 헌법을 지배하는 지도원리로서, 구체적 기본권을 도출하는 근거로 될 수는 없으나 기본권의 해석 및 기본권제한 입법의 합헌성 심사에 있어 해석기준의 하나로서 작용한다.

② 헌법의 기본원리인 대의제 민주주의하에서 국회의원선거권은 국민의 대표자인 국회의원을 선출하는 권리뿐만 아니라, 개별 유권자 혹은 집단으로서의 국민의 의사를 선출된 국회의원이 그대로 대리하여 줄 것을 요구할 수 있는 권리를 포함한다.

③ 자기책임의 원리는 인간의 자유와 유책성, 그리고 인간의 존엄성을 진지하게 반영한 원리로서 그것이 비단 민사법이나 형사법에 국한된 원리라기보다는 근대법의 기본이념으로서 법치주의에 당연히 내재하는 원리이다.

④ 우리 헌법은 사회국가원리를 명문으로 규정하고 있지는 않지만, 헌법의 전문, 사회적 기본권의 보장, 경제영역에서 적극적으로 계획하고 유도하고 재분배하여야 할 국가의 의무를 규정하는 경제에 관한 조항 등과 같이 사회국가원리의 구체화된 여러 표현을 통하여 사회국가원리를 수용하고 있다.

⑤ 국민주권의 원리는 공권력의 구성·행사·통제를 지배하는 우리 통치질서의 기본원리이므로, 공권력의 일종인 지방자치권과 국가교육권도 이 원리에 따른 국민적 정당성기반을 갖추어야만 한다.

03

헌법상 경제질서에 관한 설명으로 옳지 않은 것은?

① 국가는 지역간의 균형있는 발전을 위하여 지역경제를 육성할 의무를 진다.

② 국민경제상 긴절한 필요로 인하여 법률이 정하는 경우에는 사영기업을 국유 또는 공유로 이전하거나 경영을 통제 또는 관리할 수 있다.

③ 국가는 농지에 관하여 경자유전의 원칙이 달성될 수 있도록 노력하여야 하며, 농지의 임대차나 위탁경영은 허용될 수 없다.

④ 국가는 국토의 효율적이고 균형 있는 이용·개발과 보전을 위하여 법률이 정하는 바에 의하여 그에 관한 필요한 제한과 의무를 과할 수 있다.

⑤ 광물 기타 중요한 지하자원·수산자원·수력과 경제상 이용할 수 있는 자연력은 법률이 정하는 바에 의하여 일정한 기간 그 채취·개발 또는 이용을 특허할 수 있다.

04

기본권의 주체에 관한 설명으로 옳은 것은? (다툼이 있는 경우 헌법재판소 판례에 의함)

① 헌법 제31조 제4항이 규정하는 교육의 자주성 및 대학의 자율성은 헌법 제22조 제1항이 보장하는 학문의 자유의 확실한 보장을 위해 꼭 필요한 것으로서 대학에 부여된 헌법상 기본권인 대학의 자율권이므로, 국립대학도 대학의 자율권의 주체가 될 수 있다.

② 모든 인간은 헌법상 생명권의 주체가 되며 형성 중의 생명인 태아에게 생명권 주체성이 인정되므로, 수정 후 모체에 착상되기 전인 초기배아에 대해서도 기본권 주체성을 인정할 수 있다.

③ 변호인의 조력을 받을 권리는 성질상 국민의 권리에 해당하므로 외국인은 그 주체가 될 수 없다.

④ 국가 조직영역 내에서 공적 과제를 수행하는 대통령은 소속 정당을 위하여 정당활동을 할 수 있는 사인으로서의 지위를 가지는 경우에도 기본권 주체성을 갖는다고 할 수 없다.

⑤ 자본주의 경제질서하에서 근로자가 기본적 생활수단을 확보하고 인간의 존엄성을 보장받기 위하여 최소한의 근로조건을 요구할 수 있는 권리는 사회권적 기본권으로서의 성질을 가지므로 외국인에 대해서는 기본권 주체성을 인정할 수 없다.

05

기본권보호의무에 관한 설명으로 옳지 않은 것은? (다툼이 있는 경우 헌법재판소 판례에 의함)

① 국가는 개인이 가지는 불가침의 기본적 인권을 확인하고 이를 보장할 의무를 지기에, 적어도 생명·신체의 보호와 같은 중요한 기본권적 법익 침해에 대해서는 그것이 국가가 아닌 제3자로서의 사인에 의해서 유발된 것이라고 하더라도 국가가 적극적인 보호의 의무를 진다.

② 국가의 기본권보호의무로부터 태아의 출생 전에, 또한 태아가 살아서 출생할 것인가와는 무관하게, 태아를 위하여 민법상 일반적 권리능력을 인정하여야 한다는 헌법적 요청이 도출된다.

③ 국가가 국민의 건강하고 쾌적한 환경에서 생활할 권리에 대한 보호의무를 다하지 않았는지의 여부를 헌법재판소가 심사할 때에는 국가가 이를 보호하기 위하여 적어도 적절하고 효율적인 최소한의 보호조치를 취하였는가 하는, 이른바 과소보호금지 원칙의 위반 여부를 기준으로 삼아야 한다.

④ 국가의 보호의무를 어떻게 실현하여야 할 것인가 하는 문제는 원칙적으로 권력분립과 민주주의의 원칙에 따라 국민에 의하여 직접 민주적 정당성을 부여받고 자신의 결정에 대하여 정치적 책임을 지는 입법자의 책임범위에 속하므로, 헌법재판소는 단지 제한적으로만 보호의무의 이행을 심사할 수 있다.

⑤ 「공직선거법」이 정온한 생활환경이 보장되어야 할 주거지역에서 출근 또는 등교 이전 및 퇴근 또는 하교 이후 시간대에 확성장치의 최고출력 내지 소음을 제한하는 등 사용시간과 사용지역에 따른 수인한도 내에서 확성장치의 최고출력 내지 소음 규제기준에 관한 규정을 두지 아니한 것은 헌법에 위반된다.

06

헌법 제10조에 관한 설명으로 옳지 않은 것은? (다툼이 있는 경우 헌법재판소 판례에 의함)

① 환자는 장차 죽음에 임박한 상태에 이를 경우에 대비하여 미리 의료인 등에게 연명치료 거부 또는 중단에 관한 의사를 밝히는 등의 방법으로 죽음에 임박한 상태에서 인간으로서의 존엄과 가치를 지키기 위하여 연명치료의 거부 또는 중단을 결정할 수 있고, 이 결정은 헌법상 기본권인 자기결정권의 한 내용으로서 보장된다.

② 언어와 그 언어를 표기하는 방식인 글자는 정신생활의 필수적인 도구이며 타인과의 소통을 위한 가장 기본적인 수단인바, 한자를 의사소통의 수단으로 사용하는 것은 행복추구권에서 파생되는 일반적 행동의 자유 내지 개성의 자유로운 발현의 한 내용이다.

③ 일반적 행동자유권에는 위험한 생활방식으로 살아갈 권리도 포함되므로, 좌석안전띠를 매지 않을 자유는 헌법 제10조의 행복추구권에서 나오는 일반적 행동자유권의 보호영역에 속한다.

④ 전동킥보드에 대하여 최대속도는 시속 25 km 이내로 제한하여야 한다는 안전기준을 둔 것은 헌법 제10조의 행복추구권에서 파생되는 소비자의 자기결정권을 제한할 뿐, 일반적 행동자유권까지 제한하는 것은 아니다.

⑤ 자기결정권에는 여성이 그의 존엄한 인격권을 바탕으로 하여 자율적으로 자신의 생활영역을 형성해 나갈 수 있는 권리가 포함되고, 여기에는 임신한 여성이 자신의 신체를 임신상태로 유지하여 출산할 것인지 여부에 대하여 결정할 수 있는 권리가 포함되어 있다.

07

평등권 및 평등원칙에 관한 설명으로 옳지 않은 것은? (다툼이 있는 경우 헌법재판소 판례에 의함)

① 평등의 원칙은 국민의 기본권 보장에 관한 우리 헌법의 최고원리로서 국가가 입법을 하거나 법을 해석 및 집행함에 있어 따라야 할 기준인 동시에, 국가에 대하여 합리적 이유 없이 불평등한 대우를 하지 말 것과, 평등한 대우를 요구할 수 있는 모든 국민의 권리로서, 국민의 기본권중의 기본권인 것이다.

② 평등의 원칙은 일체의 차별적 대우를 부정하는 절대적 평등을 의미하는 것이 아니라 상대적 평등을 뜻하므로 합리적 근거 있는 차별 내지 불평등은 평등의 원칙에 반하는 것이 아니다.

③ 일반적으로 차별이 정당한지 여부에 대해서는 자의성 여부를 심사하지만, 헌법에서 특별히 평등을 요구하고 있는 경우나 차별적 취급으로 인하여 관련 기본권에 대한 중대한 제한을 초래하게 된다면 입법형성권은 축소되어 보다 엄격한 심사척도가 적용된다.

④ 대한민국 국민인 남자에 한하여 병역의무를 부과한 「병역법」 규정은 국방의 의무 이행에 수반된 기본권 제약이 관련 기본권에 대한 중대한 제한을 초래하는 차별취급을 그 내용으로 하므로, 이 규정이 평등권을 침해하는지 여부는 엄격한 심사기준에 따라 판단하여야 한다.

⑤ 국가라 할지라도 국고작용으로 인한 민사관계에 있어서는 일반인과 같이 원칙적으로 대등하게 다루어져야 하며 국가라고 하여 우대하여야 할 헌법상의 근거가 없다.

08

신체의 자유에 관한 설명으로 옳지 않은 것은? (다툼이 있는 경우 헌법재판소 판례에 의함)

① 헌법 제12조 제1항의 적법절차원칙은 형사소송 절차에 국한되지 않고 모든 국가작용 전반에 대하여 적용되므로, 전투경찰순경의 인신구금을 내용으로 하는 영창처분에 있어서도 적법절차원칙 이 준수되어야 한다.

② 동일한 범죄행위에 대하여 형벌과 보안처분이 병과된다고 하여 헌법 제13조 제1항 후단 소정의 이중처벌금지원칙에 위반된다고 할 수 없다.

③ 보안처분이라 하더라도 형벌적 성격이 강하여 신체의 자유를 박탈하거나 박탈에 준하는 정도로 신체의 자유를 제한하는 경우에는 형벌불소급의 원칙이 적용된다.

④ 무죄추정의 원칙상 금지되는 '불이익'은 비단 형사절차 내에서의 불이익뿐만 아니라 기타 일반법생활 영역에서의 기본권 제한과 같은 경우에도 적용된다.

⑤ 헌법 제12조 제4항 본문에 규정된 '구속'은 형사절차에서 이루어진 구속을 의미하므로, 변호인의 조력을 받을 권리를 보장한 헌법 제12조 제4항 본문은 행정절차상 구속에는 적용된다고 볼 수 없다.

09

직업의 자유에 관한 설명으로 옳지 않은 것은? (다툼이 있는 경우 헌법재판소 판례에 의함)

① 직업의 자유에는 직업선택의 자유와 직업수행의 자유가 포함되지만, 자신이 원하는 직업 내지 직종에 종사하는 데 필요한 전문지식을 습득하기 위한 직업교육장을 임의로 선택할 수 있는 '직업 교육장 선택의 자유'까지 포함된다고 볼 수 없다.

② 직업선택의 자유에서 보호되는 직업이란 생활의 기본적인 수요를 충족시키기 위해 행하는 계속적인 소득활동을 의미하므로, 의무복무로서의 현역병은 헌법 제15조가 선택의 자유로서 보장하는 직업이라고 할 수 없다.

③ 직업행사의 자유에 대한 제한에 있어서는 직업선택의 자유에 비하여 상대적으로 그 침해의 정도가 작다고 할 것이며, 이에 대하여는 공공복리 등 공익상의 이유로 비교적 넓은 법률상의 규제가 가능하지만, 그 경우에도 헌법 제37조 제2항에서 정한 한계인 과잉금지의 원칙은 지켜져야 한다.

④ 당사자의 능력이나 자격과 상관없는 객관적 사유에 의한 직업선택의 자유 제한은 월등하게 중요한 공익을 위하여 명백하고 확실한 위험을 방지하기 위한 경우에만 정당화될 수 있다.

⑤ 수형자인 의뢰인을 접견하는 변호사의 직업수행의 자유 제한에 대한 심사에 있어서는 변호사 자신의 직업활동에 가해진 제한의 정도를 살펴보아야 할 뿐 아니라 접견의 상대방인 수형자의 재판 청구권이 제한되는 효과도 함께 고려되어야 하므로, 그 심사의 강도는 일반적인 경우보다 엄격하게 해야 한다.

10

사생활의 비밀과 자유 및 개인정보자기결정권에 관한 설명으로 옳지 않은 것은? (다툼이 있는 경우 헌법재판소 판례에 의함)

① 사생활의 자유는 사회공동체의 일반적인 생활규범의 범위 내에서 사생활을 자유롭게 형성해 나가고 그 설계 및 내용에 대해서 외부로부터 간섭을 받지 아니할 권리이다.

② 사생활의 비밀과 자유에 의해 보호되는 대상에서 공적인 영역의 활동이 배제되는 것은 아니다.

③ 흡연권은 인간의 존엄과 행복추구권을 규정한 헌법 제10조와 사생활의 자유를 규정한 헌법 제17조에 의하여 뒷받침된다.

④ 개인정보자기결정권의 보호대상이 되는 개인정보는 개인의 신체, 신념, 사회적 지위, 신분 등과 같이 개인의 인격주체성을 특징짓는 사항으로서 그 개인의 동일성을 식별할 수 있게 하는 일체의 정보라고 할 수 있다.

⑤ 개인정보의 종류와 성격, 정보처리의 방식과 내용 등에 따라 수권법률의 명확성 요구의 정도는 달라지고, 일반적으로 볼 때 개인의 인격에 밀접히 연관된 민감한 정보일수록 규범명확성의 요청은 더 강해진다고 할 수 있다.

11

양심의 자유에 관한 설명으로 옳지 않은 것은? (다툼이 있는 경우 헌법재판소 판례에 의함)

① 헌법이 보호하려는 양심은 어떤 일의 옳고 그름을 판단함에 있어서 그렇게 행동하지 아니하고는 자신의 인격적인 존재가치가 허물어지고 말 것이라는 강력하고 진지한 마음의 소리이지, 막연하고 추상적인 개념으로서의 양심이 아니다.

② 양심형성의 자유와 양심적 결정의 자유는 내심에 머무르는 한 절대적 자유라고 할 수 있지만, 양심실현의 자유는 타인의 기본권이나 다른 헌법적 질서와 저촉되는 경우 법률에 의하여 제한될 수 있는 상대적 자유라고 할 수 있다.

③ 양심의 자유에서 현실적으로 문제가 되는 것은 국가의 법질서나 사회의 도덕률에서 벗어나려는 소수의 양심이지만 양심상의 결정이 어떠한 종교관·세계관 또는 그 외의 가치체계에 기초하고 있는가와 관계없이, 모든 내용의 양심상의 결정이 양심의 자유에 의하여 보장된다고 할 수는 없다.

④ 헌법상 보호되는 양심은 민주적 다수의 사고나 가치관과 일치하는 것이 아니라, 개인적 현상으로서 지극히 주관적인 것이다.

⑤ 병역종류조항에 대체복무제가 규정되지 않음으로 인하여 양심적 병역거부자가 감수하여야 하는 불이익은 심대하고, 이들에게 대체복무를 부과하는 것이 오히려 넓은 의미의 국가안보와 공익 실현에 더 도움이 된다는 점을 고려할 때, 병역종류조항은 기본권 제한의 한계를 초과하여 법익의 균형성 요건을 충족하지 못한다.

12

종교의 자유에 관한 설명으로 옳지 않은 것은? (다툼이 있는 경우 헌법재판소 판례에 의함)

① 대학 주변의 학교정화구역에서 종교단체에 의한 납골시설의 설치·운영을 절대적으로 금지하고 있는 구 「학교보건법」 조항은 종교의 자유 등을 과도하게 제한하여 헌법 제37조 제2항에 위반된다고 보기 어렵다.

② 육군훈련소장이 훈련병들로 하여금 개신교, 천주교, 불교, 원불교 4개 종교의 종교행사 중 하나에 참석하도록 한 것이 그 자체로 종교적 행위의 외적 강제에 해당한다고 볼 수는 없다.

③ 종교시설의 건축행위에 대하여 기반시설부담금 부과를 제외하거나 감경하지 아니하였더라도, 종교의 자유를 침해하는 것이 아니다.

④ 구치소에 종교행사 공간이 1개뿐이고, 종교행사는 종교, 수형자와 미결수용자, 성별, 수용동 별로 진행되며, 미결수용자는 공범이나 동일사건 관련자가 있는 경우 이를 분리하여 참석하게 해야 하는 점을 고려하면 구치소장이 미결수용자 대상 종교행사를 4주에 1회 실시했더라도 종교의 자유를 과도하게 제한하였다고 보기 어렵다.

⑤ 간호조무사 국가시험 실시 요일은 수험생들의 피해를 최소화할 수 있는 방안으로 결정하여야 하지만 연 2회 실시되는 간호조무사 국가시험을 모두 토요일에 실시한다고 하여 토요일에 종교적 의미를 부여하는 종교를 믿는 자의 종교의 자유를 침해하지 아니한다.

13

표현의 자유에 관한 설명으로 옳지 않은 것은? (다툼이 있는 경우 헌법재판소 판례에 의함)

① 광고도 사상·지식·정보 등을 불특정다수인에게 전파하는 것으로서 언론·출판의 자유에 의한 보호를 받는 대상이 됨은 물론이고, 상업적 광고표현 또한 보호의 대상이 된다.

② 집회의 자유는 집회를 통하여 형성된 의사를 집단적으로 표현하고 이를 통하여 불특정 다수인의 의사에 영향을 줄 자유를 포함하지만, 집회의 자유의 보장 대상은 평화적, 비폭력적 집회에 한정 된다.

③ "언론·출판은 타인의 명예나 권리 또는 공중도덕이나 사회윤리를 침해하여서는 아니 된다."라고 규정한 헌법 제21조 제4항 전문은 언론·출판의 자유에 대한 제한의 요건을 명시한 것이 아니라 헌법상 표현의 자유의 보호영역에 대한 한계를 설정한 것이다.

④ 집회·시위장소는 집회·시위의 목적을 달성하는 데 있어서 매우 중요한 역할을 수행하는 경우가 많으므로 장소선택의 자유는 집회·시위의 자유의 한 실질을 형성한다.

⑤ 헌법 제21조 제2항의 '허가'는 '행정청이 주체가 되어 집회의 허용 여부를 사전에 결정하는 것'으로서 행정청에 의한 사전허가는 헌법상 금지되지만, 입법자가 법률로써 일반적으로 집회를 제한하는 것은 헌법상 '사전허가금지'에 해당하지 않는다.

14

헌법상 재산권에 해당하는 것은? (다툼이 있는 경우 헌법재판소 판례에 의함)

① 의료급여수급권
② 우편물의 지연 배달에 따른 손해배상청구권
③ 상공회의소의 의결권
④ 공제회가 관리·운용하는 학교안전공제 및 사고 예방 기금
⑤ 「국민연금법」상 사망일시금

15

"혼인과 가족생활은 개인의 존엄과 양성의 평등을 기초로 성립되고 유지되어야 하며, 국가는 이를 보장한다."라고 규정하고 있는 헌법 제36조 제1항에 관한 설명으로 옳지 않은 것은? (다툼이 있는 경우 헌법재판소 판례에 의함)

① 헌법 제36조 제1항은 혼인과 가족에 관련되는 공법 및 사법의 모든 영역에 영향을 미치는 헌법원리 내지 원칙규범으로서의 성격도 가진다.

② 헌법 제36조 제1항의 헌법원리로부터 도출되는 차별금지의 명령은 헌법 제11조 제1항에서 보장 되는 평등원칙을 혼인과 가족생활영역에서 더욱 더 구체화함으로써 혼인과 가족을 부당한 차별로 부터 특별히 더 보호하려는 목적을 가진다.

③ 헌법 제36조 제1항은 혼인제도와 가족제도에 관한 헌법원리를 규정한 것으로서 혼인제도와 가족 제도는 인간의 존엄성 존중과 민주주의의 원리에 따라 규정되어야 함을 천명한 것이다.

④ 헌법 제36조 제1항은 적극적으로는 적절한 조치를 통해서 혼인과 가족을 지원하고 제3자에 의한 침해 앞에서 혼인과 가족을 보호해야 할 국가의 과제를 포함하며, 소극적으로는 불이익을 야기하는 제한조치를 통해서 혼인과 가족을 차별하는 것을 금지해야 할 국가의 의무를 포함한다.

⑤ 헌법 제36조 제1항에서 규정하는 '혼인'이란 양성이 평등하고 존엄한 개인으로서 자유로운 의사의 합치에 의하여 생활공동체를 이루는 것을 말하므로, 사실혼도 헌법 제36조 제1항의 보호범위에 포함된다.

16

국회의원에 관한 설명으로 옳지 않은 것은? (다툼이 있는 경우 판례에 의함)

① 국회의원이 국회의 의안 처리 과정에서 질의권·토론권 및 표결권을 침해당하였다면 이를 이유로 「헌법재판소법」 제68조 제1항에 따른 헌법소원 심판을 청구할 수 있다.

② 국회의원이 체포 또는 구금된 의원의 석방 요구를 발의할 때에는 재적의원 4분의 1 이상의 연서(連書)로 그 이유를 첨부한 요구서를 의장에게 제출하여야 한다.

③ 헌법은 국회의원이 그 지위를 남용하여 국가·공공단체 또는 기업체와의 계약이나 그 처분에 의하여 재산상의 권리·이익 또는 직위를 취득하거나 타인을 위하여 그 취득을 알선할 수 없다고 규정하고 있다.

④ 국회의원이 다른 국회의원의 자격에 대하여 이의가 있을 때에는 30명 이상의 연서로 의장에게 자격심사를 청구할 수 있다.

⑤ 국회의원이 국회 내에서 하는 정부·행정기관에 대한 자료제출의 요구는 그것이 직무상 질문이나 질의를 준비하기 위한 것인 경우에는 직무상 발언에 부수하여 행하여진 것으로서 면책특권이 인정되어야 한다.

17

국회의 재정권에 관한 설명으로 옳은 것은?

① 한 회계연도를 넘어 계속하여 지출할 필요가 있을 때에는 정부는 연한을 정하여 계속비로서 국회의 의결을 얻어야 한다.

② 정부가 국채를 모집하거나 예산 외에 국가의 부담이 될 계약을 체결한 경우에는 즉시 국회의 승인을 얻어야 한다.

③ 정부는 회계연도마다 예산안을 편성하여 회계연도 개시 100일 전까지 국회에 제출하고, 국회는 회계 연도 개시 30일 전까지 이를 의결하여야 한다.

④ 새로운 회계연도가 개시될 때까지 예산안이 의결되지 못한 때에는 정부는 국회에서 예산안이 의결될 때까지 가예산을 편성하여 국회의 의결을 얻어 집행할 수 있다.

⑤ 국회는 정부의 동의 없이 정부가 제출한 지출예산 각항의 금액을 삭감할 수 없다.

18

대통령에 관한 설명으로 옳은 것은?

① 대통령 선거에 있어서 최고득표자가 2인 이상인 때에는 국회의 재적의원 과반수가 출석한 공개회의에서 다수표를 얻은 자를 당선자로 한다.

② 대통령후보자가 1인일 때에는 그 득표수가 선거권자 총수의 과반수가 아니면 대통령으로 당선될 수 없다.

③ 대통령이 계엄을 선포할 때에는 미리 국회의 동의를 얻어야 하며, 국회가 재적의원 과반수의 찬성으로 계엄의 해제를 요구한 때에는 대통령은 이를 해제하여야 한다.

④ 대통령은 내란 또는 외환의 죄를 범한 경우에도 재직 중에는 형사상의 소추를 받지 아니한다.

⑤ 대통령으로 선거될 수 있는 자는 국회의원의 피선거권이 있고, 선거일 현재 40세에 달하여야 하며, 3년 이상 국내에 거주하고 있어야 한다.

19

행정부에 관한 설명으로 옳지 않은 것은?

① 군인은 현역을 면한 후가 아니면 국무위원으로 임명될 수 없고 국무위원이 아닌 자는 행정각부의 장이 될 수 없으므로, 현역을 면하지 않은 군인은 국방부장관도 될 수 없다.

② 국무위원은 국무회의의 의안을 제출할 수 있으며, 국회나 그 위원회에 출석하여 국정처리상황을 보고하거나 의견을 진술할 수 있다.

③ 행정각부의 장은 법률이나 대통령령의 위임이 있는 경우에 한하여 소관사무에 관하여 부령을 발할 수 있다.

④ 감사원은 세입·세출의 결산을 매년 검사하여 대통령과 차년도 국회에 그 결과를 보고하여야 한다.

⑤ 헌법은 행정각부의 설치뿐만 아니라 행정각부의 조직과 직무범위도 법률로 정하도록 규정하고 있다.

20

사법권의 독립에 관한 설명으로 옳지 않은 것은? (다툼이 있는 경우 헌법재판소 판례에 의함)

① 법관은 탄핵 또는 금고 이상의 형의 선고에 의하지 아니하고는 파면되지 아니하며, 징계처분에 의하지 아니하고는 정직·감봉 기타 불리한 처분을 받지 아니한다.

② 대법원은 법률에 저촉되지 아니하는 범위 안에서 소송에 관한 절차, 법원의 내부규율과 사무처리에 관한 규칙을 제정할 수 있으며, 대법원규칙은 사법심사의 대상이 되지 않는다.

③ 대법관은 대법원장의 제청으로 국회의 동의를 받아 대통령이 임명하며, 판사는 대법원 법관인사위원회의 심의를 거치고 대법관회의의 동의를 받아 대법원장이 임명한다.

④ 대법원장과 대법관의 임기는 6년으로 같지만, 대법관은 법률이 정하는 바에 의하여 연임할 수 있으나 대법원장은 중임할 수 없다.

⑤ 법관에 대한 대법원장의 징계처분 취소청구소송을 대법원의 단심재판에 의하도록 하더라도 이는 법관 지위의 특수성과 법관에 대한 징계절차의 특수성을 감안하여 재판의 신속을 도모하기 위한 것으로 그 합리성을 인정할 수 있다.

21

헌법재판에 관한 설명으로 옳지 않은 것은? (다툼이 있는 경우 헌법재판소 판례에 의함)

① 진정입법부작위를 「헌법재판소법」 제68조 제2항에 의한 헌법소원심판의 대상으로 하는 것은 그자체로서 허용될 수 없다.

② 「민법」 시행 이전에 상속을 규율하는 법률이 없는 상황에서 재산상속에 관하여 적용된 규범으로서 실질적으로 법률과 같은 효력을 갖는 관습법은 위헌법률심판의 대상이 된다.

③ 「헌법재판소법」 제68조 제2항의 헌법소원의 대상은 '법률'이지 '법률의 해석'이 아니므로 법률조항의 특정한 해석이나 적용부분의 위헌성을 주장하는 한정위헌청구는 원칙적으로 부적법하다.

④ 확정된 유죄판결에서 처벌의 근거가 된 법률조항은 재심의 개시 여부를 결정하는 재판에서는 재판의 전제성이 인정되지 않는 것이 원칙이다.

⑤ 위헌으로 결정된 형벌에 관한 법률 또는 법률조항은 그에 대하여 종전에 합헌으로 결정한 사건이 있는 경우에는 그 결정이 있는 날의 다음 날로 소급하여 효력을 상실한다.

22

국회의 교섭단체·위원회 제도에 관한 설명으로 옳지 않은 것은?

① 국회에 20명 이상의 소속 의원을 가진 정당은 하나의 교섭단체가 되지만 다른 교섭단체에 속하지아니하는 20명 이상의 의원으로 따로 교섭단체를 구성할 수도 있다.

② 기획재정부와 한국은행 소관에 속하는 사항은 기획재정위원회의 소관 사항이고, 금융위원회 소관에 속하는 사항은 정무위원회의 소관 사항이다.

③ 상임위원의 임기는 2년으로 하지만 국회의원 총선거 후 처음 선임된 위원의 임기는 선임된 날부터 개시하여 의원의 임기 개시 후 2년이 되는 날까지로 한다.

④ 국회가 둘 이상의 상임위원회와 관련된 안건이거나 특히 필요하다고 인정한 안건을 효율적으로 심사하기 위하여 특별위원회를 구성할 때에는 그 활동기간을 정하여야 하며, 다만 본회의 의결로 그 기간을 연장할 수 있다.

⑤ 의원은 둘 이상의 상임위원이 될 수 있으나 의장은 상임위원이 될 수 없으며, 국무총리 또는 국무위원의 직을 겸한 의원은 상임위원을 사임하여야 한다.

23

국회의 정족수에 관한 설명으로 옳지 않은 것은?

① 본회의는 재적의원 5분의 1 이상의 출석으로 개의하고, 위원회는 재적위원 5분의 1 이상의 출석으로 개회한다.

② 국회는 헌법 또는 법률에 특별한 규정이 없는 한 재적의원 과반수의 출석과 출석의원 과반수의 찬성으로 의결하며, 가부동수인 때에는 부결된 것으로 본다.

③ 법률안에 대한 재의의 요구가 있을 때에는 국회는 재의에 붙이고, 재적의원 과반수의 출석과 출석의원 3분의 2 이상의 찬성으로 전과 같은 의결을 하면 그 법률안은 법률로서 확정된다.

④ 특별위원회 또는 상임위원회로 하여금 국정의 특정사안에 관하여 국정조사를 하게 하려면 국회재적의원 3분의 1 이상의 요구가 있어야 한다.

⑤ 국회가 국무총리 또는 국무위원의 해임을 대통령에게 건의하려면 국회재적의원 3분의 1 이상의 발의에 의하여 국회재적의원 과반수의 찬성이 있어야 한다.

24

헌법소원심판에 관한 설명으로 옳지 않은 것은? (다툼이 있는 경우 헌법재판소 판례에 의함)

① 행정규칙이라도 재량권행사의 준칙으로서 그 정한 바에 따라 되풀이 시행되어 행정관행을 이루게 되면, 행정기관은 평등의 원칙이나 신뢰보호의 원칙에 따라 상대방에 대한 관계에서 그 규칙에 따라야 할 자기구속을 당하게 되는바, 이 경우에는 대외적 구속력을 가진 공권력의 행사가 된다.

② 피해자의 고소가 아닌 수사기관의 인지 등에 의하여 수사가 개시된 피의사건에서 검사의 불기소 처분이 이루어진 경우, 고소하지 아니한 피해자는 예외적으로 불기소처분의 취소를 구하는 헌법 소원심판을 곧바로 청구할 수 있다.

③ 검사의 불기소처분에 대하여 기소처분을 구하는 취지에서 헌법소원을 제기할 수 있는 자는 원칙적으로 헌법상 재판절차진술권의 주체인 형사피해자이어야 하고, 형사피해자에 해당하지 아니하는 자가 불기소처분에 대하여 헌법소원심판청구를 하는 것은 자기관련성 요건의 결여로 허용될 수 없다.

④ 진정은 그 자체가 법률의 규정에 따른 법률상의 권리행사로 인정되는 것이 아니고 진정을 기초로 하여 수사소추기관의 적의 처리를 요망하는 의사 표시에 지나지 아니하므로 진정종결처분은 헌법소원심판의 대상이 되는 공권력의 행사라고 할 수 없다.

⑤ 내사종결처분에 대한 헌법소원사건에서 결정선고 시점에서 이미 공소시효가 완성되었다면, 내사종결처분 이전이든 그 이후이든, 그 사건은 종국적으로 권리구제 목적인 공소제기를 할 수 없음이 확정된 것이므로, 권리보호이익이 없다.

25

권한쟁의심판에 관한 설명으로 옳지 않은 것은?

① 헌법재판소가 권한쟁의심판의 청구를 받았을 때에는 직권 또는 청구인의 신청에 의하여 종국결정의 선고 시까지 심판 대상이 된 피청구인의 처분의 효력을 정지하는 결정을 할 수 있다.

② 헌법재판소는 심판의 대상이 된 국가기관 또는 지방자치단체의 권한의 유무 또는 범위에 관하여 판단한다.

③ 권한쟁의의 심판은 그 사유가 있음을 안 날부터 60일 이내에, 그 사유가 있은 날부터 180일 이내에 청구하여야 한다.

④ 헌법재판소가 부작위에 대한 권한쟁의심판청구를 인용하는 결정을 하면 피청구인은 결정 취지에 따른 처분을 하여야 하며, 그 결정은 모든 국가기관과 지방자치단체를 기속한다.

⑤ 국가기관 또는 지방자치단체의 처분을 취소하는 결정은 그 처분의 상대방에 대하여 이미 생긴 효력에 대해서도 영향을 미친다.

03 회 | 2024 경찰승진

01

헌법상 기본원리에 관한 설명 중 가장 적절하지 않은 것은? (다툼이 있는 경우 판례에 의함)

① 국민주권주의를 구현하기 위하여 헌법은 국가의 의사결정 방식으로 대의제를 채택하고, 이를 가능하게 하는 선거 제도를 규정함과 아울러 선거권, 피선거권을 기본권으로 보장하며, 대의제를 보완하기 위한 방법으로 직접민주제 방식의 하나인 국민투표제도를 두고 있다.

② 규범 상호간의 체계정당성 원리는 입법자의 자의를 금지하여 규범의 명확성, 예측가능성 및 규범에 대한 신뢰와 법적 안정성을 확보하기 위한 것으로, 이는 국가공권력에 대한 통제와 이를 통한 국민의 자유와 권리의 보장을 이념으로 하는 법치주의 원리로부터 도출된다.

③ 문화국가원리는 견해와 사상의 다양성을 그 본질로 하며, 이를 실현하는 국가의 문화정책은 불편부당의 원칙에 따라야 하는바, 모든 국민은 정치적 견해 등에 관계없이 문화 표현과 활동에서 차별을 받지 않아야 한다.

④ 우리 헌법은 사회국가원리를 명문으로 규정하면서 이를 구체화하고 있는데, 이 중 헌법 제119조 제2항에 규정된 '경제주체간의 조화를 통한 경제민주화'의 이념은 경제영역에서 정의로운 사회질서를 형성하기 위하여 추구할 수 있는 국가목표일 뿐, 개인의 기본권을제한하는 국가행위를 정당화하는 헌법규범은 아니다.

02

국적에 관한 설명 중 가장 적절하지 않은 것은? (다툼이 있는 경우 판례에 의함)

① 국적은 성문의 법령을 통해서가 아니라 국가의 생성과 더불어 존재하며, 「국적법」의 내용은 국민의 범위를 구체화, 현실화하는 헌법사항을 규율하고 있다.

② 「국적법」상 부모가 모두 국적이 없는 경우라도 대한민국에서 출생한 사람은 대한민국 국적을 취득한다.

③ 대한민국 국민으로서 자진하여 외국 국적을 취득한 사람은 그 외국 국적을 취득한 때에 대한민국 국적을 상실한다.

④ 복수국적자로서 외국 국적을 선택하려는 자는 외국에 주소가 있는 경우에만 국적이탈을 신고할 수 있도록 정한 「국적법」 조항은 과잉금지원칙에 위배되어 국적이탈의 자유를 침해한다.

03

대한민국 헌법의 역사에 관한 설명 중 가장 적절하지 않은 것은?

① 1960년 제3차 개정헌법은 중앙선거위원회를 처음으로 규정하였다.

② 1962년 제5차 개정헌법은 기본권의 본질적 내용의 침해금지조항을 처음으로 규정하였다.

③ 1980년 제8차 개정헌법은 형사피고인의 무죄추정원칙을 처음으로 명문화하였다.

④ 1987년 제9차 개정헌법은 적법절차원칙을 처음으로 명문화하였다.

04

정당제도에 관한 설명 중 가장 적절하지 않은 것은? (다툼이 있는 경우 판례에 의함)

① 정당의 해산을 명하는 헌법재판소의 결정은 중앙선거관리위원회가 「정당법」에 따라 집행한다.

② 등록이 취소된 정당과 자진해산한 정당의 잔여재산은 당헌이 정하는 바에 따라 처분한다.

③ 「정당법」상 시·도당은 당해 관할구역안에 주소를 두고 있는 1천인 이상의 당원을 가져야 한다고 규정하고 있는데, 이는 정당의 자유를 침해하지 아니한다.

④ 헌법 제8조 제1항은 정당설립의 자유, 정당조직의 자유, 정당 활동의 자유 등을 포괄하는 정당의 자유를 보장하는 규정이므로, 국민이 개인적으로 가지는 기본권이 아니라 정당이 단체로서 가지는 기본권이다.

05

기본권 제한에 관한 설명 중 가장 적절하지 않은 것은? (다툼이 있는 경우 판례에 의함)

① 입법자가 선택한 수단보다 국민의 기본권을 덜 침해하는 수단이 존재하더라도 그 다른 수단이 효과 측면에서 입법자가 선택한 수단과 동등하거나 유사하다고 단정할 만한 명백한 근거가 없는 이상 과잉금지원칙에 위반된다고는 할 수 없다.

② 형사재판과 같이 피고인의 방어권 보장이 절실한 경우조차 피고인으로 출석하는 수형자에 대하여 예외 없이 사복착용을 금지한 것은 과잉금지원칙에 위배된다.

③ 공기총의 소지허가를 받은 자로 하여금 그 공기총을 일률적으로 허가관청이 지정하는 곳에 보관하도록 하고 있는 「총포·도검·화약류 등의 안전관리에 관한 법률」 조항은 보관방법에 대한 제한일 뿐이므로 과잉금지원칙에 위배되지 않는다.

④ 보호의무자 2인의 동의 및 정신건강의학과 전문의 1인의 진단을 요건으로 정신질환자를 정신의료기관에 보호입원시켜 치료를 받도록 하는 「정신보건법」 조항은 과잉금지원칙에 위배되지 않는다.

06

책임과 형벌 사이의 비례원칙에 관한 설명 중 가장 적절하지 않은 것은? (다툼이 있는 경우 판례에 의함)

① 입법자가 법정형 책정에 관한 여러 가지 요소를 종합적으로 고려하여 법률 그 자체로 법관에 의한 양형재량의 범위를 좁혀 놓았다고 하더라도, 그것이 당해 범죄의 보호법익과 죄질에 비추어 범죄와 형벌 간의 비례의 원칙상 수긍할 수 있는 합리성이 있다면 이러한 법률을 위헌이라고 할 수 없다.

② 위험한 물건을 휴대한 경우를 가중적 구성요건으로 하여 상해죄보다 가중처벌하고 있는 「형법」상 특수상해죄 조항은 책임과 형벌사이의 비례원칙에 위배되지 않는다.

③ 밀수입 등의 예비행위를 본죄에 준하여 처벌하도록 규정한 「특정범죄 가중처벌 등에 관한 법률」 조항은 구체적 행위의 개별성과 고유성을 고려한 양형판단의 가능성을 배제하는 가혹한 형벌로서 책임과 형벌 사이의 비례원칙에 위배된다.

④ 사람을 공갈하여 재물의 교부를 받거나 재산상의 이익을 취득하여 그 이득액이 5억 원 이상인 경우 이득액을 기준으로 가중처벌하는 구 「특정경제범죄 가중처벌 등에 관한 법률」 조항은 책임과 형벌 사이의 비례원칙에 위배된다.

07

인간의 존엄과 가치, 행복추구권에 관한 설명 중 가장 적절하지 않은 것은? (다툼이 있는 경우 판례에 의함)

① 배아생성자의 배아에 대한 결정권은 헌법상 명문으로 규정되어 있지는 않지만 일반적 인격권의 한 유형으로서의 헌법상 권리이다.

② 이동통신사사업자가 제공하는 전기통신역무를 타인의 통신용으로 제공하는 것을 원칙적으로 금지하고 위반 시에는 형사처벌하는 「전기통신사업법」 조항은 이동통신서비스 이용자의 일반적 행동자유권을 침해한다.

③ 명의신탁이 증여로 의제되는 경우 명의신탁의 당사자에게 증여세의 과세가액 및 과세표준을 납세지 관할 세무서장에게 신고할 의무를 부과하는 「상속세 및 증여세법」 조항은 해당명의 신탁 당사자의 일반적 행동자유권을 침해하지 않는다.

④ 이미 출국 수속 과정에서 일반적인 보안검색을 마친 승객들을 대상으로, 체약국의 요구가 있는 경우 촉수검색과 같은 추가적인 보안검색을 실시할 수 있도록 정한 국가항공보안계획은 과잉금지원칙에 위반되지 않으므로 해당 승객의 인격권을 침해하지 않는다.

08

헌법재판소가 평등권 위반에 대한 심사기준으로 비례원칙을 적용한 것은?

① 「제대군인지원에 관한 법률」에 의하여 공익근무요원의 경우와 달리 산업기능요원의 군 복무기간을 공무원 재직기간으로 산입하지 않은 경우
② 「뉴스통신 진흥에 관한 법률」에 의하여 연합뉴스사만을 국가기간뉴스통신사로 지정하여 각종 지원을 하는 경우
③ 「출입국관리법 시행규칙」에 의하여 단순 노무행위 등 취업활동 종사자 중 불법체류가 많이 발생하는 중국 등 국가의 국민에 대하여 사증발급 신청시 일정한 첨부서류를 제출하도록 한 경우
④ 「공무원임용및시험시행규칙」에 따른 국가공무원 7급 시험에서 정보관리기술사, 정보처리기사 자격 소지자에 대해서는 가산점을 부여하고 정보처리기능사 자격 소지자에게는 가산점을 부여하지 않은 경우

09

평등권 또는 평등원칙에 관한 설명 중 가장 적절하지 않은 것은? (다툼이 있는 경우 판례에 의함)

① 「국민의 형사재판 참여에 관한 법률」에서 국민참여재판 배심원의 자격을 만 20세 이상으로 규정한 것은 국민참여제도의 취지와 배심원의 권한 및 의무 등 여러 사정을 종합적으로 고려하여 만 20세에 이르기까지 교육 및 경험을 쌓은 자로 하여금 배심원의 책무를 담당하도록 한 것이므로 만 20세 미만의 자를 자의적으로 차별한 것은 아니다.
② 「공직자윤리법」에서 혼인한 재산등록의무자 모두 배우자가 아닌 본인의 직계존·비속의 재산을 등록하도록 개정되었음에도 불구하고, 개정전 조항에 따라 이미 배우자의 직계존·비속의 재산을 등록한 혼인한 여성 등록의무자의 경우에만, 예외적으로 종전과 동일하게 계속해서 배우자의 직계존·비속의 재산을 등록하도록 규정한 것은 평등원칙에 위배된다.
③ 「산업재해보상보험법」에서 업무상 재해에 통상의 출퇴근 재해를 포함시키는 개정 법률조항을 개정법 시행 후 최초로 발생하는 재해부터 적용하도록 한 것은, 산재보험의 재정상황 등 실무적 여건이나 경제상황 등을 고려한 것으로 헌법상 평등원칙에 위반되지 않는다.
④ 보훈보상대상자의 부모에 대한 유족보상금 지급 시 수급권자를 부모 중 1인에 한정하고 나이가 많은 자를 우선하도록 한 「보훈 보상대상자 지원에 관한 법률」은 합리적인 이유 없이 보상금 수급권자의 수를 일률적으로 제한하고, 부모 중 나이가 많은 자와 그렇지 않은 자를 합리적인 이유 없이 차별하고 있으므로 나이가 적은 부모 일방의 평등권을 침해한다.

10

명확성원칙에 관한 설명 중 가장 적절하지 않은 것은?
(다툼이 있는 경우 판례에 의함)

① 여러 사람의 눈에 뜨이는 곳에서 공공연하게 알몸을 '지나치게 내놓거나 가려야 할 곳'을 내놓아 다른 사람에게 부끄러운 느낌이나 불쾌감을 준 사람을 처벌하는 「경범죄처벌법」 조항은 죄형법정주의의 명확성원칙에 위배된다.

② 「개발제한구역의 지정 및 관리에 관한 특별조치법」 위반으로 인해 시정명령을 받고도 이를 이행하지 아니한 위반행위자 등에 대해, 이를 상당한 기간까지 이행하지 않으면 이행강제금을 부과·징수한다는 뜻을 토지소유자에게 미리 문서로 계고하도록 하는 규정에서 '상당한 기간' 부분은 명확성원칙에 위배되지 않는다.

③ 자동차의 운전자는 고속도로 등에서 자동차의 고장 등 '부득이한 사정'이 있는 경우를 제외하고는 갓길 통행을 금지하고 있는 「도로교통법」 조항은 죄형법정주의의 명확성원칙에 위배되지 않는다.

④ 게임물 관련사업자에 대하여 '경품 등의 제공을 통한 사행성 조장'을 원칙적으로 금지시키고 있는 「게임산업진흥에 관한 법률」 조항에서, '경품' 및 '조장'과는 달리 '사행성'은 다른 법률에서도 정의규정을 두고 있지 않아 지나치게 불명확하여 법집행기관의 자의적인 해석을 가능하게 하므로 죄형법정주의의 명확성원칙에 위배된다.

11

무죄추정원칙에 관한 설명 중 가장 적절하지 않은 것은?
(다툼이 있는 경우 판례에 의함)

① 무죄추정의 원칙상 금지되는 '불이익'이란 '범죄사실의 인정 또는 유죄를 전제로 그에 대하여 법률적·사실적 측면에서 유형·무형의 차별 취급을 가하는 유죄인정의 효과로서의 불이익'을 말한다.

② 지방자치단체의 장이 공소 제기된 후 구금상태에 있음을 이유로 부단체장이 그 권한을 대행하도록 한 「지방자치법」 조항은 무죄추정원칙에 위배되지 않는다.

③ 「독점규제 및 공정거래에 관한 법률」상 사업자단체의 법위반행위가 있을 때 공정거래위원회가 당해 사업자단체에 대하여 법위반사실의 공표를 명할 수 있도록 규정한 것은 무죄추정원칙에 위배된다.

④ 구 「아동·청소년의 성보호에 관한 법률」상 성폭력범죄 피해아동의 진술이 수록된 영상녹화물에 대하여 피해아동의 법정진술 없이도 조사과정에 동석하였던 신뢰관계에 있는 자의 진술에 의하여 그 성립의 진정함이 인정된 때 그 증거능력을 인정하는 조항은 무죄추정원칙에 위배된다.

12

적법절차원칙에 관한 설명으로 가장 적절하지 않은 것은? (다툼이 있는 경우 판례에 의함)

① 일정기간 수사관서에 출석하지 않았다는 사유로 관세법위반압수물품을 별도의 재판이나 처분없이 국고에 귀속시키도록한 구 「관세법」 조항은 적법절차원칙에 위배된다.

② 원전개발에 있어서 인근 주민 및 관계전문가 등으로부터 의견을 듣는 청취절차의 주체가 반드시 행정기관이나 독립된 제3의 기관이 아니더라도 공정성과 객관성이 담보되는 절차가 마련되어 있는 경우, 전원개발사업자가 그 주체가 되어도 적법절차원칙에 위배되지 않는다.

③ 법원에 의한 범죄인인도심사는 형사절차와 같은 전형적인 사법절차의 대상에 해당되지 않으며 법률에 의하여 인정된 특별한 절차이므로, 「범죄인인도법」이 범죄인인도심사를 서울고등법원의 전속관할인 단심제로 정하고 있더라도, 적법절차원칙에서 요구되는 합리성과 정당성을 결여한 것은 아니다.

④ 헌법에서 채택하고 있는 적법절차원칙은 모든 국가작용이 아닌 신체의 자유와 관련되는 형사처벌에만 적용되며, 행정상의 불이익으로 전투경찰순경에 대한 징계처분 중 하나인인신구금을 내용으로 하는 영창처분에는 적용되지 않는다.

13

신체의 자유에 관한 설명 중 옳은 것을 모두 고른 것은? (다툼이 있는 경우 판례에 의함)

┌───┐

㉠ 수형자가 민사재판에 출정하여 법정 대기실 내 쇠 창살 격리시설 안에 유치되어 있는 동안 교도소장 이 출정계호교도관을 통해 수형자에게 양손수갑 1 개를 앞으로 사용한 행위는 신체의 자유를 침해한 것이다.

㉡ 「민사집행법」상 재산명시의무를 위반한 채무자에 대하여 법원의 결정으로 20일 이내의 감치에 처하 도록 규정한 것은 신체의 자유를 침해하지 않는다.

㉢ 지방의회에서의 사무감사·조사를 위한 증인의 동 행명령장 제도는 증인의 신체의 자유를 억압하여 일정 장소로 인치하는 것으로서 헌법 제12조 제3항 의 체포 또는 구속에 준하는 사안이므로 동행명령 장을 집행하기 위해서는 법관이 발부한 영장제시가 필요하다.

㉣ 약식명령에 대한 정식재판청구권 회복청구시 필요 적 집행정지가 아닌 임의적 집행정지로 규정한 「형 사소송법」 조항은 약식명령에 의한 벌금형을 납부 하지 않아 노역장에 유치된 자의 신체의 자유를 침 해한 것이다.

└───┘

① ㉠㉡　　　　　　② ㉡㉢

③ ㉡㉣　　　　　　④ ㉢㉣

14

이중처벌금지에 관한 내용 중 옳고 그름이 바르게 연결된 것은? (다툼이 있는 경우 판례에 의함)

┤ 보기 ├

㉠ 확정된 구제명령을 따르지 않은 사용자에게 형벌을 부과하고 있음에도, 구제명령을 받은 후 이행기한 까지 구제명령을 이행하지 아니한 사용자에게 별도 의 이행강제금을 부과하는 것은 이중처벌금지원칙 에 위배되지 아니한다.

㉡ 추징은 몰수에 갈음하여 그 가액의 납부를 명령하 는 사법 처분이나 부가형의 성질을 갖는 일종의 형 벌이고, 출국금지 처분 역시 거주·이전의 자유를 제한하는 형벌적 성격을 갖기 때문에, 일정 금액 이 상의 추징금을 미납한 자에게 내리는 출국금지처분 은 이중처벌금지원칙에 위배된다.

㉢ 보호관찰이나 사회봉사 또는 수강을 조건으로 집행 유예를 선고받은 자의 집행유예가 취소되는 경우 사회봉사 등 의무를 이행하였는지 여부와 관계없이 유예되었던 본형 전부를 집행하는 것은 이중처벌금 지원칙에 위반되지 아니한다.

㉣ 이미 3회 이상의 음주운전으로 운전면허취소처분 을 받은 사람이 신규면허를 취득한 후에 음주운전 으로 1회만 적발되더라도 이미 처벌받은 3회의 음 주운전 전력에 근거해 운전면허를 재차 취소하도록 하는 것은 이중처벌금지원칙에 위배된다.

① ㉠(×) ㉡(○) ㉢(○) ㉣(×)

② ㉠(○) ㉡(×) ㉢(○) ㉣(×)

③ ㉠(○) ㉡(×) ㉢(×) ㉣(○)

④ ㉠(○) ㉡(○) ㉢(○) ㉣(○)

15

자기책임의 원리에 관한 설명 중 가장 적절하지 않은 것은? (다툼이 있는 경우 판례에 의함)

① 자기책임의 원리는 민사법이나 형사법에 국한된 원리라기보다는 근대법의 기본이념으로서 법치주의에 당연히 내재하는 원리로 볼 것이고 자기책임의 원리에 반하는 제재는 그 자체로서 헌법에 위반된다.

② 선박소유자가 고용한 선장이 선박소유자의 업무에 관하여 범죄행위를 하면 그 선박소유자에게도 동일한 벌금형을 과하도록 규정한 구 「선박안전법」 조항은, 다른 사람의 범죄에 대하여 그 책임 유무를 묻지 않고 형벌을 부과하는 것으로서 책임주의 원칙에 반한다.

③ 공직선거 후보자의 배우자가 「공직선거및선거부정방지법」 상중대 선거범죄를 범함으로 인하여 징역형 또는 300만 원 이상의 벌금형의 선고를 받은 때에 그 후보자의 당선을 무효로 하는 조항은 연좌제에 해당하지 아니한다.

④ 구 「공직자윤리법」상 매각 또는 백지신탁의 대상이 되는 주식의 보유한도액을 결정함에 있어 국회의원 본인뿐만 아니라 본인과 일정한 친족관계가 있는 자들의 보유주식 역시 포함하도록 하고 있는 것은 연좌제에 해당하여 헌법에 위배된다.

16

거주·이전의 자유에 관한 설명 중 가장 적절한 것은? (다툼이 있는 경우 판례에 의함)

① 여행금지국가로 고시된 사정을 알면서도 외교부장관으로부터 예외적 여권사용 등의 허가를 받지 않고 여행금지국가를 방문하는 등의 행위를 형사처벌하는 「여권법」 조항은 여권사용 등 허가 신청인의 거주·이전의 자유를 침해한다.

② 법무부장관으로 하여금 거짓이나 그 밖의 부정한 방법으로 귀화허가를 받은 자에 대하여 그 허가를 취소할 수 있도록 규정하면서도 그 취소권의 행사기간을 따로 정하고 있지 아니한 「국적법」 조항은 귀화허가가 취소되는 당사자의 거주·이전의 자유를 침해하지 아니한다.

③ 병역법령에 의할 때 예외적인 경우가 아니면 27세까지만 징집 연기가 가능하다는 점을 고려하여, 병역준비역에 대하여 27세를 초과하지 않는 범위에서만 단기 국외여행을 허가하도록 규정하는 것은 단기 국외여행허가를 받고자 하는 27세가 넘은 병역준비역의 거주·이전의 자유를 침해한다.

④ 이륜차의 고속도로 통행 제한은 거주·이전의 자유를 제한하는 것이고, 행복추구권에서 우러나오는 일반적 행동의 자유를 제한하는 것은 아니다.

17

직업의 자유에 관한 설명 중 가장 적절하지 않은 것은? (다툼이 있는 경우 판례에 의함)

① 안경사 면허를 가진 자연인에게만 안경업소의 개설 등을 할 수 있도록 하고, 이를 위반 시 처벌하도록 규정한 구 「의료기사등에관한 법률」 조항은 법인을 설립하여 안경업소를 개설하고자 하는 자연인 안경사와 안경업소를 개설하고자 하는 법인의 직업의 자유를 침해한다.

② 금고 이상의 실형을 선고받고 그 집행이 종료된 날부터 3년이 경과되지 않은 경우 중개사무소 개설등록을 취소하도록 하는 「공인중개사법」 조항은 동 조항으로 인해 개설등록이 취소된 공인중개사의 직업선택의 자유를 침해하지 않는다.

③ '직업'이란 생활의 기본적 수요를 충족시키기 위해서 행하는 계속적인 소득활동을 의미하므로 학교운영위원이 무보수봉사직이라는 점을 고려하면 운영위원으로서의 활동을 헌법상 직업의 개념에 포함시킬 수 없다.

④ 직업의 자유를 제한함에 있어, 당사자의 능력이나 자격과 상관없는 객관적 사유에 의한 직업선택의 자유의 제한은 월등하게 중요한 공익을 위하여 명백하고 확실한 위험을 방지하기 위한 경우에만 정당화될 수 있다.

18

사생활의 비밀과 자유에 관한 설명 중 가장 적절하지 않은 것은? (다툼이 있는 경우 판례에 의함)

① 법무부 훈령인 구 「계호업무지침」에 따라 교도소장이 수용자가 없는 상태에서 거실 및 작업장을 검사한 행위는 비록 교도소의 안전과 질서를 유지하고, 수형자의 교화·개선에 지장을 초래할 수 있는 물품을 차단하기 위한 것이라 하더라도, 보다 덜 제한적인 대체수단을 찾을 수 있으므로 수용자의 사생활의 비밀과 자유를 침해한다.

② 일반 교통에 사용되고 있는 도로는 국가와 지방자치단체가 그 관리책임을 맡고 있는 영역이며, 수많은 다른 운전자 및 보행자 등의 법익 또는 공동체의 이익과 관련된 영역으로, 그 위에서 자동차를 운전하는 행위는 더 이상 개인적인 내밀한 영역에서의 행위가 아니다.

③ 보호자 전원이 반대하지 않는 한 어린이집에 의무적으로 CCTV를 설치하도록 정한 「영유아보육법」 조항은 어린이집 보육교사의 사생활의 비밀과 자유를 침해하는 것은 아니다.

④ 변호사의 업무는 다른 어느 직업적 활동보다도 강한 공공성을 내포한다는 점 등을 감안하여 볼 때, 변호사의 업무와 관련된 수임사건의 건수 및 수임액이 변호사의 내밀한 개인적 영역에 속하는 것이라고 보기 어렵다.

19

개인정보자기결정권에 관한 설명 중 옳고 그름의 표시
(○, ×)가 바르게 된 것은? (다툼이 있는 경우 판례에 의함)

┤ 보기 ├

㉠ 개인정보자기결정권의 보호대상이 되는 개인정보
는 개인의 신체, 신념, 사회적 지위, 신분 등과 같이
개인의 인격주체성을 특징짓는 사항으로 그 개인의
동일성을 식별할 수있게 하는 일체의 정보이며, 반
드시 개인의 내밀한 영역이나 사사(私事)의 영역에
속하는 정보에 국한되지 않고 공적 생활에서 형성
되었거나 이미 공개된 개인정보까지 포함한다.

㉡ 국회의원이 '각급학교 교원의 교원단체 및 교원노조
가입현황 실명자료'를 인터넷을 통하여 공개한 행위
는 해당 교원들의 개인정보자기결정권을 침해한다.

㉢ 거짓이나 그 밖의 부정한 방법으로 보조금을 교부
받거나 보조금을 유용하여 어린이집 운영정지, 폐
쇄명령 또는 과징금처분을 받은 어린이집에 대하여
그 위반사실을 공표하도록 한 구 「영유아보육법」
조항은 개인정보자기결정권을 침해한다.

㉣ 아동·청소년에 대한 강제추행죄로 유죄판결이 확
정된 자를 신상정보 등록대상자로 규정하고 그로
하여금 관할 경찰관서의장에게 신상정보를 제출하
도록 하며 신상정보가 변경될 경우 그 사유와 변경
내용을 제출하도록 하는 「성폭력범죄의처벌등에 관
한 특례법」 조항은 개인정보자기결정권을 침해하지
않는다.

① ㉠(×) ㉡(○) ㉢(○) ㉣(×)
② ㉠(○) ㉡(×) ㉢(○) ㉣(○)
③ ㉠(○) ㉡(○) ㉢(×) ㉣(○)
④ ㉠(○) ㉡(○) ㉢(○) ㉣(○)

20

통신의 자유에 관한 설명 중 가장 적절하지 않은 것은?
(다툼이 있는 경우 판례에 의함)

① 법원 등 관계기관이 수용자에게 보낸 문서를 교도소장
이 열람한 행위는, 다른 법령에 따라 열람이 금지된 문
서는 열람할 수 없고, 열람한 후에는 본인에게 신속히
전달하여야 하므로, 해당 수용자의 통신의 자유를 침
해하지 아니한다.

② 「통신비밀보호법」이 '공개되지 아니한 타인간의 대화
를 녹음 또는 청취하지 못한다'라고 정한 것은, 대화에
원래부터 참여하지 않는 제3자가 그 대화를 하는 타인
들 간의 발언을 녹음해서는 아니 된다는 취지이다.

③ 사생활의 비밀과 자유에 포섭될 수 있는 사적 영역에
속하는 통신의 자유를 헌법이 별개의 조항을 통해 기
본권으로 보장하는 이유는 우편이나 전기통신의 운영
이 전통적으로 국가독점에서 출발하였기 때문에 개인
간의 의사소통을 전제로 하는 통신은 국가에 의한 침
해가능성이 여타의 사적 영역보다 크기 때문이다.

④ 전기통신역무제공에 관한 계약을 체결하는 경우 전기
통신사업자로 하여금 가입자에게 본인임을 확인할 수
있는 증서 등을 제시하도록 요구하고 부정가입방지시
스템 등을 이용하여 본인인지 여부를 확인하도록 한
「전기통신사업법」 조항은 익명으로 이동통신서비스에
가입하여 자신들의 인적 사항을 밝히지 않은 채 통신
하고자 하는 사람들의 통신의 자유를 침해한다.

21

양심의 자유에 관한 설명 중 가장 적절하지 않은 것은? (다툼이 있는 경우 판례에 의함)

① 음주측정요구에 응하여야 할 것인지에 대한 고민은 선과 악의 범주에 관한 진지한 윤리적 결정을 위한 고민이라 할 수 없고, 그 고민 끝에 어쩔 수 없이 음주측정요구에 응하였다 하여 내면적으로 구축된 인간양심이 왜곡·굴절된다고 할 수 없으므로 음주측정요구가 양심의 자유를 침해하는 것이라고 할 수 없다.

② 국가의 존립과 안전을 위한 불가결한 헌법적 가치를 담고 있는 국방의 의무와 개인의 인격과 존엄의 기초가 되는 양심의 자유가 서로 충돌하는 경우, 입법자는 두 가치를 양립시킬 수 있는 조화점을 최대한 모색해야 하고, 그것이 불가능해 부득이 어느 하나의 헌법적 가치를 후퇴시킬 수밖에 없는 경우에도 그 목적에 비례하는 범위 내에 그쳐야 한다.

③ 자신의 인격권이나 명예권을 보호하기 위하여 자신의 태도나 입장을 외부에 설명하거나 해명하는 행위는 단순한 생각이나 의견, 사상이나 확신 등의 표현행위라고 볼 수 있어, 그 행위가 선거에 영향을 미치게 하기 위한 것이라는 이유로 이를 하지 못하게 된다 하더라도 양심의 자유의 보호영역에 포괄되지 아니한다.

④ 취업규칙에서 사용자가 사고나 비위행위 등을 저지른 근로자에게 시말서를 제출하도록 명령할 수 있다고 규정하는 경우, 그 시말서가 단순히 사건의 경위를 보고하는 데 그치지 않고 '자신의 잘못을 반성하고 사죄한다는 내용'이 포함된 사죄문 또는 반성문의 의미를 가지고 있다 할지라도 이를 두고 양심의 자유를 침해하였다고 볼 수는 없다.

22

언론·출판의 자유에 관한 설명 중 가장 적절하지 않은 것은? (다툼이 있는 경우 판례에 의함)

① 비의료인의 의료에 관한 광고를 금지하고 처벌하는 「의료법」조항은 국민의 생명권과 건강권을 보호하고 국민의 보건에 관한 국가의 보호의무를 이행하기 위하여 필요한 최소한도 내의 제한이라고 할 것이므로, 비의료인의 표현의 자유를 침해하지 않는다.

② 사전허가금지의 대상은 언론·출판의 자유의 내재적 본질인 표현의 내용을 보장하는 것뿐만 아니라, 언론·출판을 위해 필요한 물적 시설이나 언론기업의 주체인 기업인으로서의 활동까지 포함된다.

③ 인터넷신문사업자에게 취재 인력 3명 이상을 포함하여 취재 및 편집 인력 5명 이상을 상시적으로 고용할 것을 요구하는 것은 소규모 인터넷신문이 언론으로서 활동할 수 있는 기회 자체를 원천적으로 봉쇄할 수 있음에 비하여, 인터넷신문의 신뢰도 제고라는 입법목적의 효과는 불확실하다는 점에서 과잉금지 원칙에 위배되어 언론의 자유를 침해한다.

④ 표현의 자유는 사상 또는 의견을 자유롭게 표명할 자유와 그것을 전파할 자유를 의미하는 것으로서, 그러한 의사의 자유로운 표명과 전파의 자유에는 자신의 신원을 누구에게도 밝히지 아니한 채 익명 또는 가명으로 자신의 사상이나 견해를 표명하고 전파할 익명표현의 자유도 포함된다.

23

알 권리에 관한 설명 중 가장 적절한 것은? (다툼이 있는 경우 판례에 의함)

① 교원의 개인정보 공개를 금지하고 있는 「교육관련기관의정보공개에 관한 특례법」 조항은 학부모들의 알 권리를 침해한다.

② 저속한 간행물의 출판을 전면 금지시키고 이를 위반하면 출판사의 등록을 취소시킬 수 있도록 한다고 해서 청소년보호를 위해 지나치게 과도한 수단을 선택했다거나 성인의 알 권리를 침해하는 것은 아니다.

③ 정보공개청구의 대상이 되는 정보가 이미 다른 사람에게 공개하여 널리 알려져 있다거나 인터넷이나 관보 등을 통하여 공개하여 인터넷검색이나 도서관에서의 열람 등을 통하여 쉽게 알 수 있다는 사정만으로는 비공개 결정이 정당화될 수는 없다.

④ 국군의 이념 및 사명을 해할 우려가 있는 도서로 인하여 군인들의 정신전력이 저해되는 것을 방지하기 위하여 불온도서의 소지·전파 등을 금지하는 「군인복무규율」 조항은 군인의 알 권리를 침해한다.

24

집회의 자유에 관한 설명 중 가장 적절하지 않은 것은? (다툼이 있는 경우 판례에 의함)

① 「집회 및 시위에 관한 법률」상의 시위는 반드시 '일반인이 자유로이 통행할 수 있는 장소'에서 이루어져야 한다거나 '행진' 등 장소 이동을 동반해야만 성립하는 것은 아니다.

② 국회의장 공관의 경계 지점으로부터 100미터 이내의 장소에서의 옥외집회 또는 시위를 일률적으로 금지하고, 이를 위반한 집회·시위의 참가자를 처벌하는 구 「집회 및 시위에 관한 법률」 조항은 국회의장의 원활한 직무 수행, 공관 거주자 등의 신변안전, 주거의 평온, 공관으로의 자유로운 출입 등이 저해될 위험이 있음을 고려한 것으로 집회의 자유를 침해하지 않는다.

③ 집회의 금지와 해산은 원칙적으로 공공의 안녕질서에 대한 직접적인 위협이 명백하게 존재하는 경우에 한하여 허용될 수 있다.

④ 관할경찰관서장은 집회 또는 시위의 시간과 장소가 중복되는 2개 이상의 신고가 있는 경우 그 목적으로 보아 서로 상반되거나 방해가 된다고 인정되면 각 옥외집회 또는 시위 간에 시간을 나누거나 장소를 분할하여 개최하도록 권유하는 등 각 옥외집회 또는 시위가 서로 방해되지 아니하고 평화적으로 개최·진행될 수 있도록 노력하여야 한다.

25

헌법상 재산권으로 인정되는 것은? (다툼이 있는 경우 판례에 의함)

> ㉠ 교원의 정년단축으로 기존 교원이 입는 경제적 불이익
> ㉡ 정당한 지목을 토지대장에 등록함으로써 토지소유자가 누리게 될 이익
> ㉢ 「공무원연금법」상 퇴직연금수급권
> ㉣ 「우편법」상 우편물의 지연배달에 따른 손해배상청구권
> ㉤ 「의료급여법」상 의료급여수급권

① 1개　　　　　　　② 2개
③ 3개　　　　　　　④ 4개

26

선거에 관한 설명 중 옳지 않은 것을 모두 고른 것은?

> ㉠ 대통령 및 국회의원의 선거권 연령은 헌법에 18세 이상으로 명문화되어 있다.
> ㉡ 대통령선거에 있어서 최고득표자가 2인 이상인 때에는 국회의 재적의원 과반수가 출석한 공개회의에서 다수표를 얻은 자를 당선자로 한다.
> ㉢ 「출입국관리법」 제10조에 따른 영주의 체류자격 취득일 후 3년이 경과한 외국인으로서 같은 법 제34조에 따라 해당 지방자치단체의 외국인등록대장에 올라 있는 사람은 그 구역에서 선거하는 지방자치단체의 의회의원 및 장의 선거권이있다.
> ㉣ 임기만료에 의한 국회의원선거의 선거일은 그 임기만료일전 60일 이후 첫번째 수요일이다.

① ㉠㉡　　　　　　② ㉠㉣
③ ㉡㉢　　　　　　④ ㉢㉣

27

공무담임권에 관한 설명 중 가장 적절하지 않은 것은? (다툼이 있는 경우 판례에 의함)

① 선출직 공무원의 공무담임권은 선거를 전제로 하는 대의제의 원리에 의하여 발생하는 것이므로 공직의 취임이나 상실에 관련된 어떠한 법률조항이 대의제의 본질에 반한다면 이는 공무담임권도 침해하는 것이라고 볼 수 있다.

② 수뢰죄를 범하여 금고 이상의 형의 선고유예를 받은 국가공무원을 당연퇴직하도록 하는 「국가공무원법」 조항은 해당 공무원의 공무담임권을 침해하지 않는다.

③ 「군인사법」상 부사관으로 최초로 임용되는 사람의 최고연령을 27세로 정한 부분은, 계급과 연령의 역전 현상이 현재도 존재하고 상위 계급인 장교의 경우 27세의 연령상한에 상당한 예외가 존재하는 점 등을 고려할 때 부사관 지원자의 공무담임권을 침해한다.

④ 공직선거 및 교육감선거 입후보 시 선거일 전 90일까지 교원직을 그만두도록 하는 「공직선거법」 및 「지방교육자치에 관한 법률」 조항은 교원이 그 신분을 지니는 한 계속적으로 직무에 전념할 수 있도록 하기 위한 것으로 교원의 공무담임권을 침해하지 않는다.

28

청원권에 관한 설명 중 가장 적절한 것은? (다툼이 있는 경우 판례에 의함)

① 청원권은 공권력과의 관계에서 일어나는 여러 가지 이해관계, 의견, 희망 등에 관하여 적법한 청원을 한 모든 국민에게 그 주관관서인 국가기관이 청원을 수리할 뿐만 아니라 이를 심사하여 청원자에게 그 처리결과를 통지할 것을 요구할 수 있는 권리를 말한다.

② 정부에 제출된 정부의 정책에 관계되는 청원의 심사와는 달리, 정부에 회부된 정부의 정책에 관계되는 청원의 심사는 반드시 국무회의의 심의를 거쳐야 하는 것은 아니다.

③ 국회에 청원하는 방법을 정한 「국회법」 조항 중 '국회규칙으로 정하는 기간 동안 국회규칙으로 정하는 일정한 수 이상의 국민의 동의를 받아' 부분은 국회규칙으로 규정될 내용 및 범위의 기본사항을 구체적으로 규정하고 있지 않아 그 대강을 예측할 수 없으므로 포괄위임금지원칙에 위반되어 청원권을 침해한다.

④ 청원이 단순한 호소나 요청이 아닌 구체적인 권리행사로서의 성질을 갖더라도 그에 대한 국가기관의 거부행위가 당연히 헌법소원의 대상이 되는 공권력의 행사라고 할 수는 없다.

29

재판을 받을 권리에 관한 설명 중 가장 적절하지 않은 것은? (다툼이 있는 경우 판례에 의함)

① 공정한 재판을 받을 권리는 헌법 제27조의 재판청구권에 의하여 함께 보장되고, 재판청구권에는 민사재판, 형사재판, 행정재판뿐만 아니라 헌법재판을 받을 권리도 포함되므로, 헌법상 보장되는 기본권인 '공정한 재판을 받을 권리'에는 '공정한 헌법재판을 받을 권리'도 포함된다.

② 헌법이 대법원을 최고법원으로 규정하고 있다는 점과 함께 절차법이 정한 절차에 따라 실체법이 정한 내용대로 재판을 받을 권리를 보장하고자 하는 헌법 제27조의 취지에서 본다면, 재판청구권에는 대법원이 모든 사건을 상고심으로서 관할하여야 한다는 결론을 당연히 도출 할 수 있다.

③ 헌법 제27조 제1항이 보장하는 공정한 재판을 받을 권리에는 공격, 방어권이 충분히 보장되는 재판을 받을 권리가 포함되어 있지만, 외국에 나가 증거를 수집할 권리까지 포함되는 것은 아니다.

④ 신속한 재판을 받을 권리의 실현을 위해서는 구체적인 입법형성이 필요하며, 다른 사법절차적 기본권에 비하여 폭넓은 입법재량이 허용되므로, 법률에 의한 구체적 형성없이는 신속한 재판을 위한 어떤 직접적이고 구체적인 청구권이 발생하지 아니한다.

30

국가배상청구권에 관한 설명 중 옳은 것을 모두 고른 것은? (다툼이 있는 경우 판례에 의함)

> ⊙ 국가배상청구권의 성립요건으로서 공무원의 고의 또는 과실을 규정한 것은 원활한 공무집행을 위한 입법정책적 고려에 따라 법률로 이미 형성된 국가배상청구권의 행사 및 존속을 제한한 것이다.
> ⓛ 청구기간 내에 제기된 헌법소원심판청구 사건에서 헌법재판소 재판관이 청구기간을 오인하여 각하결정을 한 경우, 이에 대한 불복절차 내지 시정절차가 없는 때에는 국가배상책임을 인정할 수 있다.
> ⓒ 법률이 헌법에 위반되는지 여부를 심사할 권한이 없는 공무원으로서는 행위 당시의 법률에 따를 수밖에 없으므로, 행위의 근거가 된 법률조항에 대하여 행위 후에 위헌결정이 선고되더라도 위 법률조항에 따라 행위한 당해 공무원에게는 고의 또는 과실이 있다 할 수 없어 국가배상책임은 성립되지 아니한다.
> ⓔ 보상금 등의 지급결정에 동의한 때 "민주화운동과 관련하여 입은 피해"에 대해 재판상 화해의 성립을 간주하는 구 「민주화운동 관련자 명예회복 및 보상 등에 관한 법률」 조항은 적극적·소극적 손해에 관한 부분에 있어서는 민주화운동 관련자와 유족의 국가배상청구권을 침해하지 않는다.

① ⊙ⓒ   ② ⓛⓒ
③ ⊙ⓛⓔ   ④ ⓛⓒⓔ

31

교육을 받을 권리에 관한 설명 중 가장 적절한 것은? (다툼이 있는 경우 판례에 의함)

① 헌법 제31조 제1항에서 보장되는 교육의 기회균등권은 '특히 경제적 약자가 실질적인 평등교육을 받을 수 있도록 국가가 적극적 정책을 실현해야 한다는 것'을 의미하므로 이로부터 국민이 직접 실질적 평등교육을 위한 교육비를 청구할 권리가 도출된다고 할 수 있다.
② 부모의 자녀교육권은 기본권의 주체인 부모의 자기결정권이라는 의미에서 보장되는 자유일 뿐만 아니라 자녀의 보호와 인격발현을 위하여 부여되는 기본권이다.
③ 한자를 국어과목에서 분리하여 초등학교 재량에 따라 선택적으로 가르치도록 하는 것은, 국어교과의 내용으로 한자를 배우고 일정 시간 이상 필수적으로 한자교육을 받음으로써 교육적 성장과 발전을 통해 자아를 실현하고자 하는 학생들의 자유로운 인격발현권을 제한하기는 하나 학부모의 자녀교육권을 제한하는 것은 아니다.
④ 교원의 지위를 포함한 교육제도 등의 법정주의를 규정하고 있는 헌법 제31조 제6항은 교원의 기본권보장 내지 지위보장뿐만 아니라 교원의 기본권을 제한하는 근거가 될 수도있다.

32

근로의 권리 및 근로3권에 관한 설명 중 가장 적절하지 않은 것은? (다툼이 있는 경우 판례에 의함)

① 헌법 제32조 근로의 권리는 근로자를 개인의 차원에서 보호하기 위한 권리로서 개인인 근로자가 근로의 권리의 주체가 되는 것이고, 노동조합은 그 주체가 될 수 없다.
② 근로관계 종료 전 사용자로 하여금 근로자에게 해고예고를 하도록 하는 것은 개별 근로자의 근로조건이라 할 수 없으므로 해고예고에 관한 권리는 근로의 권리의 내용에 포함되지 않는다.
③ 근로자의 단결권이 근로자 단결체로서 사용자와의 관계에서 특별한 보호를 받아야 할 경우에는 근로3권에 관한 헌법제33조가 우선적으로 적용되지만, 그렇지 않은 통상의 결사 일반에 대한 문제일 경우에는 헌법 제21조 제2항이 적용되므로 노동조합에도 헌법 제21조 제2항의 결사에 대한 허가제금지원칙이 적용된다.
④ 사인 간 기본권 충돌의 경우 입법자에 의한 규제와 개입은 개별기본권 주체에 대한 기본권 제한의 방식으로 흔하게 나타나며, 근로계약이 사적 계약관계라는 이유로 국가가 개입할 수 없다고 볼 것은 아니다.

33

인간다운 생활을 할 권리에 관한 설명 중 가장 적절한 것은? (다툼이 있는 경우 판례에 의함)

① 인간다운 생활을 할 권리는 인간의 존엄에 상응하는 최소한의 물질적인 생활의 유지에 필요한 급부를 요구할 수 있는 권리를 의미하는데, 국가가 행하는 최저생활보장수준이 그 재량의 범위를 명백히 일탈하였는지 여부는 특정한 법률에 의한 생계급여만을 가지고 판단하여야 하는 것이지, 다른 법령에서의 각종 급여를 총괄한 수준으로 판단하여야 하는 것은 아니다.

② 사적자치에 의해 규율되는 사인 사이의 법률관계에서 계약갱신을 요구할 수 있는 권리나 보증금을 우선하여 변제받을 수 있는 권리 등은 헌법 제34조의 인간다운 생활을 할 권리의 보호대상에 포함된다.

③ 국가에게 헌법 제34조에 의하여 장애인의 복지를 위하여 노력을 해야 할 의무가 있다는 것은 장애인도 인간다운 생활을 누릴 수 있는 정의로운 사회질서를 형성해야 할 국가의 일반적인 의무를 뜻하는 것이다.

④ 구치소에 수용 중인 자의 경우 수용시설의 예산이 부족하여 적절한 의료적 처우를 받지 못하는 것이 현실이고 경제활동을 할 수 없어 의료비의 자비 부담이 어려움에도 불구하고, 「국민기초 생활 보장법」에 따른 보장의 기본단위인 '개별가구'에서 제외하여 의료급여 수급 자격을 부여하지 않기로 한 입법자의 판단은 구치소에 수용 중인 자들의 인간다운 생활을 할 권리를 침해한다.

34

권력분립원칙에 관한 설명 중 가장 적절하지 않은 것은? (다툼이 있는 경우 판례에 의함)

① 과세관청이 기존에는 존재하였으나 실효되어 더이상 존재한다고 볼 수 없는 법률조항을 여전히 유효한 것으로 해석·적용한 것에, 명백한 입법의 공백을 방지하고 형평성의 왜곡을 시정하고자 하는 특별한 목적이 있었다면, 설령 법률해석을 통해 과세의 근거를 창설하였더라도 헌법상 권력분립원칙에 반하지 않는다.

② 특별검사제도의 도입 여부를 입법부가 독자적으로 결정하고, 특별검사의 임명과정에서 대법원장이 추천한 자 중 1인을 대통령이 임명할 수밖에 없도록 하여 특별검사 임명에 관한 권한을 헌법기관 간에 분산시키는 것은 권력분립원칙에 반하지 않는다.

③ 국가의 기본권보호의무를 입법자가 어떻게 실현하여야 할 것인가 하는 문제는 원칙적으로 권력분립원칙과 민주주의원칙에 따라 국민에 의해 직접 민주적 정당성을 부여받은 입법자의 책임범위에 속하므로 헌법재판소는 단지 제한적으로만 입법자에 의한 보호의무의 이행을 심사할 수 있다.

④ 헌법원칙으로서의 권력분립원칙은 구체적인 헌법질서와 분리하여 파악될 수 없는 것으로 권력분립원칙의 구체적 내용은 헌법으로부터 나오므로, 어떠한 국가행위가 권력분립원칙에 위배되는지 여부는 구체적인 헌법규범을 토대로 판단되어야 한다.

통치구조론

35

국회의원에 관한 설명 중 가장 적절하지 않은 것은? (다툼이 있는 경우 판례에 의함)

① 자유위임은 의회 내에서의 정치의사형성에 정당의 협력을 배척하는 것이 아니며, 국회의원이 정당과 교섭단체의 지시에 기속되는 것을 배제하는 근거가 되는 것도 아니다.

② 국회의원의 법률안 심의·표결권은 헌법기관으로서의 국회의원 각자에게 모두 보장되는 헌법상 권한이므로, 국회의원의 개별적인 의사에 따라 포기할 수 있다.

③ 면책특권의 대상이 되는 행위는 국회의 직무수행에 필수적인 국회의원의 국회 내에서의 직무상 발언과 표결이라는 의사표현 행위 자체에만 국한되지 아니하고 이에 통상적으로 부수하여 행하여지는 행위까지 포함한다.

④ 국회의원을 체포하거나 구금하기 위하여 국회의 동의를 받으려고 할 때에는 관할법원의 판사는 영장을 발부하기 전에 체포동의 요구서를 정부에 제출하여야 한다.

36

대통령과 행정부에 관한 설명 중 가장 적절한 것은? (다툼이 있는 경우 판례에 의함)

① 대통령은 국가의 안위에 관계되는 중대한 교전상태에 있어서 국가를 보위하기 위하여 긴급한 조치가 필요하고 국회의 집회가 불가능한 때에 한하여 법률의 효력을 가지는 명령을 발할 수 있는데, 이 경우 지체없이 국회에 보고하여 그 승인을 얻어야 하며, 승인을 얻지 못한 때에는 그 명령은 소급하여 효력을 상실한다.

② 대통령의 불소추특권은 대통령이라는 특수한 신분에 따라 일반국민과는 달리 대통령 개인에게 특권을 부여한 것으로 볼 수 있다.

③ 국무회의는 대통령·국무총리를 포함하여 15인 이상 30인 이하의 국무위원으로 구성한다.

④ 성질상 정부의 구성단위인 중앙행정기관이라 할지라도, 법률상 그 기관의 장(長)이 국무위원이 아니라든가 또는 국무위원이라 하더라도 그 소관사무에 관하여 부령을 발할 권한이 없는 경우에는, 그 기관은 우리 헌법이 규정하는 실정법적 의미의 행정각부로는 볼 수 없다.

37

사법권의 독립에 관한 설명 중 가장 적절한 것은? (다툼이 있는 경우 판례에 의함)

① 형벌에 대한 입법자의 입법정책적 결단은 기본적으로 존중되어야 하므로 형사법상 법관에게 주어진 양형권한도 입법자가 만든 법률에 규정되어 있는 내용과 방법에 따라 그 한도 내에서 재판을 통해 형벌을 구체화하는 것으로 볼 수 있다.

② 「법원조직법」에 따라 마련된 대법원 양형위원회의 양형기준은 법관이 합리적인 양형을 정하는 데 참고할 수 있는 구체적이고 객관적인 기준이므로 법적 구속력을 갖는다.

③ 근무성적이 현저히 불량하여 판사로서 정상적인 직무를 수행할 수 없는 판사를 연임대상에서 제외하도록 규정한 구 「법원조직법」 조항은 법관의 신분보장에 미흡하므로 사법권의 독립을 침해한다.

④ 「법원조직법」의 "상급법원의 재판에 있어서의 판단은 당해사건에 관하여 하급심을 기속한다."라는 규정은 당해사건을 포함한 동종의 사건에 대한 선례로서의 구속력을 인정함으로써 심급제도의 합리적 유지 및 법원판단의 통일성 유지를 위한 것이다.

38

감사원에 관한 설명 중 가장 적절한 것은? (다툼이 있는 경우 판례에 의함)

① 감사위원은 감사원장의 제청으로 국회의 동의를 얻어 대통령이 임명한다.

② 감사원은 대통령 소속기관이므로 헌법 제86조에 따라 대통령을 보좌하며 행정에 관하여 대통령의 명을 받아 행정각부를 통할하는 국무총리의 통할을 받는다.

③ 감사원장이 사고로 인하여 직무를 수행할 수 없을 때에는 감사위원 중 연장자가 그 권한을 대행한다.

④ 감사위원회의는 원장을 포함한 감사위원 전원으로 구성하며, 재적 감사위원 과반수의 찬성으로 의결한다.

39

헌법재판소의 심판절차에 관한 설명 중 가장 적절하지 않은 것은? (다툼이 있는 경우 판례에 의함)

① 탄핵의 심판, 정당해산의 심판 및 권한쟁의의 심판은 구두변론에 의한다.

② 헌법소원심판청구가 부적법하다고 하여 각하된 후 그 결정에서 판시한 요건의 흠결을 보완하지 않고 다시 청구한 것은 일사부재리의 원칙상 허용되지 아니한다.

③ 「헌법재판소법」은 권한쟁의심판과 헌법소원심판과는 달리 정당해산심판에 관하여는 명문으로 가처분을 규정하고 있지 않다.

④ 정당해산심판절차에서는 재심을 허용하지 아니함으로써 얻을 수 있는 법적 안정성의 이익보다 재심을 허용함으로써 얻을 수 있는 구체적 타당성의 이익이 더 크므로 재심을 허용하여야 한다.

40

위헌법률심판 및 「헌법재판소법」 제68조 제2항의 헌법소원심판에 관한 설명 중 가장 적절한 것은? (다툼이 있는 경우 판례에 의함)

① 「헌법재판소법」 제41조 제1항의 위헌법률심판제청신청과 제68조 제2항의 헌법소원의 대상은 '법률'이지 '법률의 해석'이 아니므로 한정위헌청구는 원칙적으로 부적법하다.

② '법률의 부존재' 자체가 국민의 기본권을 침해할 수 있으므로 진정입법부작위를 다투는 「헌법재판소법」 제68조 제2항의 헌법소원심판은 허용된다.

③ 형벌에 관한 법률 또는 법률의 조항에 대하여 위헌 결정이 있는 경우에는 소급하여 그 효력을 상실하나, 해당 법률 또는 법률의 조항에 대하여 종전에 합헌으로 결정한 사건이 있는 경우에는 그 결정이 있는 날로 소급하여 효력을 상실한다.

④ 제1심인 당해사건에서 「헌법재판소법」 제68조 제2항의 헌법소원을 청구하였는데, 당해사건의 항소심에서 항소를 취하하여 원고패소의 원심판결이 확정된 경우에도 재판의 전제성은 인정된다.

04 회 | 2024 입법고시

01

기본권의 주체에 대한 설명으로 옳지 않은 것은? (다툼이 있는 경우 판례에 의함)

① 근로의 권리 중 '일할 자리에 관한 권리'가 아닌 '일할 환경에 관한 권리'에 대해서는 외국인의 기본권 주체성이 인정된다.

② 불법체류 중인 외국인에 대해서는 기본권 주체성이 부인된다.

③ 수정란이 모체에 착상되기 이전이나 원시선이 나타나기 이전의 초기배아에 대해서는 기본권 주체성이 인정되지 않는다.

④ 정당이 등록이 취소된 이후에도 '등록정당'에 준하는 '권리능력 없는 사단'으로서의 실질을 유지하고 있다고 볼 수 있으면 헌법소원의 청구인능력을 인정할 수 있다.

⑤ 공법인이나 이에 준하는 지위를 가진 자라 하더라도 사경제 주체로서 활동하는 경우나 조직법상 국가로부터 독립한 고유 업무를 수행하는 경우, 그리고 다른 공권력 주체와의 관계에서 지배복종관계가 성립되어 일반 사인처럼 그 지배하에 있는 경우 등에는 기본권 주체가 될 수 있다.

02

일반적 인격권에 대한 설명으로 옳지 않은 것은? (다툼이 있는 경우 판례에 의함)

① 일반적 인격권에는 개인의 명예에 관한 권리도 포함되는데, 여기서 말하는 '명예'는 사람이나 그 인격에 대한 '사회적 평가', 즉 객관적·외부적 가치평가를 말하는 것이지 단순히 주관적·내면적인 명예감정은 포함하지 않는다.

② 외부 민사재판에 출정할 때 운동화를 착용하게 해달라는 수형자의 신청에 대하여 이를 불허한 교도소장의 행위는 수형자의 인격권을 침해하였다고 볼 수 없다.

③ 변호사 정보 제공 웹사이트 운영자가 변호사들의 개인 신상정보를 기반으로 한 인맥지수를 정보주체의 동의 없이 공개하는 서비스를 제공하는 행위는 변호사들의 개인정보에 관한 인격권을 침해한다.

④ 장래 가족 구성원이 될 태아의 성별 정보에 대한 접근을 국가로부터 방해받지 않을 부모의 권리는 일반적 인격권으로부터 도출된다.

⑤ 법인은 그 성질상 인격권의 한 내용인 사회적 신용이나 명예 등의 주체가 될 수 없다.

03

헌법개정에 대한 설명으로 옳은 것은? (다툼이 있는 경우 판례에 의함)

① 국회는 헌법개정안을 20일 이상 공고하여야 한다.

② 국회는 헌법개정안이 공고된 날로부터 90일 이내에 의결하여야 한다.

③ 헌법개정안은 국회가 의결한 후 30일 이내에 국민투표에 붙여 국회의원선거권자 과반수의 투표와 투표자 과반수의 찬성을 얻어야 한다.

④ 대통령의 임기연장 또는 중임변경을 위한 헌법개정은 그 헌법개정 제안 당시의 대통령에 대해서는 효력이 없다는 헌법조항은 제9차 개정헌법에 처음 규정되었다.

⑤ 헌법의 각 개별규정 가운데 무엇이 헌법제정 규정이고 무엇이 헌법개정 규정인지를 구분하는 것이 가능할 뿐만 아니라, 그 효력상의 차이도 인정할 수 있다.

04

명확성 원칙에 대한 설명으로 옳지 않은 것은? (다툼이 있는 경우 판례에 의함)

① 명확성 원칙에서 명확성의 정도는 모든 법률에 있어서 동일한 정도로 요구되는 것은 아니고, 개개의 법률이나 법조항의 성격에 따라 요구되는 정도에 차이가 있을 수 있다.

② 응급의료에 관한 법률 조항 중 '누구든지 응급의료 종사자의 응급환자에 대한 진료를 폭행, 협박, 위계, 위력, 그 밖의 방법으로 방해하여서는 아니된다'는 부분 가운데 '그 밖의 방법' 부분은 죄형법정주의의 명확성 원칙에 위반되지 않는다.

③ 형법상 정당방위 규정은 범죄 성립을 정하는 구성요건 규정이 아니기 때문에 죄형법정주의가 요구하는 명확성 원칙이 적용되지 않는다.

④ 술에 취한 상태에서의 운전을 금지하는 도로교통법 조항을 2회 이상 위반한 음주운전자를 가중처벌하는 조항은 죄형법정주의의 명확성 원칙에 위배되지 않는다.

⑤ 인터넷언론사로 하여금 선거운동기간 중 당해 홈페이지 게시판 등에 정당·후보자에 대한 지지·반대 등의 정보를 게시하는 경우 실명을 확인받는 기술적 조치를 하도록 정한 공직선거법 조항에서 '인터넷언론사' 부분 및 정당 후보자에 대한 '지지·반대' 부분은 명확성 원칙에 위배되지 않는다.

05

일반적 행동자유권에 대한 설명으로 옳지 않은 것은? (다툼이 있는 경우 판례에 의함)

① 일반적 행동자유권에는 적극적으로 자유롭게 행동을 하는 것은 물론 소극적으로 행동을 하지 않을 자유 즉, 부작위의 자유도 포함된다.

② 일반적 행동자유권은 가치 있는 행동만 그 보호영역으로 하는 것이어서, 여기에는 위험한 스포츠를 즐길 권리와 같은 위험한 생활방식으로 살아갈 권리는 포함되지 않는다.

③ 법률행위의 영역에 있어서 계약자유의 원칙은 일반적 행동자유권으로부터 파생되는 것이다.

④ 개인이 대마를 자유롭게 수수하고 흡연할 자유도 일반적 행동자유권의 보호영역에 속한다.

⑤ 지역 방언을 자신의 언어로 선택하여 공적 또는 사적인 의사소통과 교육의 수단으로 사용하는 것은 일반적 행동의 자유 내지 개성의 자유로운 발현의 한 내용이 된다.

06

자기결정권에 대한 설명으로 옳지 않은 것은? (다툼이 있는 경우 판례에 의함)

① 자기결정권은 인간의 존엄성을 실현하기 위한 수단으로서 인간이 자신의 생활영역에서 인격의 발현과 삶의 방식에 관한 근본적인 결정을 자율적으로 내릴 수 있는 권리이다.

② 본인의 생전 의사에 관계없이 인수자가 없는 시체를 해부용으로 제공하도록 규정하고 있는 법률조항은 자신의 사후에 시체가 본인의 의사와는 무관하게 처리될 수 있게 한다는 점에서 시체의 처분에 대한 자기결정권을 제한한다.

③ 배아생성자의 배아에 대한 결정권은 헌법상 명문으로 규정되어 있지는 아니하지만, 헌법 제10조로부터 도출되는 일반적 인격권의 한 유형으로서의 헌법상 권리라 할 것이다.

④ 전동킥보드에 대하여 최대속도는 시속 25km를 넘지 않아야 한다고 규정한 구 안전확인대상생활용품의 안전기준 조항은 소비자가 자신의 의사에 따라 자유롭게 제품을 선택하는 것을 제약함으로써 헌법 제10조의 행복추구권에서 파생되는 소비자의 자기결정권을 제한한다.

⑤ 개인정보자기결정권의 보호대상이 되는 개인정보는 개인의 내밀한 영역이나 사사(私事)의 영역에 속하는 정보에 국한되며, 공적 생활에서 형성되었거나 이미 공개된 개인정보까지 포함하는 것은 아니다.

07

재산권에 대한 설명으로 옳은 것은? (다툼이 있는 경우 판례에 의함)

① 공법상의 권리가 헌법상의 재산권보장의 보호를 받기 위해서는 원칙적으로 권리주체의 노동이나 투자, 특별한 희생에 의하여 획득되어 자신이 행한 급부의 등가물에 해당하는 것이어야 하지만, 예외적으로 사회부조와 같은 국가의 일방적인 급부에 대한 권리도 재산권의 보호대상이 될 수 있다.

② 재산권 행사의 대상이 되는 객체가 지닌 사회적인 연관성과 사회적 기능이 크면 클수록 입법자에 의한 보다 광범위한 제한이 허용되고, 개별 재산권이 갖는 자유보장적 기능이 강할수록 그러한 제한에 대해서는 엄격한 심사가 이루어져야 한다.

③ 헌법 제23조 제3항은 재산권 수용의 주체를 한정하지 않고 있지만, 정당한 보상을 전제로 하여 재산권의 수용 등에 관한 가능성을 규정하고 있는 점을 고려하면 수용 등의 주체는 국가 등의 공적 기관으로 한정하여 해석하여야 한다.

④ 개성공단 전면중단 조치는 공익 목적을 위하여 개별적·구체적으로 형성된 구체적인 재산권의 이용을 제한하는 공용제한이므로, 이에 대한 정당한 보상이 지급되지 않았다면, 그 조치는 헌법 제23조 제3항을 위반하여 개성공단 투자기업인들의 재산권을 침해한 것이다.

⑤ 정책실현목적 부담금의 경우에는 공적 과제가 부담금 수입의 지출 단계에서 비로소 실현되나, 재정조달목적 부담금의 경우에는 공적 과제의 전부 혹은 일부가 부담금의 부과 단계에서 이미 실현된다.

08

환경권에 대한 설명으로 옳은 것은? (다툼이 있는 경우 판례에 의함)

① 독서실과 같이 특별히 정온을 요하는 사업장에 대해서는 실내소음규제기준을 만들어야 할 입법의무가 헌법의 해석상 곧바로 도출된다.

② 헌법상 환경권의 보호대상이 되는 환경에는 자연환경만 포함될 뿐 인공적 환경과 같은 생활환경은 포함되지 아니한다.

③ 헌법재판소가 사인인 제3자에 의한 국민의 환경권 침해에 대해서 국가의 적극적 기본권 보호조치를 취할 의무를 심사할 때는 국가가 국민의 기본권적 법익 보호를 위하여 적어도 적절하고 효율적인 최소한의 보호조치를 취했는가 하는 이른바 과소보호금지원칙의 위반 여부를 기준으로 삼아야 한다.

④ 교도소 독거실내 화장실 창문과 철격자 사이에 안전철망을 설치한 행위는 수용자의 햇빛과 통풍 등과 관련한 환경권을 침해한다.

⑤ 공직선거법이 정온한 생활환경이 보장되어야 할 주거지역에서 출근 또는 등교 이전 및 퇴근 또는 하교 이후 시간대에 확성장치의 최고출력 내지 소음을 제한하는 등 사용시간과 사용지역에 따른 수인한도 내에서 확성장치의 최고출력 내지 소음규제기준에 관한 규정을 두지 아니하였다 하여 건강하고 쾌적한 환경에서 생활할 권리를 침해하였다는 결론이 도출되지는 아니한다.

09

혼인과 가족생활의 보호에 대한 설명으로 옳은 것은? (다툼이 있는 경우 판례에 의함)

① 법적으로 승인되지 아니한 사실혼도 헌법 제36조 제1항의 보호범위에 포함된다.

② 8촌 이내 혈족의 혼인을 일률적으로 금지하는 민법조항은 과잉금지원칙에 위배되어 혼인의 자유를 침해한다.

③ 헌법 제36조 제1항은 혼인과 가족생활을 스스로 결정하고 형성할 수 있는 자유를 기본권으로서 보장하는 것일 뿐, 혼인과 가족에 대한 제도를 보장하는 것은 아니다.

④ 태어난 즉시 출생등록 될 권리는 헌법 제10조뿐만 아니라, 헌법 제34조제1항의 인간다운 생활을 할 권리, 헌법 제36조제1항의 가족생활의 보장, 헌법 제34조제4항의 국가의 청소년복지향상을 위한 정책실시의무 등에도 근거가 있다.

⑤ 육아휴직신청권은 헌법 제36조 제1항으로부터 개인에게 직접 주어지는 헌법적 차원의 권리이다.

10

직업의 자유에 대한 설명으로 옳지 않은 것은? (다툼이 있는 경우 판례에 의함)

① 직업이란 생활의 기본적 수요를 충족시키기 위한 계속적인 소득활동으로서 공공에 무해한 것을 의미하므로, 성매매를 한 자를 형사처벌하는 법률조항은 성판매자의 직업선택의 자유를 제한하는 것이 아니다.

② 법인도 성질상 법인이 누릴 수 있는 기본권의 주체가 되는데, 직업의 자유는 법인에게도 인정된다.

③ 직업수행의 자유는 직업결정의 자유에 비하여 상대적으로 그 제한의 정도가 작다고 할 것이므로 이에 대하여는 공공복리 등 공익상의 이유로 비교적 넓은 법률상의 규제가 가능하다.

④ 아동학대관련범죄로 형을 선고받아 확정된 자로 하여금 그 형이 확정된 때부터 형의 집행이 종료되거나 집행을 받지 아니하기로 확정된 후 10년까지의 기간 동안 아동관련기관인 체육시설 등을 운영하거나 그에 취업할 수 없게 하는 법률조항은 '주관적 요건에 의한 좁은 의미의 직업선택의 자유'에 대한 제한에 해당한다.

⑤ 당사자의 능력이나 자격과 상관없는 '객관적 사유에 의한 직업의 자유의 제한'은 월등하게 중요한 공익을 위하여 명백하고 확실한 위험을 방지하기 위한 경우에만 정당화될 수 있다.

11

변호인의 조력을 받을 권리에 대한 설명으로 옳지 않은 것은? (다툼이 있는 경우 판례에 의함)

① 형사절차가 종료되어 교정시설에 수용 중인 수형자나 미결수용자가 형사사건의 변호인이 아닌 민사재판, 행정재판, 헌법재판등에서 변호사와 접견할 경우에는 원칙적으로 헌법상 변호인의 조력을 받을 권리의 주체가 될 수 없다.

② 일반적으로 형사사건에 있어 변호인의 조력을 받을 권리는 피의자나 피고인을 불문하고 보장되나, 그중 특히 국선변호인의 조력을 받을 권리는 피고인에게만 인정되는 것으로 해석함이 상당하다.

③ 헌법 제12조 제4항 본문에 규정된 '구속'은 사법절차에서 이루어진 구속만을 의미하므로, 헌법 제12조 제4항 본문에 규정된 변호인의 조력을 받을 권리는 행정절차에서 구속을 당한 사람에게는 보장되지 않는다.

④ 피구속자를 조력할 변호인의 권리 중 그것이 보장되지 않으면 피구속자가 변호인으로부터 조력을 받는다는 것이 유명무실하게 되는 핵심적인 부분은, '조력을 받을 피구속자의 기본권'과 표리의 관계에 있기 때문에, 이러한 핵심부분에 관한 변호인의 조력할 권리 역시 헌법상의 기본권으로서 보호되어야 한다.

⑤ 변호인이 피의자신문에 자유롭게 참여할 수 있는 권리는 피의자가 가지는 변호인의 조력을 받을 권리를 실현하는 수단이라고 할 수 있으므로 헌법상 기본권인 변호인의 변호권으로서 보호되어야 한다.

12

표현의 자유에 대한 설명으로 옳지 않은 것은? (다툼이 있는 경우 판례에 의함)

① 건강기능식품의 기능성 광고는 상업광고로서 헌법 제21조 제1항의 표현의 자유의 보호 대상이 됨과 동시에 헌법 제21조 제2항의 사전검열 금지 대상도 된다.

② 군형법상 상관모욕죄는 군조직의 특수성과 강화된 군인의 정치적 중립의무 등에 비추어 수인의 한도 내에 있으므로 군인의 표현의 자유를 침해하는 것은 아니다.

③ 공직자의 자질·도덕성·청렴성에 관한 사실은 그 내용이 개인적인 사생활에 관한 것이라 할지라도 순수한 사생활의 영역에 있다고 보기 어렵다.

④ 헌법상 사전검열은 금지되나, 예외적인 경우에는 인정될 수도 있다.

⑤ 의사의 자유로운 표명과 전파의 자유에는 자신의 신원을 누구에게도 밝히지 아니한 채 익명 또는 가명으로 자신의 사상이나 견해를 표현하는 익명표현의 자유도 포함된다.

13

헌법상 평등원칙(평등권)에 대한 〈보기〉의 설명 중 옳은 것만을 모두 고르면? (다툼이 있는 경우 판례에 의함)

┤ 보기 ├

ㄱ. 형법상 모욕죄·사자명예훼손죄와 정보통신망 이용촉진 및 정보보호 등에 관한 법률의 명예훼손죄는 사람의 가치에 대한 사회적 평가인 이른바 '외적명예'를 보호법익으로 한다는 점에서 불법성이 유사함에도, 형법상 친고죄인 모욕죄·사자명예훼손죄와 달리 정보통신망법이 제70조 제2항의 명예훼손죄를 반의사불벌죄로 규정한 것은 형벌체계상 균형을 상실하여 평등원칙에 위반된다.

ㄴ. 1983.1.1. 이후에 출생한 A형 혈우병 환자에 한하여 유전자재조합제제에 대한 요양급여를 인정하는 보건복지가족부 고시조항은 제도의 단계적인 개선에 해당하므로, 환자의 범위를 한정하는 과정에서 A형 혈우병 환자들의 출생 시기에 따라 이들에 대한 유전자재조합제제의 요양급여 허용 여부를 달리 취급하는 것은 합리적인 이유가 있는 차별이다.

ㄷ. 중혼의 취소청구권자를 어느 범위까지 포함할 것인지 여부에 관하여는 입법자의 입법재량의 폭이 넓은 영역이라는 점에서 자의금지원칙 위반 여부를 심사하는 것으로 충분하다.

ㄹ. 병역법 제34조 제3항이 전문연구요원과 달리 공중보건의사가 군사교육에 소집된 기간을 복무기간에 산입하지 않도록 규정하고 있더라도 이는 합리적인 이유가 있는 차별이므로 공중보건의사의 평등권을 침해하지 않는다.

① ㄱ, ㄴ   ② ㄱ, ㄷ
③ ㄴ, ㄷ   ④ ㄴ, ㄹ
⑤ ㄷ, ㄹ

14

행정입법에 대한 설명으로 옳지 않은 것은? (다툼이 있는 경우 판례에 의함)

① 헌법이 인정하고 있는 위임입법의 형식은 열거적인 것으로 보아야 할 것이므로, 법률이 행정규칙에 위임하는 것은 국회입법의 원칙과 상치된다.

② 법률이 공법적 단체의 정관에 자치법적 사항을 위임한 경우에는 헌법상 포괄위임금지원칙이 원칙적으로 적용되지 않는다.

③ 일반적으로 법률의 위임에 따라 효력을 갖는 법규명령의 경우에 위임의 근거가 없어 무효였더라도 나중에 법 개정으로 위임의 근거가 부여되면 그때부터는 유효한 법규명령으로 볼 수 있다.

④ 법률에서 위임받은 사항에 관하여 대강을 정하고 그중의 특정사항을 범위를 정하여 하위법령에 다시 위임하는 경우에만 재위임이 허용된다.

⑤ 대법원규칙에 위임하는 경우에도 수권법률은 헌법 제75조에 근거한 포괄위임금지원칙을 준수해야 한다.

15

선거권과 피선거권에 대한 설명으로 옳은 것은? (다툼이 있는 경우 판례에 의함)

① 지방자치단체의 장 선거권은 국회의원 선거권 및 대통령 선거권과 구별되는 법률상의 권리다.

② 공직선거법에 따르면 선거일 현재 18세 이상의 국민은 원칙적으로 국회의원의 피선거권을 가진다.

③ 공직선거법상 선거일 현재 1년 이상의 징역 또는 금고의 형을 선고받고 그 집행이 종료되지 아니하거나 그 집행을 받지 아니하기로 확정되지 아니한 사람 및 그 형의 집행유예를 선고받고 유예기간 중에 있는 사람은 선거권이 없다.

④ 공직선거법상 대통령의 피선거권 자격에서 40세 이상의 국민일 것을 요건으로 할 뿐 거주 기간의 제한은 없다.

⑤ 출입국관리법 제10조에 따른 영주의 체류자격 취득일 후 3년이 경과한 외국인은 국회의원의 선거권이 있다.

16

지방자치제도에 대한 설명으로 옳지 않은 것은? (다툼이 있는 경우 판례에 의함)

① 지방자치의 본질상 자치행정에 대한 국가의 관여는 가능한 한 배제하는 것이 바람직하지만, 지방자치도 국가적 법질서의 테두리 안에서만 인정되는 것이고, 지방행정도 중앙행정과 마찬가지로 국가행정의 일부이므로 지방자치단체가 어느 정도 국가적 감독·통제를 받는 것은 불가피하다.

② 일정구역에 한하여 모든 자치단체를 전면적으로 폐지하거나 지방자치단체인 시·군이 수행해온 자치사무를 국가의 사무로 이관하는 것이 아니라 당해 지역 내의 지방자치단체인 시·군을 모두 폐지하여 중층구조를 단층화하는 것은 입법자의 선택범위에 들어가는 것이다.

③ 마치 국가가 영토고권을 가지는 것과 마찬가지로, 지방자치단체에게 자신의 관할구역 내에 속하는 영토·영해·영공을 자유로이 관리하고 관할구역 내의 사람과 물건을 독점적·배타적으로 지배할 수 있는 권리가 부여되어 있다.

④ 지방자치단체와 다른 지방자치단체의 관계에서 어느 지방자치단체가 특정한 행정동 명칭을 독점적·배타적으로 사용할 권한이 있다고 볼 수는 없다.

⑤ 교육감과 해당 지방자치단체 상호간의 권한쟁의심판은 '상이한 권리주체 간'의 권한쟁의심판으로 볼 수 없으므로, 헌법재판소가 관장하는 지방자치단체 상호간의 권한쟁의심판에 속하지 않는다.

통치구조론

17

국회의 회의운영에 대한 설명으로 옳지 않은 것은? (다툼이 있는 경우 판례에 의함)

① 국회의 회의는 출석의원 과반수의 찬성이 있거나 의장이 국가의 안전보장을 위하여 필요하다고 인정할 때에는 공개하지 아니할 수 있다.

② 특정한 내용의 국회 회의나 특정 위원회의 회의를 일률적으로 비공개한다고 정하여 공개의 여지를 차단하는 것은 헌법에 부합하지 않는다.

③ 국회 회의의 비공개 사유는 회의마다 충족되어야 하므로, 국회 정보위원회의 비공개 특례를 규정한 국회법 조항이 입법과정에서 재적의원 과반수의 출석과 출석의원 과반수의 찬성으로 의결되었다는 사실만으로 헌법 제50조 제1항 단서의 '출석의원 과반수의 찬성'이라는 요건을 충족하는 것으로 해석할 수 없다.

④ 국회 상임위원회가 그 소관에 속하는 의안·청원 등을 심사하는 권한은 국회의장이 안건을 위원회에 회부함으로써 부여된 것이므로, 법률상 부여된 위원회의 고유한 권한으로 볼 수 없다.

⑤ 국회에 제출된 법률안 기타의 의안은 회기 중에 의결되지 못한 이유로 폐기되지 아니한다. 다만, 국회의원의 임기가 만료된 때에는 그러하지 아니하다.

18

국회의장과 부의장에 대한 설명으로 옳지 않은 것은? (다툼이 있는 경우 판례에 의함)

① 국회의장은 국회 상임위원회의 위원이 될 수 없다.

② 국회의장과 부의장은 국회에서 무기명투표로 선거하고 재적의원 과반수의 득표로 당선된다.

③ 국회의장은 위원회에 출석하여 발언할 수 있다. 다만, 표결에는 참가할 수 없다.

④ 비례대표국회의원이 국회의장으로 당선된 경우에는 의원직 상실을 방지하기 위해 당적을 가질 수 있도록 허용하고 있다.

⑤ 국회의장과 부의장은 국회의 동의를 받아 그 직을 사임할 수 있다.

19

헌법상 국회의 예산안 심사에 대한 설명으로 옳은 것은? (다툼이 있는 경우 판례에 의함)

① 정부는 예산에 변경을 가할 필요가 있을 때에는 예비비를 편성하여 국회에 제출할 수 있다.

② 국회는 정부의 동의 없이 정부가 제출한 지출예산 각항의 금액을 감소시킬 수 없다.

③ 국채를 모집하거나 예산 외에 국가의 부담이 될 계약을 체결한 때에는 정부는 사후에 국회의 승인을 얻어야 한다.

④ 한 회계연도를 넘어 계속하여 지출할 필요가 있을 때에는 정부는 연한을 정하여 계속비로서 국회의 의결을 얻어야 한다.

⑤ 정부는 회계연도마다 예산안을 편성하여 회계연도개시 80일 전까지 국회에 제출하고, 국회는 회계연도 개시 30일 전까지 이를 의결하여야 한다.

20

대통령의 권한에 대한 설명으로 옳은 것은? (다툼이 있는 경우 판례에 의함)

① 정부로 이송된 법률안에 대해 대통령이 재의를 요구하면 국회는 재의에 붙이고, 재적의원 과반수의 출석과 출석의원 과반수의 찬성으로 전과 같은 의결을 하면 그 법률안은 법률로서 확정된다.

② 대통령은 국회에 출석하여 발언하거나 서한으로 의견을 표시할 수 있다.

③ 대통령은 국회의 입법권을 존중하여 법률안 중 이의가 있는 조항에 대해서만 재의를 요구할 수 있다.

④ 대통령의 긴급명령은 국가원수인 대통령이 발령하므로 일반법률보다 그 효력이 우위에 있다.

⑤ 대통령의 일반사면은 국회의 사전적 동의가 불필요하나, 특별사면은 평등권의 문제가 있으므로 국회의 사전적 동의가 필요하다.

21

다음 〈보기〉에서 ㉠ ~ ㉣ 에 들어갈 숫자의 합으로 옳은 것은?

| 보기 |

ㄱ. 국회에 (㉠)명 이상 소속 의원을 가진 정당은 하나의 교섭단체가 된다.

ㄴ. 의원 (㉡)명 이상의 연서에 의한 동의로 본회의 의결이 있거나 의장이 각 교섭단체 대표의원과 협의하여 필요하다고 인정할 때에는 의장은 회기 전체 의사일정의 일부를 변경하거나 당일 의사일정의 안건 추가 및 순서 변경을 할 수 있다.

ㄷ. 국회에서 의결된 법률안은 정부에 이송되어 (㉢) 일 이내에 대통령이 공포한다.

ㄹ. 국회 임시회의 회기는 (㉣)일을 초과할 수 없다.

① 70
② 75
③ 80
④ 85
⑤ 90

22

권한쟁의심판에 대한 설명으로 옳지 않은 것은? (다툼이 있는 경우 판례에 의함)

① 지방의회 의원과 지방의회 의장 간의 권한쟁의심판은 헌법 및 헌법재판소법에 의하여 헌법재판소가 관장하는 지방자치단체상호간의 권한쟁의심판의 범위에 속한다.

② 법무부장관은 헌법상 소관 사무에 관하여 부령을 발할 수 있고 정부조직법상 법무에 관한 사무를 관장하지만, 검찰청법과 형사소송법 개정행위에 대해 권한쟁의심판을 청구할 청구인적격이 인정되지는 않는다.

③ 법률의 제·개정 행위를 다투는 권한쟁의심판의 경우에는 국회의장이 아닌 국회가 피청구인적격을 가진다.

④ 지방자치단체는 기관위임사무의 집행에 관한 권한의 존부 및 범위에 관한 권한분쟁을 이유로 기관위임사무를 집행하는 국가기관 또는 다른 지방자치단체의 장을 상대로 권한쟁의심판청구를 할 수 없다.

⑤ 헌법 제111조 제1항 제4호 소정의 '국가기관'에 해당하는지 여부는 그 국가기관이 헌법에 의하여 설치되고 헌법과 법률에 의하여 독자적인 권한을 부여받고 있는지, 헌법에 의하여 설치된 국가기관 상호간의 권한쟁의를 해결할 수 있는 적당한 기관이나 방법이 있는지 등을 종합적으로 고려하여야 할 것이다.

23

탄핵심판에 대한 설명으로 옳지 않은 것은? (다툼이 있는 경우 판례에 의함)

① 탄핵소추의 의결을 받은 사람은 헌법재판소의 심판이 있을 때까지 그 권한 행사가 정지된다.

② 헌법은 탄핵사유를 '헌법이나 법률에 위배한 때'로 규정하고 있는데, '헌법'에는 명문의 헌규정뿐만 아니라 헌법재판소의 결정에 의하여 형성되어 확립된 불문헌법도 포함된다.

③ 적법절차원칙은 탄핵소추절차에는 직접 적용할 수 없으므로, 탄핵소추절차와 관련하여 피소추인에게 의견 진술의 기회를 부여할 것을 요청하는 명문의 규정이 없다고 하여 국회의 탄핵소추절차가 적법절차원칙에 위배되었다고 볼 수는 없다.

④ 탄핵심판절차와 형사소송절차는 동일한 사안에서 같은 공직자를 대상으로 하더라도 서로 별개로 진행되고 각각 독자적 결론에 도달할 수 있으므로, 탄핵심판의 결정은 법원을 기속하지 않는다.

⑤ 정치적 무능력이나 정책결정상의 잘못 등 직책수행의 성실성 여부도 예외적으로 탄핵소추사유가 될 수 있어, 탄핵심판절차의 판단대상이 될 수 있다.

24

입법절차와 헌법재판의 관계에 대한 설명으로 옳은 것은? (다툼이 있는 경우 판례에 의함)

① 지방자치단체의 폐치·분합은 지방자치단체의 자치행정권중 지역고권의 보장문제이므로, 주민들의 기본권과는 관련성이 없으므로 헌법소원의 대상이 될 수 없다.

② 법률의 입법절차가 헌법이나 국회법에 위반된다고 하더라도 그러한 사유만으로는 그 법률로 인하여 국민의 기본권이 현재, 직접적으로 침해받는다고 볼 수 없으므로, 법률의 입법절차의 하자로 인하여 기본권을 침해받았음을 전제로 한 헌법소원심판 청구는 적법하지 않다.

③ 국회의장이 야당 의원들에게 본회의 개의 일시를 적법하게 통지하지 않고 법률안을 가결선포한 행위는 야당 의원들의 법률안 심의·표결 권한을 침해하여 위헌·무효다.

④ 국회의원이 법률안 심의·표결권 침해를 이유로 권한쟁의심판을 청구했다가 심판 절차 계속 중 사망한 경우, 국회의원의 법률안 심의·표결권은 국가기관으로서의 권한이므로 권한쟁의심판절차는 종국결정까지 진행된다.

⑤ 국회부의장이 국회의장의 직무를 대리하여 법률안 가결선포 행위를 한 경우 심의·표결권 침해를 주장하는 국회의원은 국회부의장을 피청구인으로 하여 권한쟁의심판을 제기하여야 한다.

25

헌법재판의 가처분에 대한 설명으로 옳지 않은 것은? (다툼이 있는 경우 판례에 의함)

① 법령의 위헌확인을 청구하는 헌법재판소법 제68조 제1항에 따른 헌법소원심판에서의 가처분은 위헌이라고 다투어지는 법령의 효력을 그대로 유지시킬 경우 회복하기 어려운 손해가 발생할 우려가 있어 가처분에 의하여 임시로 그 법령의 효력을 정지시키지 아니하면 안될 필요가 있을 때 허용되고, 다만 일반적인 보전의 필요성이 인정된다고 하더라도 공공복리에 중대한 영향을 미칠 우려가 있을 때에는 인용되어서는 안될 것이다.

② 가처분심판에서 6명의 재판관이 출석하여 4명의 재판관이 인용의견을 냈다면 가처분심판 인용결정이 내려진다.

③ 헌법재판소가 권한쟁의심판의 청구를 받았을 때에는 직권 또는 청구인의 신청에 의하여 종국결정의 선고 시까지 심판 대상이 된 피청구인의 처분의 효력을 정지하는 결정을 할 수 있다.

④ 헌법재판소법은 정당해산심판과 권한쟁의심판에 대해서만 명문으로 가처분제도를 규정하고 있다.

⑤ 헌법재판소법 제68조 제1항에 따른 헌법소원심판에서 가처분을 인용한 뒤 종국결정에서 청구가 기각되었을 때 발생하게 될 불이익과 가처분을 기각한 뒤 청구가 인용되었을 때 발생하게 될 불이익을 비교형량하여 후자가 전자보다 큰 경우에, 가처분을 인용할 수 있다.

05회 | 2024 5급 공채

01

헌법개정에 대한 설명으로 옳지 않은 것은?

① 대통령의 임기연장 또는 중임변경을 위한 헌법개정은 그 헌법개정 제안 당시의 대통령에 대하여는 효력이 없다.
② 국회는 헌법개정안의 공고기간이 만료된 날로부터 60일 이내에 헌법개정안을 의결하여야 하며, 국회의 의결은 재적의원 3분의 2 이상의 찬성을 얻어야 한다.
③ 헌법개정안은 국회가 의결한 후 30일 이내에 국민투표에 붙여 국회의원 선거권자 과반수의 투표와 투표자 과반수의 찬성을 얻어야 한다.
④ 대통령이 헌법개정안을 발의하기 위해서는 국무회의의 심의를 거쳐야 한다.

02

헌법상 경제질서에 대한 설명으로 옳지 않은 것은?

① 국가는 국민 모두의 생산 및 생활의 기반이 되는 국토의 효율적이고 균형있는 이용·개발과 보전을 위하여 법률이 정하는 바에 의하여 그에 관한 필요한 제한과 의무를 과할 수 있다.
② 국가는 경제주체간의 조화를 통한 경제의 민주화를 위하여 경제에 관한 규제와 조정을 할 수 있다.
③ 농지에 관하여는 경자유전의 원칙이 달성되어야 하므로, 농지의 임대차나 위탁경영은 허용될 수 없다.
④ 우리 헌법의 경제질서는 사유재산제를 바탕으로 하고 자유경쟁을 존중하는 자유시장 경제질서를 기본으로 하면서도 이에 수반되는 갖가지 모순을 제거하고 사회복지·사회정의를 실현하기 위하여 국가적 규제와 조정을 용인하는 사회적 시장경제질서로서의 성격을 띠고 있다.

03

지방자치에 대한 설명으로 옳지 않은 것은?

① 지방자치단체는 주민의 복리에 관한 사무를 처리하고 재산을 관리하며, 법령의 범위 안에서 자치에 관한 규정을 제정할 수 있다.
② 헌법은 지방의회의 조직·권한·의원선거와 지방자치단체의 장의 선임방법 기타 지방자치단체의 조직과 운영에 관한 사항은 법률로 정하도록 하고 있다.
③ 주민투표권 및 주민소환권은 헌법상 보장되는 기본권으로 인정된다.
④ 국가가 영토고권을 가지는 것과 마찬가지로 지방자치단체에게 자신의 관할구역 내에 속하는 영토·영해·영공을 자유로이 관리하고 관할구역 내의 사람과 물건을 독점적·배타적으로 지배할 수 있는 권리가 부여되어 있다고 할 수는 없다.

04

기본권에 대한 설명으로 옳지 않은 것은?

① 평화적 생존권은 이를 헌법에 열거되지 아니한 기본권으로서 특별히 새롭게 인정할 필요성이 있고 그 권리내용이 비교적 명확하여 구체적 권리로서의 실질에 부합하므로 헌법상 보장된 기본권이라고 할 수 있다.
② 부모가 자녀의 이름을 지어주는 것은 자녀의 양육과 가족생활을 위하여 필수적인 것이고, 가족생활의 핵심적 요소라 할 수 있으므로, '부모가 자녀의 이름을 지을 자유'는 혼인과 가족생활을 보장하는 헌법 제36조 제1항과 행복추구권을 보장하는 헌법 제10조에 의하여 보호받는다.
③ 헌법 전문(前文)에 기재된 3·1정신은 우리나라 헌법의 연혁적·이념적 기초로서 헌법이나 법률해석에서의 해석기준으로 작용한다고 할 수 있지만 그에 기하여 곧바로 국민의 개별적 기본권성을 도출해낼 수는 없다고 할 것이므로, 헌법소원의 대상인 "헌법상 보장된 기본권"에 해당하지 아니한다.
④ 헌법 제10조로부터 도출되는 일반적 인격권에는 개인의 명예에 관한 권리도 포함될 수 있으나, '명예'는 사람이나 그 인격에 대한 '사회적 평가', 즉 객관적·외부적 가치평가를 말하는 것이지 단순히 주관적·내면적인 명예감정은 포함되지 않는다.

05

법인의 기본권 주체성에 대한 설명으로 옳지 않은 것은?

① 공법상 재단법인인 방송문화진흥회가 최다출자자인 주식회사 형태의 공영방송사는 방송법 등 관련 규정에 의하여 공법상의 의무를 부담하고 있지만, 그 운영을 광고수익에 전적으로 의존하고 있다면 이를 위해 사경제 주체로서 활동하는 경우에는 기본권 주체가 될 수 있다.

② 행복을 추구할 권리는 그 성질상 자연인에게 인정되는 기본권이기 때문에 법인에게는 적용되지 않는다.

③ 지방자치법은 지방자치단체를 법인으로 하도록 하고 있으므로, 지방자치단체도 기본권의 주체가 된다.

④ 헌법은 법인의 기본권 주체성에 관한 명문의 규정을 두고 있지 않다.

06

평등권에 대한 설명으로 옳은 것은?

① 헌법은 누구든지 성별·종교 또는 사회적 신분에 의하여 정치적·경제적·사회적·문화적 생활의 모든 영역에 있어서 차별을 받지 아니한다고 규정하고 있다.

② 헌법재판소는 평등권의 침해 여부를 심사할 때, 원칙적으로 완화된 심사의 경우 자의금지원칙에 의한 심사를 하고 엄격심사의 경우 과소보호금지원칙에 의한 심사를 한다.

③ 평등원칙은 일체의 차별적 대우를 부정하는 절대적 평등을 의미하는 것으로, 입법과 법의 적용에 있어서 합리적 이유 없는 차별을 하여서는 아니 된다는 상대적 평등을 의미하는 것은 아니다.

④ 훈장은 이를 받은 자와 그 자손에게 효력이 있으나, 이에 대한 특권은 훈장을 받은 자에게만 인정된다.

07

신체의 자유에 대한 설명으로 옳지 않은 것은?

① 누구든지 체포 또는 구속을 당한 때에는 즉시 변호인의 조력을 받을 권리를 가지는데, 헌법은 형사피의자와 형사피고인이 스스로 변호인을 구할 수 없을 때에는 법률이 정하는 바에 의하여 국가가 변호인을 붙인다고 규정하고 있다.

② 체포·구속·압수 또는 수색을 할 때에는 적법한 절차에 따라 검사의 신청에 의하여 법관이 발부한 영장을 제시하여야 하나, 현행범인인 경우와 장기 3년 이상의 형에 해당하는 죄를 범하고 도피 또는 증거인멸의 염려가 있을 때에는 사후에 영장을 청구할 수 있다.

③ 누구든지 법률에 의하지 아니하고는 체포·구속·압수·수색 또는 심문을 받지 아니하며, 법률과 적법한 절차에 의하지 아니하고는 처벌·보안처분 또는 강제노역을 받지 아니한다.

④ 누구든지 체포 또는 구속을 당한 때에는 적부의 심사를 법원에 청구할 권리를 가진다.

08

집회·결사의 자유에 대한 설명으로 옳지 않은 것은?

① 누구든지 국회의사당의 경계지점으로부터 100미터 이내의 장소에서 옥외집회 또는 시위를 할 경우 형사처벌한다고 규정한 집회 및 시위에 관한 법률 조항 중 '국회의사당'에 관한 부분은 집회의 자유를 침해한다.

② 집회의 자유는 집회의 시간·장소·방법·목적 등을 스스로 결정하는 것을 내용으로 하며, 구체적으로 보호되는 주요행위는 집회의 준비·조직·지휘·참가 및 집회 장소와 시간의 선택 등이다.

③ 사법인은 그 조직과 의사형성에 있어서, 그리고 업무수행에 있어서 자기결정권을 가진다고 할 수 없으므로 결사의 자유의 주체가 된다고 볼 수 없다.

④ 결사의 자유에는 단체활동의 자유도 포함되는데, 단체활동의 자유는 단체 외부에 대한 활동뿐만 아니라 단체의 조직, 의사형성의 절차 등의 단체의 내부적 생활을 스스로 결정하고 형성할 권리인 '단체 내부 활동의 자유'를 포함한다.

09

선거권과 선거제도에 대한 설명으로 옳지 않은 것은?

① 평등선거의 원칙은 평등의 원칙이 선거제도에 적용된 것으로서 투표의 수적 평등을 그 내용으로 할 뿐만 아니라, 일정한 집단의 의사가 정치과정에서 반영될 수 없도록 차별적으로 선거구를 획정하는 이른바 '게리맨더링'에 대한 부정을 의미하기도 한다.

② 보통선거라 함은 개인의 납세액이나 소유하는 재산을 선거권의 요건으로 하는 제한선거에 대응하는 것으로, 이러한 요건뿐만 아니라 그밖에 사회적 신분·인종·성별·종교·교육 등을 요건으로 하지 않고 일정한 연령에 달한 모든 국민에게 선거권을 인정하는 제도를 말한다.

③ 정당이 비례대표국회의원선거에 후보자를 추천하는 때에는 그후보자 중 100분의 50 이상을 여성으로 추천하되, 그 후보자명부의 순위의 매 홀수에는 여성을 추천하여야 한다.

④ 자치구·시·군의원 선거구를 획정할 때, 인구편차 상하 60%(인구비례 4 : 1)의 기준을 헌법상 허용되는 인구편차 기준으로 삼는 것이 가장 적절하다.

10

정당제도에 대한 설명으로 옳지 않은 것은?

① 정당해산심판제도가 정당을 보호하기 위한 취지에서 도입된 것이고 다른 한편으로는 정당의 강제적 해산가능성을 헌법상 인정하는 것이므로, 그 자체가 민주주의에 대한 제약이자 위협이 될 수는 없다.

② 정당해산제도의 취지 등에 비추어 볼 때 헌법재판소의 정당해산결정이 있는 경우 그 정당 소속 국회의원의 의원직은 당선 방식을 불문하고 모두 상실되어야 한다.

③ 정당은 단순히 행정부의 통상적인 처분에 의해서는 해산될 수 없고, 오직 헌법재판소가 그 정당의 위헌성을 확인하고 해산의 필요성을 인정한 경우에만 정당정치의 영역에서 배제된다.

④ 정당해산심판제도는 정당 존립의 특권, 특히 그 중에서도 정부의 비판자로서 야당의 존립과 활동을 특별히 보장하고자 하는 헌법제정자의 규범적 의지의 산물로 이해되어야 한다.

11

통신의 자유에 대한 설명으로 옳지 않은 것은?

① 감청을 헌법 제18조에서 보장하고 있는 통신의 비밀에 대한 침해행위 중의 한 유형으로 이해해서는 안 되며, 감청의 대상으로서의 전기통신을 헌법상의 '통신'개념을 전제로 하고 있다고 보아서도 안 된다.

② 사생활의 비밀과 자유에 포섭될 수 있는 사적 영역에 속하는 통신의 자유를 헌법이 별개의 조항을 통해 기본권으로 보장하는 이유는 우편이나 전기통신의 운영이 전통적으로 국가독점에서 출발하였기 때문에 개인 간의 의사소통을 전제로 하는 통신은 국가에 의한 침해가능성이 여타의 사적 영역보다 크기 때문이다.

③ 자유로운 의사소통은 통신내용의 비밀을 보장하는 것만으로는 충분하지 아니하고 구체적인 통신으로 발생하는 외형적인 사실관계, 특히 통신관여자의 인적 동일성·통신시간·통신장소·통신횟수 등 통신의 외형을 구성하는 통신이용의 전반적 상황의 비밀까지도 보장해야 한다.

④ 헌법 제18조에서 그 비밀을 보호하는 '통신'의 일반적인 속성으로는 '당사자간의 동의', '비공개성', '당사자의 특정성' 등을 들 수 있다.

12

재산권에 대한 설명으로 옳지 않은 것은?

① 헌법 제23조의 재산권은 민법상의 소유권으로 재산적 가치있는 사법상의 물권·채권 등의 권리를 의미하며, 국가로부터의 일방적인 급부가 아닌 자기 노력의 대가나 자본의 투자 등 특별한 희생을 통하여 얻은 공법상의 권리는 포함하지 않는다.

② 재산권에 대한 제한의 허용정도는 재산권 객체의 사회적 기능, 즉 재산권의 행사가 기본권의 주체와 사회전반에 대하여 가지는 의미에 달려 있다.

③ 헌법은 국민의 구체적 재산권의 자유로운 이용·수익·처분을 보장하면서도 다른 한편 공공필요에 의한 재산권의 수용을 헌법이 규정하는 요건이 갖춰진 경우에 예외적으로 인정하고 있다.

④ 재산권보장은 개인이 현재 누리고 있는 재산권을 개인의 기본권으로 보장한다는 의미와 개인이 재산권을 향유할 수 있는 법제도로서의 사유재산제도를 보장한다는 이중적 의미를 가지고 있다.

13

직업의 자유에 대한 설명으로 옳지 않은 것은?

① 직업의 자유는 직업선택의 자유와 직업수행의 자유를 포함하는 개념이다.

② 직업의 자유에 의해 보장되는 직업은 생활의 기본적 수요를 충족 시키기 위해서 행하는 계속적인 소득활동을 의미한다.

③ 대학생이 방학기간을 이용하여 또는 휴학 중에 학비 등을 벌기 위해 학원강사로서 일하는 행위는 직업의 자유의 보호영역에 속한다.

④ 일반적으로 직업선택의 자유에 대하여는 직업수행의 자유와는 달리 공익 목적을 위하여 상대적으로 폭넓은 입법적 규제가 가능한 것이다.

14

근로기본권에 대한 설명으로 옳은 것은?

① 헌법에는 최저임금제에 관한 규정이 없지만, 근로자에 대하여 임금의 최저수준을 보장하여 근로자의 생활안정과 노동력의 질적 향상을 도모하고자 최저임금제를 실시하고 있다.

② 헌법은 국가유공자의 유가족은 법률이 정하는 바에 의하여 우선적으로 근로의 기회를 부여받는다고 규정하고 있다.

③ 법률이 정하는 주요방위산업체에 종사하는 근로자의 단체행동권은 법률이 정하는 바에 의하여 이를 제한하거나 인정하지 아니할 수 있다.

④ 근로의 권리는 근로자를 개인의 차원에서 보호하기 위한 권리로서 개인인 근로자가 그 주체가 되는 것은 물론이고 노동조합도 그 주체가 될 수 있다.

15

국군에 대한 설명으로 옳지 않은 것은?

① 헌법상 국군의 사명은 국가의 안전보장과 국토방위의 신성한 의무를 수행하는 것이다.

② 국군의 정치적 중립성에 관한 사항은 1960년 제3차 헌법개정을 통해 처음으로 헌법에 규정되었다.

③ 국회는 국군의 외국에의 파견에 대한 동의권을 가진다.

④ 군인은 현역을 면한 후가 아니면 국무총리 또는 국무위원으로 임명될 수 없다.

통치구조론

16

국회 의사절차에 대한 설명으로 옳지 않은 것은?

① 국회는 어떠한 사항에 대하여 언제, 어떻게 입법할지 여부를 스스로 판단하여 결정할 입법형성의 자유를 가지며, 법안심의를 위한 의사절차와 규칙을 스스로 결정할 수 있는 자율권을 가지고 있다.

② 대통령이 정부로 이송된 법률안에 대하여 15일 이내에 국회에 재의를 요구하면, 국회는 재의에 붙이고, 국회 재적의원 과반수의 출석과 출석의원 3분의 2 이상의 찬성으로 전과 같은 의결을 하면 그 법률안은 법률로서 확정된다.

③ 국회에 제출된 법률안 기타의 의안은 회기 중에 의결되지 못한 이유로 폐기되지 아니하나, 국회의원의 임기가 만료된 때에는 그러하지 아니하다.

④ 국회의 임시회는 대통령 또는 국회 재적의원 5분의 1 이상의 요구에 의하여 집회된다.

17

국회의 구성과 권한에 대한 설명으로 옳은 것은?

① 국회 부의장을 3인으로 하기 위해서는 헌법개정 없이 국회법개정만으로도 가능하다.

② 국무총리·국무위원 또는 정부위원은 국회에 출석하여 국정처리상황을 보고하거나 의견을 진술하고 질문에 응답할 수 있으나, 국회 위원회에는 출석할 수 없다.

③ 국회는 정부의 동의 없이 정부가 제출한 지출예산 각 항의 금액을 증가할 수 없으나 새 비목을 설치할 수는 있다.

④ 국회가 재적의원 과반수의 찬성으로 계엄의 해제를 요구한 때에는 대통령은 이를 해제하여야 한다.

18

국회의원의 특권에 대한 설명으로 옳은 것은?

① 국회의원이 현행범인인 경우에는 회기 중 국회의 동의 없이 체포 또는 구금될 수 있다.

② 국회의원이 회기 전에 체포 또는 구금된 때에는 현행 범인이라도 국회의 요구가 있으면 회기 중 석방된다.

③ 국회의원은 국회에서 직무상 행한 발언과 표결에 관하 여 국회 내에서 책임을 지지 아니한다.

④ 헌법은 국회가 재적의원 3분의 2 이상의 찬성으로 국 회의원을 제명한 경우 헌법재판소에 제소할 수 없다고 규정하고 있다.

19

대통령에 대한 설명으로 옳지 않은 것은?

① 대통령 선거에 있어서 최고득표자가 2인 이상인 때에 는 국회의 재적의원 과반수가 출석한 공개회의에서 다 수표를 얻은 자를 당선자로 한다.

② 대통령이 궐위된 때 또는 대통령 당선자가 사망하거나 판결 기타의 사유로 그 자격을 상실한 때에는 60일 이 내에 후임자를 선거한다.

③ 대통령이 특별사면을 명하려면 국회의 동의를 얻어야 한다.

④ 대통령은 법률에서 구체적으로 범위를 정하여 위임받 은 사항뿐만이 아니라 법률을 집행하기 위하여 필요한 사항에 관해서도 대통령령을 발할 수 있다.

20

행정부에 대한 설명으로 옳지 않은 것은?

① 국무위원에 대한 국회의 해임건의와 탄핵소추의 의결 정족수는 동일하다.

② 국무위원은 국무총리의 제청으로 국회의 동의를 얻어 대통령이 임명한다.

③ 행정각부의 장은 소관사무에 관하여 법률이나 대통 령의 위임 또는 직권으로 부령을 발할 수 있다.

④ 국무회의는 의장인 대통령과 부의장인 국무총리 그리 고 15인 이상 30인 이하의 국무위원으로 구성한다.

21

선거관리위원회에 대한 설명으로 옳지 않은 것은?

① 선거관리위원회의 직무인 선거와 투표, 정당 사무 관 리는 가장 정치성과 당파성이 강한 행위와 관련되는 것이므로 선거관리위원회 소속 공무원에게는 엄격한 정치적 중립성이 요청된다.

② 중앙선거관리위원회는 대통령이 임명하는 3인, 국회 에서 선출하는 3인과 대법원장이 지명하는 3인의 위 원으로 구성하며, 위원장은 위원 중에서 대통령이 임 명한다.

③ 중앙선거관리위원회의 위원은 임기가 6년이며, 정당 에 가입할 수 없다.

④ 중앙선거관리위원회는 법령의 범위 안에서 선거관리 에 관한 규칙을 제정할 수 있다.

22

다음 중 헌법에 위반되지 않는 것은?

① 감사원 조직 확충을 위해 대통령이 감사원장을 포함하 여 총 12인의 감사위원을 임명하였다.

② 국회는 사법권의 독립을 강화하기 위하여 대법원장과 대법관이 아닌 법관의 임기제를 폐지하고 70세를 정 년으로 하는 법원조직법을 의결하였다.

③ 헌법재판의 활성화를 위하여 헌법재판소 재판관의 수 를 12인으로 증원하였다.

④ 국회는 재적의원 3분의 2의 찬성으로 국무총리에 대 한 탄핵소추를 의결하였다.

23

사법권의 독립에 대한 설명으로 옳지 않은 것은?

① 헌법은 법관의 독립을 보장하기 위하여 법관의 신분보장에 관한 사항을 규정하고 있다.

② 형사재판에 있어서 사법권독립은 법관이 실제 재판에 있어서 소송당사자인 검사와 피고인으로부터 부당한 간섭을 받지 않은 채 독립하여야 할 것을 요구하는 것으로, 심판기관인 법원과 소추기관인 검찰청의 분리까지 요구하는 것은 아니다.

③ 법관은 탄핵 또는 금고 이상의 형의 선고에 의하지 아니하고는 파면되지 아니하며, 징계처분에 의하지 아니하고는 정직·감봉 기타 불리한 처분을 받지 아니한다.

④ 헌법이 사법의 독립을 보장하는 것은 그것이 법치주의와 민주주의의 실현을 위한 전제가 되기 때문이지, 그 자체가 궁극적인 목적이 되는 것은 아니다.

24

법원에 대한 설명으로 옳지 않은 것은?

① 재판의 전심절차로서 행정심판을 할 수 있으며, 행정심판의 절차는 법률로 정하되, 사법절차가 준용되어야 한다.

② 헌법은 군사재판을 관할하기 위하여 필수적으로 군사법원을 두도록 하고 있으며, 군사법원의 상고심은 대법원에서 관할한다.

③ 비상계엄하의 군사재판은 군인·군무원의 범죄나 군사에 관한 간첩죄의 경우와 초병·초소·유독음식물공급·포로에 관한 죄 중 법률이 정한 경우에 한하여 단심으로 할 수 있으나, 사형을 선고한 경우에는 그러하지 아니하다.

④ 대법원장과 대법관이 아닌 법관은 대법관회의의 동의를 얻어 대법원장이 임명한다.

25

헌법재판소에 대한 설명으로 옳은 것은?

① 헌법재판소 재판관이 모두 국회 인사청문회를 거쳐 임명되는 것은 아니다.

② 헌법재판소 재판관은 헌법재판소장의 제청으로 국회의 동의를 얻어 대통령이 임명한다.

③ 헌법재판소가 헌법소원에 관한 인용결정을 할 때에는 재판관 6인 이상의 찬성이 있어야 한다.

④ 법률이나 명령이 헌법에 위반되는 여부가 재판의 전제가 된 경우에는 법원은 헌법재판소에 제청하여 그 심판에 의하여 재판한다.

06 회 | 2024 경찰 1차

01

헌법해석과 합헌적 법률해석에 관한 설명으로 가장 적절하지 않은 것은? (다툼이 있는 경우 판례에 의함)

① 헌법의 해석은 헌법이 담고 추구하는 이상과 이념에 따른 역사적, 사회적 요구를 올바르게 수용하여 헌법적 방향을 제시하는 헌법의 창조적 기능을 수행하여 국민적 욕구와 의식에 알맞는 실질적 국민주권의 실현을 보장하는 것이어야 한다.

② 현행 헌법 제12조에서 종래의 "구금"을 "구속"으로 바꾼 것은 신체의 자유의 보장 범위를 구금된 사람뿐 아니라 구인된 사람에게까지 넓히기 위한 것으로 해석하는 것이 타당하다.

③ 법률 또는 법률 조항은 원칙적으로 가능한 범위안에서 합헌적으로 해석하여야 하나 그 해석은 문의적 한계와 법목적에 따른 한계가 있다. 이러한 한계를 벗어난 합헌적 해석은 그것이 바로 실질적 의미에서의 입법작용을 뜻하게 되어 결과적으로 입법권자의 입법권을 침해하는 것이 된다.

④ 조세법률주의가 지배하는 조세법의 영역에서 경과규정의 미비라는 명백한 입법의 공백을 방지하고 형평성의 왜곡을 시정하기 위해 실효된 법률조항을 유효한 것으로 해석하는 것은 헌법정신에 맞도록 법률의 내용을 해석·보충하거나 정정하는 '헌법합치적 법률해석'에 따른 해석이다.

02

헌법의 기본원리에 관한 설명으로 가장 적절하지 않은 것은? (다툼이 있는 경우 판례에 의함)

① 헌법의 기본원리는 헌법의 이념적 기초인 동시에 헌법을 지배하는 지도원리로서 입법이나 정책결정의 방향을 제시하며 공무원을 비롯한 모든 국민·국가기관이 헌법을 존중하고 수호하도록 하는 지침이고 법률조항의 위헌 여부를 심사할 때 해석기준으로 삼을 수도 있다.

② '책임 없는 자에게 형벌을 부과할 수 없다'는 형벌에 관한 책임주의는 형사법의 기본원리로서, 헌법상 법치국가의 원리에 내재하는 원리인 동시에 헌법 제10조의 취지로부터 도출되는 원리이므로 법인에게는 적용되지 않는다.

③ 정부는 문화국가실현에 관한 과제를 수행함에 있어 문화의 다양성, 자율성, 창조성이 조화롭게 실현될 수 있도록 중립성을 지키면서 문화에 대한 지원 및 육성을 하도록 유의하여야 한다.

④ 헌법은 법치주의를 그 기본원리의 하나로 하고 있으며, 법치주의는 행정작용에 국회가 제정한 형식적 법률의 근거가 요청된다는 법률유보를 그 핵심적 내용의 하나로 하고 있다.

03

신뢰보호원칙에 관한 설명으로 가장 적절한 것은? (다툼이 있는 경우 판례에 의함)

① 법률에 따른 개인의 행위가 단지 법률이 반사적으로 부여하는 기회의 활용을 넘어서 국가에 의하여 일정 방향으로 유인된 것이라면, 원칙적으로 국가의 법률개정이익이 개인의 신뢰보호에 우선된다고 볼 여지가 있다.

② 「산업재해보상보험법」 개정을 통하여 최고보상제도를 신설하고, 개정법 시행 전에 장해사유가 발생하여 이미 장해보상연금을 수령하고 있던 수급권자에게도 감액된 보상연금을 지급하도록 하더라도, 2년 6개월의 경과기간 동안 구법을 적용한 후 일률적이고 전면적으로 최고보상제도를 적용하도록 하였다면 신뢰보호원칙에 위배되지 않는다.

③ 헌법상 법치국가원리의 파생원칙인 신뢰보호의 원칙은 국민이 법률적 규율이 장래에도 지속할 것이라는 합리적인 신뢰를 바탕으로 이에 적응하여 개인의 법적 지위를 형성해 왔을 때에는 국가로 하여금 그와 같은 국민의 신뢰를 되도록 보호할 것을 요구하는 것으로, 법률이나 그 하위법규에 적용되는 것이지 국가관리의 입시제도와 같은 제도운영지침의 개폐에 적용되는 것은 아니다.

④ 조세법의 영역에 있어서는 특별한 사정이 없는 한 현재의 세법이 변함없이 유지되리라는 납세자의 기대나 신뢰는 보호될 수 없다.

04

헌법의 제정과 개정에 관한 설명으로 가장 적절한 것은? (다툼이 있는 경우 판례에 의함)

① 헌법을 개정하는 것은 주권자인 국민이 보유하는 가장 기본적인 권리로서 가장 강력하게 보호되어야 할 권리 중의 권리이지만, 헌법을 폐지하고 다른 내용의 헌법을 모색하는 것은 국민에게 허용되지 않는 권리이다.

② 헌법개정안은 국회에서 재적의원 3분의 2 이상의 찬성에 따른 국회의 의결을 거친 다음 국민투표에서 국회의원선거권 자과반수의 찬성을 얻어 확정된다.

③ 헌법의 제규정 가운데는 헌법의 근본가치를 보다 추상적으로 선언한 것도 있고, 이를 보다 구체적으로 표현한 것도 있어서 이념적·논리적으로는 규범 상호간의 우열을 인정할 수 있으므로, 우리 헌법의 각 개별규정 가운데 무엇이 헌법제정규정이고 무엇이 헌법개정규정인지를 구분하는 것이 가능할뿐 아니라, 각 개별규정에 그 효력상의 차이를 인정할 수도 있다.

④ 우리 헌법은 제128조 내지 제130조에서 일반법률의 개정절차와는 다른 엄격한 헌법개정절차를 정하고 있으며 헌법개정절차의 대상을 단지 '헌법'이라고만 하고 있으므로, 관습헌법도 헌법에 해당하는 이상 여기서 말하는 헌법개정의 대상인 헌법에 포함된다고 보아야 한다.

05

기본권 주체에 관한 설명으로 가장 적절한 것은? (다툼이 있는 경우 판례에 의함)

① 의료인에게 면허된 의료행위 이외의 의료행위를 금지하고 처벌하는 「의료법」 조항이 제한하고 있는 직업의 자유는 국가자격제도정책과 국가의 경제상황에 따라 법률에 의하여 제한할수 있고 인류보편적인 성격을 지니고 있지 아니하는 국민의 권리이므로 원칙적으로 외국인에게 인정되는 기본권은 아니다.

② 거주·이전의 자유는 인간의 권리에 해당하므로 외국인에게 거주·이전의 자유의 내용인 출·입국의 자유에 대한 기본권주체성이 인정된다.

③ 국가 및 그 기관 또는 조직의 일부나 공법인은 원칙적으로 기본권의 '수범자'로서 기본권의 주체가 되지 못하므로, 「주민소환에 관한 법률」에서 주민소환의 청구사유에 제한을 두지 아니하였다는 이유로 지방자치단체장이 자신의 공무담임권 침해를 다툴 수는 없다.

④ 중소기업중앙회는 「중소기업협동조합법」에 의해 설치되고 국가가 그 육성을 위해 재정을 보조해주는 등 공법인적 성격을 강하게 가지고 있으므로 결사의 자유를 누릴 수 있는 단체에 해당되지는 않는다.

06

기본권의 충돌이란 상이한 복수의 기본권주체가 서로의 권익을 실현하기 위해 하나의 동일한 사건에서 국가에 대하여 서로 대립되는 기본권의 적용을 주장하는 경우를 말하는데 헌법재판소는 이를 해결하기 위한 방법으로 기본권의 서열이론, 법익형량의 원리, 실제적 조화의 원리(= 규범조화적해석) 등을 사용한다. 다음 중 헌법재판소가 흡연권과 혐연권의 충돌을 해결하기 위해 사용한 방법과 같은 방법으로 기본권충돌을 해결한 사례는?

① 「정기간행물의등록등에관한법률」상의 피해자의 반론권과 보도기관의 언론의 자유 사이의 충돌

② 「통신비밀보호법」이 위법하게 취득한 타인간의 대화내용을 공개하는 자를 처벌하는 경우 대화 공개자의 표현의 자유와 대화자의 통신의 비밀 사이의 충돌

③ 유니언 샵(Union Shop) 협정 체결을 용인하고 있는 「노동조합및노동관계조정법」에 의한 노동조합의 적극적 단결권과 근로자의 단결하지 아니할 자유 사이의 충돌

④ 유니언 샵(Union Shop) 협정 체결을 용인하고 있는 「노동조합및노동관계조정법」에 의한 노동조합의 집단적 단결권과 근로자의 단결선택권 사이의 충돌

07

과잉금지원칙(비례원칙)에 관한 설명으로 가장 적절한 것은? (다툼이 있는 경우 판례에 의함)

① 보험사기를 이유로 체포된 공인이 아닌 피의자를 수사기관이 기자들에게 경찰서 내에서 수갑을 차고 얼굴을 드러낸 상태에서 조사받는 모습을 촬영할 수 있도록 허용한 행위는 피의자의 재범방지 및 범죄예방을 위한 것으로 목적의 정당성이 인정된다.

② 기본권을 제한하는 규정은 기본권행사의 '방법'과 '여부'에 관한 규정으로 구분할 수 있다. 방법의 적절성의 관점에서, 입법자는 우선 기본권행사의 '방법'에 관한 규제로써 공익을 실현할 수 있는가를 시도하고 이러한 방법으로는 공익달성이 어렵다고 판단되는 경우에 기본권행사의 '여부'에 관한 규제를 선택해야 한다.

③ 변호사시험 성적을 합격자에게 공개하지 않도록 규정한 「변호사시험법」 조항은 법학전문대학원 간의 과다경쟁 및 서열화를 방지하고, 교육과정이 충실하게 이행될 수 있도록 하여 다양한 분야의 전문성을 갖춘 양질의 변호사를 양성하기 위한 것으로 그 입법목적은 정당하나 입법목적을 달성하는 적절한 수단이 라고 볼 수는 없다.

④ 형사재판에 피고인으로 출석하는 수형자에 대하여 사복착용을 불허하는 「형의 집행 및 수용자의 처우에 관한 법률」 조항은 형사재판을 받는 수형자의 도주를 방지하기 위한 것으로 목적의 정당성은 인정되나, 재판 과정에서 재소자용 의류를 입게 하는 것이 도주의 방지를 위한 필요하고도 유용한 수단이라고 보기는 어렵다.

08

부작위에 의한 기본권 침해에 관한 설명으로 가장 적절한 것은? (다툼이 있는 경우 판례에 의함)

① 「가족관계의 등록 등에 관한 법률」이 직계혈족이기만 하면 사실상 자유롭게 그 자녀의 가족관계증명서와 기본증명서의 교부를 청구하여 발급받을 수 있도록 규정함으로써 가정폭력 피해자의 개인정보가 가정폭력 가해자인 전 배우자에게 무단으로 유출될 수 있는 경우, 이는 가정폭력 피해자를 보호하기 위한 구체적 방안을 마련하지 아니한 진정입법부작위에 해당되어 가정폭력 피해자인 청구인의 개인정보자기결정권을 침해한다.

② 「국군포로의 송환 및 대우 등에 관한 법률」에 따라 대통령은 등록포로, 등록하기 전에 사망한 귀환포로, 귀환하기 전에 사망한 국군포로에 대한 예우의 신청, 기준, 방법 등에 필요한 사항을 대통령령으로 제·개정할 의무가 있음에도 상당한 기간 동안 정당한 사유없이 그 예우에 관한 사항을 대통령령에 규정하지 않은 행정입법부작위는 등록포로 등의 가족인 청구인의 명예권을 침해한다.

③ 「진실·화해를 위한 과거사정리 기본법」에 따라 행정안전부장관, 법무부장관 등은 진실규명사건 피해자의 명예회복을 위해 적절한 조치를 취할 의무가 있으나 이는 법령에서 유래하는 작위의무이지 헌법에서 유래하는 작위의무는 아니다.

④ 통일부장관이 2010. 5. 24. 발표한 북한에 대한 신규 투자 불허 및 진행 중인 사업의 투자확대 금지 등을 내용으로 하는 대북조치로 인하여 재산상 손실을 입은 자에 대한 보상입법을 마련하지 않은 경우, 이는 헌법 해석상 보상규정을 두어야 할 입법의무가 도출됨에도 이를 이행하지 아니한 진정입법부작위에 해당하여 개성공단 내의 토지이용권을 사용·수익할 수 없게 된 청구인의 재산권을 침해한다.

09

일반적 행동의 자유에 관한 설명으로 가장 적절하지 않은 것은? (다툼이 있는 경우 판례에 의함)

① 경찰공무원이 교통의 안전과 위험방지를 위하여 필요하다고 인정하는 경우 운전자가 술에 취하였는지를 호흡조사로 측정할 수 있도록 하고 운전자는 이러한 경찰공무원의 측정에 응하여야 하도록 규정한 「도로교통법」 조항은 운전자인 청구인의 일반적행동의 자유를 제한한다.

② 응급의료종사자의 응급환자에 대한 진료를 폭행, 협박, 위계, 위력, 그 밖의 방법으로 방해하는 것을 금지하고 이에 위반하는 자를 형사처벌하는 「응급의료에 관한 법률」 조항은 해당 응급환자인 청구인의 일반적 행동의 자유를 제한한다.

③ 국내에 도착한 외국물품을 수입통관절차를 거치지 않고 다시 외국으로 반출하려면, 해당 물품의 품명·규격·수량 및 가격 등을 세관장에게 신고하도록 하는 「관세법」 조항은 환승 여행객인 청구인의 일반적 행동자유권을 제한한다.

④ 치료감호 가종료 시 3년의 보호관찰이 시작되도록 한 「치료감호등에 관한 법률」 조항은 피보호관찰자인 청구인의 일반적 행동자유권을 제한한다.

10

평등권에 관한 설명으로 가장 적절하지 않은 것은? (다툼이 있는 경우 판례에 의함)

① 지원에 의하여 현역복무를 마친 여성의 경우 현역복무 과정에서의 훈련과 경험을 통해 예비전력으로서의 자질을 갖추고 있을 것으로 추정할 수 있으므로 지원에 의하여 현역복무를 마친여성을 예비역 복무의무자의 범위에서 제외한 「군인사법」 조항은 예비역복무의무자인 남성인 청구인의 평등권을 침해한다.

② 자율형 사립고등학교를 지원한 학생에게 평준화지역 후기학교에 중복지원 하는 것을 금지한 「초·중등교육법시행령」 조항은 매우 보편화된 일반교육에 해당하는 고등학교 진학 기회를 제한 하는 것으로 당사자에게 미치는 기본권 제한의 효과가 크다는 점에서 엄격한 심사척도에 의하여 평등원칙 위배 여부를 심사하여야 한다.

③ 독립유공자의 사망시기에 따라 그 손자녀의 보상금 지급요건을 달리하거나 보상금 수급대상을 독립유공자의 손자녀 1명으로 한정한 「독립유공자예우에 관한 법률」 조항은 헌법에서 특히평등을 요구하는 영역에서의 차별에 해당하지 않고 관련 기본권에 중대한 제한을 초래하지도 않는다.

④ 평등권으로서 교육을 받을 권리는 '취학·진학의 기회 균등', 즉 각자의 능력에 상응하는 교육을 받을 수 있도록 학교입학에 있어서 자의적 차별이 금지되어야 한다는 차별금지원칙을 의미한다.

11

신체의 자유에 관한 설명으로 가장 적절하지 않은 것은? (다툼이 있는 경우 판례에 의함)

① 디엔에이감식시료의 채취행위는 신체의 안정성을 해한다고 볼 수 있으므로 디엔에이감식시료 채취의 근거인 「디엔에이신원확인정보의 이용 및 보호에 관한 법률」 조항은 디엔에이감식시료의 채취대상자인 청구인의 신체의 자유를 제한한다.

② 강제퇴거명령을 받은 사람을 보호할 수 있도록 하면서 보호기간의 상한을 마련하지 아니한 「출입국관리법」 조항은 과잉금지원칙 및 적법절차원칙에 위배되어 피보호자의 신체의 자유를 침해한다.

③ 1억 원 이상의 벌금형을 선고하는 경우 노역장유치기간의 하한을 정한 「형법」 조항을 시행일 이후 최초로 공소제기 되는 경우부터 적용하도록 한 「형법」 부칙조항은 형벌불소급원칙에 위배되지 않는다.

④ 행정절차상 강제처분에 의해 신체의 자유가 제한되는 경우 강제처분의 집행기관으로부터 독립된 중립적인 기관이 이를 통제하도록 하는 것은 적법절차원칙의 중요한 내용에 해당한다.

12

직업의 자유에 관한 설명으로 가장 적절하지 않은 것은?
(다툼이 있는 경우 판례에 의함)

① 의료인이 아닌 자의 문신시술업을 금지하고 처벌하는 「의료법」조항은 문신시술자에 대하여 의료인 자격까지 요구하지 않고도, 시술자의 자격, 위생적인 문신시술 환경, 문신시술절차 및 방법 등에 관한 규제를 통하여도 안전한 문신시술을 보장할 수 있다는 점에서 과잉금지원칙에 위배되어 문신시술을 업으로 삼고자 하는 청구인의 직업선택의 자유를 침해한다.

② 직업선택의 자유와 직업수행의 자유는 기본권의 주체에 대한 제한의 효과가 다르기 때문에 제한에 있어 적용되는 기준 또한 다르며, 특히 직업수행의 자유에 대한 제한의 경우 인격발현에 대한 침해의 효과가 일반적으로 직업선택 그 자체에 대한 제한에 비하여 작기 때문에, 그에 대한 제한은 보다 폭넓게 허용된다.

③ 교육부장관이 학교법인 ○○학당에게 한 법학전문대학원설치인가 중 여성만을 입학자격요건으로 하는 입학전형계획을 인정한 부분은 남성인 청구인의 직업선택의 자유를 제한한다.

④ 성매매는 성판매자의 입장에서 생활의 기본적 수요를 충족하기 위한 소득활동에 해당함을 부인할 수 없으므로, 성매매를 한 자를 형사처벌 하도록 규정한 「성매매알선 등 행위의 처벌에관한법률」조항은 성판매자의 직업선택의 자유를 제한하고 있다.

13

표현의 자유에 관한 설명으로 가장 적절하지 않은 것은?
(다툼이 있는 경우 판례에 의함)

① 표현의 자유는 국민 개인적인 차원에서는 자유로운 인격발현의 수단임과 동시에 합리적이고 건설적인 의사형성 및 진리발견의 수단이 되며, 국가와 사회적인 차원에서는 민주주의 국가와 사회의 존립과 발전에 필수불가결한 기본권이다.

② 사회복무요원이 정당 가입을 할 수 없도록 규정한 「병역법」 조항은 사회복지시설에 근무하는 사회복무요원의 경우에는 민간영역에서 근무하고 그 직무의 성질상 정치적 중립성을 훼손할 가능성이 거의 없음에도 불구하고 일괄적으로 정당에 가입하는 행위를 금지한다는 점에서 과잉금지원칙에 위배되어 사회복무요원인 청구인의 정치적 표현의 자유를 침해한다.

③ 대한민국을 모욕할 목적으로 국기를 손상, 제거 또는 오욕한 자를 처벌하는 「형법」 조항은 이러한 국기모독행위를 단순히 경범죄로 취급하거나 형벌 이외의 다른 수단으로 제재하여서는 입법목적을 효과적으로 달성하기 어렵다는 점에서 과잉금지원칙에 위배되어 해당 청구인의 표현의 자유를 침해하지 않는다.

④ 남북합의서 위반행위로서 전단등 살포를 하여 국민의 생명·신체에 위해를 끼치거나 심각한 위험을 발생시키는 것을 금지하고 이를 위반한 경우 처벌하는 「남북관계 발전에 관한 법률」 조항은 그 궁극적인 의도가 북한 주민을 상대로 한 북한 체제 비판 등의 내용을 담은 표현을 제한하는 데 있다는 점에서 표현의 내용과 무관한 내용중립적 규제로 보기는 어렵다.

14

집회의 자유에 관한 설명으로 가장 적절한 것은? (다툼이 있는 경우 판례에 의함)

① 「집회 및 시위에 관한 법률」상의 시위는 반드시 '일반인이 자유로이 통행할 수 있는 장소'에서 이루어져야 하며 '행진' 등 장소 이동을 동반해야만 성립한다.

② 집회의 자유에 대한 제한은 다른 중요한 법익의 보호를 위하여 반드시 필요한 경우에 한하여 정당화되는 것이며, 특히 집회의 금지는 원칙적으로 공공의 안녕질서에 대한 위협이 예상되는 경우에 한하여 허용될 수 있다.

③ 집회 또는 시위를 하기 위하여 인천애(愛)뜰 중 잔디마당과 그 경계 내 부지에 대한 사용허가 신청을 한 경우 인천광역시장이 이를 허가할 수 없도록 제한하는 「인천애(愛)뜰의 사용 및 관리에 관한 조례」조항은 헌법 제21조 제2항이 규정하는 집회에 대한 허가제 금지원칙에 위배된다.

④ 누구든지 선거기간 중 선거에 영향을 미치게 하기 위하여 '그 밖의 집회나 모임'을 개최할 수 없고, 이를 위반하는 자를 처벌하는 「공직선거법」조항은 선거의 공정이나 평온에 대한 구체적인 위험이 없는 경우에도 해당 목적을 위한 일반 유권자의 집회나 모임을 전면적으로 금지하고 위반 시 처벌한다는 점에서 과잉금지원칙에 위배되어 해당 일반 유권자의 집회의 자유를 침해한다.

15

사생활의 비밀과 자유에 관한 설명으로 가장 적절하지 않은 것은? (다툼이 있는 경우 판례에 의함)

① 사생활의 비밀이란 사생활에 관한 사항으로 일반인에게 아직 알려지지 아니하고 일반인의 감수성을 기준으로 할 때 공개를 원하지 않을 사항을 말한다.

② 사생활의 비밀과 자유는 개인의 내밀한 내용의 비밀을 유지할 권리, 개인이 자신의 사생활의 불가침을 보장받을 수 있는 권리, 개인의 양심영역이나 성적 영역과 같은 내밀한 영역에 대한 보호, 인격적인 감정세계의 존중의 권리와 정신적인 내면생활이 침해받지 아니할 권리 등을 보호한다.

③ 어린이집에 폐쇄회로 텔레비전(CCTV: Closed Circuit Television)을 원칙적으로 설치하도록 정한 「영유아보육법」조항은 CCTV 설치로 보육교사 및 영유아의 신체나 행동이 그대로 CCTV에 촬영·녹화된다는 점에서 보육교사 및 영유아의 사생활의 비밀과 자유를 제한한다.

④ 인터넷 통신망을 통해 송·수신하는 전기통신에 대한 감청을 범죄수사를 위한 통신제한조치의 하나로 정한 「통신비밀보호법」조항은 인터넷회선 감청을 위해 법원의 허가를 얻도록 정하고 있으나, 해당 인터넷회선을 통하여 흐르는 모든 정보가 감청대상이 되므로 개별성, 특정성을 전제로 하는 영장주의를 유명무실하게 함으로써 감청대상자인 청구인의 사생활의 비밀과 자유를 침해한다.

16

개인정보자기결정권에 관한 설명으로 가장 적절하지 않은 것은? (다툼이 있는 경우 판례에 의함)

① 개인정보자기결정권의 보호대상이 되는 개인정보는 개인의 신체, 신념, 사회적 지위, 신분 등과 같이 개인의 인격주체성을 특징짓는 사항으로서 그 개인의 동일성을 식별할 수 있게 하는 일체의 정보이고, 반드시 개인의 내밀한 영역이나 사사(私事)의 영역에 속하는 정보에 국한되지 않고 공적 생활에서 형성되었거나 이미 공개된 개인정보까지 포함한다.

② 디엔에이신원확인정보는 개인 식별을 목적으로 디엔에이 감식을 통하여 취득한 정보로서 당해 정보만으로는 특정개인을 식별할 수 없더라도 다른 정보와 쉽게 결합하여 당해 개인을 식별할 수 있는 정보에 해당하는 개인정보이다.

③ 디엔에이감식시료의 채취대상자가 사망할 때까지 디엔에이신원확인정보를 데이터베이스에 수록, 관리할 수 있도록 규정한 「디엔에이신원확인정보의 이용 및 보호에 관한 법률」 조항은대상자의 재범위험성을 고려하지 않고 일률적으로 대상자가 사망할 때까지 디엔에이신원확인정보를 보관한다는 점에서 과잉금지원칙에 위배되어 디엔에이신원확인정보 수록대상자인 청구인의 개인정보자기결정권을 침해한다.

④ 개별 의료급여기관으로 하여금 수급권자의 진료정보를 국민건강보험공단에 알려줄 의무 등 의료급여 자격관리 시스템에 관하여 규정한 보건복지부 고시조항은 동 조항에 의해 수집되는정보의 범위가 건강생활유지비의 지원 및 급여일수의 확인을 위해 필요한 정보로 제한되어 있다는 점에서 과잉금지원칙에 위배되어 해당 수급권자인 청구인의 개인정보자기결정권을 침해하지 않는다.

17

양심의 자유에 관한 설명 중 옳고 그름의 표시(O, X)가 바르게 된 것은? (다툼이 있는 경우 판례에 의함)

┤ 보기 ├

㉠ 내용상 단순히 국법질서나 헌법체제를 준수 하겠다는 취지의 서약을 할 것을 요구하는 준법서약은 어떤 구체적이거나 적극적인 내용을 담지 않은 채 단순한 헌법적 의무의 확인·서약에 불과하다 할 것이어서 양심의 영역을 건드리는 것이 아니다.

㉡ 양심형성의 자유는 외부의 간섭과 강제로부터 절대적으로 보호되는 기본권이므로, 이적표현물의 소지·취득행위가 반포나 판매로 이어지거나 이를 통해 형성된 양심적 결정이 외부로 표현되고 실현되지 아니한 단계에서 이를 처벌하는 것은 헌법상 허용되지 아니한다.

㉢ 가해학생에 대한 조치로 피해학생에 대한 서면사과를 규정한 「학교폭력예방법」 조항은 서면사과의 교육적 효과는 가해학생에 대한 주의나 경고 또는 권고적인 조치만으로는 달성하기 어렵다는 점을 고려할 때 과잉금지원칙에 위배되어 가해학생의 양심의 자유를 침해하지 않는다.

㉣ 보안관찰처분은 보안관찰처분대상자가 보안관찰해당범죄를 다시 저지를 위험성이 내심의 영역을 벗어나 외부에 표출되는 경우에 재범의 방지를 위하여 내려지는 특별예방적 목적의 처분이므로, 보안관찰처분의 요건과 절차를 규정한 「보안관찰법」 제2조, 제3조, 제4조, 제12조 제1항, 제14조는 보안관찰처분대상자의 양심의 자유를 침해하지 아니한다.

① ㉠(×) ㉡(○) ㉢(○) ㉣(×)
② ㉠(○) ㉡(×) ㉢(○) ㉣(○)
③ ㉠(○) ㉡(×) ㉢(×) ㉣(○)
④ ㉠(○) ㉡(○) ㉢(×) ㉣(×)

18

재산권에 관한 설명으로 가장 적절하지 않은 것은? (다툼이 있는 경우 판례에 의함)

① 상업용 음반 등에 관한 저작재산권자의 공연권 및 저작인접권자의 보상청구권은 헌법 제23조에 의하여 보장되는 재산적 가치가 있는 권리에 해당한다.

② 헌법 제23조 제3항은 재산권 수용의 주체를 한정하지 않고 있으므로 그 수용의 주체를 국가 등의 공적 기관에 한정하여 해석할 이유가 없다.

③ 금융위원회위원장이 2019.12.16. 시중 은행을 상대로 투기지역·투기과열지구 내 초고가 아파트(시가 15억 원 초과)에 대한 주택구입용 주택담보대출을 2019.12.17.부터 금지한 조치는 투기적 대출수요뿐 아니라 실수요자의 경우에도 예외 없이 대출을 금지한 점 등을 고려할 때, 해당 주택담보대출을 받고자 하는 청구인의 재산권을 침해한다.

④ 피상속인에 대한 부양의무를 이행하지 않은 직계존속의 경우를 상속결격사유로 규정하지 않은 「민법」 조항은 상속관계에 관한 법적 안정성의 확보 등을 고려할 때 입법형성권의 한계를 일탈하여 다른 상속인인 청구인의 재산권을 침해하지 않는다.

19

범죄피해자구조청구권에 관한 설명으로 가장 적절하지 않은 것은? (다툼이 있는 경우 판례에 의함)

① 범죄피해자구조청구권은 제9차 개정헌법에서 처음으로 도입되었다.

② 범죄피해자구조청구권은 생존권적 기본권으로서의 성격을 가지는 청구권적 기본권이다.

③ 범죄피해자구조청구권은 국민의 권리로서 외국인에게는 인정되지 않는 권리이므로 외국인이 「범죄피해자 보호법」에 따른 범죄피해구조금을 신청할 수는 없다.

④ 「범죄피해자 보호법」에서 제척기간을 범죄피해가 발생한 날부터 5년으로 정하더라도, 5년이라는 기간이 지나치게 단기라든지 불합리하여 범죄피해자의 구조청구권 행사를 현저히 곤란하게 하거나 사실상 불가능하게 하는 것으로는 볼 수 없다.

20

국민의 기본의무에 관한 설명으로 가장 적절한 것은? (다툼이 있는 경우 판례에 의함)

① 「향토예비군설치법」에 따라 예비군훈련소집에 응하여 훈련을 받는 것은 국민이 마땅히 하여야 할 의무를 다하는 것일 뿐 국가나 공익목적을 위하여 특별한 희생을 하는 것이라고 할 수 없다.

② 납세의무자인 국민은 자신이 납부한 세금을 국가가 효율적으로 사용하는지 여부를 감시하고 이에 대하여 이의를 제기하거나 잘못 사용되는 세금에 대하여 그 사용을 중지할 것을 요구할 수 있는 헌법상의 권리를 가진다.

③ 헌법은 국방의 의무를 국민에게 부과하면서 병역의무의 이행을 이유로 불이익한 처우를 하는 것을 금지하고 있는데, 여기서 '불이익한 처우'라 함은 법적인 불이익뿐만이 아니라 사실상, 경제상의 불이익을 모두 포함하는 것으로 이해해야 한다.

④ 공중보건의사에 편입되어 군사교육에 소집된 사람에게 사회복무요원과 달리 군사교육 소집기간 동안의 보수를 지급하지 않도록 규정한 「군인보수법」 조항은 공중보건의사의 경우 사회복무요원과 같은 보충역으로서 대체복무를 한다는 점에서 양자를 달리 취급할 합리적인 이유가 없으므로 공중보건의사의 평등권을 침해한다.

07 회 | 2024 국회직 8급

01

정당제도에 대한 설명으로 〈보기〉에서 옳은 것(○)과 옳지 않은 것(×)을 올바르게 조합한 것은?

┤ 보기 ├

ㄱ. 정당을 창당하고자 하는 창당준비위원회가 「정당법」상의 요건을 갖추어 등록을 신청하면 중앙선거관리위원회는 「정당법」상 외의 요건으로 이를 거부할 수 없고 반드시 수리하여야 한다.

ㄴ. 정치활동을 하는 사람이 금품을 받았을 때에 그것이 비록 정치활동을 위하여 제공된 것이 아니더라도, 「정치자금법」 제45조 제1항의 위반죄로 처벌할 수 있다.

ㄷ. 국민의 자유로운 정당설립 및 가입을 제한하는 법률은 그 목적이 헌법상 허용된 것이어야 할 뿐만 아니라 중대한 것이어야 하고, 그를 넘어서 제한을 정당화하는 공익이나 대처해야 할 위험이 어느 정도 명백하게 현실적으로 존재해야만 비로소 헌법에 위반되지 아니한다.

ㄹ. 정당설립의 자유는 비록 헌법 제8조 제1항 전단에 규정되어 있지만, 국민 개인과 정당의 기본권이라고 할 수 있으며, 당연히 이를 근거로 하여 「헌법재판소법」 제68조 제1항에 따른 헌법소원심판을 청구할 수 있다고 보아야 할 것이다.

ㅁ. 합당하는 정당들은 대의기관의 결의나 합동회의의 결의로써 합당할 수 있으며, 신설정당이 합당 전 정당들의 권리·의무를 승계하지 않기로 정하였다면, 이는 정당내부의 자율적 규율사항에 해당하므로 그 결의는 효력이 있다.

① (ㄱ)○ (ㄴ)○ (ㄷ)× (ㄹ)× (ㅁ)×
② (ㄱ)× (ㄴ)○ (ㄷ)× (ㄹ)× (ㅁ)○
③ (ㄱ)× (ㄴ)× (ㄷ)○ (ㄹ)○ (ㅁ)×
④ (ㄱ)○ (ㄴ)○ (ㄷ)○ (ㄹ)○ (ㅁ)×
⑤ (ㄱ)○ (ㄴ)× (ㄷ)○ (ㄹ)○ (ㅁ)×

02

국적에 대한 설명으로 옳지 않은 것은?

① 법무부장관은 거짓이나 그 밖의 부정한 방법으로 귀화허가, 국적회복허가, 국적의 이탈 허가 또는 국적보유판정을 받은 자에 대하여 그 허가 또는 판정을 취소할 수 있다.

② 복수국적자가 외국에 주소가 있는 경우에만 국적이탈을 신고할 수 있도록 하는 「국적법」 제14조 제1항 본문은 복수국적자의 기회주의적 국적이탈을 방지하여 국민으로서 마땅히 부담해야 할 의무에 대한 악의적 면탈을 방지하고 국가공동체 운영의 기본원리를 지키고자 적어도 외국에 주소가 있는 자에게만 국적이탈을 허용하려는 것이므로 목적이 정당하고 그 수단도 적합하다.

③ 직계존속이 외국에서 영주할 목적 없이 체류한 상태에서 출생한 자는 병역의무를 해소한 경우에만 국적이탈을 신고할 수 있도록 하는 구 「국적법」 제12조 제3항은 출입국 등 거주·이전 그 자체에 제한을 가하고 있으므로, 출입국에 관련하여 그 출생자의 거주·이전의 자유가 침해되는지 여부가 문제된다.

④ 복수국적자가 제1국민역에 편입된 날부터 3개월 이내에 하나의 국적을 선택하여야 하고 그때까지 대한민국 국적을 이탈하지 않으면 병역의무가 해소된 후에야 이탈할 수 있도록 한 「국적법」 조항은 '병역의무의 공평성 확보'라는 입법목적을 훼손하지 않으면서도 기본권을 덜 침해하는 방법이 있는데도 그러한 예외를 전혀 두지 않고 일률적으로 병역의무 해소 전에는 국적이탈을 할 수 없도록 하는바, 이는 피해의 최소성 원칙에 위배된다.

⑤ 국적회복허가에 애초 허가가 불가능한 불법적 요소가 개입되어 있었다면 어느 순간에 불법적 요소가 발견되었든 상관없이 그 허가를 취소함으로써 국법질서를 회복할 필요성이 있다.

03

헌정사에 대한 설명으로 옳은 것만을 〈보기〉에서 모두 고르면?

| 보기 |

ㄱ. 1948년 제헌헌법은 국민투표를 거치지 않고 국회에서 의결하였으며, 대통령제를 채택하였으나 부통령을 두지 않고 의원내각제적 요소인 국무원제와 국무총리제를 가미하였다.

ㄴ. 1960년 제3차 개정헌법은 대법원장과 대법관의 선거제를 채택하였으며, 중앙선거관리위원회의 헌법기관화 등을 규정하였다.

ㄷ. 1962년 제5차 개정헌법은 대법원장과 대법관을 법관추천회의의 제청에 따라 대통령이 임명하도록 하였다.

ㄹ. 1972년 제7차 개정헌법은 국민투표에 의한 최초의 개헌으로 대통령의 긴급조치권, 국회의 회기 단축과 국정감사제폐지 등을 규정하였다.

ㅁ. 1980년 제8차 개정헌법은 행복추구권, 형사피고인의 무죄추정, 사생활의 비밀과 자유의 불가침을 신설하였으며, 헌법에 국회의 국정조사권을 규정하였다.

① ㄱ, ㄴ
② ㄴ, ㅁ
③ ㄱ, ㄷ, ㄹ
④ ㄴ, ㄹ, ㅁ
⑤ ㄷ, ㄹ, ㅁ

04

평등권에 대한 설명으로 옳은 것은?

① 내국인 및 영주(F−5)·결혼이민(F−6)의 체류자격을 가진 외국인과 달리 외국인 지역가입자에 대하여 납부할 월별 보험료의 하한을 전년도 전체 가입자의 평균을 고려하여 정하는 구「장기체류 재외국민 및 외국인에 대한 건강보험 적용기준」제6조 제1항에 의한 별표 2 제1호 단서는 합리적인 이유없이 외국인을 내국인 등과 달리 취급한 것으로서 평등권을 침해한다.

② 헌법재판소는 동물약국 개설자가 수의사 또는 수산질병관리사의 처방전 없이 판매할 수 없는 동물용의약품을 규정한 「처방대상 동물용 의약품 지정에 관한 규정」제3조가 의약분업이 이루어지지 않은 동물 분야에서 수의사가 동물용의약품에 대한 처방과 판매를 사실상 독점할 수 있도록 하여 동물약국 개설자의 직업수행의 자유를 침해하는지 여부를 판단하는 이상 평등권 침해 여부에 관하여는 따로 판단하지 아니하였다.

③ 확정판결의 기초가 된 민사나 형사의 판결, 그 밖의 재판 또는 행정처분이 다른 재판이나 행정처분에 따라 바뀌어 당사자가 행정소송의 확정판결에 대하여 재심을 제기하는 경우, 재심제기기간을 30일로 정한 「민사소송법」을 준용하는 「행정소송법」제8조 제2항 중 「민사소송법」제456조 제1항 가운데 제451조 제1항 제8호에 관한 부분을 준용하는 부분은 행정소송 당사자의 평등권을 침해한다.

④ 구「감염병의 예방 및 관리에 관한 법률」제70조 제1항에 감염병환자가 방문한 영업장의 폐쇄 등과 달리, 감염병의 예방을 위하여 집합제한조치를 받은 영업장의 손실을 보상하는 규정을 두고 있지 않은 것은 평등권을 침해한다.

⑤ 예비역 복무의무자의 범위에서 일반적으로 여성을 제외하는 구「병역법」제3조 제1항 중 '예비역 복무'에 관한 부분 및 지원에 의하여 현역복무를 마친 여성을 일반적인 여성의 경우와 동일하게 예비역 복무의무자의 범위에서 제외하는 「군인사법」제41조 제4호 및 단서, 제42조는 상근예비역으로 복무 중이던 자의 평등권을 침해한다.

05

재산권에 대한 설명으로 옳은 것만을 〈보기〉에서 모두 고르면?

| 보기 |

ㄱ. 「주택임대차보호법」상 임차인 보호 규정들이 임대인의 재산권을 침해하는지 여부를 심사함에 있어서는 비례의 원칙을 기준으로 심사하되, 보다 강화된 심사기준을 적용하여야 할 것이다.

ㄴ. 구 「민간임대주택에 관한 특별법」의 등록말소조항은 단기민간임대주택과 아파트 장기일반민간임대주택의 임대의무기간이 종료한 날 그 등록이 말소되도록 할 뿐이고, 종전 임대사업자가 이미 받은 세제혜택 등을 박탈하는 내용이 없으므로 재산권이 제한된다고 볼 수 없다.

ㄷ. 도로 등 영조물 주변 일정 범위에서 광업권자의 채굴행위를 제한하는 구 「광업법」 조항은 헌법 제23조가 정하는 재산권에 대한 사회적 제약의 범위 내에서 광업권을 제한한 것으로 과잉금지원칙에 위배되지 않고 재산권의 본질적 내용도 침해하지 않는 것이어서 광업권자의 재산권을 침해하지 않는다.

ㄹ. 거주자가 건물을 신축하고 그 신축한 건물의 취득일부터 5년 이내에 해당 건물을 양도하는 경우로서 환산가액을 그 취득가액으로 하는 경우 양도소득 결정세액에 더하여 가산세를 부과하도록 하는 구 「소득세법」 조항은 재산권을 침해한다.

ㅁ. 「공무원연금법」에서 19세 미만인 자녀에 대하여 아무런 제한없이 퇴직유족연금일시금을 선택할 수 있게 하고 또 그 금액도 다른 유족과 동일한 계산식에 따라 산출하게 한 것은 다른 유족의 재산권을 침해한다.

① ㄱ, ㄹ
② ㄱ, ㅁ
③ ㄴ, ㄷ
④ ㄱ, ㄴ, ㄹ
⑤ ㄴ, ㄷ, ㄹ, ㅁ

06

직업의 자유에 대한 설명으로 옳지 않은 것은?

① 「근로기준법」상 근로시간에 대한 주 52시간 상한제 조항은 연장근로시간에 관한 사용자와 근로자 간의 계약 내용을 제한한다는 측면에서는 사용자와 근로자의 계약의 자유를 제한하고, 근로자를 고용하여 재화나 용역을 제공하는 사용자의 활동을 제한한다는 측면에서는 직업의 자유를 제한한다.

② 중개법인의 임원이 「공인중개사법」을 위반하여 300만 원 이상의 벌금형의 선고를 받고 3년이 지나지 아니한 자에 해당하는 경우 중개법인의 등록을 필요적으로 취소하도록 하는 것은 해당 중개법인의 직업의 자유를 침해한다.

③ 사업주로부터 위임을 받아 고용보험 및 산재보험에 관한 보험사무를 대행할 수 있는 기관의 자격을 일정한 기준을 충족하는 단체 또는 법인, 공인노무사, 세무사로 한정하고 있는 「고용보험 및 산업재해보상보험의 보험료징수 등에 관한 법률」 조항은 개인 공인회계사의 직업의 자유를 침해한다고 볼 수 없다.

④ 「교육환경 보호에 관한 법률」상의 상대보호구역에서 「게임산업진흥에 관한 법률」상의 '복합유통게임제공업' 시설을 갖추고 영업을 하는 것을 원칙적으로 금지하는 것은 교육환경보호구역 안의 토지나 건물의 임차인 내지 복합유통게임제공업을 영위하고자 하는 자의 직업수행의 자유를 침해하지 아니한다.

⑤ 시내버스운송사업자가 사업계획 가운데 운행대수 또는 운행횟수를 증감하려는 때에는 국토교통부장관 또는 시·도지사의 인가를 받거나 신고하도록 하고 이를 위반한 경우 처벌하는 「여객자동차 운수사업법」 조항은 시내버스운송사업자의 직업수행의 자유를 침해한다고 볼 수 없다.

07

재판청구권에 대한 설명으로 옳지 않은 것은?

① 재판이란 사실 확정과 법률의 해석적용을 본질로 함에 비추어 법관에 의한 사실확정과 법률의 해석적용의 기회에 접근하기 어렵도록 제약이나 장벽을 쌓아서는 안 될 것이며, 만일 그러한 보장이 제대로 이루어지지 않는다면 재판을 받을 권리의 본질적 내용을 침해하는 것이다.

② 입법자가 행정심판을 전심절차가 아니라 종심절차로 규정함으로써 정식재판의 기회를 배제하거나, 어떤 행정심판을 필요적 전심절차로 규정하면서도 그 절차에 사법절차가 준용되지 않는다면 이는 재판청구권을 보장하고 있는 헌법 제27조에 위반된다.

③ 지방공무원이 면직처분에 대해 불복할 경우 행정소송 제기에 앞서 반드시 소청심사를 거치도록 한 「지방공무원법」 조항은 시간적, 절차적으로 합리적인 범위를 벗어나 재판청구권을 제한한다고 볼 수있으므로 지방공무원의 재판청구권을 침해한다.

④ 상속재산분할에 관한 다툼이 발생한 경우 이를 가사소송 또는 민사소송 절차에 의하도록 할 것인지, 아니면 가사비송 절차에 의하도록 할 것인지 등을 정하는 것은 원칙적으로 입법자가 소송법의 체계, 소송 대상물의 성격, 분쟁의 일회적 해결 가능성 등을 고려하여 형성할 정책적 문제이다.

⑤ 형의 선고와 함께 소송비용 부담의 재판을 받은 피고인이 '빈곤'을 이유로 해서만 집행면제를 신청할 수 있도록 한 「형사소송법」 제487조 중 제186조 제1항 본문에 따른 소송비용에 관한 부분은 피고인의 재판청구권을 침해하지 아니한다.

08

선거권과 피선거권에 대한 설명으로 옳지 않은 것은?

① 「공직선거법」상 '선거인'이란 선거권이 있는 사람으로서 선거인명부 또는 재외선거인명부에 올라 있는 사람을 말한다.

② 선거일 현재 1년 이상의 징역 또는 금고의 형의 선고를 받고 그 집행이 종료되지 아니하거나 그 집행을 받지 아니하기로 확정되지 아니한 사람은 선거권이 없지만, 그 형의 집행유예를 선고받고 유예기간 중에 있는 사람은 선거권이 있다.

③ 선거권도 법률이 정하는 바에 의하여 보장되는 것이므로 입법형성권을 갖고 있는 입법자가 구체적으로 어떠한 입법목적의 달성을 위하여 어떠한 방법을 선택할 것인가는 그것이 현저하게 불합리하고 불공정한 것이 아닌 한 입법자의 재량영역에 속한다.

④ 단지 주민등록이 되어 있는지 여부에 따라 선거인명부에 오를 자격을 결정하여 그에 따라 대통령선거에 대한 선거권 행사 여부가 결정되도록 함으로써 엄연히 대한민국의 국민임에도 불구하고「주민등록법」상 주민등록을 할 수 없는 재외국민의 대통령선거에 대한 선거권 행사를 전면적으로 부정하는 것은 재외국민의 선거권과 평등권을 침해하고 보통선거원칙에도 위반된다.

⑤ '외국의 영주권을 취득한 재외국민'과 같이 주민등록을 하는 것이 법령의 규정상 아예 불가능한 자들은 지방자치단체의 주민으로서 오랜 기간 생활해 오면서 그 지방자치단체의 사무와 밀접한 이해관계를 형성하여 왔다고 하더라도, 주민등록만을 기준으로 하여 주민등록이 불가능한 재외국민인 주민의 지방선거 피선거권을 부인하는 것은 국내거주 재외국민의 공무담임권을 침해하지 않는다.

09

인격권에 대한 설명으로 옳지 않은 것은?

① 선거기사심의위원회가 불공정한 선거기사를 보도하였다고 인정한 언론사에 대하여 언론중재위원회를 통하여 사과문을 게재할 것을 명하도록 하는 「공직선거법」 조항과 해당 언론사가 사과문 게재명령을 지체없이 이행하지 않을 경우 형사처벌하는 구 「공직선거법」 조항은 언론사의 인격권을 침해한다.

② 일본제국주의의 국권침탈이 시작된 러·일전쟁 개전시부터 1945년 8월 15일까지 조선총독부 중추원 참의로 활동한 행위를 친일반민족행위로 규정한 「일제강점하 반민족행위 진상규명에 관한 특별법」 조항은 조사대상자 또는 그 유족의 인격권을 제한한다.

③ 민사법정 내 보호장비 사용행위는 「형의 집행 및 수용자의 처우에 관한 법률」 조항 등에 근거를 두고 있으므로 법률유보원칙에 위배되어 민사법정에 출정하는 수형자의 인격권을 침해하지 않는다.

④ 이미 출국 수속 과정에서 일반적인 보안검색을 마친 승객을 상대로, 촉수검색(patdown)과 같은 추가적인 보안 검색 실시를 예정하고 있는 '국가항공보안계획'은 촉수검색 대상자의 인격권을 침해한다.

⑤ 헌법 제10조로부터 도출되는 일반적 인격권 중 개인의 명예에 관한 권리에서 말하는 명예는 사람이나 그 인격에 대한 사회적 평가, 즉 객관적·외부적 가치평가를 말하는 것이지 단순히 주관적·내면적인 명예감정은 포함되지 않는다.

10

신뢰보호원칙에 대한 설명으로 옳지 않은 것은?

① 구 법령에 따라 폐자동차재활용업 등록을 한 자에게도 3년 이내에 등록기준을 갖추도록 한 「전기·전자제품 및 자동차의 자원순환에 관한 법률 시행령」 부칙 제3조 제1항 및 제2항 중 '3년' 부분은 신뢰보호원칙에 위배되어 그 등록을 한 자의 직업의 자유를 침해한다.

② 헌법재판소가 성인대상 성범죄자에 대하여 10년 동안 일률적으로 의료기관에의 취업제한 등을 하는 규정에 대하여 위헌결정을 한 뒤, 개정법 시행일 전까지 성인대상 성범죄로 형을 선고받아 그 형이 확정된 사람에 대해서 형의 종류 또는 형량에 따라 기간에 차등을 두어 의료기관에의 취업 등을 제한하는 「아동·청소년의 성보호에 관한 법률」 부칙 제5조 제1호는 신뢰보호원칙에 위배되지 아니한다.

③ 공익법인이 유예기한이 지난 후에도 보유기준을 초과하여 주식을 보유하는 경우 10년을 초과하지 않는 범위에서 매년 가산세를 부과하도록 정한 구 「상속세 및 증여세법」 제78조 제4항 중 제49조 제1항 제2호에 관한 부분은 신뢰보호원칙에 반하지 아니한다.

④ 무기징역의 집행 중에 있는 자의 가석방 요건을 종전의 '10년 이상'에서 '20년 이상' 형 집행 경과로 강화한 개정 「형법」 제72조 제1항을 「형법」 개정 당시에 이미 수용 중인 사람에게도 적용하는 「형법」 부칙 조항이 신뢰보호원칙에 위배되어 신체의 자유를 침해한다고 볼 수 없다.

⑤ 사법연수원의 소정 과정을 마치더라도 바로 판사임용자격을 취득 할 수 없고 일정 기간 이상의 법조경력을 갖추어야 판사로 임용될 수 있도록 「법원조직법」을 개정하면서, 이를 동법 개정 시점에 사법시험에 합격하였으나 아직 사법연수원에 입소하지 않은 자에게 적용하는 것은 신뢰보호원칙에 위반되지 않는다.

11

표현의 자유에 대한 설명으로 옳은 것은?

① 남북합의서 위반행위로서 전단등 살포를 하여 국민의 생명·신체에 위해를 끼치거나 심각한 위험을 발생시키는 것을 금지하는 「남북관계 발전에 관한 법률」 제24조 제1항 제3호 및 이에 위반한 경우 처벌하는 같은 법 제25조 중 제24조 제1항 제3호에 관한 부분은 전단을 살포하려는 자의 표현의 자유를 침해한다고 볼 수 없다.

② 사회복무요원이 정당 가입을 할 수 없도록 규정한 「병역법」 제33조 제2항 본문 제2호 중 '그 밖의 정치단체에 가입하는 등 정치적 목적을 지닌 행위'에 관한 부분은 사회복무요원의 정치적 표현의 자유를 침해한다.

③ 누구든지 선거일 전 180일부터 선거일까지 선거에 영향을 미치게 하기 위하여 화환을 설치하는 것을 금지하는 「공직선거법」 규정은 정치적 표현의 자유를 침해한다고 볼 수 없다.

④ 공공기관등이 게시판을 설치·운영하려면 그 게시판 이용자의 본인확인을 위한 방법 및 절차의 마련 등 대통령령으로 정하는 필요한 조치를 하도록 정한 「정보통신망 이용촉진 및 정보보호 등에 관한 법률」 제44조의5 제1항 제1호는 게시판 이용자의 익명표현의 자유를 침해한다.

⑤ 사생활의 비밀의 보호 필요성을 고려할 때 공연히 사실을 적시하여 사람의 명예를 훼손한 자를 처벌하도록 규정한 「형법」 제307조 제1항 중 '진실한 것으로서 사생활의 비밀에 해당하지 아니한' 사실적시에 관한 부분은 헌법상 표현의 자유에 위반된다.

12

근로기본권에 대한 설명으로 옳지 않은 것은?

① 월급근로자로서 6개월이 되지 못한 자를 해고예고제도의 적용 예외사유로 규정하고 있는 「근로기준법」 규정은 근무기간이 6개월 미만인 월급근로자의 근로의 권리를 침해한다.

② 지방의회의원이 지방공사 직원의 직을 겸할 수 없도록 규정하고 있는 「지방자치법」 제35조 제1항 제5호 중 '지방공사의 직원'에 관한 부분은 지방의회의원에 당선된 지방공사 직원의 근로의 권리를 제한한다고 볼 수 없다.

③ 매월 1회 이상 정기적으로 지급하는 상여금 등 및 복리후생비의 일부를 최저임금에 산입하도록 규정한 「최저임금법」 제6조 제4항 제2호, 제3호나목 및 「최저임금법」 부칙 제2조는 근로자의 근로의 권리를 침해한다고 볼 수 없다.

④ 헌법 제33조 제2항이 공무원인 근로자는 '법률이 정하는 자'에 한하여 노동3권을 향유할 수 있다고 규정하고 있어, '법률이 정하는 자' 이외의 공무원은 노동3권의 주체가 되지 못하므로 노동3권이 인정됨을 전제로 하는 헌법 제37조 제2항의 과잉금지원칙은 적용될 수 없다.

⑤ 헌법 제33조 제3항에 의하면, 법률이 정하는 주요방위산업체에 종사하는 근로자의 단체교섭권이나 단체행동권은 법률이 정하는 바에 의하여 이를 제한하거나 인정하지 아니할 수 있다.

13

신체의 자유에 대한 설명으로 옳지 않은 것은?

① 변호인의 조력을 받을 권리에는 피고인이 변호인을 통하여 수사서류를 포함한 소송관계서류를 열람 및 등사하고, 이에 대한 검토 결과를 토대로 공격과 방어의 준비를 할 수 있는 권리도 포함된다.

② 헌법은 사후영장을 청구할 수 있는 경우로서 현행범인인 경우와 장기 3년 이상의 형에 해당하는 죄를 범하고 도피 또는 증거인멸의 염려가 있을 때로 한정하고 있다.

③ 정신성적 장애인을 치료감호시설에 수용하는 기간은 15년을 초과할 수 없다고 규정한 구 「치료감호 등에 관한 법률」 제16조 제2항 제1호 중 제2조 제1항 제3호에 해당하는 자에 관한 부분은 과잉금지원칙을 위반하여 정신성적 장애인의 신체의 자유를 침해한다.

④ 진술거부권은 형사절차에서만 보장되는 것은 아니고, 행정절차에서도 그 진술이 자기에게 형사상 불리한 경우에는 묵비권을 가지고 이를 강요받지 아니할 국민의 기본권으로 보장된다.

⑤ 강제퇴거명령을 받은 사람을 즉시 대한민국 밖으로 송환할 수 없는 경우에 송환할 수 있을 때까지 보호시설에 보호할 수 있도록 하여 보호기간의 상한을 마련하지 아니한 「출입국관리법」 규정은 퇴거명령을 받은 사람의 신체의 자유를 침해한다.

14

죄형법정주의에 대한 설명으로 옳지 않은 것은?

① 구 「소방시설공사업법」 제39조 중 '제36조 제3호에 해당하는 위반행위를 하면 그 행위자를 벌한다'에 관한 부분이 처벌대상으로 규정하고 있는 '행위자'에는 감리업자 이외에 실제 감리업무를 수행한 감리원도 포함되는지 여부가 불명확하므로 죄형법정주의의 명확성원칙에 위배된다.

② 형벌불소급원칙에서 의미하는 '처벌'은 형법에 규정되어 있는 형식적의미의 형벌 유형에 국한되지 않으며, 범죄행위에 따른 제재의 내용이나 실제적 효과가 형벌적 성격이 강하여 신체의 자유를 박탈하거나 이에 준하는 정도로 신체의 자유를 제한하는 경우에는 형벌불소급원칙이 적용되어야 한다.

③ 납세의무자가 체납처분의 집행을 면탈할 목적으로 그 재산을 은닉·탈루하거나 거짓 계약을 하였을 때 형사처벌하는 「조세범처벌법」 제7조 제1항 중 '납세의무자가 체납처분의 집행을 면탈할 목적으로' 부분은 죄형법정주의의 명확성원칙에 위배되지 않는다.

④ 종합문화재수리업을 하려는 자에게 요구되는 기술능력의 등록요건을 대통령령에 위임하고 있는 「문화재수리 등에 관한 법률」 제14조 제1항 문화재수리업 중 '종합문화재수리업'을 하려는 자의 '기술능력'에 관한 부분은 죄형법정주의에 위배되지 않는다.

⑤ 자산유동화계획에 의하지 아니하고 여유자금을 투자한 자를 처벌하는 「자산유동화에 관한 법률」 제40조 제2호 중 '제22조의 규정에 위반하여 자산유동화계획에 의하지 아니하고 여유자금을 투자한 자' 부분은 죄형법정주의의 명확성원칙에 위배되지 않는다.

15

종교의 자유에 대한 설명으로 옳지 않은 것은?

① 신앙의 자유는 그 자체가 내심의 자유의 핵심이므로 법률로써도 이를 침해할 수 없는 반면, 종교적 행위의 자유와 종교적 집회·결사의 자유는 신앙의 자유와는 달리 절대적 자유가 아니므로 질서유지, 공공복리 등을 위하여 제한할 수 있다.

② 육군훈련소장이 훈련병들로 하여금 육군훈련소 내 종교행사에 참석하도록 한 행위는 국가가 종교를 군사력 강화라는 목적을 달성하기 위한 수단으로 전락시키거나, 반대로 종교단체가 군대라는 국가권력에 개입하여 선교행위를 하는 등 영향력을 행사할 수 있는 기회를 제공하므로, 국가와 종교의 밀접한 결합을 초래한다는 점에서 정교분리원칙에 위배된다.

③ 국가 또는 지방자치단체 외의 자가 양로시설을 설치하고자 하는 경우 신고하도록 규정하고 이를 위반한 경우 처벌하는 「노인복지법」 제33조 제2항 중 제32조 제1항 제1호의 '양로시설'에 관한 부분 및 「노인복지법」 제57조 제1항 중 제33조 제2항의 '양로시설'에 관한 부분은 종교단체에서 구호활동의 일환으로 운영하는 양로시설도 예외를 인정함이 없이 신고의무를 부과하고 이를 위반할 경우 형사처벌을 하는 것으로서 과잉금지원칙에 위배되어 종교의 자유를 침해한다.

④ 금치기간 중 공동행사 참가를 정지하는 「형의 집행 및 수용자의 처우에 관한 법률」 제112조 제3항 본문 중 제108조 제4호에 관한 부분은 금치기간 중인 자의 종교의 자유를 침해하지 않는다.

⑤ 구치소장이 구치소 내 미결수용자를 대상으로 한 개신교 종교행사를 4주에 1회, 일요일이 아닌 요일에 실시한 행위는 미결수용자의 종교의 자유를 침해하지 않는다.

16

변호인의 조력을 받을 권리에 대한 설명으로 옳지 않은 것은?

① 인천국제공항에서 난민인정신청을 하였으나 난민인정심사불회부 결정을 받은 외국인을 인천국제공항 송환대기실에 약 5개월째 수용하고 환승구역으로의 출입을 막은 상태에서 변호인의 접견신청을 거부한 것은 헌법 제12조 제4항 본문에 의한 변호인의 조력을 받을 권리를 침해한 것이다.

② 헌법 해석상 변호인의 조력을 받을 권리로부터 70세 이상인 불구속 피의자에 대하여 피의자신문을 할 때 법률구조 제도에 대한 안내 등을 통해 피의자가 변호인의 조력을 받을 권리를 행사하도록 조치할 법무부장관의 작위의무가 곧바로 도출된다고 볼 수 없다.

③ 별건으로 공소제기 후 확정되어 검사가 보관하고 있는 서류에 대하여 법원의 열람·등사 허용 결정이 있었음에도 검사가 피고인에 대한 형사사건과의 관련성을 부정하면서 해당 서류의 열람·등사를 허용하지 아니한 행위는 피고인의 변호인의 조력을 받을 권리를 침해한다.

④ 교도소장이 금지물품 동봉 여부를 확인하기 위하여 미결수용자와 같은 지위에 있는 수형자의 변호인이 위 수형자에게 보낸 서신을 개봉한 후 교부한 행위는 검열금지규정의 실효성을 담보할 수 없기 때문에 수형자의 변호인의 조력을 받을 권리를 침해한다.

⑤ 검찰수사관이 피의자신문에 참여한 변호인에게 피의자 후방에 앉으라고 요구한 행위는 변호인의 변호권을 침해하는 것이다.

17

통신의 비밀과 자유에 대한 설명으로 옳지 않은 것은?

① 「통신비밀보호법」 제13조 제1항 중 '검사 또는 사법경찰관은 수사를 위하여 필요한 경우 「전기통신사업법」에 의한 전기통신사업자에게 제2조 제11호가목 내지 라목의 통신사실 확인자료의 열람이나 제출을 요청할 수 있다' 부분은 전기통신가입자의 통신의 자유를 침해하지 않는다.

② 인터넷회선 감청은 서버에 저장된 정보가 아니라, 인터넷상에서 발신되어 수신되기까지의 과정 중에 수집되는 정보, 즉 전송 중인 정보의 수집을 위한 수사이므로, 압수·수색과 구별된다.

③ 온라인서비스제공자가 자신이 관리하는 정보통신망에서 아동·청소년이용음란물을 발견하기 위하여 대통령령으로 정하는 조치를 취하지 아니하거나 발견된 아동·청소년이용음란물을 즉시 삭제하고, 전송을 방지 또는 중단하는 기술적인 조치를 취하지 아니한 경우 처벌하는 「아동·청소년의 성보호에 관한 법률」 제17조 제1항은 서비스이용자의 통신의 비밀을 침해하지 않는다.

④ 방송통신심의위원회가 주식회사 ○○ 외 9개 정보통신서비스제공자 등에 대하여 895개 웹사이트에 대한 접속차단의 시정을 요구한 행위는 정보통신서비스 이용자의 통신의 비밀을 침해하지 않는다.

⑤ 통신의 자유란 통신수단을 자유로이 이용하여 의사소통할 권리이고, 이러한 '통신수단의 자유로운 이용'에는 자신의 인적사항을 누구에게도 밝히지 않는 상태로 통신수단을 이용할 자유, 즉 통신수단의 익명성 보장도 포함된다.

18

환경권에 대한 설명으로 옳지 않은 것은?

① 환경권은 건강하고 쾌적한 생활을 유지하는 조건으로서 양호한 환경을 향유할 권리이고, 생명·신체의 자유를 보호하는 토대를 이루며, 궁극적으로 '삶의 질' 확보를 목표로 하는 권리이다.

② 환경권을 행사함에 있어 국민은 국가로부터 건강하고 쾌적한 환경을 향유할 수 있는 자유를 침해당하지 않을 권리를 행사할 수 있고, 일정한 경우 국가에 대하여 건강하고 쾌적한 환경에서 생활할 수 있도록 요구할 수 있는 권리가 인정되기도 하므로 환경권은 종합적 기본권으로서의 성격을 지닌다.

③ '건강하고 쾌적한 환경에서 생활할 권리'를 보장하는 헌법 제35조 제1항의 환경권 보호대상이 되는 환경에는 자연환경뿐만 아니라 인공적 환경과 같은 생활환경도 포함된다.

④ 헌법 제35조 제1항은 환경정책에 관한 국가적 규제와 조정을 뒷받침하는 헌법적 근거이므로, 여기에서 대기오염으로 인한 국민건강 및 환경에 대한 위해를 방지하여야 할 국가의 구체적 작위의무가 도출된다.

⑤ 환경권의 내용과 행사에 관하여는 법률로 정하며, 국가는 주택개발정책 등을 통하여 모든 국민이 쾌적한 주거생활을 할 수 있도록 노력하여야 한다.

19

국회에 대한 설명으로 옳지 않은 것은?

① 국회 환경노동위원회 위원장이 국회의장에게 「노동조합 및 노동관계조정법」 일부 개정법률안의 본회의 부의를 요구한 행위는 국회법제사법위원회 소속 국회의원들의 법률안에 대한 심의·표결권을 침해하지 않는다.

② 「국회법」 제5조의3제1항은 정부는 매년 2월 말일까지 해당 연도에 제출할 법률안에 관한 계획을 국회에 통지하여야 한다고 규정하고 있다.

③ 국회에 청원하는 방법으로 일정한 기간 동안 일정한 수 이상의 국민의 동의를 받도록 정한 「국회법」 제123조 제1항 중 '국회규칙으로 정하는 기간 동안 국회규칙으로 정하는 일정한 수 이상의 국민의 동의를 받아' 부분은 포괄위임금지원칙에 위반되지 않는다.

④ 「국회법」 제3조는 국회의원의 의석은 국회의장이 각 교섭단체 대표의원과 협의하여 정하고, 협의가 이루어지지 아니할 때에는 국회의장이 잠정적으로 이를 정한다고 규정하고 있다.

⑤ 「국회법」 제54조는 위원회는 재적위원 5분의 1 이상의 출석으로 개회하고, 재적위원 과반수의 출석과 출석위원 과반수의 찬성으로 의결한다고 규정하고 있다.

20

국회의 탄핵소추권에 대한 설명으로 옳지 않은 것은?

① 국회가 탄핵소추사유에 대하여 별도의 조사를 하지 않았다거나 국정조사 결과나 특별검사의 수사결과를 기다리지 않고 탄핵소추안을 의결하였다면 그 의결은 헌법이나 법률을 위반한 것이라고 볼 수 있다.

② 탄핵소추가 의결되었을 때에는 국회의장은 지체없이 소추의결서정본을 법제사법위원장인 소추위원에게 송달하고, 그 등본을 헌법재판소, 소추된 사람과 그 소속 기관의 장에게 송달한다.

③ 헌법재판소는 원칙적으로 국회의 소추의결서에 기재된 소추사유에 한하여 구속을 받고, 소추의결서에 기재되지 아니한 소추사유를 판단의 대상으로 삼을 수 없다.

④ 여러 개 탄핵사유가 포함된 하나의 탄핵소추안을 발의하고 안건수정 없이 그대로 본회의에 상정된 경우에, 국회의장에게는'표결할 안건의 제목을 선포'할 권한만 있는 것이지, 직권으로 이 사건탄핵소추안에 포함된 개개 소추사유를 분리하여 여러 개의 탄핵소추안으로 만든 다음 이를 각각 표결에 부칠 수는 없다.

⑤ 대통령·국무총리·국무위원·행정각부의 장·헌법재판소재판관·법관·중앙선거관리위원회위원·감사원장·감사위원 기타 법률이 정한 공무원이 그 직무집행에 있어서 헌법이나 법률을 위배한 때에는 국회는 탄핵의 소추를 의결할 수 있다.

21

대통령에 대한 설명으로 옳은 것은?

① 국회에서 의결되어 정부에 이송된 법률안에 이의가 있을 때 대통령은 15일 이내에 이의서를 붙여 국회로 환부하고 그 재의를 요구할 수 있지만, 국회의 폐회 중에는 환부할 수 없다.

② 대통령은 법률안의 일부에 대하여 또는 법률안을 수정하여 재의를 요구할 수 있고, 재의의 요구가 있을 때에는 국회는 재의에 붙이고, 재적의원 과반수의 출석과 출석의원 3분의 2 이상의 찬성으로 전과 같은 의결을 하면 그 법률안은 법률로서 확정된다.

③ 국회에서 의결된 법률안이 정부에 이송되어 15일 이내에 대통령이 공포나 재의의 요구를 하지 아니한 때에는 그 법률안은 법률로서 확정되며, 이와 같이 확정된 법률은 그 법률이 확정된 후 7일이내에 국회의장이 공포한다.

④ 대통령은 헌법과 법률이 정하는 바에 의하여 사면·감형 또는 복권을 명할 수 있고, 사면을 명하려면 국회의 동의를 얻어야 한다.

⑤ 대통령은 내우·외환·천재·지변 또는 중대한 재정·경제상의 위기에 있어서 국가의 안전보장 또는 공공의 안녕질서를 유지하기 위하여 긴급한 조치가 필요하고 국회의 집회를 기다릴 여유가 없을 때에 한하여 최소한으로 필요한 재정·경제상의 처분을 하거나 이에 관하여 법률의 효력을 가지는 명령을 발할 수 있다.

22

권한쟁의심판에 대한 설명으로 옳지 않은 것은?

① 권한쟁의심판은 그 사유가 있음을 안 날로부터 60일 이내에, 그 사유가 있는 날로부터 180일 이내에 청구하여야 하는데, 법률의 제정에 대한 권한쟁의심판의 경우 청구기간은 법률이 공포되거나 이와 유사한 방법으로 일반에게 알려진 것으로 간주된 때부터 기산되는 것이 일반적이다.

② 보건복지부장관이 광역지방자치단체의 장에게 「지방자치단체 유사·중복 사회보장사업 정비지침」에 따라 정비를 추진하고 정비계획(실적) 등을 제출해주기 바란다는 취지의 통보를 한 행위는 권한쟁의심판의 대상이 되는 처분이라고 볼 수 없다.

③ 「지방교육자치에 관한 법률」은 교육감을 시·도의 교육·학예에 관한 사무의 '집행기관'으로 규정하고 있으므로, 교육감과 해당 지방자치단체 상호간의 권한쟁의심판은 '서로 상이한 권리주체간'의 권한쟁의심판청구로 볼 수 없다.

④ 국회 행정안전위원회 제천화재관련평가소위원회 위원장이 국회행정안전위원회 위원장을 상대로 제기한 권한쟁의심판에서 국회소위원회 위원장은 권한쟁의심판의 청구인능력이 인정되지 않는다.

⑤ 법률에 의해 설치된 국가기관이라고 할지라도 헌법적 위상을 가진다고 볼 수 있는 독립적 국가기관으로서 달리 권한침해를 다툴 방법이 없는 경우에는 헌법재판소에 의한 권한쟁의심판이 허용되어야 하며, 국가인권위원회는 바로 이 경우에 해당하므로 권한쟁의심판청구의 당사자능력이 인정된다.

23

「헌법재판소법」 제68조 제1항에 따른 헌법소원심판에 대한 설명으로 옳은 것만을 〈보기〉에서 모두 고르면?

┤ 보기 ├

ㄱ. 대한민국 외교부장관과 일본국 외무대신이 공동발표한 일본군위안부 피해자 문제 관련 합의는 헌법소원심판청구의 대상이 되지 아니한다.

ㄴ. 대학의 자율권은 기본적으로 대학에게 부여된 기본권이므로, 국립대학교가 대학의 자율권이 침해된다는 이유로 헌법소원심판을 청구하는 것은 허용된다.

ㄷ. '금융위원회가 시중 은행들을 상대로 가상통화 거래를 위한 가상계좌의 신규 제공을 중단하도록 한 조치'는 단순한 행정지도로서의 한계를 넘어 규제적·구속적 성격을 상당히 강하게 갖는 것으로서, 헌법소원의 대상이 되는 공권력의 행사라고 봄이 상당하다.

ㄹ. 방송통신심의위원회가 방송사업자에 대하여 한, '청구인의 보도가 심의규정을 위반한 것으로 판단되며, 향후 관련 규정을 준수할 것'을 내용으로 하는 '의견제시'는 헌법소원의 대상이 되는 '공권력의 행사'에 해당한다.

ㅁ. 헌법은 그 전체로서 주권자인 국민의 결단 내지 국민적 합의의 결과라고 보아야 할 것으로, 헌법의 개별규정을 「헌법재판소법」 제68조 제1항 소정의 공권력 행사의 결과라고 볼 수 없다.

① ㄱ, ㄹ
② ㄷ, ㄹ
③ ㄱ, ㄴ, ㅁ
④ ㄴ, ㄷ, ㅁ
⑤ ㄱ, ㄴ, ㄷ,

24

헌법재판의 심판절차에 대한 설명으로 옳지 않은 것은?

① 해당 법률 또는 법률의 조항에 대하여 종전에 합헌으로 결정한 사건이 있는 경우에 위헌으로 결정된 형벌에 관한 법률 또는 법률의 조항은 그 위헌 결정이 있는 날의 다음 날로 소급하여 효력을 상실한다.

② 「헌법재판소법」 제68조 제1항에 따른 헌법소원의 심판은 그 사유가 있음을 안 날부터 90일 이내에, 그 사유가 있는 날부터 1년 이내에 청구하여야 한다. 다만, 다른 법률에 따른 구제절차를 거친 헌법소원의 심판은 그 최종결정을 통지받은 날부터 30일 이내에 청구하여야 한다.

③ 헌법재판소에의 심판청구는 심판절차별로 정하여진 청구서를 헌법재판소에 제출함으로써 한다. 다만, 위헌법률심판에서는 법원의 제청서, 탄핵심판에서는 국회의 소추의결서의 정본으로 청구서를 갈음한다.

④ 헌법재판소는 위헌법률심판의 결정일부터 14일 이내에 결정서 정본을 제청한 법원에 송달한다. 이 경우에 위헌법률심판을 제청한 법원이 대법원이 아닌 경우에는 대법원을 거쳐야 한다.

⑤ 재판부는 결정으로 재판·소추 또는 범죄수사가 진행 중인 사건의 기록에 대하여 송부를 요구할 수 있다.

25

법원의 심급제도와 「법원조직법」에 대한 설명으로 옳은 것만을 〈보기〉에서 모두 고르면?

┤ 보기 ├

ㄱ. 「법원조직법」상 대법관회의는 대법관 전원의 3분의 2 이상의 출석과 출석인원 과반수의 찬성으로 의결한다.

ㄴ. 「공직선거법」상 비례대표 국회의원선거의 효력에 관하여 이의가 있는 선거인·후보자를 추천한 정당 또는 후보자는 선거일부터 30일 이내에 당해 선거구선거관리위원회 위원장을 피고로 하여 대법원에 소를 제기할 수 있다.

ㄷ. 「공직선거법」상 비례대표 시·도의원선거에 있어서 선거의 효력에 관한 「공직선거법」 제220조의 결정에 불복이 있는 당선인을 포함한 소청인은 해당 소청에 대하여 기각 또는 각하 결정이 있는 경우에는 해당 선거구 선거관리위원회 위원장을, 인용결정이 있는 경우에는 그 인용결정을 한 선거관리위원회 위원장을 피고로 하여 그 결정서를 받은 날부터 10일 이내에 그 선거구를 관할하는 고등법원에 소를 제기할 수 있다.

ㄹ. 「법원조직법」상 대법관회의의 의장은 의결에서 표결권은 갖지만, 가부동수일 때에 결정권을 갖지 못한다.

ㅁ. 헌법상 비상계엄 하의 군사재판은 군인·군무원의 범죄나 군사에 관한 간첩죄의 경우와 초병·초소·유독음식물공급·포로에 관한 죄 중 법률이 정한 경우에 한하여 단심으로 할 수 있다. 다만, 사형을 선고한 경우에는 그러하지 아니하다.

① ㄱ, ㄴ, ㄷ   ② ㄱ, ㄴ, ㅁ
③ ㄱ, ㄷ, ㄹ   ④ ㄴ, ㄹ, ㅁ
⑤ ㄷ, ㄹ, ㅁ

08회 | 2024 법원직 9급

01

명확성원칙에 관한 다음 설명 중 옳지 않은 것은 모두 몇 개인가? (다툼이 있는 경우 헌법재판소 결정 및 대법원 판례에 의함. 이하[문1~문25]까지 같음)

⊣ 보기 ⊢

ㄱ. "공공의 안녕질서" 또는 "미풍양속"은 '모든 국민이 준수하고 지킬 것이 요구되는 최소한도의 질서 또는 도덕률'을 의미한다고 보아야 할 것이므로, 공공의 안녕질서 또는 미풍양속을 해하는 통신을 금지하는 구 전기통신사업법 해당 조항은 명확성원칙에 위배되지 아니한다.

ㄴ. 명확성원칙은 헌법상 내재하는 법치국가원리로부터 파생될 뿐만 아니라, 국민의 자유와 권리를 보호하는 기본권 보장으로부터도 나온다.

ㄷ. 임대인이 실제 거주를 이유로 임대차 계약의 갱신을 거절한 후 '정당한 사유 없이' 제3자에게 임대한 경우의 손해배상책임을 규정한 주택임대차보호법 해당 조항은, 임대인이 손해배상책임을 면할 수 있는 '정당한 사유'가 임대인이 갱신거절 당시에는 예측할 수 없었던 것으로서 제3자에게 목적 주택을 임대할 수밖에 없었던 불가피한 사정을 의미하는 것으로 해석되는 점 등에 비추어 명확성원칙에 반하지 아니한다.

ㄹ. 명확성원칙의 엄격한 적용이 요구되는 경우에는 그 적용대상자와 금지 행위를 구체적으로 알 수 있도록 구체적이고 서술적인 개념에 의하여 규정하여야 하고, 다소 광범위하여 법관의 보충적인 해석을 필요로 하는 개념을 사용해서는 아니된다.

① 0개   ② 1개
③ 2개   ④ 3개

02

표현의 자유에 관한 다음 설명 중 가장 옳은 것은?

① 방송편성에 관하여 간섭을 금지하고 그 위반 행위자를 처벌하는 규정은 민주주의의 원활한 작동을 위한 기초인 방송의 자유를 보장하기 위한 것으로, 방송법과 다른 법률에 의해 방송 보도에 대한 의견 개진 내지 비판의 통로를 충분히 마련하고 있으므로, 과잉금지원칙에 반하여 표현의 자유를 침해한다고 볼 수 없다.

② 의료기기에 대한 광고는 표현의 자유의 보호를 받는 대상이 되지만, 사상이나 지식에 관한 정치적, 시민적 표현행위와는 달리 인격발현과 개성신장에 미치는 효과가 중대하지 아니하므로, 사전검열금지원칙의 적용 대상에서 제외된다.

③ 정보통신망 이용촉진 및 정보보호 등에 관한 법률 해당 벌칙조항의 "음란"이란 인간존엄 내지 인간성을 왜곡하는 노골적이고 적나라한 성표현으로서 오로지 성적 흥미에만 호소할뿐 전체적으로 보아 하등의 문학적, 예술적, 과학적 또는 정치적 가치를 지니지 않은 것으로서, 사회의 건전한 성도덕을 크게 해칠 뿐만 아니라 사상의 경쟁메커니즘에 의해서도 그 해악이 해소되기 어려우므로, 음란표현은 헌법 제21조가 규정하는 언론 출판의 자유의 보호영역에 해당하지 아니한다.

④ 인터넷언론사는 선거운동기간 중 당해 홈페이지 게시판등에 정당 후보자에 대한 지지 반대 등의 정보를 게시하는 경우 실명을 확인받는 기술적 조치를 하도록 정하고, 실명확인을 위한 기술적 조치를 하지 아니하거나 실명인증의 표시가 없는 정보를 삭제하지 않는 경우 과태료를 부과하도록 한 규정은, 선거운동기간 중 무책임하게 선거의 공정성이 훼손되는 것을 방지하기 위한 필요 최소한의 조치이므로, 과잉금지원칙에 반하여 인터넷언론사 홈페이지 게시판등 이용자의 익명표현의 자유를 침해한다고 볼 수 없다.

03

다음 설명 중 가장 옳지 않은 것은?

① 조례에 의한 규제가 지역 여건이나 환경 등 그 특성에 따라 다르게 나타나는 것은 헌법이 지방자치단체의 자치입법권을 인정한 이상 당연히 예상되는 결과이다. 자신들이 거주하는 지역의 학원조례조항으로 인하여 다른 지역 주민들에 비하여 더한 규제를 받게 되었다 하여 평등권이 침해되었다고 볼 수는 없다.

② 별도의 가중적 구성요건표지를 규정하지 않은 채 형법 조항과 똑같은 구성요건을 규정하면서 법정형만 상향 조정한 특별법 조항이라 하더라도 헌법의 기본원리에 위배된다거나 평등원칙에 위반된다고 볼 수 없다.

③ 평등의 원칙은 입법자에게 본질적으로 같은 것을 자의적으로 다르게, 본질적으로 다른 것을 자의적으로 같게 취급하는 것을 금하고 있다. 그러므로 비교의 대상을 이루는 두개의 사실관계 사이에 서로 상이한 취급을 정당화할 수 있을 정도의 차이가 없음에도 불구하고 두 사실관계를 서로 다르게 취급한다면, 입법자는 이로써 평등권을 침해하게 된다.

④ 헌법상 평등의 원칙은 국가가 언제 어디에서 어떤 계층을 대상으로 하여 기본권에 관한 사항이나 제도의 개선을 시작할 것인지를 선택하는 것을 방해하지는 않는다. 따라서 국가가 종전의 상황을 개선함에 있어서 그 개선의 효과가 일부의 사람에게만 미치고 동일한 상황하에 있는 다른 사람에게는 미치지 않아 그들 사이에 일견 차별이 생기게 된다고 하더라도 그것만으로는 평등의 원칙을 위반한 것이라고는 할 수 없다.

04

다음 설명 중 가장 옳지 않은 것은?

① 헌법상 초등교육에 대한 의무교육과는 달리 중등교육의 단계에 있어서는 어느 범위에서 어떠한 절차를 거쳐 어느 시점에서 의무교육으로 실시할 것인가는 입법자의 형성의 자유에 속하는 사항으로서 국회가 입법정책적으로 판단하여 법률로 구체적으로 규정할 때에 비로소 헌법상의 권리로서 구체화되는 것으로 보아야 한다.

② 헌법 제31조 제6항의 취지는 교육에 관한 기본정책 또는 기본방침을 최소한 국회가 입법절차를 거쳐 제정한 법률(이른바 형성적 의미의 법률)로 규정함으로써 국민의 교육을 받을 권리가 행정관계에 의하여 자의적으로 무시되거나 침해 당하지 않도록 하고, 교육의 자주성과 중립성도 유지하려는 것이나, 반면 교육제도에 관한 기본방침을 제외한 나머지 세부적인 사항까지 반드시 형성적 의미의 법률만으로 정하여야 하는 것은 아니다.

③ 헌법 제31조 제4항은 "교육의 자주성·전문성·정치적 중립성 및 대학의 자율성은 법률이 정하는 바에 의하여 보장된다."고 규정하는 한편 제31조 제6항은 "학교교육 및 평생교육을 포함한 교육제도와 그 운영, 교육재정 및 교원의 지위에 관한 기본적인 사항은 법률로 정한다."라고 규정함으로써 교육의 물적기반이 되는 교육제도와 아울러 교육의 인적기반으로서 가장 중요한 교원의 근로기본권을 포함한 모든 지위에 관한 기본적인 사항을 국민의 대표기관인 입법부의 권한으로 규정하고 있다. 헌법 제31조 제6항은 단순히 교원의 권익을 보장하기 위한 규정이라거나 교원의 지위를 행정권력에 의한 부당한 침해로부터 보호하는 것만을 목적으로 한 규정이 아니고, 국민의 교육을 받을 기본권을 실효성 있게 보장하기 위한 것까지 포함하여 교원의 지위를 법률로 정하도록 한 것이다. 그러므로 위 헌법조항을 근거로 하여 제정되는 법률에는 교원의 신분보장, 경제적·사회적 지위보장 등 교원의 권리에 해당하는 사항만 규정할 수 있을 뿐 교원의 기본권을 제한하는 사항은 규정할 수 없다.

④ "교원의 지위에 관한 기본적인 사항은 법률로 정한다". 고 규정한 헌법 제31조 제6항에서 말하는 '법률'이라 함은 국민의 대표자로서 민주적 정당성을 가진 국회가 제정하는 형식적 의미의 법률을 의미한다. 헌법이 교육의 물적 기반인 교육제도 이외에도 인적 기반인 교원의 지위를 특별히 국회가 제정하는 법률로 정하도록 한 것은 그에 관한 사항을 행정부의 결정에 맡겨두거나 전적으로 사적자치의 영역에만 귀속시킬 수 없을 만큼, 교육을 담당하는 교원들의 지위에 관한 문제가 교육본연의 사명을 완수함에 있어서 중대한 의미를 갖는다고 보았기 때문이다.

05

알 권리에 관한 다음 설명 중 가장 옳지 않은 것은?

① 회계보고된 자료의 열람기간을 3월간으로 제한한 구 정치자금법 해당 조항은, 국민들의 회계자료에 대한 접근권을 본질적으로 침해한다고 보기 어려우므로 알 권리를 침해하지 않는다.

② 정보공개청구권은 정부나 공공기관이 보유하고 있는 정보에 대하여 정당한 이해관계가 있는 자가 그 공개를 요구할 수 있는 권리로, 헌법 제21조에 의해 직접 보장된다.

③ 변호사시험 성적을 합격자에게 공개하지 않도록 규정한 구 변호사시험법 해당 조항은 알 권리(정보공개청구권)를 침해한다.

④ 표현의 자유는 알 권리와 표리일체의 관계에 있다.

06

부담금에 관한 다음 설명 중 가장 옳은 것은?

① 텔레비전방송 수신료는 강제적으로 부과·징수되어 사인의 재산권을 침해한다는 점에서 법률의 근거를 요하기는 하나, 그 실질이 조세와는 구별된다고 할 것이므로 조세법률주의와 같은 정도의 엄격한 법률유보를 요하는 것은 아니고 헌법 제37조 제2항에 근거한 법률유보로서 족하다고 할 것이므로, 반드시 국회가 스스로 수신료 금액에 관한 사항을 결정하도록 할 필요는 없다.

② 사업주로 하여금 일정 비율 이상의 장애인을 고용하도록 하고, 이를 위반한 경우 장애인 고용부담금을 납부하도록 한 것은 사업주의 직업의 자유 및 재산권을 침해하지 아니한다.

③ 텔레비전방송 수신료는 한국방송공사의 텔레비전방송을 시청하는 대가이므로 특정 이익의 혜택이나 특정 시설의 사용가능성에 대한 금전적 급부인 수익자부담금에 해당한다.

④ 한국의료분쟁조정중재원이 의료사고 피해자에게 대불한 손해배상금 대불비용을 보건의료기관개설자 등이 부담하도록 하면서 그 금액과 납부방법 및 관리 등에 관한 사항을 대통령령에 위임한 법률규정은, 대불 재원의 충당 자체가 변동성을 가지기 때문에 부담금을 추가로 부과·징수하기 위한 구체적인 요건과 범위를 미리 확정하는 것은 적절하다고 볼 수 없다는 점을 고려하면, 부담금 부과·징수의 구체적 요건이나 산정기준, 부담금액의 한도 등을 법률에서 규정하지 않았다고 하더라도 포괄위임금지원칙이 요구하는 위임입법의 구체성과 명확성의 한계를 벗어났다고 볼 수 없다.

07

직업의 자유에 관한 다음 설명 중 가장 옳지 않은 것은?

① 어떠한 직업분야에 관한 자격제도를 만들면서 그 자격요건을 어떻게 설정할 것인가에 관하여는 그 입법재량의 폭이 좁다 할 것이므로, 과잉금지원칙을 적용함에 있어서는 다른 방법으로 직업선택의 자유를 제한하는 경우에 비하여 보다 엄격한 심사가 필요하다.

② 직업의 개념표지 가운데 '계속성'과 관련하여서는 주관적으로 활동의 주체가 어느 정도 계속적으로 해당 소득활동을 영위할 의사가 있고, 객관적으로도 그러한 활동이 계속성을 띨 수 있으면 족한 것으로, 휴가기간 중에 하는 일, 수습직으로서의 활동 등도 포함된다.

③ 헌법 제15조에서 보장하는 '직업'이란 생활의 기본적 수요를 충족시키기 위하여 행하는 계속적인 소득활동을 의미하고, 성매매는 그것이 가지는 사회적 유해성과는 별개로 성판매자의 입장에서 생활의 기본적 수요를 충족하기 위한 소득활동에 해당함을 부인할 수 없다 할 것이므로, 성매매를 한 자를 형사처벌하도록 한 규정은 성판매자의 직업선택의 자유를 제한하고 있다.

④ 직장선택의 자유는 원하는 직장을 제공하여 줄 것을 청구하거나 한 번 선택한 직장의 존속보호를 청구할 권리를 보장하지 않으나, 국가는 직장선택의 자유로부터 나오는 객관적 보호의무, 즉 사용자에 의한 해고로부터 근로자를 보호할 의무를 진다.

08

다음 설명 중 가장 옳지 않은 것은?

① 비용보상청구권의 제척기간을 무죄판결이 확정된 날부터 6개월 이내로 규정한 구 군사법원법 해당 조항은 헌법에 위반된다.

② 누구든지 금융회사 등에 종사하는 자에게 타인의 금융거래의 내용에 관한 정보 또는 자료를 요구하는 것을 금지하고, 이를 위반 시 형사처벌하는 금융실명거래 및 비밀보장에 관한 법률 해당 조항은 공익에 비하여 지나치게 국민의 일반적 행동자유권을 제한한다.

③ 임신 32주 이전에 태아의 성별을 고지하는 것을 금지하는 의료법 해당 조항은 낙태로 나아갈 의도가 없는 부모까지 규제하여 기본권을 제한하는 과도한 입법으로 부모가 태아의 성별 정보에 대한 접근을 방해받지 않을 권리를 침해한다.

④ 남북합의서 위반행위로서 전단 등 살포를 하여 국민의 생명·신체에 위해를 끼치거나 심각한 위험을 발생시키는 것을 금지하고, 이를 위반한 경우 처벌하도록 하는 남북관계발전에 관한 법률 해당 조항은 접경지역 주민의 생명과 신체의 안전을 확보하여야 할 공익이 침해되는 사익보다 더 작다고 볼 수 없으므로 표현의 자유를 침해한다고 볼 수 없다.

09

다음 설명 중 가장 옳지 않은 것은?

① 헌법 제75조는 "대통령은 법률에서 구체적으로 범위를 정하여 위임받은 사항과 법률을 집행하기 위하여 필요한 사항에 관하여 대통령령을 발할 수 있다."고 규정하고 있고, 헌법 제95조는 "국무총리 또는 행정각부의 장은 소관사무에 관하여 법률이나 대통령령의 위임 또는 직권으로 총리령 또는 부령을 발할 수 있다."고 규정하고 있다.

② 헌법 제75조는 위임입법의 근거를 마련하는 한편, 대통령령으로 입법할 수 있는 사항을 법률에서 구체적으로 범위를 정하여 위임받은 사항으로 한정함으로써 위임입법의 범위와 한계를 제시하고 있는 것으로, 이는 법률에서 일정한 사항을 하위법령에 위임하는 경우의 일반원칙으로서 대통령령뿐만 아니라 헌법 제95조에 의하여 총리령 또는 부령에 위임하는 경우에도 동일하게 적용된다.

③ 헌법에 의하여 위임입법이 용인되는 한계인 '구체적으로 범위를 정하여'라 함은 법률에 대통령령 등 하위규범에 규정될 내용 및 범위의 기본사항이 가능한 한 구체적이고도 명확하게 규정되어 있어서 당해 법률 그 자체로부터 대통령령등에 규정될 내용의 대강을 예측할 수 있어야 함을 의미한다.

④ 예측가능성을 위해 위임조항 자체에서 위임의 구체적 범위를 명백히 규정하여야 함에도 위임의 구체적 범위를 명백히 규정하고 있지 않다면 이는 포괄적인 백지위임에 해당한다.

10

다음 중 거주·이전의 자유에 관한 설명으로 가장 옳지 않은 것은?

① 거주·이전의 자유에는 국외에서 체류지와 거주지를 자유롭게 정할 수 있는 '해외여행 및 해외이주의 자유'가 포함되고, 이는 필연적으로 외국에서 체류하거나 거주하기 위해서 대한민국을 떠날 수 있는 '출국의 자유'와 외국체류 또는 거주를 중단하고 다시 대한민국으로 돌아올 수 있는 '입국의 자유'를 포함한다.

② 법무부장관으로 하여금 형사재판에 계속 중인 사람에게 6개월 이내 기간을 정하여 출국을 금지할 수 있도록 한 출입국관리법 해당 규정은 출국의 자유를 침해하지 아니한다.

③ 공익사업에 있어 수용개시일까지 토지 등의 인도의무를 정하는 규정은 토지소유자의 거주·이전의 자유를 침해하지 아니한다.

④ 서울특별시 서울광장은 생활형성의 거주지나 체류지에 해당하고, 서울광장에 출입하고 통행하는 행위가 그 장소를 중심으로 생활을 형성해 나가는 행위에 속하므로, 경찰청장이 경찰버스들로 서울광장을 둘러싸 통행을 제지하는 행위는 거주이전의 자유를 제한한다.

11

재산권에 관한 다음 설명 중 가장 옳지 않은 것은?

① 임차인이 계약갱신을 요구할 경우 임대인이 정당한 사유없이 이를 거절하지 못하도록 한 주택임대차보호법 해당조항은 재산권을 침해하지 않는다.

② 임차인이 3기의 차임액에 해당하는 금액에 이르도록 차임을 연체한 경우 임대인의 권리금 회수기회 보호의무가 발생하지 않도록 규정한 상가건물 임대차보호법 해당 조항은 재산권을 침해하지 않는다.

③ 헌법상 보장하고 있는 재산권은 경제적 가치가 있는 모든 공법상·사법상의 권리를 뜻한다.

④ 선거범죄로 당선이 무효로 된 사람에게 반환받은 기탁금과 보전받은 선거비용을 반환하도록 하는 구 공직선거법 해당 조항은 재산권을 침해한다.

12

사회적 기본권에 관한 다음 설명 중 가장 옳지 않은 것은?

① 공무원연금법상 연금수급권과 같은 사회보장수급권은 헌법 제34조의 규정으로부터 도출되는 사회적 기본권의 하나로서, 국가에 대하여 적극적으로 급부를 요구하는 것이므로 헌법규정만으로는 이를 실현할 수 없고, 법률에 의한 형성을 필요로 한다.

② 보건복지부장관이 고시한 생활보호사업지침상의 생계보호급여의 수준이 일반 최저생계비에 미치지 못한다고 하더라도 그 사실만으로 국민의 인간다운 생활을 보장하기 위하여 국가가 실현해야 할 객관적 내용의 최소한도의 보장에 이르지 못하였다거나 헌법상 용인될 수 있는 재량의 범위를 명백히 일탈하였다고 볼 수 없다.

③ 헌법 제119조 제2항은 국가가 경제영역에서 실현하여야 할 목표의 하나로서 '적정한 소득의 분배'를 들고 있으므로, 이로부터 소득에 대하여 누진세율에 따른 종합과세를 시행하여야 할 구체적인 헌법적 의무가 입법자에게 부과된다.

④ 기초연금 수급권자의 범위에서 공무원연금법상 퇴직연금일시금을 받은 사람과 그 배우자를 제외하도록 한 규정은 제외대상에 해당하는 자의 인간다운 생활을 할 권리를 침해하지 아니한다.

13

다음 설명 중 가장 옳지 않은 것은?

① 민법상 친생추정제도는 자의 복리를 위해 매우 중요한 제도이다.

② 태어난 즉시 '출생등록될 권리'는 헌법에 명시되지 아니한 독자적 기본권으로서, 자유로운 인격실현을 보장하는 자유권적 성격과 아동의 건강한 성장과 발달을 보장하는 사회적 기본권의 성격을 함께 지닌다.

③ 혼인 중인 여자와 남편 아닌 남자 사이에서 출생한 자녀에 대한 생부의 출생신고를 허용하도록 규정하지 않은 가족관계의 등록 등에 관한 법률 해당 조항은 혼인 외 출생자들의 태어난 즉시 '출생등록될 권리'를 침해한다.

④ 혼인 중인 여자와 남편 아닌 남자 사이에서 출생한 자녀에 대한 생부의 출생신고를 허용하도록 규정하지 않은 가족관계의 등록 등에 관한 법률 해당 조항은 합리적 이유 없이 혼인 외 출생자의 신고의무를 모에게만 부과하고, 생부에게는 출생신고를 하도록 규정하지 않고 있어 평등원칙에 반한다.

14

다음 설명 중 가장 옳은 것은?

① 예비후보자의 선거비용을 보전하지 않도록 규정한 공직선거법 해당 조항은 선거운동의 자유를 침해한다.

② 국회의원을 후원회지정권자로 정하면서 지방의회의원을 후원회지정권자에서 제외하는 구 정치자금법 해당 조항은, 지방의회의원에게 소요되는 정치자금이 국회의원에 비해 적고 후원회의 설치 및 운영을 허용할 필요도 크지 않으므로, 평등권을 침해한다고 보기 어렵다.

③ 지역구 국회의원 예비후보자의 기탁금 반환 사유를 예비후보자의 사망, 당내경선 탈락으로 한정하고 있는 구 공직선거법 해당 조항은 재산권을 침해한다.

④ 선거운동기간 전에 개별적으로 대면하여 말로 하는 선거운동을 금지하고 처벌하는 공직선거법 해당 조항은, 탈법적인 선거운동 규제를 통한 선거의 공정성을 달성하고 부당한 과열경쟁으로 인한 사회·경제적 손실을 방지할 수 있으므로, 정치적 표현의 자유를 침해하지 않는다.

15

공무담임권에 관한 다음 설명 중 가장 옳은 것은?

① 공무원이 특정의 장소에서 근무하는 것 또는 특정의 보직을 받아 근무하는 것을 포함하는 일종의 공무수행의 자유 역시 공무담임권의 보호영역에 포함된다.

② 반인륜적인 범죄인 아동에 대한 성적 학대행위를 저지른 사람이 공무를 수행할 경우 공직 전반에 대한 국민의 신뢰를 유지하기 어려우므로, 아동에게 성적 수치심을 주는 성희롱등의 성적 학대행위로 형을 선고받아 그 형이 확정된 사람은 일반직공무원으로 임용될 수 없도록 한 국가공무원법 해 당조항이 공무담임권을 침해한다고 보기 어렵다.

③ 금고 이상의 형의 선고유예를 받은 경우 당연히 퇴직되도록 규정한 구 청원경찰법 해당 조항은 청원경찰이 저지른 범죄의 종류나 내용을 불문하고 당연히 퇴직되도록 규정함으로써 직업의 자유를 침해한다.

④ 법원이 성년후견개시 심판을 선고함으로써 직무수행능력의 지속적 결여가 객관적으로 인정된 경우에까지 공무원의 신분을 계속 유지하는 방식으로 생활보장을 해야 한다고 보기는 어려우므로, 피성년후견인인 국가공무원은 당연히 퇴직한다고 정한 국가공무원법 해당 조항이 공무담임권을 침해한다고 보기 어렵다.

16

종교의 자유에 관한 다음 설명 중 가장 옳지 않은 것은?

① 신앙의 자유는 신과 피안 또는 내세에 대한 인간의 내적확신에 대한 자유를 말하는 것으로서 이러한 신앙의 자유는 그 자체가 내심의 자유의 핵심이기 때문에 법률로써도 이를 침해할 수 없다.

② 연 2회 실시하는 간호조무사 국가시험의 시행일시를 모두 토요일 일몰 전으로 정하여 특정 종교의 교인들로 하여금 안식일에 관한 교리를 위반하도록 하거나 토요일 응시에 제한을 받도록 하는 것은, 두 번의 시험 중 적어도 한 번은 토요일이 아닌 날 시행할 수 있는 등 다른 방법을 고려할 수 있으므로, 과잉금지원칙에 반하여 종교의 자유를 침해한다.

③ 종교시설의 건축행위에 금전적인 부담을 가하는 기반시설부담금은 종교시설의 건축행위에 부담을 주므로 이로써 종교적 행위의 자유가 제한된다.

④ 종교의 자유로부터 종교를 이유로 일반적으로 적용되는 조세나 부담금을 부과하는 법률적용의 면제 등 적극적인 우대조치를 요구할 권리가 직접 도출된다거나 적극적인 우대조치를 할 국가의 의무가 발생하는 것은 아니다.

17

신체의 자유에 관한 다음 설명 중 가장 옳지 않은 것은?

① 강제퇴거명령을 받은 사람을 보호할 수 있도록 하면서 보호기간의 상한을 마련하지 않은 출입국관리법 해당 조항은 침해의 최소성과 법익의 균형성을 충족하지 못하여 피보호자의 신체의 자유를 침해한다.

② 금치의 징벌을 받은 수용자에 대해 금치기간 중 실외운동을 원칙적으로 제한하고, 예외적으로 실외운동을 허용하는 경우에도 실외운동의 기회가 부여되어야 하는 최저기준을 명시하지않고 있는 구 형의 집행 및 수용자의 처우에 관한 법률 해당규정은 침해의 최소성 원칙에 위배되어 신체의 자유를 침해한다.

③ 외국에서 형의 전부 또는 일부의 집행을 받은 자에 대하여 형을 감경 또는 면제할 수 있도록 한 구 형법 해당 조항은 신체의 자유를 침해하지 않는다.

④ 약식명령에 대한 정식재판청구권 회복청구시 필요적 집행정지가 아닌 임의적 집행정지로 규정된 형사소송법 해당조항이 신체의 자유를 침해한다고 볼 수는 없다.

18

다음 설명 중 가장 옳지 않은 것은?

① 국가배상법 제2조 소정의 "공무원"이라 함은 국가공무원법이나 지방공무원법에 의하여 공무원으로서의 신분을 가진 자에 국한하지 않고, 널리 공무를 위탁받아 실질적으로 공무에 종사하고 있는 일체의 자를 가리키는 것이라고 봄이 상당하다.

② 헌법재판소는 헌법 제28조는 형사보상청구권의 내용을 법률에 의해 구체화하도록 규정하고 있으므로 형사보상법에서 형사보상청구의 제척기간을 1년의 단기로 규정하거나, 형사보상의 청구에 대한 보상의 결정에 불복을 할 수 없도록 하여 단심재판으로 규정한 것은 형사보상청구권을 침해하는 것이 아니라고 보았다.

③ 대법원은 국회의원의 입법행위는 그 입법 내용이 헌법의 문언에 명백히 위반됨에도 불구하고 국회가 굳이 당해 입법을 한 것과 같은 특수한 경우가 아닌 한 국가배상법 제2조 제1항 소정의 위법행위에 해당된다고 볼 수 없다고 보았다.

④ 대법원은 국가 또는 지방자치단체라 할지라도 공권력의 행사가 아니고 단순한 사경제의 주체로 활동하였을 경우에는 그 손해배상책임에 국가배상법이 적용될 수 없고 민법상의 사용자책임 등이 인정된다고 보고 있다.

19

헌법상 대학의 자율성에 관한 다음 설명 중 가장 옳지 않은 것은?

① 국립대학도 대학의 자율권의 주체로서 헌법소원심판의 청구인능력이 인정된다.

② 대학의 자율성은 대학에게 부여된 헌법상 기본권이나, 교수나 교수회는 그 주체가 될 수 없으므로 교수나 교수회가 청구한 헌법재판소법 제68조 제1항의 헌법소원심판은 기본권침해의 자기관련성이 인정되지 아니한다.

③ 대학의 자율권의 보호영역에는 학사관리 등 전반적인 것으로 연구와 교육의 내용, 그 방법과 대상, 교과과정의편성, 학생의 선발, 학생의 전형이 포함되며, 대학의 재산권행사와 관련된 대학시설의 관리 운영도 포함된다.

④ 설립자가 사립학교나 학교법인을 자유롭게 운영할 자유, 즉 사학의 자유는 비록 헌법에 명문규정은 없으나 헌법 제10조에서 보장되는 행복추구권의 한 내용을 이루는 일반적인 행동의 자유권과 교육의 자주성 전문성 정치적 중립성 및 대학의 자율성을 규정하고 있는 헌법 제31조 제4항 등에 의하여 인정되는 기본권의 하나이다.

통치구조론

20

헌법재판소법 제68조 제1항의 헌법소원심판에 관한 다음 설명중 가장 옳은 것은?

① 위헌결정이 선고된 법률에 대한 헌법소원심판청구는 이미 효력을 상실한 법률조항에 대한 것이므로 더 이상 헌법소원심판의 대상이 될 수 없어 부적법하나, 위헌결정이 선고되기 이전에 심판청구된 법률조항의 경우에는 헌법재판소법 제68조 제1항의 헌법소원심판의 대상이 된다.

② 헌법 제107조 제2항에 의하면 명령·규칙이 헌법이나 법률에 위반되는 여부가 재판의 전제가 된 경우에는 대법원이 이를 최종적으로 심사할 권한을 가지므로, 명령·규칙에 의하여 직접 기본권을 침해당하는 경우라 하더라도 헌법재판소법 제68조 제1항의 헌법소원심판을 청구할 수 없다.

③ 행정규칙은 일반적으로 행정조직 내부에서만 효력을 가지는 것이고 대외적인 구속력을 갖는 것이 아니어서 원칙적으로 헌법소원의 대상이 아니나, 재량권 행사의 준칙인 행정규칙이 그 정한 바에 따라 되풀이 시행되어 행정관행이 생기면 행정기관은 그 상대방에 대한 관계에서 그 규칙에 따라야 할 자기구속을 당하게 되어 대외적 구속력을 가지게 되므로 이러한 경우에는 헌법재판소법 제68조 제1항의 헌법소원심판의 대상이 된다.

④ 행정처분의 취소를 구하는 행정소송을 제기하였으나 청구기각의 판결이 확정되어 법원의 소송절차에 의하여서는 더 이상 이를 다툴 수 없게 된 경우에, 그 행정처분을 심판대상으로 삼았던 법원의 그 재판 자체가 취소되지 않더라도 당해 행정처분은 헌법재판소법 제68조 제1항의 헌법소원심판의 대상이 된다.

21

탄핵심판에 관한 설명 중 가장 옳지 않은 것은?

① 국회법에는 탄핵소추안에 대하여 표결 전에 반드시 토론을 거쳐야 한다는 명문 규정이 있다.

② 탄핵심판은 고위공직자가 권한을 남용하여 헌법이나 법률을 위반하는 경우 그 권한을 박탈함으로써 헌법질서를 지키는 헌법재판이고, 탄핵결정은 대상자를 공직으로부터 파면함에 그치고 형사상 책임을 면제하지 아니한다는 점에서 탄핵심판절차는 형사절차나 일반 징계절차와는 성격을 달리한다.

③ 탄핵소추의결을 받은 자의 직무집행을 정지하기 위한 가처분은 인정될 여지가 없다.

④ 탄핵의 결정은 법률의 위헌결정, 정당해산의 결정 또는 헌법소원에 관한 인용결정과 마찬가지로 재판관 6명 이상의 찬성이 있어야 한다.

22

대통령의 사면권에 관한 다음 설명 중 가장 옳지 않은 것은?

① 사면의 종류, 대상, 범위, 절차, 효과 등은 범죄의 죄질과 보호법익, 일반국민의 가치관 내지 법감정, 국가이익과 국민화합의 필요성, 권력분립의 원칙과의 관계 등 제반사항을 종합하여 입법자가 결정할 사항으로서 입법자에게 광범위한 입법재량 내지 형성의 자유가 부여되어 있다.

② 일반사면은 국무회의의 심의사항으로, 국회의 동의가 필요하다.

③ 형의 선고에 따른 기성의 효과는 사면, 감형 및 복권으로 인하여 변경될 수 있다.

④ 확정판결의 죄에 대하여 일반사면이 있더라도 일사부재리의 효력은 여전히 존속한다.

23

법원에 관한 설명 중 가장 옳지 않은 것은?

① 법관에 대한 징계처분 취소청구소송을 대법원의 단심 재판에 의하도록 한 법관징계법 해당 조항은 재판청구 권을 침해하지 않는다.

② 대법관의 임기는 6년으로 하며, 법률이 정하는 바에 의하여 연임할 수 있다.

③ 재판의 심리와 판결은 원칙적으로 공개하나, 심리는 국가의 안전보장 또는 안녕질서를 방해하거나 선량한 풍속을 해할 염려가 있을 때에는 법원의 결정으로 공개하지 않을 수 있다.

④ 대법원은 법률이 정하는 바에 따라 소송에 관한 절차, 법원의 내부규율과 사무처리에 관한 규칙을 제정할 수 있다.

24

권한쟁의심판청구에 관한 다음 설명 중 가장 옳지 않은 것은?

① 헌법재판소법 제62조 제1항 제1호가 비록 국가기관 상호간의 권한쟁의심판을 "국회, 정부, 법원 및 중앙 선거관리위원회 상호간의 권한쟁의심판"이라고 규정 하고 있다고 할지라도 이 조항의 문언에 얽매여 곧바 로 이들 기관 외에는 권한쟁의심판의 당사자가 될 수 없다고 단정할 수는 없고, 헌법은 제111조 제1항 제4 호에서 말하는 국가기관의 의미와 권한쟁의심판의 당 사자가 될 수 있는 국가기관의 범위는 결국 헌법해석 을 통하여 확정하여야 할 문제이다.

② 헌법이 특별히 정당설립의 자유와 복수정당제를 보장 하고, 정당의 해산을 엄격한 요건하에서 인정하는 등 정당은 공권력의 행사주체로서 국가기관의 지위를 가 지므로, 정당도 일반적으로 권한쟁의심판절차의 당사 자가 될 수 있다.

③ 교섭단체와 국회의장 사이에 분쟁이 발생하더라도 교 섭단체가 그 권한 침해를 이유로 권한쟁의심판을 청구 할 수 없다.

④ 시 도의 교육 학예에 관한 집행기관인 교육감과 해당 지방자치단체 사이의 내부적 분쟁과 관련된 심판청구 는 헌법재판소가 관장하는 권한쟁의심판에 속하지 아 니한다.

25

헌법재판에 관한 다음 설명 중 가장 옳지 않은 것은?

① 탄핵의 심판, 정당해산의 심판 및 권한쟁의의 심판은 구두변론에 의한다.

② 헌법재판소법은 헌법재판소는 심판사건을 접수한 날 부터 180일 이내에 종국결정의 선고를 하여야 한다는 규정을 두고 있으나, 이 규정은 훈시적 규정으로 해석 된다.

③ 형벌에 관한 법률이 아닌 경우, 위헌으로 결정된 법률 또는 법률의 조항은 그 결정이 있는 다음 날부터 효력 을 상실한다.

④ 각종 심판절차에서 당사자인 사인(단, 변호사의 자격이 없는 경우에 한함)은 변호사를 대리인으로 선임하지 않 으면 심판청구를 하거나 심판 수행을 하지 못한다.

09 회 | 2024 경찰간부

01

헌법의 제·개정에 대한 설명으로 가장 적절하지 않은 것은? (다툼이 있는 경우 헌법재판소 판례에 의함)

① 우리 헌법의 각 개별규정 가운데 무엇이 헌법제정규정이고 무엇이 헌법개정규정인지를 구분하는 것이 가능하지 아니할 뿐 아니라, 각 개별규정에 그 효력상의 차이를 인정하여야 할 형식적인 이유를 찾을 수 없다.

② 성문헌법의 개정은 헌법의 조문이나 문구의 명시적이고 직접적인 변경을 내용으로 하는 헌법개정안의 제출에 의하여야 하고, 하위규범인 법률의 형식으로 일반적인 입법절차에 의하여 개정될 수는 없다.

③ 대법원은 헌법개정에 관한 국민투표에 관하여 「국민투표법」 또는 「국민투표법」에 의하여 발하는 명령에 위반하는 사실이 있는 경우라도 국민투표의 결과에 영향이 미쳤다고 인정하는 때에 한하여 국민투표 무효의 판결을 하여야 하며, 국민투표의 일부의 무효를 판결할 수는 없다.

④ 헌법개정에 관한 국민투표의 효력에 관하여 이의가 있는 투표인은 투표인 10만인 이상의 찬성을 얻어 중앙선거관리위원회위원장을 피고로 하여 투표일로부터 20일 이내에 대법원에 제소할 수 있다.

02

북한 및 북한주민에 대한 설명으로 가장 적절하지 않은 것은? (다툼이 있는 경우 헌법재판소 판례에 의함)

① 우리 헌법이 "대한민국의 영토는 한반도와 그 부속도서로 한다"는 영토조항(제3조)을 두고 있는 이상 북한지역은 당연히 대한민국의 영토가 되므로, 개별법률의 적용 내지 준용에 있어서 남북한의 특수관계적 성격을 고려하더라도 북한지역을 외국에 준하는 지역으로 규정할 수 없다.

② 마약거래범죄자인 북한이탈주민을 보호대상자로 결정하지 않을 수 있도록 규정한 「북한이탈주민의 보호 및 정착지원에 관한 법률」 제9조 제1항 제1호 중 '마약거래'에 관한 부분은 북한이탈주민의 인간다운 생활을 할 권리를 침해한다고 볼 수 없다.

③ 「북한이탈주민의 보호 및 정착지원에 관한 법률」상 '북한이탈주민'이란 군사분계선 이북지역에 주소, 직계 가족, 배우자, 직장 등을 두고 있는 사람으로서 북한을 벗어난 후 외국 국적을 취득하지 아니한 사람을 말한다.

④ 탈북의료인에게 국내 의료면허를 부여할 것인지 여부는 북한의 의학교육 실태와 탈북의료인의 의료수준, 탈북의료인의 자격증명방법 등을 고려하여 입법자가 그의 입법형성권의 범위 내에서 규율할 사항이지, 헌법조문이나 헌법해석에 의하여 바로 입법자에게 국내 의료면허를 부여할 입법의무가 발생한다고 볼 수는 없다.

03

헌법 전문에 대한 설명으로 적절하지 않은 것은 몇 개 인가? (다툼이 있는 경우 헌법재판소 판례에 의함)

┤ 보기 ├

가. 1962년 제5차 개정 헌법에서 헌법 전문을 처음으로 개정하여 4·19 의거의 이념을 명문화하였다.

나. "자유민주적 기본질서에 입각한 평화적 통일정책"은 현행 헌법전문에서 규정하고 있다.

다. 헌법은 전문에서 '3·1운동으로 건립된 대한민국임시정부의 법통을 계승'한다고 선언하고 있는바, 국가는 일제로부터 조국의 자주독립을 위하여 공헌한 독립유공자와 그 유족에 대하여 응분의 예우를 하여야 할 헌법적 의무를 지닌다.

라. 헌법 전문에서 '대한민국은 3·1운동으로 건립된 대한민국임시정부의 법통을 계승하(였다)'라고 규정되어 있지만, 국가가독립유공자의 후손인 청구인에게 일본제국주의의 각종 통치기구 등으로 부터 수탈당한 청구인 조상들의 특정 토지에 관하여 보상을 해 주어야 할 작위의무가 헌법에서 유래하는 작위의무로 특별히 구체적으로 규정되어 있다거나 해석상 도출된다고 볼 수 없다.

① 없음
② 1개
③ 2개
④ 3개

04

국민주권 및 민주주의 원리에 대한 설명으로 가장 적절하지 않은 것은? (다툼이 있는 경우 헌법재판소 판례에 의함)

① 국민주권의 원리는 공권력의 구성·행사·통제를 지배하는 우리 통치질서의 기본원리이므로, 공권력의 일종인 지방자치권과 국가교육권도 이 원리에 따른 국민적 정당성 기반을 갖추어야만 한다.

② 국민주권주의는 국가권력의 민주적 정당성을 의미하는 것이기는 하나, 그렇다고 하여 국민전체가 직접 국가기관으로서 통치권을 행사하여야 한다는 것은 아니므로, 주권의 소재와 통치권의 담당자가 언제나 같을 것을 요구하는 것이 아니다.

③ 민주주의 원리의 한 내용인 국민주권주의는 모든 국가권력이 국민의 의사에 기초해야 한다는 의미일 뿐만 아니라 국민이 정치적 의사결정에 관한 모든 정보를 제공받고 직접 참여하여야 한다는 의미이다.

④ 국민주권의 원리는 기본적 인권의 존중, 권력분립제도, 복수정당제도 등과 함께 헌법 제8조 제4항이 의미하는 민주적 기본질서의 주요한 요소라고 볼 수 있다.

05

국제평화주의 및 문화국가 원리에 대한 설명으로 가장 적절하지 않은 것은? (다툼이 있는 경우 헌법재판소 판례에 의함)

① '시민적 및 정치적 권리에 관한 국제규약'(자유권규약)의 조약상기구인 자유권규약위원회의 견해(Views)는 규약 당사국이 존중해야하므로, 그 견해에 따라 우리 입법자는 기존에 유죄판결을 받은 양심적 병역거부자에 대해 전과기록 말소 등의 구제조치를 할 입법의무가 발생한다.

② 국내에 주소 등을 두고 있지 아니한 원고에게 법원이 소송비용 담보제공명령을 하도록 한 구 「민사소송법」 제117조 제1항이 주로 외국인에게 적용된다는 사정만으로 외국인의 지위를 침해하는 법률조항이라고 할 수는 없으므로 헌법 제6조 제2항에 위배되지 아니한다.

③ 헌법 전문과 헌법 제9조에서 말하는 "전통", "전통문화"란 역사성과 시대성을 띤 개념으로서 헌법의 가치질서, 인류의 보편가치, 정의와 인도정신 등을 고려하여 오늘날의 의미로 포착하여야 한다.

④ 국가가 민족문화유산을 보호하고자 하는 경우 이에 관한 헌법적 보호법익은 '민족문화유산의 존속' 그 자체를 보장하는 것이고, 원칙적으로 민족문화유산의 훼손 등에 관한 가치보상(價値補償)이 있는지 여부는 이러한 헌법적 보호법익과 직접적인 관련이 없다.

06

외국인의 기본권 주체성에 대한 설명으로 가장 적절하지 않은 것은? (다툼이 있는 경우 헌법재판소 판례에 의함)

① 헌법상 근로의 권리는 '일할 환경에 관한 권리'를 내포하고 있는 바, 건강한 작업환경, 일에 대한 정당한 보수, 합리적인 근로조건의 보장등을 요구할 수 있는 권리 등은 외국인에게도 기본권 주체성이 인정된다.

② 외국인들이 이미 적법하게 고용허가를 받아 적법하게 우리나라에 입국하여 우리나라에서 일정한 생활관계를 형성·유지하는 등, 우리사회에서 정당한 노동인력으로서의 지위를 부여받은 상황임을 전제로 하는 이상, 해당 외국인에게도 직장선택의 자유에 대한 기본권 주체성을 인정할 수 있다.

③ 외국인은 자격제도 자체를 다툴 수 있는 기본권 주체성이 인정되지 않지만, 국가자격제도와 관련된 평등권에 관하여는 따로 기본권주체성을 인정할 수 있다.

④ 외국인이 복수국적을 누릴 자유가 우리 헌법상 행복추구권에 의하여 보호되는 기본권이라고 보기 어려우므로 외국인의 기본권주체성 내지 기본권 침해가능성을 인정할 수 없다.

07

기본권 보호의무에 대한 설명으로 가장 적절하지 않은 것은? (다툼이 있는 경우 헌법재판소 판례에 의함)

① 헌법 제10조 제2문은 "국가는 개인이 가지는 불가침의 기본적 인권을 확인하고 이를 보장할 의무를 진다"고 규정함으로써, 소극적으로 국가권력이 국민의 기본권을 침해하는 것을 금지하는데 그치지 아니하고 나아가 적극적으로 국민의 기본권을 타인의 침해로부터 보호할 의무를 부과하고 있다.

② 기본권 보호의무는 주로 사인인 제3자에 의한 개인의 생명이나 신체의 훼손에서 문제되는데 이는 국가의 보호의무 없이는 타인에 의하여 개인의 신체나 생명 등 법익이 무력화될 정도의 상황에서만 적용될 수 있다.

③ 태아가 사산한 경우에 한해서 태아 자신에게 불법적인 생명침해로 인한 손해배상청구권을 인정하지 않고 있다고 하여 단지 그 이유만으로 입법자가 태아의 생명보호를 위해 국가에서 요구되는 최소한의 보호조치마저 취하지 않는 것이라고는 할 수 없다.

④ 국가가 기본권보호의무를 다하지 못하였다는 이유로 입법부작위 내지 불완전한 입법이 헌법에 위반된다고 판단할 때에는, 국가권력에 의해 국민의 기본권이 침해당하는 경우와는 다른 판단기준이 적용되어서는 아니된다.

08

선거제도에 대한 설명으로 가장 적절하지 않은 것은? (다툼이 있는 경우 헌법재판소 판례에 의함)

① 선거구 획정에 있어서 인구비례의 원칙에 의한 투표가치의 평등은 헌법적 요청으로서 다른 요소에 비해 기본적이고 일차적인 기준이어야 하므로, 자치구·시·군의원 선거구 획정에 있어서 행정구역 내지 지역대표성 등 2차적 요소를 고려해서는 아니된다.

② 헌법 제24조는 모든 국민은 '법률이 정하는 바에 의하여' 선거권을 가진다고 규정함으로써 법률유보의 형식을 취하고 있지만, 이것은 국민의 선거권이 '법률이 정하는 바에 따라서만 인정될 수 있다'는 포괄적인 입법권의 유보하에 있음을 의미하는 것이 아니라 국민의 기본권을 법률에 의하여 구체화하라는 뜻이며 선거권을 법률을 통해 구체적으로 실현하라는 의미이다.

③ 비례대표제를 채택하는 경우 직접선거의 원칙은 의원의 선출뿐만 아니라 정당의 비례적인 의석확보도 선거권자의 투표에 의하여 직접 결정될 것을 요구하는바, 비례대표의원의 선거는 지역구의원의 선거와는 별도의 선거이므로 이에 관한 유권자의 별도의 의사표시, 즉 정당명부에 대한 별도의 투표가 있어야 한다.

④ 예비후보자 선거비용을 후보자가 부담한다고 하더라도 그것이 지나치게 다액이라서 선거공영제의 취지에 반하는 정도에 이른다고 할 수는 없고, 예비후보자의 선거비용을 보전해 줄 경우 선거가 조기에 과열되어 악용될 수 있으므로, 예비후보자의 선거비용을 보전대상에서 제외하고 있는 「공직선거법」 제122조의2 제2항 제1호 중 '지역구국회의원선거의 후보자'에 관한 부분은 선거운동의 자유를 침해하지 않는다.

09

인격권에 대한 설명으로 적절하지 않은 것은 몇 개 인가? (다툼이 있는 경우 헌법재판소 판례에 의함)

┤ 보기 ├

가. 혼인 종료 후 300일 이내에 출생한 자를 전남편의 친생자로 추정하는 「민법」 제844조 제2항 중 '혼인관계의 종료의 날로부터 300일 이내에 출생한 자'에 관한 부분은 모(母)가 가정생활과 신분관계에서 누려야 할 인격권을 침해한다.

나. 청구인인 수형자가 출정할 때 교도관이 동행하면서 청구인에게 행정법정 방청석에서 청구인의 변론 순서가 될 때까지 보호장비를 착용하도록 한 것은, 과잉금지의 원칙에 위반되어 청구인의 인격권을 침해한다.

다. 민사재판에 당사자로 출석하는 수형자에 대하여 사복착용을 허용하지 아니한 것은 수형자의 인격권을 침해하지 아니한다.

라. 헌법 제10조로부터 도출되는 일반적 인격권에는 개인의 명예에 관한 권리도 포함될 수 있으나, '명예'는 사람이나 그 인격에 대한 사회적 평가, 즉 객관적·외부적 가치평가를 말하는 것이지 단순히 주관적·내면적인 명예감정은 포함되지 않는다.

① 없음　　　　② 1개
③ 2개　　　　④ 3개

10

일반적 행동자유권에 대한 설명으로 적절하지 않은 것은 몇개인가? (다툼이 있는 경우 헌법재판소 판례에 의함)

┤ 보기 ├

가. 가족에 대한 수형자의 접견교통권은 비록 헌법에 열거되지는 아니하였지만 헌법 제10조의 행복추구권에 포함되는 기본권의 하나로서의 일반적 행동자유권으로부터 나온다.

나. 자신이 속한 부분사회의 자치적 운영에 참여하는 것은 사회공동체의 유지, 발전을 위하여 필요한 행위로서 특정한 기본권의 보호범위에 들어가지 않는 경우에는 일반적 행동자유권의 대상이 된다.

다. 거짓이나 그 밖의 부정한 수단으로 운전면허를 받은 경우 모든 범위의 운전면허를 필요적으로 취소하도록 규정하여, '부정취득하지 않은 운전면허'까지 필요적으로 취소하도록 한 것은, 과잉금지원칙에 반하여 운전면허 소유자의 일반적 행동의 자유를 침해하지 않는다.

라. 병역의무의 이행으로서의 현역병 복무는 국가가 간섭하지 않으면 자유롭게 할 수 있는 행위에 속하므로, 현역병으로 복무할 권리는 일반적 행동자유권에 포함된다고 할 수 있다.

① 1개
② 2개
③ 3개
④ 4개

11

자기결정권에 대한 설명으로 가장 적절하지 않은 것은? (다툼이 있는 경우 헌법재판소 판례에 의함)

① 개인의 인격권·행복추구권에는 개인의 자기운명결정권이 전제되는 것이고, 이 자기운명결정권에는 임신과 출산에 관한 결정, 즉 임신과 출산의 과정에 내재하는 특별한 희생을 강요당하지 않을 자유가 포함되어 있다.

② 배우자 있는 자의 간통행위 및 그와의 상간행위를 2년 이하의 징역에 처하도록 규정한 「형법」 제241조는 입법목적의 정당성이 인정되지만, 혼인빙자간음행위를 형사처벌하는 「형법」 제304조 중 "혼인을 빙자하여 음행의 상습없는 부녀를 기망하여 간음한 자" 부분은 입법목적의 정당성이 인정되지 않는다.

③ 임신한 여성의 자기낙태를 처벌하는 「형법」 제269조 제1항은 태아의 생명을 보호하기 위한 것으로서 그 입법목적은 정당하지만, 낙태를 방지하기 위하여 임신한 여성의 낙태를 형사처벌하는 것은 이러한 입법목적을 달성하는 데 적합한 수단이라고 할 수 없다.

④ 헌법이 보장하는 인간의 존엄성 및 행복추구권은 국가의 교육권한과 부모의 교육권의 범주 내에서 아동에게도 자신의 교육환경에 관하여 스스로 결정할 권리를 부여한다.

12

평등 위반 여부를 심사하는 데 있어서 심사기준이 나머지 셋과 다른 하나는? (다툼이 있는 경우 헌법재판소 판례에 의함)

① 임대의무기간이 10년인 공공건설임대주택의 분양전환가격을 임대의무기간이 5년인 공공건설임대주택의 분양전환가격과 다른 기준에 따라 산정하도록 하는 구 「임대주택법 시행규칙」 조항의 해당 부분

② 「교통사고처리특례법」 조항 중 업무상 과실 또는 중대한 과실로 인한 교통사고로 말미암아 피해자로 하여금 중상해에 이르게 한 경우에 공소를 제기할 수 없도록 규정한 부분

③ 상이연금 수급자에 대한 공무원 재직기간 합산방법을 규정하지 않은 구 「공무원연금법」 조항

④ 사망한 가입자 등에 의하여 생계를 유지하고 있지 않은 자녀 또는 25세 이상인 자녀를 유족연금을 받을 수 있는 자녀의 범위에 포함시키지 않은 「국민연금법」 조항 중 해당 부분

13

평등의 원칙 또는 평등권에 대한 설명으로 가장 적절하지 않은 것은? (다툼이 있는 경우 헌법재판소 판례에 의함)

① 전기판매사업자에게 약관의 명시·교부의무를 면제한 「약관의 규제에 관한 법률」 해당 조항 중 '전기사업'에 관한 부분은 일반 사업자와 달리 전기판매사업자에 대하여 약관의 명시·교부의무를 면제하고 있더라도 평등원칙에 위반되지 아니한다.

② '국가, 지방자치단체, 공공기관의 운영에 관한 법률에 따른 공공기관'이 시행하는 개발사업과 달리, 학교법인이 시행하는 개발사업은 그 일체를 개발부담금의 제외 또는 경감 대상으로 규정하지 않은 「개발이익 환수에 관한 법률」 해당 조항 중 '공공기관의 운영에 관한 법률에 따른 공공기관'에 관한 부분은 평등원칙에 위반된다.

③ 헌법불합치결정에 따라 실질적인 혼인관계가 존재하지 아니한 기간을 제외하고 분할연금을 산정하도록 개정된 「국민연금법」 조항을 개정법 시행 후 최초로 분할연금 지급사유가 발생한 경우부터 적용하도록 하는 「국민연금법」 부칙 제2조가 분할연금 지급 사유 발생시점이 신법 조항 시행일 전·후인지와 같은 우연한 사정을 기준으로 달리 취급하는 것은 합리적인 이유를 찾기 어렵다.

④ '직계혈족, 배우자, 동거친족, 동거가족 또는 그 배우자' 이외의 친족 사이의 재산범죄를 친고죄로 규정한 「형법」 제328조 제2항은 일정한 친족 사이에서 발생한 재산범죄의 경우 피해자의 고소를 소추조건으로 정하여 피해자의 의사에 따라 국가형벌권 행사가 가능하도록 한 것으로서 합리적 이유가 있다.

14

죄형법정주의의 명확성원칙에 대한 설명으로 가장 적절한 것은? (다툼이 있는 경우 헌법재판소 판례에 의함)

① 의약외품이 아닌 것을 용기·포장 또는 첨부 문서에 의학적 효능·효과등이 있는 것으로 오인될 우려가 있는 표시를 하거나, 이와 같은 의약외품과 유사하게 표시된 것을 판매하는 것을 금지하는 구 「약사법」 조항 가운데 '표시' 및 '표시된 것의 판매'에 관한 부분을 준용하는 부분의 '의학적 효능·효과 등'이라는 표현은 명확성원칙에 위배된다.

② 「회계관계직원 등의 책임에 관한 법률」 제2조 제1호 카목의 '그밖에 국가의 회계사무를 처리하는 사람'은 그 의미가 불명확하므로 명확성원칙에 위배된다.

③ 허위재무제표작성 및 허위감사보고서작성을 처벌하는 「주식회사등의외부감사에 관한 법률」 조항 중 '그 위반행위로 얻은 이익 또는 회피한 손실액의 2배 이상 5배 이하의 벌금'은 명확성원칙에 위배되지 않는다.

④ 누구든지 선박의 감항성의 결함을 발견한 때에는 해양수산부령이 정하는 바에 따라 그 내용을 해양수산부장관에게 신고하여야 한다고 규정한 구 「선박안전법」 조항 중 '선박의 감항성의 결함'에 관한 부분은 명확성원칙에 위배된다.

15

변호인의 조력을 받을 권리에 대한 설명으로 가장 적절하지 않은 것은? (다툼이 있는 경우 헌법재판소 판례에 의함)

① 피고인의 피해자에 대한 공탁은 형사재판에서 피고인에게 유리한 양형사유로 기능할 수 있으며, 소송절차 밖에서 이루어지는 공탁과정에서 변호인의 역할이 필수적으로 요구되므로, 피고인의 형사공탁에 관한 변호인의 조력은 피고인을 조력할 변호인의 권리 중 그것이 보장되지 않으면 피고인이 변호인의 조력을 받는다는 것이 유명무실하게 되는 핵심적인 부분이라고 보아야 한다.

② '변호인이 되려는 자'의 접견교통권은 피의자·피고인을 조력하기 위한 핵심적인 부분으로서 피의자·피고인이 가지는 '변호인이 되려는 자'의 조력을 받을 권리가 실질적으로 확보되기 위해서는 '변호인이 되려는 자'의 접견교통권 역시 헌법상 기본권으로서 보장되어야 한다.

③ 교도소장이 금지물품 동봉 여부를 확인하기 위하여 미결수용자와 같은 지위에 있는 수형자의 변호인이 위 수형자에게 보낸 서신을 개봉한 후 교부한 행위는 미결수용자와 같은 지위에 있는 수형자가 변호인의 조력을 받을 권리를 침해하지 아니한다.

④ 형의 선고와 함께 소송비용 부담의 재판을 받은 피고인이 '빈곤'을 이유로 해서만 집행면제를 신청할 수 있도록 한 「형사소송법」제487조 중 제186조 제1항 본문에 따른 소송비용에 관한 부분이 변호인의 선임이나 변호 자체를 제한하는 것은 아니다.

16

영장주의에 대한 설명으로 가장 적절한 것은? (다툼이 있는 경우 헌법재판소 판례에 의함)

① 강제퇴거명령을 받은 사람을 보호할 수 있도록 하면서 보호기간의 상한을 마련하지 아니한 「출입국관리법」제63조 제1항에 따른 보호는 형사절차상 '체포 또는 구속'에 준하는 것으로서 신체의 자유를 제한하므로 영장주의에 위배된다.

② 「형의 집행 및 수용자의 처우에 관한 법률」조항 중 '미결수용자의 접견내용의 녹음·녹화'에 관한 부분은 청구인에 대하여 직접적으로 어떠한 물리적 강제력을 행사하는 강제처분을 수반하는 것이 아니므로 영장주의의 적용대상이 아니다.

③ 수사기관 등이 전기통신사업자에게 이용자의 성명 등 통신자료의 열람이나 제출을 요청할 수 있도록 한 「전기통신사업법」조항 중 해당 부분은 영장주의에 위배된다.

④ 병(兵)에 대한 징계처분으로 일정기간 부대나 함정(艦艇) 내의 영창, 그 밖의 구금장소에 감금하는 영창처분이 가능하도록 규정한 구 「군인사법」조항 중 '영창'에 관한 부분은 영장주의에 위반된다.

17

연좌제금지에 대한 설명으로 가장 적절한 것은? (다툼이 있는 경우 헌법재판소 판례에 의함)

① 직계존속이 외국에서 영주할 목적 없이 체류한 상태에서 출생한 자는 병역의무를 해소한 경우에만 국적이탈을 신고할 수 있도록 하는 구「국적법」제12조 제3항은 헌법상 연좌제금지원칙의 규율 대상이다.

② 「고위공직자범죄수사처 설치 및 운영에 관한 법률」제2조 및 같은 법 제3조 제1항에 따라 고위공직자의 가족은 고위공직자의 직무와 관련하여 죄를 범한 경우 수사처의 수사대상이 되는데, 이는 헌법상 연좌제금지원칙에서 규율하고자 하는 대상이다.

③ 학교법인의 이사장과 특정관계에 있는 사람의 학교장 임명을 제한하는 「사립학교법」해당 조항은 배우자나 직계가족이라는 인적 관계의 특성상 당연히 예상할 수 있는 일체성 내지 유착가능성을 근거로 일정한 제약을 가하는 것이다.

④ 「변호사법」해당 조항 중 법무법인에 관하여 합명회사 사원의 무한연대책임을 정한 「상법」제212조, 신입사원에게 동일한 책임을 부과하는 「상법」제213조, 퇴사한 사원에게 퇴사등기 후 2년 내에 동일한 책임을 부과하는 「상법」제225조 제1항을 준용하는 부분은 연좌제 금지원칙이 적용된다.

18

재판청구권에 대한 설명으로 가장 적절하지 않은 것은? (다툼이 있는 경우 헌법재판소 판례에 의함)

① 상속개시 후 인지 또는 재판의 확정에 의하여 공동상속인이 된 자의 상속분 가액 지급청구권의 제척기간을 정하고 있는 「민법」제999조 제2항의 '상속권의 침해행위가 있은 날부터 10년' 중 「민법」제1014조에 관한 부분은 입법형성의 한계를 일탈하여 재판청구권을 침해한다.

② 피고인이 정식재판을 청구한 사건에 대하여는 약식명령의 형보다 중한 종류의 형을 선고하지 못한다고 규정하고 있는 「형사소송법」조항은 공정한 재판을 받을 권리를 침해한다고 볼 수 없다.

③ 「조세범처벌절차법」에 따른 통고처분을 행정쟁송의 대상에서 제외시킨 「국세기본법」제55조 제1항 단서 제1호는 재판청구권을 침해한다고 할 수 없다.

④ 시장·군수·구청장은 급여비용의 지급을 청구한 의료급여기관이 「의료법」또는 「약사법」해당 조항을 위반하였다는 사실을 수사기관의 수사결과로 확인한 경우에는 해당 의료급여기관이 청구한 급여비용의 지급을 보류할 수 있다고 규정하고 있는 「의료급여법」해당 조항은 의료급여기관 개설자의 재판청구권을 침해한다.

19

형사보상에 대한 설명으로 가장 적절하지 않은 것은? (다툼이 있는 경우 판례에 의함)

① 헌법상 형사보상청구권은 국가의 형사사법절차에 내재하는 불가피한 위험에 의하여 국민의 신체의 자유에 관하여 형사사법기관의 귀책사유로 인해 피해가 발생한 경우 국가에 대하여 정당한 보상을 청구할 수 있는 권리로서, 실질적으로 국민의 재판청구권과 밀접하게 관련된 중대한 기본권이다.

② 판결 주문에서 무죄가 선고된 경우뿐만 아니라 판결 이유에서 무죄로 판단된 경우에도 미결구금 가운데 무죄로 판단된 부분의 수사와 심리에 필요하였다고 인정된 부분에 관하여는 보상을 청구할 수 있다.

③ 원판결의 근거가 된 가중처벌규정에 대하여 헌법재판소의 위헌결정이 있었음을 이유로 개시된 재심절차에서, 공소장의 교환적변경을 통해 위헌결정된 가중처벌규정보다 법정형이 가벼운 처벌규정으로 적용법조가 변경되어 피고인이 무죄판결을 받지는 않았으나 원판결보다 가벼운 형으로 유죄판결이 확정됨에 따라 원판결에 따른 구금형 집행이 재심판결에서 선고된 형을 초과하게 된 경우, 재심판결에서 선고된 형을 초과하여 집행된 구금에 대하여 보상요건을 규정하지 아니한 「형사보상 및 명예회복에 관한 법률」제26조 제1항은 평등권을 침해한다.

④ 피고인이 대통령긴급조치 제9호 위반으로 제1, 2심에서 유죄판결을 선고받고 상고하여 상고심에서 구속집행이 정지된 한편 대통령 긴급조치 제9호가 해제됨에 따라 면소판결을 받아 확정된 다음 사망한 경우 피고인의 처는 형사보상을 청구할 수 있다.

20

범죄피해자구조청구권에 대한 설명으로 가장 적절하지 않은 것은? (다툼이 있는 경우 헌법재판소 판례에 의함)

① 범죄피해자구조청구권이라 함은 타인의 범죄행위로 말미암아 생명을 잃거나 신체상의 피해를 입은 국민이나 그 유족이 가해자로 부터 충분한 피해배상을 받지 못한 경우에 국가에 대하여 일정한 보상을 청구할 수 있는 권리이며, 그 법적 성격은 생존권적 기본권으로서의 성격을 가지는 청구권적 기본권이다.

② 구 「범죄피해자구조법」 조항에서 범죄피해가 발생한 날부터 5년이 경과한 경우에는 구조금의 지급신청을 할 수 없다고 규정한 것은 오늘날 여러 정보에 대한 접근이 용이해진 점 등에 비추어 보면 합리적인 이유가 있다고 할 것이어서 평등원칙에 위반되지 아니한다.

③ 「범죄피해자 보호법」에 따르면 "범죄피해자"란 타인의 범죄행위로 피해를 당한 사람과 그 배우자(사실상의 혼인관계를 제외한다), 4촌이내의 직계혈족 및 형제자매를 말한다.

④ 「범죄피해자 보호법」상 구조피해자나 유족이 해당 구조대상범죄피해를 원인으로 하여 「국가배상법」이나 그 밖의 법령에 따른 급여등을 받을 수 있는 경우에는 대통령령으로 정하는 바에 따라 구조금을 지급하지 아니한다.

21

인간다운 생활을 할 권리에 대한 설명으로 가장 적절하지 않은 것은? (다툼이 있는 경우 헌법재판소 판례에 의함)

① 공영방송은 사회·문화·경제적 약자나 소외계층이 마땅히 누려야 할 문화에 대한 접근기회를 보장하여 인간다운 생활을 할 권리를 실현하는 기능을 수행하므로 우리 헌법상 그 존립가치와 책무가 크다.

② 재요양을 받는 경우에 재요양 당시의 임금을 기준으로 휴업급여를 산정하도록 한 구 「산업재해보상보험법」 조항은 진폐 근로자의 인간다운 생활을 할 권리를 침해하지 아니한다.

③ 공무원에게 재해보상을 위하여 실시되는 급여의 종류로 휴업급여 또는 상병보상연금 규정을 두고 있지 않은 「공무원재해보상법」 제8조가 인간다운 생활을 할 권리를 침해할 정도에 이르렀다고 할 수는 없다.

④ 자동차사고 피해가족 중 유자녀에 대한 대출을 규정한 구 「자동차손해배상 보장법 시행령」 조항 중 '유자녀의 경우에는 생계유지 및 학업을 위한 자금의 대출' 부분은, 대출을 신청한 법정대리인이 상환의무를 부담하지 않으므로, 유자녀의 아동으로서의 인간다운 생활을 할 권리를 침해한다.

22

교육을 받을 권리에 대한 설명으로 가장 적절하지 않은 것은? (다툼이 있는 경우 헌법재판소 판례에 의함)

① '2021학년도 대학입학전형기본사항' 중 재외국민 특별전형 지원자격 가운데 학생 부모의 해외체류요건 부분은 부모의 해외체류 가능성을 기준으로 학생의 지원자격을 인정함으로써 균등하게 교육받을 권리를 침해한다.

② 헌법 제31조 제1항과 제6항은 변호사시험을 준비하는 법학전문대학원 졸업생에 대해 법학전문대학원에서의 보수교육을 시행하도록 하는 내용의 구체적이고 명시적인 입법의무를 입법자에게 부여하고 있다고 볼 수 없다.

③ 서울대학교 총장의 '2022학년도 대학 신입학생 정시모집('나'군) 안내' 중 수능 성적에 최대 2점의 교과이수 가산점을 부여하고, 2020년 2월 이전 고등학교 졸업자에게 모집단위별 지원자의 가산점 분포를 고려하여 모집단위 내 수능점수 순위에 상응하는 가산점을 부여하도록 한 부분은 균등하게 교육받을 권리를 침해하는 것이라고 볼 수 없다.

④ 국가는 국민의 교육을 받을 권리라는 기본권을 보장하고 의무교육을 시행하기 위하여 적기에 적절한 학교교지를 확보하여야 할 의무가 있다는 점 및 이를 고려하여 학교교지에 대하여는 유상으로 취득하도록 하는 점에 비추어 보면, 학교교지의 조성·개발에 소요된 비용 역시 국가 등이 부담하는 것이 상당하다.

23

근로3권에 대한 설명으로 가장 적절하지 않은 것은? (다툼이 있는 경우 헌법재판소 판례에 의함)

① 「교원의 노동조합 설립 및 운영 등에 관한 법률」의 적용을 받는 교원의 범위를 초·중등학교에 재직 중인 교원으로 한정하고 있는 같은 법 제2조는 전국교직원노동조합 및 해직 교원들의 단결권을 침해하지 아니한다.

② 사용자가 노동조합의 운영비를 원조하는 행위를 부당노동행위로 금지하는 「노동조합 및 노동관계조정법」 제81조 제4호 중 '노동조합의 운영비를 원조하는 행위'에 관한 부분은 단서에서 정한 두 가지 예외를 제외한 일체의 운영비 원조 행위를 금지함으로써 노동조합의 자주성을 저해할 위험이 없는 경우까지 금지하고 있으므로, 입법목적 달성을 위한 적합한 수단이라고 볼 수 없다.

③ 하나의 사업 또는 사업장에 복수 노동조합이 존재하는 경우 '교섭대표노동조합'을 정하여 교섭을 요구하도록 하는 「노동조합 및 노동관계조정법」 제29조 제2항은 과잉금지원칙을 위반하여 단체교섭권을 침해한다.

④ 국가비상사태 하에서 근로자의 단체교섭권 및 단체행동권을 제한한 구 「국가보위에 관한 특별조치법」 조항 중 해당 부분은 단체교섭권·단체행동권의 행사요건 및 한계 등에 관한 기본적 사항조차 법률에서 정하지 아니한 채, 그 허용 여부를 주무관청의 조정결정에 포괄적으로 위임하고 이에 위반할 경우 형사처벌하도록 하고 있는바, 이는 근로3권의 본질적 내용을 침해하는 것이다.

24

환경권에 대한 설명으로 가장 적절하지 않은 것은? (다툼이 있는 경우 헌법재판소 판례에 의함)

① 환경침해는 사인에 의해서 빈번하게 유발되므로 입법자가 그 허용 범위에 관해 정할 필요가 있다는 점, 환경피해는 생명·신체의 보호와 같은 중요한 기본권적 법익 침해로 이어질 수 있다는 점 등을 고려할 때, 일정한 경우 국가는 사인인 제3자에 의한 국민의 환경권 침해에 대해서도 적극적으로 기본권 보호조치를 취할 의무를 진다.

② 구 「동물보호법」 제33조 제3항 제5호가 동물장묘업 등록에 관하여 「장사 등에 관한 법률」 제17조 외에 다른 지역적 제한사유를 규정하지 않았다는 사정만으로 동물장묘시설에 관한 건축신고가 이루어진 지역에 사는 청구인들의 환경권을 보호하기 위한 입법자의 의무를 과소하게 이행하였다고 평가할 수는 없다.

③ 헌법 제35조 제1항은 국민의 환경권의 보장, 국가와 국민의 환경보전의무를 규정하고 있는데, 이는 국가뿐만 아니라 국민도 오염방지와 오염된 환경의 개선에 관한 책임을 부담함을 의미한다.

④ 학교시설에서의 유해중금속 등 유해물질의 예방 및 관리기준을 규정한 「학교보건법 시행규칙」 해당 조항에 마사토 운동장에 대한규정을 두지 아니한 것은 과잉금지원칙에 위반하여 마사토 운동장이 설치된 고등학교에 재학 중이던 학생인 청구인의 환경권을 침해하지 아니한다.

25

혼인과 가족생활에 대한 설명으로 가장 적절하지 않은 것은? (다툼이 있는 경우 헌법재판소 판례에 의함)

① 혼인의사의 합의가 없음을 원인으로 혼인무효판결을 받았으나 혼인무효사유가 한쪽 당사자나 제3자의 범죄행위로 인한 경우에 해당하지 않는 사람에 대해서는 가족관계등록부 재작성 신청권이 인정되지 않고, 정정된 가족관계등록부가 보존되도록 한 '가족관계등록부의 재작성에 관한 사무처리지침' 조항 중 '혼인무효'에 관한 부분은 혼인과 가족생활을 스스로 결정하고 형성할 수 있는 자유를 제한한다.

② 입법자는 혼인 및 가족관계가 가지는 고유한 특성 등을 두루 고려하여, 사회의 기초단위이자 구성원을 보호하고 부양하는 자율적 공동체로서의 가족의 순기능이 더욱 고양될 수 있도록 혼인과 가정을 보호하고 개인의 존엄과 양성의 평등에 기초한 혼인·가족제도를 실현해야 한다.

③ 부부의 자산소득을 합산하여 과세하도록 규정하고 있는 「소득세법」제61조 제1항이 자산소득합산과세의 대상이 되는 혼인한 부부를 혼인하지 않은 부부나 독신자에 비하여 차별취급하는 것은 헌법상 정당화되지 아니하기 때문에 헌법 제36조 제1항에 위반된다.

④ 혼인한 등록의무자 모두 배우자가 아닌 본인의 직계존·비속의 재산을 등록하도록 「공직자윤리법」이 개정되었음에도 불구하고, 개정전 「공직자윤리법」 조항에 따라 이미 배우자의 직계존·비속의 재산을 등록한 혼인한 여성 등록의무자는 종전과 동일하게 계속해서 배우자의 직계존·비속의 재산을 등록하도록 규정한 같은 법 부칙 제2조는 그 목적의 정당성을 인정할 수 없다.

26

진술거부권에 대한 설명으로 가장 적절하지 않은 것은? (다툼이 있는 경우 헌법재판소 판례에 의함)

① 명의신탁이 증여로 의제되는 경우 명의신탁의 당사자에게 '증여세의 과세가액 및 과세표준을 납세지 관할 세무서장에게 신고할 의무'를 부과하는 구「상속세 및 증여세법」 제68조 제1항 본문의 '제4조의 규정에 의하여 증여세 납세의무가 있는 자' 가운데 제4조 제1항 본문 중 해당 부분은 형사상 불리한 진술을 강요하는 것이라고 볼 수 없다.

② 정치자금의 수입·지출에 관한 내역을 회계장부에 허위기재하거나 관할 선거관리위원회에 허위 보고한 정당의 회계책임자를 형사처벌하는 구「정치자금에관한 법률」제31조 제1호 중 제22조 제1항의 허위기재 부분은, 기재행위가 "진술"의 범위에 포함되지 않으므로, 진술거부권을 제한한다고 볼 수 없다.

③ 진술거부권은 형사절차뿐만 아니라 행정절차나 국회에서의 조사절차 등에서도 보장되고, 현재 피의자나 피고인으로서 수사 또는 공판절차에 계속 중인 사람뿐만 아니라 장차 피의자나 피고인이 될 사람에게도 보장되며, 고문 등 폭행에 의한 강요는 물론 법률로써도 진술을 강요당하지 아니함을 의미한다.

④ 「민사집행법」상 재산명시의무를 위반한 채무자에 대하여 법원이 결정으로 20일 이내의 감치에 처하도록 규정한 같은 법 제68조 제1항은 형사상 불이익한 진술을 강요하는 것이라고 할 수 없으므로 진술거부권을 침해하지 아니한다.

27

거주이전의 자유에 대한 설명으로 가장 적절하지 않은 것은? (다툼이 있는 경우 헌법재판소 판례에 의함)

① 법무부령이 정하는 금액 이상의 추징금을 납부하지 아니한 자에게 출국을 금지할 수 있도록 한 「출입국관리법」 조항은 단순히 금액을 기준으로 기본적인 인간의 권리를 제한하는 것으로 추징금 미납자의 출국의 자유를 침해한다.

② 복수국적자가 외국에 주소가 있는 경우에만 국적이탈을 신고할 수 있도록 하는 「국적법」 조항은 기회주의적 국적이탈을 방지하기 위한 것으로, 복수국적자의 국적이탈의 자유를 침해하지 아니한다.

③ 병역준비역에 대하여 27세를 초과하지 않는 범위에서 단기 국외여행을 허가하도록 한 구 '병역의무자 국외여행 업무처리 규정'은 27세가 넘은 병역준비역의 거주·이전의 자유를 침해하지 않는다.

④ 여행금지국가로 고시된 사정을 알면서도 허가를 받지 않고 여행금지국가를 방문하는 등의 행위를 1년 이하의 징역 또는 1천만 원 이하의 벌금에 처하도록 규정하고 있는 「여권법」 조항은 그 처벌수준이 비교적 경미하므로 국민의 거주·이전의 자유를 침해하지 않는다.

28

직업의 자유에 대한 설명으로 가장 적절하지 않은 것은? (다툼이 있는 경우 헌법재판소 판례에 의함)

① 세무사 자격 보유 변호사로 하여금 세무사로서 세무사 업무를 할 수 없도록 규정한 「세무사법」 규정은 세무사 자격에 기한 직업선택의 자유를 지나치게 제한하는 것으로 세무사 자격 보유 변호사의 직업선택의 자유를 침해한다.

② 안경업소 개설은 그 업무를 담당할 자연인인 안경사로 한정할 합리적인 이유가 없으므로, 안경사 면허를 가진 자연인에게만 안경업소의 개설 등을 할 수 있도록 한 구 「의료기사 등에 관한 법률」 조항은 법인을 구성하여 안경업소를 개설하려는 안경사들의 직업의 자유를 침해한다.

③ 간행물 판매자에게 정가 판매 의무를 부과하고, 가격할인의 범위를 가격할인과 경제상의 이익을 합하여 정가의 15퍼센트 이하로 제한하는 도서정가제는 출판 유통질서의 확립 등을 위해 도입된 제도인 바, 판매자의 직업의 자유를 침해하지 않는다.

④ 변호사의 자격이 있는 자에게 더 이상 세무사 자격을 부여하지 않는 구 「세무사법」 조항은 같은 법 시행일 이후 변호사 자격을 취득한 변호사들의 직업선택의 자유를 침해한다고 볼 수 없다.

29

주거의 자유에 대한 설명으로 가장 적절하지 않은 것은? (다툼이 있는 경우 판례에 의함)

① 주거는 생활의 기초단위로서 구성원 전체의 인격이 형성되고 발현되는 사적 공간이므로 그 보호의 필요성이 매우 크다.

② 행위자가 범죄 등을 목적으로 음식점에 출입하였거나 영업주가 행위자의 실제 출입 목적을 알았더라면 출입을 승낙하지 않았을 것이라는 사정이 인정되더라도 그러한 사정만으로는 출입 당시 객관적·외형적으로 드러난 행위 태양에 비추어 사실상의 평온 상태를 해치는 방법으로 음식점에 들어갔다고 평가할 수 없으므로 침입행위에 해당하지 않는다.

③ 피해자의 집 마당은 도로에 바로 접하여 있고 출입을 통제하는 문이나 담 기타 인적·물적 설비가 없으므로, 집 마당을 넘어가 외부출입문을 열고 내부출입문을 손으로 두드린 행위는, 주거의 형태와 용도·성질, 외부인에 대한 출입의 통제·관리의 방식과 상태, 출입경위와 방법 등을 종합적으로 고려하면, 사실상의 평온상태를 해치는 행위태양으로 주거침입에 해당한다.

④ 헌법 제16조의 영장주의에 대해서도 그 예외를 인정하되, 그 장소에 범죄혐의 등을 입증할 자료나 피의자가 존재할 개연성이 소명되고, 사전에 영장을 발부받기 어려운 긴급한 사정이 있는 경우에만 제한적으로 허용될 수 있다.

30

사생활의 비밀과 자유에 대한 설명으로 가장 적절하지 않은 것은? (다툼이 있는 경우 헌법재판소 판례에 의함)

① 청소년유해물건 중 청소년의 심신을 심각하게 손상시킬 우려가 있는 성관련 물건을 대통령령으로 정하는 기준에 따라 청소년보호위원회가 결정하고 여성가족부장관이 고시하도록 하여, 요철식특수콘돔(GAT-101) 등을 청소년에게 판매하지 못하도록 한 「청소년보호법」조항은 청소년의 사생활의 비밀과 자유를 침해하지 않는다.

② 공직자의 자질·도덕성·청렴성에 관한 사실은 그 내용이 개인적인 사생활에 관한 것이라 할지라도 순수한 사생활의 영역에 있다고 보기 어려워, 이에 대한 문제제기 내지 비판은 허용되어야 한다.

③ 4급 이상 공무원들의 병역 면제사유인 질병명을 관보와 인터넷을 통해 공개하도록 하는 것은, 공적 관심의 정도가 약한 4급 이상의 공무원들까지 대상으로 삼아 모든 질병명을 아무런 예외 없이 공개토록 한것으로, 해당 공무원들의 사생활의 비밀과 자유를 침해하는 것이다.

④ 인체면역결핍 바이러스에 감염된 사람이 혈액 또는 체액을 통하여 다른 사람에게 전파매개행위를 하는 것을 처벌하는 「후천성면역결핍증예방법」 조항은, 감염인 중에서도 의료인의 처방에 따른 치료법을 성실히 이행하는 감염인의 전파매개행위까지도 예외 없이 처벌함으로써 이들의 사생활의 자유를 침해한다.

31

통신의 비밀과 자유에 대한 설명으로 가장 적절하지 않은 것은? (다툼이 있는 경우 판례에 의함)

① 인터넷개인방송의 방송자가 비밀번호를 설정하는 등으로 비공개조치를 취한 후 방송을 송출하는 경우, 방송자로부터 허가를 받지 못한 제3자가 비공개 조치가 된 인터넷개인방송을 비정상적인 방법으로 시청·녹화한 것은 「통신비밀보호법」상의 감청에 해당하지 않는다.

② 대화에 원래부터 참여하지 않는 제3자가 일반 공중이 알 수 있도록 공개되지 않은 타인 간의 발언을 녹음하는 것은 특별한 사정이 없는 한 「통신비밀보호법」 제3조 제1항에 위반된다.

③ 방송통신심의위원회가 정보통신서비스제공자 등에 대하여 특정 웹사이트에 대한 접속차단의 시정을 요구한 것은, 불법정보 등의 유통을 차단함으로써 정보통신에서의 건전한 문화를 창달하고 정보통신의 올바른 이용환경을 조성하고자 하는 것으로서, 정보통신서비스제공자의 통신의 비밀과 자유를 침해하지 아니한다.

④ 통신의 자유란 통신수단을 자유로이 이용하여 의사소통할 권리이며, '통신수단의 자유로운 이용'에는 자신의 인적 사항을 누구에게도 밝히지 않는 상태로 통신수단을 이용할 자유, 즉 통신수단의 익명성 보장도 포함된다.

32

양심의 자유에 대한 설명으로 가장 적절하지 않은 것은? (다툼이 있는 경우 판례에 의함)

① 법원의 판결에 의한 사죄광고의 강제는 양심도 아닌 것이 양심인 것처럼 표현할 것의 강제로 인간양심의 왜곡·굴절이고 겉과 속이 다른 이중 인격형성의 강요인 것으로서 침묵의 자유의 파생인 양심에 반하는 행위의 강제금지에 저촉되는 것이다.

② 방송사업자가 심의규정을 위반한 경우 '시청자에 대한 사과'를 명할 수 있도록 규정한 구 「방송법」 조항은 방송사업자의 양심의 자유를 침해한다.

③ 「병역법」 위반 사건에서 피고인이 양심적 병역거부를 주장할 경우 인간의 내면에 있는 양심을 직접 객관적으로 증명할 수는 없으므로 사물의 성질상 양심과 관련성이 있는 간접사실 또는 정황사실을 증명하는 방법으로 판단하여야 한다.

④ 가해학생에 대한 조치로 피해학생에 대한 서면사과를 규정한 구 「학교폭력예방 및 대책에 관한 법률」 조항은 가해학생에게 반성과 성찰의 기회를 제공하고 피해학생의 피해회복과 정상적인 학교생활로의 복귀를 돕기 위한 것으로 가해학생의 양심의 자유와 인격권을 과도하게 침해한다고 보기 어렵다.

33

종교의 자유에 대한 설명으로 가장 적절하지 않은 것은?
(다툼이 있는 경우 헌법재판소 판례에 의함)

① 대부분의 지방자치단체에서 시험장소 임차 및 인력동원 등의 이유로 일요일 시험실시가 불가하거나 현실적으로 어려우므로, 연 2회 실시하는 간호조무사 국가시험의 시행일시를 모두 토요일 일몰 전으로 정한 '2021년도 간호조무사 국가시험 시행계획 공고'는 제칠일안식일예수재림교를 믿는 응시자의 종교의 자유를 침해하지 아니한다.

② 종교적인 기관·단체 등의 조직 내에서의 직무상 행위를 이용하여 그 구성원에 대하여 선거운동을 하거나 하게 할 수 없도록 한 「공직선거법」 조항은 종교적 신념 자체 또는 종교의식, 종교교육, 종교적 집회·결사의 자유 등을 제한하는 것이 아니므로 종교의 자유가 직접적으로 제한된다고 보기 어렵다.

③ 육군훈련소장이 훈련병들로 하여금 개신교, 천주교, 불교, 원불교 4개 종교의 종교행사 중 하나에 참석하도록 한 것은 종교단체가 군대라는 국가권력에 개입하여 선교행위를 하는 등 영향력을 행사할 수 있는 기회를 제공하는 것은 아니므로 정교분리원칙에 위배되는 것은 아니다.

④ 독학학위 취득시험의 시험일을 일요일로 정한 것은 시험장소의 확보와 시험관리를 용이하게 하기 위한 것으로 기독교인인 응시자의 종교의 자유를 침해하지 아니한다.

34

표현의 자유에 대한 설명으로 가장 적절하지 않은 것은?
(다툼이 있는 경우 헌법재판소 판례에 의함)

① 누구든지 「공직선거법」에 의한 공개장소에서의 연설·대담장소에서 '기타 어떠한 방법으로도' 연설·대담장소 등의 질서를 문란하게 하는 행위를 금지하는 「공직선거법」 조항은, 질서문란행위만을 금지하고 질서를 문란하게 하지 않는 범위 내에서는 다소 소음을 유발하거나 후보자나 정당에 대한 부정적인 견해나 비판적인 의사표현도 가능하므로, 정치적 표현의 자유를 침해한다고 보기 어렵다.

② 당선되거나 되게 하거나 되지 못하게 할 목적으로 공연히 사실을 적시하여 '후보자가 되고자 하는 자'를 비방한 자를 처벌하는 「공직선거법」 조항의 해당 부분은, 후보자가 되고자 하는 자에 대한 사실적시 비방행위를 일반인에 대한 사실 적시 명예훼손행위 보다 더 중하게 처벌하는 것으로, 스스로 공론의 장에 뛰어든 사람의 명예를 일반인의 명예보다 더 두텁게 보호하는 결과가 초래되어, 의견의 표현행위로서 비방한 자의 정치적 표현의 자유를 침해한다.

③ 선거일 전 120일부터 선거일까지 선거에 영향을 미치기 위한 화환설치를 금지하는 「공직선거법」 조항은 목적 달성에 필요한 범위를 넘어 장기간 동안 화환의 설치를 금지하는 것으로 정치적표현의 자유를 침해한다.

④ 전단 등을 살포하여 국민의 생명·신체에 위해를 끼치거나 심각한 위험을 발생시키는 것을 금지하고 이를 위반하는 경우 처벌하는 「남북관계 발전에 관한 법률」 조항은 북한 접경지역에서 발생할 수 있는 위험예방을 위한 것으로 북한 접경지역에서 북한으로 전단살포활동을 하는 사람들의 표현의 자유를 침해하지 아니한다.

35

집회의 자유에 대한 설명으로 가장 적절하지 않은 것은?
(다툼이 있는 경우 헌법재판소 판례에 의함)

① 국내 주재 외교기관 인근의 옥외집회 또는 시위를 원칙적으로 금지하고 예외적으로 허용하는 구「집회 및 시위에 관한 법률」조항은, 행정청이 주체가 되어 집회의 허용 여부를 사전에 결정하는 것이므로, 헌법 제21조 제2항에서 금지하는 사전허가제에 해당한다.

② 집회 또는 시위를 하기 위하여 인천애(愛)뜰 중 잔디마당과 그 경계내 부지에 대한 사용허가 신청을 한 경우 인천광역시장이 이를 허가할 수 없도록 제한하는 '인천애(愛)뜰의 사용 및 관리에 관한 조례'는 잔디마당을 집회 장소로 선택할 자유를 완전히 제한하는바, 시민들의 집회의 자유를 침해한다.

③ 국회의장 공관의 경계 지점으로부터 100미터 이내의 장소에서의 옥외집회 또는 시위를 일률적으로 금지하는 구「집회 및 시위에 관한 법률」조항은 입법목적 달성에 필요한 범위를 넘어 집회의 자유를 과도하게 제한하고 있으므로 집회의 자유를 침해한다.

④ 대통령 관저의 경계 지점으로부터 100미터 이내의 장소에서는 옥외집회 또는 시위를 금지한 구「집회 및 시위에 관한 법률」조항은, 대통령 관저 인근 일대를 광범위하게 집회금지장소로 설정함으로써 집회가 금지될 필요가 없는 장소까지도 집회금지장소에 포함되게 하므로 집회의 자유를 침해한다.

36

결사의 자유에 대한 설명으로 가장 적절하지 않은 것은?
(다툼이 있는 경우 헌법재판소 판례에 의함)

① 농업협동조합중앙회(이하 '농협중앙회') 회장선거의 관리를 농협중앙회의 자율에 맡기지 않고「선거관리위원회법」에 따른 중앙선거관리위원회에 의무적으로 위탁하도록 한「농업협동조합법」조항은 농협중앙회 및 회원조합의 결사의 자유를 침해한다고 볼 수없다.

② 상호신용금고의 임원과 과점주주로 하여금 상호신용금고의 예금 등과 관련된 채무에 대하여 상호신용금고와 연대하여 책임을 지도록 하고 있는「상호신용금고법」조항이 임원과 과점주주의 연대변제책임이란 조건 하에서만 금고를 설립할 수 있도록 규정한다고 해서, 이를 사법상의 단체를 자유롭게 결성하고 운영하는 자유를 제한하는 것으로 볼 수는 없다.

③ 조합장선거에서 후보자가 아닌 사람의 선거운동을 금지하는「공공단체등 위탁선거에 관한 법률」조항은, 조합장선거의 과열과 혼탁을 방지함으로써 선거의 공정성을 담보하고자 하는 것으로서, 조합장선거의 후보자 및 선거인인 조합원의 결사의 자유 등 기본권을 침해하지 아니한다.

④ 선거운동 기간 외에는 중소기업중앙회 회장선거에 관한 선거운동을 제한하는「중소기업협동조합법」조항은, 선거 후유증을 초래할 위험을 방지하기 위한 것으로, 선거운동 기간 동안의 선거운동만으로도 선거에 관한 정보획득, 교환 및 의사결정에 충분하다고 볼 수 있으므로 조합원의 결사의 자유를 침해하지 않는다.

37

재산권의 제한에 대한 설명으로 가장 적절한 것은? (다툼이 있는 경우 헌법재판소 판례에 의함)

① 대통령이 2016.2.10.경 개성공단의 운영을 즉시 전면 중단하기로 결정하고, 개성공단에 체류 중인 국민들 전원을 대한민국 영토 내로 귀환하도록 한 개성공단 전면중단 조치에 의해 발생한 영업상 손실이나 주식 등 권리의 가치하락은 헌법 제23조의 재산권보장의 범위에 속한다.

② 통일부장관이 2010.5.24. 발표한 북한에 대한 신규 투자 불허 및 진행중인 사업의 투자확대 금지 등을 내용으로 하는 대북조치로 인해 개성공단에서 투자하던 사업자의 토지이용권을 사용·수익하지 못하게 되는 제한이 발생하였으므로, 이러한 대북조치는 헌법 제23조 제3항 소정의 공용 제한에 해당한다.

③ 댐의 저수 이용상황 등이 변경되는 경우 등 댐사용권을 그대로 유지하는 것이 곤란한 경우 댐사용권을 취소·변경할 수 있도록 규정한 구「댐건설 및 주변지역 지원 등에 관한 법률」조항은 다목적댐에 관한 독립적 사용권인 댐사용권의 내용과 한계를 정하는 규정인 동시에 사회적 제약을 구체화한 규정이라 보아야 한다.

④ 행정청이 아닌 사업주체가 새로이 설치한 공공시설이 그 시설을 관리할 관리청에 무상으로 귀속되도록 한 구「주택건설촉진법」조항은 재산권의 법률적 수용이라는 법적 외관을 가지고 있으므로 그것이 헌법 제23조 제3항에 따른 정당한 보상의 원칙에 위배되었는지 심사되어야 한다.

38

청원권에 대한 설명으로 가장 적절하지 않은 것은? (다툼이 있는 경우 헌법재판소 판례에 의함)

① 국회에 청원하는 방법으로 국회의원의 소개를 받도록 정한 구「국회법」조항은 무책임한 청원서의 제출을 예방하여 청원 심사의 실효성을 확보하는 것으로서 청원권을 침해하였다고 볼 수 없다.

② 국회에 청원하는 방법을 '국회규칙으로 정하는 기간 동안 국회규칙으로 정하는 일정한 수 이상의 국민의 동의를 받아'라고 규정한「국회법」조항은, 국회가 한정된 자원과 심의역량 등을 고려하여 국민동의 요건을 탄력적으로 정하도록 그 구체적인 내용을 하위법령에 위임할 필요성이 인정된다.

③ 국회에 청원하는 방법을 '국회규칙으로 정하는 기간 동안 국회규칙으로 정하는 일정한 수 이상의 국민의 동의를 받아'라고 규정한「국회법」조항은, 국회규칙에서는 국회가 처리할 수 있는 범위 내에서 국민의 의견을 취합하여 국민 다수가 동의하는 의제가 효과적으로 국회의 논의 대상이 될 수 있도록 적정한 수준으로 구체적인 국민동의 요건과 절차가 설정될 것임을 예측할 수 있어, 포괄위임금지원칙에 위반되지 않는다.

④ 국회 전자청원시스템에 등록된 청원서가 등록일부터 30일 이내에 100명 이상의 찬성을 받아 일반인에게 공개되면, 공개된 날부터 30일 이내에 10만 명 이상의 동의를 받은 경우 국민동의 청원으로 접수된것으로 보는「국회법」및「국회청원심사규칙」조항은 의원소개 조항에 더하여 추가적으로 요건과 절차를 규정하고 있는 것으로 입법형성의 한계를 위반한 것이다.

39

선거권에 대한 설명으로 가장 적절하지 않은 것은? (다툼이 있는 경우 헌법재판소 판례에 의함)

① 선거에 관한 여론조사의 결과에 영향을 미치게 하기 위하여 둘 이상의 전화번호를 착신전환 등의 조치를 하여 같은 사람이 두차례 이상 응답하는 등의 행위로 100만 원 이상의 벌금형의 선고를 받고 그 형이 확정된 후 5년을 경과하지 아니한 자는 선거권이 없다고 규정한 「공직선거법」 조항은, 공정한 선거를 보장하고 선거범에 대하여 사회적 제재를 부과하며 일반국민에 대하여 선거의 공정성에 대한 의식을 제고하려는 것으로 선거권을 침해하지 아니한다.

② 재외투표기간 개시일에 임박하여 또는 재외투표기간 중에 재외선거사무 중지결정이 있었고 그에 대한 재개결정이 없었던 예외적인 상황에서 재외투표기간 개시일 이후에 귀국한 재외선거 인 및 국외부재자신고인이 국내에서 선거일에 투표할 수 있도록 하는 절차를 마련하지 않은 것이, 재외투표기간 개시일 이후에 귀국한 재외선거인등의 선거권을 침해하는 것은 아니다.

③ 사전투표관리관이 투표용지의 일련번호를 떼지 아니하고 선거인에게 교부하도록 정한 「공직선거법」 조항은 사전투표자들의 선거권을 침해하지 아니한다.

④ 사전투표관리관이 투표용지에 자신의 도장을 찍는 경우 도장의 날인을 인쇄날인으로 갈음할 수 있도록 한 「공직선거관리규칙」 조항은 현저히 불합리하거나 불공정하여 사전투표자의 선거권을 침해한다고 볼 수 없다.

40

국민투표권에 대한 설명으로 가장 적절하지 않은 것은? (다툼이 있는 경우 헌법재판소 판례에 의함)

① 국민투표권이란 국민이 국가의 특정 사안에 대해 직접 결정권을 행사하는 권리로서, 각종 선거에서의 선거권 및 피선거권과 더불어 국민의 참정권의 한 내용을 이루는 헌법상 기본권이다.

② 헌법 제130조 제2항에 의한 헌법개정에 관한 국민투표는 대통령 또는 국회가 제안하고 국회의 의결을 거쳐 확정된 헌법개정안에 대하여 주권자인 국민이 최종적으로 그 승인 여부를 결정하는 절차이다.

③ 대의기관의 선출주체가 곧 대의기관의 의사결정에 대한 승인주체가 되는 것은 당연한 논리적 귀결이지만, 국민투표권자의 범위가 대통령선거권자·국회의원선거권자의 범위와 일치되어야 하는 것은 아니다.

④ 「국민투표법」 조항이 국회의원선거권자인 재외선거인에게 국민투표권을 인정하지 않은 것은 국회의원선거권자의 헌법개정안 국민투표참여를 전제하고 있는 헌법 제130조 제2항의 취지에 부합하지 않는다.

10회 2024 경찰 2차

01

헌법개정에 관한 설명으로 옳지 않은 것을 모두 고른 것은?

보기

㉠ 헌법개정은 국회재적의원 과반수 또는 대통령을 수반으로 하는 정부의 발의로 제안된다.
㉡ 대통령의 임기연장 또는 중임변경을 위한 헌법개정은 그 헌법개정 제안 당시의 대통령에 대하여는 효력이 없다.
㉢ 제안된 헌법개정안은 국회가 20일 이상의 기간 이를 공고하여야 한다.
㉣ 국회는 헌법개정안이 공고된 날로부터 60일 이내에 의결하여야 하며, 국회의 의결은 재적의원 3분의 2 이상의 찬성을 얻어야 하는데, 표결은 무기명투표로 한다.
㉤ 헌법개정안은 국회가 의결한 후 30일 이내에 국민투표에 붙여 국회의원선거권자 과반수의 투표와 투표자 과반수의 찬성을 얻어야 한다.

① ㉠㉡㉤
② ㉠㉢㉣
③ ㉡㉢㉣
④ ㉢㉣㉤

02

헌법 제6조에 관한 설명으로 가장 적절한 것은? (다툼이 있는 경우 헌법재판소 판례에 의함)

① 국제법존중주의는 국제법과 국내법의 동등한 효력을 인정한다는 취지이므로, '유엔 시민적·정치적 권리 규약 위원회'가 「국가보안법」의 폐지나 개정을 권고하였다는 이유만으로도 이적행위 조항과 이적표현물 소지 조항은 국제법존중주의에 위배된다.
② '시민적 및 정치적 권리에 관한 국제규약'(이하 '자유권규약')은 국내법체계상에서 법률적 효력을 가지므로, 헌법에서 명시적으로 입법위임을 하고 있거나 우리 헌법의 해석상 입법의무가 발생하는 경우가 아니라도, 자유권규약이 명시적으로 입법을 요구하고 있거나 그 해석상 국가의 기본권보장의무가 인정되는 경우에는 곧바로 국가의 입법의무가 도출된다.
③ '국제통화기금협정' 제9조 제3항(사법절차의 면제) 및 제8항(직원 및 피용자의 면제와 특권)은 국회의 동의를 얻어 체결된 것으로서, 헌법 제6조 제1항에 따라 국내법적, 법률적 효력을 가지는바, 가입국의 재판권 면제에 관한 것이므로 성질상 국내에 바로 적용될 수 있는 법규범으로서 위헌법률심판의대상이 된다.
④ '세계무역기구설립을 위한 마라케쉬협정'은 적법하게 체결되어 공포된 조약이므로 국내법과 같은 효력을 갖는 것이지만, 그로 인하여 새로운 범죄를 구성하거나 범죄자에 대한 처벌이 가중되는 것은 법률에 의하지 아니한 형사처벌이다.

03

정당에 관한 설명으로 가장 적절하지 않은 것은? (다툼이 있는 경우 판례에 의함)

① 정당은 개인과 국가를 잇는 중간매체로서, 정당의 중개인적 역할로 말미암아 국민의 정치적 의사는 선거를 통하지 아니하고도 국가기관 의사결정에 영향력을 미칠 수 있다.

② 정당이 헌법재판소 정당해산결정에 따라 해산된 경우 그 결정 취지에서 그 소속 비례대표지방의회의원의 의원직 상실이 곧바로 도출된다고 할 수 없다.

③ 헌법이 특별히 정당설립의 자유와 복수정당제를 보장하고, 정당의 해산을 엄격한 요건 아래 인정하면서 정당을 특별히 보호한다고 하여도, 정당은 국민의 자발적 조직으로서, 그 법적 성격은 일반적으로 사적·정치적 결사 내지는 법인격 없는 사단이므로, 정당이 공권력의 행사 주체로서 국가기관의 지위가 있는 것은 아니다.

④ 임기 만료에 따른 국회의원선거에 참여하여 의석을 얻지 못하고 유효투표 총수의 100분의 2 이상을 득표하지 못할 때 정당등록을 취소하더라도 정당설립의 자유는 침해되지 않는다.

04

헌법에서 처음 명문으로 규정한 시기가 같은 개별 기본권끼리 묶이지 않은 것은?

① 1948년 헌법: 양심의 자유−근로자의 이익분배균점권−공무원 파면청구권

② 1962년 헌법: 인간으로서의 존엄과 가치−직업선택의 자유−인간다운 생활을 할 권리

③ 1980년 헌법: 행복추구권−사생활의 비밀과 자유−환경권

④ 1987년 헌법: 사상의 자유−형사피해자의 재판절차상 진술권−범죄피해자구조청구권

05

기본권주체성에 관한 설명으로 가장 적절한 것은? (다툼이 있는 경우 헌법재판소 판례에 의함)

① 카자흐스탄 국적의 고려인은 외국국적동포로서 '인간의 권리'뿐 아니라 '국민의 권리'에 대해서도 기본권주체성이 있다.

② 18세 이상으로서 선거인명부작성기준일 현재 영주의 체류자격 취득일 후 3년이 지난 외국인으로서 해당 지방자치단체의 외국인등록대장에 올라 있는 사람에게 그 구역에서 선거하는 지방자치단체 의회의원과 장의 피선거권을 부여하므로 외국인도 피선거권의 주체가 될 수 있다.

③ 공법인이나 이에 준하는 지위를 가진 자라 하더라도 공무를 수행하거나 고권적 행위를 하는 경우가 아닌 사경제 주체로서 활동하는 경우나 조직법상 국가로부터 독립한 고유 업무를 수행하는 경우, 그리고 다른 공권력 주체와의 관계에서 지배복종관계가 성립되어 일반 사인처럼 그 지배하에 있는 경우 등에는 기본권 주체가 될 수 있다.

④ 법인인 서울대학교와 인천대학교를 제외하고 국립대학교는 「정부조직법」 제4조 부속기관의 일종인 교육훈련기관으로서 영조물에 불과하므로 대학의 자율권과 관련하여 기본권 주체가 될 수 없다.

06

법률에 근거한 기본권 제한에 관한 설명으로 가장 적절하지 않은 것은? (다툼이 있는 경우 판례에 의함)

① 법률에서 명시적으로 규정된 제재보다 더 가벼운 것을 하위규칙에서 규정하더라도 만일 그것이 기본권 제한적 효과를 지니게 된다면, 이는 행정법적 법률유보원칙에 어긋나는지와 상관없이 헌법 제37조 제2항에 따라 엄격한 법률적 근거를 지녀야 한다.

② 법률 위임의 구체성·명확성의 요구 정도는 규제대상의 종류와 성격에 따라서 달라지는데, 기본권침해 영역에서는 급부행정영역에서보다는 구체성 요구가 강화되고, 다양한 사실관계를 규율하거나 사실관계가 수시로 변화될 것이 예상되면 위임의 명확성 요건이 완화되어야 한다.

③ 법률의 위임규정 자체가 그 의미 내용을 정확하게 알 수 있는 용어를 사용하여 위임 한계를 분명히 밝히는데도 하위법령이 그 문언적 의미의 한계를 벗어나거나, 위임규정에서 사용하는 용어의 의미를 넘어 그 범위를 확장 혹은 축소함으로써 위임 내용을 구체화하는 단계를 벗어나 새로운 입법으로 평가할 수 있다면 이는 위임 한계를 일탈한 것으로 허용되지 않는다.

④ 법률에서 일부 내용을 하위법령에 위임할 때, 해당 법률에서 사용된 추상적 용어가 하위법령에서 규정될 내용과는 별도로 독자적인 규율 내용을 정하려는 것이라도 포괄위임금지원칙 위반 여부와 별도로 명확성원칙이 문제될 수 없다.

07

일반적 행동자유권에 관한 설명으로 가장 적절하지 않은 것은? (다툼이 있는 경우 헌법재판소 판례에 의함)

① 일반적 행동자유권의 보호영역에는 가치 있는 행동만 포함된다.

② 일반적 행동자유권에는 적극적으로 자유롭게 행동을 하는 것은 물론 소극적으로 행동을 하지 않을 자유, 즉 부작위의 자유도 포함된다.

③ 무상 또는 일회적·일시적으로 가르치는 행위는 일반적 행동자유권에 속한다.

④ 행복추구권에는 일반적 행동자유권과 개성의 자유로운 발현권이 함축되어 있다.

08

적법절차에 관한 설명으로 가장 적절한 것은? (다툼이 있는 경우 헌법재판소 판례에 의함)

① 세무대학의 폐지를 목적으로 하는 법률안을 의결하는 경우 입법절차에 있어서 당연히 이해관계자들의 의견을 조사하는 등 청문절차를 거쳐야 하므로, 별도의 청문절차를 거치지 않은 것만으로도 헌법 제12조 적법절차에 위반된다.

② 행정절차상 강제처분에 의해 신체의 자유가 제한되는 경우 강제처분의 집행기관으로부터 독립된 중립적인 기관이 이를 통제하도록 하는 것은 적법절차원칙의 내용에 해당하지 않는다.

③ 형사재판에 계속 중인 사람에 대하여 출국을 금지할 수 있다고 규정한 「출입국관리법」 조항에 따른 출국금지결정은 성질상 신속성과 밀행성을 요하므로 출국금지 대상자에게 사전통지를 하거나 청문을 실시하지 않더라도, 출국금지 후 즉시 서면으로 통지하도록 하고 있고, 출국금지결정에 대해 사후적으로 다툴 수 있는 기회를 제공하므로 적법절차원칙에 위배된다고 보기 어렵다.

④ 수사기관 등이 전기통신사업자에게 이용자의 성명 등 통신자료의 열람이나 제출을 요청할 수 있도록 한 「전기통신사업법」 조항은, 효율적인 수사와 정보수집의 신속성, 밀행성 등의 필요성을 고려하여 정보주체인 이용자에게 그 내역을 통지하도록 하는 것이 적절하지 않기 때문에 사후통지절차를 두지 않더라도 적법절차원칙에 위배되지 않는다.

09

거주·이전의 자유에 관한 설명으로 가장 적절한 것은? (다툼이 있는 경우 헌법재판소 판례에 의함)

① 아프가니스탄 등 전쟁이나 테러위험이 있는 해외 위난 지역에서 여권 사용을 제한하거나 방문 또는 체류를 금지한 외교통상부 고시는 거주·이전의 자유를 침해한다.

② 입국의 자유는 인간의 존엄과 가치 및 행복추구권과 밀접한 관련이 있는 인간의 권리에 속하므로, 입국의 자유에 대한 외국인의 기본권주체성은 인정된다.

③ 국민의 거주·이전의 자유는 국외에서 체류지와 거주지를 자유롭게 정할 수 있는 '해외여행 및 해외이주의 자유'와 외국에서 체류하거나 거주하려고 대한민국을 떠날 수 있는 '출국의 자유'를 포함하지만, 외국체류나 거주를 중단하고 다시 대한민국으로 돌아 올 수 있는 '입국의 자유'는 포함하지 않는다.

④ 누구든지 주민등록 여부와 무관하게 거주지를 자유롭게 이전할 수 있어서, 주민등록 여부가 거주·이전의 자유와 직접적인 관계가 있다고 보기도 어렵고, 영내 기거하는 현역병은 「병역법」으로 말미암아 거주·이전의 자유를 제한받게 된다. 따라서 군인이 영내에 거주할 때 그가 속한 세대의 거주지에 주민등록을 하게 할지라도 그의 거주·이전의 자유는 제한되지 않는다.

10

직업의 자유에 포함되는 것만을 나열한 것은? (다툼이 있는 경우 헌법재판소 판례에 의함)

① '기업의 설립과 경영의 자유를 의미하는 기업의 자유'와 '원하는 직장을 제공하여 줄 것을 청구할 권리'

② '다른 기업과의 경쟁에서 국가의 간섭이나 방해를 받지 않고 기업활동을 할 수 있는 경쟁의 자유'와 '누구든지 자기가 선택한 직업에 종사하여 이를 영위하고 언제든지 임의로 그것을 바꿀 수 있는 자유'

③ '여러 개의 직업을 선택하여 동시에 함께 행사할 수 있는 겸직의 자유'와 '사용자의 처분에 따른 직장 상실로부터 직접 보호하여 줄 것을 청구할 권리'

④ '한번 선택한 직장의 존속 보호를 청구할 권리'와 '자신이 원하는 직업이나 직종에 종사하는 데 필요한 전문지식을 습득하기 위한 직업교육장을 임의로 선택할 수 있는 직업교육장 선택의 자유'

11

사생활의 비밀과 자유에 관한 설명으로 가장 적절한 것은? (다툼이 있는 경우 헌법재판소 판례에 의함)

① 어린이집에 폐쇄회로 텔레비전(CCTV)을 원칙적으로 설치하도록 정한 「영유아보호법」 조항은 보호자 전원이 반대하지 않는 한 어린이집에 의무적으로 CCTV를 설치하도록 정하고 있으므로 어린이집 보육교사(원장 포함) 및 영유아의 사생활의 비밀과 자유를 침해한다.

② 대체복무요원 생활관 내부의 공용공간에 CCTV를 설치하여 촬영하는 행위는 군부대와 달리 대체복무요원들의 모든 사적 활동의 동선을 촬영하여, 개인의 행동과 심리에 심각한 제약을 느끼게 하므로 대체복무요원들의 사생활의 비밀과 자유를 침해한다.

③ 교도소장이 수형자의 정신과진료 현장과 정신과 화상진료 현장에 각각 간호직교도관을 입회시킨 것은, 수형자에게 사생활 노출 염려로 솔직한 증세를 의사에게 전달하지 못하게 함으로써 해당 수형자의 사생활의 비밀과 자유를 침해한다.

④ 헌법 제17조가 보호하고자 하는 기본권은 '사생활영역'의 자유로운 형성과 비밀유지라고 할 것이며, 공적인 영역의 활동은 다른 기본권에 의한 보호는 별론으로 하고 사생활의 비밀과 자유가 보호하는 것은 아니라고 할 것이다.

12

양심의 자유에 관한 설명으로 가장 적절한 것은? (다툼이 있는 경우 헌법재판소 판례에 의함)

① 헌법상 보호되는 양심은 어떤 일의 옳고 그름을 판단할 때 그렇게 행동하지 아니하고는 자신의 인격적인 존재가치가 허물어지고 말 것이라는 강력하고 진지한 마음의 소리로서 절박하고 추상적인 양심을 말한다.

② 양심은 그 대상이나 내용 또는 동기에 따라서 판단될 수 있고, 특히 양심상 결정이 이성적·합리적인가, 타당한가 또는 법질서나 사회규범·도덕률과 일치하는가 하는 관점은 양심의 존재를 판단하는 기준이 될 수 있다.

③ 양심은 민주적 다수의 사고나 가치관과 일치하는 것이 아니라, 개인적 현상으로서 지극히 주관적인 것이다.

④ 국가는 국민의 기본권을 확인하고 보장할 의무가 있으므로, 어떤 사람이 양심적 병역거부를 주장하면 그 사람이 자신의 '양심'을 외부로 표명하여 증명하여야 하는 것이 아니라, 국가가 그 사람의 병역거부가 양심에 따른 것인지를 확인하여야 한다.

13

종교의 자유에 관한 설명으로 가장 적절하지 않은 것은?
(다툼이 있는 경우 헌법재판소 판례에 의함)

① 출력수(작업에 종사하는 수형자)를 대상으로 원칙적으로 월 3~4회의 종교집회를 실시하는 반면, 미결수용자와 미지정 수형자에 대해서는 원칙적으로 매월 1회, 그것도 공간의 협소함과 관리 인력의 부족을 이유로 수용동별로 돌아가며 종교집회를 실시하여 실제 연간 1회 정도의 종교집회 참석 기회를 부여한 구치소장의 종교집회 참석 제한 처우는 미결수용자 및 미지정수형자의 종교의 자유를 침해한 것이다.

② 구치소에 종교행사 공간이 1개뿐이고, 종교행사는 종교, 수형자와 미결수용자, 성별, 수용동 별로 진행되며, 미결수용자는 공범이나 동일사건 관련자가 있는 경우 이를 분리하여 참석하게 해야 하는 점을 고려하더라도, 구치소 내 미결수용자를 대상으로 한 개신교 종교행사를 4주에 1회, 일요일이 아닌 요일에 실시한 구치소장의 종교행사 처우는 미결수용자의 종교의 자유를 침해한다.

③ 2009.6 1.부터 2009.10 8.까지 구치소 내에서 실시하는 종교의식 또는 행사에 일률적으로 미결수용자의 참석을 금지한 구치소장의 종교행사 등 참석불허 처우는, 미결수용자의 기본권을 덜 침해하는 수단이 존재함에도 불구하고 이를 전혀 고려하지 아니하였으므로 과잉금지원칙을 위반하여 미결수용자의 종교의 자유를 침해하였다.

④ 금치처분을 받은 사람은 최장 30일 이내의 기간 동안 종교의식 또는 행사에 참석할 수 없으나 종교상담을 통해 종교활동은 할 수 있어서, 금치기간 중 30일 이내 공동행사 참가를 정지하는 「형의 집행 및 수용자의 처우에 관한 법률」 조항은 수용자의 종교의 자유를 침해하지 아니한다.

14

선거운동과 정치적 표현의 자유에 관한 설명으로 가장 적절한 것은? (다툼이 있는 경우 헌법재판소 판례에 의함)

① 「농업협동조합법」·「수산업협동조합법」에 의하여 설립된 조합(이하 '협동조합')의 상근직원에 대하여 선거운동을 금지하는 구 「공직선거법」 조항의 해당 부분은 정치적 의사표현 중 당선 또는 낙선을 위한 직접적인 활동만을 금지할 뿐이므로 협동조합 상근직원의 선거운동의 자유를 침해하지 않는다.

② 지방공사 상근직원의 선거운동을 금지하고, 이를 위반한 자를 처벌하는 「공직선거법」 조항의 해당 부분은 지방공사 상근 직원에 대하여 '그 지위를 이용하여' 또는 '그 직무 범위 내에서' 하는 선거운동을 금지하는 방법만으로는 선거의 공정성이 충분히 담보될 수 없어 지방공사 상근직원의 선거운동의 자유를 침해하지 아니한다.

③ 안성시시설관리공단(이하 '공단')의 상근직원이, 당원이 아닌 자에게도 투표권을 부여하는 당내경선에서 경선운동을 할 수 없도록 금지·처벌하는 「공직선거법」 조항의 해당 부분은 당내 경선의 공정성과 형평성 확보에 기여하여 공단 상근직원의 정치적 표현의 자유를 침해하지 않는다.

④ 광주광역시 광산구 시설관리공단(이하 '공단')의 상근직원이, 당원이 아닌 자에게도 투표권을 부여하는 당내경선에서 경선운동을 할 수 없도록 금지·처벌하는 「공직선거법」 조항의 해당 부분은, 공단의 상근직원은 공단의 경영에 관여하거나 실질적인 영향력을 미칠 수 있는 권한을 가지고 있고, 경선운동으로 인한 부작용과 폐해가 커서 공단 상근직원의 정치적 표현의 자유를 침해하지 아니한다.

15

공무담임권에 관한 설명으로 옳은 것은 모두 몇 개인가? (다툼이 있는 경우 헌법재판소 판례에 의함)

┌ 보기 ┐

ⓐ 지방자치단체 공무원이 연구기관이나 교육기관 등에서 연수하기 위한 휴직기간은 2년 이내로 한다고 규정한 「지방공무원법」 조항은 연수휴직 기간의 상한을 제한하는 내용으로, 공직취임의 기회를 배제하거나 공무원 신분을 박탈하는 것과 관련이 없으므로, 휴직조항으로 인하여 법학전문대학원에 진학하려는 9급 지방공무원의 공무담임권이 침해될 가능성을 인정하기 어렵다.

ⓑ 농업협동조합장이 지방의회의원선거 후보자가 되려면 지방의회 의원의 임기만료일 전 90일까지 그 직에서 해임되도록 규정한 구 「지방의회의원선거법」 조항은, 특정 계층의 여과된 이익과 전문가적 경험을 지방자치에서 조화있게 반영시키려는 것으로서 농업협동조합장의 공무담임권을 침해하지 않는다.

ⓒ 회계책임자가 「공직선거법」이나 「정치자금법」소정의 조항을 위반하여 300만 원 이상의 벌금형을 선고받아 확정된 경우, 후보자의 당선이 무효로 되도록 규정한 「공직선거법」 조항은 후보자의 관리·감독책임 없음을 입증하여 면책될 가능성조차 부여하지 않아, 책임주의 원칙에 위배되어 국회의원 당선자의 공무담임권을 침해한다.

ⓓ 아동·청소년대상 성범죄는 재범 위험성이 높고 시간이 지나도 공무수행을 맡기기에 충분할 만큼 국민의 신뢰가 회복되기 어려우므로, 아동·청소년이용음란물임을 알면서 이를 소지한 죄로 형을 선고받아 그 형이 확정된 사람은 일반직공무원으로 임용될 수 없도록 규정한 「국가공무원법」 및 「지방공무원법」 조항은 그 형이 확정된 사람의 공무담임권을 침해하지 않는다.

① 1개
② 2개
③ 3개
④ 4개

16

재판을 받을 권리에 관한 설명으로 가장 적절한 것은? (다툼이 있는 경우 헌법재판소 판례에 의함)

① 피고인이 정식재판을 청구한 사건에 대하여는 약식명령의 형보다 중한 종류의 형을 선고하지 못하도록 하는 「형사소송법」조항은 불이익변경금지원칙을 적용하지 않아 과잉금지원칙에 위반되어 피고인의 공정한 재판을 받을 권리를 침해한다.

② 기피신청이 소송의 지연을 목적으로 함이 명백한 경우에는 그러한 신청을 받은 법원 또는 법관이 스스로 신속하게 신청을 기각할 수 있도록 하는 「형사소송법」 조항은, 소송절차의 지연을 목적으로 한 기피신청의 남용을 방지하여 형사소송절차의 신속성의 실현이라는 공익을 달성하기 위한 것으로 헌법 제27조 제1항, 제37조 제2항에 위반된다고 할 수 없다.

③ 교정시설의 장이 미결수용자에게 교정시설 내 규율위반에 대해 징벌을 부과한 뒤 그 규율위반 내용 및 징벌처분 결과 등을 관할 법원에 양형 참고자료로 통보한 것은, 법관이 양형에 참고할 수 있는 자료로 작용할 수 있어 미결수용자의 공정한 재판을 받을 권리를 제한한다.

④ 영상물에 수록된 '19세 미만 성폭력범죄 피해자'의 진술에 관하여 조사 과정에 동석하였던 신뢰관계인의 법정진술에 의하여 그 성립의 진정함이 인정된 경우에도 증거능력을 인정할 수 있도록 정한 「성폭력범죄의 처벌 등에 관한 특례법」 조항 중 해당 부분은, 피고인의 형사절차상 권리의 보장과 미성년 피해자의 보호 사이의 조화를 도모한 것으로 피고인의 공정한 재판을 받을 권리를 침해하지 않는다.

17

대학의 자율성에 관한 설명으로 옳은 것은 모두 몇 개인가? (다툼이 있는 경우 헌법재판소 판례에 의함)

─┤ 보기 ├─

㉠ 학칙의 제정 또는 개정에 관한 사항 등 대학평의원회의 심의 사항을 규정한 「고등교육법」 조항은 연구와 교육 등 대학의 중심적 기능에 관한 자율적 의사결정을 방해한다고 볼 수 있어, 국·공립대학 교수회 및 교수들의 대학의 자율권을 침해한다.

㉡ 대학의 학문과 연구 활동에서 중요한 역할을 담당하는 교원에게 그와 관련된 영역에서 주도적인 역할을 인정하는 것은 대학의 자율성의 본질에 부합하고 필요하며, 그것은 교육과 연구에 관한 사항은 모두 교원이 전적으로 결정할 수 있어야 한다는 의미이다.

㉢ 서울대학교 2023학년도 저소득학생 특별전형의 모집인원을 모두 수능위주전형으로 선발하도록 정한 '서울대학교 2023학년도 대학 신입학생 입학전형 시행계획'은 저소득학생 특별전형에 응시하고자 하는 수험생들의 기회를 불합리하게 박탈하였고, 이는 대학의 자율성의 범위 내에 있는 것으로 볼 수 없다.

㉣ '대통령긴급조치 제9호'는 학생의 모든 집회·시위와 정치 관여행위를 금지하고, 위반자에 대하여는 주무부장관이 학생의 제적을 명하고 소속 학교의 휴업, 휴교, 폐쇄조치를 할 수 있도록 규정하여, 학생의 집회·시위의 자유, 학문의 자유와 대학의 자율성 내지 대학자치의 원칙을 본질적으로 침해한다.

① 1개
② 2개
③ 3개
④ 4개

18

인간다운 생활을 할 권리에 관한 설명으로 가장 적절한 것은? (다툼이 있는 경우 헌법재판소 판례에 의함)

① 지방자치단체장을 「공무원연금법」상 퇴직급여 및 퇴직수당의 지급 대상에서 제외하고 있는 구 「공무원연금법」 조항은, 근무형태 및 보수체계에 있어서 다른 일반 공무원과 차이가 없음에도 차별을 두는 것으로 지방자치단체장의 인간다운 생활을 할 권리를 침해한다.

② 외국인만으로 구성된 가구 중 영주권자 및 결혼이민자만을 긴급 재난지원금 지급대상에 포함시키고 난민인정자를 제외한 관계 부처합동 '긴급재난지원금 가구구성 및 이의신청 처리기준(2차)' 중 해당 부분은, '영주권자 및 결혼이민자'와 '난민인정자' 간 합리적 차별이라 할 것이므로 난민인정자의 인간다운 생활을 할 권리를 침해하지 아니한다.

③ 「산업재해보상보험법」상 유족급여를 수령할 수 있는 소정의 유족의 범위에 '직계혈족의 배우자'를 포함시키고 있지 않은 동법 조항은, 입법형성의 한계를 일탈하여 청구인의 인간다운 생활을 할 권리를 침해하고 있다고 보기는 어렵다.

④ 「공무원연금법」에 따른 퇴직연금일시금을 받은 사람에게 기초 연금을 지급하지 아니하도록 한 「기초연금법」 및 동법 시행령 조항은 퇴직연금일시금의 액수 및 수령시점, 현존 여부 등을 고려하지 않은 채 퇴직연금일시금을 받은 사람을 무조건 기초 연금 지급대상에서 제외하고 있으므로, 퇴직연금일시금 수령자의 인간다운 생활을 할 권리를 침해한다.

19

혼인과 가족생활에 관한 설명으로 가장 적절한 것은? (다툼이 있는 경우 헌법재판소 판례에 의함)

① 태아의 성별고지 행위는 그 자체로 태아를 포함하여 누구에게도 해가 되는 행위가 아니지만, 보다 풍요롭고 행복한 가족생활을 영위하도록 하기 위해 진료과정에서 알게 된 태아에 대한 성별 정보는 낙태방지를 위하여 임신 32주 이전에는 고지하지 못하도록 금지하여야 할 이유가 있다.

② 당사자 사이에 혼인의사의 합의가 없음을 원인으로 하는 혼인 무효판결에 의한 가족관계등록부 정정신청으로 해당 가족관계등록부가 정정된 때, '그 혼인무효사유가 한쪽 당사자나 제3자의 범죄행위로 인한 경우'에 한정하여 등록부 재작성 신청권을 부여한 '가족관계등록부의 재작성에 관한 사무처리지침' 조항은 혼인과 가족생활을 스스로 결정하고 형성할 수 있는 자유를 제한한다.

③ 국가에게 혼인과 가족생활의 보호자로서 부모의 자녀양육을 지원할 헌법상 과제가 부여되어 있다 하더라도, 그로부터 곧바로 헌법이 국가에게 자녀를 양육하는 모든 병역의무 이행자들의 출퇴근 복무를 보장하여 자녀가 있는 대체복무요원들까지 합숙 복무의 예외를 인정하여야 할 명시적인 입법의무를 부여하였다고 할 수는 없다.

④ '혼인 중 여자와 남편 아닌 남자 사이에서 출생한 자녀에 대한 생부의 출생신고'를 허용하도록 규정하지 아니한 「가족관계의 등록 등에 관한 법률」 조항은 과잉금지원칙을 위배하여 생부인 청구인들의 가족생활의 자유를 침해한다.

20

국방의무에 관한 설명으로 가장 적절하지 않은 것은? (다툼이 있는 경우 헌법재판소 판례에 의함)

① 민주국가에서 병역의무는 납세의무와 더불어 국가라는 정치적 공동체의 존립·유지를 위하여 국가 구성원인 국민에게 그 부담이 돌아갈 수밖에 없는 것으로서, 병역의무 부과를 통해서 국가방위를 도모하는 것은 국가공동체에 필연적으로 내재하는 헌법적 가치이다.

② 남자만을 징병검사의 대상이 되는 병역의무자로 정한 것은 현저히 자의적인 차별취급이라 보기 어려워 평등권을 침해하지 않는다.

③ 병역의무를 부과하게 되면 그 의무자의 기본권은 여러 가지 면에서 제약을 받으므로, 법률에 의한 병역의무 형성에도 헌법적 한계가 없다고 할 수 없고 헌법의 일반원칙, 기본권보장 정신에 의한 한계를 준수하여야 한다.

④ 국가정보원이 주관하는 신규채용경쟁시험에서 '남자는 병역을 필한 자'로 제한하여, 현역군인 신분자의 시험응시기회를 제한하는데, 이는 병역의무를 이행하느라 받는 불이익이므로 헌법 제39조 제2항에서 금지하는 '불이익한 처우'에 해당한다.

11회 2024 법무사

01

헌법 제10조에 관한 다음 설명 중 가장 옳지 않은 것은?

① 임신 32주 이전에 태아의 성별 고지를 금지하는 의료법 조항은 과잉금지원칙을 위반하여 헌법 제10조로부터 도출되는 일반적 인격권에서 나오는 부모가 태아의 성별 정보에 대한 접근을 방해받지 않을 권리를 침해한다.

② 누구든지 금융회사 등에 종사하는 자에게 타인의 금융거래의 내용에 관한 정보 또는 자료를 요구하는 것을 금지하고, 이를 위반시 형사처벌하는 금융실명거래 및 비밀보장에 관한 법률 조항은 과잉금지원칙에 반하여 일반적 행동자유권을 침해하지 아니한다.

③ 유족은 일정 기간 내에 매장·화장·봉안된 가족 또는 친지의 묘지에서 망인에게 경배와 추모 등 적절한 예우를 취하거나 시체 유골 등을 인수하여 분묘 등을 가꾸고 봉제사를 하고자 하는 권리를 보유하고, 이는 헌법 제10조의 행복추구권에 의하여 보장된다. 이러한 기본권이 실질적으로 보장되기 위해서는 국가권력으로부터 개인의 자유영역을 보호하는 것이 필요할 뿐 아니라 기본권 행사의 실질적인 조건을 형성하고 유지하는 국가의 적극적인 활동을 필요로 한다.

④ 헌법 제10조 제1문이 보호하는 인간의 존엄성으로부터 개인의 일반적 인격권이 보장된다. 일반적 인격권은 인간의 존엄성과 밀접한 연관관계를 보이는 자유로운 인격발현의 기본조건을 포괄적으로 보호하는데, 개인의 자기결정권은 일반적 인격권에서 파생된다.

⑤ 이미 의식의 회복가능성을 상실하여 더 이상 인격체로서의 활동을 기대할 수 없고 자연적으로는 이미 죽음의 과정이 시작되었다고 볼 수 있는 회복불가능한 사망의 단계에 이른 후에는, 의학적으로 무의미한 신체침해 행위에 해당하는 연명치료를 환자에게 강요하는 것이 오히려 인간의 존엄과 가치를 해하게 되므로, 이와 같은 예외적인 상황에서 죽음을 맞이하려는 환자의 의사결정을 존중하여 환자의 인간으로서의 존엄과 가치 및 행복추구권을 보호하는 것이 사회상규에 부합되고 헌법정신에도 어긋나지 아니한다.

02

정당에 관한 다음 설명 중 가장 옳은 것은?

① 정당은 국민의 이익을 위하여 책임 있는 정치적 주장이나 정책을 추진하고 공직선거의 후보자를 추천 또는 지지함으로써 국민의 정치적 의사형성에 참여함을 목적으로 하는 헌법상 기관이므로, 공권력행사의 주체가 된다.

② 정당은 수도에 소재하는 중앙당과 특별시 광역시 도에 각각 소재하는 시 도당으로 구성하는데, 정당은 5 이상의 시 도당을 가져야 하고, 시 도당은 500명 이상의 당원을 가져야 한다.

③ 정당이 그 소속 국회의원을 제명하기 위해서는 당헌이 정하는 절차를 거치는 외에 그 소속 국회의원 전원의 2분의 1 이상의 찬성이 있어야 한다.

④ 헌법재판소의 해산결정에 의하여 해산된 정당의 잔여재산은 당헌이 정하는 바에 따라 처분하고, 처분되지 아니한 정당의 잔여재산은 국고에 귀속한다.

⑤ 정당은 등록이 취소된 이후에는 헌법소원의 청구인능력이 없다.

03

다음 설명 중 가장 옳지 않은 것은?

① 개성공단 전면중단 조치가 고도의 정치적 결단을 요하는 문제이기는 하나, 조치 결과 개성공단 투자기업인에게 기본권 제한이 발생하였고, 국민의 기본권 제한과 직접 관련된 공권력의 행사는 고도의 정치적 고려가 필요한 행위라도 헌법과 법률에 따라 결정하고 집행하도록 견제하는 것이 헌법재판소 본연의 임무이므로, 그 한도에서 헌법소원심판의 대상이 될 수 있다.

② 개성공단 전면중단 조치는 국제평화를 위협하는 북한의 핵무기 개발을 경제적 제재조치를 통해 저지하려는 국제적 합의에 이바지하기 위한 조치로서, 통일부장관의 조정명령에 관한 남북교류협력에 관한 법률 제18조 제1항 제2호, 대통령의 국가의 계속성 보장 책무, 행정에 대한 지휘 감독권 등을 규정한 헌법 제66조, 정부조직법 제11조 등이 근거가 될 수 있으므로, 헌법과 법률에 근거한 조치로 보아야 한다.

③ 국무회의 심의, 이해관계자에 대한 의견청취절차 등을 거치지 아니한 이상 개성공단 전면중단 조치는 적법절차원칙을 위반하여 개성공단 투자기업인의 영업의 자유와 재산권을 침해한다.

④ '개성공단의 정상화를 위한 합의서'에는 국내법과 동일한 법적 구속력을 인정하기 어렵고, 과거 사례 등에 비추어 개성공단의 중단 가능성은 충분히 예상할 수 있었으므로, 개성공단 전면중단 조치는 신뢰보호원칙을 위반하여 개성공단 투자기업인의 영업의 자유와 재산권을 침해하지 아니한다.

⑤ 개성공단 전면중단 조치는 공익 목적을 위하여 개별적, 구체적으로 형성된 구체적인 재산권의 이용을 제한하는 공용제한이 아니므로, 이에 대한 정당한 보상이 지급되지 않았다고 하더라도 그 조치가 헌법 제23조 제3항을 위반하여 개성공단 투자기업인의 재산권을 침해한 것으로 볼 수 없다.

04

혼인과 가족생활에 관한 다음 설명 중 가장 옳지 않은 것은?

① 헌법 제36조 제1항은 혼인과 가족생활에서 양성의 평등대우를 명하고 있으므로 남녀의 성을 근거로 하여 차별하는 것은 원칙적으로 금지되고, 성질상 오로지 남성 또는 여성에게만 특유하게 나타나는 문제의 해결을 위하여 필요한 예외적 경우에만 성차별적 규율이 정당화된다.

② 1990년 개정 민법의 시행일인 1991.1.1.부터 그 이전에 성립된 계모자 사이의 법정혈족관계를 소멸시키도록 한 민법 부칙 조항은 헌법 제36조 제1항에 위반된다.

③ 헌법 제36조 제1항은 혼인과 가족에 관련되는 공법 및 사법의 모든 영역에 영향을 미치는 헌법원리 내지 원칙규범으로서의 성격을 가지는데, 이는 적극적으로는 적절한 조치를 통해서 혼인과 가족을 지원하고 제3자에 의한 침해 앞에서 혼인과 가족을 보호해야 할 국가의 과제를 포함하며, 소극적으로는 불이익을 야기하는 제한조치를 통해서 혼인과 가족을 차별하는 것을 금지해야 할 국가의 의무를 포함한다.

④ 소득세법 제61조 제1항이 자산소득합산과세의 대상이 되는 혼인한 부부를 혼인하지 않은 부부나 독신자에 비하여 차별취급하는 것은 헌법상 정당화되지 아니하기 때문에 헌법 제36조 제1항에 위반된다.

⑤ 헌법 제36조 제1항은 혼인과 가족생활을 스스로 결정하고 형성할 수 있는 자유를 기본권으로서 보장하고, 혼인과 가족에 대한 제도를 보장한다.

05

공직선거법상 선거운동에 관한 설명으로 가장 옳지 않은 것은?

① 선거운동기간 전에 개별적으로 대면하여 말로 하는 선거운동을 금지한 공직선거법 조항은 과잉금지원칙에 반하여 선거운동 등 정치적 표현의 자유를 침해한다.

② 공개장소에서의 연설 대담장소 또는 대담 토론회장에서 연설 대담 토론용으로 사용하는 경우를 제외하고는 선거운동을 위하여 확성장치를 사용할 수 없도록 한 공직선거법 조항은 과잉금지원칙에 반하여 정치적 표현의 자유를 침해한다.

③ 선거일 전 180일부터 선거일까지 선거에 영향을 미치게 하기 위한 벽보의 게시, 인쇄물의 배부·게시행위를 금지한 공직선거법 조항은 과잉금지원칙에 반하여 정치적 표현의 자유를 침해한다.

④ 누구든지 선거기간 중 선거에 영향을 미치게 하기 위한 그 밖의 집회나 모임의 개최를 금지한 공직선거법 조항은 과잉금지원칙에 반하여 집회의 자유, 정치적 표현의 자유를 침해한다.

⑤ 선거일 전 180일부터 선거일까지 선거에 영향을 미치게 하기 위한 광고물의 설치 진열 게시나 표시물의 착용을 금지하는 공직선거법 조항은 과잉금지원칙에 반하여 정치적 표현의 자유를 침해한다.

06

직업선택의 자유에 관한 다음 설명 중 가장 옳지 않은 것은?

① 학원설립 운영자가 학원의 설립 운영 및 과외교습에 관한 법률을 위반하여 벌금형을 선고받은 경우 등록의 효력을 잃도록 정하고 있는 위 법률의 규정은 직업선택의 자유를 침해하지 않는다.

② 직업선택의 자유에 직업 내지 직종에 종사하는 데 필요한 전문지식을 습득하기 위한 직업교육장을 임의로 선택할 수 있는 직업교육장 선택의 자유도 포함된다.

③ 읍 면의 이장은 직업의 자유에서 말하는 직업에 해당한다고 볼 수 없다.

④ 새마을금고법위반죄로 벌금형을 선고받을 경우 그 선고받은 벌금액수에 상관없이 해당 임원이 당연퇴임되도록 규정한 새마을금고법의 규정은 직업선택의 자유를 침해하지 않는다.

⑤ 제1종 운전면허의 취득요건으로 양쪽 눈의 시력이 각각 0.5(교정시력 포함) 이상일 것을 요구하는 도로교통법 시행령의 규정은 직업선택의 자유를 침해하지 아니한다.

07

신체의 자유에 관한 다음 설명 중 가장 옳지 않은 것은?

① 수형자가 민사재판에 출정하여 법정 대기실 내 쇠창살 격리시설 안에 유치되어 있는 동안 교도소장이 출정계호교도관을 통해 수형자에게 양손수갑 1개를 앞으로 사용한 행위는 수형자의 신체의 자유를 침해하지 않는다.

② 과태료 등의 행정질서벌은 죄형법정주의의 규율대상에 해당하지 않는다.

③ 각급선거관리위원회 위원 직원의 선거범죄 조사에 있어서 피조사자에게 자료제출의무를 부과한 공직선거법의 규정에 의한 자료제출요구는 영장주의의 적용대상이 아니다.

④ 선거관리위원회에 허위보고한 정당의 회계책임자를 형사처벌함으로써 '보고'의무를 부과하는 것은 진술거부권이 금지하는 진술강요에 해당한다.

⑤ 헌법상의 변호인과의 접견교통권은 체포 또는 구속당한 피의자 피고인에게 인정되는 신체적 자유에 관한 기본권인데, '변호인이 되려는 자'의 접견교통권은 헌법상 기본권에 해당하지 않는다.

08

기본권의 효력에 관한 다음 설명 중 가장 옳지 않은 것은?

① 흡연권은 사생활의 자유를 실질적 핵으로 하는 것이고, 혐연권은 사생활의 자유뿐만 아니라 생명권에까지 연결되는 것이므로 혐연권이 흡연권보다 상위의 기본권이다.

② 근로자의 단결하지 아니할 자유와 노동조합의 적극적 단결권이 충돌하는 경우 노동조합의 적극적 단결권이 근로자의 단결하지 아니할 자유보다 중시된다.

③ 교사의 수업권과 학생의 수학권이 충돌하는 경우 두 기본권 모두 효력을 나타내는 규범조화적 해석에 따라 기본권충돌은 해결되어야 한다.

④ 기본권 제한에 관한 법률유보원칙은 기본권 제한에 법률의 근거를 요청하나, 기본권 제한의 형식이 반드시 형식적의미의 법률일 필요는 없다.

⑤ 하나의 규제로 인해 여러 기본권이 동시에 제약을 받는 기본권경합의 경우에는, 기본권 침해를 주장하는 제청신청인과 제청법원의 의도 및 기본권을 제한하는 입법자의 객관적 동기 등을 참작하여 사안과 가장 밀접한 관계에 있고 또 침해의 정도가 큰 주된 기본권을 중심으로 해서 그 제한의 한계를 따져 보아야 한다.

09

조례에 관한 다음 설명 중 가장 옳지 않은 것은?

① 법령에서 조례로 정하도록 위임한 사항은 그 법령의 하위법령에서 그 위임의 내용과 범위를 제한하거나 직접 규정할 수 없다.

② 조례는 고유사무와 단체위임사무에 대하여만 제정할 수 있으며, 기관위임사무와 같은 국가적 사무에 대하여는 조례를 제정할 수 없다.

③ 지방자치법이 지방자치단체의 장의 재량으로 투표실시 여부를 결정할 수 있도록 규정하고 있음에도 일정한 기간내에 반드시 투표를 실시하도록 규정한 조례안은 지방자치단체의 장의 고유권한을 침해한다.

④ 주민은 지방세 사용료 수수료 부담금을 부과 징수 또는 감면하는 사항에 대하여 조례의 제정을 청구할 수 없다.

⑤ 헌법 제117조 및 제118조의 '지방자치'에 관한 규정으로부터 지방자치단체와 지역주민들의 자치권이 제도적으로 보장된다.

10

평등의 원칙에 관한 다음 설명 중 가장 옳지 않은 것은?

① 보훈보상대상자의 부모에 대한 유족보상금 지급시 수급권자를 1인에 한정하고 나이가 많은 자를 우선하도록 규정한 보훈보상대상자 지원에 관한 법률의 규정은 나이가 적은 부모 일방을 합리적 이유 없이 차별하는 것에 해당하므로 헌법에 위반된다.

② 교사의 신규채용에 있어 국 공립대학교 졸업생을 우선시키는 교육공무원법은 사립사범대학 졸업자가 교육공무원으로 채용될 수 있는 기회를 제한 또는 박탈하게 되므로 평등의 원칙에 위반된다.

③ 공익근무요원의 경우와 달리 산업기능요원의 군 복무기간을 공무원 재직기간으로 산입하지 않도록 규정한 제대군인지원에 관한 법률의 규정은 헌법에 위반된다.

④ 형법 제159조 '시체 등의 오욕죄'의 법정형에 벌금형이 있는데 반하여, 형법 제160조 '분묘의 발굴죄'의 법정형에 벌금형을 선택적으로 규정함이 없이 5년 이하의 징역으로 규정하고 있더라도 평등의 원칙에 위배되지 않는다.

⑤ 보상금의 지급을 신청할 수 있는 자의 범위를 '내부 공익신고자'로 한정함으로써 '외부 공익신고자'를 보상금 지급대상에서 배제하도록 정한 공익신고자 보호법의 규정은 평등의 원칙에 위배되지 않는다.

11

국가인권위원회에 관한 다음 설명 중 가장 옳지 않은 것은?

① 국가인권위원회는 위원장 1명과 상임위원 4명을 포함한 11명의 인권위원으로 구성한다.

② 국가인권위원회는 법률에 설치근거를 둔 국가기관이고 헌법에 의하여 설치된 국가기관이 아니므로, 권한쟁의심판을 청구할 당사자능력이 인정되지 아니한다.

③ 국가인권위원회는 재적위원 과반수의 찬성으로 의결하고, 의사는 공개한다.

④ 사인(私人)으로부터 차별행위를 당한 경우에도 국가인권위원회에 그 내용을 진정할 수 있다.

⑤ 국가인권위원회는 진정에 관한 위원회의 조사, 증거의 확보 또는 피해자의 권리 구제를 위하여 필요하다고 인정하면 피해자를 위하여 대한법률구조공단 등에게 법률구조를 요청할 수 있으나, 피해자의 명시한 의사에 반하여 법률구조를 요청할 수는 없다.

12

기본권의 주체에 관한 다음 설명 중 가장 옳지 않은 것은?

① 불법체류 중인 외국인의 경우에도 원칙적으로 기본권의 주체가 된다.

② 의료인의 면허된 의료행위 이외의 의료행위를 금지하고 처벌하는 의료법 규정에 대하여 외국인의 직업의 자유 및 평등권에 관한 기본권 주체성은 인정되지 않는다.

③ 국회의 일부조직인 국회노동위원회는 기본권의 주체가 될 수 없다.

④ 직장의료보험조합은 공법인으로서 기본권의 주체가 될 수 없다.

⑤ 국가균형발전특별법에 의한 도지사의 혁신도시 입지선정과 관련하여 그 입지선정에서 제외된 지방자치단체로서는 입지선정 기준이 합리성과 타당성을 결여하였다고 다투는 등 평등권의 주체가 될 수 있다.

13

출생등록에 관한 다음 설명 중 가장 옳지 않은 것은?

① 태어난 즉시 '출생등록될 권리'는 헌법에 명시되지 아니한 독자적 기본권으로서, 자유로운 인격실현을 보장하는 자유권적 성격과 아동의 건강한 성장과 발달을 보장하는 사회적 기본권의 성격을 함께 지닌다.

② 혼인 중인 여자와 남편 아닌 남자 사이에서 출생한 자녀의 경우에 혼인외 출생자의 신고의무를 모에게만 부과하고, 남편 아닌 남자인 생부에게 자신의 혼인 외 자녀에 대해서 출생신고를 할 수 있도록 규정하지 아니한 것은 생부의 평등권을 침해한다.

③ '혼인 중 여자와 남편 아닌 남자 사이에서 출생한 자녀에 대한 생부의 출생신고'를 허용하도록 규정하지 아니한 가족관계의 등록 등에 관한 법률 조항은 혼인외 출생자의 태어난 즉시 '출생등록될 권리'를 침해한다.

④ 태어난 즉시 '출생등록될 권리'는 입법자가 출생등록제도를 통하여 형성하고 구체화하여야 할 권리이다. 입법자는 출생등록제도를 형성함에 있어 단지 출생등록의 이론적 가능성을 허용하는 것에 그쳐서는 아니 되며, 실효적으로 출생등록 될 권리가 보장되도록 하여야 한다.

⑤ 평등권은 입법자에게 본질적으로 같은 것을 자의적으로 다르게, 본질적으로 다른 것을 자의적으로 같게 취급하는 것을 금하고 있고 본질적으로 동일한가의 판단은 일반적으로 당해 법률조항의 의미와 목적에 달려 있으므로, 당해 법률조항의 의미와 목적에 비추어 차별취급을 정당화 할 수 있을 정도의 차이가 없음에도 차별한다면, 입법자는 이로써 평등권을 침해하게 된다.

14

계약의 자유에 관한 다음 설명 중 가장 옳지 않은 것은?

① 임대차존속기간을 20년으로 제한한 민법 조항은 과잉금지원칙을 위반하여 계약의 자유를 침해하지 않는다.

② 헌법 제10조에 의하여 보장되는 행복추구권 속에는 일반적행동자유권이 포함되고, 이 일반적 행동자유권으로부터 계약체결의 여부, 계약의 상대방, 계약의 방식과 내용 등을 당사자의 자유로운 의사로 결정할 수 있는 계약의 자유가 파생된다.

③ 임대인이 실제 거주를 이유로 갱신을 거절한 후 정당한 사유없이 제3자에게 임대한 경우의 손해배상책임 및 손해액을 규정한 주택임대차보호법 조항은 과잉금지원칙에 반하여 임대인의 계약의 자유와 재산권을 침해한다고 볼 수 없다.

④ 주 52시간 상한제 조항을 두어 1주간 최대 근로시간을 52시간으로 한정한 근로기준법 조항이 과잉금지원칙에 반하여 상시 5명 이상 근로자를 사용하는 사업주의 계약의 자유와 직업의 자유, 근로자의 계약의 자유를 침해하지 않는다.

⑤ 금융위원회위원장이 2019.12.16. 시중 은행을 상대로 투기지역·투기과열지구 내 초고가 아파트(시가 15억원초과)에 대한 주택구입용 주택담보대출을 2019.12.17.부터금지한 조치는 과잉금지원칙에 반하여 해당 주택담보대출을 받고자 하는 사람의 재산권 및 계약의 자유를 침해하지 아니한다.

15

수사기관 등의 통신자료 취득행위에 관한 다음 설명 중 가장 옳지 않은 것은?

① 수사기관 등에 의한 통신자료 제공요청은 임의수사에 해당하는 것으로, 전기통신사업자가 이에 응하지 아니한 경우에도 어떠한 법적 불이익을 받는다고 볼 수 없으므로, 헌법소원의 대상이 되는 공권력의 행사에 해당하지 않는다.

② 전기통신사업자가 수사기관 등의 통신자료 제공요청에 따라 수사기관 등에 제공하는 이용자의 성명, 주민등록번호, 주소, 전화번호, 아이디, 가입일 또는 해지일은 청구인들의 동일성을 식별할 수 있게 해주는 개인정보에 해당한다.

③ 헌법상 영장주의는 체포·구속 압수· 수색 등 기본권을 제한하는 강제처분에 적용되므로, 강제력이 개입되지 않은 임의수사에 해당하는 수사기관 등의 통신자료 취득에는 영장주의가 적용되지 않는다.

④ 수사기관 등이 전기통신사업자에게 이용자의 성명 등 통신자료의 열람이나 제출을 요청할 수 있도록 한 전기통신사업법 조항은 통신자료를 요청할 수 있는 사유를 지나치게 광범위하고 포괄적으로 규정하고 있으므로 과잉금지원칙을 위반하여 개인정보자기결정권을 침해한다.

⑤ 수사기관 등이 전기통신사업자에게 이용자의 성명 등 통신자료의 열람이나 제출을 요청할 수 있도록 한 전기통신사업법조항은 통신자료 취득에 대한 사후통지절차를 두지않아 적법절차원칙에 위배하여 개인정보자기결정권을 침해한다.

16

헌법재판절차에서 행해지는 가처분에 관한 다음 설명 중 가장 옳지 않은 것은? (다툼이 있는 경우 대법원 판례 및 헌법재판소 결정에 의함. 이하 문20까지 같음)

① 헌법재판소가 권한쟁의심판의 청구를 받았을 때에는 직권 또는 청구인의 신청에 의하여 종국결정의 선고 시까지 심판대상이 된 피청구인의 처분의 효력을 정지하는 결정을 할 수 있고, 이 가처분결정을 함에 있어서는 행정소송법과 민사소송법 소정의 가처분 관련 규정이 준용된다.

② 본안심판이 부적법하거나 이유 없음이 명백하지 않고, 권한쟁의심판에서 문제된 피청구인의 처분 등이나 그 집행 또는 절차의 속행으로 인하여 생길 회복하기 어려운 손해를 예방할 필요와 그 효력을 정지시켜야 할 긴급한 필요가 있으며, 가처분을 인용한 뒤 종국결정에서 청구가 기각되었을 때 발생하게 될 불이익과 가처분을 기각한 뒤 청구가 인용되었을 때 발생하게 될 불이익을 비교형량하여 후자의 불이익이 전자의 불이익보다 클 경우 가처분을 인용할 수 있다.

③ 헌법소원심판절차에 있어 헌법재판소법상 명문의 규정을 두고 있지 않으나 가처분이 허용된다 할 것이고, 이러한 가처분결정은 헌법소원심판에서 다투어지는 '공권력 행사 또는 불행사'의 현상을 그대로 유지시킴으로 인하여 생길 회복하기 어려운 손해를 예방할 필요가 있어야 하고 그 효력을 정지시켜야 할 긴급한 필요가 있는 경우 인용할 수 있다.

④ 법령의 위헌확인을 청구하는 헌법소원심판에서의 가처분이 사인간의 법률관계나 행정청의 구체적 처분의 효력을 정지시키는 것이 아니라 현재 시행되고 있는 법령의 효력을 정지시키는 것일 때에는 그 효력의 정지로 인하여 파급적으로 발생되는 효과가 클 수도 있기 때문에 이러한 점까지 고려하여 신중하게 판단하여야 한다.

⑤ 입국불허결정을 받은 외국인이, "출입국관리사무소장"을 상대로 제기한 인신보호법상 수용임시해제청구의 소가 인용되었고, 인신보호청구의 소 역시 항고심에서 인용된 후 재항고심에 계속 중이며, 난민인정심사불회부결정취소의 소 역시 청구를 인용하는 제1심 판결이 선고되었다면, 비록 위 소송 제기 후 5개월 이상 변호인을 접견하지 못한 상태라 하더라도 변호인 접견 허가에 관한 임시지위를 정하기 위한 가처분과 관련하여 손해를 방지할 긴급한 필요가 인정된다고 보기 어렵다.

17

대통령에 관한 다음 설명 중 가장 옳지 않은 것은?

① 대통령은 국무총리 국무위원 행정각부의 장 기타 법률이 정하는 공사의 직을 겸할 수 없고, 이는 비상계엄하에서도 마찬가지이다.

② 국가원로자문회의의 의장은 전직대통령이 된다.

③ 대통령후보자가 1인일 때에는 그 득표수가 선거권자 총수의 3분의 1 이상이 아니면 대통령으로 당선될 수 없다.

④ 대통령이 발한 긴급명령이 국회의 승인을 얻지 못한 때에 는 그 명령은 그때부터 효력을 상실한다.

⑤ 국회가 재적의원 과반수의 찬성으로 계엄의 해제를 요구한 때에는 대통령은 이를 해제하여야 한다.

18

탄핵소추심판에 관한 다음 설명 중 가장 옳지 않은 것은?

① 헌법 제65조는 행정각부의 장이 '그 직무집행에 있어서 헌법이나 법률을 위배한 때'를 탄핵소추사유로 규정하고 있는데, 여기에서 '직무'란 법제상 소관 직무에 속하는 고유업무와 사회통념상 이와 관련된 업무를 말하고, 법령에 근거한 행위뿐만 아니라 행정각부의 장의 지위에서 국정수행과 관련하여 행하는 모든 행위를 포괄하는 개념이다.

② 탄핵소추사유인 헌법과 법률 위반과 관련하여, 헌법제65조에서 말하는 '헌법'에는 명문의 헌법규정 뿐만 아니라 헌법재판소의 결정에 따라 형성되어 확립된 불문헌법도 포함되고, '법률'에는 형식적 의미의 법률과 이와 동등한 효력을 가지는 국제조약 및 일반적으로 승인된 국제법규 등이 포함된다.

③ 행정각부의 장은 정부 권한에 속하는 중요정책을 심의하는 국무회의의 구성원이자 행정부의 소관 사무를 통할하고 소속공무원을 지휘·감독하는 기관으로서 행정부내에서 통치기구와 집행기구를 연결하는 가교 역할을 하므로, 그에 대한 파면 결정이 가져올 수 있는 국정공백과 정치적 혼란 등 국가적 손실이 경미하다고 평가하기 어렵다.

④ '탄핵심판 청구가 이유 있는 경우'란 피청구인의 파면을 정당화 할 수 있을 정도로 중대한 헌법이나 법률 위반이 있는 경우를 말하는데, 국가 원수이자 행정부의 수반으로서 국민의 선거에 의하여 선출되어 직접적인 민주적 정당성을 부여받은 대통령과 행정각부의 장은 정치적 기능이나 비중에서 본질적 차이가 있고, 양자 사이의 직무계속성의 공익이 다름에 따라 파면의 효과 역시 근본적인 차이가 있으므로, '법 위반행위의 중대성'과 '파면 결정으로 인한 효과' 사이의 법익형량을 함에 있어 이와 같은 점이 고려되어야 한다.

⑤ 헌법 제65조의 탄핵제도는 고위공직자가 그 지위에서 국민의 대의기관인 국회로부터 헌법이나 법률 위반의 법적책임을 추궁받는 제도이므로, 탄핵소추를 받은 자가 임기만료로 퇴직하여 더 이상 공직을 보유하지 않게 되었다면 탄핵심판에서의 피청구인자격을 상실하여 심판절차가 종료된 것으로 보아야 한다.

19

대통령의 국가긴급권에 관한 다음 설명 중 가장 옳지 않은 것은?

① 국가긴급권은 법치주의의 예외로서, 위기 극복이라는 소극적 목적을 위해 발동되어야 하며, 기간, 범위에 있어 목적달성에 불가결한 최소한도 내로 한정되어야 한다.

② 헌법재판소나 법원은 국가긴급권 발동의 위헌 위법 여부를 사후적으로 심사할 수는 있으나, 국가긴급권이 가지는 고도의 정치적 성격이 그 심사의 한계로서 작용할 수 있다.

③ 대법원은 소위 유신헌법 제53조에 근거한 대통령 긴급조치 제1호에 대하여 비록 그 발동 당시 시행 중이던 유신헌법에 위배되지는 아니하나, 현행헌법에 비추어 그 발동요건을 갖추지 못하여 위헌, 위법이라고 판시한 바 있다.

④ 대통령의 긴급재정 경제명령은 법률과 마찬가지로 위헌법률심판이나 헌법소원심판의 대상이 된다.

⑤ 계엄 상황이 해소된 때에는 대통령은 국무회의의 심의를 거쳐 계엄을 해제할 수 있다.

20

국회에 관한 다음 설명 중 가장 옳지 않은 것은?

① 헌법개정안은 기명투표로 표결한다.

② 국무총리 또는 국무위원의 해임건의안이 발의되었을 때에는 의장은 그 해임건의안이 발의된 후 처음 개의하는 본회의에 그 사실을 보고하고, 본회의에 보고된 때부터 24시간 이후 72시간 이내에 무기명투표로 표결한다.

③ 본회의의 표결방법은 전자투표에 의한 기록표결이 원칙이나, 중요한 안건으로서 의장의 제의 또는 의원의 동의로 본회의 의결이 있거나 재적의원 5분의 1 이상의 요구가 있을 때에는 기명투표 호명투표 또는 무기명투표로 표결한다.

④ 국회는 휴회 중이라도 대통령의 요구가 있을 때, 의장이 긴급한 필요가 있다고 인정할 때 또는 재적의원 3분의1이상의 요구가 있을 때에는 본회의를 재개한다.

⑤ 국회의원이 징계대상자에 대한 징계를 요구하려는 경우에는 의원 20명 이상의 찬성으로 그 사유를 적은 요구서를 의장에게 제출하여야 한다.

12회 | 2024 국가직 7급

01

재외국민을 보호할 국가의 의무에 대한 설명으로 옳지 않은 것은?

① '2021학년도 대학입학전형기본사항' 중 재외국민 특별전형 지원자격 가운데 학생의 부모의 해외체류 요건 부분으로 인해 지원예정자의 학부모인 청구인은 직접적인 법률상의 불이익을 입게 되므로 기본권침해의 자기관련성이 인정된다.

② 재외국민을 보호할 국가의 의무에 의하여 재외국민이 거류국에 있는 동안 받는 보호는 조약 기타 일반적으로 승인된 국제법규와 당해 거류국의 법령에 의하여 누릴 수 있는 모든 분야에서의 정당한 대우를 받도록 거류국과의 관계에서 국가가 하는 외교적 보호와 국외거주 국민에 대하여 정치적인 고려에서 특별히 법률로써 정하여 베푸는 법률·문화·교육 기타 제반영역에서의 지원을 뜻하는 것이다.

③ 1993년 12월 31일 이전에 출생한 사람들에 대한 예외를 두지 않고 재외국민 2세의 지위를 상실할 수 있도록 규정한 「병역법 시행령」 조항은, 출생년도를 기준으로 한 특례가 앞으로도 지속될 것이라는 신뢰에 대하여 보호가치가 인정된다고 볼 수 없고 병역의무의 평등한 이행을 확보하기 위하여 출생년도와 상관없이 모든 재외국민 2세를 동일하게 취급하는 것은 합리적인 이유가 있으므로, 청구인들의 평등권을 침해하지 아니한다.

④ 주민등록이 되어 있지 않고 국내거소신고도 하지 않은 재외국민이라도 추상적 위험이나 선거기술상 이유로 국민투표권을 박탈할 수 없다.

02

국제법존중주의에 대한 설명으로 옳은 것은?

① 국제법존중주의는 국제법과 국내법의 동등한 효력을 인정한다는 취지인바, '유엔 시민적·정치적 권리규약위원회'가 「국가보안법」의 폐지나 개정을 권고하였으므로 「국가보안법」 제7조 제1항 중 '찬양·고무·선전 또는 이에 동조한 자'에 관한 부분은 국제법존중주의에 위배된다.

② 국제노동기구협약 제135호 「기업의 근로자 대표에게 제공되는 보호 및 편의에 관한 협약」 제2조 제1항은 근로자대표가 직무를 신속·능률적으로 수행할 수 있도록 기업으로부터 적절한 편의가 제공되어야 한다고 규정하고 있는바, 노조전임자 급여 금지, '근로시간 면제 제도' 및 노동조합이 이를 위반하여 급여 지급을 요구하고 이를 관철할 목적의 쟁의행위를 하는 것을 금지하는 「노동조합 및 노동관계조정법」 해당 조항들은 위 협약에 배치되므로 국제법존중주의 원칙에 위배된다.

③ 우리 헌법에서 명시적으로 입법위임을 하고 있거나 우리 헌법의 해석상 입법의무가 발생하는 경우가 아니더라도, 국제인권규범이 명시적으로 입법을 요구하고 있거나 국제인권규범의 해석상 국가의 기본권보장의무가 인정되는 경우에는 곧바로 국가의 입법의무가 도출된다.

④ 국제법존중주의는 우리나라가 가입한 조약과 일반적으로 승인된 국제법규가 국내법과 같은 효력을 가진다는 것으로서 조약이나 국제법규가 국내법에 우선한다는 것은 아니다.

03

재판청구권에 대한 설명으로 옳지 않은 것은?

① 대법원이 법관에 대한 징계처분 취소청구소송을 단심으로 재판하는 경우에는 사실확정도 대법원의 권한에 속하여 법관에 의한 사실확정의 기회가 박탈되었다고 볼 수 없다.

② 헌법과 법률이 정한 법관에 의한 재판을 받을 권리는 직업법관에 의한 재판을 주된 내용으로 하므로, '국민참여재판을 받을 권리'는 헌법 제27조 제1항에서 규정한 재판을 받을 권리의 보호범위에 속하지 않는다.

③ 사법보좌관에 의한 소송비용액 확정결정절차를 규정한 「법원조직법」 조항 중 "「민사소송법」(동법이 준용되는 경우를 포함한다)상의 소송비용액 확정결정절차에서의 법원의 사무" 부분은 법관에 의한 사실확정과 법률해석의 기회를 보장하고 있으므로 헌법 제27조 제1항에 위반된다고 할 수 없다.

④ 수형자와 소송대리인인 변호사의 접견을 일반 접견에 포함시켜 시간은 30분 이내로, 횟수는 월 4회로 제한한 구 「형의 집행 및 수용자의 처우에 관한 법률 시행령」 해당 조항들은 입법목적 달성에 필요한 범위를 넘어 수형자와 변호사 사이의 접견권을 지나치게 제한한다고 볼 수 없으므로 청구인의 재판청구권을 침해하지 않는다.

04

개인정보자기결정권에 대한 설명으로 옳은 것은?

① 법무부장관은 변호사시험 합격자가 결정되면 즉시 명단을 공고하여야 한다고 규정한 「변호사시험법」 제11조 중 '명단공고' 부분은 합격자 공고 후에 누구나 언제든지 이를 검색, 확인할 수 있고, 합격자 명단이 언론 기사나 인터넷 게시물 등에 인용되어 널리 전파될 수도 있어서 이러한 사익침해 상황은 시간이 흘러도 해소되지 않으므로 과잉금지 원칙에 위배되어 청구인들의 개인정보자기결정권을 침해한다.

② 감염병 전파 차단을 위한 개인정보 수집의 수권조항인 구 「감염병의 예방 및 관리에 관한 법률」 해당 조항은 정보수집의 목적 및 대상이 제한되어 있으나, 관련 규정에서 절차적 통제장치를 마련하지 못하여 정보의 남용 가능성이 있어 정보주체의 개인정보자기결정권을 침해한다.

③ 무효인 혼인의 기록사항 전체에 하나의 선을 긋고, 말소 내용과 사유를 각 해당 사항란에 기재하는 방식의 정정 표시는 청구인의 인격주체성을 식별할 수 있게 하는 개인정보에 해당하고, 이와 같은 정보를 보존하는 「가족관계등록부의 재작성에 관한 사무처리지침」 조항 중 해당 부분은 청구인의 개인정보자기결정권을 제한한다.

④ 주민등록증에 지문을 수록하도록 한 구 「주민등록법」 제24조 제2항 본문 중 '지문(指紋)'에 관한 부분은, 주민등록증의 수록사항의 하나로 지문을 규정하고 있을 뿐 "오른손 엄지손가락 지문"이라고 특정한 바가 없으므로, 과잉금지원칙을 위반하여 개인정보자기결정권을 침해한다.

05

헌법 제21조 제2항의 허가 및 검열에 대한 설명으로 옳은 것은?

① 건강기능식품의 기능성 광고는 인체의 구조 및 기능에 대하여 보건용도에 유용한 효과를 준다는 기능성 등에 관한 정보를 널리 알려 해당 건강기능식품의 소비를 촉진시키기 위한 상업광고에 불과하므로 헌법 제21조 제2항의 사전검열 금지 대상이 아니다.

② 의료기기와 관련하여 심의를 받지 아니하거나 심의받은 내용과 다른 내용의 광고를 하는 것을 금지하고, 이를 위반한 경우 행정제재와 형벌을 부과하도록 한 「의료기기법」 조항들의 해당 부분은 헌법 제21조 제2항의 사전검열금지원칙에 위반된다.

③ 국내 주재 외교기관 인근의 옥외집회 또는 시위를 예외적으로 허용하는 구 「집회 및 시위에 관한 법률」 제11조 제4호 중 '국내 주재 외국의 외교기관'에 관한 부분은 행정청이 주체가 되어 집회의 허용 여부를 사전에 결정하는 것이므로 헌법 제21조 제2항의 허가제금지에 위배된다.

④ 구 「신문 등의 진흥에 관한 법률」 제9조 제1항 중 인터넷신문에 관한 부분이 인터넷신문의 명칭, 발행인과 편집인의 인적사항, 발행소 소재지, 발행목적과 발행내용, 발행 구분(무가 또는 유가) 등 인터넷신문의 외형적이고 객관적 사항을 제한적으로 등록하도록 하는 것은 인터넷신문의 내용을 심사·선별하여 사전에 통제하기 위한 규정이 명백하므로 헌법 제21조 제2항에 위배된다.

06

혼인과 가족생활의 보호에 대한 설명으로 옳지 않은 것은?

① 1세대 3주택 이상에 해당하는 주택에 대하여 양도소득세 중과세를 규정하고 있는 구 「소득세법」 조항이 혼인이나 가족생활을 근거로 부부 등 가족이 있는 자를 혼인하지 아니한 자 등에 비하여 차별 취급하는 것이라면 비례의 원칙에 의한 심사에 의하여 정당화되지 않는 한 헌법 제36조 제1항에 위반된다.

② 입법자는 계속적·포괄적 생활공동체, 당사자의 의사와 관계없는 친족 등 신분관계의 형성과 확장가능성, 구성원 상호간의 이타적 유대관계의 성격이나 상호신뢰·협력의 중요성, 시대와 사회의 변화에 따른 공동체의 다양성 증진 및 인식·기능의 변화 등을 두루 고려하여, 사회의 기초단위이자 구성원을 보호하고 부양하는 자율적 공동체로서의 가족의 순기능이 더욱 고양될 수 있도록 혼인과 가정을 보호해야 한다.

③ 혼인한 남성 등록의무자는 본인의 직계존·비속의 재산을 등록하도록 하면서, 개정 전 「공직자윤리법」 조항에 따라 이미 재산등록을 한 혼인한 여성 등록의무자에게만 배우자의 직계존·비속의 재산을 등록하도록 예외를 규정한 「공직자윤리법」 부칙조항은 성별에 의한 차별금지 및 혼인과 가족생활에서의 양성의 평등을 천명하고 있는 헌법에 정면으로 위배되는 것으로 그 목적의 정당성을 발견할 수 없다.

④ 입양신고 시 신고사건 본인이 시·읍·면에 출석하지 아니하는 경우에는 신고사건 본인의 신분증명서를 제시하도록 한 「가족관계의 등록 등에 관한 법률」 해당 조항 전문 중 '신고 사건 본인의 주민등록증·운전면허증·여권, 그 밖에 대법원규칙으로 정하는 신분증명서를 제시하거나' 부분은 입양신고서의 기재사항은 일방 당사자의 신분증명서를 가지고 있다면 손쉽게 가족관계증명서를 발급받아 알 수 있어 진정한 입양의 합의가 존재한다는 점을 담보할 수 없으므로 입양당사자의 가족생활의 자유를 침해한다.

07

거주·이전의 자유에 대한 설명으로 옳은 것은?

① 법인이 과밀억제권역 내에 본점의 사업용 부동산으로 건축물을 신축하여 이를 취득하는 경우 취득세를 중과세하는 구「지방세법」해당 조항 본문 중 "본점의 사업용 부동산을 취득하는 경우"에 관한 부분은 인구유입이나 경제력집중 효과에 관한 판단을 전적으로 배제한 것이므로 거주·이전의 자유를 침해한다.

② 법무부령이 정하는 금액 이상의 추징금을 납부하지 아니한 자의 출국을 금지할 수 있도록 한 「출입국관리법」조항은 거주·이전의 자유 중 출국의 자유를 제한하는 것은 아니다.

③ 지방병무청장으로 하여금 병역준비역에 대하여 27세를 초과하지 않는 범위에서 단기 국외여행을 허가하도록 한 구「병역의무자 국외여행 업무처리 규정」해당 조항 중 '병역준비역의 단기 국외여행 허가기간을 27세까지로 정한 부분'은 27세가 넘은 병역준비역인 청구인의 거주·이전의 자유를 침해한다.

④ 구「도시 및 주거환경정비법」제40조 제1항 본문이 수용개시일까지 토지 등의 인도의무를 정하는 「공익사업을 위한 토지 등의 취득 및 보상에 관한 법률」제43조를 주거용 건축물 소유자에 준용하는 부분은 청구인들의 거주·이전의 자유를 침해한다고 볼 수 없다.

08

대통령의 국가긴급권에 대한 설명으로 옳지 않은 것은?

① 대통령은 국가의 안위에 관계되는 중대한 교전상태에 있어서 국가를 보위하기 위하여 긴급한 조치가 필요하고 국회의 집회가 불가능한 때에 한하여 법률의 효력을 가지는 명령을 발할 수 있다.

② 대통령은 전시·사변 또는 이에 준하는 국가비상사태에 있어서 병력으로써 군사상의 필요에 응하거나 공공의 안녕질서를 유지할 필요가 있을 때에는 법률이 정하는 바에 의하여 계엄을 선포할 수 있다.

③ 「계엄법」상 대통령은 전시·사변 또는 이에 준하는 국가비상사태 시 사회질서가 교란되어 일반 행정기관만으로는 치안을 확보할 수 없는 경우에 공공의 안녕질서를 유지하기 위하여 비상계엄을 선포한다.

④ 대통령은 내우·외환·천재·지변 또는 중대한 재정·경제상의 위기에 있어서 국가의 안전보장 또는 공공의 안녕질서를 유지하기 위하여 긴급한 조치가 필요하고 국회의 집회를 기다릴 여유가 없을 때에 한하여 최소한으로 필요한 재정·경제상의 처분을 하거나 이에 관하여 법률의 효력을 가지는 명령을 발할 수 있다.

09

부담금에 대한 설명으로 옳은 것은?

① 텔레비전방송수신료는 공영방송사업이라는 특정한 공익사업의 경비조달에 충당하기 위하여 수상기를 소지한 특정집단에 대하여 부과되는 특별부담금에 해당하여 조세나 수익자부담금과는 구분된다.

②「한강수계 상수원수질개선 및 주민지원 등에 관한 법률」이 규정한 '물사용량에 비례한 부담금'은 수도요금과 구별되는 별개의 금전으로서 한강수계로부터 취수된 원수를 정수하여 직접 공급받는 최종 수요자라는 특정 부류의 집단에만 강제적·일률적으로 부과되는 것으로서 사용료에 해당한다.

③「개발이익환수에 관한 법률」상 개발부담금은 '부담금'으로서「국세기본법」이나「지방세기본법」에서 나열하는 국세나 지방세의 목록에 빠져 있으며, 실질적으로 투기방지와 토지의 효율적인 이용 및 개발이익에 관한 사회적 갈등을 조정하기 위해 정책적 측면에서 도입된 유도적·조정적 성격을 가지는 특별부담금이다.

④ 영화관 관람객이 입장권 가액의 100분의 3을 부담하도록 하고 영화관 경영자는 이를 징수하여 영화진흥위원회에 납부하도록 강제하는 내용의 영화상영관 입장권 부과금 제도는, 영화예술의 질적 향상과 한국영화 및 영화·비디오물산업의 진흥·발전의 토대를 구축하도록 유도하는 유도적 부담금이다.

10

처분(적) 법률 및 개별사건법률에 대한 설명으로 옳지 않은 것은?

① 개별사건법률금지의 원칙은 "법률은 일반적으로 적용되어야지 어떤 개별사건에만 적용되어서는 아니된다"는 법원칙으로서 헌법상의 평등원칙에 근거하고 있는 것으로 풀이된다.

② 폐지대상인「세무대학설치법」자체가 이미 처분법률에 해당하는 것이라고 하더라도, 이를 폐지하는 법률도 당연히 그에 상응하여 처분법률의 형식을 띨 수밖에 없는 것은 아니다.

③ 주식회사 연합뉴스를 국가기간뉴스통신사로 지정하고 이에 대한 재정지원 등을 규정한「뉴스통신 진흥에 관한 법률」제10조 등은 연합뉴스사를 바로 법률로써 국가기간뉴스통신사로 지정하는 처분적 법률에 해당한다.

④ 개별사건법률의 위헌 여부는, 그 형식만으로 가려지는 것이 아니라, 나아가 평등의 원칙이 추구하는 실질적 내용이 정당한지 아닌지를 따져야 비로소 가려진다.

11

공무담임권에 대한 설명으로 옳지 않은 것은?

① 공무담임권의 보호영역에는 공직취임의 기회의 자의적인 배제뿐 아니라, 공무원 신분의 부당한 박탈까지 포함되는 것이라고 할 것인데, 전자는 후자보다 당해 국민의 법적 지위에 미치는 영향이 더욱 크다.

② 공무담임권의 보호영역에는 일반적으로 공직취임의 기회보장, 신분박탈, 직무의 정지가 포함되는 것일 뿐, 특별한 사정도 없이 여기서 더 나아가 공무원이 특정의 장소에서 근무하는 것 또는 특정의 보직을 받아 근무하는 것을 포함하는 일종의 '공무수행의 자유'까지 그 보호영역에 포함된다고 보기는 어렵다.

③ 판사와 검사의 임용자격을 각각 변호사 자격이 있는 자로 제한하는「법원조직법」제42조 제2항과「검찰청법」제29조 제2호는 변호사시험과 별도로 판·검사 교육후보자로 선발하는 시험 및 국가가 실시하는 교육과정을 거쳐 판·검사로 임용되는 별개의 제도를 도입하지 않았다 하여 공무담임권을 침해하였다고 볼 수 없다.

④ 공무원이 금고 이상의 형의 집행유예 판결을 받은 경우 당연퇴직하도록 규정한 구「지방공무원법」조항 중 해당 부분은 과잉금지원칙에 위배되어 공무담임권을 침해한다고 볼 수 없다.

12

영장주의에 대한 설명으로 옳지 않은 것은?

① 「형의 집행 및 수용자의 처우에 관한 법률」 제41조 제2항 중 '미결수용자의 접견내용의 녹음·녹화'에 관한 부분에 따라 접견내용을 녹음·녹화하는 것은 직접적으로 물리적 강제력을 수반하는 강제처분에 해당되므로 영장주의에 위배된다.

② 긴급체포한 피의자를 구속하고자 할 때에는 48시간 이내에 구속영장을 청구하되, 그렇지 않은 경우 사후 영장청구 없이 피의자를 즉시 석방하도록 한 「형사소송법」 제200조의4제1항 및 제2항은 헌법상 영장주의에 위반되지 아니한다.

③ 피청구인 김포시장이 2015년 7월 3일 피청구인 김포경찰서장에게 피의자인 청구인들의 이름, 생년월일, 전화번호, 주소를 제공한 행위는 영장주의가 적용되지 않는다.

④ 체포영장을 집행하는 경우 필요한 때에는 타인의 주거 등에서 피의자 수사를 할 수 있도록 한 「형사소송법」 제216조 제1항 제1호 중 제200조의2에 관한 부분은 체포영장이 발부된 피의자가 타인의 주거 등에 소재할 개연성은 소명되나, 수색에 앞서 영장을 발부받기 어려운 긴급한 사정이 인정되지 않는 경우에도 영장 없이 피의자 수색을 할 수 있다는 것이므로 영장주의에 위반된다.

13

신뢰보호원칙과 소급입법금지원칙에 대한 설명으로 옳지 않은 것은? (다툼이 있는 경우 헌법재판소 판례에 의함)

① 법률의 제정이나 개정 시 구법질서에 대한 당사자의 신뢰가 합리적이고도 정당하며 법률의 제정이나 개정으로 야기되는 당사자의 손해가 극심하여 새로운 입법으로 달성하고자 하는 공익적 목적이 그러한 당사자의 신뢰의 파괴를 정당화할 수 없다면, 그러한 새로운 입법은 신뢰보호원칙상 허용될 수 없다.

② 조세법의 영역에 있어서는 국가가 조세·재정정책을 탄력적·합리적으로 운용할 필요성이 매우 큰 만큼, 조세에 관한 법규·제도는 신축적으로 변할 수밖에 없다는 점에서 납세의무자로서는 구법질서에 의거한 신뢰를 바탕으로 적극적으로 새로운 법률관계를 형성하였다든지 하는 특별한 사정이 없는 한 원칙적으로 현재의 세법이 변함없이 유지되리라고 기대하거나 신뢰할 수는 없다.

③ 신법이 피적용자에게 유리한 경우에는 이른바 시혜적 소급입법이 가능하지만, 그러한 소급입법을 할 것인가의 여부는 그 일차적인 판단이 입법기관에 맡겨져 있다.

④ 부당환급받은 세액을 징수하는 근거규정인 개정조항을 개정된 법 시행 후 최초로 환급세액을 징수하는 분부터 적용하도록 규정한 「법인세법」 부칙 제9조는, 개정 후 「법인세법」의 시행 이전에 결손금 소급공제 대상 중소기업이 아닌 법인이 결손금 소급공제로 법인세를 환급받은 경우에도 개정조항을 적용할 수 있도록 규정하고 있다고 하더라도 이미 종결한 과세요건사실에 소급하여 적용할 수 있도록 하는 것은 아니므로, 진정소급입법에 해당하지 않는다.

14

적법절차원칙에 대한 설명으로 옳지 않은 것은?

① 강제퇴거명령을 받은 사람을 보호할 수 있도록 하면서 보호기간의 상한을 마련하지 아니한 「출입국관리법」 제63조 제1항은 적법절차원칙에 위배된다.

② 토지 등 소유자의 100분의 30이상이 정비예정구역의 해제를 요청하는 경우 특별시장 등 해제권자로 하여금 지방도시계획위원회의 심의를 거쳐 정비예정구역의 지정을 해제할 수 있도록 한 구 「도시 및 주거환경정비법」 조항 중 '정비예정구역'에 관한 부분은 토지등 소유자에게는 정비계획의 입안을 제안할 수 있는 방법이 없는 점 등을 종합적으로 고려하면 적법절차원칙에 위반된다.

③ 치료감호 가종료 시 3년의 보호관찰이 시작되도록 한 「치료감호 등에 관한 법률」 조항은 3년의 보호관찰기간 종료 전이라도 6개월마다 치료감호의 종료 여부 심사를 치료감호심의위원회에 신청할 수 있고, 그 신청에 관한 치료감호심의위원회의 기각결정에 불복하는 경우 행정소송을 제기하여 법관에 의한 재판을 받을 수 있다는 점 등을 고려하면 적법절차원칙에 반하지 않는다.

④ 수사기관 등이 전기통신사업자에게 이용자의 성명 등 통신자료의 열람이나 제출을 요청할 수 있도록 한 「전기통신사업법」 제83조 제3항 중 '검사 또는 수사관서의 장(군수사기관의 장을 포함한다), 정보수사기관의 장의 수사, 형의 집행 또는 국가안전보장에 대한 위해 방지를 위한 정보수집을 위한 통신자료 제공요청'에 관한 부분은 통신자료 취득에 대한 사후통지절차를 두지 않아 적법절차원칙에 위배된다.

15

재산권에 대한 설명으로 옳지 않은 것은?

① 「가축전염병 예방법」에 따른 가축의 살처분으로 인한 재산권의 제약은 가축의 소유자가 수인해야 하는 사회적 제약의 범위에 속하나, 권리자에게 수인의 한계를 넘어 가혹한 부담이 발생하는 예외적인 경우에는 이를 완화하는 보상규정을 두어야 하고, 그 방법에 관하여는 입법자에게 광범위한 형성의 자유가 부여된다.

② 광업권자는 도로 등 일정한 장소에서는 관할 관청의 허가나 소유자 또는 이해관계인의 승낙이 없으면 광물을 채굴할 수 없도록 규정한 구 「광업법」 조항은 이미 형성된 구체적인 재산권을 공익을 위하여 개별적·구체적으로 박탈하거나 제한하는 것으로서 보상을 요하는 헌법 제23조 제3항의 수용·사용 또는 제한을 규정한 것이다.

③ 의료급여기관이 「의료법」 제33조 제2항을 위반하였다는 사실을 수사기관의 수사결과로 확인한 경우 시장·군수·구청장으로 하여금 해당 의료급여기관이 청구한 의료급여비용의 지급을 보류할 수 있도록 규정한 「의료급여법」 조항 중 '의료법 제33조 제2항'에 관한 부분은 과잉금지원칙에 반하여 의료급여기관 개설자의 재산권을 침해한다.

④ 토지구획정리사업에 있어 학교교지를 환지처분의 공고가 있은 다음 날에 국가 등에 귀속되게 하되, 유상으로 귀속되도록 한 구 「토지구획정리사업법」 제63조 중 '학교교지'에 관한 부분은 과잉금지원칙에 위배되어 사업시행자의 재산권을 침해한다고 할 수 없다.

16

지방자치에 대한 설명으로 옳지 않은 것은?

① 지방자치제도의 보장은 지방자치단체에 의한 자치행정을 일반적으로 보장한다는 것뿐이고, 마치 국가가 영토고권을 가지는 것과 마찬가지로 지방자치단체에게 자신의 관할구역 내에 속하는 영토·영해·영공을 자유로이 관리하고 관할구역 내의 사람과 물건을 독점적·배타적으로 지배할 수 있는 권리가 부여되어 있다고 할 수는 없다.

② 개정된 구「지방자치법」의 취지와 공유수면과 매립지의 성질상 차이 등을 종합하여 볼 때, 신생 매립지는 구「지방자치법」제4조 제3항에 따라 같은 조 제1항이 처음부터 배제되어 종전의 관할구역과의 연관성이 단절되고, 행정자치부장관의 결정이 확정됨으로써 비로소 관할 지방자치단체가 정해지며, 그 전까지 해당 매립지는 어느 지방자치단체에도 속하지 않는다.

③ 집회 또는 시위를 하기 위하여 인천애(愛)뜰 중 잔디마당과 그 경계 내 부지에 대한 사용허가 신청을 한 경우 인천광역시장이 이를 허가할 수 없도록 제한하는 「인천애뜰의 사용 및 관리에 관한 조례」는 「지방자치법」에 근거하여 인천광역시가 인천애뜰의 사용 및 관리에 필요한 사항을 규율하기 위하여 제정되었으므로 법률유보원칙에 위배되지 않는다.

④ 조례의 제정권자인 지방의회는 선거를 통해서 그 지역적인 민주적 정당성을 지니고 있는 주민의 대표기관이고, 헌법이 지방자치단체에 대해 포괄적인 자치권을 보장하고 있다고 하더라도, 자치조례에 대한 법률의 위임 역시 법규명령에 대한 법률의 위임과 같이 반드시 구체적으로 범위를 정하여 하여야 하며 포괄적인 위임은 허용되지 아니한다.

17

「헌법재판소법」제68조 제1항의 헌법소원심판에 대한 설명으로 옳은 것은?

① 권리보호이익은 소송제도에 필연적으로 내재하는 요청으로 헌법소원제도의 목적상 필수적인 요건이라고 할 것이어서, 헌법소원심판청구의 적법요건 중의 하나로 권리보호이익을 요구하는 것이 청구인의 재판을 받을 권리를 침해한다고 볼 수는 없다.

② 기본권침해의 직접성이란 집행행위에 의하지 아니하고 법률 그 자체에 의하여 자유의 제한, 의무의 부과, 권리 또는 법적 지위의 박탈이 생긴 경우를 말하므로, 법규범이 정하고 있는 법률효과가 구체적으로 발생함에 있어 사인의 행위를 요건으로 하고 있다면 직접성이 인정되지 아니한다.

③ 「헌법재판소법」제68조 제1항의 헌법소원심판은 청구인의 구체적인 기본권 침해와 무관하게 법률 등 공권력이 헌법에 합치하는지 여부를 추상적으로 심판하고 통제하는 절차이다.

④ 피청구인 방송통신심의위원회는 공권력행사의 주체인 국가행정기관이고, 정보통신서비스제공자는 조치결과 통지의무 등을 부담하지만, 시정요구에 따르지 않을 경우 제재수단이 없으므로 피청구인이 2019년 2월 11일 주식회사 ○○ 외 9개 정보통신서비스제공자 등에 대하여 895개 웹사이트에 대한 접속차단의 시정을 요구한 행위는 헌법소원심판의 대상이 되는 공권력 행사에 해당하지 않는다.

18

감사원에 대한 설명으로 옳지 않은 것은?

① 감사원은 「국가공무원법」과 그 밖의 법령에 규정된 징계 사유에 해당하거나 정당한 사유 없이 「감사원법」에 따른 감사를 거부하거나 자료의 제출을 게을리한 공무원에 대하여 그 소속 장관 또는 임용권자에게 징계를 요구할 수 있다.

② 감사원의 감찰사항 중에는 「정부조직법」 및 그 밖의 법률에 따라 설치된 행정기관의 사무와 그에 소속한 공무원의 직무가 포함되며, 여기서 말하는 공무원에는 국회·법원 및 헌법재판소에 소속한 공무원은 제외된다.

③ 헌법에 의하면 감사원은 법률에 저촉되지 아니하는 범위 안에서 회계검사·직무감찰에 관한 규칙을 제정할 수 있으며, 법령의 범위 안에서 감사에 관한 절차, 감사원의 내부규율과 사무처리에 관한 규칙을 제정할 수 있다.

④ 감사원은 필요하다고 인정하거나 국무총리의 요구가 있는 경우에는 「민법」 또는 「상법」 외의 다른 법률에 따라 설립되고 그 임원의 전부 또는 일부나 대표자가 국가 또는 지방자치단체에 의하여 임명되거나 임명 승인되는 단체 등의 회계를 검사할 수 있다.

19

「국회법」상 국회의원 및 국회의 운영에 대한 설명으로 옳지 않은 것은?

① 국회의원은 그 직무 외에 영리를 목적으로 하는 업무에 종사할 수 없지만, 국회의원 본인 소유의 토지·건물 등의 재산을 활용한 임대업 등 영리업무를 하는 경우로서 국회의원 직무수행에 지장이 없는 경우에는 그러하지 아니하다.

② 보임(補任)되거나 개선(改選)된 상임위원의 임기는 전임자 임기의 남은 기간으로 한다.

③ 위원회에서의 질의는 일문일답의 방식으로 하지만, 위원장의 허가가 있는 경우 일괄질의의 방식으로 한다.

④ 본회의는 공개하지만, 국회의장의 제의 또는 국회의원 10명 이상의 연서에 의한 동의로 본회의 의결이 있거나 국회의장이 각 교섭단체 대표의원과 협의하여 국가의 안전보장을 위하여 필요하다고 인정할 때에는 공개하지 아니할 수 있다.

20

국회에 대한 설명으로 옳지 않은 것은?

① 의안에 대한 수정동의를 규정하고 있는 「국회법」 제95조 제5항 본문의 문언, 입법취지, 입법경과를 종합적으로 고려하면, 위원회의 심사를 거쳐 본회의에 부의된 법률안의 취지 및 내용과 직접 관련이 있는지 여부는 '원안에서 개정하고자 하는 조문에 관한 추가, 삭제 또는 변경으로서, 원안에 대한 위원회의 심사절차에서 수정안의 내용까지 심사할 수 있었는지 여부'를 기준으로 판단하는 것이 타당하다.

② '회기결정의 건'에 대하여 무제한토론이 실시되면, 무제한토론이 '회기결정의 건'의 처리 자체를 봉쇄하는 결과가 초래되며, 이는 당초 특정 안건에 대한 처리 자체를 불가능하게 하는 것이 아니라 처리를 지연시키는 수단으로 도입된 무제한토론의 취지에 반할 뿐만 아니라, 「국회법」 제7조에도 정면으로 위반된다.

③ 위원회 위원의 의사에 반하는 개선(改選)을 허용한다면, 직접 국회의원이 자유위임원칙에 따라 정당이나 교섭단체의 의사와 달리 표결하거나 독자적으로 의안을 발의하거나 발언하는 것을 금지하게 된다.

④ 국회의장이 국회의 의사를 원활히 운영하기 위하여 상임위원회의 구성원인 위원의 선임 및 개선에 있어 교섭단체대표의원과 협의하고 그의 '요청'에 응하는 것은 국회운영에 있어 본질적인 요소라고 아니할 수 없다.

21

권한쟁의심판에 대한 설명으로 옳지 않은 것은?

① 장래처분에 대한 권한쟁의심판은 원칙적으로 허용되지 아니하나, 그 장래처분이 확실하게 예정되어 있고 그로 인해 청구인의 권한을 사전에 보호해 주어야 할 필요성이 큰 경우에만 예외적으로 허용된다.

② 문화재청 및 문화재청장은 「정부조직법」에 의하여 행정각부 장의 하나인 문화체육관광부 장관 소속으로 설치된 기관 및 기관장으로서 권한쟁의심판의 당사자능력이 인정된다.

③ 권한쟁의심판의 당사자능력은 헌법에 의하여 설치된 국가기관에 한정하여 인정하는 것이 타당하므로, 국가경찰위원회에게는 권한쟁의심판의 당사자능력이 인정되지 아니한다.

④ 안건조정위원회 위원장은 「국회법」상 소위원회의 위원장으로서 헌법 제111조 제1항 제4호 및 「헌법재판소법」 제62조 제1항 제1호의 '국가기관'에 해당한다고 볼 수 없으므로 권한쟁의심판의 당사자가 될 수 없다.

22

법원에 대한 설명으로 옳은 것은?

① 재판의 심리와 판결은 국가의 안전보장 또는 안녕질서를 방해하거나 선량한 풍속을 해할 염려가 있을 때에는 법원의 결정으로 공개하지 아니할 수 있다.

② 법원이 양형기준을 벗어난 판결을 하는 경우에는 판결서에 양형의 이유를 적어야 하며, 약식절차 또는 즉결심판절차에 따라 심판하는 경우에도 그러하다.

③ 헌법과 법률이 정하는 법관에 의하여 법률에 의한 재판을 받을 권리는 모든 사건에 대하여 대법원을 구성하는 법관에 의한 균등한 재판을 받을 권리 또는 상고심 재판을 받을 권리를 의미하는 것이다.

④ 과거 3년 이내의 당원 경력을 법관임용 결격사유로 정한 「법원조직법」 해당 조항 중 '당원의 신분을 상실한 날부터 3년이 경과되지 아니한 사람'에 관한 부분과 같이 과거 3년 이내의 모든 당원 경력을 법관 임용 결격사유로 정하는 것은 과잉금지원칙에 반하여 공무담임권을 침해한다.

23

대법원에 대한 설명으로 옳지 않은 것은?

① 대법원장과 대법관이 아닌 법관의 임기는 10년으로 하며, 법률이 정하는 바에 의하여 연임할 수 있다.

② 대법관회의는 대법관 전원의 과반수 출석과 출석인원 3분의 2 이상의 찬성으로 의결하며, 의장은 의결에서 표결권을 가지고, 가부동수일 때에는 결정권을 가진다.

③ 대법원장이 궐위되거나 부득이한 사유로 직무를 수행할 수 없을 때에는 선임대법관이 그 권한을 대행한다.

④ 대법원에 대법원장을 포함한 14명의 대법관을 두며, 법률이 정하는 바에 의하여 대법관이 아닌 법관을 둘 수 있다.

24

헌법재판에 대한 설명으로 옳지 않은 것은?

① 헌법재판소는 제청된 법률 또는 법률 조항의 위헌 여부만을 결정하지만, 법률 조항의 위헌결정으로 인하여 해당 법률 전부를 시행할 수 없다고 인정될 때에는 그 전부에 대하여 위헌결정을 할 수 있다.

② 위헌으로 결정된 형벌에 관한 법률 또는 법률의 조항은 소급하여 그 효력을 상실하지만, 해당 법률 또는 법률의 조항에 대하여 종전에 합헌으로 결정한 사건이 있는 경우에는 그 결정이 있는 날로 소급하여 효력을 상실한다.

③ 「헌법재판소법」 제68조 제1항에 따른 헌법소원을 인용함에 있어 헌법재판소는 공권력의 행사 또는 불행사가 위헌인 법률 또는 법률의 조항에 기인한 것이라고 인정될 때에는 인용결정에서 해당 법률 또는 법률의 조항이 위헌임을 선고할 수 있다.

④ 헌법재판소의 심판비용은 국가부담으로 한다. 다만, 당사자의 신청에 의한 증거조사의 비용은 헌법재판소 규칙으로 정하는 바에 따라 그 신청인에게 부담시킬 수 있다.

25

대통령령, 총리령 및 부령에 대한 설명으로 옳은 것은?

① 헌법은 대통령령안과 총리령안은 국무회의 심의사항으로 명시하고 있으나 부령안은 그러하지 아니하다.

② 헌법 제95조는 부령에의 위임근거를 마련하면서 헌법 제75조와 같이 '구체적으로 범위를 정하여'라는 문구를 사용하고 있지 않으므로, 법률의 위임에 의한 대통령령에 가해지는 헌법상의 제한은 법률의 위임에 의한 부령의 경우에는 적용되지 않는다.

③ 「법령 등 공포에 관한 법률」에 따르면 대통령령, 총리령 및 부령은 특별한 규정이 없으면 공포한 날부터 30일이 경과함으로써 효력을 발생한다.

④ 위임입법의 내용에 관한 헌법적 한계는 그 수범자가 누구냐에 따라 입법권자에 대한 한계와 수권법률에 의해 법규명령을 제정하는 수임자에 대한 한계로 구별할 수 있으며, 법률의 우위원칙에 따른 위임입법의 내용적 한계는 후자에 속한다.

13회 | 2024 서울시 · 지방직 7급

01

정당에 대한 설명으로 옳지 않은 것은?

① 정당의 법적 성격은 일반적으로 사적·정치적 결사 내지는 법인격 없는 사단으로 파악되고 있지만, 국민의 정치적 의사형성에 중간 매개체적 역할을 수행하고 있으므로 공권력 행사의 주체가 될 수 있다.

② 정당해산심판의 사유 중 민주적 기본질서에 위배된다는 것은 민주사회의 불가결한 요소인 정당의 존립을 제약해야 할 만큼 그 정당의 목적이나 활동이 우리 사회의 민주적 기본질서에 대하여 실질적인 해악을 끼칠 수 있는 구체적 위험성을 초래하는 경우를 의미한다.

③ 헌법재판소의 해산결정에 의해 해산된 정당의 잔여재산은 국고에 귀속되나, 정당이 자진해산한 경우 잔여재산은 당헌이 정하는 바에 따라 처분하고, 처분되지 않은 재산은 국고에 귀속된다.

④ 헌법재판소의 위헌정당 해산결정으로 해산된 정당 소속의 국회의원의 의원직은 당선방식을 불문하고 모두 상실되어야 하나, 위헌정당 소속 비례대표지방의회의원은 의원직을 유지한다.

02

재산권에 대한 설명으로 옳지 않은 것은?

① 건강보험수급권은 보험사고로 초래되는 재산상 부담을 전보하여 주는 경제적 유용성을 가지므로 헌법상 재산권의 보호범위에 속한다고 볼 수 있다.

② 재산권의 제한에 대하여는 재산권 행사의 대상이 되는 객체가 지닌 사회적인 연관성과 사회적 기능이 크면 클수록 입법자에 의한 보다 광범위한 제한이 허용되며, 개별 재산권이 갖는 자유보장적 기능, 즉 국민 개개인의 자유실현의 물질적 바탕이 되는 정도가 강할수록 엄격한 심사가 이루어져야 한다.

③ 헌법 제23조 제3항에서는 공공필요에 따른 재산권의 수용을 허용하고 있지만, 그 수용의 주체는 국가 등의 공적 기관에 한정된다고 보아야 하므로 사인(私人)인 민간개발자는 공용수용의 주체가 될 수 없다.

④ 헌법 제23조 제3항에 따른 재산권의 수용·사용 또는 제한은 국가가 구체적인 공적 과제를 수행하기 위하여 이미 형성된 구체적인 재산적 권리를 전면적 또는 부분적으로 박탈하거나 제한하는 것을 의미한다.

03

평등권 또는 평등원칙에 대한 설명으로 옳지 않은 것은?

① 법정형의 종류와 범위를 정함에 있어서 고려해야 할 사항 중 가장 중요한 것은 당해 범죄의 보호법익과 죄질로서, 보호법익이 다르면 법정형의 내용이 다를 수 있고 보호법익이 같지만 죄질이 다를 경우 법정형의 내용이 달라질 수는 없다.

② 과거 전통적으로 남녀의 생활관계가 일정한 형태로 형성되어 왔다는 사실이나 관념에 기인하는 차별, 즉 성역할에 관한 고정관념에 기초한 차별은 허용되지 않는다.

③ 내국인등 지역가입자와 달리 외국인 지역가입자가 보험료를 체납한 경우에는 다음 달부터 곧바로 보험급여를 제한하는 「국민건강보험법」 조항은, 외국인 지역가입자에 대하여 체납횟수와 경제적 사정 등을 전혀 고려하지 않고 예외 없이 1회의 보험료 체납사실만으로도 보험급여를 제한하고 있어 외국인 지역가입자의 평등권을 합리적 이유 없이 침해한다.

④ 특별시장·광역시장·특별자치시장·도지사·특별자치도지사 선거의 예비후보자를 후원회지정권자에서 제외하고 있는 「정치자금법」 조항은 이들 예비후보자의 평등권을 침해한다.

04

사생활의 비밀과 자유에 대한 설명으로 옳지 않은 것은?

① 금융감독원의 4급 이상 직원에 대하여 사유재산에 관한 정보인 재산사항을 등록하도록 한 「공직자윤리법」의 재산등록 조항은, 그들의 비리유혹을 억제하고 업무집행의 투명성을 확보하여 국민의 신뢰를 제고하며 궁극적으로 금융기관의 검사 및 감독이라는 공적 업무에 종사하는 금융감독원 직원의 책임성을 확보하려는 것으로 그 공익이 중대하므로, 사생활의 비밀과 자유를 침해하지 않는다.

② 특정인의 사생활 등을 조사하는 일을 업으로 하는 행위를 금지한 것은 이를 업으로 하려는 자의 사생활의 자유를 제한하는 것이다.

③ 성기구의 판매 행위를 제한할 경우 성기구를 사용하려는 소비자는 성기구를 구하는 것이 불가능하거나 매우 어려워 결국 성기구를 이용하여 성적 만족을 얻으려는 사람의 은밀한 내적 영역에 대한 기본권인 사생활의 비밀과 자유가 제한된다고 볼 수 있다.

④ 공판정에서 진술을 하는 피고인·증인 등도 인간으로서의 존엄과 가치를 가지며, 사생활의 비밀과 자유를 침해받지 아니할 권리를 가지고 있으므로, 본인이 비밀로 하고자 하는 사적인 사항이 일반에 공개되지 아니하고 자신의 인격적 징표가 타인에 의하여 일방적으로 이용당하지 아니할 권리가 있다.

05

집회의 자유에 대한 설명으로 옳지 않은 것은?

① 누구든지 중앙선거관리위원회의 경계 지점으로부터 100 미터 이내의 장소에서는 옥외집회 또는 시위를 하여서는 아니 된다.

② 「집회 및 시위에 관한 법률」이 옥외집회와 옥내집회를 구분하는 이유는, 옥외집회의 경우 외부세계, 즉 다른 기본권의 주체와 직접적으로 접촉할 가능성으로 인하여 옥내집회와 비교할 때 법익충돌의 위험성이 크다는 점에서 집회의 자유의 행사방법과 절차에 관하여 보다 자세하게 규율할 필요가 있기 때문이다.

③ 헌법 제21조 제2항에서 규정한 집회의 허가제 금지는 헌법 자체에서 직접 집회의 자유에 대한 제한의 한계를 명시한 것이므로 기본권 제한에 관한 일반적 법률유보조항인 헌법 제37조 제2항에 앞서서, 우선적이고 제1차적인 위헌심사기준이 되어야 한다.

④ 집회의 금지와 해산은 집회의 자유를 보다 적게 제한하는 다른 수단, 즉 조건을 붙여 집회를 허용하는 가능성을 모두 소진한 후에 비로소 고려될 수 있는 최종적인 수단이다.

06

헌법상 영토와 평화통일에 대한 설명으로 옳지 않은 것은?

① 대한민국의 영토에 관한 조항은 1948년 헌법 당시부터 존재하였다.

② '남북사이의 화해와 불가침 및 교류·협력에 관한 합의서'는 남북관계를 "나라와 나라 사이의 관계가 아닌 통일을 지향하는 과정에서 잠정적으로 형성되는 특수관계"임을 전제로 하여 이루어진 합의문서인바, 이는 한민족공동체 내부의 특수관계를 바탕으로 한 당국간의 합의로서 남북당국의 성의있는 이행을 상호 약속하는 일종의 공동성명 또는 신사협정에 준하는 성격을 가짐에 불과하다.

③ 대한민국의 영해는 기선으로부터 측정하여 그 바깥쪽 12해리의 선까지에 이르는 수역으로 하나, 대통령령으로 정하는 바에 따라 일정수역의 경우에는 12해리 이내에서 영해의 범위를 따로 정할 수 있다.

④ 조선인을 부친으로 하여 출생한 자는 북한법의 규정에 따라 북한국적을 취득하여 중국 주재 북한대사관으로부터 북한의 해외공민증을 발급받은 경우라도, 대한민국 국적을 취득하기 위해서는 일정한 요건을 갖추어 국적회복절차를 거쳐야 한다.

07

기본권제한의 일반원칙에 대한 설명으로 옳지 않은 것은?

① 오늘날 법률유보원칙은 단순히 행정작용이 법률에 근거를 두기만 하면 충분한 것이 아니라, 국가공동체와 그 구성원에게 기본적이고도 중요한 의미를 갖는 영역, 특히 국민의 기본권실현에 관련된 영역에 있어서는 행정에 맡길 것이 아니라 국민의 대표자인 입법자 스스로 그 본질적 사항에 대하여 결정하여야 한다는 요구까지 내포하는 것으로 이해하여야 한다.

② 개별사건법률은 개별사건에만 적용되는 것이므로 원칙적으로 평등원칙에 위배되는 자의적인 규정이라는 강한 의심을 불러일으키지만, 위헌 여부는 그 형식만으로 가려지는 것이 아니라, 나아가 평등의 원칙이 추구하는 실질적 내용이 정당한지 아닌지를 따져야 비로소 가려진다.

③ 기본권제한에 관한 법률유보의 원칙은 '법률에 근거한 규율'을 요청하는 것이 아니라 '법률에 의한 규율'을 요청하는 것이므로, 기본권의 제한의 형식은 반드시 법률의 형식이어야 한다.

④ 법문언이 해석을 통해서, 즉 법관의 보충적인 가치판단을 통해서 그 의미내용을 확인해 낼 수 있고, 그러한 보충적 해석이 해석자의 개인적인 취향에 따라 좌우될 가능성이 없다면 명확성의 원칙에 반한다고 할 수 없다.

08

명령·규칙에 대한 위헌·위법심사에 대한 설명으로 옳지 않은 것은?

① 명령·규칙이 헌법이나 법률에 위반되는 여부가 재판의 전제가 된 경우에는 대법원은 이를 최종적으로 심사할 권한을 가진다.

② 대법원은 명령 또는 규칙이 헌법이나 법률에 위반된다고 인정하는 경우, 대법관 전원의 3분의 2 이상의 합의체에서 재판하여야 한다.

③ 행정소송에 대한 대법원판결에 의하여 명령·규칙이 헌법 또는 법률에 위반된다는 것이 확정된 경우에는 대법원은 지체없이 그 사유를 행정안전부장관에게 통보하여야 한다.

④ 대법원규칙은 「헌법재판소법」 제68조 제2항에 따른 헌법소원심판의 대상이 된다.

09

법치주의에 대한 설명으로 옳지 않은 것은?

① 수신료 징수업무를 지정받은 자가 수신료를 징수하는 때, 그 고유업무와 관련된 고지행위와 결합하여 이를 행해서는 안 된다고 규정한 「방송법 시행령」 조항은 수신료의 구체적인 고지방법에 관한 규정인바, 이를 법률에서 직접 정하지 않았다고 하여 의회유보원칙에 위반된다고 볼 수 없다.

② 민사법규는 행위규범의 측면이 강조되는 형벌법규와는 달리 기본적으로는 재판법규의 측면이 훨씬 강조되므로, 사회현실에 나타나는 여러 가지 현상에 관하여 일반적으로 흠결 없이 적용될 수 있도록 보다 추상적인 표현을 사용하는 것이 상대적으로 더 가능하다.

③ 새로운 법령에 의한 신뢰이익의 침해는 새로운 법령이 과거의 사실 또는 법률관계에 소급적용되는 경우에 한하여 문제되는 것은 아니고, 과거에 발생하였지만 완성되지 않고 진행 중인 사실 또는 법률관계 등을 새로운 법령이 규율함으로써 종전에 시행되던 법령의 존속에 대한 신뢰이익을 침해하게 되는 경우에도 신뢰보호의 원칙이 적용될 수 있다.

④ 교육제도 법정주의는 교육의 영역에서 본질적이고 중요한 결정은 입법자에게 유보되어야 한다는 의회유보의 원칙을 규정한 것으로 학교제도에 관한 포괄적인 국가의 규율권한을 부여한 것으로 볼 수는 없다.

10

기초자치단체의 자치사무에 대한 광역지방자치단체의 감사에 대한 설명으로 옳지 않은 것은?

① 광역지방자치단체가 기초지방자치단체의 자치사무에 대한 감사에 착수하기 위해서는 자치사무에 관하여 특정한 법령위반행위가 확인되었거나 위법행위가 있었으리라는 합리적 의심이 가능한 경우이어야 하고 그 감사대상을 특정하여야 한다.

② 광역지방자치단체가 기초지방자치단체의 자치사무에 대한 감사에 착수하기 위해서는 법령에 따른 사전조사와 관계없이 감사대상 지방자치단체에게 특정된 감사대상을 사전에 통보할 것까지 요구된다.

③ 지방자치단체의 자치사무에 관한 한 기초지방자치단체는 광역지방자치단체와 대등하고 상이한 권리주체에 해당하고, 광역지방자치단체의 기초지방자치단체에 대한 감사는 상이한 법인격 주체 사이의 감독권의 행사로서 외부적 효과를 가지는 통제에 해당한다고 보아야 한다.

④ 당초 특정된 감사대상과 관련성이 인정되는 것으로서 당해 절차에서 함께 감사를 진행하더라도 감사대상 지방자치단체가 절차적인 불이익을 받을 우려가 없고, 해당 감사대상을 적발하기 위한 목적으로 감사가 진행된 것으로 볼 수 없는 사항에 대하여는 감사대상의 확장 내지 추가가 허용된다.

11

기본권의 제3자적 효력(기본권의 대사인적 효력)에 대한 설명으로 옳지 않은 것은?

① 헌법상의 기본권은 제1차적으로 개인의 자유로운 영역을 공권력의 침해로부터 보호하기 위한 방어적 권리이지만 다른 한편으로 헌법의 기본적인 결단인 객관적인 가치질서를 구체화한 것으로서, 사법을 포함한 모든 법 영역에 그 영향을 미치는 것이므로 사인간의 사적인 법률관계도 헌법상의 기본권 규정에 적합하게 규율되어야 한다.

② 기본권 규정은 그 성질상 사법관계에 직접 적용될 수 있는 예외적인 것을 제외하고는 사법상의 일반원칙을 규정한 「민법」 제2조(신의성실), 제103조(반사회질서의 법률행위), 제750조(불법행위의 내용), 제751조(재산 이외의 손해의 배상) 등의 내용을 형성하고 그 해석 기준이 되어 간접적으로 사법관계에 효력을 미치게 된다.

③ 사적 단체를 포함하여 사회공동체 내에서 개인이 성별에 따른 불합리한 차별을 받지 아니하고 자신의 희망과 소양에 따라 다양한 사회적·경제적 활동을 영위하는 것은 그 인격권 실현의 본질적 부분에 해당하므로 평등권이라는 기본권의 침해도 「민법」 제750조(불법행위의 내용)의 일반규정을 통하여 사법상 보호되는 인격적 법익침해의 형태로 구체화되어 논하여질 수 있지만, 그 위법성 인정을 위하여는 사인간의 평등권 보호에 관한 별개의 입법이 있어야 한다.

④ 사적 단체는 사적 자치의 원칙 내지 결사의 자유에 따라 그 단체의 형성과 조직, 운영을 자유롭게 할 수 있으므로, 사적 단체가 그 성격이나 목적에 비추어 그 구성원을 성별에 따라 달리 취급하는 것이 일반적으로 금지된다고 할 수는 없다.

12

행정각부에 대한 설명으로 옳지 않은 것은?

① 행정각부의 장인 국무위원에 대한 국회의 해임건의는 국회재적의원 3분의 1 이상의 발의에 의하여 국회재적의원 과반수의 찬성이 있어야 한다.

② 행정각부의 장은 소관사무에 관하여 법률의 위임이나 직권으로 부령을 발할 수 있으나, 대통령령의 위임으로는 부령을 발할 수 없다.

③ 「정부조직법」상 국가의 행정사무로서 다른 중앙행정기관의 소관에 속하지 아니하는 사무는 행정안전부장관이 이를 처리한다.

④ 행정각부는 중앙행정기관의 하나이지만, 모든 중앙행정기관이 행정각부에 속하는 것은 아니다.

13

대통령에 대한 설명으로 옳지 않은 것은?

① 대통령선거에서 대통령후보자가 1인일 때에는 그 득표수가 선거권자 총수의 3분의 1 이상이 아니면 대통령으로 당선될 수 없다.

② 대통령은 계엄을 선포한 때에는 지체없이 국회에 통고하여야 하며, 국회가 재적의원 과반수의 출석과 출석의원 3분의 2 이상의 찬성으로 계엄의 해제를 요구한 때에는 대통령은 이를 해제하여야 한다.

③ 대통령은 국회의 동의를 얻어 감사원장을 임명하고, 감사원장의 제청으로 국회의 동의를 거치지 아니하고 감사위원을 임명한다.

④ 대통령의 국법상 행위는 문서로써 하며, 이 문서에는 국무총리와 관계 국무위원이 부서한다.

14

국정감사 및 국정조사에 대한 설명으로 옳지 않은 것은?

① 국회는 재적의원 4분의 1 이상의 요구가 있는 때에는 특별위원회 또는 상임위원회로 하여금 국정의 특정사안에 관하여 국정조사를 하게 한다.

② 지방자치단체에 대한 국정감사는 특별시·광역시·도의 국가위임사무에 한정된다.

③ 국회는 국정전반에 관하여 소관 상임위원회별로 매년 정기회 집회일 이전에 국정감사 시작일부터 30일 이내의 기간을 정하여 감사를 실시하지만, 본회의 의결로 정기회 기간 중에 감사를 실시할 수 있다.

④ 국회는 감사 또는 조사 결과 위법하거나 부당한 사항이 있을 때에는 그 정도에 따라 정부 또는 해당 기관에 변상, 징계조치, 제도개선, 예산조정 등 시정을 요구하고, 정부 또는 해당 기관에서 처리함이 타당하다고 인정되는 사항은 정부 또는 해당 기관에 이송한다.

15

권한쟁의심판의 적법성에 대한 설명으로 옳지 않은 것은?

① 권한쟁의심판 청구인이 법률안 심의·표결권의 주체인 국가기관으로서의 국회의원 자격으로 권한쟁의심판을 청구하였다가 심판절차 계속 중 사망한 경우, 그에 관련된 권한쟁의심판절차는 수계된다.

② 권한쟁의 심판청구는 피청구인의 처분 또는 부작위가 헌법 또는 법률에 의하여 부여받은 청구인의 권한을 침해하였거나 침해할 현저한 위험이 있는 때에 한하여 이를 할 수 있는데, 여기서 처분이란 법적 중요성을 지닌 것에 한하는 것으로, 청구인의 법적 지위에 구체적으로 영향을 미칠 가능성이 있는 행위여야 한다.

③ 권한쟁의심판은 그 사유가 있음을 안 날부터 60일 이내에, 그 사유가 있는 날부터 180일 이내에 청구하여야 하나, 장래처분이 확실하게 예정되어 있고, 장래처분에 의한 권한침해 위험성이 있음을 이유로 예외적으로 허용되는 경우에는 청구기간의 제한이 적용되지 않는다.

④ 지방자치단체는 기관위임사무의 집행에 관한 권한의 존부 및 범위에 관한 권한분쟁을 이유로 기관위임사무를 집행하는 국가기관 또는 다른 지방자치단체의 장을 상대로 권한쟁의심판청구를 할 수 없다.

16

국회의 인사청문회제도에 대한 설명으로 옳은 것은?

① 대법원장·헌법재판소장·국무총리·국무위원·감사원장 및 대법관 후보자에 대한 인사청문 요청이 있는 경우 실시하는 인사청문회는 국회 인사청문특별위원회에서 실시한다.

② 대통령당선인은 대통령 임기 시작 전에 국무총리 후보자를 지명할 수 있으며, 이 경우 국회의장에게 인사청문의 실시를 요청하여야 한다.

③ 국무총리, 감사원장, 대법원장, 헌법재판소장은 국회의 동의를 얻어 대통령이 임명하는데, 인사청문회에서 부동의로 보고를 하면 임명동의안은 부결된다.

④ 대통령이 임명하는 헌법재판소 재판관, 중앙선거관리위원회 위원, 국무위원, 방송통신위원회 위원장, 국가정보원장 등 공직후보자에 대한 인사청문 요청으로 인사청문회가 실시되는 경우, 대통령은 국회 인사청문회의 결정에 구속된다.

17

국회에 대한 설명으로 옳지 않은 것은?

① 국회가 선출하여 임명된 헌법재판소 재판관 중 공석이 발생한 경우, 국회는 공정한 헌법재판을 받을 권리의 보장을 위하여 공석인 재판관의 후임자를 선출하여야 할 구체적 작위의무를 부담한다.

② 국회의원의 국민대표성을 중시하는 입장에서도 특정 정당에 소속된 국회의원이 정당기속 내지는 교섭단체의 결정(소위 '당론')에 위반하는 정치활동을 한 이유로 제재를 받는 경우, 국회의원 신분을 상실하게 할 수는 없으나 "정당내부의 사실상의 강제" 또는 소속 "정당으로부터의 제명"은 가능하다고 보고 있다.

③ 팩스로 제출이 시도되었던 법률안의 접수가 완료되지 않아 동일한 법률안을 제출하기 전에 철회 절차가 필요 없다고 보는 것은 발의된 법률안을 철회하는 요건을 정한 「국회법」 제90조에 반하지 않는다.

④ 국회의장은 국회의원의 체포동의를 요청받은 후 처음 개의하는 본회의에 이를 보고하고, 본회의에 보고된 때부터 24시간 이후 72시간 이내에 표결하여야 하나, 체포동의안이 72시간 이내에 표결되지 아니하는 경우에는 그 체포동의안은 부결된 것으로 본다.

18

헌법재판소의 심판절차에 대한 설명으로 옳은 것은?

① 헌법재판소장은 헌법재판소에 재판관 3명으로 구성되는 지정재판부를 두어 위헌법률심판과 헌법소원심판의 사전심사를 담당하게 할 수 있다.

② 위헌법률심판 및 「헌법재판소법」 제68조 제2항에 따른 헌법소원심판에서 내린 결정은 재심의 대상이 된다.

③ 재판관에게 공정한 심판을 기대하기 어려운 사정이 있는 경우 당사자는 기피신청을 할 수 있으나, 변론기일에 출석하여 본안에 관한 진술을 한 때에는 그러하지 아니하다.

④ 위헌법률심판의 경우에는 위헌결정에만, 헌법소원심판의 경우에도 인용결정에만, 권한쟁의심판의 경우에도 인용결정에만 기속력이 인정된다.

19

예산에 대한 설명으로 옳지 않은 것은?

① 헌법상 정부는 회계연도마다 예산안을 편성하여 회계연도개시 90일 전까지 국회에 제출하고, 국회는 회계연도 개시 30일 전까지 이를 의결하여야 한다.

② 정부는 예산안을 국회에 제출한 후 부득이한 사유로 인하여 그 내용의 일부를 수정하고자 하는 때에는 국무회의의 심의를 거쳐 대통령의 승인을 얻은 수정예산안을 국회에 제출할 수 있다.

③ 국회가 의결한 예산 또는 국회의 예산안 의결은 「헌법재판소법」 제68조 제1항 소정의 공권력의 행사에 해당하므로 헌법소원의 대상이 된다.

④ 국회의장은 예산안과 결산을 소관 상임위원회에 회부할 때에는 심사기간을 정할 수 있으며, 상임위원회가 이유 없이 그 기간 내에 심사를 마치지 아니한 때에는 이를 바로 예산결산특별위원회에 회부할 수 있다.

20

사법권에 대한 설명으로 옳지 않은 것은?

① 국정감사 또는 국정조사는 개인의 사생활을 침해하거나 계속 중인 재판 또는 수사 중인 사건의 소추에 관여할 목적으로 행사되어서는 아니 된다.

② 사법권의 독립은 재판상의 독립, 즉 법관이 재판을 함에 있어서 오직 헌법과 법률에 의하여 그 양심에 따라 할 뿐, 어떠한 외부적인 압력이나 간섭도 받지 않는다는 것으로, 재판의 독립을 위해 법관의 신분보장도 차질 없이 이루어져야 함을 의미하지 않는다.

③ 대법원장의 임기는 6년으로 하며, 중임할 수 없다.

④ 법관이 법관징계위원회의 징계처분에 대하여 불복하려는 경우에는 징계등 처분이 있음을 안 날부터 14일 이내에 전심 절차를 거치지 아니하고 대법원에 징계등 처분의 취소를 청구하여야 한다.

MEMO

2025
윤우혁 헌법 합격보장 1개년 기출문제집

해설편

01	④	02	②	03	⑤	04	②	05	①
06	②	07	①	08	④	09	③	10	②
11	④	12	①	13	①	14	⑤	15	④
16	②	17	③	18	③	19	③	20	⑤

01
정답 ④

① [○] 그외 대통령직선, 양원제규정(실시되지는 못함)을 하였다.

② [○] 형벌불소급의 예외를 인정하였다.

③ [○] 제3공화국은 대법원이 위헌법률심판과 위헌정당해산을 담당했고, 탄핵심판위원회가 탄핵을 담당하였다.

④ [×] 제7차 개정헌법(1972년 개헌)에서는 6년 임기의 통일주체국민회의 대의원을 국민의 직접선거에 의하여 선출하고, 통일주체국민회의는 국회의원 정수 3분의 1에 해당하는 수의 국회의원을 선거하였다.

⑤ [○] 그 외 무죄추정원칙, 적정임금을 규정하였다.

02
정답 ②

① [○] 국적법 제12조

② [×]

> **국적법 제15조(외국 국적 취득에 따른 국적 상실)** ① 대한민국의 국민으로서 자진하여 외국 국적을 취득한 자는 그 외국 국적을 취득한 때에 대한민국 국적을 상실한다.
> ② 대한민국의 국민으로서 다음 각 호의 어느 하나에 해당하는 자는 그 외국 국적을 취득한 때부터 6개월 내에 법무부장관에게 대한민국 국적을 보유할 의사가 있다는 뜻을 신고하지 아니하면 그 외국 국적을 취득한 때로 소급(遡及)하여 대한민국 국적을 상실한 것으로 본다.
> 1. 외국인과의 혼인으로 그 배우자의 국적을 취득하게 된 자
> 2. 외국인에게 입양되어 그 양부 또는 양모의 국적을 취득하게 된 자
> 3. 외국인인 부 또는 모에게 인지되어 그 부 또는 모의 국적을 취득하게 된 자
> 4. 외국 국적을 취득하여 대한민국 국적을 상실하게 된 자의 배우자나 미성년의 재(子)로서 그 외국의 법률에 따라 함께 그 외국 국적을 취득하게 된 자
> ③ 외국 국적을 취득함으로써 대한민국 국적을 상실하게 된 자에 대하여 그 외국 국적의 취득일을 알 수 없으면 그가 사용하는 외국 여권의 최초 발급일에 그 외국 국적을 취득한 것으로 추정한다.

③ [○] 헌재 2020.2.27. 2017헌바434

④ [○] 헌재 2020.9.24. 2016헌마889

⑤ [○] 헌재 2016.7.28. 2014헌바421

03
정답 ⑤

① [○] 헌재 2013.9.26. 2013헌가15

② [○] 직상 수급인의 임금지급의무 불이행을 처벌하도록 하는 것이 입법목적의 달성에 필요한 범위를 넘는 지나친 규

제라고 할 수 없다. 또한 이 사건 법률조항에 따라 처벌을 받게 되는 직상 수급인의 불이익이 이 사건 법률조항을 통하여 달성하려는 공익보다 우월하다고 할 수도 없다. 따라서 이 사건 법률조항은 과잉금지원칙에 위배된다고 볼 수 없다.(헌재 2014.4.24. 2013헌가12)

③ [○] 2년의 전제가 없으면 포괄위임금지원칙 위반인데 그 후 법이 개정되어 '2년 이내의 범위에서 대통령령이 정하는 바에 따라' 라는 단서가 붙으면 예측가능하므로 위헌이 아니다.

④ [○] 요양기관이 그 피용자를 관리·감독할 주의의무를 다하였다고 하더라도, 보험급여비용이 요양기관에게 일단 귀속되었고 그 요양기관이 사위 기타 부당한 방법으로 보험급여비용을 지급받은 이상 부당이득반환의무가 있다는 것이므로 책임주의원칙에 어긋난다고 볼 수 없다.(헌재 2011.6.30. 2010헌바375)

⑤ [×] 형벌에 관한 책임주의는 형사법의 기본원리로서, 헌법상 법치국가의 원리에 내재하는 원리인 동시에, 헌법 제10조의 취지로부터 도출되는 원리이다. 그런데 이 사건 심판대상조항은 법인이 고용한 종업원 등의 범죄행위에 관하여 비난할 근거가 되는 법인의 의사결정 및 행위구조, 즉 종업원 등이 저지른 행위의 결과에 대한 법인의 독자적인 책임에 관하여 전혀 규정하지 않은 채, 단순히 법인이 고용한 종업원 등이 업무에 관하여 범죄행위를 하였다는 이유만으로 법인에 대하여 형사처벌을 과하고 있는바, 이는 다른 사람의 범죄에 대하여 그 책임 유무를 묻지 않고 형벌을 부과함으로써 법치국가의 원리 및 죄형법정주의로부터 도출되는 책임주의원칙에 반하여 헌법에 위반된다.(헌재 2010.9.30. 2010헌가19)

04
정답 ②

① [○] 심판대상조항은 이미 종료된 사실·법률관계가 아니라, 현재 진행 중인 사실관계, 즉 특정경유자동차에 배출가스저감장치를 부착하여 운행하고 있는 소유자에 대하여 심판대상조항의 신설 또는 개정 이후에 '폐차나 수출 등을 위한 자동차등록의 말소'라는 별도의 요건사실이 충족되는 경우에 배출가스저감장치를 반납하도록 한 것으로서 부진정소급입법에 해당하며, 이 조항이 신설되기 전에 이미 배출가스저감장치를 부착하였던 소유자들이 자동차 등록 말소 후 경제적 잔존가치가 있는 장치의 사용 및 처분에 관한 신뢰를 가졌다고 하더라도, 위와 같은 공익의 중요성이 더 크다고 할 것이므로, 이 조항이 신뢰보호원칙을 위반하여 재산권을 침해한다고 보기도 어렵다.(헌재 2019.12.27. 2015헌바45)

② [×] 개정법조항은 구법조항에서 5년으로 정하고 있던 임차인의 계약갱신요구권 행사 기간을 10년으로 연장하였고, 이 사건 부칙조항은 개정법조항을 개정법 시행 후 갱신되는 임대차에도 적용한다고 규정하고 있으며, '개정법 시행 후 갱신되는 임대차'에는 구법조항에 따른 의무임대차기간이 경과하여 임대차가 갱신되지 않고 기간만료 등으로 종료되는 경우는 제외되고 구법조항에 따르더라도 여전히 갱신될

수 있는 경우만 포함되므로, 이 사건 부칙조항은 아직 진행 과정에 있는 사안을 규율대상으로 하는 부진정소급입법에 해당한다. … 이 사건 부칙조항은 신뢰보호원칙에 위배되어 임대인인 청구인들의 재산권을 침해한다고 볼 수 없다.(헌재 2021.10.28. 2019헌마106)

③ [○] 이 사건 부칙조항은 이미 발생하여 이행기에 도달한 퇴직연금수급권의 내용을 변경함이 없이 이 사건 부칙조항의 시행 이후의 법률관계, 다시 말해 장래에 이행기가 도래하는 퇴직연금수급권의 내용을 변경함에 불과하므로, 진정소급입법에는 해당하지 아니한다. 따라서 소급입법에 의한 재산권 침해는 문제될 여지가 없다.(헌재 2016.6.30. 2014헌바365) [합헌]

④ [○] 1945.8.9. 이후 성립된 거래를 전부 무효로 한 재조선미국육군사령부군정청 법령 제2호 제4조 본문과 1945.8.9. 이후 일본 국민이 소유하거나 관리하는 재산을 1945.9.25.자로 전부 미군정청이 취득하도록 정한 재조선미국육군사령부군정청 법령 제33호 제2조 전단 중 '일본 국민'에 관한 부분은 진정소급입법이지만 헌법 제13조 제2항에 반하지 않는다.(헌재 2021.1.28. 2018헌바88)

⑤ [○] 1억원 이상의 벌금형을 선고하는 경우 노역장유치기간의 하한을 정한 형법 제70조 제2항은 과잉금지원칙에 반하여 청구인들의 신체의 자유를 침해하지 않는다. 노역장유치조항을 시행일 이후 최초로 공소제기되는 경우부터 적용하도록 한 형법 부칙 제2조 제1항은 형벌불소급원칙에 위반된다.(헌재 2017.10.26. 2015헌바239)
형벌불소급원칙에서 의미하는 '처벌'은 형법에 규정되어 있는 형식적 의미의 형벌 유형에 국한되지 않으며, 범죄행위에 따른 제재의 내용이나 실제적 효과가 형벌적 성격이 강하여 신체의 자유를 박탈하거나 이에 준하는 정도로 신체의 자유를 제한하는 경우에는 형벌불소급원칙이 적용되어야 한다. 노역장유치는 그 실질이 신체의 자유를 박탈하는 것으로서 징역형과 유사한 형벌적 성격을 가지고 있으므로 형벌불소급원칙의 적용대상이 된다. 그런데 부칙조항은 노역장유치조항의 시행 전에 행해진 범죄행위에 대해서도 공소제기의 시기가 노역장유치조항의 시행 이후이면 이를 적용하도록 하고 있으므로, 이는 범죄행위 당시보다 불이익한 법률을 소급적용하도록 하는 것으로서 헌법상 형벌불소급원칙에 위반된다.

05
정답 ①

① [×] 조례와 정관에 대해서는 포괄위임금지원칙이 적용되지 않는다.

② [○] ④ [○] 1차 TV수신료 사건(헌재 1999.5.27. 98헌바70) [헌법불합치(잠정적용)]
오늘날 법률유보원칙은 단순히 행정작용이 법률에 근거를 두기만 하면 충분한 것이 아니라, 국가공동체와 그 구성원에게 기본적이고도 중요한 의미를 갖는 영역, 특히 국민의 기본권 실현과 관련된 영역에 있어서는 국민의 대표자인 입법자가 그 본질적 사항에 대해서 스스로 결정하여야 한다는

요구까지 내포하고 있다.(의회유보원칙)
2차 TV수신료 사건(헌재 2008.2.28. 2006헌바70)[합헌]
위 불합치결정의 취지에 따라 현행 방송법은 수신료의 금액은 한국방송공사의 이사회에서 심의·의결한 후 방송위원회를 거쳐 국회의 승인을 얻도록 규정하고 있으며, … 징수업무를 한국방송공사가 직접 수행할 것인지의 문제는 본질적 사항이 아니고 … 수신료의 부과·징수에 관한 본질적인 요소들은 방송법에 모두 규정되어 있다고 할 것이다. 따라서 법률유보의 원칙에 위배되지 아니한다.

③ [○] 법외노조 통보는 적법하게 설립된 노동조합의 법적 지위를 박탈하는 중대한 침익적 처분으로서 원칙적으로 국민의 대표자인 입법자가 스스로 형식적 법률로써 규정하여야 할 사항이고, 행정입법으로 이를 규정하기 위하여는 반드시 법률의 명시적이고 구체적인 위임이 있어야 한다. 그런데 노동조합 및 노동관계조정법 시행령(이하 '노동조합법 시행령'이라 한다) 제9조 제2항은 법률의 위임 없이 법률이 정하지 아니한 법외노조 통보에 관하여 규정함으로써 헌법상 노동3권을 본질적으로 제한하고 있으므로 그 자체로 무효이다. 구체적인 이유는 아래와 같다.
법외노조 통보는 이미 법률에 의하여 법외노조가 된 것을 사후적으로 고지하거나 확인하는 행위가 아니라 그 통보로써 비로소 법외노조가 되도록 하는 형성적 행정처분이다. 이러한 법외노조 통보는 단순히 노동조합에 대한 법률상 보호만을 제거하는 것에 그치지 않고 헌법상 노동3권을 실질적으로 제약한다. 그런데 노동조합 및 노동관계조정법(이하 '노동조합법'이라 한다)은 법상 설립요건을 갖추지 못한 단체의 노동조합 설립신고서를 반려하도록 규정하면서도, 그보다 더 침익적인 설립 후 활동 중인 노동조합에 대한 법외노조 통보에 관하여는 아무런 규정을 두고 있지 않고, 이를 시행령에 위임하는 명문의 규정도 두고 있지 않다. 더욱이 법외노조 통보 제도는 입법자가 반성적 고려에서 폐지한 노동조합 해산명령 제도와 실질적으로 다를 바 없다. 결국 노동조합법 시행령 제9조 제2항은 법률이 정하고 있지 아니한 사항에 관하여, 법률의 구체적이고 명시적인 위임도 없이 헌법이 보장하는 노동3권에 대한 본질적인 제한을 규정한 것으로서 법률유보원칙에 반한다.(대판 2020.9.3. 2016두32992 전원합의체)

⑤ [○] 대판 2018.8.30. 2016두60591

06
정답 ②

① [×] 국가공무원법은 공무원의 보수 등에 관하여 이른바 '근무조건 법정주의'를 규정하고 있다. … 공무원이 국가를 상대로 실질이 보수에 해당하는 금원의 지급을 구하려면 공무원의 '근무조건 법정주의'에 따라 국가공무원령 등 공무원의 보수에 관한 법률에 지급근거가 되는 명시적 규정이 존재하여야 하고, 나아가 해당 보수 항목이 국가예산에도 계상되어 있어야만 한다.(헌재 2016.8.25. 2013두14610)

② [○] 초·중등학교의 교육공무원이 정치단체(명확성 위반)의 결성에 관여하거나 이에 가입하는 행위를 금지한 국가공

무원법 제65조 제1항 중 '국가공무원법 제2조 제2항 제2호의 교육공무원 가운데 초·중등교육법 제19조 제1항의 교원은 그 밖의 정치단체의 결성에 관여하거나 이에 가입할 수 없다.' 부분은 청구인들의 정치적 표현의 자유 및 결사의 자유를 침해한다.(헌재 2020.4.23. 2018헌마551)

초·중등학교의 교육공무원이 정당의 발기인 및 당원이 될 수 없도록 규정한 정당법 제22조 제1항 단서 제1호 본문 중 국가공무원법 제2조 제2항 제2호의 교육공무원 가운데 초·중등교육법 제19조 제1항의 교원에 관한 부분 및 초·중등학교의 교육공무원이 정당의 결성에 관여하거나 이에 가입하는 행위를 금지한 국가공무원법 제65조 제1항 중 '국가공무원법 제2조 제2항 제2호의 교육공무원 가운데 초·중등교육법 제19조 제1항의 교원은 정당의 결성에 관여하거나 이에 가입할 수 없다.' 부분은 청구인들의 정당가입의 자유 등을 침해하지 않는다

③ [×] 헌법상 군무원은 국민의 구성원으로서 정치적 표현의 자유를 보장받지만, 위와 같은 특수한 지위로 인하여 국가공무원으로서 헌법 제7조에 따라 그 정치적 중립성을 준수하여야 할 뿐만 아니라, 나아가 국군의 구성원으로서 헌법 제5조 제2항에 따라 그 정치적 중립성을 준수할 필요성이 더욱 강조되므로, 정치적 표현의 자유에 대해 일반 국민보다 엄격한 제한을 받을 수밖에 없다.(헌재 2018.4.26. 2016헌마611)

④ [×] 국가공무원법 제66조 제1항 본문 중 '그 밖에 공무 외의 일을 위한 집단행위' 부분은 명확성원칙에 위반되지 않고 표현의 자유를 침해하지 않는다.(헌재 2020.4.23. 2018헌마550)

공무원이 집단적으로 정치적 의사표현을 하는 경우에는 이것이 공무원이라는 집단의 이익을 대변하기 위한 것으로 비춰질 수 있으며, 정치적 중립성의 훼손으로 공무의 공정성과 객관성에 대한 신뢰를 저하시킬 수 있다. 따라서 이 사건 조항이 정치적 표현행위를 포함하여 공무원의 집단행위를 제한하더라도 이것이 표현의 자유에 대한 과도한 제한이라고 볼 수 없다.

나아가 공무원의 집단적인 정치적 표현행위가 공익을 표방한다고 하여도 우리나라의 정치 현실상 정치적 편향성에 대한 의심을 제거하기가 어려운 것이 사실이므로, 공익을 표방하는 공무원의 집단적인 정치적 표현행위는 심판대상조항의 적용이 배제되는 '공익'을 위한 행위에 포함된다고 볼 수는 없다. 따라서 이 사건 조항은 표현의 자유를 침해하지 아니한다.

⑤ [×] 법관의 명예퇴직수당액에 대하여 정년 잔여기간만을 기준으로 하지 아니하고 임기 잔여기간을 함께 반영하여 산정하도록 한 것이 합리적인 이유 없이 동시에 퇴직하는 법관들을 자의적으로 차별하는 것으로서 평등원칙에 위배된다고 볼 수 없다.(대판 2016.5.24. 2013두14863)

07 정답 ①

ㄱ. [×] 등록대상자조항으로 인하여 침해되는 사익은 크지 않은 반면, 그로 인해 달성되는 성폭력범죄자의 재범 방지 및 사회 방위의 공익이 매우 중요한 것임은 명백하므로 법익의

균형성이 인정된다. 따라서 등록대상자조항은 과잉금지원칙을 위반하여 청구인의 개인정보자기결정권을 침해하지 않는다.(헌재 2020.6.25. 2019헌마699)

ㄴ. [○] 헌재 2015.3.26. 2013헌마517

ㄷ. [○] 보안관찰처분대상자가 교도소 등에서 출소한 후 7일 이내에 출소사실을 신고하도록 정한 구 보안관찰법 제6조 제1항 전문 중 출소 후 신고의무에 관한 부분 및 이를 위반할 경우 처벌하도록 정한 보안관찰법 제27조 제2항 중 구 보안관찰법 제6조 제1항 전문 가운데 출소 후 신고의무에 관한 부분은 헌법에 위반되지 않는다.

변동신고조항 및 이를 위반할 경우 처벌하도록 정한 보안관찰법 제27조 제2항 중 제6조 제2항 전문에 관한 부분은 과잉금지원칙을 위반하여 청구인의 사생활의 비밀과 자유 및 개인정보자기결정권을 침해한다.(헌재 2021.6.24. 2017헌바479)

ㄹ. [×] 전과자 중 수용 중인 사람에 대하여만 이 사건 법률을 소급 적용하는 것은 입법형성권의 범위 내에 있으며, 법률 시행 전 이미 형이 확정되어 수용 중인 사람의 신뢰가치는 낮은 반면 재범의 가능성, 데이터베이스 제도의 실효성 추구라는 공익은 상대적으로 더 크다. 따라서 이 사건 부칙조항이 이 사건 법률 시행 전 형이 확정되어 수용 중인 사람의 신체의 자유 및 개인정보자기결정권을 과도하게 침해한다고 볼 수 없다.(헌재 2014.8.28. 2011헌마28)

ㅁ. [○] 헌재 2022.3.31. 2019헌바520

08 정답 ④

ㄱ. [×] 외국에서 형의 전부 또는 일부의 집행을 받은 자에 대하여 형을 감경 또는 면제할 수 있도록 규정한 형법 제7조는 이중처벌금지원칙에 위배되지 않지만, 신체의 자유를 침해한다.(헌재 2015.5.28. 2013헌바129) [헌법불합치(잠정적용)]

ㄴ. [×]

형벌	과거의 범죄에 대한 책임 형벌불소급원칙이 적용된다.	
보안처분	형벌적 보안처분 보호감호	실질적으로 형벌과 유사하므로 소급금지원칙이 적용된다. 다만 형벌과 병과해도 이중처벌이 아니며, 이미 선고한 보호감호는 사회보호법이 폐지되어도 집행 가능하다.
	비형벌적 보안처분 보안관찰 신상정보등록 전자장치 디엔에이 검사	침해가 경미하므로 소급적용이 가능하다. 형벌과 병과해도 이중처벌이 아니다.

ㄷ. [×] 출입국관리법은 보호기간의 제한, 보호명령서의 제시, 보호의 일시·장소 및 이유의 서면 통지 등 엄격한 사전적 절차규정을 마련하고 있고, 법무부장관에게 보호에 대한 이의신청을 할 수 있도록 하여 행정소송절차를 통한 구제가 가지는 한계를 충분히 보완하고 있다. 따라서 심판대상조항은 헌법 제12조 제6항의 요청을 충족한 것으로 청구인들의

신체의 자유를 침해하지 아니한다.(헌재 2014.8.28. 2012헌마 686)

ㄹ. [○] 강제퇴거명령을 받은 사람을 보호할 수 있도록 하면서 보호기간의 상한을 마련하지 아니한 출입국관리법 제63조 제1항은 과잉금지원칙 및 적법절차원칙에 위배되어 피보호자의 신체의 자유를 침해하는 것으로, 헌법에 합치되지 아니한다.(헌재 2023.3.23. 2020헌가1) [헌법불합치(잠정적용)]

[1] 과잉금지원칙 위반

심판대상조항은 강제퇴거대상자를 대한민국 밖으로 송환할 수 있을 때까지 보호시설에 인치·수용하여 강제퇴거명령을 효율적으로 집행할 수 있도록 함으로써 외국인의 출입국과 체류를 적절하게 통제하고 조정하여 국가의 안전과 질서를 도모하고자 하는 것으로, 입법목적의 정당성과 수단의 적합성은 인정된다.

그러나 보호기간의 상한을 두지 아니함으로써 강제퇴거대상자를 무기한 보호하는 것을 가능하게 하는 것은 보호의 일시적·잠정적 강제조치로서의 한계를 벗어나는 것이라는 점, … 등을 고려하면, 심판대상조항은 침해의 최소성과 법익균형성을 충족하지 못한다. 따라서 심판대상조항은 과잉금지원칙을 위반하여 피보호자의 신체의 자유를 침해한다.

[2] 적법절차원칙 위반

당사자에게 의견 및 자료 제출의 기회를 부여하는 것은 적법절차원칙에서 도출되는 중요한 절차적 요청이므로, 심판대상조항에 따라 보호를 하는 경우에도 피보호자에게 위와 같은 기회가 보장되어야 하나, 심판대상조항에 따른 보호명령을 발령하기 전에 당사자에게 의견을 제출할 수 있는 절차적 기회가 마련되어 있지 아니하다. 따라서 심판대상조항은 적법절차원칙에 위배되어 피보호자의 신체의 자유를 침해한다.

ㅁ. [×] 검찰수사관인 피청구인이 피의자신문에 참여한 변호인인 청구인에게 피의자 후방에 앉으라고 요구한 행위(이하 '이 사건 후방착석요구행위'라 한다)는 변호인인 청구인의 변호권을 침해한다.(헌재 2017.11.30. 2016헌마503)

(1) 이 사건 후방착석요구행위는 권력적 사실행위로서 헌법소원의 대상이 되는 공권력의 행사에 해당한다. 피청구인이 청구인에게 변호인 참여신청서의 작성을 요구한 행위는 비권력적 사실행위로서 헌법소원의 대상이 되는 공권력의 행사가 아니다.

(2) 변호인의 피의자신문 참여 운영 지침 제5조 제1항은 헌법소원의 대상이 되는 공권력의 행사가 아니다.

(3) 이 사건 후방착석요구행위에 대하여 형사소송법 제417조의 준항고로 다툴 수 있는지 여부가 불명확하므로, 보충성원칙의 예외가 인정된다. 이 사건 후방착석요구행위는 종료되었으나, 수사기관이 이 사건 지침에 근거하여 후방착석요구행위를 반복할 위험성이 있고, 변호인의 피의자신문참여권의 헌법적 성격과 범위를 확인하고 이를 제한하는 행위의 한계를 확정짓는 것은 헌법적 해명이 필요한 문제에 해당하므로, 심판이익을 인정할 수 있다.

(4) 제한되는 기본권(변호인의 변호권)

변호인의 피의자 및 피고인을 조력할 권리 중 그것이 보장되지 않으면 그들이 변호인의 조력을 받는다는 것이 유명무실하게 되는 핵심적인 부분은 헌법상 기본권으로서 보호되어야 한다.

형사절차에서 피의자신문의 중요성을 고려할 때, 변호인이 피의자신문에 자유롭게 참여할 수 있는 권리는 헌법상 기본권인 변호인의 변호권으로서 보호되어야 한다. 피의자신문시 변호인이 피의자의 옆에서 조력하는 것은 변호인의 피의자신문참여권의 주요부분이므로, 수사기관이 피의자신문에 참여한 변호인에 대하여 후방착석을 요구하는 행위는 변호인의 피의자신문참여를 제한함으로써 헌법상 기본권인 변호인의 변호권을 제한한다.

(5) 이 사건 후방착석요구행위는 기본권을 침해한다.

피의자신문에 참여한 변호인이 피의자 옆에 앉는다고 하여 피의자 뒤에 앉는 경우보다 수사를 방해할 가능성이 높아진다거나 수사기밀을 유출할 가능성이 높아진다고 볼 수 없으므로, 이 사건 후방착석요구행위의 목적의 정당성과 수단의 적절성을 인정할 수 없다.

이 사건 후방착석요구행위로 인하여 위축된 피의자가 변호인에게 적극적으로 조언과 상담을 요청할 것을 기대하기 어렵고, 변호인이 피의자의 뒤에 앉게 되면 피의자의 상태를 즉각적으로 파악하거나 수사기관이 피의자에게 제시한 서류등의 내용을 정확하게 파악하기 어려우므로, 이 사건 후방착석요구행위는 변호인인 청구인의 피의자신문참여권을 과도하게 제한한다. 그런데 이 사건에서 변호인의 수사방해나 수사기밀의 유출에 대한 우려가 없고, 조사실의 장소적 제약 등과 같이 이 사건 후방착석요구행위를 정당화할 그 외의 특별한 사정도 발견되지 아니하므로, 이 사건 후방착석요구행위는 침해의 최소성 요건을 충족하지 못한다.

09

ㄱ. [○] 헌재 2012.2.23. 2009헌바34

ㄴ. [×] 위 법률조항에서 말하는 '위험발생의 염려가 있는 압수물'이란 사람의 생명, 신체, 건강, 재산에 위해를 줄 수 있는 물건으로서 보관 자체가 대단히 위험하여 종국판결이 선고될 때까지 보관하기 매우 곤란한 압수물을 의미하는 것으로 보아야 하고, 이러한 사유에 해당하지 아니하는 압수물에 대하여는 설사 피압수자의 소유권포기가 있다 하더라도 폐기가 허용되지 아니한다고 해석하여야 한다. 피청구인은 이 사건 압수물을 보관하는 것 자체가 위험하다고 볼 수 없을 뿐만 아니라 이를 보관하는 데 아무런 불편이 없는 물건임이 명백함에도 압수물에 대하여 소유권포기가 있다는 이유로 이를 사건종결 전에 폐기하였는바, 위와 같은 피청구인의 행위는 적법절차의 원칙을 위반하고, 청구인의 공정한 재판을 받을 권리를 침해한 것이다.(헌재 2012.12.27. 2011헌마351)

ㄷ. [×] 법원에 의한 범죄인인도심사는 형사절차와 같은 전형적인 사법절차의 대상에 해당되지 않으며 법률에 의하여 인정된 특별한 절차이므로, 「범죄인인도법」이 범죄인인도심사를 서울고등법원의 전속관할인 단심제로 정하고 있더라도, 적법절차원칙에서 요구되는 합리성과 정당성을 결여한 것은 아니다. (헌재 2003.1.30. 2001헌바95)

ㄹ. [×] 피고인 스스로 치료감호를 청구할 수 있는 권리나, 법원으로부터 직권으로 치료감호를 선고받을 수 있는 권리는 헌법상 재판청구권의 보호범위에 포함되지 않는다. 공익의 대표자로서 준사법기관적 성격을 가지고 있는 검사에게만 치료감호 청구권한을 부여한 것은, 본질적으로 자유박탈적이고 침익적 처분인 치료감호와 관련하여 재판의 적정성 및 합리성을 기하기 위한 것이므로 적법절차원칙에 반하지 않는다. 그렇다면 이 사건 법률조항들은 재판청구권을 침해하거나 적법절차원칙에 반한다고 보기 어렵다. (헌재 2021.1.28. 2019헌가24)

10 정답 ②

① [○] 피청구인 육군훈련소장이 2019.6.2. 청구인들에 대하여 육군훈련소 내 종교 시설에서 개최되는 개신교, 불교, 천주교, 원불교 종교행사 중 하나에 참석하도록 한 행위는 청구인들의 종교의 자유를 침해한다. (헌재 2022.11.24. 2019헌마941) [인용]

(1) 이 사건 종교행사 참석조치는 국가의 종교에 대한 중립성을 위반하고, 국가와 종교의 밀접한 결합을 초래하여 정교분리원칙에 위배된다.

(2) 이 사건 종교행사 참석조치는 과잉금지원칙에 위배되어 청구인들의 종교의 자유를 침해한다.

② [×] 헌법 제20조 제1항은 양심의 자유와 별개로 종교의 자유를 따로 보장하고 있고, 이 사건 청구인 등의 대부분은 여호와의 증인 또는 카톨릭 신도로서 자신들의 종교적 신앙에 따라 병역의무를 거부하고 있으므로, 이 사건 법률조항에 의하여 이들의 종교의 자유도 함께 제한된다. 그러나 종교적 신앙에 의한 행위라도 개인의 주관적·윤리적 판단을 동반하는 것인 한 양심의 자유에 포함시켜 고찰할 수 있고, 앞서 보았듯이 양심적 병역거부의 바탕이 되는 양심상의 결정은 종교적 동기뿐만 아니라 윤리적·철학적 또는 이와 유사한 동기로부터도 형성될 수 있는 것이므로, 이 사건에서는 양심의 자유를 중심으로 기본권 침해 여부를 판단하기로 한다. (헌재 2011.8.30. 2008헌가22)

③ [○] 헌재 2017.7.27. 2015헌마1094

④ [○] 청구인은 종교단체가 양로시설을 설치하고자 하는 경우 신고하도록 의무를 부담시키는 심판대상조항이 노인들의 거주·이전의 자유 및 인간다운 생활을 할 권리를 침해한다고 주장하나, 심판대상조항은 종교단체에서 운영하는 양로시설도 일정규모 이상의 경우 신고하도록 한 규정일 뿐, 거주이전의 자유나 인간다운 생활을 할 권리의 제한을 불러온다고 볼 수 없다. 국가 또는 지방자치단체 외의 자가 양로시설을 설치하고자 하는 경우 신고하도록 한 노인복지법 조항으로 인하여, 종교시설에서 운영하는 양로시설이라고 하더라도 일정 규모 이상이라면 설치시 신고하도록 규정한 것은 죄형법정주의의 명확성원칙에 반하지 아니하고, 과잉금지원칙에 위배되어 종교의 자유를 침해하지 아니한다. (헌재 2016.6.30. 2015헌바46)

⑤ [○] 헌재 2016.5.26. 2014헌마45

11 정답 ④

ㄱ. [○] 진정소급입법은 원칙적으로 금지되고, 부진정소급입법은 원칙적으로 허용된다.

ㄴ. [×] 구 가축전염병예방법 제48조 제1항 위헌소원(헌재 2014.4.24. 2013헌바110)

(1) 살처분은 가축의 전염병이 전파가능성과 위해성이 매우 커서 타인의 생명, 신체나 재산에 중대한 침해를 가할 우려가 있는 경우 이를 막기 위해 취해지는 조치로서, 가축 소유자가 수인해야 하는 사회적 제약의 범위에 속한다.

(2) 살처분 보상금을 대통령령으로 정하도록 위임한 구 가축전염병예방법 제48조 제1항 제2호는 포괄위임입법금지원칙에 위배되지 않는다.

ㄷ. [○] 헌재 2022.10.27. 2019헌바44

ㄹ. [×] 청구인들의 영업활동은 원칙적으로 자신의 계획과 책임하에 행위하면서 법제도에 의하여 반사적으로 부여되는 기회를 활용한 것에 지나지 않는다 할 것이어서, 청구인들이 주장하는 영업권은 위 헌법조항들이 말하는 재산권의 범위에 속하지 아니하므로, 위 법률조항으로 인하여 청구인들의 재산권이 침해되었다거나, 소급입법에 의하여 재산권이 박탈되었다고 할 수 없다. (헌재 2000.7.20. 99헌마452)

12 정답 ①

ㄱ. [×] 법원이 직권으로 발부하는 영장은 명령장으로서의 성질을 갖지만, 수사기관의 청구에 의하여 발부하는 구속영장은 허가장으로서의 성질을 갖는다.

ㄴ. [○] 수거·폐기는 즉시강제이고, 즉시강제는 긴급성 때문에 영장주의와 적법절차원칙이 적용되지 않는다.

ㄷ. [×] 심판대상조항에 따른 법무부장관의 출국금지결정은 형사재판에 계속 중인 국민의 출국의 자유를 제한하는 행정처분일 뿐이고, 영장주의가 적용되는 신체에 대하여 직접적으로 물리적 강제력을 수반하는 강제처분이라고 할 수는 없다. 따라서 심판대상조항이 헌법 제12조 제3항의 영장주의에 위배된다고 볼 수 없다. (헌재 2015.9.24. 2012헌바302)

ㄹ. [×] 마약류 수용자에 대한 소변채취는 영장주의의 적용대상이 아니다. (헌재 2006.7.27. 2005헌마277) [기각]

(1) 교도소 수형자에게 소변을 받아 제출하게 한 것은 권력적 사실행위로서 헌법재판소법 제68조 제1항의 공권력의 행사에 해당한다.

(2) 청구인이 출소하여 소변채취의 침해행위가 종료되었다고 하더라도, 마약류 수형자에 대한 정기적인 소변채취

는 현재 및 앞으로 계속하여 반복적으로 행하여질 것이므로, 헌법적으로 그 해명이 중대한 의미를 가지고 있어 심판청구의 이익을 인정할 수 있다.

(3) 헌법 제12조 제3항의 영장주의는 법관이 발부한 영장에 의하지 아니하고는 수사에 필요한 강제처분을 하지 못한다는 원칙으로 소변을 받아 제출하도록 한 것은 교도소의 안전과 질서유지를 위한 것으로 수사에 필요한 처분이 아닐 뿐만 아니라 검사대상자들의 협력이 필수적이어서 강제처분이라고 할 수도 없어 영장주의의 원칙이 적용되지 않는다.

13
정답 ①

ㄱ. [○] 헌재 2020.5.27. 2017헌마867
ㄴ. [○] 심판대상조항은 입법목적을 달성하는 데 지장이 없는 선거운동방법, 즉 돈이 들지 않는 방법으로서 '후보자 간 경제력 차이에 따른 불균형 문제'나 '사회·경제적 손실을 초래할 위험성'이 낮은, 개별적으로 대면하여 말로 지지를 호소하는 선거운동까지 금지하고 처벌함으로써, 과잉금지원칙에 반하여 선거운동 등 정치적 표현의 자유를 과도하게 제한하고 있다. 결국 이 사건 선거운동기간조항 중 선거운동기간 전에 개별적으로 대면하여 말로 하는 선거운동에 관한 부분, 이 사건 처벌조항 중 '그 밖의 방법'에 관한 부분 가운데 개별적으로 대면하여 말로 하는 선거운동을 한 자에 관한 부분은 과잉금지원칙에 반하여 선거운동 등 정치적 표현의 자유를 침해한다.(헌재 2022.2.24. 2018헌바146)
ㄷ. [×] 소선거구 다수대표제는 다수의 사표가 발생할 수 있다는 문제점이 제기됨에도 불구하고 정치의 책임성과 안정성을 강화하고 인물 검증을 통해 당선자를 선출하는 등 장점을 가지며, 선거의 대표성이나 평등선거의 원칙 측면에서도 다른 선거제도와 비교하여 반드시 열등하다고 단정할 수 없다. 따라서 심판대상조항이 청구인의 평등권과 선거권을 침해한다고 할 수 없다.(헌재 2016.5.26. 2012헌마374)
ㄹ. [×] 이 사건 토론회조항은 전체 국민을 대상으로 한 선거를 통하여 이미 국민의 일정한 지지가 검증되었다고 볼 수 있는 정당의 추천을 받은 사람, 지난 선거에서 일정 수 이상의 득표를 함으로써 해당 지역의 선거구 내 주민들의 일정한 지지가 검증되었다고 볼 수 있는 사람, 위와 같은 요건을 갖추지는 못하였지만 여론조사를 통하여 해당 지역 유권자들의 관심과 지지가 어느 정도 확보되고, 그러한 사실이 확인될 수 있는 사람을 대상으로 하고 있는바, 그 요건이 자의적이라고 볼 수 없다. 이 사건 토론회조항은 선거운동의 기회균등원칙과 관련한 평등권을 침해하지 않는다.(헌재 2019.9.26. 2018헌마128)

14
정답 ⑤

① [×] 처분 이후에 근거법률이 위헌결정이 되면 무효가 아니라 취소사유이다. 따라서 기간경과후의 취소소송은 부적법하다.

② [×] 제소기간 경과후에 위헌결정의 소급효를 인정하면 과거의 모든 사건에 소급효가 인정되므로 법적안정성을 침해할 우려가 있으므로 소급효가 미치지 않는다.
③ [×] 패소확정되면 기판력이 발생하고 기판력이 발생하면 위헌결정의 소급효가 미치지 않는다.
④ [×] 과세처분과 그 후의 절차는 하자승계가 되지 않는다.
⑤ [○] 위헌결정 이후에는 절차를 진행하면 안되고 만약 진행하면 당연무효 사유이다.

15
정답 ④

ㄱ. [×] 사면중 국회의 동의를 받아야 하는 것은 일반사면뿐이다. 다만, 사면 감형 복권 모두 국무회의의 심의는 거쳐야 한다.
ㄴ. [○]

> **사면법 제10조(특별사면 등의 상신)** ① 법무부장관은 대통령에게 특별사면, 특정한 자에 대한 감형 및 복권을 상신(상신)한다.
> ② 법무부장관은 제1항에 따라 특별사면, 특정한 자에 대한 감형 및 복권을 상신할 때에는 제10조의2에 따른 사면심사위원회의 심사를 거쳐야 한다.

ㄷ. [○]

> **사면법 제6조(복권의 제한)** 복권은 형의 집행이 끝나지 아니한 자 또는 집행이 면제되지 아니한 자에 대하여는 하지 아니한다.

ㄹ. [○] 사면법에 따르면 특별사면, 특정한 자에 대한 감형은 형의 집행을 지휘한 검찰관과 수형자의 재감하는 형무소장이 검찰총장에게 보고하고, 검찰총장은 법무부장관에게 상신신청을 하고, 법무부장관이 대통령에게 상신하여, 대통령이 행함으로써 이루어질 뿐, 수형자 개인에게 특별사면이나 감형을 요구할 수 있는 주관적 권리가 있지 아니하므로, 대통령이나 법무부장관 등에게 청구인을 특별사면하거나 감형하여야 할 헌법에서 유래하는 작위의무 또는 법률상의 의무가 존재하지 아니한다.(헌재 1995.3.23. 93헌마12)

16
정답 ②

① [○] 헌재 2021.10.28. 2021헌나1
② [×] 주문에서 각하결정을 하면 별도로 절차종료선언을 하지 않는다.
[판례] 형사소송에서도 범죄사실을 인정하는 판단을 하는 경우 법령의 적용을 거쳐 형을 선고하는 등의 주문으로 판결할 뿐 '범죄사실의 위법확인' 주문을 별도로 선고하지 않는 것과 다르지 않으니, 탄핵심판의 대상과 결정 주문을 위와 같이 정하는 것은 형사소송에 관한 법령을 우선 준용하도록 한 헌법재판소법 제40조에도 부합한다.(헌재 2021.10.28. 2021헌나1)
③ [○] ④ [○] ⑤ [○] 헌재 2021.10.28. 2021헌나1

17 정답 ③

① [×]

> **정부조직법 제18조(국무총리의 행정감독권)** ① 국무총리는 대통령의 명을 받아 각 중앙행정기관의 장을 지휘·감독한다.
> ② 국무총리는 중앙행정기관의 장의 명령이나 처분이 위법 또는 부당하다고 인정될 경우에는 대통령의 승인을 받아 이를 중지 또는 취소할 수 있다.

② [×] 국무총리가 사고로 직무를 수행할 수 없는 경우에는 기획재정부장관이 겸임하는 부총리, 교육부장관이 겸임하는 부총리의 순으로 직무를 대행하고, 국무총리와 부총리가 모두 사고로 직무를 수행할 수 없는 경우에는 대통령의 지명이 있으면 그 지명을 받은 국무위원이, 지명이 없는 경우에는 「정부조직법」 제26조 제1항에 규정된 순서에 따른 국무위원이 그 직무를 대행한다.

③ [○] 헌재 2022.1.27. 2016헌마364

④ [×] 감사원의 직무감찰은 위법성 감사뿐만 아니라, 합목적성 감사(부당성, 행정감찰)도 포함된다.

⑤ [×] 대통령이 사고로 직무를 수행할 수 없을 때는 권한대행을 하게 된다.

18 정답 ③

① [○]

> **국회법 제26조(체포동의 요청의 절차)** ① 의원을 체포하거나 구금하기 위하여 국회의 동의를 받으려고 할 때에는 관할법원의 판사는 영장을 발부하기 전에 체포동의 요구서를 정부에 제출하여야 하며, 정부는 이를 수리(受理)한 후 지체 없이 그 사본을 첨부하여 국회에 체포동의를 요청하여야 한다.
> ② 의장은 제1항에 따른 체포동의를 요청받은 후 처음 개의하는 본회의에 이를 보고하고, 본회의에 보고된 때부터 24시간 이후 72시간 이내에 표결한다. 다만, 체포동의안이 72시간 이내에 표결되지 아니하는 경우에는 그 이후에 최초로 개의하는 본회의에 상정하여 표결한다.

② [○] 각 교섭단체 대표의원은 국회운영위원회의와 정보위원회 위원이 된다. 국회부의장은 상임위원이 될 수 있다.

③ [×] 지문과 같은 예외 조항은 없다. 즉, 영리행위는 금지된다.

> **국회법 제40조의2(상임위원의 직무 관련 영리행위 금지)** 상임위원은 소관 상임위원회의 직무와 관련한 영리행위를 하여서는 아니 된다.

④ [○] 헌재 2009.9.24. 2007헌바17

⑤ [○] 국회법 제28조

19 정답 ③

① [○] 다른 구제절차가 있으면 그 절차를 거쳐야 한다. 보충성원칙이라고 한다.

② [○] 헌재 2020.4.23. 2015헌마1149

③ [×] 법무사인 청구인은 법무사법 시행규칙에 의하여 5인 이상의 사무원을 고용하지 못하고 있어 영업의 자유를 침해받고 있으며 사무원 고용에 대한 제한이 없는 다른 전문직 업인들에 비교하여 차별적인 대우를 받고 있어 평등권이 침해되고 있다고 주장하고 있으므로 청구인에게 자기관련성이 있다고 할 것이며 또한 동 시행규칙 조항에 따라 별도의 집행행위의 매개 없이 청구인의 권리가 직접 제한되고 있기 때문에 기본권 침해의 직접성과 현재성의 요건도 갖추고 있다.(헌재 2005.9.27. 2005헌마833) [각하]

④ [○] 헌재 2021.6.24. 2020헌마1614 [각하]

⑤ [○] 헌재 2001.11.29. 99헌마713 [각하, 기각]

20 정답 ⑤

① [○] 헌법 제62조는 '국회의 위원회'(이하 '위원회'라 한다)를 명시하고 있으나 '국회의 소위원회'(이하 '소위원회'라 한다)를 명시하지 않고 있다. 소위원회는 국회법에 설치근거를 두고 있는데, 국회법 제57조 제1항은 위원회로 하여금 '소관 사항을 분담·심사하기 위하여' 또는 '필요한 경우 특정한 안건의 심사를 위하여' 소위원회를 둘 수 있도록 하고 있고, 같은 조 제4항은 소위원회의 활동을 위원회가 의결로 정하는 범위로 한정하고 있다. 이처럼 국회법 제57조를 설치근거로 하고, 또한 그 설치·폐지 및 권한이 원칙적으로 위원회의 의결에 따라 결정될 뿐인 소위원회는 위원회의 부분기관에 불과하여 헌법에 의하여 설치된 국가기관에 해당한다고 볼 수 없다. 따라서 소위원회가 설치된 뒤에야 비로소 존재할 수 있는 그 소위원회 위원장 또한 헌법에 의하여 설치된 국가기관에 해당한다고 볼 수 없다.
안건조정위원회는 국회법에 그 구성 요건 및 활동기간 등에 관한 별도의 조항을 두고 있으나, 역시 헌법이 아닌 국회법에 설치근거가 있고, 소위원회가 필요한 경우 특정한 안건의 심사를 위하여 설치될 수 있는 것과 마찬가지로 안건조정위원회도 이견을 조정할 필요가 있는 안건을 심사하기 위하여 위원회 재적위원 3분의 1의 요구에 따라 임의로 설치되는 점에 비추어 볼 때, 위원회의 부분기관인 것은 다른 소위원회와 같다(국회법 제57조의2 제1항 참조). 또한, 안건조정위원회의 위원장도 안건조정위원회가 구성된 뒤에야 비로소 조정위원 중에서 선출된다.
따라서 안건조정위원회의 위원장은 국회법 제57조의 소위원회 위원장과 마찬가지로 헌법에 의하여 설치된 국가기관에 해당한다고 볼 수 없다.(헌재 2020.5.27. 2019헌라5)

② [○] 권한쟁의심판의 청구인은 청구인의 권한침해만을 주장할 수 있도록 하고 있을 뿐, 국가기관의 부분기관이 자신의 이름으로 소속기관의 권한을 주장할 수 있는 '제3자 소송담당'의 가능성을 명시적으로 규정하고 있지 않은 현행법 체계에서 국회의 구성원인 청구인들은 국회의 '예산 외에 국가의 부담이 될 계약'의 체결에 있어 동의권의 침해를 주장하는 권한쟁의심판을 청구할 수 없다.
국회의 동의권이 침해되었다고 하여 동시에 국회의원의 심의·표결권이 침해된다고 할 수 없고, 또 국회의원의 심의·표결권은 국회의 대내적인 관계에서 행사되고 침해될 수 있을 뿐 다른 국가기관과의 대외적인 관계에서는 침해될 수 없

는 것이므로, 국회의원들 상호간 또는 국회의원과 국회의장 사이와 같이 국회 내부적으로만 직접적인 법적 연관성을 발생시킬 수 있을 뿐이고 대통령 등 국회 이외의 국가기관과 사이에서는 권한침해의 직접적인 법적 효과를 발생시키지 아니한다. 그렇다면 정부가 국회의 동의 없이 예산 외에 국가의 부담이 될 계약을 체결하였다 하더라도 국회의 동의권이 침해될 수는 있어도 국회의원인 청구인들 자신의 심의·표결권이 침해될 가능성은 없다.(헌재 2008.1.17. 2005헌라10)

③ [○] ④ [○] 권한쟁의심판의 요건이다.

⑤ [×] 권한쟁의심판에서 다툼의 대상이 되는 권한이란 헌법 또는 법률이 특정한 국가기관에 대하여 부여한 독자적인 권능을 의미하므로, 국가기관의 모든 행위가 권한쟁의심판에서 의미하는 권한의 행사가 될 수는 없으며, 국가기관의 행위라 할지라도 헌법과 법률에 의해 그 국가기관에게 부여된 독자적인 권능을 행사하는 경우가 아닌 때에는 비록 그 행위가 제한을 받더라도 권한쟁의심판에서 말하는 권한이 침해될 가능성은 없는바, 특정 정보를 인터넷 홈페이지에 게시하거나 언론에 알리는 것과 같은 행위는 헌법과 법률이 특별히 국회의원에게 부여한 국회의원의 독자적인 권능이라고 할 수 없고 국회의원 이외의 다른 국가기관은 물론 일반 개인들도 누구든지 할 수 있는 행위로서, 그러한 행위가 제한된다고 해서 국회의원의 권한이 침해될 가능성은 없다.(헌재 2010.7.29. 2010헌라1)

01	④	02	②	03	③	04	①	05	②
06	④	07	④	08	⑤	09	①	10	②
11	③	12	②	13	③	14	②	15	⑤
16	①	17	①	18	①	19	③	20	②
21	③	22	⑤	23	④	24	⑤	25	⑤

01

정답 ④

① [×] ② [×] ③ [×] ④ [○] ⑤ [×]

> **헌법 제128조** ① 헌법개정은 국회재적의원 과반수 또는 대통령의 발의로 제안된다.
> ② 대통령의 임기연장 또는 중임변경위한 헌법개정은 그 헌법개정 제안 당시의 대통령에 대하여는 효력이 없다.
> **제129조** 제안된 헌법개정안은 대통령이 20일 이상의 기간 이를 공고하여야 한다.
> **제130조** ① 국회는 헌법개정안이 공고된 날로부터 60일 이내에 의결하여야 하며, 국회의 의결은 재적의원 3분의 2 이상의 찬성을 얻어야 한다.
> ② 헌법개정안은 국회가 의결한 후 30일 이내에 국민투표에 붙여 국회의원선거권자 과반수의 투표와 투표자 과반수의 찬성을 얻어야 한다.
> ③ 헌법개정안이 제2항의 찬성을 얻은 때에는 헌법개정은 확정되며, 대통령은 즉시 이를 공포하여야 한다.

02

정답 ②

① [○] 헌재 1996.4.25. 92헌바47
② [×] 국회구성권이라는 기본권이 도출된다고는 할 수 없다. 헌법의 기본원리인 대의제 민주주의하에서 국회의원 선거권이란 것은 국회의원을 보통·평등·직접·비밀선거에 의하여 국민의 대표자인 국회의원을 선출하는 권리에 그치고, 개별 유권자 혹은 집단으로서의 국민의 의사를 선출된 국회의원이 그대로 대리하여 줄 것을 요구할 수 있는 권리까지 포함하는 것은 아니다.(헌재 1998.10.29. 96헌마186)
③ [○] 자기책임원리는 인간의 자유와 유책성, 그리고 인간의 존엄성을 진지하게 반영한 원리로서 법치주의에 당연히 내재하는 원리이다.(헌재 2010.6.24. 2007헌바101)
④ [○]
⑤ [○] 헌재 2000.3.30. 99헌바113

03

정답 ③

① [○]

> **헌법 제123조** ① 국가는 농업 및 어업을 보호·육성하기 위하여 농·어촌종합개발과 그 지원등 필요한 계획을 수립·시행하여야 한다.
> ② 국가는 지역간의 균형있는 발전을 위하여 지역경제를 육성할 의무를 진다.
> ③ 국가는 중소기업을 보호·육성하여야 한다.
> ④ 국가는 농수산물의 수급균형과 유통구조의 개선에 노력하여 가격안정을 도모함으로써 농·어민의 이익을 보호한다.
> ⑤ 국가는 농·어민과 중소기업의 자조조직을 육성하여야 하며, 그 자율적 활동과 발전을 보장한다.

② [○]

> **헌법 제126조** 국방상 또는 국민경제상 긴절한 필요로 인하여 법률이 정하는 경우를 제외하고는, 사영기업을 국유 또는 공유로 이전하거나 그 경영을 통제 또는 관리할 수 없다.

③ [×]

> **헌법 제121조** ① 국가는 농지에 관하여 경자유전의 원칙이 달성될 수 있도록 노력하여야 하며, 농지의 소작제도는 금지된다.
> ② 농업생산성의 제고와 농지의 합리적인 이용을 위하거나 불가피한 사정으로 발생하는 농지의 임대차와 위탁경영은 법률이 정하는 바에 의하여 인정된다.

④ [○]

> **헌법 제122조** 국가는 국민 모두의 생산 및 생활의 기반이 되는 국토의 효율적이고 균형있는 이용·개발과 보전을 위하여 법률이 정하는 바에 의하여 그에 관한 필요한 제한과 의무를 과할 수 있다.

⑤ [○]

> **헌법 제120조** ① 광물 기타 중요한 지하자원·수산자원·수력과 경제상 이용할 수 있는 자연력은 법률이 정하는 바에 의하여 일정한 기간 그 채취·개발 또는 이용을 특허할 수 있다.

04

정답 ①

① [○] 헌법 2006.4.27. 2005헌마1047
② [×] 배아의 생명권 주체성 – 생명윤리 및 안전에 관한 법률 제13조 제1항 위헌확인(헌재 2010.5.27. 2005헌마346) [기각]
  (1) 초기배아는 기본권 주체성이 인정되지 않는다.
    초기배아는 수정이 된 배아라는 점에서 형성 중인 생명의 첫걸음을 떼었다고 볼 여지가 있기는 하나 아직 모체에 착상되거나 원시선이 나타나지 않은 이상 현재의 자연과학적 인식 수준에서 독립된 인간과 배아 간의 개체적 연속성을 확정하기 어렵다고 봄이 일반적이라는 점 … 등을 종합적으로 고려할 때, 기본권 주체성을 인정하기 어렵다.
  (2) 배아생성자가 배아의 관리 또는 처분에 대해 갖는 기본권과 그 제한의 필요성
    배아생성자는 배아에 대해 자신의 유전자정보가 담긴 신체의 일부를 제공하고, 또 배아가 모체에 성공적으로 착상하여 인간으로 출생할 경우 생물학적 부모로서의 지위를 갖게 되므로, 배아의 관리 또는 처분에 대한 결정권을 가진다. 이러한 배아생성자의 배아에 대한 결정권은 헌법상 명문으로 규정되어 있지는 아니하지만, 헌법 제10조로부터 도출되는 일반적 인격권의 한 유형으로서의 헌법상 권리라 할 것이다.
  (3) 다만, 배아의 경우 형성 중에 있는 생명이라는 독특한 지위로 인해 국가에 의한 적극적인 보호가 요구된다는 점 … 배아의 법적 보호라는 헌법적 가치에 명백히 배

치될 경우에는 그 제한의 필요성이 상대적으로 큰 기본권이라 할 수 있다.

(4) 잔여배아를 5년간 보존하고 이후 폐기하도록 한 생명윤리법 규정은 배아생성자의 배아에 대한 결정권을 침해하지 않는다.

(5) 법학자, 윤리학자, 철학자, 의사 등의 직업인으로 이루어진 청구인들의 청구는 청구인들이 이 사건 심판대상 조항으로 인해 불편을 겪는다고 하더라도 사실적·간접적 불이익에 불과한 것이고, 청구인들에 대한 기본권침해의 가능성 및 자기관련성을 인정하기 어렵다.

③ [×] 변호인의 조력을 받을 권리는 성질상 인간의 권리에 해당하므로 외국인도 그 주체가 될 수 있다.

④ [×] 대통령의 지위에서는 헌법소원을 할 수 없지만, 개인의 지위에서는 기본권주체가 되고 헌법소원을 할 수 있다.

⑤ [×] 근로의 권리 중 일자리에 관한 권리는 외국인에게 인정되지 않지만, 최소한의 근로조건을 요구할 수 있는 권리(일할 환경에 관한 권리)는 외국인에 대해서도 기본권 주체성을 인정할 수 있다.

05

정답 ②

① [○] 헌재 2008.7.31. 2004헌바81

② [×] 태아는 형성 중의 인간으로서 생명을 보유하고 있으므로 국가는 태아를 위하여 각종 보호조치들을 마련해야 할 의무가 있다. 하지만 그와 같은 국가의 기본권 보호의무로부터 태아의 출생 전에, 또한 태아가 살아서 출생할 것인가와는 무관하게, 태아를 위하여 민법상 일반적 권리능력까지도 인정하여야 한다는 헌법적 요청이 도출되지는 않는다. 법치국가원리로부터 나오는 법적안정성의 요청은 인간의 권리능력이 언제부터 시작되는가에 관하여 가능한 한 명확하게 그 시점을 확정할 것을 요구한다. 따라서 인간이라는 생명체의 형성이 출생 이전의 그 어느 시점에서 시작됨을 인정하더라도, 법적으로 사람의 시기를 출생의 시점에서 시작되는 것으로 보는 것이 헌법적으로 금지된다고 할 수 없다.(헌재 2008.7.31. 2004헌바81)

③ [○] ④ [○] ⑤ [○] 헌재 2019.12.27. 2018헌마730

06

정답 ④

① [○] 무의미한 생명연장장치를 제거하는 것은 환자의 자기결정권의 행사로 볼 수 있다.(대판 2009.5.21. 2009다17417)

(1) 의학적으로 환자가 의식의 회복가능성이 없고 생명과 관련된 중요한 생체기능의 상실을 회복할 수 없으며 환자의 신체상태에 비추어 짧은 시간 내에 사망에 이를 수 있음이 명백한 경우에 이루어지는 진료행위(이하 '연명치료'라 한다)는, 원인이 되는 질병의 호전을 목적으로 하는 것이 아니라 질병의 호전을 사실상 포기한 상태에서 오로지 현상태를 유지하기 위하여 이루어지는 치료에 불과하므로, 그에 이르지 아니한 경우와는 다른 기준으로 진료 중단 허용가능성을 판단하여야 한다.
이미 의식의 회복가능성을 상실하여 더 이상 인격체로

서의 활동을 기대할 수 없고 자연적으로는 이미 죽음의 과정이 시작 되었다고 볼 수 있는 회복불가능한 사망의 단계에 이른 후에는, 의학적으로 무의미한 신체 침해행위에 해당하는 연명치료를 환자에게 강요하는 것이 오히려 인간의 존엄과 가치를 해하게 되므로, 이와 같은 예외적인 상황에서 죽음을 맞이하려는 환자의 의사결정을 존중하여 환자의 인간으로서의 존엄과 가치 및 행복추구권을 보호하는 것이 사회상규에 부합되고 헌법정신에도 어긋나지 아니한다. 그러므로 회복불가능한 사망의 단계에 이른 후에 환자가 인간으로서의 존엄과 가치 및 행복추구권에 기초하여 자기결정권을 행사하는 것으로 인정되는 경우에는 특별한 사정이 없는 한 연명치료의 중단이 허용될 수 있다. 한편, 환자가 회복불가능한 사망의 단계에 이르렀는지 여부는 주치의의 소견뿐 아니라 사실조회, 진료기록 감정 등에 나타난 다른 전문의사의 의학적 소견을 종합하여 신중하게 판단하여야 한다.

(2) 환자가 회복불가능한 사망의 단계에 이르렀을 경우에 대비하여 미리 의료인에게 자신의 연명치료 거부 내지 중단에 관한 의사를 밝힌 경우(이하 '사전의료지시'라 한다)에는, 비록 진료중단시점에서 자기결정권을 행사한 것은 아니지만 사전의료지시를 한 후 환자의 의사가 바뀌었다고 볼 만한 특별한 사정이 없는 한 사전의료지시에 의하여 자기결정권을 행사한 것으로 인정할 수 있다. 다만, 이러한 사전의료지시는 진정한 자기결정권 행사로 볼 수 있을 정도의 요건을 갖추어야 하므로 의사결정능력이 있는 환자가 의료인으로부터 직접 충분한 의학적 정보를 제공받은 후 그 의학적 정보를 바탕으로 자신의 고유한 가치관에 따라 진지하게 구체적인 진료행위에 관한 의사를 결정하여야 하며, 이와 같은 의사결정과정이 환자 자신이 직접 의료인을 상대방으로 하여 작성한 서면이나 의료인이 환자를 진료하는 과정에서 위와 같은 의사결정 내용을 기재한 진료기록 등에 의하여 진료중단시점에서 명확하게 입증될 수 있어야 비로소 사전의료지시로서의 효력을 인정할 수 있다.

(3) 한편, 환자의 사전의료지시가 없는 상태에서 회복불가능한 사망의 단계에 진입한 경우에는 환자에게 의식의 회복가능성이 없으므로 더 이상 환자 자신이 자기결정권을 행사하여 진료행위의 내용 변경이나 중단을 요구하는 의사를 표시할 것을 기대할 수 없다. 그러나 환자의 평소 가치관이나 신념 등에 비추어 연명치료를 중단하는 것이 객관적으로 환자의 최선의 이익에 부합한다고 인정되어 환자에게 자기결정권을 행사할 수 있는 기회가 주어지더라도 연명치료의 중단을 선택하였을 것이라고 볼 수 있는 경우에는, 그 연명치료 중단에 관한 환자의 의사를 추정할 수 있다고 인정하는 것이 합리적이고 사회상규에 부합된다. 이러한 환자의 의사 추정은 객관적으로 이루어져야 한다. 따라서 환자의 의사를 확인할 수 있는 객관적인 자료가 있는 경우에는 반드시 이를 참고하여야 하고, 환자가 평소 일상생활을 통하여 가족, 친구 등에 대하여 한 의사표현, 타인에 대한 치료를

보고 환자가 보인 반응, 환자의 종교, 평소의 생활태도 등을 환자의 나이, 치료의 부작용, 환자가 고통을 겪을 가능성, 회복 불가능한 사망의 단계에 이르기까지의 치료과정, 질병의 정도, 현재의 환자상태 등 객관적인 사정과 종합하여, 환자가 현재의 신체상태에서 의학적으로 충분한 정보를 제공받는 경우 연명치료 중단을 선택하였을 것이라고 인정되는 경우라야 그 의사를 추정할 수 있다.

(4) 환자측이 직접 법원에 소를 제기한 경우가 아니라면, 환자가 회복불가능한 사망의 단계에 이르렀는지 여부에 관하여는 전문의사 등으로 구성된 위원회 등의 판단을 거치는 것이 바람직하다.

② [○] ③ [○]

④ [×] 심판대상조항은 청구인의 신체의 자유를 제한하는 것은 아니다. 심판대상조항은 위험성을 가진 재화의 제조·판매조건을 제약함으로써 최고속도 제한이 없는 전동킥보드를 구입하여 사용하고자 하는 소비자의 자기결정권 및 일반적 행동자유권을 제한할 뿐이다. (헌재 2020.2.27. 2017헌마1339)

⑤ [○]

07
정답 ④

① [○] 평등권의 개념이다.
② [○] 평등권 심사의 원칙적 기준이다.
③ [○] 평등권 엄격심사의 기준이다.
④ [×] 이 사건 법률조항은 헌법이 특별히 양성평등을 요구하는 경우나 관련 기본권에 중대한 제한을 초래하는 경우의 차별취급을 그 내용으로 하고 있다고 보기 어려우며, 징집대상자의 범위 결정에 관하여는 입법자의 광범위한 입법형성권이 인정된다는 점에 비추어 이 사건 법률조항이 평등권을 침해하는지 여부는 완화된 심사기준에 따라 판단하여야 한다. (헌재 2010.11.25. 2006헌마328)
⑤ [○] 민사관계에서 국가와 개인은 대등관계이다.

08
정답 ⑤

① [○]

전경에 대한 영창	영장주의 적용되지 않음 적법절차는 적용되지만 위반되지 않음
병에 대한 영창	법정의견은 영장주의가 적용되지 않음. 소수의견은 영장주의 적용됨 침해의 최소성 위반으로 위헌

② [○] ③ [○]

형벌		과거의 범죄에 대한 책임 형벌불소급원칙이 적용된다.
보안 처분	형벌적 보안처분 보호감호	실질적으로 형벌과 유사하므로 소급금지원칙이 적용된다. 다만 형벌과 병과해도 이중처벌이 아니며, 이미 선고한 보호감호는 사회보호법이 폐지되어도 집행 가능하다.

	비형벌적 보안처분 보안관찰 신상정보등록 전자장치 디엔에이 검사	침해가 경미하므로 소급적용이 가능하다. 형벌과 병과해도 이중처벌이 아니다.

④ [○] 무죄추정원칙은 법위반사실의 공표명령처럼 행정사건에도 적용된다.

⑤ [×] 인천공항출입국·외국인청장이 인천국제공항 송환대기실에 수용된 난민에 대한 변호인 접견신청을 거부한 행위는 청구인의 변호인의 조력을 받을 권리를 침해한 것이므로 헌법에 위반된다. (헌재 2018.5.31. 2014헌마346)

(1) 청구인을 송환대기실에 수용한 주체가 피청구인인지 여부(적극)
피청구인은 수용시설인 송환대기실의 관리·운영체계의 공동결정자이고, 청구인의 수용의 개시 및 종료에 있어 결정적인 권한을 행사하였으며, 수용비용 중 일부를 부담하였고, 청구인이 수용됨에 따라 입국거부된 사람에 대한 통제 편의라는 행정적 이익도 향유하였다. 따라서 피청구인은 인천국제공항 항공사운영협의회와 공동으로 청구인을 수용한 주체이다.

(2) 헌법 제12조 제4항 본문에 규정된 변호인의 조력을 받을 권리가 행정절차에서 구속된 사람에게도 즉시 보장된다. 종래 이와 견해를 달리하여 헌법 제12조 제4항 본문에 규정된 변호인의 조력을 받을 권리는 형사절차에서 피의자 또는 피고인의 방어권을 보장하기 위한 것으로서 출입국관리법상 보호 또는 강제퇴거의 절차에도 적용된다고 보기 어렵다고 판시한 우리 재판소 결정 (헌재 2012. 8. 23. 2008헌마430)은, 이 결정 취지와 저촉되는 범위 안에서 변경한다.

09
정답 ①

① [×] 헌법 제15조에 의한 직업선택의 자유라 함은 자신이 원하는 직업 내지 직종을 자유롭게 선택하는 직업선택의 자유 뿐만 아니라 그가 선택한 직업을 자기가 결정한 방식으로 자유롭게 수행할 수 있는 직업수행의 자유를 포함한다. 그리고 직업선택의 자유에는 자신이 원하는 직업 내지 직종에 종사하는데 필요한 전문지식을 습득하기 위한 직업교육장을 임의로 선택할 수 있는 '직업교육장 선택의 자유'도 포함된다. (헌재 2009.2.26. 2007헌마1262)

② [○] 이 사건 심판대상조항들이 현역병의 지원이나 현역병으로의 변경처분 신청 대상에서 이미 공익근무요원의 복무를 마친 사람을 제외하는 것이 직업선택의 자유나 일반적 행동의 자유를 침해한다는 주장이 제기될 수 있으나, 직업선택의 자유에서 보호되는 직업이란 생활의 기본적인 수요를 충족시키기 위해 행하는 계속적인 소득활동을 의미하므로, 의무복무로서의 현역병은 헌법 제15조가 선택의 자유로서 보장하는 직업이라고 할 수 없다. (헌재 2010.12.28. 2008헌마527)

③ [○] ④ [○] ⑤ [○] 직업행사의 자유도 과잉금지원칙이

적용된다.

주관적 사유에 의한 직업선택의 자유를 제한하는 법률의 심사기준은 직업수행의 자유보다 엄격한 기준이 적용된다. 객관적 사유에 의한 직업선택의 자유를 제한하는 법률의 심사기준은 주관적 사유보다 더 엄격한 기준이 적용된다.

10 　　　　　　　　　　정답 ②

① [○] 사생활의 비밀의 내용이다.

② [×] 공적인 영역의 활동은 다른 기본권에 의한 보호는 별론으로 하고 사생활의 비밀과 자유가 보호하는 것은 아니라고 할 것이다.(헌재 2003.10.30. 2002헌마518)

[비교판례] 개인정보자기결정권의 보호대상이 되는 개인정보는 개인의 신체, 신념, 사회적 지위, 신분 등과 같이 인격주체성을 특징짓는 사항으로서 개인의 동일성을 식별할 수 있게 하는 일체의 정보를 의미하며, 반드시 개인의 내밀한 영역에 속하는 정보에 국한되지 않고 공적 생활에서 형성되었거나 이미 공개된 개인정보까지도 포함한다.(헌재 2005.5.26. 99헌마513)

③ [○] 흡연권은 헌법에 규정은 없지만 지문과 같이 기본권으로 보장된다.

④ [○] 헌재 2005.5.26. 99헌마513

⑤ [○] 명확성은 모든 법률에 동일하게 요구되는 것은 아니다.

11 　　　　　　　　　　정답 ③

① [○] 헌재 1997.3.27. 96헌가11

② [○]

③ [×] ④ [○] (1) '양심의 자유'가 보장하고자 하는 '양심'은 민주적 다수의 사고나 가치관과 일치하는 것이 아니라, 개인적 현상으로서 지극히 주관적인 것이다. 양심은 그 대상이나 내용 또는 동기에 의하여 판단될 수 없으며, 특히 양심상의 결정이 이성적·합리적인가, 타당한가 또는 법질서나 사회규범, 도덕률과 일치하는가 하는 관점은 양심의 존재를 판단하는 기준이 될 수 없다.
(2) 일반적으로 민주적 다수는 법질서와 사회질서를 그의 정치적 의사와 도덕적 기준에 따라 형성하기 때문에, 그들이 국가의 법질서나 사회의 도덕률과 양심상의 갈등을 일으키는 것은 예외에 속한다. 양심의 자유에서 현실적으로 문제가 되는 것은 사회적 다수의 양심이 아니라, 국가의 법질서나 사회의 도덕률에서 벗어나려는 소수의 양심이다. 따라서 양심상의 결정이 어떠한 종교관·세계관 또는 그 외의 가치체계에 기초하고 있는가와 관계없이, 모든 내용의 양심상의 결정이 양심의 자유에 의하여 보장된다.(헌재 2004.8.26. 2002헌가1)

⑤ [○] 병역의 종류에 양심적 병역거부자에 대한 대체복무제를 규정하지 아니한 병역법 제5조 제1항은 양심의 자유를 침해한다. [헌법불합치(잠정적용)] 양심적 병역거부자의 처벌 근거가 된 병역법 제88조 제1항 본문 제1호 및 제2호는 헌법에 위반되지 아니한다.(헌재 2018.6.28. 2011헌바379) [합헌]

[1] 적법요건에 대한 판단

비군사적 성격을 갖는 복무도 입법자의 형성에 따라 병역의무의 내용에 포함될 수 있고, 대체복무제는 그 개념상 병역종류조항과 밀접한 관련을 갖는다. 따라서 청구인들은 입법자가 병역의 종류에 관하여 병역종류조항에 입법은 하였으나 그 내용이 대체복무제를 포함하지 아니하여 불충분하다는 부진정입법부작위를 다투는 것이라고 봄이 상당하다.

병역종류조항이 대체복무제를 포함하고 있지 않다는 이유로 위헌으로 결정된다면, 양심적 병역거부자의 형사사건을 담당하는 법원이 무죄를 선고할 가능성이 있으므로, 병역종류조항은 재판의 전제성이 인정된다.

[2] 본안 판단

가. 양심적 병역거부의 의미

'양심적' 병역거부라는 용어를 사용한다고 하여 병역의무이행은 '비양심적'이 된다거나, 병역을 이행하는 병역의무자들과 병역의무이행이 국민의 숭고한 의무라고 생각하는 대다수 국민들이 '비양심적'인 사람들이 되는 것은 결코 아니다.

나. 병역종류조항의 위헌 여부

(1) 목적의 정당성 및 수단의 적합성은 인정된다.

(2) 침해의 최소성

• 양심적 병역거부자의 수는 병역자원의 감소를 논할 정도가 아니고, 이들을 처벌한다고 하더라도 교도소에 수감할 수 있을 뿐 병역자원으로 활용할 수는 없으므로, 대체복무제 도입으로 병역자원의 손실이 발생한다고 할 수 없다. 전체 국방력에서 병역자원이 차지하는 중요성이 낮아지고 있는 점을 고려하면, 대체복무제를 도입하더라도 우리나라의 국방력에 의미 있는 수준의 영향을 미친다고 보기는 어렵다. 국가가 관리하는 객관적이고 공정한 사전심사절차와 엄격한 사후관리절차를 갖추고, 현역복무와 대체복무 사이에 복무의 난이도나 기간과 관련하여 형평성을 확보해 현역복무를 회피할 요인을 제거한다면, 심사의 곤란성과 양심을 빙자한 병역기피자의 증가 문제를 해결할 수 있다. 따라서 대체복무제를 도입하면서도 병역의무의 형평을 유지하는 것은 충분히 가능하다. 따라서 대체복무제라는 대안이 있음에도 불구하고 군사훈련을 수반하는 병역의무만을 규정한 병역종류조항은, 침해의 최소성 원칙에 어긋난다.

• 헌법재판소는 2004년 입법자에 대하여 국가안보라는 공익의 실현을 확보하면서도 병역거부자의 양심을 보호할 수 있는 대안이 있는지 검토할 것을 권고하였는데, 그로부터 14년이 경과하도록 이에 관한 입법적 진전이 이루어지지 못하였다. 그사이 국가인권위원회, 국방부, 법무부, 국회 등 국가기관에서 대체복

무제 도입을 검토하거나 그 도입을 권고하였으며, 법원에서도 최근 하급심에서 양심적 병역거부에 대해 무죄판결을 선고하는 사례가 증가하고 있다. 이러한 모든 사정을 감안해 볼 때 국가는 이 문제의 해결을 더 이상 미룰 수 없으며, 대체복무제를 도입함으로써 병역종류조항으로 인한 기본권 침해 상황을 제거할 의무가 있다.

- 다수결을 기본으로 하는 민주주의 의사결정 구조에서 다수와 달리 생각하는 이른바 '소수자'들의 소리에 귀를 기울이고 이를 반영하는 것은 관용과 다원성을 핵심으로 하는 민주주의의 참된 정신을 실현하는 길이 될 것이다.

12
정답 ②

① [○] 헌재 2009.7.30. 2008헌가2
② [×] 피청구인 육군훈련소장이 2019.6.2. 청구인들에 대하여 육군훈련소 내 종교 시설에서 개최되는 개신교, 불교, 천주교, 원불교 종교행사 중 하나에 참석하도록 한 행위는 청구인들의 종교의 자유를 침해한다.(헌재 2022.11.24. 2019헌마941) [인용]
  (1) 이 사건 종교행사 참석조치는 국가의 종교에 대한 중립성을 위반하고, 국가와 종교의 밀접한 결합을 초래하여 정교분리원칙에 위배된다.
  (2) 이 사건 종교행사 참석조치는 과잉금지원칙에 위배되어 청구인들의 종교의 자유를 침해한다.
③ [○] 종교의 자유에서 종교에 대한 적극적인 우대조치를 요구할 권리가 직접 도출되거나 우대할 국가의 의무가 발생하지 아니한다. 종교시설의 건축행위에만 기반시설부담금을 면제한다면 국가가 종교를 지원하여 종교를 승인하거나 우대하는 것으로 비칠 소지가 있어 헌법 제20조 제2항의 국교금지·정교분리에 위배될 수도 있다고 할 것이므로 종교시설의 건축행위에 대하여 기반시설부담금 부과를 제외하거나 감경하지 아니하였더라도, 종교의 자유를 침해하는 것이 아니다.(헌재 2010.2.25. 2007헌바131)
④ [○] 미결수용자를 대상으로 한 개신교 종교행사를 4주에 1회, 일요일이 아닌 요일에 실시한 행위는 헌법에 위반되지 않는다.(헌재 2015.4.30. 2013헌마190)
  ○○구치소에 종교행사 공간이 1개뿐이고, 종교행사는 종교, 수형자와 미결수용자, 성별, 수용동 별로 진행되며, 미결수용자는 공범이나 동일 사건 관련자가 있는 경우 이를 분리하여 참석하게 해야 하는 점을 고려하면 피청구인이 미결수용자 대상 종교행사를 4주에 1회 실시했더라도 종교의 자유를 과도하게 제한하였다고 보기 어렵고, 구치소의 인적·물적 여건상 하루에 여러 종교행사를 동시에 하기 어려우며, 개신교의 경우에만 그 교리에 따라 일요일에 종교행사를 허용할 경우 다른 종교와의 형평에 맞지 않고, 공휴일인 일요일에 종교행사를 할 행정적 여건도 마련되어 있지 않다는 점을 고려하면, 이 사건 종교행사 처우는 청구인의

종교의 자유를 침해하지 않는다.
⑤ [○] 헌재 2023.6.29. 2021헌마171

13
정답 ③

① [○] 상업적 광고도 표현의 자유에 의해 보호된다. 광고가 단순히 상업적인 상품이나 서비스에 관한 사실을 알리는 경우에도 그 내용이 공익을 포함하는 때에는 헌법 제21조의 표현의 자유에 의하여 보호된다. 헌법은 제21조 제1항에서 "모든 국민은 언론·출판의 자유 … 를 가진다"라고 규정하여 현대자유민주주의의 존립과 발전에 필수불가결한 기본권으로 언론·출판의 자유를 강력하게 보장하고 있는바, 광고물도 사상·지식·정보 등을 불특정다수인에게 전파하는 것으로서 언론·출판의 자유에 의한 보호를 받는 대상이 됨은 물론이다. 뿐만 아니라 국민의 알 권리는 국민 누구나가 일반적으로 접근할 수 있는 모든 정보원(情報源)으로부터 정보를 수집할 수 있는 권리로서 정보수집의 수단에는 제한이 없는 권리인 바, 알 권리의 정보원으로서 광고를 배제시킬 합리적인 이유가 없음을 고려할 때, 광고는 이러한 관점에서도 표현의 자유에 속한다고 할 것이다.(헌재 2002.12.18. 2000헌마764) [기각]
② [○] 폭력적 집회는 보호되지 않는다.
③ [×] 헌법 제21조 제4항은 "언론·출판은 타인의 명예나 권리 또는 공중도덕이나 사회윤리를 침해 하여서는 아니 된다."고 규정하고 있는바, 이는 언론·출판의 자유에 따르는 책임과 의무를 강조하는 동시에 언론·출판의 자유에 대한 제한의 요건을 명시한 규정으로 볼 것이고, 헌법상 표현의 자유의 보호영역 한계를 설정한 것이라고는 볼 수 없기 때문에, 음란표현도 헌법 제21조가 규정하는 언론·출판의 자유의 보호영역에는 해당하되, 다만 헌법 제37조 제2항에 따라 제한할 수 있는 것이다.(헌재 2009.5.28. 2006헌바109)
④ [○] 장소선택의 자유는 집회·시위의 자유에 포함된다.
⑤ [○] 집회에 대한 허가제는 행정권에 의한 허가를 말하므로 법률로써 시간이나 장소를 제한하는 것은 과잉금지원칙에 위반되는 것은 별론으로 하고 허가제는 아니다.

14
정답 ②

① [×] 의료보험수급권은 재산권이지만 의료급여수급권은 재산권이 아니다.
② [○] 우편물의 수취인인 청구인은 우편물의 지연 배달에 따른 손해배상청구권을 갖게 되는바, 이는 헌법이 보장하는 재산권의 내용에 포함되는 권리이다.(헌재 2013.6.27. 2012헌마426)
③ [×] 재산권이 아니다.
④ [×] 학교 안전사고 예방 및 보상에 관한 법률 제37조 등 위헌제청(헌재 2015.7.30. 2014헌가7)
  (1) 학교 안전사고에 대한 공제급여결정에 대하여 학교안전공제중앙회 소속의 학교안전공제보상재심사위원회가 재결을 행한 경우 재심사청구인이 공제급여와 관련

된 소를 제기하지 아니하거나 소를 취하한 경우에는 학교안전공제회와 재심사청구인 간에 당해 재결내용과 동일한 합의가 성립된 것으로 간주하는 학교 안전사고 예방 및 보상에 관한 법률 제64조는 공제회의 재판청구권을 침해한다.

(2) 공제회가 관리·운용하는 학교 안전공제 및 사고예방 기금은 헌법 제23조 제1항에 의하여 보호되는 공제회의 재산권에 해당하지 않는다.

⑤ [×] 국민연금법상 연금수급권 내지 연금수급기대권이 재산권의 보호대상인 사회보장적 급여라고 한다면 사망일시금은 사회보험의 원리에서 다소 벗어난 장제부조적·보상적 성격을 갖는 급여로 사망일시금은 헌법상 재산권에 해당하지 아니하므로, 이 사건 사망일시금 한도 조항이 청구인들의 재산권을 제한한다고 볼 수 없다.(헌재 2019.2.28. 2017헌마432)

15
정답 ⑤

① [○] ③ [○] 헌법 제36조 제1항은 혼인과 가족생활을 스스로 결정하고 형성할 수 있는 자유를 기본권으로서 보장하고, 혼인과 가족에 대한 제도를 보장한다. 그리고 헌법 제36조 제1항은 혼인과 가족에 관련되는 공법 및 사법의 모든 영역에 영향을 미치는 헌법원리 내지 원칙규범으로서의 성격도 있다.(헌재 2002.8.29. 2001헌바82)

② [○] ④ [○] 헌법 제36조 제1항은 헌법이 특별히 평등을 요구하는 경우이므로 엄격한 기준이 적용된다.

⑤ [×] 헌법 제36조 제1항에서 규정하는 '혼인'이란 양성이 평등하고 존엄한 개인으로서 자유로운 의사의 합치에 의하여 생활공동체를 이루는 것으로서 법적으로 승인받은 것을 말하므로, 법적으로 승인되지 아니한 사실혼은 헌법 제36조 제1항의 보호범위에 포함된다고 보기 어렵다.(헌재 2014.8.28. 2013헌바119)

16
정답 ①

① [×] 질의권·토론권 및 표결권은 기본권이 아니므로 헌법소원이 불가하다.

② [○]

> **국회법 제28조(석방 요구의 절차)** 의원이 체포 또는 구금된 의원의 석방 요구를 발의할 때에는 재적의원 4분의 1 이상의 연서(連書)로 그 이유를 첨부한 요구서를 의장에게 제출하여야 한다.

③ [○]

> **헌법 제46조** ① 국회의원은 청렴의 의무가 있다.
> ② 국회의원은 국가이익을 우선하여 양심에 따라 직무를 행한다.
> ③ 국회의원은 그 지위를 남용하여 국가·공공단체 또는 기업체와의 계약이나 그 처분에 의하여 재산상의 권리·이익 또는 직위를 취득하거나 타인을 위하여 그 취득을 알선할 수 없다.

④ [○]

> **국회법 제138조(자격심사의 청구)** 의원이 다른 의원의 자격에 대하여 이의가 있을 때에는 30명 이상의 연서로 의장에게 자격심사를 청구할 수 있다.

⑤ [○] 면책특권의 대상인 직무행위에는 직무부수행위도 포함된다.

17
정답 ①

① [○]

> **헌법 제55조** ① 한 회계연도를 넘어 계속하여 지출할 필요가 있을 때에는 정부는 연한을 정하여 계속비로서 국회의 의결을 얻어야 한다.
> ② 예비비는 총액으로 국회의 의결을 얻어야 한다. 예비비의 지출은 차기국회의 승인을 얻어야 한다.

② [×]

> **헌법 제58조** 국채를 모집하거나 예산 외에 국가의 부담이 될 계약을 체결하려 할 때에는 정부는 미리 국회의 의결을 얻어야 한다.

③ [×] ④ [×]

> **헌법 제54조** ① 국회는 국가의 예산안을 심의·확정한다.
> ② 정부는 회계연도마다 예산안을 편성하여 회계연도 개시 90일 전까지 국회에 제출하고, 국회는 회계연도 개시 30일 전까지 이를 의결하여야 한다.
> ③ 새로운 회계연도가 개시될 때까지 예산안이 의결되지 못한 때에는 정부는 국회에서 예산안이 의결될 때까지 다음의 목적을 위한 경비는 전년도 예산에 준하여 집행할 수 있다.
> 1. 헌법이나 법률에 의하여 설치된 기관 또는 시설의 유지·운영
> 2. 법률상 지출의무의 이행
> 3. 이미 예산으로 승인된 사업의 계속

⑤ [×]

> **헌법 제57조** 국회는 정부의 동의 없이 정부가 제출한 지출예산 각 항의 금액을 증가하거나 새 비목을 설치할 수 없다.

18
정답 ①

① [○] ② [×] ⑤ [×]

> **헌법 제67조** ① 대통령은 국민의 보통·평등·직접·비밀선거에 의하여 선출한다.
> ② 제1항의 선거에 있어서 최고득표자가 2인 이상인 때에는 국회의 재적의원 과반수가 출석한 공개회의에서 다수표를 얻은 자를 당선자로 한다.
> ③ 대통령후보자가 1인일 때에는 그 득표수가 선거권자 총수의 3분의 1 이상이 아니면 대통령으로 당선될 수 없다.
> ④ 대통령으로 선거될 수 있는 자는 국회의원의 피선거권이 있고 선거일 현재 40세에 달하여야 한다.

③ [×] 계엄은 국회의 동의없이 선포한다.

> **헌법 제77조** ① 대통령은 전시·사변 또는 이에 준하는 국가비상사태에 있어서 병력으로써 군사상의 필요에 응하거나 공공의 안녕질서를 유지할 필요가 있을 때에는 법률이 정하는 바에 의하여 계엄을 선포할 수 있다.
> ② 계엄은 비상계엄과 경비계엄으로 한다.
> ③ 비상계엄이 선포된 때에는 법률이 정하는 바에 의하여 영장제도, 언론·출판·집회·결사의 자유, 정부나 법원의 권한에 관하여 특별한 조치를 할 수 있다.

④ 계엄을 선포한 때에는 대통령은 지체없이 국회에 통고하여야 한다.
⑤ 국회가 재적의원 과반수의 찬성으로 계엄의 해제를 요구한 때에는 대통령은 이를 해제하여야 한다.

④ [×]

헌법 제84조 대통령은 내란 또는 외환의 죄를 범한 경우를 제외하고는 재직 중 형사상의 소추를 받지 아니한다.

19
정답 ③

① [○]

헌법 제86조 ③ 군인은 현역을 면한 후가 아니면 국무총리로 임명될 수 없다.
제87조 ④ 군인은 현역을 면한 후가 아니면 국무위원으로 임명될 수 없다.

② [○]

③ [×]

헌법 제95조 국무총리 또는 행정각부의 장은 소관사무에 관하여 법률이나 대통령령의 위임 또는 직권으로 총리령 또는 부령을 발할 수 있다.

④ [○]

헌법 제99조 감사원은 세입·세출의 결산을 매년 검사하여 대통령과 차년도국회에 그 결과를 보고하여야 한다.

⑤ [○]

헌법 제96조 행정각부의 설치·조직과 직무범위는 법률로 정한다.

20
정답 ②

① [○]

헌법 제106조 ① 법관은 탄핵 또는 금고 이상의 형의 선고에 의하지 아니하고는 파면되지 아니하며, 징계처분에 의하지 아니하고는 정직·감봉 기타 불리한 처분을 받지 아니한다.
② 법관이 중대한 심신상의 장해로 직무를 수행할 수 없을 때에는 법률이 정하는 바에 의하여 퇴직하게 할 수 있다.

② [×] 대법원 규칙도 기본권을 직접 침해하면 헌법소원의 대상이 된다.

헌법 제108조 대법원은 법률에 저촉되지 아니하는 범위 안에서 소송에 관한 절차, 법원의 내부규율과 사무처리에 관한 규칙을 제정할 수 있다.

③ [○]

헌법 제104조 ① 대법원장은 국회의 동의를 얻어 대통령이 임명한다.
② 대법관은 대법원장의 제청으로 국회의 동의를 얻어 대통령이 임명한다.
③ 대법원장과 대법관이 아닌 법관은 대법관회의의 동의를 얻어 대법원장이 임명한다.

④ [○]

헌법 제105조 ① 대법원장의 임기는 6년으로 하며, 중임할 수 없다.
② 대법관의 임기는 6년으로 하며, 법률이 정하는 바에 의하여 연임할 수 있다.
③ 대법원장과 대법관이 아닌 법관의 임기는 10년으로 하며, 법률이 정하는 바에 의하여 연임할 수 있다.
④ 법관의 정년은 법률로 정한다.

⑤ [○] 헌재 2012.2.23. 2009헌바34

21
정답 ③

① [○] 진정입법부작위는 헌법재판소법 제68조 제1항의 헌법소원의 대상이다.

② [○] 헌재 2016.4.28. 2013헌바396

③ [×] 한정위헌결정을 구하는 한정위헌청구는 원칙적으로 적법하다고 보아야 한다. 다만, 재판소원을 금지하는 헌법재판소법 제68조 제1항의 취지에 비추어, 개별·구체적 사건에서 단순히 법률조항의 포섭이나 적용의 문제를 다투거나, 의미있는 헌법문제에 대한 주장없이 단지 재판결과를 다투는 헌법소원 심판청구는 여전히 허용되지 않는다.(헌재 2012.12.27. 2011헌바117)

④ [○] 확정된 유죄판결에서 처벌의 근거가 된 법률조항은 재심의 개시 여부를 결정하는 재판에서는 재판의 전제성이 인정되지 않고, 재심의 개시 결정 이후의 '본안사건에 대한 심판'에 있어서만 재판의 전제성이 인정된다.(헌재 2016.3.31. 2015헌가36)

⑤ [○]

헌법재판소법 제47조(위헌결정의 효력) ① 법률의 위헌결정은 법원과 그 밖의 국가기관 및 지방자치단체를 기속(羈束)한다.
② 위헌으로 결정된 법률 또는 법률의 조항은 그 결정이 있는 날부터 효력을 상실한다.
③ 제2항에도 불구하고 형벌에 관한 법률 또는 법률의 조항은 소급하여 그 효력을 상실한다. 다만, 해당 법률 또는 법률의 조항에 대하여 종전에 합헌으로 결정한 사건이 있는 경우에는 그 결정이 있는 날의 다음 날로 소급하여 효력을 상실한다.
④ 제3항의 경우에 위헌으로 결정된 법률 또는 법률의 조항에 근거한 유죄의 확정판결에 대하여는 재심을 청구할 수 있다.

22
정답 ⑤

① [○] 국회법 제33조

② [○] 국회법 제37조

③ [○]

국회법 제40조(상임위원의 임기) ① 상임위원의 임기는 2년으로 한다. 다만, 국회의원 총선거 후 처음 선임된 위원의 임기는 선임된 날부터 개시하여 의원의 임기 개시 후 2년이 되는 날까지로 한다.
② 보임(補任)되거나 개선(改選)된 상임위원의 임기는 전임자 임기의 남은 기간으로 한다.

④ [○]

국회법 제44조(특별위원회) ① 국회는 둘 이상의 상임위원회와 관련된 안건이거나 특히 필요하다고 인정한 안건을 효율적으로 심사하기 위하여 본회의의 의결로 특별위원회를 둘 수 있다.
② 제1항에 따른 특별위원회를 구성할 때에는 그 활동기간을 정하여야 한다. 다만, 본회의 의결로 그 기간을 연장할 수 있다.
③ 특별위원회는 활동기한의 종료 시까지 존속한다. 다만, 활동기한의 종료 시까지 제86조에 따라 법제사법위원회에 체계·자구 심사를 의뢰하였거나 제66조에 따라 심사보고서를 제출한 경우에는 해당 안건이 본회의에서 의결될 때까지 존속하는 것으로 본다.
④ 제2항에도 불구하고 특별위원회 활동기간 중 연속하여 3개월 이상 회의가 열리지 아니하는 때에는 본회의의 의결로 특별위원회의 활동을 종료시킬 수 있다.
⑤ 특별위원회는 활동기간을 연장할 필요가 있다고 판단되는 경우 활동기간 종료 15일 전까지 특별위원회의 활동에 관한 중간보고서 및 활동기간 연장 사유를 국회운영위원회에 제출하여야 한다.
⑥ 특별위원회는 활동기간 종료(제3항 단서 또는 제4항에 해당하는 경우에는 해당 안건이 본회의에서 의결된 날을 말한다) 후 15일 이내에 활동결과보고서를 국회운영위원회에 제출하여야 한다. 국회운영위원회는 이를 심사한 후 국회 인터넷 홈페이지 등에 게재하는 방법으로 공개하여야 한다.

⑤ [×]

국회법 제39조(상임위원회의 위원) ① 의원은 둘 이상의 상임위원이 될 수 있다.
② 각 교섭단체 대표의원은 국회운영위원회의 위원이 된다.
③ 의장은 상임위원이 될 수 없다.
④ 국무총리 또는 국무위원의 직을 겸한 의원은 상임위원을 사임할 수 있다.

23   정답 ④

① [○] 본회의 상임위원회 둘다 의사정족수는 재적위원 5분의 1 이상의 출석으로 개회한다.
② [○] 헌법 제49조 국회는 헌법 또는 법률에 특별한 규정이 없는 한 재적의원 과반수의 출석과 출석의원 과반수의 찬성으로 의결한다. 가부동수인 때에는 부결된 것으로 본다.
③ [○]

헌법 제53조 ① 국회에서 의결된 법률안은 정부에 이송되어 15일 이내에 대통령이 공포한다.
② 법률안에 이의가 있을 때에는 대통령은 제1항의 기간내에 이의서를 붙여 국회로 환부하고, 그 재의를 요구할 수 있다. 국회의 폐회 중에도 또한 같다.
③ 대통령은 법률안의 일부에 대하여 또는 법률안을 수정하여 재의를 요구할 수 없다.
④ 재의의 요구가 있을 때에는 국회는 재의에 붙이고, 재적의원 과반수의 출석과 출석의원 3분의 2 이상의 찬성으로 전과 같은 의결을 하면 그 법률안은 법률로서 확정된다.
⑤ 대통령이 제1항의 기간 내에 공포나 재의의 요구를 하지 아니한 때에도 그 법률안은 법률로서 확정된다.
⑥ 대통령은 제4항과 제5항의 규정에 의하여 확정된 법률을 지체없이 공포하여야 한다. 제5항에 의하여 법률이 확정된 후 또는 제4항에 의한 확정법률이 정부에 이송된 후 5일 이내에 대통령이 공포하지 아니할 때에는 국회의장이 이를 공포한다.

⑦ 법률은 특별한 규정이 없는 한 공포한 날로부터 20일을 경과함으로써 효력을 발생한다.

④ [×]

국정감사 및 조사에 관한 법률 제3조(국정조사) ① 국회는 재적의원 4분의 1 이상의 요구가 있는 때에는 특별위원회 또는 상임위원회로 하여금 국정의 특정사안에 관하여 국정조사(이하 "조사"라 한다)를 하게 한다.
② 제1항에 따른 조사 요구는 조사의 목적, 조사할 사안의 범위와 조사를 할 위원회 등을 기재하여 요구의원이 연서(連署)한 서면(이하 "조사요구서"라 한다)으로 하여야 한다.

⑤ [○] 해임건의는 사유제한이 없다.

헌법 제63조 ① 국회는 국무총리 또는 국무위원의 해임을 대통령에게 건의할 수 있다.
② 제1항의 해임건의는 국회재적의원 3분의 1 이상의 발의에 의하여 국회재적의원 과반수의 찬성이 있어야 한다.

24   정답 ⑤

① [○] 원칙적으로 행정규칙은 대외적 구속력이 없지만, 재량준칙과 법령보충적 행정규칙은 대외적 구속력이 있고, 헌법소원의 대상이 된다.
② [○] 검사의 불기소처분에 대해서 피해자는 재정신청이 가능하므로 헌법소원이 안되지만, 고소하지 아니한 피해자는 재정신청이 안되므로 예외적으로 불기소처분의 취소를 구하는 헌법 소원심판을 곧바로 청구할 수 있다.
③ [○] 헌재 2020.2.27. 2019헌마987
④ [○] 진정종결처분은 원칙적으로 헌법소원심판의 대상이 되는 공권력의 행사라고 할 수 없다. 다만, 고소사건을 진정종결로 처리한 경우는 예외적으로 헌법소원이 가능하다.
⑤ [×] 피청구인이 공소시효의 완성을 이유로 내사종결처분을 한 이 사건에서 청구인은 공소시효가 완성되지 않았다고 주장하면서 범죄의 성립여부를 판단하지 아니한 채 공소시효가 완성되었다고 판단한 피청구인의 처분을 다투고 있으므로 권리보호이익을 인정함이 상당하다. 이와 달리 만일 공소시효의 완성 여부를 적법요건으로 본다면, 피청구인이 실체를 판단하지 아니한 채 공소시효의 완성 여부만을 판단한 이 사건에서는 본안의 판단 대상이 없게 되므로 공소시효 완성여부는 적법요건이 아니라 본안 심판의 대상이 된다. 따라서 이 사건 심판청구는 적법요건을 충족하였다.(헌재 2014.9.25. 2012헌마175)

25   정답 ⑤

① [○] 헌법재판에서 가처분이 명문으로 인정되는 경우는 정당해산심판과 권한쟁의심판이다.

헌법재판소법 제65조(가처분) 헌법재판소가 권한쟁의심판의 청구를 받았을 때에는 직권 또는 청구인의 신청에 의하여 종국결정의 선고 시까지 심판 대상이 된 피청구인의 처분의 효력을 정지하는 결정을 할 수 있다.

② [○] ④ [○]

> **헌법재판소법 제66조(결정의 내용)** ① 헌법재판소는 심판의 대상이 된 국가기관 또는 지방자치단체의 권한의 유무 또는 범위에 관하여 판단한다.
> ② 제1항의 경우에 헌법재판소는 권한침해의 원인이 된 피청구인의 처분을 취소하거나 그 무효를 확인할 수 있고, 헌법재판소가 부작위에 대한 심판청구를 인용하는 결정을 한 때에는 피청구인은 결정 취지에 따른 처분을 하여야 한다.

③ [○] 헌법재판소법 제63조

⑤ [×]

> **헌법재판소법 제67조(결정의 효력)** ① 헌법재판소의 권한쟁의심판의 결정은 모든 국가기관과 지방자치단체를 기속한다.
> ② 국가기관 또는 지방자치단체의 처분을 취소하는 결정은 그 처분의 상대방에 대하여 이미 생긴 효력에 영향을 미치지 아니한다.

01	④	02	④	03	②	04	④	05	④
06	④	07	②	08	④	09	③	10	④
11	④	12	④	13	②	14	④	15	④
16	②	17	①	18	①	19	③	20	④
21	④	22	②	23	③	24	②	25	③
26	②	27	③	28	①	29	②	30	④
31	④	32	②	33	③	34	①	35	②
36	④	37	①	38	④	39	③	40	④

01
정답 ④

① [O] 직접민주주의 중 국민투표는 규정되어 있지만, 국민소환과 국민발안은 인정되지 않는다. 제2차개헌에서 제6차까지 국민발안이 있었지만 제7차개헌에서 삭제되었다.

② [O] 체계정당성은 헌법에 규정은 없지만 법치국가원리에서 도출되는 헌법적 원리이다.

③ [O] 문화평등의 원칙이다.

④ [×] 우리 헌법은 사회국가원리를 명문으로 규정하지 않는다. 헌법 제119조 제2항에 규정된 '경제주체간의 조화를 통한 경제민주화'의 이념은 경제영역에서 정의로운 사회질서를 형성하기 위하여 추구할 수 있는 국가목표일 뿐만 아니라, 개인의 기본권을 제한하는 국가행위를 정당화하는 헌법규범이기도 하다.

02
정답 ④

① [O] 국적은 성문의 법령을 통해서가 아니라 국가의 생성과 더불어 존재하며, 국가의 소멸과 동시에 없어진다. 「국적법」의 내용은 국민의 범위를 구체화, 현실화하는 기능을 한다.

② [O] 국적은 원칙적으로 속인주의가 적용되고 보충적으로 속지주의가 적용된다.

속인 주의	① 다음 각 호의 어느 하나에 해당하는 자는 출생과 동시에 대한민국 국적(國籍)을 취득한다. 1. 출생 당시에 부(父) 또는 모(母)가 대한민국의 국민인 자 2. 출생하기 전에 부가 사망한 경우에는 그 사망 당시에 부가 대한민국의 국민이었던 자
속지 주의	3. 부모가 모두 분명하지 아니한 경우나 국적이 없는 경우에는 대한민국에서 출생한 자 ② 대한민국에서 발견된 기아(棄兒)는 대한민국에서 출생한 것으로 추정한다.

③ [O]

국적법 제15조(외국 국적 취득에 따른 국적 상실) ① 대한민국의 국민으로서 자진하여 외국 국적을 취득한 자는 그 외국 국적을 취득한 때에 대한민국 국적을 상실한다.
② 대한민국의 국민으로서 다음 각 호의 어느 하나에 해당하는 자는 그 외국 국적을 취득한 때부터 6개월 내에 법무부장관에게 대한민국 국적을 보유할 의사가 있다는 뜻을 신고하지 아니하면 그 외국 국적을 취득한 때로 소급(遡及)하여 대한민국 국

적을 상실한 것으로 본다.
1. 외국인과의 혼인으로 그 배우자의 국적을 취득하게 된 자
2. 외국인에게 입양되어 그 양부 또는 양모의 국적을 취득하게 된 자
3. 외국인인 부 또는 모에게 인지되어 그 부 또는 모의 국적을 취득하게 된 자
4. 외국 국적을 취득하여 대한민국 국적을 상실하게 된 자의 배우자나 미성년의 자(子)로서 그 외국의 법률에 따라 함께 그 외국 국적을 취득하게 된 자
③ 외국 국적을 취득함으로써 대한민국 국적을 상실하게 된 자에 대하여 그 외국 국적의 취득일을 알 수 없으면 그가 사용하는 외국 여권의 최초 발급일에 그 외국 국적을 취득한 것으로 추정한다.

④ [×] 복수국적자가 외국에 주소가 있는 경우에만 국적이탈을 신고할 수 있도록 하는 국적법 제14조 제1항 본문은 헌법에 위반되지 않는다.(헌재 2023.2.23. 2020헌바603) [합헌]

03
정답 ②

① [O] 한편 각급선거관리위원회는 제5차 개헌이다.

② [×] 본질적 내용 침해금지는 제3차 개헌에서 처음 규정되었고 제7차에서 삭제되었다가 제8차 개헌에서 다시 규정되었다.

③ [O] ④ [O]

04
정답 ④

① [O] 헌법재판소법 제60조

② [O] 등록이 취소된 정당의 잔여재산은 당헌이 정하는 바에 따라 처분하고, 처분되지 아니한 정당의 잔여재산은 국고에 귀속한다.(정당법 제48조 제1항·제2항) 단, 위헌정당으로 해산된 경우에는 잔여재산이 국고에 귀속된다.

③ [O] 정당의 시·도당은 1천인 이상의 당원을 가져야 한다고 규정한 정당법 제18조 제1항은 정당의 자유를 침해하지 않는다.(헌재 2022.11.24. 2019헌마445) [기각]

④ [×] 정당의 자유는 국민이 개인적으로 가지는 기본권일 뿐만 아니라, 정당이 단체로서 가지는 기본권이기도 하다.(헌재 2006.3.30. 2004헌마246)

05
정답 ④

① [O] 수단의 적합성은 효과가 있냐 없냐의 문제이므로 덜 침해하는 수단이 존재하더라도 과잉금지원칙에 위반된다고는 할 수 없다.

② [O] 형사재판에 출석할 때 사복착용을 금지하는 것은 위헌이지만, 민사재판에 출석할 때 사복착용을 금지하는 것은 합헌이다.

③ [O] 헌재 2019.6.28. 2018헌바400

④ [×] 보호의무자 2인의 동의와 정신건강의학과 전문의 1인의 진단으로 정신질환자에 대한 보호입원이 가능하도록 한 정신보건법 제24조 제1항 및 제2항은 신체의 자유를 침해한다.(헌재 2016.9.29. 2014헌가9) [헌법불합치(잠정적용)]

(1) 심판대상조항은 정신질환자를 신속·적정하게 치료하고, 정신질환자 본인과 사회의 안전을 지키기 위한 것으로서 그 목적이 정당하다. 수단의 적절성도 인정된다.

(2) 보호입원 절차에서 정신질환자의 권리를 보호할 수 있는 절차들을 마련하고 있지 않은 점, 기초정신보건심의회의 심사나 인신보호법상 구제청구만으로는 위법·부당한 보호입원에 대한 충분한 보호가 이루어지고 있다고 보기 어려운 점 등을 종합하면, 심판대상조항은 침해의 최소성원칙에 위배된다. 그렇다면 심판대상조항은 과잉금지원칙을 위반하여 신체의 자유를 침해한다.

06 　　　　　　정답 ④

① [○] 헌재 1995.4.20. 93헌바40
② [○] 헌재 2015.9.24. 2014헌가1
③ [○] 특정범죄 가중처벌 등에 관한 법률 제6조 제7항 중 관세법 제271조 제3항 가운데 제269조 제2항에 관한 부분(해당 수입물품을 다른 물품으로 수입할 목적으로 밀수입을 예비하였거나 신고하지 않고 외국물품을 수입할 목적으로 밀수입을 예비하였다는 공소사실로 기소되었는데, '관세법 제271조에 규정된 죄를 범한 사람은 제2항의 예에 따른 그 정범 또는 본죄에 준하여 처벌한다.'는 부분)은 책임주의원칙과 평등원칙에 위반되어 헌법에 위반된다.(헌재 2019.2.28. 2016헌가13) [위헌]
④ [×] 대형 경제범죄로 인한 피해규모가 날로 커지고 있는 현실에 있어 이 사건 법률조항이 사기죄로 취득한 이득액에 따라 단계적으로 가중처벌하는 것은 그 입법목적의 정당성이 인정되고, 이득액에 따른 가중처벌을 법률에 명시함으로써 일반예방 및 법적 안정성에 기여할 수 있고 법원의 양형편차를 줄여 사법에 대한 신뢰를 제고할 수도 있다. 또한 재산범죄에서 이득액은 법익침해라는 결과불법의 핵심 요소이므로 이를 기준으로 한 단계적 가중처벌은 수긍할 만한 합리적 이유가 있다. 나아가 구체적 사안에 따라서는 형법 제53조의 작량감경 조항에 따라 집행유예의 선고도 가능하므로, 이 사건 법률조항이 이득액을 기준으로 단계적으로 가중처벌을 하여도 그 책임에 비해 형벌이 지나치게 가혹하다고 보기 어렵다. 따라서 이 사건 법률조항은 책임과 형벌간의 비례원칙에 위배된다고 볼 수 없다.(헌재 2015.3.26. 2012헌바297)

07 　　　　　　정답 ②

① [○] 배아의 생명권 주체성 - 생명윤리 및 안전에 관한 법률 제13조 제1항 위헌확인(헌재 2010.5.27. 2005헌마346) [기각]
(1) 초기배아는 기본권 주체성이 인정되지 않는다.
초기배아는 수정이 된 배아라는 점에서 형성 중인 생명의 첫걸음을 떼었다고 볼 여지가 있기는 하나 아직 모체에 착상되거나 원시선이 나타나지 않은 이상 현재의 자연과학적 인식 수준에서 독립된 인간과 배아 간의 개체적 연속성을 확정하기 어렵다고 봄이 일반적이라는 점

… 등을 종합적으로 고려할 때, 기본권 주체성을 인정하기 어렵다.
(2) 배아생성자가 배아의 관리 또는 처분에 대해 갖는 기본권과 그 제한의 필요성
배아생성자는 배아에 대해 자신의 유전자정보가 담긴 신체의 일부를 제공하고, 또 배아가 모체에 성공적으로 착상하여 인간으로 출생할 경우 생물학적 부모로서의 지위를 갖게 되므로, 배아의 관리 또는 처분에 대한 결정권을 가진다. 이러한 배아생성자의 배아에 대한 결정권은 헌법상 명문으로 규정되어 있지는 아니하지만, 헌법 제10조로부터 도출되는 일반적 인격권의 한 유형으로서의 헌법상 권리라 할 것이다.
(3) 다만, 배아의 경우 형성 중에 있는 생명이라는 독특한 지위로 인해 국가에 의한 적극적인 보호가 요구된다는 점 … 배아의 법적 보호라는 헌법적 가치에 명백히 배치될 경우에는 그 제한의 필요성이 상대적으로 큰 기본권이라 할 수 있다.
(4) 잔여배아를 5년간 보존하고 이후 폐기하도록 한 생명윤리법 규정은 배아생성자의 배아에 대한 결정권을 침해하지 않는다.
(5) 법학자, 윤리학자, 철학자, 의사 등의 직업인으로 이루어진 청구인들의 청구는 청구인들이 이 사건 심판대상조항으로 인해 불편을 겪는다고 하더라도 사실적·간접적 불이익에 불과한 것이고, 청구인들에 대한 기본권침해의 가능성 및 자기관련성을 인정하기 어렵다.
② [×] 전기통신사업법 제30조 본문 중 '누구든지 전기통신사업자 가운데 이동통신사업자가 제공하는 전기통신역무를 타인의 통신용으로 제공하여서는 아니 된다.' 부분 및 제97조 제7호 중 '전기통신사업자 가운데 이동통신사업자가 제공하는 전기통신역무를 타인의 통신용으로 제공한 자'에 관한 부분은 헌법에 위반되지 아니한다.(헌재 2022.6.30. 2019헌가14)
③ [○] 헌재 2022.2.24. 2019헌바225
④ [○] 헌재 2018.2.22. 2016헌마780

08 　　　　　　정답 ④

① [×] 이 사건 법령조항들의 내용은 일정한 군 복무기간을 공무원 재직기간에 산입할 수 있도록 하여 군복무를 마친 자에 대해 일종의 혜택을 부여하는 것이라 할 수 있는바, 그러한 수혜적 성격의 법률에는 입법자에게 광범위한 입법형성의 자유가 인정되므로 그 내용이 합리적인 근거를 가지지 못하여 현저히 자의적일 경우에만 헌법에 위반된다.(헌재 2012.8.23. 2010헌마328) [기각]
② [×] 국내 뉴스통신시장의 진흥을 위하여 뉴스통신사에 대한 재정지원 등 혜택을 부여하는 것을 내용으로 하는 시혜적 법률의 경우에는 그 입법형성권의 범위가 더욱 넓어진다고 하겠다. 따라서 이하에서는 자의금지원칙에 입각하여 비교집단으로서 청구인 회사와 연합뉴스가 국가기간뉴스통신사의 지정 및 뉴스통신사의 진흥을 위한 우선적 처우와 관련하여 본질적으로 어떻게 구별되고, 그러한 차이점이 심

판대상조항이 정한 차별취급을 정당화할 정도의 합리적 이유를 가지고 있는지 여부에 관하여 본다. (헌재 2005.6.30. 2003헌마841) [기각]

③ [×] 출입국관리에 관한 사항 중 외국인의 입국에 관한 사항은 주권국가로서의 기능을 수행하는데 필요한 것으로서 광범위한 정책재량의 영역이므로(헌재 2005. 3. 31. 2003헌마87), 심판대상조항들이 청구인 김○철의 평등권을 침해하는지 여부는 자의금지원칙 위반 여부에 의하여 판단하기로 한다. (헌재 2014.4.24. 2011헌마474) [기각]

④ [○] 같은 유사한 분야에 관한 자격증의 종류에 따라 가산점에 차이를 둠으로써 청구인과 같은 정보처리기능사 자격을 가진 응시자가 공무담임권을 행사하는데 있어 차별을 가져오는 것이므로, 이 사건에서는 그러한 차별을 정당화할 수 있을 정도로 목적과 수단 간의 비례성이 존재하는지를 검토하여야 할 것이다. (헌재 2003.9.25. 2003헌마30) [기각]

09
정답 ③

① [○] 헌재 2021.5.27. 2019헌가19

② [○] 이 사건 부칙조항은 혼인한 남성 등록의무자와 이미 개정전 공직자윤리법 조항에 따라 재산등록을 한 혼인한 여성 등록의무자를 달리 취급하고 있는바, 이 사건 부칙조항이 평등원칙에 위배되는지 여부를 판단함에 있어서는 엄격한 심사척도를 적용하여 비례성 원칙에 따른 심사를 하여야 한다. (헌재 2021.9.30. 2019헌가3)
이 사건 부칙조항은 개정 전 공직자윤리법 조항이 혼인관계에서 남성과 여성에 대한 차별적 인식에 기인한 것이라는 반성적 고려에 따라 개정 공직자윤리법 조항이 시행되었음에도 불구하고, 일부 혼인한 여성 등록의무자에게 이미 개정 전 공직자윤리법 조항에 따라 재산등록을 하였다는 이유만으로 남녀차별적인 인식에 기인하였던 종전의 규정을 따를 것을 요구하고 있다. 그런데 혼인한 남성 등록의무자와 달리 혼인한 여성 등록의무자의 경우에만 본인이 아닌 배우자의 직계존·비속의 재산을 등록하도록 하는 것은 여성의 사회적 지위에 대한 그릇된 인식을 양산하고, 가족관계에 있어 시가와 친정이라는 이분법적 차별구조를 정착시킬 수 있으며, 이것이 사회적 관계로 확장될 경우에는 남성우위·여성비하의 사회적 풍토를 조성하게 될 우려가 있다. 이는 성별에 의한 차별금지 및 혼인과 가족생활에서의 양성의 평등을 천명하고 있는 헌법에 정면으로 위배되는 것으로 그 목적의 정당성을 인정할 수 없다. 따라서 이 사건 부칙조항은 평등원칙에 위배된다.

③ [×] 업무상 재해에 통상의 출퇴근 재해를 포함시키는 개정 법률조항을 이 법 시행 후 최초로 발생하는 재해부터 적용하도록 하는 산업재해보상보험법 부칙 제2조 중 '제37조의 개정규정'에 관한 부분은 헌법에 합치되지 않는다. (헌재 2019. 9.26. 2018헌바218) [헌법불합치]
심판대상조항이 신법 조항의 소급적용을 위한 경과규정을 두지 않음으로써 개정법 시행일 전에 통상의 출퇴근 사고를 당한 비혜택근로자를 보호하기 위한 최소한의 조치도 취하

지 않은 것은, 산재보험의 재정상황 등 실무적 여건이나 경제상황 등을 고려한 것이라고 하더라도, 그 차별을 정당화할 만한 합리적인 이유가 있는 것으로 보기 어렵고, 이 사건 헌법불합치결정의 취지에도 어긋난다. 따라서 심판대상조항은 헌법상 평등원칙에 위반된다.

④ [○] 헌재 2018.6.28 2016헌가14

10
정답 ④

① [○] 심판대상조항의 불명확성을 해소하기 위해 노출이 허용되지 않는 신체부위를 예시적으로 열거하거나 구체적으로 특정하여 분명하게 규정하는 것이 입법기술상 불가능하거나 현저히 곤란하지도 않다. 예컨대 이른바 '바바리맨'의 성기노출행위를 규제할 필요가 있다면 노출이 금지되는 신체부위를 '성기'로 명확히 특정하면 될 것이다. 따라서 심판대상조항은 죄형법정주의의 명확성원칙에 위배된다. (헌재 2016.11.24. 2016헌가3)

② [○] 개발제한구역의 지정 및 관리에 관한 특별조치법 제30조의2 제1항, 개발제한구역의 지정 및 관리에 관한 특별조치법 제30조의2 제2항 중 '상당한 기간' 부분은 모두 헌법에 위반되지 아니한다. (헌재 2023.2.23. 2019헌바550)

③ [○] '부득이한 사정'이란 사회통념상 차로로의 통행을 기대하기 어려운 특별한 사정을 의미한다고 해석된다. 건전한 상식과 통상적인 법감정을 가진 수범자는 금지조항이 규정한 부득이한 사정이 어떠한 것인지 충분히 알 수 있고, 법관의 보충적인 해석을 통하여 그 의미가 확정될 수 있다. 그러므로 금지조항 중 '부득이한 사정' 부분은 죄형법정주의의 명확성원칙에 위배되지 않는다. (헌재 2021.8.31. 2020헌바100)

④ [×] 건전한 상식과 통상적인 법감정을 가진 사람들은 어떠한 행위가 이 사건 의무조항이 정하는 구성요건에 해당되는지 여부를 충분히 파악할 수 있다고 판단되고, 그것이 지나치게 불명확하여 법 집행기관의 자의적인 해석을 가능하게 한다고 보기는 어려우므로, 이 사건 의무조항은 죄형법정주의의 명확성원칙에 위배되지 아니한다. (헌재 2020.12.23. 2017헌바463)

11
정답 ④

① [○] ② [○] 헌재 2011.4.28. 2010헌마474

③ [○] "법위반사실의 공표"를 명할 수 있도록 한 동법 제27조 부분이 양심의 자유를 침해하지 않는다. 위 조항부분이 과잉금지의 원칙에 위반하여 당해 행위자의 일반적 행동의 자유 및 명예권을 침해한다. 위 조항부분은 무죄추정의 원칙에 반한다. (헌재 2002.1.31. 2001헌바43)

④ [×] 무죄추정원칙 위반이 아니라 공정한 재판을 받을 권리를 침해하여 헌법에 위반된다.
[판례] 수단의 적합성은인정되나, … 피고인의 반대신문권을 보장하면서도 미성년 피해자를 보호할 수 있는 조화적인 방법을 상정할 수 있음에도, 영상물의 원진술자인 미성년 피해자에 대한 피고인의 반대신문권을 실질적으로 배제하

여 피고인의 방어권을 과도하게 제한하는 심판대상조항은 피해의 최소성 요건을 갖추지 못하였다.(헌재 2021.12.23. 2018헌바524)

12
정답 ④

① [○] 관세법상 몰수할 것으로 인정되는 물품을 압수한 경우에 있어서 범인이 당해관서에 출두하지 아니하거나 또는 범인이 도주하여 그 물품을 압수한 날로부터 4월을 경과한 때에는 당해 물품은 별도의 재판이나 처분없이 국고에 귀속한다고 규정하고 있는 이 사건 법률조항은 재판이나 청문의 절차도 밟지 아니하고 압수한 물건에 대한 피의자의 재산권을 박탈하여 국고귀속시킴으로써 그 실질은 몰수형을 집행한 것과 같은 효과를 발생하게 하는 것이므로 헌법상의 적법절차의 원칙과 무죄추정의 원칙에 위배된다.(헌재 1997.5.29. 96헌가17)

② [○] 헌재 2016.10.27. 2015헌바358

③ [○] 헌재 2003.1.30. 2001헌바95

④ [×]

전경에 대한 영창	영장주의 적용되지 않음 적법절차는 적용되지만 위반되지 않음
병에 대한 영창	법정의견은 영장주의가 적용되지 않음. 소수의견은 영장주의 적용됨 침해의 최소성 위반으로 위헌

13
정답 ②

㉠ [×] 구금 기능이 취약해질 수밖에 없는 법정 대기실 내 쇠창살 격리시설에서 수형자의 도주를 예방하고 법정 내 질서유지에 협력하고자 하는 공익은 매우 중요하다. 그렇다면 이 사건 보호장비 사용행위는 법익의 균형성을 갖추었다. 이 사건 보호장비 사용행위는 과잉금지원칙을 위반하여 청구인의 신체의 자유와 인격권을 침해하지 않는다.(헌재 2023.6.29. 2018헌마1215)

㉡ [○] 채무자로서는 재산명시기일에 출석하여 재산목록을 제출하고 선서를 하기만 하면 감치의 제재를 받지 않으며, 감치를 명하더라도 최대 20일을 초과할 수 없고, 감치의 집행 중이라도 채무자가 재산명시의무를 이행하거나 채무를 변제하면 즉시 석방되는 점에 비추어, 과잉금지원칙에 반하여 청구인의 신체의 자유를 침해하지 아니한다.
명확성원칙에 위반된다고 할 수 없다.
재산목록을 제출하고 그 진실함을 법관 앞에서 선서하는 것은 개인의 인격형성에 관계되는 내심의 가치적·윤리적 판단에 해당하지 않아 양심의 자유의 보호대상이 아니고, 감치의 제재를 통해 이를 강제하는 것이 형사상 불이익한 진술을 강요하는 것이라고 할 수 없으므로, 심판대상조항은 청구인의 양심의 자유 및 진술거부권을 침해하지 아니한다. (헌재 2014.9.25. 2013헌마11)

㉢ [○] 인치는 강제수단이므로 법원에서 발부한 영장이 필요하다.

㉣ [×] 정식재판청구권 회복청구를 하는 자는 약식명령의 확정력을 다투는 자이긴 하나 여전히 약식명령의 확정력을 받고 있는 자이므로 재판의 집행을 받았다고 하여 부당하다고 볼 수 없고, 설령 회복된 정식재판에서 무죄판결을 받는다고 하더라도 형사보상을 받을 수 있으며, 재판의 부당한 집행으로부터 피고인을 보호하면서 국가형벌권의 적정한 실현을 조화롭게 달성하기 위해서는 일률적으로 재판의 집행을 정지하는 것보다 법원이 구체적 사정을 고려하여 재판의 집행정지 여부를 결정하도록 하는 것이 바람직하다. 따라서 이 사건 법률조항이 신체의 자유를 침해한다고 볼 수 없다. (헌재 2014.5.29. 2012헌마104)

14
정답 ②

㉠ [○] 이중처벌금지에서 말하는 처벌은 형벌만을 의미하므로 이행강제금은 이중처벌이 아니다.

㉡ [×] 일정액수의 추징금을 납부하지 않은 자에게 내리는 출국금지의 행정처분은 형법 제41조상의 형벌이 아니라 형벌의 이행확보를 위하여 출국의 자유를 제한하는 행정조치의 성격을 지니고 있다. 그렇다면 심판대상 법조항에 의한 출국금지처분은 헌법 제13조 제1항 상의 이중처벌금지원칙에 위배된다고 할 수 없다.(헌재 2004.10.28. 2003헌가18) [합헌]

㉢ [○] 이중처벌금지에서 말하는 처벌은 다시 재판을 해서 처벌하는 것을 의미하므로 유예되었던 형을 집행하는 것은 이중처벌이 아니다.

㉣ [×] 운전면허 취소처분은 형법상에 규정된 형(刑)이 아니고, 그 절차도 일반 형사소송절차와는 다를 뿐만 아니라, 주취 중 운전금지라는 행정상 의무의 존재를 전제하면서 그 이행을 확보하기 위해 마련된 수단이라는 점에서 형벌과는 다른 목적과 기능을 가지고 있다고 할 것이므로, 운전면허 취소처분을 이중처벌금지원칙에서 말하는 "처벌"로 보기 어렵다. 따라서 이 사건 법률조항은 이중처벌금지원칙에 위반되지 아니한다.(헌재 2010.3.25. 2009헌바83) [합헌]

15
정답 ④

① [○] 자기책임원리는 이와 같이 자기결정권의 한계논리로서 책임부담의 근거로 기능하는 동시에 자기가 결정하지 않은 것이나 결정할 수 없는 것에 대하여는 책임을 지지 않고 책임부담의 범위도 스스로 결정한 결과 내지 그와 상관관계가 있는 부분에 국한됨을 의미하는 책임의 한정원리로 기능한다. 이러한 자기책임원리는 인간의 자유와 유책성, 그리고 인간의 존엄성을 진지하게 반영한 원리로서 그것이 비단 민사법이나 형사법에 국한된 원리라기보다는 근대법의 기본이념으로서 법치주의에 당연히 내재하는 원리로 볼 것이다.(헌재 2013.5.30. 2011헌바360)

② [○] 구 선박안전법 제84조 제2항 중 '선장이 선박소유자의 업무에 관하여 제1항 제9호의 위반행위를 한 때에는 선박소유자에 대하여도 동항의 벌금형에 처한다.'는 부분은 책임주의 원칙에 반하므로 헌법에 위반된다.(헌재 2013.9.26. 2013헌가15)

③ [○] 헌재 2016.9.29. 2015헌마548
④ [×] 이 사건 법률조항이 매각 또는 백지신탁의 대상이 되는 주식의 보유한도액을 결정함에 있어 국회의원 본인 뿐만 아니라 본인과 일정한 친족관계가 있는 자들의 보유주식 역시 포함하도록 하고 있는 것은 본인과 친족 사이의 실질적·경제적 관련성에 근거한 것이지, 실질적으로 의미 있는 관련성이 없음에도 오로지 친족관계 그 자체만으로 불이익한 처우를 가하는 것이 아니므로 헌법 제13조 제3항에 위배되지 아니한다.(헌재 2012.8.23. 2010헌가65) [합헌]

16　　정답 ②

① [×] 국외 위난상황이 우리나라의 국민 개인이나 국가·사회에 미칠 수 있는 피해는 매우 중대한 반면, 이 사건 처벌조항으로 인한 불이익은 완화되어 있으므로, 이 사건 처벌조항은 법익의 균형성원칙에도 반하지 않는다. 그러므로 이 사건 처벌조항은 과잉금지원칙에 반하여 청구인의 거주·이전의 자유를 침해하지 않는다.(헌재 2020.2.27. 2016헌마945)
② [○] 귀화허가가 취소되는 경우 국적을 상실하게 됨에 따른 불이익을 받을 수 있으나, 국적 관련 행정의 적법성 확보라는 공익이 훨씬 더 크므로 법익균형성의 원칙에도 위배되지 아니한다. 따라서 이 사건 법률조항은 거주·이전의 자유 및 행복추구권을 침해하지 아니한다.(헌재 2015.9.24. 2015헌바26)
③ [×] 부득이한 사유가 있는 경우 연령제한 없이 그 사실을 증명하여 3개월 범위 내의 국외여행을 허가받을 수도 있으므로, 이들의 거주·이전의 자유에 대한 제한이 위와 같은 공익적 가치에 비하여 결코 크다고 할 수 없다. 그렇다면 심판대상조항은 법익의 균형성에도 어긋나지 않는다. 따라서 심판대상조항은 과잉금지원칙에 반하여 청구인의 거주·이전의 자유를 침해하지 않는다.(헌재 2023.2.23. 2019헌마157)
④ [×] 이륜차를 이용하여 고속도로 등을 통행할 수 있는 자유를 제한당하고 있다. 이는 행복추구권에서 우러나오는 일반적 행동의 자유를 제한하는 것이다. 그러나 이 사건 법률조항이 청구인들의 거주이전의 자유를 제한한다고 보기는 어렵다.(헌재 2011.11.24. 2011헌바51)

17　　정답 ①

① [×] 자연인 안경사는 법인을 설립하여 안경업소를 개설할 수 없고, 법인은 안경업소를 개설할 수 없으며, 이를 위반한 경우 이 사건 처벌조항에 의하여 형사처벌되는 심판대상조항은 과잉금지원칙에 반하지 아니하여 자연인 안경사와 법인의 직업의 자유를 침해하지 아니한다.(헌재 2021.6.24. 2017헌가31)
② [○] 헌재 2019.2.28. 2016헌바467
③ [○] 학교운영위원은 무보수 봉사직이므로 그 활동을 생활의 기본적 수요를 충족시키는 계속적인 소득활동으로 보기 어려운바, 이 사건 법률조항이 직업선택의 자유와 관련되는 것은 아니라 할 것이다.(헌재 2007.3.29. 2005헌마1144)
④ [○] 헌재 2010.10.28. 2008헌마612

18　　정답 ①

① [×] 이 사건 검사행위는 교도소의 안전과 질서를 유지하고, 수형자의 교화·개선에 지장을 초래할 수 있는 물품을 차단하기 위한 것으로서 그 목적이 정당하고, 수단도 적절하며, 검사의 실효성을 확보하기 위한 최소한의 조치로 보이고, 달리 덜 제한적인 대체수단을 찾기 어려운 점 등에 비추어 보면 이 사건 검사행위가 과잉금지원칙에 위배하여 사생활의 비밀 및 자유를 침해하였다고 할 수 없다.(헌재 2011.10.25. 2009헌마691)
② [○] 헌재 2003.10.30. 2002헌마518
③ [○] 헌재 2017.12.28. 2015헌마994
④ [○] 일반적으로 경제적 내지 직업적 활동은 복합적인 사회적 관계를 전제로 하여 다수 주체 간의 상호작용을 통하여 이루어지는 것이고, 특히 변호사의 업무는 다른 어느 직업적 활동보다도 강한 공공성을 내포한다는 점 등을 감안하여 볼 때, 변호사의 업무와 관련된 수임사건의 건수 및 수임액이 변호사의 내밀한 개인적 영역에 속하는 것이라고 보기 어렵고, 따라서 이 사건 법률조항이 청구인들의 사생활의 비밀과 자유를 침해하는 것이라 할 수 없다.(헌재 2009.10.29. 2007헌마667)

19　　정답 ③

㉠ [○] 대판 2016.8.17. 2014다235080
㉡ [○] 국회의원인 甲 등이 '각급학교 교원의 교원단체 및 교원노조 가입현황 실명자료'를 인터넷을 통하여 공개한 사안에서, 위 정보는 개인정보자기결정권의 보호대상이 되는 개인정보에 해당하므로 이를 일반 대중에게 공개하는 행위는 해당 교원들의 개인정보자기결정권과 전국교직원노동조합의 존속, 유지, 발전에 관한 권리를 침해하는 것이고, 甲 등이 위 정보를 공개한 표현행위로 인하여 얻을 수 있는 법적 이익이 이를 공개하지 않음으로써 보호받을 수 있는 해당 교원 등의 법적 이익에 비하여 우월하다고 할 수 없으므로, 甲 등의 정보 공개행위가 위법하다.(대판 2014.7.24. 2012다49933)
㉢ [×] 심판대상조항을 통하여 추구하는 영유아의 건강한 성장 도모 및 영유아 보호자들의 보육기관 선택권 보장이라는 공익이 공표대상자의 법 위반사실이 일정기간 외부에 공표되는 불이익보다 크다. 따라서 심판대상조항은 과잉금지원칙을 위반하여 인격권 및 개인정보자기결정권을 침해하지 아니한다.(헌재 2022.3.31. 2019헌바520)
㉣ [○] 헌재 2019.11.28. 2017헌마399

20　　정답 ④

① [○] 개봉하는 발신자나 수용자를 한정하거나 엑스레이 기기 등으로 확인하는 방법 등으로는 금지물품 동봉 여부를 정확하게 확인하기 어려워, 입법목적을 같은 정도로 달성하면서, 소장이 서신을 개봉하여 육안으로 확인하는 것보다 덜 침해적인 수단이 있다고 보기 어렵다. 또한 서신을 개봉

하더라도 그 내용에 대한 검열은 원칙적으로 금지된다. 따라서 서신개봉행위는 청구인의 통신의 자유를 침해하지 아니한다.(헌재 2021.9.30. 2019헌마919)

② [○] 통신비밀보호법 제3조 제1항이 "공개되지 아니한 타인간의 대화를 녹음 또는 청취하지 못한다"라고 정한 것은, 대화에 원래부터 참여하지 않는 제3자가 그 대화를 하는 타인들 간의 발언을 녹음해서는 아니 된다는 취지이다. 3인 간의 대화에 있어서 그 중 한 사람이 그 대화를 녹음하는 경우에 다른 두 사람의 발언은 그 녹음자에 대한 관계에서 '타인 간의 대화'라고 할 수 없으므로, 이와 같은 녹음행위가 통신비밀보호법 제3조 제1항에 위배된다고 볼 수는 없다.(대판 2006.10.12. 2006도4981)

③ [○] 헌재 2018.6.28. 2012헌마538

④ [×] 개인정보자기결정권, 통신의 자유가 제한되는 불이익과 비교했을 때, 명의도용피해를 막고, 차명휴대전화의 생성을 억제하여 보이스피싱 등 범죄의 범행도구로 악용될 가능성을 방지함으로써 잠재적 범죄 피해 방지 및 통신망 질서 유지라는 더욱 중대한 공익의 달성효과가 인정된다. 따라서 심판대상조항은 청구인들의 개인정보자기결정권 및 통신의 자유를 침해하지 않는다.(헌재 2019.9.26. 2017헌마1209)

21
정답 ④

① [○] 양심이란 인간의 윤리적·도덕적 내심영역의 문제이고, 헌법이 보호하려는 양심은 어떤 일의 옳고 그름을 판단함에 있어서 그렇게 행동하지 아니하고는 자신의 인격적인 존재가치가 허물어지고 말 것이라는 강력하고 진지한 마음의 소리이지, 막연하고 추상적인 개념으로서의 양심이 아니다. … 따라서 음주측정요구와 그 거부는 양심의 자유의 보호영역에 포괄되지 아니하므로 이 사건 법률조항을 두고 헌법 제19조에서 보장하는 양심의 자유를 침해하는 것이라고 할 수 없다.(헌재 1997.3.27. 96헌가11)

② [○] 헌재 2011.8.30. 2007헌가12

③ [○] 표현의 자유의 영역이지, 양심의 자유나 사생활의 비밀의 영역이 아니다.

④ [×] 시말서가 단순히 사건의 경위를 보고하는 데 그치지 않고 더 나아가 근로관계에서 발생한 사고 등에 관하여 '자신의 잘못을 반성하고 사죄한다는 내용'이 포함된 사죄문 또는 반성문을 의미하는 것이라면, 이는 헌법이 보장하는 내심의 윤리적 판단에 대한 강제로서 양심의 자유를 침해하는 것이므로, 그러한 취업규칙 규정은 헌법에 위배되어 근로기준법 제96조 제1항에 따라 효력이 없고, 그에 근거한 사용자의 시말서 제출명령은 업무상 정당한 명령으로 볼 수 없다.(대판 2010.1.14. 2009두6605)

22
정답 ②

① [○] 비의료인에게 의료에 관한 광고를 허용할 경우에는 비의료인에 의하여 의료에 관한 부정확한 광고가 양산되고, 그에 의하여 일반인들이 올바른 의료선택을 하지 못하게 되

며, 무면허 의료행위가 조장·확산될 위험이 있다. … 비의료인인 청구인의 표현의 자유, 직업수행의 자유를 침해한다고 볼 수 없다.(헌재 2016.9.29. 2015헌바325)

② [×] 사전허가금지의 대상은 언론·출판의 자유의 내재적 본질인 표현의 내용을 보장하는 것을 의미하는 것이지, 필요한 물적 시설이나 언론기업의 주체인 기업인으로서의 활동을 의미하는 것은 아니다.

③ [○] 인터넷신문의 취재 및 편집인력 5명 이상을 상시 고용하고, 이를 확인할 수 있는 서류를 제출할 것을 규정한 신문 등의 진흥에 관한 법률 시행령 규정은 인터넷신문사업자인 청구인들의 언론의 자유를 침해하므로 헌법에 위반된다.(헌재 2016.10.27. 2015헌마206) – 등록조항이 사전허가금지원칙에 위배된다고 볼 수 없다.

인터넷신문을 발행하려는 사업자가 취재인력 3인 이상을 포함하여 취재 및 편집인력 5인 이상을 상시 고용하지 않는 경우 인터넷신문으로 등록할 수 없도록 하는 고용조항은 인터넷신문의 발행을 제한하는 효과를 가지고 있으므로 언론의 자유를 제한하는 규정에 해당한다. 그런데 고용조항의 입법목적이 인터넷신문의 신뢰성 제고이고, 신문법 규정들은 언론사로서의 인터넷 신문의 규율 및 보호를 위한 규정들이므로 고용조항으로 인하여 청구인들의 직업수행의 자유보다는 언론의 자유가 보다 직접적으로 제한된다고 보인다.(헌재 2016.10.27. 2015헌마206) [위헌]

④ [○] 익명표현의 자유도 표현의 자유의 내용으로 보호된다.(헌재 2021.1.28. 2018헌마456)

23
정답 ③

① [×] 이 사건 시행령조항은 공시대상정보로서 교원의 교원단체 및 노동조합 "가입현황(인원 수)"만을 규정할 뿐 개별 교원의 명단은 규정하고 있지 아니한바, 교원의 교원단체 및 노동조합 가입에 관한 정보는 '개인정보 보호법'상의 민감정보로서 특별히 보호되어야 할 성질의 것이고, 인터넷 게시판에 공개되는 '공시'로 말미암아 발생할 교원의 개인정보 자기결정권에 대한 중대한 침해의 가능성을 고려할 때, 이 사건 시행령조항은 학부모 등 국민의 알 권리와 교원의 개인정보 자기결정권이라는 두 기본권을 합리적으로 조화시킨 것이라 할 수 있으므로, 학부모들의 알 권리를 침해하지 않는다.(헌재 2011.12.29. 2010헌마293)

② [×] 저속한 간행물의 출판을 전면 금지시키고 출판사의 등록을 취소시킬 수 있도록 하는 것은 청소년보호를 위해 지나치게 과도한 수단을 선택한 것이고, 또 청소년보호라는 명목으로 성인이 볼 수 있는 것까지 전면 금지시킨다면 이는 성인의 알권리의 수준을 청소년의 수준으로 맞출 것을 국가가 강요하는 것이어서 성인의 알권리까지 침해하게 된다.(헌재 1998.4.30. 95헌가16)

③ [○] 대판 2008.11.27. 2005두15694

④ [×] 이 사건 규율조항은 군의 정신전력 강화의 필요라고 하는 의무부과 목적의 정당성이 인정되고, 부과 내용이 기본의무를 부과함에 있어 입법자가 유의해야 하는 여타의 헌

법적 가치를 충분히 존중한 것으로서 합리적이고 타당하며, 부과의 공평성 또한 인정할 수 있으므로 과도하게 청구인들의 기본권을 침해하는 것이라고 볼 수 없다.(헌재 2010.10.28. 2008헌마638)

24
정답 ②

① [○] 헌재 2014.3.27. 2010헌가2
② [×] 국회의장 공관 인근에서 예외적으로 옥외집회·시위를 허용한다고 하더라도 국회의장 공관의 기능과 안녕은 충분히 보장될 수 있다. 그럼에도 심판대상조항은 국회의장 공관 인근 일대를 광범위하게 전면적인 집회 금지 장소로 설정함으로써 입법목적 달성에 필요한 범위를 넘어 집회의 자유를 과도하게 제한하고 있는바, 과잉금지원칙에 반하여 집회의 자유를 침해한다.(헌재 2023.3.23. 2021헌가1)
③ [○] 헌재 2011.10.13. 2009도13846
④ [○]

> **집회및시위에관한법률 제8조(집회 및 시위의 금지 또는 제한 통고)** ② 관할경찰관서장은 집회 또는 시위의 시간과 장소가 중복되는 2개 이상의 신고가 있는 경우 그 목적으로 보아 서로 상반되거나 방해가 된다고 인정되면 각 옥외집회 또는 시위 간에 시간을 나누거나 장소를 분할하여 개최하도록 권유하는 등 각 옥외집회 또는 시위가 서로 방해되지 아니하고 평화적으로 개최·진행될 수 있도록 노력하여야 한다.

25
정답 ③

㉠ [×] 재산권은 사적유용성 및 그에 대한 원칙적 처분권을 내포하는 재산가치있는 구체적 권리이므로 구체적인 권리가 아닌 단순한 이익이나 재화의 획득에 관한 기회(단순한 기대이익·반사적이익 또는 경제적인 기회)등은 재산권보장의 대상이 아닌 바, 교원의 정년단축으로 기존 교원이 입는 경제적 불이익은 계속 재직하면서 재화를 획득할 수 있는 기회를 박탈당한다는 것인데 이러한 경제적 기회는 재산권보장의 대상이 아니라는 것이 우리 재판소의 판례이다.(헌재 1996.8.29. 95헌바36)
㉡ [○] 재산권으로 인정된다.
㉢ [○] 기대권은 재산권이 아니지만, 연금수급권은 확실한 기대이므로 재산권이다.
㉣ [○] 공평하고 적정한 우편역무를 제공함으로써 달성될 수 있는 공익은 손해배상액수를 제한받게 되는 사익에 비해 커서 법익 균형성도 충족하므로 심판대상조항은 과잉금지원칙에 반하여 청구인의 재산권을 침해한다고 볼 수 없다.(헌재 2013.6.27. 2012헌마426)
㉤ [×] 의료보험은 재산권이지만, 의료급여는 자기기여가 없으므로 재산권이 아니다.

26
정답 ②

㉠ [×] 선거권 연령은 법률에 위임되어 있다.
㉡ [○]

> **헌법 제67조** ① 대통령은 국민의 보통·평등·직접·비밀선거에 의하여 선출한다.
> ② 제1항의 선거에 있어서 최고득표자가 2인 이상인 때에는 국회의 재적의원 과반수가 출석한 공개회의에서 다수표를 얻은 자를 당선자로 한다.
> ③ 대통령후보자가 1인일 때에는 그 득표수가 선거권자 총수의 3분의 1 이상이 아니면 대통령으로 당선될 수 없다.
> ④ 대통령으로 선거될 수 있는 자는 국회의원의 피선거권이 있고 선거일 현재 40세에 달하여야 한다.

㉢ [○] 공직선거법 제15조
㉣ [×]

> **공직선거법 제34조(선거일)** ① 임기만료에 의한 선거의 선거일은 다음 각호와 같다.
> 1. 대통령선거는 그 임기만료일전 70일 이후 첫번째 수요일
> 2. 국회의원선거는 그 임기만료일전 50일 이후 첫번째 수요일
> 3. 지방의회의원 및 지방자치단체의 장의 선거는 그 임기만료일전 30일 이후 첫번째 수요일
> ② 제1항의 규정에 의한 선거일이 국민생활과 밀접한 관련이 있는 민속절 또는 공휴일인 때와 선거일전일이나 그 다음날이 공휴일인 때에는 그 다음주의 수요일로 한다.

27
정답 ③

① [○] 헌재 2009.3.26. 2007헌마843
② [○] 일반범죄의 경우 선거유예판결로 당연퇴직은 공무담임권 침해이지만, 수뢰죄의 경우는 합헌이다.
③ [×] 심판대상조항으로 인하여 입는 불이익은 부사관 임용 지원기회가 27세 이후에 제한되는 것임에 반하여, 이를 통해 달성할 수 있는 공익은 군의 전투력 등 헌법적 요구에 부응하는 적절한 무력의 유지, 궁극적으로 국가안위의 보장과 국민의 생명·재산 보호로서 매우 중대하므로, 법익의 균형성 원칙에도 위배되지 아니한다. 따라서 심판대상조항이 과잉금지의 원칙을 위반하여 청구인들의 공무담임권을 침해한다고 볼 수 없다.(헌재 2014.9.25. 2011헌마414)
④ [○] 헌재 2019.11.28. 2018헌마222

28
정답 ①

① [○] 헌법에는 청원의 심사의무만 규정하지만, 청원법에는 청원을 수리할 뿐만 아니라 이를 심사하여 청원자에게 그 처리결과를 통지할 것을 요구할 수 있는 권리를 규정하고 있다.
② [×]

> **헌법 제89조** 다음 사항은 국무회의의 심의를 거쳐야 한다.
> 15. 정부에 제출 또는 회부된 정부의 정책에 관계되는 청원의 심사

③ [×] 국민의 의견을 효과적으로 반영하여 청원제도의 목적을 높은 수준으로 달성하기 위해서는 국회가 국회의 한정된 자원과 심의역량 등을 고려하여 국민동의기간이나 인원 등 국민동의 요건을 탄력적으로 정할 필요가 있으므로, 그 구체적인 내용을 하위법령에 위임할 필요성이 인정된다. 아울

러 국회규칙에서는 국회가 처리할 수 있는 범위 내에서 국민의 의견을 취합하여 국민 다수가 동의하는 의제가 효과적으로 국회의 논의 대상이 될 수 있도록 적정한 수준으로 구체적인 국민동의 요건과 절차가 설정될 것임을 예측할 수 있다. 따라서 국민동의조항은 포괄위임금지원칙에 위반되어 청원권을 침해하지 않는다. (헌재 2023.3.23. 2018헌마460)

④ [×] 청구인의 청원이 단순한 호소나 요청이 아닌 구체적인 권리행사로서의 성질을 갖는 경우라면 그에 대한 위 피청구인의 거부행위는 청구인의 법률관계나 법적 지위에 영향을 미치는 것으로서 당연히 헌법소원의 대상이 되는 공권력의 행사라고 할 수 있을 것이다. (헌재 2004.10.28. 2003헌마898) - 청원서를 접수한 국가기관은 이를 적정히 처리하여야 할 의무를 부담하나, 그 의무이행은 청원법이 정하는 절차와 범위 내에서 청원사항을 성실·공정·신속히 심사하고 청원인에게 그 청원을 어떻게 처리하였거나 처리하려 하는지를 알 수 있을 정도로 결과통지함으로써 충분하고, 비록 그 처리내용이 청원인이 기대한 바에 미치지 않는다고 하더라도 헌법소원의 대상이 되는 공권력의 행사 또는 불행사가 있다고 볼 수 없다.

29
정답 ②

① [○] 헌법 2016.11.24. 2015헌마902
② [×] 재판청구권은 적어도 한번의 사실심과 법률심을 받을 권리를 의미하므로 모든 사건에 대해 대법원의 재판을 받을 권리를 의미하는 것은 아니다. (헌재 2002.6.27. 2002헌마18)
③ [○] 심판대상조항은 법무부장관으로 하여금 피고인의 출국을 금지할 수 있도록 하는 것일 뿐 피고인의 공격·방어권 행사와 직접 관련이 있다고 할 수 없고, 공정한 재판을 받을 권리에 외국에 나가 증거를 수집할 권리가 포함된다고 보기도 어렵다. 따라서 심판대상조항은 공정한 재판을 받을 권리를 침해한다고 볼 수 없다. (헌재 2015.9.24. 2012헌바302)
④ [○] 법원은 민사소송법 제184조에서 정하는 기간내에 판결을 선고하도록 노력해야 하겠지만, 이 기간 내에 반드시 판결을 선고해야 할 법률상의 의무가 발생한다고 볼 수 없으며, 헌법 제27조 제3항 제1문에 의거한 신속한 재판을 받을 권리의 실현을 위해서는 구체적인 입법형성이 필요하고, 신속한 재판을 위한 어떤 직접적이고 구체적인 청구권이 이 헌법규정으로부터 직접 발생하지 아니하므로, 보안관찰처분들의 취소청구에 대해서 법원이 그 처분들의 효력이 만료되기 전까지 신속하게 판결을 선고해야 할 헌법이나 법률상의 작위의무가 존재하지 아니한다. (헌재 1999.9.16. 98헌마75)

30
정답 ④

㉠ [×] 공무원의 고의 또는 과실이 없는데도 국가배상을 인정할 경우 피해자 구제가 확대되기는 하겠지만 현실적으로 원활한 공무수행이 저해될 수 있어 이를 입법정책적으로 고려할 필요성이 있다. 외국의 경우에도 대부분 국가에서 국가배상책임에 공무수행자의 유책성을 요구하고 있으며, 최근에는 국가배상법상의 과실관념의 객관화, 조직과실의 인정, 과실 추정과 같은 논리를 통하여 되도록 피해자에 대한 구제의 폭을 넓히려는 추세에 있다. 이러한 점들을 고려할 때, 이 사건 법률조항이 국가배상청구권의 성립요건으로서 공무원의 고의 또는 과실을 규정한 것을 두고 입법형성의 범위를 벗어나 헌법 제29조에서 규정한 국가배상청구권을 침해한다고 보기는 어렵다. (헌재 2015.4.30. 2013헌바395)
㉡ [○] 대판 2003.7.11. 99다24218
㉢ [○] 헌재 2015.9.1. 2015헌바275
㉣ [○] 정신적손해에 관한 규정이 없는 것은 국가배상청구권 침해이지만 재판상화해 부분이 위헌은 아니다.
[판례] 관련자와 유족이 위원회의 보상금 등 지급결정이 일응 적절한 배상에 해당된다고 판단하여 이에 동의하고 보상금 등을 수령한 경우 보상금 등의 성격과 중첩되는 적극적·소극적 손해에 대한 국가배상청구권의 추가적 행사를 제한하는 것은, 동일한 사실관계와 손해를 바탕으로 이미 적절한 배상을 받았음에도 불구하고 다시 동일한 내용의 손해배상청구를 금지하는 것이므로, 이를 지나치게 과도한 제한으로 볼 수 없다. (헌재 2018.8.30. 2014헌바180)
정신적 손해에 대한 국가배상청구마저 금지하는 것은, 해당 손해에 대한 적절한 배상이 이루어졌음을 전제로 하여 국가배상청구권 행사를 제한하려 한 민주화보상법의 입법목적에도 부합하지 않으며, 국가의 기본권 보호의무를 규정한 헌법 제10조 제2문의 취지에도 반하는 것으로서, 국가배상청구권에 대한 지나치게 과도한 제한에 해당한다. 따라서 심판대상조항 중 정신적 손해에 관한 부분은 민주화운동 관련자와 유족의 국가배상청구권을 침해한다.

31
정답 ④

① [×] 실질적인 평등교육을 실현해야 할 국가의 적극적인 의무가 인정되지만, 이러한 의무조항으로부터 국민이 직접 실질적 평등교육을 위한 교육비를 청구할 권리가 도출되는 것은 아니다. (헌재 2003.11.27. 2003헌바39)
② [×] 부모의 자녀교육권은 다른 기본권과는 달리, 기본권의 주체인 부모의 자기결정권이라는 의미에서 보장되는 자유가 아니라, 자녀의 보호와 인격발현을 위하여 부여되는 기본권이다. (헌재 2000.4.27. 98헌가16)
③ [×] 이 사건 한자 관련 고시는 한자를 국어과목에서 분리하여 학교 재량에 따라 선택적으로 가르치도록 하고 있으므로, 국어교과의 내용으로 한자를 배우고 일정 시간 이상 필수적으로 한자교육을 받음으로써 교육적 성장과 발전을 통해 자아를 실현하고자 하는 학생들의 자유로운 인격발현권을 제한한다.

또한 학부모는 자녀의 개성과 능력을 고려하여 자녀의 학교 교육에 관한 전반적인 계획을 세우고, 자신의 인생관·사회관·교육관에 따라 자녀를 교육시킬 권리가 있는바, 이 사건 한자 관련 고시는 자녀의 올바른 성장과 발전을 위하여 한 자교육이 반드시 필요하고 국어과목 시간에 이루어져야 한 다고 생각하는 학부모의 자녀교육권도 제한할 수 있다.(헌재 2016.11.24. 2012헌마854) [기각]

④ [○] 헌재 1998.7.16. 96헌바33

32
정답 ②

① [○] 근로는 개인을 전제로 하는 것이므로 노동조합은 주체 가 될 수 없다.

② [×] 해고예고제도는 근로조건의 핵심적 부분인 해고와 관 련된 사항일 뿐만 아니라, 근로자가 갑자기 직장을 잃어 생 활이 곤란해지는 것을 막는 데 목적이 있으므로 근로자의 인간 존엄성을 보장하기 위한 최소한의 근로조건으로서 근 로의 권리의 내용에 포함된다.(헌재 2015.12.23. 2014헌바3)

③ [○] 헌재 2012.3.29. 2011헌바53

④ [○] 헌재 2022.5.26. 2012헌바66

33
정답 ③

① [×] 인간다운 생활을 보장하기 위한 객관적인 내용의 최소 한을 보장하고 있는지 여부는 특정한 법률에 의한 생계급여 만을 가지고 판단하여서는 안 되고, 다른 법령에 의거하여 국가가 최저생활보장을 위하여 지급하는 각종 급여나 각종 부담의 감면 등을 총괄한 수준으로 판단하여야 한다.(헌재 2004.10.28. 2002헌마328)

② [×] 헌법 제34조 제1항의 인간다운 생활을 할 권리는 인간 의 존엄에 상응하는 최소한의 물질적인 생활의 유지에 필요 한 급부를 요구할 수 있는 권리일 뿐, 사적자치에 의해 규율 되는 사인 사이의 법률관계에서 계약갱신을 요구할 수 있는 권리나 보증금을 우선하여 변제받을 수 있는 권리 등은 헌 법 제34조 제1항에 의한 보호대상이 아니므로, 이 사건 법 률조항들이 청구인의 인간다운 생활을 할 권리를 침해한다 고 볼 수 없다.(헌재 2014.3.27. 2013헌바198)

③ [○] 국가에게 장애인의 복지를 위하여 노력해야 할 의무가 있다는 것은 장애인도 인간다운 생활을 누릴 수 있는 사회 질서를 형성해야 할 국가의 일반적인 의무를 뜻하는 것이 지, 장애인을 위한 저상버스를 도입해야 한다는 구체적 의 무가 헌법으로부터 나오는 것은 아니다.(헌재 2002.12.18. 2002 헌마52)

④ [×] 「치료감호법」에 의한 구치소 치료감호시설에 수용 중 인 자는 당해 법률에 의하여 생계유지의 보호와 의료적 처 우를 받고 있으므로 이러한 자에 대하여 「국민기초생활 보 장법」에 의한 중복적인 보장을 피하기 위하여 개별가구에서 제외하기로 한 입법자의 판단이 헌법상 용인될 수 있는 재 량의 범위를 일탈하여 인간다운 생활을 할 권리를 침해한다 고 볼 수 없다.(헌재 2012.2.23. 2011헌바23)

34
정답 ①

① [×] 과세요건법정주의 및 과세요건명확주의를 포함하는 조세법률주의가 지배하는 조세법의 영역에서는 경과규정의 미비라는 명백한 입법의 공백을 방지하고 형평성의 왜곡을 시정하는 것은 원칙적으로 입법자의 권한이고 책임이지 법 문의 한계 안에서 법률을 해석·적용하는 법원이나 과세관 청의 몫은 아니다. 뿐만 아니라 구체적 타당성을 이유로 법 률에 대한 유추해석 내지 보충적 해석을 하는 것도 어디까 지나 '유효한' 법률조항을 대상으로 할 수 있는 것이지 이미 '실효된' 법률조항은 그러한 해석의 대상이 될 수 없다.(헌재 2012.5.31. 2009헌바123)

② [○] 정치적 중립성을 엄격하게 지켜야 할 대법원장의 지위 에 비추어 볼 때 정치적 사건을 담당하게 될 특별검사의 임 명에 대법원장을 관여시키는 것이 과연 바람직한 것인지에 대하여 논란이 있을 수 있으나, 그렇다고 국회의 이러한 정 치적·정책적 판단이 헌법상 권력분립원칙에 어긋난다거나 입법재량의 범위에 속하지 않는다고는 할 수 없다. 그렇다 면 이 사건 법률 제3조는 적법절차원칙에 위반되거나 권력 분립원칙에 위반되지 아니하므로 청구인들의 기본권을 침 해하지 않는다.(헌재 2008.1.10. 2007헌마1468)

③ [○] 헌재 1997.1.16. 90헌마110

④ [○] 헌재 2021.1.28. 2020헌마264

35
정답 ②

① [○] 헌재 2003.10.30. 2002헌라1

② [×] 국회의원의 법률안 심의·표결권은 국민에 의하여 선 출된 국가기관으로서 국회의원이 그 본질적 임무인 입법에 관한 직무를 수행하기 위하여 보유하는 권한으로서의 성격 을 갖고 있으므로 국회의원의 개별적인 의사에 따라 포기할 수 있는 것은 아니다.(헌재 2009.10.29. 2009헌라8)

③ [○] 대판 1992.9.22. 91도3317

④ [○]

> **국회법 제26조(체포동의 요청의 절차)** ① 의원을 체포하거나 구 금하기 위하여 국회의 동의를 받으려고 할 때에는 관할법원의 판사는 영장을 발부하기 전에 체포동의 요구서를 정부에 제출 하여야 하며, 정부는 이를 수리(受理)한 후 지체 없이 그 사본을 첨부하여 국회에 체포동의를 요청하여야 한다.
> ② 의장은 제1항에 따른 체포동의를 요청받은 후 처음 개의하 는 본회의에 이를 보고하고, 본회의에 보고된 때부터 24시간 이후 72시간 이내에 표결한다. 다만, 체포동의안이 72시간 이 내에 표결되지 아니하는 경우에는 그 이후에 최초로 개의하는 본회의에 상정하여 표결한다.

36
정답 ④

① [×]

> **헌법 제76조** ① 대통령은 내우·외환·천재·지변 또는 중대한 재 정·경제상의 위기에 있어서 국가의 안전보장 또는 공공의 안녕 질서를 유지하기 위하여 긴급한 조치가 필요하고 국회의 집회

를 기다릴 여유가 없을 때에 한하여 최소한으로 필요한 재정·경제상의 처분을 하거나 이에 관하여 법률의 효력을 가지는 명령을 발할 수 있다.

② 대통령은 국가의 안위에 관계되는 중대한 교전상태에 있어서 국가를 보위하기 위하여 긴급한 조치가 필요하고 국회의 집회가 불가능한 때에 한하여 법률의 효력을 가지는 명령을 발할 수 있다.

③ 대통령은 제1항과 제2항의 처분 또는 명령을 한 때에는 지체없이 국회에 보고하여 그 승인을 얻어야 한다.

④ 제3항의 승인을 얻지 못한 때에는 그 처분 또는 명령은 그때부터 효력을 상실한다. 이 경우 그 명령에 의하여 개정 또는 폐지되었던 법률은 그 명령이 승인을 얻지 못한 때부터 당연히 효력을 회복한다.

② [×] 대통령의 불소추특권에 관한 헌법의 규정(헌법 제84조)이 대통령이라는 특수한 신분에 따라 일반국민과는 달리 대통령 개인에게 특권을 부여한 것으로 볼 것이 아니라 단지 국가의 원수로서 외국에 대하여 국가를 대표하는 지위에 있는 대통령이라는 특수한 직책의 원활한 수행을 보장하고, 그 권위를 확보하여 국가의 체면과 권위를 유지하여야 할 실제상의 필요 때문에 대통령으로 재직중인 동안만 형사상 특권을 부여하고 있음에 지나지 않는 것으로 보아야 할 것이다.(헌재 1995.1.20. 94헌마246)

③ [×]

> 헌법 제88조 ① 국무회의는 정부의 권한에 속하는 중요한 정책을 심의한다.
> ② 국무회의는 대통령·국무총리와 15인 이상 30인 이하의 국무위원으로 구성한다.
> ③ 대통령은 국무회의의 의장이 되고, 국무총리는 부의장이 된다.

④ [○] 헌재 1994.4.28. 89헌마221

37 정답 ①

① [○] 형사재판에서 법관의 양형결정이 법률에 기속되는 것은 법률에 따라 심판한다는 헌법 제103조에 의한 것으로 법치국가원리의 당연한 귀결이다. 헌법상 어떠한 행위가 범죄에 해당하고 이를 어떻게 처벌할 것인지 여부를 정할 권한은 국회에 부여되어 있고 그에 대하여는 광범위한 입법재량 내지 형성의 자유가 인정되고 있으므로 형벌에 대한 입법자의 입법정책적 결단은 기본적으로 존중되어야 한다. 따라서 형사법상 법관에게 주어진 양형권한도 입법자가 만든 법률에 규정되어 있는 내용과 방법에 따라 그 한도내에서 재판을 통해 형벌을 구체화하는 것으로 볼 수 있다. 또한 검사의 약식명령청구사안이 적당하지 않다고 판단될 경우 법원은 직권으로 통상의 재판절차로 사건을 넘겨 재판절차를 진행시킬 수 있고 이 재판절차에서 법관이 자유롭게 형량을 결정할 수 있으므로 이러한 점들을 종합해보면 이 사건 법률조항에 의하여 법관의 양형결정권이 침해된다고 볼 수 없다.(헌재 2005.3.31. 2004헌가27)

② [×] 양형기준은 법적구속력이 없다. 양형위원회는 대법원에 둔다.

③ [×] 근무성적평정을 실제로 운용함에 있어서는 재판의 독립성을 해칠 우려가 있는 사항을 평정사항에서 제외하는 등 평정사항을 한정하고 있으며, 연임 심사과정에서 해당 판사에게 의견진술권 및 자료제출권이 보장되고, 연임하지 않기로 한 결정에 불복하여 행정소송을 제기할 수 있는 점 등을 고려할 때, 판사의 신분보장과 관련한 예측가능성이나 절차상의 보장이 현저히 미흡하다고 볼 수도 없으므로, 이 사건 연임결격조항은 사법의 독립을 침해한다고 볼 수 없다.(헌재 2016.9.29. 2015헌바331)

④ [×] 상급심의 판단은 당해사건에만 구속력이 인정되고, 동종사건에 대해서는 구속력이 인정되지 않는다.

38 정답 ④

① [×]

> 헌법 제98조 ① 감사원은 원장을 포함한 5인 이상 11인 이하의 감사위원으로 구성한다.
> ② 원장은 국회의 동의를 얻어 대통령이 임명하고, 그 임기는 4년으로 하며, 1차에 한하여 중임할 수 있다.
> ③ 감사위원은 원장의 제청으로 대통령이 임명하고, 그 임기는 4년으로 하며, 1차에 한하여 중임할 수 있다.

② [×]

> 감사원법 제2조(지위) ① 감사원은 대통령에 소속하되, 직무에 관하여는 독립의 지위를 가진다.

③ [×]

> 감사원법 제4조(원장) ① 원장은 국회의 동의를 받아 대통령이 임명한다.
> ② 원장은 감사원을 대표하며 소속 공무원을 지휘하고 감독한다.
> ③ 원장이 궐위(闕位)되거나 사고(事故)로 인하여 직무를 수행할 수 없을 때에는 감사위원으로 최장기간 재직한 감사위원이 그 권한을 대행한다. 다만, 재직기간이 같은 감사위원이 2명 이상인 경우에는 연장자가 그 권한을 대행한다.

④ [○]

> 감사원법 제11조(의장 및 의결) ① 감사위원회의는 원장을 포함한 감사위원 전원으로 구성하며, 원장이 의장이 된다.
> ② 감사위원회의는 재적 감사위원 과반수의 찬성으로 의결한다.

39 정답 ③

① [○]

> 헌법재판소법 제30조(심리의 방식) ① 탄핵의 심판, 정당해산의 심판 및 권한쟁의의 심판은 구두변론에 의한다.
> ② 위헌법률의 심판과 헌법소원에 관한 심판은 서면심리에 의한다. 다만, 재판부는 필요하다고 인정하는 경우에는 변론을 열어 당사자, 이해관계인, 그 밖의 참고인의 진술을 들을 수 있다.
> ③ 재판부가 변론을 열 때에는 기일을 정하여 당사자와 관계인을 소환하여야 한다.

② [○] 같은 사건을 두 번 청구하는 것은 일사부재리원칙 위반이다.

③ [×] 가처분은 정당해산심판과 권한쟁의심판에 명문의 규

정이 있다. 위헌법률심판과 헌법소원의 경우는 규정이 없지만 사건에 따라 가처분이 인정되기도 한다. 탄핵은 권한이 정지되므로 가처분이 인정될 여지가 없다.

④ [○] 헌재 2016.5.26. 2015헌아20

40
정답 ④

① [×] 한정위헌결정을 구하는 한정위헌청구는 원칙적으로 적법하다고 보아야 한다. 다만, 재판소원을 금지하는 헌법재판소법 제68조 제1항의 취지에 비추어, 개별·구체적 사건에서 단순히 법률조항의 포섭이나 적용의 문제를 다투거나, 의미있는 헌법문제에 대한 주장없이 단지 재판결과를 다투는 헌법소원 심판청구는 여전히 허용되지 않는다.(헌재 2012.12.27. 2011헌바117)

② [×] 진정입법부작위는 헌법재판소법 제68조 제1항의 헌법소원의 대상이다.

③ [×]

④ [○]

헌법재판소법 제47조(위헌결정의 효력) ① 법률의 위헌결정은 법원과 그 밖의 국가기관 및 지방자치단체를 기속(羈束)한다.
② 위헌으로 결정된 법률 또는 법률의 조항은 그 결정이 있는 날부터 효력을 상실한다.
③ 제2항에도 불구하고 형벌에 관한 법률 또는 법률의 조항은 소급하여 그 효력을 상실한다. 다만, 해당 법률 또는 법률의 조항에 대하여 종전에 합헌으로 결정한 사건이 있는 경우에는 그 결정이 있는 날의 다음 날로 소급하여 효력을 상실한다.
④ 제3항의 경우에 위헌으로 결정된 법률 또는 법률의 조항에 근거한 유죄의 확정판결에 대하여는 재심을 청구할 수 있다.
⑤ 제4항의 재심에 대하여는 「형사소송법」을 준용한다.

01	②	02	⑤	03	③	04	③	05	②
06	⑤	07	②	08	③	09	④	10	①
11	③	12	④	13	⑤	14	①	15	②
16	③	17	④	18	④	19	④	20	②
21	④	22	①	23	⑤	24	②	25	②

01　　　　정답 ②

① [○] 헌법상 근로의 권리는 '일할 자리에 관한 권리'만이 아니라 '일할 환경에 관한 권리'도 의미하는데, '일할 환경에 관한 권리'는 인간의 존엄성에 대한 침해를 방어하기 위한 권리로서 외국인에게도 인정되며, 건강한 작업환경, 일에 대한 정당한 보수, 합리적인 근로조건의 보장 등을 요구할 수 있는 권리 등을 포함한다. … 이 사건 출국만기보험금은 퇴직금의 성질을 가지고 있어서 그 지급시기에 관한 것은 근로조건의 문제이므로 외국인 청구인들에게도 기본권 주체성이 인정된다.(헌재 2016.3.31. 2014헌마367)

② [×] 헌법재판소법 제68조 제1항 소정의 헌법소원은 기본권의 주체이어야만 청구할 수 있는데, 단순히 '국민의 권리'가 아니라 '인간의 권리'로 볼 수 있는 기본권에 대해서는 외국인도 기본권의 주체가 될 수 있다. 나아가 청구인들이 불법체류 중인 외국인들이라 하더라도, 불법체류라는 것은 관련 법령에 의하여 체류자격이 인정되지 않는다는 것일 뿐이므로, '인간의 권리'로서 외국인에게도 주체성이 인정되는 일정한 기본권에 관하여 불법체류 여부에 따라 그 인정 여부가 달라지는 것은 아니다.(헌재 2012.8.23. 2008헌마430)

③ [○] 태아의 경우 제한적으로 기본권의 주체가 되지만, 배아는 모체에 착상 전의 상태이므로 기본권의 주체가 아니다.

④ [○] 정당은 권리능력 없는 사단으로서 기본권의 주체가 되는데 이 점은 등록이 취소된 정당의 경우에도 마찬가지이다.(헌재 2006.3.30. 2004헌마246)

⑤ [○] 국가나 지방자치단체는 기본권 주체가 아니지만 그 외의 공법인은 경우에 따라 기본권 주체가 될 수 있다.

02　　　　정답 ⑤

① [○] 헌법 제10조가 보호하는 명예는 사람이나 그 인격에 대한 사회적 평가, 즉 객관적·외부적 가치평가를 가리키며 단순한 주관적·내면적 명예감정은 헌법이 보호하는 명예에 포함되지 않는다. 그런데, 제주4·3특별법은 제주4·3사건의 진상규명과 희생자 명예회복을 통해 인권신장과 민주발전 및 국민화합에 이바지함을 목적으로 제정되었고, 위령사업의 시행과 의료지원금 및 생활지원금의 지급 등 희생자들에 대한 최소한의 시혜적 조치를 부여하는 내용을 가지고 있는바, 그에 근거한 이 사건 희생자 결정이 청구인들의 사회적 평가에 부정적 영향을 미쳐 헌법이 보호하고자 하는 명예가 훼손되는 결과가 발생한다고 할 수는 없다. 따라서 이 사건 심판청구는 명예권 등 기본권침해의 자기관련성을 인정할 수 없어 부적법하다.(헌재 2010.11.25. 2009헌마147)

② [○] 이 사건 운동화 착용 불허행위는 이미 종료된 행위로서 헌법소원심판을 청구하는 외에는 달리 효과적인 구제방법이 있다고 보기 어려우므로 보충성의 원칙에 대한 예외에 해당하며, 수용자들이 외부 재판에 출정할 때 이와 같은 행위가 반복될 소지가 있어 그 헌법적 해명이 헌법질서의 수호·유지를 위하여 중요한 의미를 가지므로 심판청구의 이익을 인정할 수 있다. … 이 사건 운동화 착용 불허행위는 시설 바깥으로의 외출이라는 기회를 이용한 도주를 예방하기 위한 것으로서 그 목적이 정당하고, 위와 같은 목적을 달성하기 위한 적합한 수단이라 할 것이다. 또한 신발의 종류를 제한하는 것에 불과하여 법익 침해의 최소성과 균형성도 갖추었다 할 것이므로, 이 사건 운동화 착용 불허행위가 기본권 제한에 있어서의 과잉금지원칙에 반하여 청구인의 인격권과 행복추구권을 침해하였다고 볼 수 없다.(헌재 2011.2.24. 2009헌마209)

③ [○] 운영자가 변호사들의 개인신상정보를 기반으로 한 인맥지수를 공개하는 표현행위에 의하여 얻을 수 있는 법적 이익이 이를 공개하지 않음으로써 보호받을 수 있는 변호사들의 인격적 법익에 비하여 우월하다고 볼 수 없어, 결국 운영자의 인맥지수 서비스 제공행위는 변호사들의 개인정보에 관한 인격권을 침해하는 위법한 것이다.(대판 2011.9.2. 2008다42430)

④ [○] 헌재 2008.7.31. 2005헌바90

⑤ [×] 법인은 양심의 자유의 주체는 아니지만, 인격권의 주체성은 인정된다.

03　　　　정답 ③

① [×] ② [×] ③ [○]

> 헌법 제128조 ① 헌법개정은 국회재적의원 과반수 또는 대통령의 발의로 제안된다.
> ② 대통령의 임기연장 또는 중임변경을 위한 헌법개정은 그 헌법개정 제안 당시의 대통령에 대하여는 효력이 없다.
> 제129조 제안된 헌법개정안은 대통령이 20일 이상의 기간 이를 공고하여야 한다.
> 제130조 ① 국회는 헌법개정안이 공고된 날로부터 60일 이내에 의결하여야 하며, 국회의 의결은 재적의원 3분의 2 이상의 찬성을 얻어야 한다.
> ② 헌법개정안은 국회가 의결한 후 30일 이내에 국민투표에 붙여 국회의원선거권자 과반수의 투표와 투표자 과반수의 찬성을 얻어야 한다.
> ③ 헌법개정안이 제2항의 찬성을 얻은 때에는 헌법개정은 확정되며, 대통령은 즉시 이를 공포하여야 한다.

④ [×] 제8차 개정헌법에 처음 규정되었다.

⑤ [×] 헌법은 전문과 단순한 개별조항의 상호관련성이 없는 집합에 지나지 않는 것이 아니고 하나의 통일된 가치체계를 이루고 있으며 헌법의 제 규정 가운데는 헌법의 근본가치를 보다 추상적으로 선언한 것도 있고 이를 보다 구체적으로 표현한 것도 있으므로, 이념적·논리적으로 헌법규범 상호간의 가치의 우열을 인정할 수 있을 것이다. 그러나 이때 인정되는 헌법규범 상호간의 우열은 추상적 가치규범의 구체화에 따른 것으로서 헌법의 통일적 해석을 위하여 유용한

정도를 넘어 헌법의 어느 특정규정이 다른 규정의 효력을 전면 부인할 수 있는 정도의 효력상의 차등을 의미하는 것이라고는 볼 수 없다. 더욱이 헌법개정의 한계에 관한 규정을 두지 아니하고 헌법의 개정을 법률의 개정과는 달리 국민투표에 의하여 이를 확정하도록 규정하고 있는(헌법 제130조 제2항) 현행의 우리 헌법상으로는 과연 어떤 규정이 헌법 핵 내지는 헌법제정규범으로서 상위규범이고 어떤 규정이 단순한 헌법개정규범으로서 하위규범인지를 구별하는 것이 가능하지 아니하며, 달리 헌법의 각 개별규정 사이에 그 효력상의 차이를 인정하여야 할 아무런 근거도 찾을 수 없다.(헌재 1996.6.13. 94헌바20)

04
정답 ③

① [○] 침익적 성격이 강할수록 명확성의 정도는 엄격히 요구된다.
② [○] 헌재 2019.6.28. 2018헌바128
③ [×] 명확성원칙은 범죄의 성립요건뿐만 아니라 범죄의 불성립사유인 위법성조각사유(정당방위)와 같은 소극적 요건에도 적용된다.(헌재 1998.10.15. 98헌마168)
④ [○] 2회 이상 음주운전 금지규정을 위반한 사람을 2년 이상 5년 이하의 징역이나 1천만 원 이상 2천만 원 이하의 벌금에 처하도록 규정한 구 도로교통법 제148조의2 제1항 중 '제44조 제1항을 2회 이상 위반한 사람'에 관한 부분은 헌법에 위반된다.(헌재 2021.11.25. 2019헌바446)
　[1] 심판대상조항은 죄형법정주의의 명확성원칙에 위반된다고 할 수 없다.
　[2] 책임과 형벌 간의 비례원칙 위반 여부
　　예컨대 10년 이상의 세월이 지난 과거 위반행위를 근거로 재범으로 분류되는 음주운전 행위자에 대해서는 책임에 비해 과도한 형벌을 규정하고 있다고 하지 않을 수 없다. 도로교통법 제44조 제1항을 2회 이상 위반한 경우라고 하더라도 죄질을 일률적으로 평가할 수 없고 과거 위반 전력, 혈중알코올농도 수준, 운전한 차량의 종류에 비추어, 교통안전 등 보호법익에 미치는 위험 정도가 비교적 낮은 유형의 재범 음주운전행위가 있다. 그런데 심판대상조항은 법정형의 하한을 징역 2년, 벌금 1천만 원으로 정하여 그와 같이 비난가능성이 상대적으로 낮고 죄질이 비교적 가벼운 행위까지 지나치게 엄히 처벌하도록 하고 있으므로, 책임과 형벌 사이의 비례성을 인정하기 어렵다. 그러므로 심판대상조항은 책임과 형벌 간의 비례원칙에 위반된다.
⑤ [○] 실명확인 조항을 비롯하여, 행정안전부장관 및 신용정보업자는 실명인증자료를 관리하고 중앙선거관리위원회가 요구하는 경우 지체 없이 그 자료를 제출해야 하며, 실명확인을 위한 기술적 조치를 하지 아니하거나 실명인증의 표시가 없는 정보를 삭제하지 않는 경우 과태료를 부과하도록 정한 공직선거법 조항은 게시판 등 이용자의 익명표현의 자유 및 개인정보자기결정권과 인터넷언론사의 언론의 자유를 침해한다.(헌재 2021.1.28. 2018헌마456)

05
정답 ②

① [○] 일반적 행동자유권의 개념이다.
② [×] 일반적 행동자유권은 모든 행위를 할 자유와 행위를 하지 않을 자유로 가치있는 행동만 그 보호영역으로 하는 것은 아닌 것으로, 그 보호영역에는 개인의 생활방식과 취미에 관한 사항도 포함되며, 여기에는 위험한 스포츠를 즐길 권리와 같은 위험한 생활방식으로 살아갈 권리도 포함된다.(헌재 2003.10.30. 2002헌마518)
③ [○] 헌재 2002.1.31. 2000헌바35
④ [○] 일반적 행동자유권은 적극적으로 자유롭게 행동을 하는 것은 물론 소극적으로 행동을 하지 않을 자유도 포함되고, 가치있는 행동만 보호영역으로 하는 것은 아닌 것인바, 개인이 대마를 자유롭게 수수하고 흡연할 자유도 헌법 제10조의 행복추구권에서 나오는 일반적 행동자유권의 보호영역에 속한다.(헌재 2005.11.24. 2005헌바46)
⑤ [○] 이 사건 표준어 규정은 "표준어는 교양 있는 사람들이 두루 쓰는 현대 서울말로 정함을 원칙으로 한다."는 내용인바, 이는 표준어의 개념을 정의하는 조항으로서 그 자체만으로는 아무런 법적 효과를 갖고 있지 아니하여 청구인들의 자유나 권리를 금지·제한하거나 의무를 부과하는 등 청구인들의 법적 지위에 영향을 미치지 아니하므로, 이로 인한 기본권 침해의 가능성이나 위험성을 인정하기 어렵다.
　이 사건 법률조항들 중 공문서의 작성에 관하여 규율하는 부분에 관하여 보면, 국민들은 공공기관이 작성하는 공문서에 사용되는 언어의 통일성에 대하여 일정한 신뢰를 가지고 있다 할 것이고, 이는 공문서에 사용되는 국어가 표준어로 통일되지 않는 경우 의사소통상 혼란을 가져올 수 있다는 점에서 필요불가결한 규율이다.(헌재 2009.5.28. 2006헌마618)

06
정답 ⑤

① [○] 자기결정권의 개념이다.
② [○] 인수자가 없는 시체를 생전의 본인의 의사와는 무관하게 해부용 시체로 제공될 수 있도록 규정한 시체 해부 및 보존에 관한 법률 제12조 제1항 본문은 청구인의 시체처분에 대한 자기결정권을 침해한다.(헌재 2015.11.26. 2012헌마940)
③ [○] 배아의 생명권 주체성 – 생명윤리 및 안전에 관한 법률 제13조 제1항 위헌확인(헌재 2010.5.27. 2005헌마346) [기각]
　(1) 초기배아는 기본권 주체성이 인정되지 않는다.
　　초기배아는 수정이 된 배아라는 점에서 형성 중인 생명의 첫걸음을 떼었다고 볼 여지가 있기는 하나 아직 모체에 착상되거나 원시선이 나타나지 않은 이상 현재의 자연과학적 인식 수준에서 독립된 인간과 배아 간의 개체적 연속성을 확정하기 어렵다고 봄이 일반적이라는 점 … 등을 종합적으로 고려할 때, 기본권 주체성을 인정하기 어렵다.
　(2) 배아생성자가 배아의 관리 또는 처분에 대해 갖는 기본권과 그 제한의 필요성
　　배아생성자는 배아에 대해 자신의 유전자정보가 담긴 신체의 일부를 제공하고, 또 배아가 모체에 성공적으로

착상하여 인간으로 출생할 경우 생물학적 부모로서의 지위를 갖게 되므로, 배아의 관리 또는 처분에 대한 결정권을 가진다. 이러한 배아생성자의 배아에 대한 결정권은 헌법상 명문으로 규정되어 있지는 아니하지만, 헌법 제10조로부터 도출되는 일반적 인격권의 한 유형으로서의 헌법상 권리라 할 것이다.

(3) 다만, 배아의 경우 형성 중에 있는 생명이라는 독특한 지위로 인해 국가에 의한 적극적인 보호가 요구된다는 점 … 배아의 법적 보호라는 헌법적 가치에 명백히 배치될 경우에는 그 제한의 필요성이 상대적으로 큰 기본권이라 할 수 있다.

(4) 잔여배아를 5년간 보존하고 이후 폐기하도록 한 생명윤리법 규정은 배아생성자의 배아에 대한 결정권을 침해하지 않는다.

(5) 법학자, 윤리학자, 철학자, 의사 등의 직업인으로 이루어진 청구인들의 청구는 청구인들이 이 사건 심판대상조항으로 인해 불편을 겪는다고 하더라도 사실적·간접적 불이익에 불과한 것이고, 청구인들에 대한 기본권침해의 가능성 및 자기관련성을 인정하기 어렵다.

④ [○] 심판대상조항은 청구인의 신체의 자유를 제한하는 것은 아니다. 심판대상조항은 위험성을 가진 재화의 제조·판매조건을 제약함으로써 최고속도 제한이 없는 전동킥보드를 구입하여 사용하고자 하는 소비자의 자기결정권 및 일반적 행동자유권을 제한할 뿐이다. (헌재 2020.2.27. 2017헌마1339)

⑤ [×] 개인정보자기결정권의 보호대상이 되는 개인정보는 개인의 신체, 신념, 사회적 지위, 신분 등과 같이 개인의 인격주체성을 특징짓는 사항으로서 그 개인의 동일성을 식별할 수 있게 하는 일체의 정보라고 할 수 있고, 반드시 개인의 내밀한 영역이나 사사(私事)의 영역에 속하는 정보에 국한되지 않고 공적 생활에서 형성되었거나 이미 공개된 개인정보까지 포함한다. (헌재 2010.5.27. 2008헌마663)

07
정답 ②

① [×] 공법상 권리는 자기기여가 있어야 재산권이다. 따라서 사회부조와 같은 국가의 일방적인 급부에 대한 권리는 재산권의 보호대상이 아니다.

② [○] 재산권의 제한에 대하여는 재산권 행사의 대상이 되는 객체가 지닌 사회적인 연관성과 사회적 기능이 크면 클수록 입법자에 의한 보다 광범위한 제한이 허용되며, 한편 개별 재산권이 갖는 자유보장적 기능, 즉 국민 개개인의 자유실현의 물질적 바탕이 되는 정도가 강할수록 엄격한 심사가 이루어져야 한다. (헌재 2005.5.26. 2004헌가10)

③ [×] 헌법 제23조 제3항은 정당한 보상을 전제로 하여 재산권의 수용 등에 관한 가능성을 규정하고 있지만, 재산권 수용의 주체를 한정하지 않고 있다. 위 헌법조항의 핵심은 당해 수용이 공공필요에 부합하는가, 정당한 보상이 지급되고 있는가 여부 등에 있는 것이지, 그 수용의 주체가 국가인지 민간기업인지 여부에 달려 있다고 볼 수 없다. 또한 국가 등의 공적 기관이 직접 수용의 주체가 되는 것이든 그러한

공적 기관의 최종적인 허부판단과 승인결정하에 민간기업이 수용의 주체가 되는 것이든, 양자 사이에 공공필요에 대한 판단과 수용의 범위에 있어서 본질적인 차이를 가져올 것으로 보이지 않는다. 따라서 위 수용 등의 주체를 국가 등의 공적 기관에 한정하여 해석할 이유가 없다. (헌재 2009.9.24. 2007헌바114)

④ [×] 개성공단 전면중단 조치는 공익 목적을 위하여 개별적, 구체적으로 형성된 구체적인 재산권의 이용을 제한하는 공용 제한이 아니므로, 이에 대한 정당한 보상이 지급되지 않았다고 하더라도, 그 조치가 헌법 제23조 제3항을 위반하여 개성공단 투자기업인 청구인들의 재산권을 침해한 것으로 볼 수 없다. (헌재 2022.1.27. 2016헌마364)

⑤ [×] 재정조달목적 부담금의 경우에는 추구되는 공적 과제가 부담금 수입의 지출 단계에서 비로소 실현된다고 한다면, 정책실현목적 부담금의 경우에는 추구되는 공적 과제의 전부 혹은 일부가 부담금의 부과 단계에서 이미 실현된다고 할 것이다. 가령 부담금이라는 경제적 부담을 지우는 것 자체가 국민의 행위를 일정한 정책적 방향으로 유도하는 수단이 되는 경우(유도적 부담금) 또는 특정한 공법적 의무를 이행하지 않은 사람과 그것을 이행한 사람 사이 혹은 공공의 출연(出捐)으로부터 특별한 이익을 얻은 사람과 그 외의 사람 사이에 발생하는 형평성 문제를 조정하는 수단이 되는 경우(조정적 부담금), 그 부담금은 후자의 예에 속한다고 할 수 있다.

08
정답 ③

① [×] 독서실과 같이 정온을 요하는 사업장의 실내소음 규제기준을 제정하여야 할 입법자의 입법의무를 인정할 수 없으므로, 이 사건 심판청구는 헌법소원의 대상이 될 수 없는 입법부작위를 대상으로 한 것으로서 부적법하다. (헌재 2017.12.28. 2016헌마45)

② [×] 헌법상 환경권의 보호대상이 되는 환경에는 자연환경만 포함될 뿐 인공적 환경과 같은 생활환경도 포함된다.

③ [○] 기본권 침해에 대한 심사기준은 과잉금지원칙이고, 기본권보호의무에 대한 심사기준은 과소보호금지원칙이다.

④ [×] 교정시설 내 자살사고는 수용자 본인이 생명을 잃는 중대한 결과를 초래할 뿐만 아니라 다른 수용자들에게도 직접적으로 부정적인 영향을 미치고 나아가 교정시설이나 교정정책 전반에 대한 불신을 야기할 수 있다는 점에서 이를 방지할 필요성이 매우 크고, 그에 비해 청구인에게 가해지는 불이익은 채광·통풍이 다소 제한되는 정도에 불과하다. 따라서 이 사건 설치행위는 청구인의 환경권 등 기본권을 침해하지 아니한다. (헌재 2014.6.26. 2011헌마150)

⑤ [×] 심판대상조항이 선거운동의 자유를 감안하여 선거운동을 위한 확성장치를 허용할 공익적 필요성이 인정된다고 하더라도 정온한 생활환경이 보장되어야 할 주거지역에서 출근 또는 등교 이전 및 퇴근 또는 하교 이후 시간대에 확성장치의 최고출력 내지 소음을 제한하는 등 사용시간과 사용지역에 따른 수인한도 내에서 확성장치의 최고출력 내지 소

음 규제기준에 관한 규정을 두지 아니한 것은, 국민이 건강하고 쾌적하게 생활할 수 있는 양호한 주거환경을 위하여 노력하여야 할 국가의 의무를 부과한 헌법 제35조 제3항에 비추어 보면, 적절하고 효율적인 최소한의 보호조치를 취하지 아니하여 국가의 기본권 보호의무를 과소하게 이행한 것으로서, 청구인의 건강하고 쾌적한 환경에서 생활할 권리를 침해하므로 헌법에 위반된다.(헌재 2019.12.27. 2018헌마730)

09 정답 ④

① [×] 헌법 제36조 제1항에서 규정하는 '혼인'이란 양성이 평등하고 존엄한 개인으로서 자유로운 의사의 합치에 의하여 생활공동체를 이루는 것으로서 법적으로 승인받은 것을 말하므로, 법적으로 승인되지 아니한 사실혼은 헌법 제36조 제1항의 보호범위에 포함된다고 보기 어렵다.(헌재 2014.8.28. 2013헌바119)

② [×] 8촌 이내의 혈족 사이에서는 혼인할 수 없도록 하는 민법 제809조 제1항은 혼인의 자유를 침해하지 아니하여 헌법에 위반되지 아니한다. [합헌]
민법 제809조 제1항을 위반한 혼인을 무효로 하는 민법 제815조 제2호는 헌법에 합치되지 아니한다.(헌재 2022.10.27. 2018헌바115) [헌법불합치(잠정적용)]
이 사건 무효조항은 이 사건 금혼조항의 실효성을 보장하기 위한 것으로서 정당한 입법목적 달성을 위한 적합한 수단에 해당한다. 이 사건 무효조항의 입법목적은 근친혼이 가까운 혈족 사이 신분관계 등에 현저한 혼란을 초래하고 가족제도의 기능을 심각하게 훼손하는 경우에 한정하여 무효로 하더라도 충분히 달성 가능하고, 위와 같은 경우에 해당하는지 여부가 명백하지 않다면 혼인의 취소를 통해 장래를 향하여 혼인을 해소할 수 있도록 규정함으로써 가족의 기능을 보호하는 것이 가능하다.
결국 이 사건 무효조항은 근친혼의 구체적 양상을 살피지 아니한 채 8촌 이내 혈족 사이의 혼인을 일률적·획일적으로 혼인무효사유로 규정하고, 혼인관계의 형성과 유지를 신뢰한 당사자나 그 자녀의 법적 지위를 보호하기 위한 예외조항을 두고 있지 않으므로, 입법목적 달성에 필요한 범위를 넘는 과도한 제한으로서 침해의 최소성을 충족하지 못한다.

③ [×] 헌법 제36조 제1항은 혼인과 가족생활을 스스로 결정하고 형성할 수 있는 자유를 기본권으로서 보장하는 것일 뿐만 아니라, 혼인과 가족에 대한 제도를 보장하는 것이고 공사법의 모든 영역에 미치는 헌법적 원리이다.

④ [○] '혼인 중 여자와 남편 아닌 남자 사이에서 출생한 자녀에 대한 생부의 출생신고'를 허용하는 규정을 두지 아니한 '가족관계의 등록 등에 관한 법률' 제46조 제2항, '가족관계의 등록 등에 관한 법률' 제57조 제1항, 제2항은 모두 헌법에 합치되지 아니한다.(헌재 2023.3.23. 2021헌마975) [헌법불합치(잠정적용)]
(1) 태어난 즉시 '출생등록될 권리'는 기본권이다.
태어난 즉시 '출생등록될 권리'는 '헌법 제10조의 인간의 존엄과 가치 및 행복추구권으로부터 도출되는 일반

적 인격권을 실현하기 위한 기본적인 전제로서 헌법 제10조뿐만 아니라, 헌법 제34조 제1항의 인간다운 생활을 할 권리, 헌법 제36조 제1항의 가족생활의 보장, 헌법 제34조 제4항의 국가의 청소년 복지향상을 위한 정책실시의무 등에도 근거가 있다. 이와 같은 태어난 즉시 '출생등록될 권리'는 앞서 언급한 기본권 등의 어느 하나에 완전히 포섭되지 않으며, 이들을 이념적 기초로 하는 헌법에 명시되지 아니한 독자적 기본권으로서, 자유로운 인격실현을 보장하는 자유권적 성격과 아동의 건강한 성장과 발달을 보장하는 사회적 기본권의 성격을 함께 지닌다.
(2) 혼인 외 출생자인 청구인들의 태어난 즉시 '출생등록될 권리'를 침해한다.
혼인 중인 여자와 남편이 아닌 남자 사이에서 출생한 자녀의 경우, 혼인 중인 여자와 그 남편이 출생신고의 의무자에 해당한다.(가족관계등록법 제46조 제1항) 생부는 모의 남편의 친생자로 추정되는 자신의 혼인 외 자녀에 대하여 곧바로 인지의 효력이 있는 친생자출생신고를 할 수 없다. 그런데 모가 장기간 남편 아닌 남자와 살면서 혼인 외 자녀의 출생신고를 한다는 것은 자신이 아직 혼인관계가 해소되지 않은 상황에서 부정한 행위를 하였다는 점을 자백하는 것이고, 혼인 외 출생한 자녀가 모의 남편의 자녀로 추정됨으로써 남편이 자신의 가족관계등록부를 통하여 쉽게 아내의 부정한 행위를 확인할 수 있다는 점에서 모가 신고의무를 이행할 것이라는 점이 담보되지 않는다.
따라서 심판대상조항들은 입법형성권의 한계를 넘어서서 실효적으로 출생등록될 권리를 보장하고 있다고 볼 수 없으므로, 혼인 중 여자와 남편 아닌 남자 사이에서 출생한 자녀에 해당하는 혼인 외 출생자인 청구인들의 태어난 즉시 '출생등록될 권리'를 침해한다.
(3) 심판대상조항들이 생부인 청구인들의 평등권을 침해하는 것은 아니다.
심판대상조항들이 혼인 외 출생자의 신고의무를 모에게만 부과하고, 남편 아닌 남자인 생부에게 자신의 혼인 외 자녀에 대해서 출생신고를 할 수 있도록 규정하지 아니한 것은 합리적인 이유가 있다. 그렇다면, 심판대상조항들은 생부인 청구인들의 평등권을 침해하지 않는다.

⑤ [×] 양육권은 공권력으로부터 자녀의 양육을 방해받지 않을 권리라는 점에서는 자유권적 기본권으로서의 성격을, 자녀의 양육에 관하여 국가의 지원을 요구할 수 있는 권리라는 점에서는 사회권적 기본권으로서의 성격을 아울러 가진다. 육아휴직신청권은 헌법 제36조 제1항 등으로부터 개인에게 직접 주어지는 헌법적 차원의 권리라고 볼 수는 없고, 입법자가 입법의 목적, 수혜자의 상황, 국가예산, 전체적인 사회보장수준, 국민정서 등 여러 요소를 고려하여 제정하는 입법에 적용요건, 적용대상, 기간 등 구체적인 사항이 규정될 때 비로소 형성되는 법률상의 권리이다.
육아휴직의 적용대상으로부터 의무복무 중인 단기장교를

제외한 것이 입법재량의 범위를 벗어났다거나 의무복무군인인 남성 단기복무장교의 평등권을 침해한다고 볼 수 없다.(헌재 2008.10.30. 2005헌마156)

10 정답 ①

① [×] 직업의 개념은 생활수단성과 어느 정도의 계속성이 있으면 되고 공공무해성을 요하지 않으므로 게임결과물의 환전, 성매매도 직업의 개념에 포함된다.
[판례] 성매매를 한 자를 형사처벌하도록 규정한 '성매매알선 등 행위의 처벌에 관한 법률' 제21조 제1항은 헌법에 위반되지 않는다.(헌재 2016.3.31. 2013헌가2)
(1) 심판대상조항은 성매매를 형사처벌하여 성매매 당사자(성판매자와 성구매자)의 성적 자기결정권, 사생활의 비밀과 자유 및 성판매자의 직업선택의 자유를 제한하고 있다.
(2) 성매매를 근절하기 위해서는 성구매자뿐만 아니라 성판매자도 함께 형사처벌할 필요가 있다. 물론 차별적 노동시장이나 빈곤 등 사회구조적 요인에 의해 불가피하게 성매매에 종사하는 여성이 있을 수 있지만, 성판매자의 자율적 판단이 완전히 박탈될 정도가 아닌 이상 이들에게 비난 가능성이나 책임이 부정된다고 볼 수 없고, 다양한 유형의 성판매자 중에서 생계형 성판매자를 구별해 내는 것 또한 매우 어렵다.
(3) 불특정인을 상대로 한 성매매와 특정인을 상대로 한 성매매는, 건전한 성풍속 및 성도덕에 미치는 영향, 제3자의 착취
문제 등에 있어 다르다고 할 것이므로, 불특정인에 대한 성매매만을 금지대상으로 규정하고 있는 것이 평등권을 침해한다고 볼 수도 없다.

② [○] 법인은 직업의 자유, 재산권, 인격권, 거주이전의 자유 등의 주체가 된다.

③ [○] 직업수행의 자유는 직업결정의 자유에 비하여 상대적으로 그 침해의 정도가 작다고 할 것이므로 이에 대하여는 공공복리 등 공익상의 이유로 비교적 넓은 법률상의 규제가 가능하지만 그 경우에도 헌법 제37조 제2항에서 정한 한계인 과잉금지의 원칙은 지켜져야 할 것이다.(헌재 1995.4.20. 92헌마264)

④ [○] 벌금형이 확정된 날부터 10년 동안 영유아보육법 제2조 제3호의 어린이집을 설치·운영하거나 어린이집에 근무할 수 없고, 보육교사 자격을 재교부 받을 수 없게 되었다. 이는 일정한 직업을 선택함에 있어 기본권 주체의 능력과 자질에 따른 제한에 해당하므로 이른바 '주관적 요건에 의한 좁은 의미의 직업선택의 자유'에 대한 제한에 해당한다. 다만, 직업의 자유도 헌법 제37조 제2항에 따라 제한될 수 있지만, 좁은 의미의 직업선택의 자유를 제한하는 것은 인격발현에 대한 침해의 효과가 직업수행의 자유를 제한하는 경우보다 일반적으로 크기 때문에 전자에 대한 제한은 후자에 대한 제한보다 더 엄격한 제약을 받는다.(헌재 2018.6.28. 2017헌마130)

수단의 적합성도 인정된다. 아동학대관련범죄로 벌금형을 선고받아 확정된 자에 대하여 10년간 어린이집에 취업을 제한하는 것이 입법목적을 달성하는 데 적합한 수단이라고 하더라도, 심판대상조항은 다음과 같은 점에서 침해의 최소성에 위반된다.

⑤ [○] 이 사건 법률조항은 청구인들과 같이 경비업을 경영하고 있는 자들이나 다른 업종을 경영하면서 새로이 경비업에 진출하고자 하는 자들로 하여금 경비업을 전문으로 하는 별개의 법인을 설립하지 않는 한 경비업과 그밖의 업종간에 택일하도록 법으로 강제하고 있다. 이와 같이 당사자의 능력이나 자격과 상관없는 객관적 사유에 의한 제한은 월등하게 중요한 공익을 위하여 명백하고 확실한 위험을 방지하기 위한 경우에만 정당화될 수 있고, 따라서 헌법재판소가 이 사건을 심사함에 있어서는 헌법 제37조 제2항이 요구하는 바 과잉금지의 원칙, 즉 엄격한 비례의 원칙이 그 심사척도가 된다.(헌재 2002.4.25. 2001헌마614)

11 정답 ③

① [○] 헌재 2013.9.26. 2011헌마398

② [○] 국선변호인의 조력을 받을 권리는 피고인에게만 헌법에 규정이 있고, 피의자의 경우는 형사소송법에 규정이 있다.

③ [×] 변호인의 조력을 받을 권리는 행정절차에서 구금된 경우에도 인정된다.
현행헌법이 종래의 "구금"을 "구속"으로 바꾼 것은 헌법 제12조에 규정된 신체의 자유의 보장범위를 구금된 사람뿐 아니라 구인된 사람에게까지 넓히기 위한 것으로 해석하는 것이 타당하다. 위와 같은 점을 종합해 보면, 헌법 제12조 제4항 본문에 규정된 "구속"을 형사절차상 구속뿐 아니라 행정절차상 구속까지 의미하는 것으로 보아도 문언해석의 한계를 넘지 않는다.(헌재 2018.5.31. 2014헌마346)

④ [○] ⑤ [○] 헌재 2017.11.30. 2016헌마503

12 정답 ④

① [○] 사전심의를 받은 내용과 다른 내용의 건강기능식품 기능성광고를 금지하고 이를 위반한 경우 처벌하는 건강기능식품에 관한 법률 제18조 제1항 제6호 중 '제16조 제1항에 따라 심의받은 내용과 다른 내용의 광고' 부분 및 구 건강기능식품에 관한 법률 제44조 제4호 중 제18조 제1항 제6호 가운데 '제16조 제1항에 따라 심의받은 내용과 다른 내용의 광고를 한 자'에 관한 부분, 구 건강기능식품에 관한 법률 제32조 제1항 제3호 중 제18조 제1항 제6호 가운데 '제16조 제1항에 따라 심의받은 내용과 다른 내용의 광고를 한 자'에 관한 부분이 모두 헌법에 위반된다.(헌재 2018.6.28. 2016헌가8) [위헌]

② [○] 헌재 2016.2.25. 2013헌바111

③ [○] 공직자의 공무집행과 직접적인 관련이 없는 개인적인 사생활에 관한 사실이라도 일정한 경우 공적인 관심 사안에 해당할 수 있다. 공직자의 자질·도덕성·청렴성에 관한 사

실은 그 내용이 개인적인 사생활에 관한 것이라 할지라도 순수한 사생활의 영역에 있다고 보기 어렵다. 이러한 사실은 공직자 등의 사회적 활동에 대한 비판 내지 평가의 한 자료가 될 수 있고, 업무집행의 내용에 따라서는 업무와 관련이 있을 수도 있으므로, 이에 대한 문제제기 내지 비판은 허용되어야 한다.(헌재 2013.12.26. 2009헌마747)

④ [×] 사전검열은 절대적으로 금지된다.

⑤ [○] 익명표현의 자유, 허위사실 표현의 자유도 표현의 자유에 속한다.

13   정답 ⑤

ㄱ. [×] 국가소추주의의 예외 내지 제한으로서 친고죄·반의사불벌죄가 지니는 의미, 공소권 행사로 얻을 수 있는 이익과 피해자의 의사에 따라 공소권 행사를 제한함으로써 얻을 수 있는 이익의 조화 등을 입법자는 종합적으로 형량하여 그 친고죄·반의사불벌죄 여부를 달리 정한 것이므로, 심판대상조문은 형벌체계상 균형을 상실하지 않아 평등원칙에 위반되지 아니한다.(헌재 2021.4.29. 2018헌바113)

ㄴ. [×] 이 사건 고시 조항이 수혜자 한정의 기준으로 정한 환자의 출생 시기는 그 부모가 언제 혼인하여 임신, 출산을 하였는지와 같은 우연한 사정에 기인하는 결과의 차이일 뿐, 이러한 차이로 인해 A형 혈우병 환자들에 대한 치료제인 유전자재조합제제의 요양급여 필요성이 달라진다고 할 수는 없으므로, A형 혈우병 환자들의 출생 시기에 따라 이들에 대한 유전자재조합제제의 요양급여 허용 여부를 달리 취급하는 것은 합리적인 이유가 있는 차별이라고 할 수 없다. 따라서 이 사건 고시 조항은 청구인들의 평등권을 침해하는 것이다.(헌재 2012.6.27. 2010헌마716)

ㄷ. [○] 중혼의 취소청구권자를 규정한 이 사건 법률조항은 그 취소청구권자로 직계존속과 4촌 이내의 방계혈족을 규정하면서도 직계비속을 제외하였는바, 직계비속을 제외하면서 직계존속만을 취소청구권자로 규정한 것은 가부장적·종법적인 사고에 바탕을 두고 있고, 직계비속이 상속권 등과 관련하여 중혼의 취소청구를 구할 법률적인 이해관계가 직계존속과 4촌 이내의 방계혈족 못지않게 크며, 그 취소청구권자의 하나로 규정된 검사에게 취소청구를 구한다고 하여도 검사로 하여금 직권발동을 촉구하는 것에 지나지 않은 점 등을 고려할 때, 합리적인 이유 없이 직계비속을 차별하고 있어, 평등원칙에 위반된다. 자의금지원칙 위반 여부를 심사하는 것으로 족하다고 할 것이다.(헌재 2010.7.29. 2009헌가8)

ㄹ. [○] 헌재 2020.9.24. 2019헌마472

14   정답 ①

① [×] 헌법이 인정하고 있는 위임입법의 형식은 예시적인 것으로 보아야 한다. 법률이 일정한 사항을 행정규칙에 위임하더라도 그 행정규칙은 위임된 사항만을 규율할 수 있으므로, 국회입법의 원칙과 상치되지 않는다. 다만 고시와 같은 행정규칙에 위임하는 것은 전문적·기술적 사항이나 경미한

사항으로서 업무의 성질상 위임이 불가피한 사항에 한정된다. 심판대상조항은 정비사업의 시공자 선정과정에서 공정한 경쟁이 가능하도록 하는 절차나 그에 관한 평가 및 의사결정 방법 등의 세부적 내용에 관하여 국토해양부장관이 정하도록 위임하고 있는바, 이는 전문적·기술적 사항이자 경미한 사항으로서 업무의 성질상 위임이 불가피한 경우에 해당한다.(헌재 2016.3.31. 2014헌바382)

② [○] 조례와 정관에는 포괄위임이 가능하다.

③ [○] 일반적으로 법률의 위임에 따라 효력을 갖는 법규명령의 경우에 위임의 근거가 없어 무효였더라도 나중에 법 개정으로 위임의 근거가 부여되면 그때부터는 유효한 법규명령으로 볼 수 있다. 그러나 법규명령이 개정된 법률에 규정된 내용을 함부로 유추·확장하는 내용의 해석규정이어서 위임의 한계를 벗어난 것으로 인정될 경우에는 법규명령은 여전히 무효이다.(대판 2017.4.20. 2015두45700)

④ [○] 헌재 1996.2.29. 94헌마213

⑤ [○] 조례와 정관외에는 포괄위임금지원칙이 적용된다.

15   정답 ②

① [×] 주민자치제를 본질로 하는 민주적 지방자치제도가 안정적으로 뿌리내린 현 시점에서 지방자치단체의 장 선거권을 지방의회의원 선거권, 나아가 국회의원 선거권 및 대통령 선거권과 구별하여 하나는 법률상의 권리로, 나머지는 헌법상의 권리로 이원화하는 것은 허용될 수 없다. 그러므로 지방자치단체의 장 선거권 역시 다른 선거권과 마찬가지로 헌법 제24조에 의해 보호되는 기본권으로 인정하여야 한다.(헌재 2016.10.27. 2014헌마797)

② [○] 대통령 피선거권은 40세로 헌법규정이고, 그 외의 선거에서 피선거권은 18세로 공직선거법 규정이다.

③ [×]

> **공직선거법 제18조(선거권이 없는 자)** ① 선거일 현재 다음 각 호의 어느 하나에 해당하는 사람은 선거권이 없다.
> 2. 1년 이상의 징역 또는 금고의 형의 선고를 받고 그 집행이 종료되지 아니하거나 그 집행을 받지 아니하기로 확정되지 아니한 사람. 다만, 그 형의 집행유예를 선고받고 유예기간 중에 있는 사람은 제외한다.

④ [×]

> **공직선거법 제16조(피선거권)** ① 선거일 현재 5년 이상 국내에 거주하고 있는 40세 이상의 국민은 대통령의 피선거권이 있다. 이 경우 공무로 외국에 파견된 기간과 국내에 주소를 두고 일정 기간 외국에 체류한 기간은 국내거주기간으로 본다.

⑤ [×] 영주의 체류자격 취득일 후 3년이 경과한 외국인은 지방의원 선거권, 지방자치단체장 선거권, 주민투표권, 주민소환권은 인정되지만, 대통령 선거권, 국회의원 선거권, 국민투표권은 인정되지 않는다.

16

① [○] 헌재 2008.5.29. 2005헌라3

② [○] 헌법상 지방자치제도보장의 핵심영역 내지 본질적 부분이 특정 지방자치단체의 존속을 보장하는 것이 아니며 지방자치단체에 의한 자치행정을 일반적으로 보장하는 것이므로, 현행법에 따른 지방자치단체의 중층구조 또는 지방자치단체로서 특별시·광역시 및 도와 함께 시·군 및 구를 계속하여 존속하도록 할지 여부는 결국 입법자의 입법형성권의 범위에 들어가는 것으로 보아야 한다. 같은 이유로 일정구역에 한하여 당해 지역 내의 지방자치단체인 시·군을 모두 폐지하여 중층구조를 단층화하는 것 역시 입법자의 선택범위에 들어가는 것이다.(헌재 2006.4.27. 2005헌마1190)

③ [×] 영토고권은 국가만 가지고, 지방자치단체는 관할권이 있을 뿐 관할구역 내의 사람과 물건을 독점적·배타적으로 지배할 수 있는 권리는 인정되지 않는다.

④ [○] 피청구인(관악구)이 서울시의 동 통·폐합 및 기능개편 계획에 따라 행정동을 통·폐합하면서 기존의 '신림4동'이라는 행정동(동주민센터) 명칭을 '신사동'으로, 기존의 '신림6동', '신림10동'이라는 행정동 명칭을 '삼성동'으로 각 변경하는 조례를 개정한 것은 청구인(강남구)의 행정동 명칭에 관한 권한을 침해하지 않는다.(헌재 2009.11.26. 2008헌라4)

⑤ [○] 헌법은 '국가기관'과는 달리 '지방자치단체'의 경우에는 그 종류를 법률로 정하도록 규정하고 있으며(헌법 제117조 제2항), 지방자치법은 지방자치단체의 종류를 특별시, 광역시, 특별자치시, 도, 특별자치도와 시, 군, 구로 정하고 있고(지방자치법 제2조 제1항), 헌법재판소법은 이를 감안하여 권한쟁의심판의 종류를 정하고 있다. 즉, 지방자치법은 헌법의 위임을 받아 지방자치단체의 종류를 규정하고 있으므로, 지방자치단체 상호간의 권한쟁의심판을 규정하는 헌법재판소법 제62조 제1항 제3호를 예시적으로 해석할 필요성 및 법적 근거가 없다. 따라서 시·도의 교육·학예에 관한 집행기관인 교육감과 해당 지방자치단체 사이의 내부적 분쟁과 관련된 심판청구는 헌법재판소가 관장하는 권한쟁의심판에 속하지 아니한다.(헌재 2016.6.30. 2014헌라1)

17

① [○]

> **헌법 제50조** ① 국회의 회의는 공개한다. 다만, 출석의원 과반수의 찬성이 있거나 의장이 국가의 안전보장을 위하여 필요하다고 인정할 때에는 공개하지 아니할 수 있다.

② [○] ③ [○] 심판대상조항은 정보위원회의 회의 일체를 비공개 하도록 정함으로써 정보위원회 활동에 대한 국민의 감시와 견제를 사실상 불가능하게 하고 있다. 또한 헌법 제50조 제1항 단서에서 정하고 있는 비공개사유는 각 회의마다 충족되어야 하는 요건으로 입법과정에서 재적의원 과반수의 출석과 출석의원 과반수의 찬성으로 의결되었다는 사실만으로 헌법 제50조 제1항 단서의 '출석위원 과반수의 찬성'이라는 요건이 충족되었다고 볼 수도 없다. 따라서 심판대

상조항은 헌법 제50조 제1항에 위배되는 것으로 과잉금지원칙 위배 여부에 대해서는 더 나아가 판단할 필요 없이 청구인들의 알 권리를 침해한다.(헌재 2022.1.27. 2018헌마1162)

④ [×] 국회 상임위원회가 그 소관에 속하는 의안, 청원 등을 심사하는 권한은 법률상 부여된 위원회의 고유한 권한이므로, 국회 상임위원회 위원장이 위원회를 대표해서 의안을 심사하는 권한이 국회의장으로부터 위임된 것임을 전제로 한 국회의장에 대한 이 사건 심판청구는 피청구인적격이 없는 자를 상대로 한 청구로서 부적법하다. 이 사건 당일 국회의장에게 국회 외교통상통일위원회(이하 '외통위'라 한다) 전체회의가 원만히 이루어지도록 질서유지조치를 취할 구체적 작위의무가 있었다고 보기 어려우므로, 이를 전제로 한 국회의장에 대한 이 사건 심판청구는 피청구인적격이 인정되지 아니하여 부적법하다.

피청구인이 청구인들의 출입을 봉쇄한 상태에서 이 사건 회의를 개의하여 한미 FTA 비준동의안을 상정한 행위 및 위 동의안을 법안심사소위원회에 심사회부한 행위는 헌법 제49조의 다수결의 원리, 헌법 제50조 제1항의 의사공개의 원칙과 이를 구체적으로 구현하는 국회법 제54조, 제75조 제1항에 반하는 위헌, 위법한 행위라 할 것이고, 그 결과 청구인들은 이 사건 동의안 심의과정(대체토론)에 참여하지 못하게 됨으로써, 이 사건 상정·회부행위로 인하여 헌법에 의하여 부여받은 이 사건 동의안의 심의권을 침해당하였다 할 것이다.(헌재 2010.12.28. 2008헌라7)

⑤ [○] 헌법 제51조

18

① [○]

> **국회법 제39조(상임위원회의 위원)** ① 의원은 둘 이상의 상임위원이 될 수 있다.
> ② 각 교섭단체 대표의원은 국회운영위원회의 위원이 된다.
> ③ 의장은 상임위원이 될 수 없다.
> ④ 국무총리 또는 국무위원의 직을 겸한 의원은 상임위원을 사임할 수 있다.

② [○]

> **국회법 제15조(의장·부의장의 선거)** ① 의장과 부의장은 국회에서 무기명투표로 선거하고 재적의원 과반수의 득표로 당선된다.
> ② 제1항에 따른 선거는 국회의원 총선거 후 첫 집회일에 실시하며, 처음 선출된 의장 또는 부의장의 임기가 만료되는 경우에는 그 임기만료일 5일 전에 실시한다. 다만, 그 날이 공휴일인 경우에는 그 다음 날에 실시한다.
> ③ 제1항의 득표자가 없을 때에는 2차투표를 하고, 2차투표에도 제1항의 득표자가 없을 때에는 최고득표자가 1명이면 최고득표자와 차점자에 대하여, 최고득표자가 2명 이상이면 최고득표자에 대하여 결선투표를 하되, 재적의원 과반수의 출석과 출석의원 다수득표자를 당선자로 한다.

③ [○]

> **국회법 제11조(의장의 위원회 출석과 발언)** 의장은 위원회에 출석하여 발언할 수 있다. 다만, 표결에는 참가할 수 없다.

④ [×]

> **국회법 제20조의2(의장의 당적 보유 금지)** ① 의원이 의장으로 당선된 때에는 당선된 다음 날부터 의장으로 재직하는 동안은 당적(黨籍)을 가질 수 없다. 다만, 국회의원 총선거에서 「공직선거법」 제47조에 따른 정당추천후보자로 추천을 받으려는 경우에는 의원 임기만료일 90일 전부터 당적을 가질 수 있다.
> ② 제1항 본문에 따라 당적을 이탈한 의장의 임기가 만료된 때에는 당적을 이탈할 당시의 소속 정당으로 복귀한다.

⑤ [○]

19 　　　　　　　　　　　　　　　　　　　　　　정답 ④

① [×]

> **헌법 제56조** 정부는 예산에 변경을 가할 필요가 있을 때에는 추가경정예산안을 편성하여 국회에 제출할 수 있다.

② [×]

> **헌법 제57조** 국회는 정부의 동의 없이 정부가 제출한 지출예산 각항의 금액을 증가하거나 새 비목을 설치할 수 없다.

③ [×]

> **헌법 제58조** 국채를 모집하거나 예산 외에 국가의 부담이 될 계약을 체결하려 할 때에는 정부는 미리 국회의 의결을 얻어야 한다.

④ [○]

> **헌법 제55조** ① 한 회계연도를 넘어 계속하여 지출할 필요가 있을 때에는 정부는 연한을 정하여 계속비로서 국회의 의결을 얻어야 한다.
> ② 예비비는 총액으로 국회의 의결을 얻어야 한다. 예비비의 지출은 차기국회의 승인을 얻어야 한다.

⑤ [×]

> **헌법 제54조** ① 국회는 국가의 예산안을 심의·확정한다.
> ② 정부는 회계연도마다 예산안을 편성하여 회계연도 개시 90일 전까지 국회에 제출하고, 국회는 회계연도 개시 30일 전까지 이를 의결하여야 한다.
> ③ 새로운 회계연도가 개시될 때까지 예산안이 의결되지 못한 때에는 정부는 국회에서 예산안이 의결될 때까지 다음의 목적을 위한 경비는 전년도 예산에 준하여 집행할 수 있다.
> 1. 헌법이나 법률에 의하여 설치된 기관 또는 시설의 유지·운영
> 2. 법률상 지출의무의 이행
> 3. 이미 예산으로 승인된 사업의 계속

20 　　　　　　　　　　　　　　　　　　　　　　정답 ②

① [×] ③ [×]

> **헌법 제53조** ① 국회에서 의결된 법률안은 정부에 이송되어 15일 이내에 대통령이 공포한다.
> ② 법률안에 이의가 있을 때에는 대통령은 제1항의 기간내에 이의서를 붙여 국회로 환부하고, 그 재의를 요구할 수 있다. 국회의 폐회 중에도 또한 같다.
> ③ 대통령은 법률안의 일부에 대하여 또는 법률안을 수정하여 재의를 요구할 수 없다.

> ④ 재의의 요구가 있을 때에는 국회는 재의에 붙이고, 재적의원 과반수의 출석과 출석의원 3분의 2 이상의 찬성으로 전과 같은 의결을 하면 그 법률안은 법률로서 확정된다.

② [○]

> **헌법 제81조** 대통령은 국회에 출석하여 발언하거나 서한으로 의견을 표시할 수 있다.

④ [×] 긴급명령은 법률과 동일한 효력이 있다.

> **헌법 제76조** ① 대통령은 내우·외환·천재·지변 또는 중대한 재정·경제상의 위기에 있어서 국가의 안전보장 또는 공공의 안녕질서를 유지하기 위하여 긴급한 조치가 필요하고 국회의 집회를 기다릴 여유가 없을 때에 한하여 최소한으로 필요한 재정·경제상의 처분을 하거나 이에 관하여 법률의 효력을 가지는 명령을 발할 수 있다.
> ② 대통령은 국가의 안위에 관계되는 중대한 교전상태에 있어서 국가를 보위하기 위하여 긴급한 조치가 필요하고 국회의 집회가 불가능한 때에 한하여 법률의 효력을 가지는 명령을 발할 수 있다.
> ③ 대통령은 제1항과 제2항의 처분 또는 명령을 한 때에는 지체없이 국회에 보고하여 그 승인을 얻어야 한다.
> ④ 제3항의 승인을 얻지 못한 때에는 그 처분 또는 명령은 그 때부터 효력을 상실한다. 이 경우 그 명령에 의하여 개정 또는 폐지되었던 법률은 그 명령이 승인을 얻지 못한 때부터 당연히 효력을 회복한다.

⑤ [×] 사면, 감형, 복권은 모두 국무회의의 심의를 거쳐야 한다. 국회의 동의를 요하는 것은 일반사면만 해당된다.

21 　　　　　　　　　　　　　　　　　　　　　　정답 ④

ㄱ. [20]

> **국회법 제33조(교섭단체)** ① 국회에 20명 이상의 소속 의원을 가진 정당은 하나의 교섭단체가 된다. 다만, 다른 교섭단체에 속하지 아니하는 20명 이상의 의원으로 따로 교섭단체를 구성할 수 있다.

ㄴ. [20]

> **국회법 제77조(의사일정의 변경)** 의원 20명 이상의 연서에 의한 동의(動議)로 본회의 의결이 있거나 의장이 각 교섭단체 대표의원과 협의하여 필요하다고 인정할 때에는 의장은 회기 전체 의사일정의 일부를 변경하거나 당일 의사일정의 안건 추가 및 순서 변경을 할 수 있다. 이 경우 의원의 동의에는 이유서를 첨부하여야 하며, 그 동의에 대해서는 토론을 하지 아니하고 표결한다.

ㄷ. [15]

> **헌법 제53조** ① 국회에서 의결된 법률안은 정부에 이송되어 15일 이내에 대통령이 공포한다.

ㄹ. [30]

> **헌법 제47조** ① 국회의 정기회는 법률이 정하는 바에 의하여 매년 1회 집회되며, 국회의 임시회는 대통령 또는 국회재적의원 4분의 1 이상의 요구에 의하여 집회된다.
> ② 정기회의 회기는 100일을, 임시회의 회기는 30일을 초과할 수 없다.
> ③ 대통령이 임시회의 집회를 요구할 때에는 기간과 집회요구의 이유를 명시하여야 한다.

22 정답 ①

① [×] 헌법 제111조 제1항 제4호는 지방자치단체 상호간의 권한쟁의에 관한 심판을 헌법재판소가 관장하도록 규정하고 있고, 헌법재판소법 제62조 제1항 제3호는 이를 구체화하여 헌법재판소가 관장하는 지방자치단체 상호간의 권한쟁의심판의 종류를 ① 특별시·광역시 또는 도 상호간의 권한쟁의심판, ② 시·군 또는 자치구 상호간의 권한쟁의심판, ③ 특별시·광역시 또는 도와 시·군 또는 자치구간의 권한쟁의심판 등으로 규정하고 있는바, 지방자치단체의 의결기관인 지방의회를 구성하는 지방의회 의원과 그 지방의회의 대표자인 지방의회 의장 간의 권한쟁의심판은 헌법 및 헌법재판소법에 의하여 헌법재판소가 관장하는 지방자치단체 상호간의 권한쟁의심판의 범위에 속한다고 볼 수 없으므로 부적법하다. (헌재 2010.4.29. 2009헌라11)

② [○] 〈검사의 수사권 축소 등에 관한 권한쟁의 사건〉
국회가 2022.5.9. 법률 제18861호로 검찰청법을 개정한 행위 및 같은 날 법률 제18862호로 형사소송법을 개정한 행위에 대하여 법무부장관과 검사 6명이 권한침해 및 그 행위의 무효 확인을 청구한 권한쟁의심판청구를 각하하였다. (헌재 2023.3.23. 2022헌라4) [각하]

[1] 당사자적격
'검사'는 영장신청권을 행사하고(헌법 제12조 제3항, 제16조) 범죄수사와 공소유지를 담당하는데(검찰청법 제4조 제1항), 이 사건 법률개정행위는 이와 같은 검사의 수사권 및 소추권 중 일부를 조정·제한하는 내용이다. 따라서 검사는 이 사건 법률개정행위에 대해 권한쟁의심판을 청구할 적절한 관련성이 인정된다.
한편, '법무부장관'은 소관 사무에 관하여 부령을 발할 수 있고(헌법 제95조) 정부조직법상 법무에 관한 사무를 관장하지만(정부조직법 제32조), 이 사건 법률개정행위는 이와 같은 법무부장관의 권한을 제한하지 아니한다. 물론 법무부장관은 일반적으로 검사를 지휘·감독하고 구체적 사건에 대하여는 검찰총장만을 지휘·감독할 권한이 있으나(검찰청법 제8조), 이 사건 법률개정행위가 이와 같은 법무부장관의 지휘·감독 권한을 제한하는 것은 아니다. 따라서 법무부장관은 이 사건 법률개정행위에 대해 권한쟁의심판을 청구할 적절한 관련성이 인정되지 아니한다.
결국 청구인 법무부장관의 심판청구는 청구인적격이 없어 부적법하다.

[2] 권한침해가능성
이 사건 법률개정행위는 검사의 수사권 및 소추권을 조정·배분하는 내용을 담고 있으므로, 문제된 수사권 및 소추권이 검사의 '헌법상 권한'인지 아니면 '법률상 권한'인지 문제된다.
헌법 제66조 제4항은 "행정권은 대통령을 수반으로 하는 정부에 속한다."라고 규정하는데, 여기에서의 '정부'란 입법부와 사법부에 대응하는 개념으로서의 행정부를 의미한다. 수사 및 소추는 원칙적으로 입법권·사법

권에 포함되지 않는 국가기능으로 우리 헌법상 본질적으로 행정에 속하는 사무이므로, 특별한 사정이 없는 한 입법부·사법부가 아닌 '대통령을 수반으로 하는 행정부'에 부여된 '헌법상 권한'이다. 그러나 수사권 및 소추권이 행정부 중 어느 '특정 국가기관'에 전속적으로 부여된 것으로 해석할 헌법상 근거는 없다.
역사적으로 형사절차가 규문주의에서 탄핵주의로 이행되어 온 과정을 고려할 때, 직접 수사권을 행사하는 수사기관이 자신의 수사대상에 대한 영장신청 여부를 스스로 결정하도록 하는 것은 객관성을 담보하기 어려운 구조라는 점도 부인하기 어렵다. 이에 영장신청의 신속성·효율성 증진의 측면이 아니라, 법률전문가이자 인권옹호기관인 검사로 하여금 제3자의 입장에서 수사기관의 강제수사 남용 가능성을 통제하도록 하는 취지에서 영장신청권이 헌법에 도입된 것으로 해석되므로, 헌법상 검사의 영장신청권 조항에서 '헌법상 검사의 수사권'까지 논리필연적으로 도출된다고 보기 어렵다.
결국 이 사건 법률개정행위는 검사의 '헌법상 권한'(영장신청권)을 제한하지 아니하고, 국회의 입법행위로 그 내용과 범위가 형성된 검사의 '법률상 권한'(수사권·소추권)이 법률개정행위로 침해될 가능성이 있다고 볼 수 없으므로, 청구인 검사의 심판청구는 권한침해가능성이 없어 부적법하다.

③ [○] 본회의의 절차를 다투는 권한쟁의심판은 국회의장이 피청구인이 되고, 상임위원회의 절차를 다투는 권한쟁의심판은 상임위원장이 피청구인이 된다. 법률의 제·개정 행위를 다투는 권한쟁의심판의 경우에는 국회의장이 아닌 국회가 피청구인적격을 가진다.

④ [○] 지방자치단체의 자치사무에 대해서는 권한쟁의심판이 인정되지만, 국가사무에 대해서는 권한쟁의심판이 인정되지 않는다.

⑤ [○] 권한쟁의심판의 당사자가 되기 위한 요건이다.

23 정답 ⑤

① [○] ④ [○]

> **헌법 제65조** ① 대통령·국무총리·국무위원·행정각부의 장·헌법재판소 재판관·법관·중앙선거관리위원회 위원·감사원장·감사위원 기타 법률이 정한 공무원이 그 직무집행에 있어서 헌법이나 법률을 위배한 때에는 국회는 탄핵의 소추를 의결할 수 있다.
> ② 제1항의 탄핵소추는 국회재적의원 3분의 1 이상의 발의가 있어야 하며, 그 의결은 국회재적의원 과반수의 찬성이 있어야 한다. 다만, 대통령에 대한 탄핵소추는 국회재적의원 과반수의 발의와 국회재적의원 3분의 2 이상의 찬성이 있어야 한다.
> ③ 탄핵소추의 의결을 받은 자는 탄핵심판이 있을 때까지 그 권한행사가 정지된다.
> ④ 탄핵결정은 공직으로부터 파면함에 그친다. 그러나, 이에 의하여 민사상이나 형사상의 책임이 면제되지는 아니한다.

② [○] 헌재 2004.5.14. 2004헌나1

③ [○] 헌재 2004.5.14. 2004헌나1

⑤ [×] 대통령의 '성실한 직책수행의무'는 헌법적 의무에 해당하나, '헌법을 수호해야 할 의무'와는 달리, 규범적으로 그 이행이 관철될 수 있는 성격의 의무가 아니므로, 원칙적으로 사법적 판단의 대상이 될 수 없다고 할 것이다.(헌재 2004. 5.14. 2004헌나1)

24
정답 ②

① [×] 지방자치단체의 폐치·분합에 관한 것은 지방자치단체의 자치행정권 중 지역고권의 보장문제이나, 대상지역 주민들은 그로 인하여 인간다운 생활공간에서 살 권리, 평등권, 정당한 청문권, 거주이전의 자유, 선거권, 공무담임권, 인간다운 생활을 할 권리, 사회보장·사회복지수급권 및 환경권 등을 침해받게 될 수도 있다는 점에서 기본권과도 관련이 있어 헌법소원의 대상이 될 수 있다.(헌재 1994.12.29. 94헌마201)

② [○] 입법절차는 권한쟁의심판의 대상이 되는 경우가 있다. 헌법소원은 입법절차가 아니라 법률의 내용을 대상으로 한다.

③ [×] 심의·표결 권한을 침해하지만, 무효는 아니다.(헌재 2009.10.29. 2009헌라8)

④ [×] 청구인이 법률안 심의·표결권의 주체인 국가기관으로서의 국회의원 자격으로 권한쟁의심판을 청구하였다가 심판절차 계속 중 사망한 경우, 국회의원의 법률안 심의·표결권은 성질상 일신전속적인 것으로 당사자가 사망한 경우 승계되거나 상속될 수 없어 그에 관련된 권한쟁의심판절차 또한 수계될 수 없으므로, 권한쟁의심판청구는 청구인의 사망과 동시에 당연히 그 심판절차가 종료된다.(헌재 2010.11.25. 2009헌라12)

⑤ [×] 본회의 절차를 다투는 권한쟁의는 국회의장이 피청구인이 되고, 상임위원회의 절차를 다투는 권한쟁의는 상임위원장이 피청구인이 된다. 법률의 제·개정 행위를 다투는 권한쟁의심판의 경우에는 국회의장이 아닌 국회가 피청구인 적격을 가진다.

25
정답 ②

① [○] ⑤ [○] 헌법소원에는 가처분에 관한 명문 규정이 없지만, 지문과 같은 요건하에 가처분이 가능하다.

② [×] 가처분 결정은 과반수로 하지만, 헌법재판은 7명 이상이 출석해야 심리가 가능하다. 6인의 출석으로는 심리가 불가능하다.

③ [○] ④ [○] 정당해산심판과 권한쟁의심판은 명문의 규정에 의하여 가처분이 인정된다.

> 헌법재판소법 제65조(가처분) 헌법재판소가 권한쟁의심판의 청구를 받았을 때에는 직권 또는 청구인의 신청에 의하여 종국결정의 선고 시까지 심판 대상이 된 피청구인의 처분의 효력을 정지하는 결정을 할 수 있다.

01	②	02	③	03	③	04	①	05	③
06	①	07	①	08	③	09	④	10	①
11	①	12	①	13	④	14	③	15	②
16	④	17	④	18	①	19	③	20	②
21	②	22	④	23	②	24	②	25	③

p. 48-53

01

정답 ②

① [○] ② [×] ③ [○]

> **헌법 제128조** ① 헌법개정은 국회재적의원 과반수 또는 대통령의 발의로 제안된다.
> ② 대통령의 임기연장 또는 중임변경을 위한 헌법개정은 그 헌법개정 제안 당시의 대통령에 대하여는 효력이 없다.
> **제129조** 제안된 헌법개정안은 대통령이 20일 이상의 기간 이를 공고하여야 한다.
> **제130조** ① 국회는 헌법개정안이 공고된 날로부터 60일 이내에 의결하여야 하며, 국회의 의결은 재적의원 3분의 2 이상의 찬성을 얻어야 한다.
> ② 헌법개정안은 국회가 의결한 후 30일 이내에 국민투표에 붙여 국회의원선거권자 과반수의 투표와 투표자 과반수의 찬성을 얻어야 한다.
> ③ 헌법개정안이 제2항의 찬성을 얻은 때에는 헌법개정은 확정되며, 대통령은 즉시 이를 공포하여야 한다.
> **헌법 제89조** 다음 사항은 국무회의의 심의를 거쳐야 한다.
> 3. 헌법개정안·국민투표안·조약안·법률안 및 대통령령안

④ [○]

02

정답 ③

① [○]

> **헌법 제122조** 국가는 국민 모두의 생산 및 생활의 기반이 되는 국토의 효율적이고 균형있는 이용·개발과 보전을 위하여 법률이 정하는 바에 의하여 그에 관한 필요한 제한과 의무를 과할 수 있다.

② [○]

> **헌법 제119조** ① 대한민국의 경제질서는 개인과 기업의 경제상의 자유와 창의를 존중함을 기본으로 한다.
> ② 국가는 균형있는 국민경제의 성장 및 안정과 적정한 소득의 분배를 유지하고, 시장의 지배와 경제력의 남용을 방지하며, 경제주체간의 조화를 통한 경제의 민주화를 위하여 경제에 관한 규제와 조정을 할 수 있다.

③ [×]

> **헌법 제121조** ① 국가는 농지에 관하여 경자유전의 원칙이 달성될 수 있도록 노력하여야 하며, 농지의 소작제도는 금지된다.
> ② 농업생산성의 제고와 농지의 합리적인 이용을 위하거나 불가피한 사정으로 발생하는 농지의 임대차와 위탁경영은 법률이 정하는 바에 의하여 인정된다.

④ [○] 우리나라의 경제질서는 사회적 시장경제질서이다.

03

정답 ③

① [○]

> **헌법 제117조** ① 지방자치단체는 주민의 복리에 관한 사무를 처리하고 재산을 관리하며, 법령의 범위 안에서 자치에 관한 규정을 제정할 수 있다.
> ② 지방자치단체의 종류는 법률로 정한다.

② [○]

> **헌법 제118조** ① 지방자치단체에 의회를 둔다.
> ② 지방의회의 조직·권한·의원선거와 지방자치단체의 장의 선임방법 기타 지방자치단체의 조직과 운영에 관한 사항은 법률로 정한다.

③ [×] 주민투표권 및 주민소환권은 헌법상 보장되는 기본권이 아니라 법률상의 권리이다.

④ [○] 영토고권은 국가만 가지고 지방자치단체는 단체내의 구역에 대한 관할권을 가진다.

04

정답 ①

① [×] 평화적 생존권은 헌법에 열거되지 아니한 기본권으로서 그것을 특별히 새롭게 인정할 필요성이 있다거나 그 권리 내용이 명확하여 구체적 권리로서의 실질에 부합한다고 보기는 어려우므로 헌법상 보장되는 기본권이라 할 수 없다.(헌재 2009.5.28. 2007헌마369)

② [○] '인명용 한자'가 아닌 한자를 사용하였다고 하더라도, 출생신고나 출생자 이름 자체가 불수리되는 것은 아니고, 가족관계등록부에 해당 이름이 한글로만 기재되어 종국적으로 해당 한자가 함께 기재되지 않는 제한을 받을 뿐이며, 가족관계등록부나 그와 연계된 공적 장부 이외에 사적 생활의 영역에서 해당 한자 이름을 사용하는 것을 금지하는 것도 아니다. 따라서 심판대상조항은 자녀의 이름을 지을 자유를 침해하지 않는다.(헌재 2016.7.28. 2015헌마964)

③ [○] 헌재 2001.3.21. 99헌마139

④ [○] 헌재 2005.10.27. 2002헌마425

05

정답 ③

① [○] 헌재 2013.9.26. 2012헌마271

② [○] 행복추구권은 원칙적으로 법인에게 인정되지 않지만, 예외적으로 인정되는 경우가 있다.

③ [×] 지방자치법은 지방자치단체를 법인으로 하도록 하고 있으나, 국가나 지방자치단체는 기본권의 주체가 아니다.

④ [○] 명문의 규정은 없지만 사법인은 법인에게 인정되는 기본권의 주체가 될 수 있다. 국가나 지방자치단체를 제외한 공법인은 원칙적으로 기본권 주체가 아니지만, 예외적으로 기본권 주체가 될 수 있다.

06

정답 ①

① [○] ④ [×]

> 헌법 제11조 ① 모든 국민은 법 앞에 평등하다. 누구든지 성별·종
> 교 또는 사회적 신분에 의하여 정치적·경제적·사회적·문화적
> 생활의 모든 영역에 있어서 차별을 받지 아니한다.
> ② 사회적 특수계급의 제도는 인정되지 아니하며, 어떠한 형태
> 로도 이를 창설할 수 없다.
> ③ 훈장등의 영전은 이를 받은 자에게만 효력이 있고, 어떠한
> 특권도 이에 따르지 아니한다.

② [×] 헌법재판소는 평등권의 침해 여부를 심사할 때, 원칙
적으로 완화된 심사의 경우 자의금지원칙에 의한 심사를
하고 엄격심사의 경우 과잉금지원칙을 적용한다. 과소보
호금지원칙에 의한 심사는 기본권보호의무를 심사하는 기
준이다.

③ [×] 평등원칙은 일체의 차별적 대우를 부정하는 절대적 평
등을 의미하는 것이 아니라, 입법과 법의 적용에 있어서 합
리적 이유 없는 차별을 하여서는 아니 된다는 상대적 평등
을 의미한다.

07

정답 ①

① [×] 형사피고인의 국선변호인의 조력을 받을 권리에 대해
서는 헌법에 규정되어 있고, 형사피의자의 국선변호인의 조
력을 받을 권리에 대해서는 형사소송법에 규정되어 있다.

> 헌법 제12조 ④ 누구든지 체포 또는 구속을 당한 때에는 즉시 변
> 호인의 조력을 받을 권리를 가진다. 다만, 형사피고인이 스스로
> 변호인을 구할 수 없을 때에는 법률이 정하는 비에 의하여 국가
> 가 변호인을 붙인다.

② [○] ③ [○] ④ [○]

> 헌법 제12조 ① 모든 국민은 신체의 자유를 가진다. 누구든지 법
> 률에 의하지 아니하고는 체포·구속·압수·수색 또는 심문을 받
> 지 아니하며, 법률과 적법한 절차에 의하지 아니하고는 처벌·
> 보안처분 또는 강제노역을 받지 아니한다.
> ② 모든 국민은 고문을 받지 아니하며, 형사상 자기에게 불리
> 한 진술을 강요당하지 아니한다.
> ③ 체포·구속·압수 또는 수색을 할 때에는 적법한 절차에 따
> 라 검사의 신청에 의하여 법관이 발부한 영장을 제시하여야 한
> 다. 다만, 현행범인인 경우와 장기 3년 이상의 형에 해당하는
> 죄를 범하고 도피 또는 증거인멸의 염려가 있을 때에는 사후에
> 영장을 청구할 수 있다.
> ④ 누구든지 체포 또는 구속을 당한 때에는 즉시 변호인의 조
> 력을 받을 권리를 가진다. 다만, 형사피고인이 스스로 변호인을
> 구할 수 없을 때에는 법률이 정하는 바에 의하여 국가가 변호인
> 을 붙인다.
> ⑤ 누구든지 체포 또는 구속의 이유와 변호인의 조력을 받을
> 권리가 있음을 고지받지 아니하고는 체포 또는 구속을 당하지
> 아니한다. 체포 또는 구속을 당한 자의 가족등 법률이 정하는
> 자에게는 그 이유와 일시·장소가 지체없이 통지되어야 한다.
> ⑥ 누구든지 체포 또는 구속을 당한 때에는 적부의 심사를 법
> 원에 청구할 권리를 가진다.
> ⑦ 피고인의 자백이 고문·폭행·협박·구속의 부당한 장기화
> 또는 기망 기타의 방법에 의하여 자의로 진술된 것이 아니라고
> 인정될 때 또는 정식재판에 있어서 피고인의 자백이 그에게 불

> 리한 유일한 증거일 때에는 이를 유죄의 증거로 삼거나 이를 이
> 유로 처벌할 수 없다.

08

정답 ③

① [○] 국무총리공관, 법원, 국회 100미터 이내에서 집회를
일체금지하는 것은 집회의 자유를 침해한다. 목적의 정당성
과 수단의 적합성은 인정되지만 침해의 최소성에 위반된다.
[판례] 심판대상조항은 입법목적을 달성하는 데 필요한 최
소한도의 범위를 넘어, 규제가 불필요하거나 또는 예외적으
로 허용하는 것이 가능한 집회까지도 이를 일률적·전면적
으로 금지하고 있으므로 침해의 최소성원칙에 위배된다. 심
판대상조항은 국회의 헌법적 기능을 무력화시키거나 저해
할 우려가 있는 집회를 금지하는 데 머무르지 않고, 그 밖의
평화적이고 정당한 집회까지 전면적으로 제한함으로써 구
체적인 상황을 고려하여 상충하는 법익 간의 조화를 이루려
는 노력을 전혀 기울이지 않고 있다. 심판대상조항으로 달
성하려는 공익이 제한되는 집회의 자유 정도보다 크다고 단
정할 수는 없다고 할 것이므로 심판대상조항은 법익의 균형
성원칙에도 위배된다. 심판대상조항은 과잉금지원칙을 위
반하여 집회의 자유를 침해한다.(헌재 2018.5.31. 2013헌바322)

② [○] 집회의 자유의 내용이다.

③ [×] 사법인도 법인의 성질상 누릴 수 있는 기본권의 경우
는 기본권 주체가 된다.

④ [○] 결사의 자유의 내용이다.

09

정답 ④

① [○] 지방의회의원선거와 평등선거의 원칙(헌재 2007.3.29.
2005헌마985 등)

(1) 평등선거의 원칙은 평등의 원칙이 선거제도에 적용된
것으로서 투표의 수적(數的) 평등, 즉 1인 1표의 원칙
(one person, one vote)과 투표의 성과가치(成果價
値)의 평등, 즉 1표의 투표가치가 대표자선정이라는 선
거의 결과에 대하여 기여한 정도에 있어서도 평등하여
야 한다는 원칙(one vote, one value)을 그 내용으로
할 뿐만 아니라, 일정한 집단의 의사가 정치과정에서 반
영될 수 없도록 차별적으로 선거구를 획정하는 이른바
'게리맨더링'에 대한 부정을 의미하기도 한다.

(2) 지방의회의원 선거구획정에 관한 입법재량과 그 한계
[10국회8급]
국회는 지방의회의원 선거구를 획정함에 있어서 투표가
치 평등의 원칙을 고려한 선거구 간의 인구의 균형뿐만
아니라, 우리나라의 행정구역, 지세, 교통사정, 생활권
내지 역사적, 전통적 일체감 등 여러 가지 정책적·기술
적 요소를 고려할 수 있는 폭넓은 입법형성의 자유를 가
진다고 할 것이다. … (광역의회의원 선거에서) 인구편
차에 의한 투표가치의 불평등은 인구비례가 아닌 행정
구역별로 국회의원 선거구 인구편차가 2 : 1을 넘는 것
은 헌법에 위반된다.(헌재 2014.10.30. 2014헌마53(병합)) [16변

② [○] 보통선거의 개념이다.

③ [○]

> **공직선거법 제47조(정당의 후보자추천)** ③ 정당이 비례대표국회의원선거 및 비례대표지방의회의원선거에 후보자를 추천하는 때에는 그 후보자 중 100분의 50 이상을 여성으로 추천하되, 그 후보자명부의 순위의 매 홀수에는 여성을 추천하여야 한다.

④ [×] 국회의원 선거는 인구편차 상하 33.3%(인구비례 2 : 1), 지방의원 선거는 인구편차 상하 50%(인구비례 3 : 1)까지 허용된다.

10 정답 ①

① [×] 정당해산심판제도가 비록 정당을 보호하기 위한 취지에서 도입된 것이라 하더라도 다른 한편 이는 정당의 강제적 해산가능성을 헌법상 인정하는 것이므로, 그 자체가 민주주의에 대한 제약이자 위협이 될 수 있음을 또한 깊이 주의해야 한다. 정당해산심판제도는 운영 여하에 따라 그 자체가 민주주의에 대한 해악이 될 수 있으므로 일종의 극약처방인 셈이다. 따라서 정치적 비판자들을 탄압하기 위한 용도로 남용되는 일이 생기지 않도록 정당해산심판제도는 매우 엄격하고 제한적으로 운용되어야 한다. '의심스러울 때에는 자유를 우선시하는(in dubio pro libertate)' 근대 입헌주의의 원칙은 정당해산심판제도에서도 여전히 적용되어야 할 것이다.(헌재 2014.12.19. 2013헌다1)

② [○] ③ [○] ④ [○] 헌재 2014.12.19. 2013헌다1

11 정답 ①

① [×] 감청이라는 것은 헌법 제18조에서 보장하고 있는 통신의 비밀에 대한 침해행위 중의 한 유형으로 이해하여야 할 것이며 감청의 대상으로서의 전기통신은 앞서 본 헌법상의 '통신'개념을 전제로 하고 있다고 보아야 할 것이다. 통신비밀보호법은 '통신 및 대화의 비밀과 자유에 대한 제한은 그 대상을 한정하고 엄격한 법적 절차를 거치도록 함으로써 통신비밀을 보호하고 통신의 자유를 신장함을 목적으로' 제정된 것으로서(법 제1조), 통신의 비밀을 보장하려는 헌법 제18조의 취지를 구체적으로 실현하기 위한 입법적 수단이라 할 수 있기 때문이다.(헌재 2001.3.21. 2000헌바25)

② [○] ③ [○] ④ [○] 헌재 2018.6.28. 2012헌마191

12 정답 ①

① [×] 공법상의 권리라도 자기기여가 있으면 재산권으로 인정된다.

② [○] ③ [○] ④ [○] 헌재 2005.9.29. 2002헌바84

13 정답 ④

① [○]

② [○] ③ [○] 직업의 자유에 의한 보호의 대상이 되는 '직업'은 '생활의 기본적 수요를 충족시키기 위한 계속적 소득활동'을 의미하며 그러한 내용의 활동인 한 그 종류나 성질을 묻지 아니한다. 이러한 직업의 개념표지들은 개방적 성질을 지녀 엄격하게 해석할 필요는 없는바, '계속성'과 관련하여서는 주관적으로 활동의 주체가 어느 정도 계속적으로 해당 소득활동을 영위할 의사가 있고, 객관적으로도 그러한 활동이 계속성을 띨 수 있으면 족하다고 해석되므로 휴가기간 중에 하는 일, 수습직으로서의 활동 따위도 이에 포함된다고 볼 것이고, 또 '생활수단성'과 관련하여서는 단순한 여가활동이나 취미활동은 직업의 개념에 포함되지 않으나 겸업이나 부업은 삶의 수요를 충족하기에 적합하므로 직업에 해당한다고 말할 수 있다.
이 사건에 있어 대학 재학생인 청구인은 여름방학을 이용하여 학원에서 강사로 일하고자 하였다고 주장하고 있고, 이에 대하여 이해관계인인 교육인적자원부장관은 방학기간 동안의 일시적·일회적 교습행위는 직업의 자유가 보호하는 직업의 범주에 속하지 않는다고 주장하고 있는바, 위에서 살펴본 '직업'의 개념에 비추어 보면 비록 학업 수행이 청구인과 같은 대학생의 본업이라 하더라도 방학기간을 이용하여 또는 휴학 중에 학비 등을 벌기 위해 학원강사로서 일하는 행위는 어느 정도 계속성을 띤 소득활동으로서 직업의 자유의 보호영역에 속한다고 봄이 상당하다.(헌재 2003.9.25. 2002헌마519)

④ [×] 직업행사의 자유에 대하여는 직업선택의 자유와는 달리 공익목적을 위하여 상대적으로 폭넓은 입법적 규제가 가능한 것이지만, 그렇다고 하더라도 그 수단은 목적달성에 적절한 것이어야 하고 또한 필요한 정도를 넘는 지나친 것이어서는 아니된다. 그러므로 이 사건 법률조항에 의한 직업행사의 자유라는 기본권의 제한이 과연 이러한 헌법적 한계내의 것인지 살펴 보기로 한다.(헌재 1997.3.27. 94헌마196)

14 정답 ③

① [×]

> **헌법 제32조** ① 모든 국민은 근로의 권리를 가진다. 국가는 사회적·경제적 방법으로 근로자의 고용의 증진과 적정임금의 보장에 노력하여야 하며, 법률이 정하는 바에 의하여 최저임금제를 시행하여야 한다.

② [×]

> **헌법 제32조** ⑥ 국가유공자·상이군경 및 전몰군경의 유가족은 법률이 정하는 바에 의하여 우선적으로 근로의 기회를 부여받는다.

③ [○]

> **헌법 제33조** ① 근로자는 근로조건의 향상을 위하여 자주적인 단결권·단체교섭권 및 단체행동권을 가진다.

② 공무원인 근로자는 법률이 정하는 자에 한하여 단결권·단체교섭권 및 단체행동권을 가진다.
③ 법률이 정하는 주요방위산업체에 종사하는 근로자의 단체행동권은 법률이 정하는 바에 의하여 이를 제한하거나 인정하지 아니할 수 있다.

④ [×] 근로의 권리는 근로자를 개인의 차원에서 보호하기 위한 권리로서 개인인 근로자가 근로의 권리의 주체가 되는 것이고, 노동조합은 그 주체가 될 수 없는 것으로 이해되고 있다. (헌재 2009.2.26. 2007헌바27)

15 정답 ②

① [○]

> **헌법 제5조** ① 대한민국은 국제평화의 유지에 노력하고 침략적 전쟁을 부인한다.
> ② 국군은 국가의 안전보장과 국토방위의 신성한 의무를 수행함을 사명으로 하며, 그 정치적 중립성은 준수된다.

② [×] 국군의 정치적 중립성에 관한 사항은 1987년 제9차 헌법개정을 통해 처음으로 헌법에 규정되었다.

③ [○]

> **헌법 제60조** ① 국회는 상호원조 또는 안전보장에 관한 조약, 중요한 국제조직에 관한 조약, 우호통상항해조약, 주권의 제약에 관한 조약, 강화조약, 국가나 국민에게 중대한 재정적 부담을 지우는 조약 또는 입법사항에 관한 조약의 체결·비준에 대한 동의권을 가진다.
> ② 국회는 선전포고, 국군의 외국에의 파견 또는 외국군대의 대한민국 영역 안에서의 주류에 대한 동의권을 가진다.

④ [○]

> **헌법 제86조** ③ 군인은 현역을 면한 후가 아니면 국무총리로 임명될 수 없다.
> 제87조 ④ 군인은 현역을 면한 후가 아니면 국무위원으로 임명될 수 없다.

16 정답 ④

① [○] 국회 자율권의 내용이다.
② [○]

> **헌법 제53조** ① 국회에서 의결된 법률안은 정부에 이송되어 15일 이내에 대통령이 공포한다.
> ② 법률안에 이의가 있을 때에는 대통령은 제1항의 기간내에 이의서를 붙여 국회로 환부하고, 그 재의를 요구할 수 있다. 국회의 폐회 중에도 또한 같다.
> ③ 대통령은 법률안의 일부에 대하여 또는 법률안을 수정하여 재의를 요구할 수 없다.
> ④ 재의의 요구가 있을 때에는 국회는 재의에 붙이고, 재적의원 과반수의 출석과 출석의원 3분의 2 이상의 찬성으로 전과 같은 의결을 하면 그 법률안은 법률로서 확정된다.
> ⑤ 대통령이 제1항의 기간 내에 공포나 재의의 요구를 하지 아니한 때에도 그 법률안은 법률로서 확정된다.
> ⑥ 대통령은 제4항과 제5항의 규정에 의하여 확정된 법률을 지체없이 공포하여야 한다. 제5항에 의하여 법률이 확정된 후 또는 제4항에 의한 확정법률이 정부에 이송된 후 5일 이내에 대통령이 공포하지 아니할 때에는 국회의장이 이를 공포한다.

> ⑦ 법률은 특별한 규정이 없는 한 공포한 날로부터 20일을 경과함으로써 효력을 발생한다.

③ [○] 헌법 제51조
④ [×]

> **헌법 제47조** ① 국회의 정기회는 법률이 정하는 바에 의하여 매년 1회 집회되며, 국회의 임시회는 대통령 또는 국회재적의원 4분의 1 이상의 요구에 의하여 집회된다.
> ② 정기회의 회기는 100일을, 임시회의 회기는 30일을 초과할 수 없다.
> ③ 대통령이 임시회의 집회를 요구할 때에는 기간과 집회요구의 이유를 명시하여야 한다.

17 정답 ④

① [×]

> **헌법 제48조** 국회는 의장 1인과 부의장 2인을 선출한다.

② [×]

> **헌법 제62조** ① 국무총리·국무위원 또는 정부위원은 국회나 그 위원회에 출석하여 국정처리상황을 보고하거나 의견을 진술하고 질문에 응할 수 있다.
> ② 국회나 그 위원회의 요구가 있을 때에는 국무총리·국무위원 또는 정부위원은 출석·답변하여야 하며, 국무총리 또는 국무위원이 출석요구를 받은 때에는 국무위원 또는 정부위원으로 하여금 출석·답변하게 할 수 있다.

③ [×]

> **헌법 제57조** 국회는 정부의 동의 없이 정부가 제출한 지출예산 각항의 금액을 증가하거나 새 비목을 설치할 수 없다.

④ [○]

> **헌법 제77조** ① 대통령은 전시·사변 또는 이에 준하는 국가비상사태에 있어서 병력으로써 군사상의 필요에 응하거나 공공의 안녕질서를 유지할 필요가 있을 때에는 법률이 정하는 바에 의하여 계엄을 선포할 수 있다.
> ② 계엄은 비상계엄과 경비계엄으로 한다.
> ③ 비상계엄이 선포된 때에는 법률이 정하는 바에 의하여 영장제도, 언론·출판·집회·결사의 자유, 정부나 법원의 권한에 관하여 특별한 조치를 할 수 있다.
> ④ 계엄을 선포한 때에는 대통령은 지체없이 국회에 통고하여야 한다.
> ⑤ 국회가 재적의원 과반수의 찬성으로 계엄의 해제를 요구한 때에는 대통령은 이를 해제하여야 한다.

18 정답 ①

① [○] ② [×]

> **헌법 제44조** ① 국회의원은 현행범인인 경우를 제외하고는 회기 중 국회의 동의없이 체포 또는 구금되지 아니한다.
> ② 국회의원이 회기 전에 체포 또는 구금된 때에는 현행범인이 아닌 한 국회의 요구가 있으면 회기 중 석방된다.

③ [×]

> **헌법 제45조** 국회의원은 국회에서 직무상 행한 발언과 표결에 관하여 국회 외에서 책임을 지지 아니한다.

④ [×]

> **헌법 제64조** ① 국회는 법률에 저촉되지 아니하는 범위 안에서 의사와 내부규율에 관한 규칙을 제정할 수 있다.
> ② 국회는 의원의 자격을 심사하며, 의원을 징계할 수 있다.
> ③ 의원을 제명하려면 국회재적의원 3분의 2 이상의 찬성이 있어야 한다.
> ④ 제2항과 제3항의 처분에 대하여는 법원에 제소할 수 없다.

19 정답 ③

① [○]

> **헌법 제67조** ① 대통령은 국민의 보통·평등·직접·비밀선거에 의하여 선출한다.
> ② 제1항의 선거에 있어서 최고득표자가 2인 이상인 때에는 국회의 재적의원 과반수가 출석한 공개회의에서 다수표를 얻은 자를 당선자로 한다.
> ③ 대통령후보자가 1인일 때에는 그 득표수가 선거권자 총수의 3분의 1 이상이 아니면 대통령으로 당선될 수 없다.
> ④ 대통령으로 선거될 수 있는 자는 국회의원의 피선거권이 있고 선거일 현재 40세에 달하여야 한다.

② [○]

> **헌법 제68조** ① 대통령의 임기가 만료되는 때에는 임기만료 70일 내지 40일 전에 후임자를 선거한다.
> ② 대통령이 궐위된 때 또는 대통령 당선자가 사망하거나 판결 기타의 사유로 그 자격을 상실한 때에는 60일 이내에 후임자를 선거한다.

③ [×] 사면, 감형, 복권 모두 국무회의의 심의를 저쳐야 한다. 국회의 동의를 받아야 하는 것은 일반사면만 해당된다.

④ [○]

> **헌법 제75조** 대통령은 법률에서 구체적으로 범위를 정하여 위임받은 사항과 법률을 집행하기 위하여 필요한 사항에 관하여 대통령령을 발할 수 있다.

20 정답 ②

① [○] 둘다 국회재적의원 3분의 1이상의 발의가 있어야 하고 국회재적의원 과반수의 찬성이 있어야 한다.

② [×]

> **헌법 제87조** ① 국무위원은 국무총리의 제청으로 대통령이 임명한다.
> ② 국무위원은 국정에 관하여 대통령을 보좌하며, 국무회의의 구성원으로서 국정을 심의한다.
> ③ 국무총리는 국무위원의 해임을 대통령에게 건의할 수 있다.
> ④ 군인은 현역을 면한 후가 아니면 국무위원으로 임명될 수 없다.

③ [○]

> **헌법 제95조** 국무총리 또는 행정각부의 장은 소관사무에 관하여 법률이나 대통령령의 위임 또는 직권으로 총리령 또는 부령을 발할 수 있다.

④ [○]

> **헌법 제88조** ① 국무회의는 정부의 권한에 속하는 중요한 정책을 심의한다.
> ② 국무회의는 대통령·국무총리와 15인 이상 30인 이하의 국무위원으로 구성한다.
> ③ 대통령은 국무회의의 의장이 되고, 국무총리는 부의장이 된다.

21 정답 ②

① [○] ② [×] ③ [○] ④ [○]

> **헌법 제114조** ① 선거와 국민투표의 공정한 관리 및 정당에 관한 사무를 처리하기 위하여 선거관리위원회를 둔다.
> ② 중앙선거관리위원회는 대통령이 임명하는 3인, 국회에서 선출하는 3인과 대법원장이 지명하는 3인의 위원으로 구성한다. 위원장은 위원 중에서 호선한다.
> ③ 위원의 임기는 6년으로 한다.
> ④ 위원은 정당에 가입하거나 정치에 관여할 수 없다.
> ⑤ 위원은 탄핵 또는 금고 이상의 형의 선고에 의하지 아니하고는 파면되지 아니한다.
> ⑥ 중앙선거관리위원회는 법령의 범위 안에서 선거관리·국민투표관리 또는 정당사무에 관한 규칙을 제정할 수 있으며, 법률에 저촉되지 아니하는 범위 안에서 내부규율에 관한 규칙을 제정할 수 있다.

22 정답 ④

① [헌법위반]

> **헌법 제98조** ① 감사원은 원장을 포함한 5인 이상 11인 이하의 감사위원으로 구성한다.
> ② 원장은 국회의 동의를 얻어 대통령이 임명하고, 그 임기는 4년으로 하며, 1차에 한하여 중임할 수 있다.
> ③ 감사위원은 원장의 제청으로 대통령이 임명하고, 그 임기는 4년으로 하며, 1차에 한하여 중임할 수 있다.

② [헌법위반]

> **헌법 제105조** ① 대법원장의 임기는 6년으로 하며, 중임할 수 없다.
> ② 대법관의 임기는 6년으로 하며, 법률이 정하는 바에 의하여 연임할 수 있다.
> ③ 대법원장과 대법관이 아닌 법관의 임기는 10년으로 하며, 법률이 정하는 바에 의하여 연임할 수 있다.
> ④ 법관의 정년은 법률로 정한다.

③ [헌법위반]

> **헌법 제111조** ② 헌법재판소는 법관의 자격을 가진 9인의 재판관으로 구성하며, 재판관은 대통령이 임명한다.
> ③ 제2항의 재판관중 3인은 국회에서 선출하는 자를, 3인은 대법원장이 지명하는 자를 임명한다.
> ④ 헌법재판소의 장은 국회의 동의를 얻어 재판관 중에서 대통령이 임명한다.

④ [헌법에 위반되지 않는 것]

> **헌법 제65조** ① 대통령·국무총리·국무위원·행정각부의 장·헌법재판소 재판관·법관·중앙선거관리위원회 위원·감사원장·

감사위원 기타 법률이 정한 공무원이 그 직무집행에 있어서 헌법이나 법률을 위배한 때에는 국회는 탄핵의 소추를 의결할 수 있다.
② 제1항의 탄핵소추는 국회재적의원 3분의 1 이상의 발의가 있어야 하며, 그 의결은 국회재적의원 과반수의 찬성이 있어야 한다. 다만, 대통령에 대한 탄핵소추는 국회재적의원 과반수의 발의와 국회재적의원 3분의 2 이상의 찬성이 있어야 한다.
③ 탄핵소추의 의결을 받은 자는 탄핵심판이 있을 때까지 그 권한행사가 정지된다.
④ 탄핵결정은 공직으로부터 파면함에 그친다. 그러나, 이에 의하여 민사상이나 형사상의 책임이 면제되지는 아니한다.

23
 정답 ②

① [○] ③ [○]

> **헌법 제106조** ① 법관은 탄핵 또는 금고 이상의 형의 선고에 의하지 아니하고는 파면되지 아니하며, 징계처분에 의하지 아니하고는 정직·감봉 기타 불리한 처분을 받지 아니한다.
> ② 법관이 중대한 심신상의 장애로 직무를 수행할 수 없을 때에는 법률이 정하는 바에 의하여 퇴직하게 할 수 있다.

② [×] 헌법 제101조, 제103조, 제106조는 사법권독립을 보장하고 있는바, 형사재판에 있어서 사법권독립은 심판기관인 법원과 소추기관인 검찰청의 분리를 요구함과 동시에 법관이 실제 재판에 있어서 소송당사자인 검사와 피고인으로부터 부당한 간섭을 받지 않은 채 독립하여야 할 것을 요구한다. (헌재 1995.11.30. 92헌마44)

④ [○] 사법권 독립의 목적이다.

24
정답 ②

① [○]

> **제107조** ③ 재판의 전심절차로서 행정심판을 할 수 있다. 행정심판의 절차는 법률로 정하되, 사법절차가 준용되어야 한다.

② [×] ③ [○]

> **헌법 제110조** ① 군사재판을 관할하기 위하여 특별법원으로서 군사법원을 둘 수 있다.
> ② 군사법원의 상고심은 대법원에서 관할한다.
> ③ 군사법원의 조직·권한 및 재판관의 자격은 법률로 정한다.
> ④ 비상계엄하의 군사재판은 군인·군무원의 범죄나 군사에 관한 간첩죄의 경우와 초병·초소·유독음식물공급·포로에 관한 죄 중 법률이 정한 경우에 한하여 단심으로 할 수 있다. 다만, 사형을 선고한 경우에는 그러하지 아니하다.

④ [○]

> **헌법 제104조** ① 대법원장은 국회의 동의를 얻어 대통령이 임명한다.
> ② 대법관은 대법원장의 제청으로 국회의 동의를 얻어 대통령이 임명한다.
> ③ 대법원장과 대법관이 아닌 법관은 대법관회의의 동의를 얻어 대법원장이 임명한다.

25
 정답 ③

① [×] 재판관 모두 인사청문을 거치는데 국회가 임명하는 3인은 인사청문특별위원회에서 하고, 6인은 상임위원회에서 한다. 인사청문의 결과가 대통령을 구속하지는 않는다.

② [×]

> **헌법 제111조** ② 헌법재판소는 법관의 자격을 가진 9인의 재판관으로 구성하며, 재판관은 대통령이 임명한다.
> ③ 제2항의 재판관중 3인은 국회에서 선출하는 자를, 3인은 대법원장이 지명하는 자를 임명한다.
> ④ 헌법재판소의 장은 국회의 동의를 얻어 재판관 중에서 대통령이 임명한다.

③ [○]

> **헌법 제113조** ① 헌법재판소에서 법률의 위헌결정, 탄핵의 결정, 정당해산의 결정 또는 헌법소원에 관한 인용결정을 할 때에는 재판관 6인 이상의 찬성이 있어야 한다.

④ [×]

> **헌법 제107조** ① 법률이 헌법에 위반되는 여부가 재판의 전제가 된 경우에는 법원은 헌법재판소에 제청하여 그 심판에 의하여 재판한다.
> ② 명령·규칙 또는 처분이 헌법이나 법률에 위반되는 여부가 재판의 전제가 된 경우에는 대법원은 이를 최종적으로 심사할 권한을 가진다.

제06회 2024 경찰 1차   p. 54-62

01	④	02	②	03	④	04	④	05	①
06	③	07	③	08	②	09	②	10	①
11	③	12	①	13	②	14	④	15	④
16	③	17	②	18	③	19	③	20	①

01   정답 ④

① [○] 합헌적 법률해석의 목적이다.

② [○] 우리 헌법은 제헌헌법 이래 신체의 자유를 보장하는 규정을 두었는데, 원래 "구금"이라는 용어를 사용해 오다가 현행헌법 개정시에 이를 "구속"이라는 용어로 바꾸었다. 현행헌법 개정시에 종전의 "구금"을 "구속"으로 바꾼 이유를 정확히 확인할 수 있는 자료를 찾기는 어렵다. 다만 '국민의 신체와 생명에 대한 보호를 강화'하는 것이 현행헌법의 주요 개정이유임을 고려하면, 현행헌법이 종래의 "구금"을 "구속"으로 바꾼 것은 헌법 제12조에 규정된 신체의 자유의 보장범위를 구금된 사람뿐 아니라 구인된 사람에게까지 넓히기 위한 것으로 해석하는 것이 타당하다. 위와 같은 점을 종합해 보면, 헌법 제12조 제4항 본문에 규정된 "구속"을 형사절차상 구속뿐 아니라 행정절차상 구속까지 의미하는 것으로 보아도 문언해석의 한계를 넘지 않는다.(헌재 2018. 5.31. 2014헌마346)

③ [○] 합헌적 해석의 한계는 문의적 한계, 법목적적 한계, 헌법수용적 한계가 있다.

④ [×] 기존에는 존재하였으나 실효되어 더 이상 존재한다고 볼 수 없는 법률조항을 여전히 '유효한' 것으로 해석한다면, 이는 법률해석의 한계를 벗어나 '법률의 부존재'로 말미암아 형벌의 부과나 과세의 근거가 될 수 없는 것을 법률해석을 통하여 창설해 내는 일종의 '입법행위'로서 헌법상의 권력분립원칙, 죄형법정주의, 조세법률주의의 원칙에 반한다.(헌재 2012.5.31. 2009헌바123)

02   정답 ②

① 헌법의 기본원리에서 기본권을 도출할 수 없다.(헌재 1996. 4.25. 92헌바47)

② [×] 책임주의는 법인에게도 인정된다.
[판례] 법인의 대표자가 법인의 업무에 관하여 일정한 범죄행위를 할 경우 그 법인도 함께 처벌하는 이 사건 구 외국환거래법상 양벌규정은, 법인 대표자의 법규위반행위에 대한 법인의 책임은 법인 자신의 법규위반행위로 평가될 수 있는 행위에 대한 법인의 직접책임으로서, 대표자의 고의에 의한 위반행위에 대하여는 법인 자신의 고의에 의한 책임을, 대표자의 과실에 의한 위반행위에 대하여는 법인 자신의 과실에 의한 책임을 부담하는 것이므로, 책임주의원칙에 반하지 아니한다. 심판대상조항은, 종업원이 법인의 업무에 관하여 운전 중 실은 화물이 떨어지지 아니하도록 덮개를 씌우거나 묶는 등 확실하게 고정될 수 있도록 필요한 조치를 하지 아니한 채 운전한 사실이 인정되면, 곧바로 법인에 대해

서도 형벌을 부과하도록 정하고 있다. 그 결과 종업원의 고정조치의무 위반행위와 관련하여 선임·감독상 주의의무를 다하여 아무런 잘못이 없는 법인도 형사처벌되게 되었는바, 이는 다른 사람의 범죄에 대하여 그 책임 유무를 묻지 않고 형사처벌하는 것이므로 헌법상 법치국가원리 및 죄형법정주의로부터 도출되는 책임주의원칙에 위배된다.(헌재 2016. 10.27. 2016헌가10)

③ [○] 헌법상 문화국가원리에 따라, 정부는 문화의 다양성·자율성·창조성이 조화롭게 실현될 수 있도록 중립성을 지키면서 문화를 육성하여야 함에도, 청구인들의 정치적 견해를 기준으로 이들을 문화예술계 지원사업에서 배제되도록 한 것은 자의적인 차별행위로서 청구인들의 평등권을 침해한다.(헌재 2020.12.23. 2017헌마416)

④ [○] 법치주의의 내용이다.

03   정답 ④

① [×] 개인의 신뢰이익에 대한 보호가치는 법령에 따른 개인의 행위가 국가에 의하여 일정방향으로 유인된 신뢰의 행사인지, 아니면 단지 법률이 부여한 기회를 활용한 것으로서 원칙적으로 사적 위험부담의 범위에 속하는 것인지 여부에 따라 달라진다. 만일 법률에 따른 개인의 행위가 단지 법률이 반사적으로 부여하는 기회의 활용을 넘어서 국가에 의하여 일정 방향으로 유인된 것이라면 특별히 보호가치가 있는 신뢰이익이 인정될 수 있고, 원칙적으로 개인의 신뢰보호가 국가의 법률개정이익에 우선된다고 볼 여지가 있다.(헌재 2002.11.28. 2002헌바45)

② [×] 장해급여제도에 사회보장 수급권으로서의 성격도 있는 이상 소득재분배의 도모나 새로운 산재보상사업의 확대를 위한 자금마련의 목적으로 최고보상제를 도입하는 것 자체는 입법자의 결단으로서 형성적 재량권의 범위 내에 있다고 보더라도, 그러한 입법자의 결단은 최고보상제 시행 이후에 산재를 입는 근로자들부터 적용될 수 있을 뿐, 제도 시행 이전에 이미 재해를 입고 산재보상수급권이 확정적으로 발생한 청구인들에 대하여 그 수급권의 내용을 일시에 급격히 변경하여 가면서까지 적용할 수 있는 것은 아니라고 보아야 할 것이다. 따라서, 심판대상조항은 신뢰보호의 원칙에 위배하여 청구인들의 재산권을 침해하는 것으로서 헌법에 위반된다.(헌재 2009.5.28. 2005헌바20)

③ [×] 신뢰보호원칙은 법률이나 그 하위법규뿐만 아니라 국가관리의 입시제도와 같이 국·공립대학의 입시전형을 구속하여 국민의 권리에 직접 영향을 미치는 제도운영지침의 개폐에도 적용되는 것이다.(헌재 1997.7.16. 97헌마38)

④ [○] 헌재 2008.5.29. 2006헌바99)

04   정답 ④

① [×] 헌법을 개정하거나 폐지하고 다른 내용의 헌법을 모색하는 것은 주권자인 국민이 보유하는 가장 기본적인 권리로서, 가장 강력하게 보호되어야 할 권리 중의 권리에 해당한

다. 따라서 주권자이자 헌법개정권력자인 국민은 당연히 유신헌법의 문제점을 지적하고 그 개정을 주장하거나 청원하는 활동을 할 수 있다. 국민이 시행 중인 헌법에 대한 자신의 의견을 표현하면서 그 헌법의 개선책을 모색하여 진일보한 국가공동체의 미래상을 지향하는 태도는 부정적인 것이 아니며, 오히려 책임 있는 국민의 자세로 상찬되어야 마땅하다.(헌재 2013.3.21. 2010헌바132)

② [×]

> 헌법 제130조 ① 국회는 헌법개정안이 공고된 날로부터 60일 이내에 의결하여야 하며, 국회의 의결은 재적의원 3분의 2 이상의 찬성을 얻어야 한다.
> ② 헌법개정안은 국회가 의결한 후 30일 이내에 국민투표에 붙여 국회의원선거권자 과반수의 투표와 투표자 과반수의 찬성을 얻어야 한다.
> ③ 헌법개정안이 제2항의 찬성을 얻은 때에는 헌법개정은 확정되며, 대통령은 즉시 이를 공포하여야 한다.

③ [×] 헌법 제29조 제2항(이중배상금지규정)에 대한 위헌심사는 불가능하다.(헌재 1996.6.13. 94헌바20) [각하]
헌법의 제규정 가운데는 헌법의 근본가치를 보다 추상적으로 선언한 것도 있고 이를 보다 구체적으로 표현한 것도 있으므로, 이념적·논리적으로 헌법규범 상호간의 가치의 우열을 인정할 수 있을 것이다. 그러나 이때 인정되는 헌법규범 상호간의 우열은 추상적 가치규범의 구체화에 따른 것으로서 헌법의 통일적 해석을 위하여 유용한 정도를 넘어 헌법의 어느 특정 규정이 다른 규정의 효력을 전면 부인할 수 있는 정도의 효력상의 차등을 의미하는 것이라고는 볼 수 없다. 더욱이 헌법개정의 한계에 관한 규정을 두지 아니하고 헌법의 개정을 법률의 개정과는 달리 국민투표에 의하여 이를 확정하도록 규정하고 있는(헌법 제130조 제2항) 현행의 우리 헌법상으로는 과연 어떤 규정이 헌법핵 내지는 헌법제정규범으로서 상위규범이고 어떤 규정이 단순한 헌법개정규범으로서 하위규범인지를 구별하는 것이 가능하지 아니하며, 달리 헌법의 각 개별규정 사이에 그 효력상의 차이를 인정하여야 할 아무런 근거도 찾을 수 없다.

④ [○] 헌법 제130조에 정한 절차에 따라 성문헌법과 동일한 방법으로만 개정해야 한다. 이 경우 헌법전에 관습헌법의 내용과 상이한 법규범을 첨가하는 방법으로 하게 된다.

05 정답 ①

① [○] 의료인의 면허된 의료행위 이외의 의료행위를 금지하고 처벌하는 의료법 규정에 관한 부분에 대한 심판청구에 대하여 외국인 청구인의 직업의 자유 및 평등권에 관한 기본권 주체성은 인정되지 않는다.(헌재 2014.8.28. 2013헌마359)
(1) 심판대상조항이 제한하고 있는 직업의 자유는 국가자격제도정책과 국가의 경제상황에 따라 법률에 의하여 제한할 수 있는 국민의 권리에 해당한다. 국가정책에 따라 정부의 허가를 받은 외국인은 정부가 허가한 범위 내에서 소득활동을 할 수 있는 것이므로, 외국인이 국

내에서 누리는 직업의 자유는 법률에 따른 정부의 허가에 의해 비로소 발생하는 권리이다. 따라서 외국인인 청구인에게는 그 기본권 주체성이 인정되지 아니하며, 자격제도 자체를 다툴 수 있는 기본권 주체성이 인정되지 아니하는 이상 국가자격제도에 관련된 평등권에 관하여 따로 기본권 주체성을 인정할 수 없다.
(2) 의료인을 수범자로 한 심판대상조항에 대한 심판청구에 대해 의료소비자인 청구인은 자기관련성이 인정되지 않는다.

② [×] 거주이전의 자유는 법인에게는 인정되지만, 외국인에게는 입국의 자유가 인정되지 않는다. 출국의 자유는 외국인에게도 인정된다.

③ [×] 국가 및 그 기관 또는 조직의 일부나 공법인은 원칙적으로는 기본권의 '수범자'로서 기본권의 주체가 되지 못하고, 다만 국민의 기본권을 보호 내지 실현하여야 할 책임과 의무를 지니는 데 그칠 뿐이므로, 공직자가 국가기관의 지위에서 순수한 직무상의 권한행사와 관련하여 기본권 침해를 주장하는 경우에는 기본권의 주체성을 인정하기 어렵다 할 것이나, 그 외의 사적인 영역에 있어서는 기본권의 주체가 될 수 있는 것이다. 청구인은 선출직 공무원인 하남시장으로서 이 사건 법률 조항으로 인하여 공무담임권 등이 침해된다고 주장하여, 순수하게 직무상의 권한행사와 관련된 것이라기보다는 공직의 상실이라는 개인적인 불이익과 연관된 공무담임권을 다투고 있으므로, 이 사건에서 청구인에게는 기본권의 주체성이 인정된다 할 것이다.(헌재 1995.3.23. 95헌마53) – 공무담임권 침해는 아니다.

④ [×] 중소기업중앙회는, 비록 국가가 그 육성을 위해 재정을 보조해주고 중앙회의 업무에 적극 협력할 의무를 부담할 뿐만 아니라 중소기업 전체의 발전을 위한 업무, 국가나 지방자치단체가 위탁하는 업무 등 공공성이 매우 큰 업무를 담당하여 상당한 정도의 공익단체성, 공법인성을 가지고 있다고 하더라도, 기본적으로는 회원 간의 상호부조, 협동을 통해 중소기업자의 경제적 지위를 향상시키기 위한 자조조직(自助組織)으로서 사법인에 해당한다. 따라서 결사의 자유를 누릴 수 있는 단체에 해당하고, 이러한 결사의 자유에는 당연히 그 내부기관 구성의 자유가 포함되므로, 중앙회 회장선거에 있어 선거운동을 제한하는 것은 단체구성원들의 결사의 자유를 제한하는 것이 된다. 나아가 선거운동 기간 외의 선거운동을 금지하는 것은 선거운동을 하고자 하는 사람의 선거운동과 관련된 표현을 금지하는 것이므로 표현의 자유 역시 제한한다.(헌재 2021.7.15. 2020헌가9)

06 정답 ③

① [규범조화] 피해자의 반론권과 언론사의 언론의 자유는 상하를 구분할 수 없으므로 규범조화적 해석을 한다.

② [규범조화]

③ [이익형량] 단결권과 근로자의 단결하지 아니할 권리(헌재 2005.11.24. 2002헌바95 등) [합헌]
(1) 당해 사업장에 종사하는 근로자의 3분의 2 이상을 대표

하는 노동조합의 경우 단체협약을 매개로 한 조직 강제[이른바 유니언 샵(Union Shop) 협정의 체결]를 용인하고 있는 노동조합및노동관계조정법 제81조 제2호 단서는 근로자의 단결권을 보장한 헌법 제33조 제1항 등에 위반되지 않는다.

(2) 이 사건 법률조항은 노동조합의 조직유지·강화를 위하여 당해 사업장에 종사하는 근로자의 3분의 2 이상을 대표하는 노동조합의 경우 단체협약을 매개로 한 조직 강제를 용인하고 있다. 이 경우 근로자의 단결하지 아니할 자유와 노동조합의 적극적 단결권(조직강제권)이 충돌하게 되나, 근로자에게 보장되는 적극적 단결권이 단결하지 아니할 자유보다 특별한 의미를 갖고 있고, 노동조합의 조직강제권도 이른바 자유권을 수정하는 의미의 생존권(사회권)적 성격을 함께 가지는 만큼 근로자 개인의 자유권에 비하여 보다 특별한 가치로 보장되는 점 등을 고려하면 노동조합의 적극적 단결권은 근로자 개인의 단결하지 않을 자유보다 중시된다고 할 것이고, 또 노동조합에게 위와 같은 조직강제권을 부여한다고 하여 이를 근로자의 단결하지 아니할 자유의 본질적인 내용을 침해하는 것으로 단정할 수는 없다.

④ [규범조화] 단결선택권과 집단적 단결권의 충돌(헌재 2005. 11.24. 2002헌바95 등) [합헌]
이 사건 법률조항은 단체협약을 매개로 하여 특정 노동조합에의 가입을 강제함으로써 근로자의 단결선택권과 노동조합의 집단적 단결권(조직강제권)이 충돌하는 측면이 있으나, 이러한 조직강제를 적법·유효하게 할 수 있는 노동조합의 범위를 엄격하게 제한하고 지배적 노동조합의 권한남용으로부터 개별근로자를 보호하기 위한 규정을 두고 있는 등 전체적으로 상충되는 두 기본권 사이에 합리적인 조화를 이루고 있고 그 제한에 있어서도 적정한 비례관계를 유지하고 있으며, 또 근로자의 단결선택권의 본질적인 내용을 침해하는 것으로도 볼 수 없으므로, 근로자의 단결권을 보장한 헌법 제33조 제1항에 위반되지 않는다.

07
정답 ③

① [×] 피청구인(강동경찰서 사법경찰관)이 언론사 기자들의 취재 요청에 응하여 청구인이 경찰서 내에서 양손에 수갑을 찬 채 조사받는 모습을 촬영할 수 있도록 허용한 행위는 청구인의 인격권을 침해하여 위헌이다.(목적의 정당성 부정) 피청구인이 청구인에 관한 보도자료를 배포한 행위는 형법 제126조의 피의사실공표죄에 해당하는지가 문제된다. 만약 피청구인의 행위가 피의사실공표죄에 해당하는 범죄행위라면, 수사기관을 상대로 고소하여 행위자를 처벌받게 하거나 처리결과에 따라 검찰청법에 따른 항고를 거쳐 재정신청을 할 수 있으므로, 위와 같은 권리구제절차를 거치지 아니한 채 곧바로 제기한 이 부분 심판청구는 보충성 요건을 갖추지 못하여 부적법하다.(헌재 2014.3.27. 2012헌마652)

② [×] 침해의 최소성원칙상 여부가 방법보다 더 강한 제한이므로 방법으로 먼저 규제하고 안될 때 여부를 선택해야 한다.

③ [○] 변호사시험 성적을 합격자에게 공개하지 않도록 규정한 변호사시험법 제18조 제1항 본문은 청구인들의 알 권리(정보공개청구권)를 침해한다.(헌재 2015.6.25. 2011헌마769 등)
(1) 변호사시험 성적의 비공개는 기존 대학의 서열화를 고착시키는 등의 부작용을 낳고 있으므로 수단의 적절성이 인정되지 않는다.
(2) 시험 성적의 비공개가 청구인들의 법조인으로서의 직역 선택이나 직업수행에 있어서 어떠한 제한을 두고 있는 것은 아니므로 심판대상조항이 청구인들의 직업선택의 자유를 제한하고 있다고 볼 수 없다.
(3) 청구인은 심판대상조항이 일반 국민의 알 권리도 침해한다고 주장하나, 이러한 주장은 위 청구인의 기본권이 침해되었다는 주장이 아니므로 별도로 판단하지 않는다.
(4) 심판대상조항은 개인정보자기결정권을 제한하고 있다고 보기 어렵다.

④ [×] 수형자가 재소자용 의류가 아닌 사복을 입고 법정에 출석하게 되면 일반 방청객들과 구별이 어려워 도주할 우려가 있고, 실제 도주를 하면 일반인과 구별이 어려워 이를 제지하거나 체포하는 데에도 어려움이 있다. 수형자가 형사재판의 피고인으로 출석할 경우 재소자용 의류를 입게 하는 것은 이와 같은 도주예방과 교정사고 방지에 필요하고도 유용한 수단이므로, 그 목적의 정당성과 수단의 적합성은 인정된다. … 형사재판과 같이 피고인의 방어권 보장이 절실한 경우조차 아무런 예외 없이 일률적으로 사복착용을 금지하는 것은 침해의 최소성 원칙에 위배된다.(헌재 2015.12.23. 2013헌마712)

08
정답 ②

① [×] 이 사건 법률조항이 불완전·불충분하게 규정되어, 직계혈족이 가정폭력의 가해자로 판명된 경우 주민등록법 제29조 제6항 및 제7항과 같이 가정폭력 피해자가 가정폭력 가해자를 지정하여 가족관계증명서 및 기본증명서의 교부를 제한하는 등의 가정폭력 피해자의 개인정보를 보호하기 위한 구체적 방안을 마련하지 아니한 부진정입법부작위가 과잉금지원칙을 위반하여 청구인의 개인정보자기결정권을 침해한다.(헌재 2020.8.28. 2018헌마927)

② [○] '국군포로의 송환 및 대우 등에 관한 법률'에서 대한민국에 귀환하여 등록한 포로에 대한 보수 기타 대우 및 지원만을 규정하고, 대한민국으로 귀환하기 전에 사망한 국군포로에 대하여는 이에 관한 입법조치를 하지 않은 입법부작위에 대한 헌법소원심판 청구는 부적법하다. 한편 같은 법 제15조의5 제2항의 위임에 따른 대통령령을 제정하지 아니한 행정입법부작위는 청구인의 명예권을 침해하여 위헌이다.(헌재 2018.5.31. 2016헌마626) [각하, 위헌]
국군포로법 제15조의5 제2항은 같은 조 제1항에 따른 예우의 신청, 기준, 방법 등에 필요한 사항은 대통령령으로 정한다고 규정하고 있으므로, 피청구인은 예우의 신청, 기준, 방법 등에 필요한 사항을 대통령령으로 제정할 의무가 있다. 국군포로법 제15조의5 제1항이 국방부장관으로 하여금

예우 여부를 재량으로 정할 수 있도록 하고 있으나, 이것은 예우 여부를 재량으로 한다는 의미이지, 대통령령 제정 여부를 재량으로 한다는 의미는 아니다. 따라서 피청구인이 대통령령을 제정하지 아니한 행위는 청구인의 명예권을 침해한다. 다만, 이러한 행정입법부작위가 청구인의 재산권을 침해하는 것은 아니다.

③ [×] 과거사정리법의 제정 경위 및 입법 목적, 과거사정리법의 제규정 등을 종합적으로 살펴볼 때, 과거사정리법 제36조 제1항과 제39조는 '진실규명결정에 따라 규명된 진실에 따라 국가와 피청구인들을 포함한 정부의 각 기관은 피해자의 명예회복을 위해 적절한 조치를 취하고, 가해자와 피해자 사이의 화해를 적극 권유하기 위하여 필요한 조치를 취하여야 할 구체적 작위의무'를 규정하고 있는 조항으로 볼 것이고, 이러한 피해자에 대한 작위의무는 헌법에서 유래하는 작위의무로서 그것이 법령에 구체적으로 규정되어 있는 경우라고 할 것이다.
헌법이나 헌법해석상으로 피청구인들이 진실규명사건의 피해자인 청구인 정○○ 및 피해자의 배우자, 자녀, 형제인 청구인들에게 국가배상법에 의한 배상이나 형사보상법에 의한 보상과는 별개로 배상·보상을 하거나 위로금을 지급하여야 할 작위의무가 도출되지 아니한다.(헌재 2021.9.30. 2016헌마1034)

④ [×] 입법부작위 위헌확인(헌재 2022.5.26. 2016헌마95)
통일부장관이 2010.5.24. 발표한 북한에 대한 신규투자 불허 및 진행 중인 사업의 투자확대 금지 등을 내용으로 하는 대북조치는 헌법 제23조 제3항 소정의 재산권의 공용제한에 해당하지 않는다. 2010.5.24.자 대북조치로 인하여 재산상 손실을 입은 자에 대한 보상입법을 마련하지 아니한 입법부작위에 대한 심판청구는 부적법하다.
2010.5.24.자 대북조치가 개성공단에서의 신규투자와 투자확대를 불허함에 따라 청구인이 보유한 개성공단 내의 토지이용권을 사용·수익하지 못하게 되는 제한이 발생하기는 하였으나, 이는 개성공단이라는 특수한 지역에 위치한 사업용 재산이 받는 사회적 제약이 구체화된 것일 뿐이므로, 공익목적을 위해 이미 형성된 구체적 재산권을 개별적, 구체적으로 제한하는 헌법 제23조 제3항 소정의 공용 제한과는 구별된다. 그렇다면 2010. 5. 24.자 대북조치로 인한 토지이용권의 제한은 헌법 제23조 제1항, 제2항에 따라 재산권의 내용과 한계를 정한 것인 동시에 재산권의 사회적 제약을 구체화하는 것으로 볼 수 있다.

09 정답 ②

① [○] 이 사건 법률조항에 의하여 일반적 행동의 자유가 제한될 수 있으나, 그 입법목적의 중대성, 음주측정의 불가피성, 국민에게 부과되는 부담의 정도, 처벌의 요건과 정도에 비추어 헌법 제37조 제2항의 과잉금지의 원칙에 어긋나는 것이라고 할 수 없으므로, 이 사건 법률조항은 헌법 제10조에 규정된 행복추구권에서 도출되는 일반적 행동의 자유를 침해하는 것이라고도 할 수 없다. (헌재 1997.3.27. 96헌가11) [합헌]

② [×] 응급환자 본인의 행위가 응급환자의 생명과 건강에 중대한 위해를 가할 우려가 있어 사회통념상 용인될 수 없는 정도의 것으로 '응급진료 방해 행위'로 평가되는 경우 이는 정당한 자기결정권 내지 일반적 행동의 자유의 한계를 벗어난 것이므로, 이를 다른 응급진료 방해 행위와 마찬가지로 금지하고 형사처벌의 대상으로 한다고 하여 자기결정권 내지 일반적 행동의 자유의 제한의 문제가 발생하는 것은 아니다.(헌재 2019.6.28. 2018헌바128) [합헌]

③ [○] 대판 2020.1.30. 2019도11489

④ [○] 이 사건 법률조항에 의하여 보호관찰이 개시되면 청구인은 자신의 의사와는 무관하게 치료감호심의위원회나 보호관찰관의 지도·감독에 따라야 하는 등 헌법 제10조의 행복추구권에서 파생되는 일반적 행동의 자유를 제한받게 된다.(헌재 2012.12.27. 2011헌마285)
보호관찰을 부과하지 아니할 정도로 치료가 된 상태라면 가종료가 아닌 치료감호 종료사유에 해당된다는 점, 법은 보호관찰기간이 만료되기 전에라도 보호관찰이 종료될 수 있도록 여러 장치를 두고 있는 점 등을 고려할 때, 침해의 최소성원칙에 위배되지 아니하고, 법익의 균형성도 갖추고 있으므로, 청구인의 일반적 행동의 자유를 침해하지 않는다.

10 정답 ①

① [×] 국가 비상시 요청되는 예비전력의 성격이나 전시 요구되는 장교와 병의 비율, 예비역 인력 운영의 효율성 등을 고려하면, 현역복무를 마친 여성에 대한 예비역 복무 의무 부과는 국방력의 유지 및 병력동원의 소요(所要)를 충족할 수 있는 합리적 병력충원제도의 설계와 국방의 의무의 공평한 분담, 건전한 국가 재정, 여군의 역할 확대 및 복무 형태의 다양성 요구 충족 등을 복합적으로 고려하여 결정할 사항으로, 현재의 시점에서 제반 상황을 종합적으로 고려한 입법자의 판단이 현저히 자의적이라고 단정하기 어렵다. 이 사건 예비역 조항으로 인한 차별취급을 정당화할 합리적 이유가 인정되므로, 이 사건 예비역 조항은 청구인의 평등권을 침해하지 아니한다.(헌재 2023.10.26. 2018헌마357)

② [○] 학교법인은 설립자가 정한 설립취지에 따라 사립학교를 설립하여 자주적·자율적으로 운영할 수 있는 자유를 가지며, 이는 헌법상의 기본권으로 보장된다. … 헌법 제31조 제6항이 사립학교를 포함한 교육제도의 내용 형성을 입법권에 위임하였다고 하더라도, 사립학교에 관한 법령이 학교법인이나 사립학교의 자율적 운영을 제한하기 위해서는 헌법 제37조 제2항의 요건(과잉금지원칙)을 갖추어야 하고, 헌법 제31조 제1항이 보장하고 있는 교육받을 권리와 교육선택권을 충실하게 보장하기 위하여 필요한 경우에 최소한도의 제한에 그쳐야 한다.(헌재 2019.4.11. 2018헌마221) ─ 수단의 적합성은 인정되지만, 침해의 최소성원칙 위반으로 위헌이다.

③ [○] 심판대상조항이 독립유공자의 사망시기에 따라 그 손자녀의 보상금 지급 요건을 달리하거나 보상금 수급대상을 독립유공자의 손자녀 1명으로 한정하는 것은 헌법에서 특

히 평등을 요구하는 영역에서의 차별에 해당한다고 볼 수 없고, 심판대상조항이 관련 기본권에 중대한 제한을 초래하는 것으로 보기도 어렵다. 독립유공자의 유족에 대한 예우의 제공대상, 범위 및 내용 등은 국가의 경제수준, 재정능력, 전체적인 사회보장 수준, 국민 통합의 필요성 등을 종합적으로 고려하여 결정할 문제로서, 입법자의 광범위한 입법형성의 자유에 속한다. 따라서 심판대상조항의 내용이 현저하게 합리성이 결여되어 있는 것이 아닌 한 평등권을 침해한다고 할 수 없다.(헌재 2011.4.28. 2009헌마610)

④ [○] 평등권으로서 교육을 받을 권리는 '취학의 기회균등', 즉 각자의 능력에 상응하는 교육을 받을 수 있도록 학교 입학에 있어서 자의적 차별이 금지되어야 한다는 차별금지원칙을 의미한다.(헌재 2017.12.28. 2016헌마649)

11 정답 ③

① [○] 디엔에이감식시료 채취 과정에서 채취대상자의 신체나 명예에 대한 침해를 최소화하는 방법이나 절차가 마련되어 있는 점 등을 고려해 볼 때, 이 사건 채취 조항은 침해의 최소성 요건을 충족한다. 이 사건 채취 조항에 의하여 제한되는 신체의 자유의 정도가 범죄수사 및 범죄예방 등에 기여하고자 하는 공익에 비하여 크다고 할 수 없으므로, 법익의 균형성도 인정된다.(헌재 2018.8.30. 2016헌마344)

② [○] 강제퇴거명령을 받은 사람을 보호할 수 있도록 하면서 보호기간의 상한을 마련하지 아니한 출입국관리법 제63조 제1항은 과잉금지원칙 및 적법절차원칙에 위배되어 피보호자의 신체의 자유를 침해하는 것으로, 헌법에 합치되지 아니한다.(헌재 2023.3.23. 2020헌가1) [헌법불합치(잠정적용)]

(1) 심판대상조항은 강제퇴거대상자를 대한민국 밖으로 송환할 수 있을 때까지 보호시설에 인치·수용하여 강제퇴거명령을 효율적으로 집행할 수 있도록 함으로써 외국인의 출입국과 체류를 적절하게 통제하고 조정하여 국가의 안전과 질서를 도모하고자 하는 것으로, 입법목적의 정당성과 수단의 적합성은 인정된다. … 심판대상조항은 침해의 최소성과 법익균형성을 충족하지 못한다. 따라서 심판대상조항은 과잉금지원칙을 위반하여 피보호자의 신체의 자유를 침해한다.

(2) 심판대상조항에 따른 보호명령을 발령하기 전에 당사자에게 의견을 제출할 수 있는 절차적 기회가 마련되어 있지 아니하다. 따라서 심판대상조항은 적법절차원칙에 위배되어 피보호자의 신체의 자유를 침해한다.

③ [×] 1억원 이상의 벌금형을 선고하는 경우 노역장유치기간의 하한을 정한 형법 제70조 제2항은 과잉금지원칙에 반하여 청구인들의 신체의 자유를 침해하지 않는다. 노역장유치조항을 시행일 이후 최초로 공소제기되는 경우부터 적용하도록 한 형법 부칙 제2조 제1항은 형벌불소급원칙에 위반된다.(헌재 2017.10.26. 2015헌바239)

형벌불소급원칙에서 의미하는 '처벌'은 형법에 규정되어 있는 형식적 의미의 형벌 유형에 국한되지 않으며, 범죄행위에 따른 제재의 내용이나 실제적 효과가 형벌적 성격이 강

하여 신체의 자유를 박탈하거나 이에 준하는 정도로 신체의 자유를 제한하는 경우에는 형벌불소급원칙이 적용되어야 한다. 노역장유치는 그 실질이 신체의 자유를 박탈하는 것으로서 징역형과 유사한 형벌적 성격을 가지고 있으므로 형벌불소급원칙의 적용대상이 된다. 그런데 부칙조항은 노역장유치조항의 시행전에 행해진 범죄행위에 대해서도 공소제기의 시기가 노역장유치조항의 시행 이후이면 이를 적용하도록 하고 있으므로, 이는 범죄행위 당시보다 불이익한 법률을 소급적용하도록 하는 것으로서 헌법상 형벌불소급원칙에 위반된다.

④ [○]

12 정답 ①

① [×] 의료법 제27조 제1항 본문 전단 위헌확인 등(헌재 2022. 3.31. 2021헌마1213, 1385)

(1) 의료인이 아닌 사람도 문신시술을 업으로 행할 수 있도록 그 자격 및 요건을 법률로 정할 입법의무는 인정되지 않는다.

(2) 의료인이 아닌 자의 문신시술업을 금지하고 처벌하는 의료법 제27조 제1항 본문 전단과 '보건범죄 단속에 관한 특별조치법' 제5조 제1호 중 의료법 제27조 제1항 본문 전단에 관한 부분은 청구인들의 직업선택의 자유를 침해하지 않는다.

② [○] 헌재 2013.10.24. 2012헌마480

③ [○] 청구인 엄○모는 평등권 및 균등하게 교육받을 권리의 침해도 주장하고 있으나, 이 사건 인가처분은 남성에 대한 차별이나 여성에 대한 적극적 평등 실현의 목적으로 이루어진 것이 아니며, 이 사건 인가처분으로 인하여 청구인 엄○모는 이화여자대학교 법학전문대학원에 입학하는 것이 제한될 뿐이지 그 이외의 법학전문대학원에 입학하는 것이 제한되는 것은 아니고, 결국 그로 인한 불이익은 남성이 여성에 비하여 전체 법학전문대학원에 입학할 가능성이 줄어든다는 것이어서, 이에 대한 판단은 청구인 엄○모의 직업선택의 자유가 침해되는 지 여부에 대한 판단과 중복된다. 따라서 이 사건에서는 청구인 엄○모의 직업선택의 자유의 침해 여부를 중심으로 판단하기로 한다.(헌재 2013.5.30. 2009헌마514) [기각]

④ [○] 성매매를 한 자를 형사처벌하도록 규정한 '성매매알선 등 행위의 처벌에 관한 법률' 제21조 제1항은 헌법에 위반되지 않는다.(헌재 2016.3.31. 2013헌가2)

(1) 심판대상조항은 성매매를 형사처벌하여 성매매 당사자(성판매자와 성구매자)의 성적 자기결정권, 사생활의 비밀과 자유 및 성판매자의 직업선택의 자유를 제한하고 있다.

(2) 성매매는 그 자체로 폭력적, 착취적 성격을 가진 것으로 경제적 약자인 성판매자의 신체와 인격을 지배하는 형태를 띠므로 대등한 당사자 사이의 자유로운 거래행위로 볼 수 없다.

(3) 불특정인을 상대로 한 성매매와 특정인을 상대로 한 성

매매는, 건전한 성풍속 및 성도덕에 미치는 영향, 제3자의 착취 문제 등에 있어 다르다고 할 것이므로, 불특정인에 대한 성매매만을 금지대상으로 규정하고 있는 것이 평등권을 침해한다고 볼 수도 없다.

13

정답 ②

① [○] 표현의 자유의 기능이다.

② [✕] 사회복무요원이 정당이나 그 밖의 정치단체에 가입하는 등 정치적 목적을 지닌 행위를 금지한 병역법 제33조 제2항 본문 제2호 중 '그 밖의 정치단체에 가입하는 등 정치적 목적을 지닌 행위'에 관한 부분은 헌법에 위반된다.(헌재 2021.11.25. 2019헌마534) [위헌]

  [1] 이 사건 법률조항 중 '정당'에 관한 부분 – 합헌
    이 부분의 입법목적은 사회복무요원의 정치적 중립성을 유지하고 업무전념성을 보장하기 위한 것으로 정당하며, 사회복무요원의 정당가입을 금지하는 것은 입법목적을 달성하는 적합한 수단이다.

  [2] 이 사건 법률조항 중 '그 밖의 정치단체에 가입하는 등 정치적 목적을 지닌 행위'에 관한 부분 – 위헌
    • 이 사건 법률조항은 '정치적 목적을 지닌 행위'의 의미를 개별화·유형화 하지 않으며, 앞서 보았듯 '그 밖의 정치단체'의 의미가 불명확하므로 이를 예시로 규정하여도 '정치적 목적을 지닌 행위'의 불명확성은 해소되지 않는다. 그렇다면 이 부분은 명확성원칙에 위배된다.
    • 정치적 목적을 지닌 행위를 금지함으로써 사회복무요원의 정치적 중립성을 유지하며 업무전념성을 보장하고자 하는 이 부분의 입법목적은 정당하나, 사회복무요원의 정치적 중립성 보장과 아무런 관련이 없는 단체에 가입하는 등의 사회적 활동까지 금지하므로 수단의 적합성이 인정되지 않는다.

③ [○] 대한민국을 모욕할 목적으로 국기를 손상, 제거, 오욕한 행위를 처벌하는 형법 제105조 중 "국기" 부분은 헌법에 위반되지 않는다.(헌재 2019.12.27. 2016헌바96) [합헌]
  국기는 국가의 역사, 국민성, 이상을 반영하고 헌법적 질서와 가치, 국가정체성을 표상하며, 한 국가가 다른 국가와의 관계에서 가지는 독립성과 자주성을 상징하고, 국제회의 등에서 참가자의 국적을 표시하고 소속감을 대변한다. 대부분 국민은 국가상징물로서 국기가 가지는 고유의 상징성과 위상을 인정하고, 이에 대한 존중의 감정을 가지고 있다. 이러한 상징성과 위상은 비단 공용에 공하는 국기에 국한되는 것이 아니다.

④ [○] 북한 지역으로 전단 등 살포를 하여 국민의 생명·신체에 위해를 끼치거나 심각한 위험을 발생시키는 것을 금지하고, 이를 위반한 경우 처벌하는 '남북관계 발전에 관한 법률' 제24조 제1항 제3호 및 제25조 중 제24조 제1항 제3호에 관한 부분은 헌법에 위반된다.(헌재 2023.9.26. 2020헌마1724) [위헌]
  심판대상조항은 전단 등 살포를 금지하면서 미수범도 처벌

하고, 징역형까지 두고 있는데, 이는 국가형벌권의 과도한 행사라 하지 않을 수 없는바, 심판대상조항은 침해의 최소성을 충족하지 못한다. 그렇다면 심판대상조항은 과잉금지원칙에 위배되어 청구인들의 표현의 자유를 침해한다.

14

정답 ④

① [✕] 집시법상의 시위는 반드시 '일반인이 자유로이 통행할 수 있는 장소'에서 이루어져야 한다거나 '행진' 등 장소 이동을 동반해야만 성립하는 것은 아니다. 다만 다수인이 일정한 장소에 모여 행한 특정행위가 공동의 목적을 가진 집단적 의사표현의 일환으로 이루어진 것으로서 집시법상 시위에 해당하는지 여부는, 행진 등 행위의 태양 및 참가 인원, 행위 장소 등 객관적 측면과 아울러 그들 사이의 내적인 유대 관계 등 주관적 측면을 종합하여 전체적으로 그 행위를 불특정 다수인의 의견에 영향을 주거나 제압을 가하는 행위로 볼 수 있는지 여부에 따라 개별·구체적으로 판단되어야 할 것이다.(헌재 2014.3.27. 2010헌가2)

② [✕] 집회의 자유에 대한 제한은 다른 중요한 법익의 보호를 위하여 반드시 필요한 경우에 한하여 정당화되는 것이며, 특히 집회의 금지와 해산은 원칙적으로 공공의 안녕질서에 대한 직접적인 위협이 명백하게 존재하는 경우에 한하여 허용될 수 있다.(헌재 2003.10.30. 2000헌바67)

③ [✕] 집회에 대한 금지되는 허가는 행정권이 주체가 되는 집회를 말한다. 지문은 조례에 의해서 직접 제한되므로 허가제는 아니다. 다만 과잉금지원칙으로 헌법에 위반된다.
  [판례] 집회·시위를 위한 인천애뜰 잔디마당의 사용허가를 예외 없이 제한하는 '인천애(愛)뜰의 사용 및 관리에 관한 조례 제7조 제1항 제5호 가목은 헌법에 위반된다.(헌재 2023.9.26. 2019헌마1417) [위헌]
  심판대상조항은 법률의 위임 내지는 이에 근거하여 규정된 것이므로, 법률유보원칙에 위배되는 것으로 볼 수 없다.
  입법목적은 정당하고, 집회·시위를 위한 잔디마당 사용허가를 전면적·일률적으로 제한하는 것
  잔디마당이 현재 일반인에게 널리 개방되어 자유로운 통행과 휴식 등 공간으로 활용되고 있는 이상, 이곳이 여전히 국토계획법상 공공청사 부지에 속하고, 집회·시위를 목적으로 한 분수광장의 사용이 용이하다는 점만으로, 심판대상조항에 따른 제한이 정당화될 수 없다. 따라서 심판대상조항은 침해의 최소성 요건을 갖추지 못하였다. 그렇다면 심판대상조항은 과잉금지원칙에 위배되어 청구인들의 집회의 자유를 침해한다.

④ [○] 〈선거기간 중 선거에 영향을 미치게 하기 위한 집회나 모임(향우회·종친회·동창회·단합대회·야유회가 아닌 것에 한정) 개최 금지 사건〉(헌재 2022.7.21. 2018헌바164)
  ① 공직선거법 제103조 제3항 중 '누구든지 선거기간 중 선거에 영향을 미치게 하기 위하여 그 밖의 집회나 모임을 개최할 수 없다' 부분, ② 구 공직선거법 제256조 제2항 제1호 카목 가운데 ① 조항 부분, ③ 공직선거법 제256조 제3항 제1호 카목 가운데 ① 조항 부분은, 집회의 자유, 정치적 표

현의 자유를 침해하여 헌법에 위반된다. [위헌]

심판대상조항은 죄형법정주의의 명확성원칙에 위배되지 않는다.

심판대상조항은 선거운동의 부당한 경쟁, 후보자들 사이의 경제력 차이에 따른 불균형이라는 폐해를 막고, 선거의 공정성과 평온성을 침해하는 탈법적인 행위를 차단하여 선거의 평온과 공정을 해하는 결과의 발생을 방지함으로써 선거의 자유와 공정을 보장하려는 것이므로, 입법목적의 정당성과 수단의 적합성이 인정된다. 심판대상조항은 법익의 균형성에도 위배된다. 심판대상조항은 과잉금지원칙에 반하여 집회의 자유, 정치적 표현의 자유를 침해한다.

15
정답 ④

① [○] ② [○] 사생활의 비밀의 내용이다.
③ [○] 어린이집에 의무적으로 CCTV 설치하도록 정하고 있으므로, 어린이집 설치·운영자의 직업수행의 자유, 어린이집 보육교사(원장 포함) 및 영유아의 사생활의 비밀과 자유, 부모의 자녀교육권을 제한한다. … 법 제15조의4 제1항 제1호 및 제15조의5 제2항 제2호 중 "녹음기능을 사용하거나" 부분은 과잉금지원칙을 위반하여 청구인들의 기본권을 침해하지 않는다.(헌재 2017.12.28. 2015헌마994)
④ [×] 감청은 영장주의를 위반한 것이 아니라 과잉금지원칙 위반이다.
[판례] 통신사실 확인자료 제공요청과 관련된 수사기관의 권한남용 및 그로 인한 정보주체의 기본권 침해를 방지하기 위해서는 법원의 통제를 받을 필요가 있으므로, 통신사실 확인자료 제공요청에는 헌법상 영장주의가 적용된다. 또한 영장주의의 본질이 수사기관의 강제처분은 인적·물적 독립을 보장받는 중립적인 법관의 구체적 판단을 거쳐야만 한다는 점에 비추어 보더라도, 수사기관이 위치정보 추적자료의 제공을 요청한 경우 법원의 허가를 받도록 하고 있는 이 사건 허가조항은 영장주의에 위배된다고 할 수 없다.(헌재 2018.6.28. 2012헌마191)
이 사건 요청조항은 과잉금지원칙을 위반(수단의 적합성은 인정, 침해의 최소성 위반)하여 청구인들의 개인정보자기결정권 및 통신의 자유를 침해한다.

16
정답 ③

① [○] 헌재 2023.9.26. 2022헌마926
② [○] ③ [×] 디엔에이신원확인정보를 범죄수사 등에 이용함으로써 달성할 수 있는 공익의 중요성에 비하여 청구인의 불이익이 크다고 보기 어려워 법익균형성도 갖추었다. 따라서 이 사건 삭제조항이 과도하게 개인정보자기결정권을 침해한다고 볼 수 없다.(헌재 2014.8.28. 2011헌마28)
④ [○] 고시 조항으로 인하여 얻게 되는 공익 즉 수급자격 및 급여액의 정확성을 확보하여 의료급여제도의 원활한 운영을 기한다는 공익이 이로 인하여 제한되는 수급권자의 개인정보자기결정권인 사익보다 크다 할 것이므로 법익의 균형

성도 갖추었다고 할 것이다. 따라서, 이 사건 고시조항은 헌법상 과잉금지원칙에 위배되어 청구인들의 개인정보자기결정권을 침해하는 것이라고 볼 수 없다.(헌재 2009.9.24. 2007헌마1092)

17
정답 ②

㉠ [○] 내용상 단순히 국법질서나 헌법체제를 준수하겠다는 취지의 서약을 할 것을 요구하는 이 사건 준법서약은 국민이 부담하는 일반적 의무를 장래를 향하여 확인하는 것에 불과하며, 어떠한 가정적 혹은 실제적 상황하에서 특정의 사유(思惟)를 하거나 특별한 행동을 할 것을 새로이 요구하는 것이 아니다. 따라서 이 사건 준법서약은 어떤 구체적이거나 적극적인 내용을 담지 않은 채 단순한 헌법적 의무의 확인·서약에 불과하다 할 것이어서 양심의 영역을 건드리는 것이 아니다.(헌재 2002.4.25. 98헌마425)
㉡ [×] 이적표현물의 소지나 취득행위의 위법성이 다른 유형의 행위에 비해 결코 경미하다고 단언할 수 없고 법정형으로 징역형만을 정하고 있는 입법자의 선택이 현저히 불합리하다고 볼 수도 없으므로, 이적표현물 조항이 소지·취득행위를 제작·반포 등의 행위와 함께 같은 법정형으로 처벌하는 것으로 규정하였다고 하더라도 형벌과 책임 간의 비례원칙에 위배되지 않는다.(헌재 2015.4.30. 2012헌바95)
㉢ [○] 〈학교폭력 가해학생에 대한 서면사과 조치 등 사건〉(헌재 2023.2.23. 2019헌바93)
   (1) 가해학생에 대한 조치로 피해학생에 대한 서면사과를 규정한 구'학교폭력예방 및 대책에 관한 법률'(이하'구 학교폭력예방법'이라 한다) 제17조 제1항 제1호는 가해학생의 양심의 자유와 인격권을 침해하지 않는다. [합헌]
   (2) 학교폭력대책자치위원회(이하'자치위원회'라 한다)의 설치·운영 등에 관한 사항과 자치위원회의 구성·운영 등에 관한 사항을 대통령령에 위임하도록 규정한 구 학교폭력예방법 제12조 제4항, 제13조 제1항, 제4항, 가해학생에 대한 조치별 적용 기준을 대통령령에 위임하도록 규정한 구 학교폭력예방법 제17조 제1항 본문 후단, 학부모대표가 전체위원의 과반수를 구성하고 있는 자치위원회에서 일정한 요건을 갖춘 경우 반드시 회의를 소집하여 가해학생에 대한 조치의 내용을 결정하게 하고 학교의 장이 이에 구속되도록 규정한 구 학교폭력예방법 제13조 제1항, 제2항, 제17조 제1항, 제6항, 가해학생에 대한 조치로 피해학생 및 신고·고발한 학생에 대한 접촉 등 금지를 규정한 구 학교폭력예방법 제17조 제1항 제2호, 가해학생에 대한 조치로 학급교체를 규정한 구 학교폭력예방법 제17조 제1항 제7호는 헌법에 위반되지 않는다. [합헌]
㉣ [○] 특별예방이란 범죄자 자신의 재범을 막기 위한 것이고 일반예방은 형벌을 경고함으로써 일반국민의 범죄를 예방하는 것이 목적이다.
[판례] 보안관찰처분은 보안관찰처분대상자의 내심의 작용을 문제 삼는 것이 아니라, 보안관찰처분대상자가 보안관찰

해당범죄를 다시 저지를 위험성이 내심의 영역을 벗어나 외부에 표출되는 경우에 재범의 방지를 위하여 내려지는 특별 예방적 목적의 처분이므로, 보안관찰처분 근거규정은 양심의 자유를 침해하지 아니한다. (헌재 2015.11.26. 2014헌바475)

18 정답 ③

① [○] 청중이나 관중으로부터 당해 공연에 대한 반대급부를 받지 아니하는 경우에는 상업용 목적으로 공표된 음반 또는 상업용 목적으로 공표된 영상저작물을 재생하여 공중에게 공연할 수 있다고 규정한 저작권법 제29조 제2항 본문 및 저작인접권의 목적이 되는 실연·음반 및 방송에 관하여 공연권제한조항을 준용하는 저작권법 제87조 제1항 중 '제29조 제2항 본문' 부분은 저작재산권자 및 저작인접권자의 재산권을 침해하지 아니한다. (헌재 2019.11.28. 2016헌마115)

② [○] 수용 등의 주체를 국가 등의 공적 기관에 한정하여 해석할 이유가 없다. 위 헌법조항의 핵심은 당해 수용이 공공필요에 부합하는가, 정당한 보상이 지급되고 있는가 여부 등에 있는 것이지, 그 수용의 주체가 국가인지 민간기업인지 여부에 달려 있다고 볼 수 없다. 가령, 공공필요가 있는 사업으로 인정되어 국가가 토지를 수용하는 것이 문제되지 않는 경우라면, 같은 사업에서 민간기업이 수용권을 갖는다 하여 그 사업에서의 공공필요에 대한 판단이 본질적으로 달라진다고 할 수 없는 까닭이다. (헌재 2009.9.24. 2007헌바114)

③ [×] 금융위원회위원장이 2019.12.16. 시중 은행을 상대로 '투기지역·투기과열지구 내 초고가 아파트(시가 15억 원 초과)에 대한 주택구입용 주택담보대출을 2019.12.17.부터 금지한 조치'는 청구인의 재산권 및 계약의 자유를 침해하지 않는다. (헌재 2023.3.23. 2019헌마399) [기각]

④ [○] 피상속인에 대한 부양의무를 이행하지 않은 직계존속의 경우를 상속결격사유로 규정하지 않은 민법 제1004조는 재산권을 침해하지 않는다. (헌재 2018.2.22. 2017헌바59)

19 정답 ③

① [○]

② [○] 범죄피해자구조청구권의 성격 (헌재 1989.4.17. 88헌마3)
헌법은 범죄로부터 국민을 보호하여야 할 국가의 의무를 소극적 차원에서만 규정하지 아니하고 이에 더 나아가 범죄행위로 인하여 피해를 받은 국민에 대하여 국가가 적극적인 구조행위까지 하도록 규정하여 피해자의 기본권을 생존권적 기본권의 차원으로 인정하였다.

③ [×]

> **범죄피해자보호법 제23조(외국인에 대한 구조)** 이 법은 외국인이 구조피해자이거나 유족인 경우에는 해당 국가의 상호보증이 있는 경우에만 적용한다.

④ [○] 오늘날 현대사회에서 인터넷의 보급 등 교통·통신수단이 상대적으로 매우 발달하여 여러 정보에 대한 접근이 용이해진 점과 일반 국민의 권리의식이 신장된 점 등에 비추어 보면, 범죄피해가 발생한 날부터 5년이라는 청구기간이

지나치게 단기라든지 불합리하여 범죄피해자의 구조청구권 행사를 현저히 곤란하게 하거나 사실상 불가능하게 하는 것으로는 볼 수 없고, 합리적인 이유가 있다고 할 것이어서 평등원칙에 위반되지 아니한다. (헌재 2011.12.29. 2009헌마354)

20 정답 ①

① [○] 헌법에서 이러한 국방의 의무를 국민에게 부과하고 있는 이상 향토예비군설치법에 따라 예비군훈련소집에 응하여 훈련을 받는 것은 국민이 마땅히 하여야 할 의무를 다하는 것일 뿐, 국가나 공익목적을 위하여 특별한 희생을 하는 것이라고 할 수 없다. 즉, 국민이 헌법에 따라 부과되는 의무를 이행하는 것은 국가의 존속과 활동을 위하여 불가결한 일인데, 그러한 의무를 이행하였다고 하여 이를 특별한 희생으로 보아 일일이 보상하여야 한다고 할 수는 없는 것이다. (헌재 1999.12.23. 98헌바33)

② [×] 신행정수도 후속대책을 위한 연기·공주지역 행정중심복합도시 건설을 위한 특별법 사건 (헌재 2005.11.24. 2005헌마579 등, 763병합)
(1) 수도 분할이 아니다.
(2) 헌법 제130조의 국민투표권 침해 가능성이 없다.
(3) 헌법 제72조의 국민투표권 침해 가능성이 없다.
(4) 청문권의 침해 가능성이 없다.
국회입법에 대하여는 원칙적으로 일반 국민의 지위에서 적법절차에서 파생되는 청문권은 인정되지 아니하므로 청구인들의 경우 이 사건 법률에 의하여 그러한 기본권을 침해받을 가능성은 없다.
(5) 납세자의 감시권은 헌법상의 기본권이 아니다.
재정지출에 대한 국민의 직접적 감시권을 기본권으로 인정하게 되면 재정지출을 수반하는 정부의 모든 행위를 개별 국민이 헌법소원으로 다툴 수 있게 되는 문제가 발생할 수 있다. 따라서 청구인이 주장하는 재정사용의 합법성과 타당성을 감시하는 납세자의 권리를 헌법에 열거되지 않은 기본권으로 볼 수 없으므로 그에 대한 침해의 가능성 역시 인정될 수 없다.

③ [×] 병역의무 이행 중에 입은 불이익은 병역의무의 이행으로 인한 불이익에 해당하지 않는다. 병역의무의 이행으로 인한 불이익은 사실상·경제상의 불이익이 아니라 법적인 불이익을 의미한다.

④ [×] 심판대상조항이 공중보건의사로 편입되어 군사교육 소집된 자에게 군사교육 소집기간 동안의 보수를 지급하지 않도록 규정하였다고 하더라도 이는 한정된 국방예산의 범위 내에서 효율적인 병역 제도의 형성을 위하여 공중보건의사의 신분, 복무 내용, 복무 환경, 전체 복무기간 동안의 보수 수준 및 처우, 군사교육의 내용 및 기간 등을 종합적으로 고려하여 결정한 것이므로, 평등권을 침해한다고 보기 어렵다. (헌재 2020.9.24. 2017헌마643)

01	⑤	02	③	03	②	04	②	05	③
06	②	07	③	08	⑤	09	④	10	①
11	②	12	⑤	13	③	14	①	15	③
16	④	17	①	18	④	19	②	20	①
21	⑤	22	⑤	23	③	24	①,⑤	25	②

01

정답 ⑤

ㄱ. [○]

> 정당법 제15조(등록신청의 심사) 등록신청을 받은 관할 선거관리위원회는 형식적 요건을 구비하는 한 이를 거부하지 못한다. 다만, 형식적 요건을 구비하지 못한 때에는 상당한 기간을 정하여 그 보완을 명하고, 2회 이상 보완을 명하여도 응하지 아니할 때에는 그 신청을 각하할 수 있다.

ㄴ. [×] 정치자금법에 의하여 수수가 금지되는 정치자금은 정치활동을 위하여 정치활동을 하는 자에게 제공되는 금전 등 일체를 의미한다.(대판 2014.6.26. 2013도9866)

ㄷ. [○] ㄹ. [○] 헌재 1999.12.23. 99헌마135

ㅁ. [×] 정당법 제4조의2 제1항, 제2항에 의하면, 정당이 새로운 당명으로 합당(신설합당)하거나 다른 정당에 합당(흡수합당)될 때에는 합당을 하는 정당들의 대의기관이나 그 수임기관의 합동회의의 결의로써 합당할 수 있고, 정당의 합당은 소정의 절차에 따라 중앙선거관리위원회에 등록 또는 신고함으로써 성립하는 것으로 규정되어 있는 한편, 같은 조 제5항에 의하면, 합당으로 신설 또는 존속하는 정당은 합당 전 정당의 권리의무를 승계하는 것으로 규정되어 있는바, 위 정당법 조항에 의한 합당의 경우에 합당으로 인한 권리의무의 승계조항은 강행규정으로서 합당 전 정당들의 해당 기관의 결의나 합동회의의 결의로써 달리 정하였더라도 그 결의는 효력이 없다.(대판 2002.2.8. 2001다68969)

02

정답 ③

① [○]

> 국적법 제21조(허가 등의 취소) ① 법무부장관은 거짓이나 그 밖의 부정한 방법으로 귀화허가, 국적회복허가, 국적의 이탈 허가 또는 국적보유판정을 받은 자에 대하여 그 허가 또는 판정을 취소할 수 있다.

② [○] 복수국적자가 외국에 주소가 있는 경우에만 국적이탈을 신고할 수 있도록 하는 국적법 제14조 제1항 본문은 헌법에 위반되지 않는다.(헌재 2023.2.23. 2020헌바603) [합헌]

③ [×] 심판대상조항은 '직계존속이 외국에서 영주할 목적 없이 체류한 상태에서 출생한 자'에 대해서는 병역의무를 해소한 경우에만 대한민국 국적이탈을 신고할 수 있도록 하므로, 위와 같이 출생한 사람의 국적이탈의 자유를 제한한다. 다만 거주·이전의 자유를 규정한 헌법 제14조는 국적이탈의 자유의 근거조항이고 심판대상조항은 출입국 등 거주·이전 그 자체에 어떠한 제한을 가한다고 보기 어려운바, 출입국에

관련하여 거주·이전의 자유가 침해된다는 청구인의 주장에 대해서는 판단하지 아니한다.(헌재 2023.2.23. 2019헌바462)
심판대상조항은 과잉금지원칙에 위배되지 아니하므로 국적이탈의 자유를 침해하지 아니한다.

④ [○] 심판대상 법률조항은 위와 같이 국적이탈이 가능한 기간을 제한함으로써 병역준비역에 편입된 사람이 그 이후 국적이탈이라는 방법을 통해서는 병역의무에서 벗어날 수 없도록 하므로, 병역의무 이행의 공평성 확보라는 목적을 달성하는 데 적합한 수단이다. 이처럼 '병역의무의 공평성 확보'라는 입법목적을 훼손하지 않으면서도 기본권을 덜 침해하는 방법이 있는데도 심판대상 법률조항은 그러한 예외를 전혀 두지 않고 일률적으로 병역의무 해소 전에는 국적이탈을 할 수 없도록 하는바, 이는 피해의 최소성 원칙에 위배된다.(헌재 2020.9.24. 2016헌마889)

⑤ [○] 심판대상조항은 과잉금지원칙에 위배하여 거주·이전의 자유 및 행복추구권을 침해하지 아니한다.(헌재 2020.2.27. 2017헌바434)

03

정답 ②

ㄱ. [×] 1948년 제헌헌법은 대통령제를 채택하였으나 부통령과 의원내각제적 요소인 국무원제와 국무총리제를 가미하였다.

ㄴ. [○] 대법원장과 대법관의 선거제는 일반국민의 선거가 아니라 법관의 자격이 있는 자들의 선거였다.

ㄷ. [×]

> 제5차 헌법 제99조 ① 대법원장인 법관은 법관추천회의의 제청에 의하여 대통령이 국회의 동의를 얻어 임명한다. 대통령은 법관추천회의의 제청이 있으면 국회에 동의를 요청하고, 국회의 동의를 얻으면 임명하여야 한다.
> ② 대법원판사인 법관은 대법원장이 법관추천회의의 동의를 얻어 제청하고 대통령이 임명한다. 이 경우에 제청이 있으면 대통령은 이를 임명하여야 한다.

ㄹ. [×] 국민투표에 의한 최초의 개헌은 제5차 개헌이다.

ㅁ. [○] 그 외 적정임금을 규정하였다.

04

정답 ②

① [×] 외국인 지역가입자에 대하여 ① 보험료 체납시 다음 달부터 곧바로 보험급여를 제한하는 국민건강보험법 제109조 제10항(보험급여제한 조항)은 헌법에 합치되지 아니하여 2025.6.30.을 시한으로 입법자가 개정할 때까지 계속 적용되도록 하고, ② 납부할 월별 보험료 하한을 전년도 전체 가입자의 보험료 평균을 고려하여 정하는 구'장기체류재외국민 및 외국인에 대한 건강보험 적용기준 제6조 제1항에 의한 별표 2 제1호 단서(보험료하한 조항) 및 ③ 보험료 납부단위인'세대'의 인정범위를 가입자와 그의 배우자 및 미성년 자녀로 한정한 위 보건복지부고시 제6조 제1항에 의한 별표 2 제4호(세대구성 조항)에 대한 심판청구를 모두 기각하고, ④ 법무부장관이 외국인에 대한 체류 허가 심사를 함에 있어 보험료 체납정보를 요청할 수 있다고 규정한 출입

국관리법 제78조 제2항 제3호 중 '외국인의 국민건강보험 관련 체납정보'에 관한 부분(정보요청 조항)에 대한 심판청구를 각하한다는 결정을 선고하였다.(헌재 2023.9.26. 2019헌마1165) [①: 헌법불합치, ②·③: 기각, ④: 각하]

[1] 보험료하한 조항의 평등권 침해 여부─소극
보험료하한 조항이 외국인에 대하여 내국인등과 다른 보험료하한 산정기준을 적용함으로써 차별취급을 하고 있다고 하더라도 여기에는 합리적인 이유가 있다.

[2] 세대구성 조항의 평등권 침해 여부─소극
영주(F-5)·결혼이민(F-6)의 체류자격을 가진 외국인은 체류 기간이나 체류 의사 측면에서 다른 체류자격의 외국인들과는 상당한 차이가 있으므로, 세대구성 조항이 일부 체류자격 외국인에 국한하여 내국인과 동일한 기준을 적용한 것은 합리적인 이유가 있다. 이를 종합하면, 세대구성조항은 청구인들의 평등권을 침해하지 않는다.

[3] 보험급여제한 조항의 평등권 침해 여부─적극
내국인등 지역가입자의 경우 총 체납횟수가 6회 이상이면, 체납한 보험료를 완납할 때까지 그 가입자 및 피부양자에 대하여 보험급여를 실시하지 아니할 수 있다. 따라서 보험급여제한 조항은 합리적인 이유 없이 외국인인 청구인들을 내국인등과 달리 취급한 것이므로, 청구인들의 평등권을 침해한다.

② [○] 동물약국 개설자가 수의사 또는 수산질병관리사의 처방전 없이 판매할 수 없는 동물용의약품을 규정한 '처방대상 동물용의약품 지정에 관한 규정' 제3조에 대한 동물보호자인 청구인들의 심판청구를 모두 각하하고, 동물약국 개설자인 청구인들의 심판청구를 모두 기각하였다.(헌재 2023.6.29. 2021헌마199) [각하, 기각]

1. 적법요건에 대한 판단
[1] 동물보호자인 청구인들의 심판청구─부적법
심판대상조항은 '동물약국 개설자'를 그 직접적인 규율대상으로 하고 있으며, 동물보호자인 청구인들과 같은 동물용의약품 소비자는 직접적인 규율대상이 아닌 제3자에 불과하다.
심판대상조항으로 인해 동물보호자인 청구인들은 수의사 또는 수산질병관리사(이하 '수의사 등'이라 한다)의 처방전 없이는 '동물약국 개설자'로부터 심판대상조항이 규정한 동물용의약품을 구매할 수 없게 되었는바, 이로 인한 불편이나 경제적 부담은 간접적·사실적·경제적인 것에 지나지 않는다. 따라서 동물보호자인 청구인들의 심판청구는 기본권 침해의 자기관련성이 인정되지 아니하여 부적법하다.

2. 본안에 대한 판단
[1] 동물약국 개설자인 청구인들의 직업수행의 자유 침해 여부─소극
심판대상조항의 입법목적은 수의사 등의 동물용의약품에 대한 전문지식을 통해 동물용의약품 오·남용 및 그로 인한 부작용 피해를 방지하여 동물복지의 향상을 도모함은 물론, 이를 통해 동물용의약품

오·남용에 따른 내성균 출현과 축산물의 약품 잔류 등을 예방하여 국민건강의 증진을 이루고자 함에 있으며 이러한 입법목적은 정당하다.

③ [×] 대립 당사자 간에 발생한 법률적 분쟁에 관하여 사실관계를 확정한 후 법을 해석·적용함으로써 분쟁을 해결한다는 절차적 측면에서 민사소송과 행정소송은 유사하다. 재심기간제한조항이 민사소송과 동일하게 재심제기기간을 30일로 정한 것이 행정소송 당사자의 평등권을 침해하지 않는다.(헌재 2023.9.26. 2020헌바258)

④ [×] '감염병의 예방 및 관리에 관한 법률'상 집합제한 조치로 발생한 손실을 보상하는 규정을 두지 않은 '감염병의 예방 및 관리에 관한 법률'조항은 헌법에 위반되지 않는다.(헌재 2023.6.29. 2020헌마669) [기각]
청구인들이 소유하는 영업 시설·장비 등에 대한 구체적인 사용·수익 및 처분권한을 제한받는 것은 아니므로, 보상규정의 부재가 청구인들의 재산권을 제한한다고 볼 수 없다. 심판대상조항이 감염병의 예방을 위하여 집합제한 조치를 받은 영업장의 손실을 보상하는 규정을 두고 있지 않다고 하더라도 청구인들의 평등권을 침해한다고 할 수 없다.

⑤ [×] 국가 비상시 요청되는 예비전력의 성격이나 전시 요구되는 장교와 병의 비율, 예비역 인력 운영의 효율성 등을 고려하면, 현역복무를 마친 여성에 대한 예비역 복무 의무 부과는 국방력의 유지 및 병역동원의 소요(所要)를 충족할 수 있는 합리적 병력충원제도의 설계와 국방의 의무의 공평한 분담, 건전한 국가 재정, 여군의 역할 확대 및 복무 형태의 다양성 요구 충족 등을 복합적으로 고려하여 결정할 사항으로, 현재의 시점에서 제반 상황을 종합적으로 고려한 입법자의 판단이 현저히 자의적이라고 단정하기 어렵다. 이 사건 예비역 조항으로 인한 차별취급을 정당화할 합리적 이유가 인정되므로, 이 사건 예비역 조항은 청구인의 평등권을 침해하지 아니한다.(헌재 2023.10.26. 2018헌마357)

05 정답 ③

ㄱ. [×] 임차인의 권리금 회수기회 보호제도를 형성함에 있어서는 입법자에게 재량이 있으므로, 심판대상조항이 임차인의 재산권을 침해하는지 여부를 심사함에 있어서는 입법형성권의 한계 일탈 여부를 기준으로 삼기로 한다.(헌재 2023.6.29. 2021헌바264)

ㄴ. [○] 임대사업자가 종전 규정에 의한 세제혜택에 대한 기대를 가졌거나, 종전과 같은 유형의 임대사업자의 지위를 장래에도 유지할 것을 기대하였다 하더라도 이는 당시의 법제도에 대한 단순한 기대이익에 불과하다. 또한 민간임대주택법 조항은 종전에 받은 세제혜택을 소급하여 박탈하는 내용을 담고 있지 아니하므로 이로 인해 위 청구인들의 재산권이 제한된다고 볼 수는 없다.(헌재 2024.3.28. 2020헌마1009)

ㄷ. [○] 구 광업법 조항은 소유자 등의 허가·승낙을 요하는 범위를 도로 등 영조물 주변 50m로 정하고 있는데 이는 채굴행위가 미칠 수 있는 영향을 고려할 때 과도하게 넓은 범위라고 볼 수 없을 뿐더러, 광업법 제44조 제2항은 관할 관

청, 소유자 또는 이해관계인이 정당한 이유 없이 허가 또는 승낙을 거부할 수 없도록 하여 합리적인 이유 없이 광업권이 제한되는 일이 없도록 정하고 있다. 그러므로 구 광업법 조항은 최소 침해성의 원칙에도 부합한다.(헌재 2024.1.25. 2021헌바340)

ㄹ. [×] 조세법 영역에 있어서는 입법자에게 폭넓은 형성재량이 인정될 수 있는 점, 환산가액 적용을 통한 조세회피를 방지하기 위해서는 그 유인을 실효적으로 제거할 필요가 있는 점 등을 고려할 때 심판대상조항에서 정하는 세율이 과도하다고 보기는 어렵다. 또한, 위 조항은 그 적용대상을 신축 건물 취득일로부터 5년 내 양도하는 경우로 한정하여 재산권 제한의 정도를 완화하고 있으며, 제반 사정을 고려할 때 위 조항이 그 시행일 이전에 건물을 신축하여 취득한 자를 그 적용대상에서 제외하지 않았다는 사정만으로 이를 과도하다고 볼 수는 없다. 나아가 심판대상조항으로 인한 재산권 제한의 정도가 부당한 조세회피의 방지라는 공익에 비하여 중하다고 볼 수도 없다. 따라서 심판대상조항은 과잉금지원칙을 위반하여 재산권을 침해하지 아니한다.(헌재 2024.2.28. 2020헌가15)

ㅁ. [×] 청구인이 주장하는 '이전받을 권리'는 공무원연금법이 정한 위와 같은 발생요건을 갖추기 전에는 헌법이 보장하는 재산권이라고 할 수 없고, 그와 같은 발생요건이 발생되기 전의 다른 유족의 지위는 '자녀인 유족의 수급권을 이전받을 수 있다는 기대이익'에 불과하다. 따라서 심판대상조항에 따라 자녀인 유족이 퇴직연금일시금을 선택함으로써 결과적으로 다른 유족이 자녀의 퇴직연금 수급권을 이전받지 못하게 된다 하여도 이는 단순한 기대이익을 상실한 것에 불과하고, 이로써 재산권을 제한받는다고 할 수 없다.(헌재 2024.2.28. 2021헌바141)

06
정답 ②

① [○] 주 52시간 상한제를 정한 근로기준법 제53조 제1항이 계약의 자유와 직업의 자유를 침해하지 않는다.(헌재 2024.2.28. 2019헌마500) [기각, 각하]
주 52시간 상한제조항은 연장근로시간에 관한 사용자와 근로자 간의 계약내용을 제한한다는 측면에서 사용자와 근로자의 계약의 자유를 제한하고, 사용자의 활동을 제한한다는 측면에서 직업의 자유를 제한한다. 주 52시간 상한제조항은 과잉금지원칙에 반하여 직업의 자유를 침해하지 않는다.

② [×] 공인중개업은 국민의 재산권에 큰 영향을 미치므로 업무의 공정성과 신뢰를 확보할 필요성이 큰 반면, 심판대상조항으로 인하여 중개사무소 개설등록이 취소된다 하더라도 공인중개사 자격까지 취소되는 것이 아니어서 3년이 경과한 후에는 다시 중개사무소를 열 수 있다. 따라서 심판대상조항은 과잉금지원칙에 반하여 직업선택의 자유를 침해하지 아니한다.(헌재 2019.2.28. 2016헌바467)

③ [○] 사업주로부터 위임을 받아 고용보험 및 산업재해보상보험에 관한 보험사무를 대행할 수 있는 기관의 자격을 일정한 기준을 충족하는 단체 또는 법인, 공인노무사 또는 세무사로 한정한 '고용보험 및 산업재해보상보험의 보험료징수 등에 관한 법률' 제33조 제1항 전문 및 같은 법 시행령 제44조는 과잉금지원칙에 위배되어 공인회계사인 청구인들의 직업수행의 자유를 침해하지 아니한다.(헌재 2024.2.28. 2020헌마139) [기각]
심판대상조항은 청구인들의 직업수행의 자유를 제한한다. 심판대상조항은 과잉금지원칙에 위배되어 청구인들의 직업수행의 자유를 침해한다고 볼 수 없다.

④ [○] 상대보호구역 안에서는 지역위원회의 심의를 거쳐 학습과 교육환경에 나쁜 영향을 주지 아니한다고 인정하는 행위 및 시설은 허용될 수 있으므로, 이 조항으로 인하여 교육환경보호구역 안의 토지나 건물의 임차인 내지 '복합유통게임제공업'을 영위하고자 하는 사람이 받게 되는 직업수행의 자유 및 재산권의 제한은 과도한 것이라고 보기 어려우므로, 과잉금지원칙을 위반하여 직업수행의 자유 및 재산권을 침해하지 아니한다.(헌재 2024.1.25. 2021헌바231)

⑤ [○] 노선을 정하여 여객을 운송하는 시내버스운송사업에서 사업계획 가운데 운행대수 또는 운행횟수의 증감에 관한 사항은 시내버스의 운행거리, 배차간격, 배차시간 등에 영향을 미치는 것으로서, 원활한 운송체계를 확보하고 일반공중의 교통편의성을 제공하기 위하여 관할관청이 파악해야 하는 필수적인 사항에 해당하고, 이에 이 사건 법률조항은 시내버스운송사업자가 운행대수 또는 운행횟수를 증감하려면 원칙적으로 관할관청으로부터 변경인가를 받도록 하면서도, 국토교통부령이 정하는 경미한 사항의 변경은 관할관청에 대한 신고만으로 사업계획을 변경할 수 있도록 정하고 있는바, 이 사건 법률조항은 직업수행의 자유를 침해하지 아니한다.(헌재 2024.1.25. 2020헌마144)

07
정답 ③

① [○] 헌재 2000.6.29. 99헌가9

② [○] 임의적 전치에는 사법절차가 준용되지 않아도 된다.

③ [×] 직권면직처분을 받은 지방공무원이 그에 대해 불복할 경우 행정소송의 제기에 앞서 반드시 소청심사를 거치도록 규정한 것은 행정기관 내부의 인사행정에 관한 전문성 반영, 행정기관의 자율적 통제, 신속성 추구라는 행정심판의 목적에 부합한다. 소청심사제도에도 심사위원의 자격요건이 엄격히 정해져 있고, 임기와 신분이 보장되어 있는 등 독립성과 공정성이 확보되어 있으며, 증거조사절차나 결정절차 등 심리절차에 있어서도 사법절차가 상당 부분 준용되고 있다. 나아가 소청심사위원회의 결정기간은 엄격히 제한되어 있고, 행정심판전치주의에 대해 다양한 예외가 인정되고 있으며, 행정심판의 전치요건은 행정소송 제기 이전에 반드시 갖추어야 하는 것은 아니어서 전치요건을 구비하면서도 행정소송의 신속한 진행을 동시에 꾀할 수 있으므로, 이 사건 필요적 전치조항은 입법형성의 한계를 벗어나 재판청구권을 침해하거나 평등원칙에 위반된다고 볼 수 없다.(헌재 2015.3.26. 2013헌바186)

④ [○] 가사비송 조항이 상속재산분할에 관한 사건을 가사비

송사건으로 규정하였다고 하여도 이것이 입법재량의 한계를 일탈하여 상속재산분할에 관한 사건을 제기하고자 하는 자의 공정한 재판을 받을 권리를 침해한다고 볼 수 없다.(헌재 2017.4.27. 2015헌바24)

⑤ [○] '빈곤'은 경제적 사정으로 소송비용을 납부할 수 없는 경우를 지칭하는 것으로 해석될 수 있으므로 집행면제 신청 조항은 명확성원칙에 위배되지 않는다.
소송비용의 범위가 '형사소송비용 등에 관한 법률'에서 정한 증인·감정인·통역인 또는 번역인과 관련된 비용 등으로 제한되어 있고, 법원이 피고인에게 소송비용 부담을 명하는 재판을 할 때에 피고인의 방어권 남용 여부, 경제력 능력 등을 종합적으로 고려하여 소송비용 부담 여부 및 그 정도를 정하므로, 소송비용 부담의 재판이 확정된 이후에 빈곤 외에 다른 사유를 참작할 여지가 크지 않다. 따라서 집행면제 신청 조항은 피고인의 재판청구권을 침해하지 아니한다.(헌재 2021.2.25. 2019헌바64)

08
정답 ⑤

① [○]

> **공직선거법 제3조(선거인의 정의)** 이 법에서 "선거인"이란 선거권이 있는 사람으로서 선거인명부 또는 재외선거인명부에 올라 있는 사람을 말한다.

② [○] 집행유예자의 선거권을 부정하는 것은 위헌이고, 수형자의 선거권을 부정하는 것은 헌법에 합치되지 않는다.(헌재 2014.1.28. 2013헌마167(병합))
(1) 심판대상조항은 청구인들의 선거권을 침해하고, 보통선거원칙에 위반하여 집행유예자와 수형자를 차별취급하는 것이므로 평등원칙에도 어긋난다.
(2) 심판대상조항 중 수형자에 관한 부분의 위헌성은 지나치게 전면적·획일적으로 수형자의 선거권을 제한한다는 데 있다. 그런데 그 위헌성을 제거하고 수형자에게 헌법합치적으로 선거권을 부여하는 것은 입법자의 형성재량에 속하므로 심판대상조항 중 수형자에 관한 부분에 대하여 헌법불합치결정을 선고한다. ─ 지금은 공선법이 개정되어 '1년 이상의 징역 또는 금고의 형의 선고를 받고 그 집행이 종료되지 아니하거나 그 집행을 받지 아니하기로 확정되지 아니한 사람'은 선거권이 없지만 1년 미만의 형이나 집행유예자에게는 선거권이 인정된다.

③ [○] 헌재 2004.3.25. 2002헌마411

④ [○] ⑤ [×] 주민등록이 되어 있지 아니한 재외국민의 선거권·피선거권을 인정하지 않는 것(헌재 2007.6.28. 2004헌마644 등) [헌법불합치(잠정적용)]
[1] 대통령·국회의원 선거권 부인
단지 주민등록이 되어 있는지 여부에 따라 선거인명부에 오를 자격을 결정하여 그에 따라 선거권 행사 여부가 결정되도록 함으로써 엄연히 대한민국의 국민임에도 불구하고 주민등록법상 주민등록을 할 수 없는 재외국민의 선거권 행사를 전면적으로 부정하고 있는 법 제37조 제1항은 어떠한 정당한 목적도 찾기 어려우므로 헌

법 제37조 제2항에 위반하여 재외국민의 선거권과 평등권을 침해하고 보통선거원칙에도 위반된다.
[2] 지방선거의 선거권·피선거권 부인
(1) 국외에 거주하는 재외국민의 경우 '주민' 요건이 충족되지 못하므로 선거권이 인정될 수 없음은 물론이다.
(2) 국내에 거주하는 재외국민의 경우에는 위 두 요건을 동시에 갖춘 경우가 얼마든지 있을 수 있다. 특히 국내에 주소를 두고 있는 재외국민은 형식적으로 주민등록법에 의한 주민등록을 할 수 없을 뿐이지, '국민인 주민'이라는 점에서는 '주민등록이 되어 있는 국민인 주민'과 실질적으로 동일하다. … 따라서 법 제15조 제2항 제1호, 제37조 제1항은 국내거주 재외국민의 평등권과 지방의회 의원선거권을 침해한다.
(3) 지방선거 피선거권의 부여에 있어 주민등록만을 기준으로 함으로써 주민등록이 불가능한 재외국민인 주민의 지방선거 피선거권을 부인하는 법 제16조 제3항은 헌법 제37조 제2항에 위반하여 국내거주 재외국민의 공무담임권을 침해한다.

09
정답 ④

① [○] 선거기사심의위원회가 불공정한 선거기사를 보도하였다고 인정한 언론사에 대하여 언론중재위원회를 통하여 사과문을 게재할 것을 명하도록 하는 공직선거법 제8조의3 제3항 중 '사과문 게재' 부분과, 해당 언론사가 사과문 게재 명령을 지체 없이 이행하지 않을 경우 형사처벌하는 구 공직선거법 규정은 언론사의 인격권을 침해한다.(헌재 2015.7.30. 2013헌가8)

② [○] 일제강점하 반민족행위 진상규명에 관한 특별법 (헌재 2010.10.28. 2007헌가23) [합헌]
(1) 이 사건 법률은 유족의 인격권을 제한한다.
(2) 이 사건 법률조항은 조사대상자 등의 인격권을 침해하지 않는다.

③ [○] 출정시 교도관과 동행하면서 재판 시작 전까지 보호장비를 착용하였던 청구인이 행정법정 방청석에서 보호장비를 사용함으로써 영향을 받은 신체의 자유나 인격권의 정도는 제한적인 반면, 행정법정 내 교정사고를 예방하기 위한 공익은 매우 중요하므로 이 사건 보호장비 사용행위는 법익의 균형성 원칙도 준수하였다. 이 사건 보호장비 사용행위는 과잉금지원칙을 위반하여 청구인의 신체의 자유와 인격권을 침해하지 않는다.(헌재 2018.7.26. 2017헌마1238)

④ [×] 이 사건 국가항공보안계획은, 이미 출국 수속 과정에서 일반적인 보안검색을 마친 승객을 상대로, 촉수검색(patdown)과 같은 추가적인 보안 검색 실시를 예정하고 있으므로 이로 인한 인격권 및 신체의 자유 침해 여부가 문제된다. 이 사건 국가항공보안계획은 민간항공 보안에 관한 국제협약의 준수 및 항공기 안전과 보안을 위한 것으로 입법목적의 정당성 및 수단의 적합성이 인정되고, 항공운송사업자가 다른 체약국의 추가 보안검색 요구에 응하지 않을

경우 항공기의 취항 자체가 거부될 수 있으므로 이 사건 국가항공보안계획에 따른 추가 보안검색 실시는 불가피하며, 관련 법령에서 보안검색의 구체적 기준 및 방법 등을 마련하여 기본권 침해를 최소화하고 있으므로 침해의 최소성도 인정된다. 또한 국내외적으로 항공기 안전사고와 테러 위협이 커지는 상황에서, 민간항공의 보안 확보라는 공익은 매우 중대한 반면, 추가 보안검색 실시로 인해 승객의 기본권이 제한되는 정도는 그리 크지 아니하므로 법익의 균형성도 인정된다. 따라서 이 사건 국제항공보안계획은 헌법상 과잉금지원칙에 위반되지 않으므로, 청구인의 기본권을 침해하지 아니한다.(헌재 2018.2.22. 2016헌마780)

⑤ [○] 헌재 2005.10.27. 2002헌마425

10
정답 ①

① [×] 이 사건 부칙조항이 정한 3년의 유예기간은 법령의 개정으로 인한 상황변화에 적절히 대처하기에 상당한 기간으로 지나치게 짧은 것이라 할 수 없으므로, 이 사건 부칙조항은 신뢰보호원칙에 위배되어 청구인의 직업의 자유를 침해하지 아니한다.(헌재 2022.9.29. 2019헌마1352)

② [○] 이 사건 부칙조항의 입법취지는 헌법재판소의 위헌결정으로 발생한 법적 공백을 메우고, 아동·청소년을 성범죄로부터 보호하며, 아동·청소년 및 그 보호자가 의료기관을 믿고 이용할 수 있도록 하는 것이므로, 그 공익적 가치가 크다. 헌법재판소의 위헌결정 뒤 법원이 취업제한 기간을 정하도록 하는 법률안을 정부가 입법예고하는 등의 절차를 거쳐 국회에서 이 사건 부칙조항의 입법이 이루어졌고, 개정법 시행 후 취업제한대상자나 그 법정대리인이 제1심판결을 한 법원에 취업제한기간의 변경이나 취업제한의 면제를 신청할 수 있도록 불이익을 최소화하고 있는 사정을 종합하면 이 사건 부칙조항은 신뢰보호원칙에 위배되지 아니한다.(헌재 2023.5.25. 2020헌바45)

③ [○] 이미 보유기준을 초과하여 내국법인 주식등을 보유하지 아니하도록 하는 규정이 적용 중인 상태에서 이에 대한 가산세율만 강화되었고, 이러한 규정에 따른 유예기간이 2년 남아 있었을 뿐 아니라, 청구인 주장과 달리 유예기간이 경과한 뒤라도 초과보유한 주식등을 처분함으로써 가산세의 부과를 면할 수 있으므로, 추가 유예기간이 설정되지 않았다는 점만을 들어 신뢰보호원칙에 반한다고 볼 수는 없다.(헌재 2023.7.20. 2019헌바223)

④ [○] 무기징역의 집행 중에 있는 자의 가석방 요건을 종전의 '10년 이상'에서 '20년 이상' 형 집행 경과로 강화한 개정 형법 제72조 제1항을, 형법 개정 당시에 이미 수용 중인 사람에게도 적용하는 형법 부칙 제2항은 신뢰보호원칙에 위배되어 신체의 자유를 침해하지 않는다.(헌재 2013.8.29. 2011헌마408)

⑤ [○] 2013.1.1.부터 판사임용자격에 일정기간 법조경력을 요구하는 법원조직법 부칙 제1조 단서 중 제42조 제2항에 관한 부분 및 제2조는 신뢰보호원칙에 반하여 2011.7.18. 법원조직법 개정 당시 사법시험에 합격하였으나 아직 사법

연수원에 입소하지 않은 청구인들의 공무담임권을 침해하지 않는다.(헌재 2014.5.29. 2013헌마27·199(병합))-그 당시 사법연수원에 입소중인 장의 경우에는 신뢰보호원칙 위반으로 공무담임권을 침해한다.

11
정답 ②

① [×] 북한 지역으로 전단 등 살포를 하여 국민의 생명·신체에 위해를 끼치거나 심각한 위험을 발생시키는 것을 금지하고, 이를 위반한 경우 처벌하는 '남북관계 발전에 관한 법률' 제24조 제1항 제3호 및 제25조 중 제24조 제1항 제3호에 관한 부분은 헌법에 위반된다.(헌재 2023.9.26. 2020헌마1724) [위헌]

국가가 이러한 표현 내용을 규제하는 것은 원칙적으로 중대한 공익의 실현을 위하여 불가피한 경우에 한하여 허용되고, 특히 정치적 표현의 내용 중에서도 특정한 견해, 이념, 관점에 기초한 제한은 과잉금지원칙 준수 여부를 심사할 때 더 엄격한 기준이 적용되어야 한다.

심판대상조항은 국민의 생명·신체의 안전을 보장하고 남북 간 긴장을 완화하며 평화통일을 지향하여야 하는 국가의 책무를 달성하기 위한 것으로서 목적의 정당성이 인정되며, 심판대상조항은 입법목적 달성에 적합한 수단이 된다. 심판대상조항은 전단 등 살포를 금지하면서 미수범도 처벌하고, 징역형까지 두고 있는데, 이는 국가형벌권의 과도한 행사라 하지 않을 수 없는바, 심판대상조항은 침해의 최소성을 충족하지 못한다. 그렇다면 심판대상조항은 과잉금지원칙에 위배되어 청구인들의 표현의 자유를 침해한다.

② [○] 헌재 2022.10.27. 2019헌마1271

③ [×] 심판대상조항은 선거일 전 180일부터 선거일까지라는 장기간 동안 선거와 관련한 정치적 표현의 자유를 광범위하게 제한하고 있다. 화환의 설치는 경제적 차이로 인한 선거 기회 불균형을 야기할 수 있으나, 그러한 우려가 있다고 하더라도 공직선거법상 선거비용 규제 등을 통해서 해결할 수 있다. 또한 공직선거법상 후보자 비방 금지 규정 등을 통해 무분별한 흑색선전 등의 방지도 가능하다. 이러한 점들을 종합하면, 심판대상조항은 목적 달성에 필요한 범위를 넘어 장기간 동안 선거에 영향을 미치게 하기 위한 화환의 설치를 금지하는 것으로, 과잉금지원칙에 위반되어 정치적 표현의 자유를 침해한다.(헌재 2023.6.29. 2023헌가12) [헌법불합치]

④ [×] 공공기관등으로 하여금 정보통신망 상에 게시판을 설치·운영하려면 게시판 이용자의 본인 확인을 위한 방법 및 절차의 마련 등 대통령령으로 정하는 필요한 조치를 하도록 규정한 '정보통신망 이용촉진 및 정보보호 등에 관한 법률' 제44조의5 제1항 제1호에 대한 심판청구를 기각하는 결정을 선고하였다.(헌재 2022.12.22. 2019헌마654) [기각]

심판대상조항은 게시판 이용자로 하여금 게시판에 정보를 게시하려면 본인확인을 위한 정보를 제공하도록 함으로써 표현의 자유 중 게시판 이용자가 자신의 신원을 누구에게도 밝히지 아니한 채 익명으로 자신의 사상이나 견해를 표명하고 전파할 익명표현의 자유를 제한한다.

심판대상조항이 규율하는 게시판은 그 성격상 대체로 공공성이 있는 사항이 논의되는 곳으로서 공공기관등이 아닌 주체가 설치·운영하는 게시판에 비하여 통상 누구나 이용할 수 있는 공간이므로, 공동체 구성원으로서의 책임이 더욱 강하게 요구되는 곳이라고 할 수 있다. 따라서 심판대상조항은 침해의 최소성을 충족한다. 심판대상조항은 과잉금지원칙을 준수하고 있으므로 청구인의 익명표현의 자유를 침해하지 않는다.

⑤ [×] 헌법 제21조가 표현의 자유를 보장하면서도 타인의 명예와 권리를 그 한계로 선언하는 점, 타인으로부터 부당한 피해를 받았다고 생각하는 사람이 법률상 허용된 민·형사상 절차에 따르지 아니한 채 사적 제재수단으로 명예훼손을 악용하는 것을 규제할 필요성이 있는 점, 공익성이 인정되지 않음에도 불구하고 단순히 타인의 명예가 허명임을 드러내기 위해 개인의 약점과 허물을 공연히 적시하는 것은 자유로운 논쟁과 의견의 경합을 통해 민주적 의사형성에 기여한다는 표현의 자유의 목적에도 부합하지 않는 점 등을 종합적으로 고려하면, 형법 제307조 제1항은 과잉금지원칙에 반하여 표현의 자유를 침해하지 아니한다.(헌재 2021.2.25. 2017헌마1113)

12 정답 ⑤

① [○] 월급근로자로서 6개월이 되지 못한 자를 해고예고제도의 적용예외 사유로 규정하고 있는 근로기준법 제35조 제3호는 근무기간이 6개월 미만인 월급근로자의 근로의 권리를 침해하고 평등원칙에도 위배되어 위헌이다.(헌재 2015. 12.23. 2014헌바3)

② [○] 이 사건 법률조항에 의하여 이러한 근로의 권리가 제한된다고 볼 수는 없고, 행복추구권은 다른 기본권에 대한 보충적 기본권으로서의 성격을 지니므로, 직업선택의 자유라는 우선적으로 적용되는 기본권이 존재하여 그 침해여부를 판단한 이상, 행복추구권 침해 여부를 독자적으로 판단하지 않기로 한다.(헌재 2002.8.29. 2000헌마5) 이 사건 법률조항은 헌법상 과잉금지원칙에 위배하여 청구인의 직업선택의 자유를 침해하지 아니한다.

③ [○] 헌재 2021.12.23. 2018헌마629

④ [○] 헌법 제33조 제2항이 규정되지 아니하였다면 공무원인 근로자도 헌법 제33조 제1항에 따라 노동3권을 가진다 할 것이고, 이 경우에 공무원인 근로자의 단결권·단체교섭권·단체행동권을 제한하는 법률에 대해서는 헌법 제37조 제2항에 따른 기본권제한의 한계를 준수하였는가 하는 점에 대한 심사를 하는 것이 헌법원리로서 상당할 것이나, 헌법 제33조 제2항이 직접 '법률이 정하는 자'만이 노동3권을 향유할 수 있다고 규정하고 있어서 '법률이 정하는 자' 이외의 공무원은 노동3권의 주체가 되지 못하므로, 노동3권이 인정됨을 전제로 하는 헌법 제37조 제2항의 과잉금지원칙은 적용이 없는 것으로 보아야 할 것이다.(헌재 2008.12.26. 2005헌마971)

⑤ [×]

> 헌법 제33조 ③ 법률이 정하는 주요방위산업체에 종사하는 근로자의 단체행동권은 법률이 정하는 바에 의하여 이를 제한하거나 인정하지 아니할 수 있다.

13 정답 ③

① [○] 변호인의 조력을 받을 권리의 내용이다.

② [○]

> 헌법 제12조 ③ 체포·구속·압수 또는 수색을 할 때에는 적법한 절차에 따라 검사의 신청에 의하여 법관이 발부한 영장을 제시하여야 한다. 다만, 현행범인인 경우와 장기 3년 이상의 형에 해당하는 죄를 범하고 도피 또는 증거인멸의 염려가 있을 때에는 사후에 영장을 청구할 수 있다.

③ [×] 구 치료감호법은 구체적·개별적 사안마다 치료감호시설의 수용 계속 여부를 적절하게 심사·결정할 수 있는 장치를 마련하여 기본권 제한을 최소화하고 있다. 이런 사정을 종합하여 보면, 치료감호기간 조항이 치료감호기간 상한을 15년으로 정한 것이 지나치게 오랜 기간이어서 침해의 최소성 원칙에 반한다고 보기 어렵다. 치료감호기간 조항은 과잉금지원칙을 위반하여 청구인들의 신체의 자유를 침해하지 않는다.(헌재 2017.4.27. 2015헌마989)

④ [○] 형사상 불리한 진술이므로 형사상 불리한 진술이기만 하면 형사절차만이 아니라 행정절차 등 모든 절차에서도 인정된다. "형사절차뿐 아니라 행정절차나 국회에서의 조사절차 등에서도 보장된다"고 하여 형사절차에 한하지 않는다.

⑤ [○] 강제퇴거명령을 받은 사람을 보호할 수 있도록 하면서 보호기간의 상한을 마련하지 아니한 출입국관리법 제63조 제1항은 과잉금지원칙 및 적법절차원칙에 위배되어 피보호자의 신체의 자유를 침해하는 것으로, 헌법에 합치되지 아니한다.(헌재 2023.3.23. 2020헌가1) [헌법불합치(잠정적용)]

[1] 과잉금지원칙 위반

심판대상조항은 강제퇴거대상자를 대한민국 밖으로 송환할 수 있을 때까지 보호시설에 인치·수용하여 강제퇴거명령을 효율적으로 집행할 수 있도록 함으로써 외국인의 출입국과 체류를 적절하게 통제하고 조정하여 국가의 안전과 질서를 도모하고자 하는 것으로, 입법목적의 정당성과 수단의 적합성은 인정된다.

그러나 보호기간의 상한을 두지 아니함으로써 강제퇴거대상자를 무기한 보호하는 것을 가능하게 하는 것은 보호의 일시적·잠정적 강제조치로서의 한계를 벗어나는 것이라는 점, … 등을 고려하면, 심판대상조항은 침해의 최소성과 법익균형성을 충족하지 못한다. 따라서 심판대상조항은 과잉금지원칙을 위반하여 피보호자의 신체의 자유를 침해한다.

[2] 적법절차원칙 위반

당사자에게 의견 및 자료 제출의 기회를 부여하는 것은 적법절차원칙에서 도출되는 중요한 절차적 요청이므로, 심판대상조항에 따라 보호를 하는 경우에도 피보호 자에게 위와 같은 기회가 보장되어야 하나, 심판대상조 항에 따른 보호명령을 발령하기 전에 당사자에게 의견 을 제출할 수 있는 절차적 기회가 마련되어 있지 아니 하다. 따라서 심판대상조항은 적법절차원칙에 위배되 어 피보호자의 신체의 자유를 침해한다.

14
정답 ①

① [×] '법 제36조 제3호에 해당하는 위반행위가 있는 경우에 그 행위자'란 감리업자 이외에, 그의 사용인 등으로서 감리 업무를 실제 수행하며 위반행위를 한 자를 의미한다고 봄이 타당하다. 결국 이 사건 양벌규정은 보충적인 가치판단을 통해서 그 의미내용을 확인할 수 있다고 할 것이므로, 죄형 법정주의의 명확성원칙에 위배된다고 볼 수 없다.(헌재 2023. 2.23. 2020헌바314)

② [○] 보호감호는 형벌이 아니라 보안처분이지만 감호소에 구금되므로 형벌적 보안처분에 해당하여 형벌불소급원칙이 적용된다. 보호감호 외의 보안처분은 비형벌적 보안처분이 므로 형벌불소급원칙이 적용되지 아니한다.

③ [○] 헌재 2023.8.31. 2020헌바498

④ [○] 헌재 2023.6.29. 2020헌바109

⑤ [○] 헌재 2023.10.26. 2023헌가1

15
정답 ③

① [○] 신앙의 자유와 양심형성의 자유는 제한불가능한 기본 권이다.

② [○] 피청구인 육군훈련소장이 2019.6.2. 청구인들에 대 하여 육군훈련소 내 종교 시설에서 개최되는 개신교, 불교, 천주교, 원불교 종교행사 중 하나에 참석하도록 한 행위는 청구인들의 종교의 자유를 침해한다.(헌재 2022.11.24. 2019헌마 941) [인용]
이 사건 종교행사 참석조치는 국가의 종교에 대한 중립성을 위반하고, 국가와 종교의 밀접한 결합을 초래하여 정교분리 원칙에 위배된다.

③ [×] 일부 사회복지시설들의 탈법적인 운영을 방지하기 위 하여는 강력한 제재를 가할 필요성이 인정되며, 사안의 경 중에 따라 벌금형의 선고도가능하므로심판대상조항에 의한 처벌이 지나치게 과중하다고 볼 수 없다. 심판대상조항에 의하여 제한되는 사익에 비하여 심판대상조항이 달성하려 는 공익은 양로시설에 입소한 노인들의 쾌적하고 안전한 주 거환경을 보장하는 것으로 이는 매우 중대하다. 따라서 심 판대상조항이 과잉금지원칙에 위배되어 종교의 자유를 침 해한다고 볼 수 없다.(헌재 2016.6.30. 2015헌바46)
거주이전의 자유나 인간다운 생활을 할 권리의 제한을 불러 온다고 볼 수 없으므로 이에 대해서는 별도로 판단하지 아 니한다.

④ [○] 금치처분을 받은 사람은 최장 30일 이내의 기간 동안 공동행사에 참가할 수 없으나, 서신수수, 접견을 통해 외부

와 통신할 수 있고, 종교상담을 통해 종교활동을 할 수 있 다. 또한, 위와 같은 불이익은 규율 준수를 통하여 수용질서 를 유지한다는 공익에 비하여 크다고 할 수 없다. 따라서 위 조항은 청구인의 통신의 자유, 종교의 자유를 침해하지 아니한다.(헌재 2016.5.26. 2014헌마45)

⑤ [○] 미결수용자를 대상으로 한 개신교 종교행사를 4주에 1회, 일요일이 아닌 요일에 실시한 행위는 헌법에 위반되지 않는다.(헌재 2015.4.30. 2013헌마190)

16
정답 ④

① [○] 인천공항출입국·외국인청장이 인천국제공항 송환대 기실에 수용된 난민에 대한 변호인 접견신청을 거부한 행위 는 청구인의 변호인의 조력을 받을 권리를 침해한 것이므로 헌법에 위반된다.(헌재 2018.5.31. 2014헌마346)
헌법 제12조 제4항 본문에 규정된 변호인의 조력을 받을 권 리가 행정절차에서 구속된 사람에게도 즉시 보장된다. 청구 인은 이 사건 변호인 접견신청 거부 당시 자신에 대한 송환 대기실 수용을 해제해 달라는 취지의 인신보호청구의 소를 제기해 둔 상태였으므로 자신의 의사에 따라 송환대기실에 머무르고 있었다고 볼 수도 없다. 따라서 청구인은 이 사건 변호인 접견신청 거부 당시 헌법 제12조 제4항 본문에 규정 된 "구속" 상태였다.

② [○] 헌법 제12조 제4항이 70세 이상인 불구속 피의자에 대하여 국선변호인의 조력을 받을 권리가 있음을 천명한 것 이라고 볼 수 없으며, 그 밖에 헌법상의 다른 규정을 살펴보 아도 위와 같은 권리나 이를 보장하기 위한 입법의무를 명 시적으로나 해석상으로 인정할 근거가 없다. 따라서 청구인 주장과 같은 법률을 제정할 입법의무가 헌법의 명문 규정이 나 해석으로부터 도출된다고 볼 수 없다.(헌재 2023.2.23. 2020 헌마1030)

③ [○] 법원이 열람·등사 허용 결정을 하였음에도 검사가 이 를 신속하게 이행하지 아니하는 경우에는 해당 증인 및 서 류 등을 증거로 신청할 수 없는 불이익을 받는 것에 그치는 것이 아니라, 그러한 검사의 거부행위는 피고인의 열람·등 사권을 침해하고, 나아가 피고인의 신속·공정한 재판을 받 을 권리 및 변호인의 조력을 받을 권리까지 침해하게 되는 것이다.(헌재 2022.6.30. 2019헌마356)

④ [×] 이 사건 서신개봉행위를 통하여 교정시설의 안전과 질 서유지를 도모하고, 수용자의 교화 및 원활한 사회복귀를 추구하는 공익은 중요하다. 이 사건 서신개봉행위로 인하여 미결수용자가 변호인과 자유롭게 소송관련 서신을 수수함 으로써 누릴 수 있는 편익이 일부 제한되었다고 하더라도, 변호인과의 서신 수수 이외에도 형집행법상 변호인과의 접 견, 전화통화 등을 통해 변호인의 충분한 조력이 가능한 이 상 위와 같은 정도의 사익의 제한이 달성되는 공익에 비하 여 중대하다고 보기 어렵다. 그러므로 이 사건 서신개봉행 위는 법익의 균형성도 인정된다. 따라서 이 사건 서신개봉 행위는 과잉금지원칙에 위반되지 아니하므로 청구인의 변 호인의 조력을 받을 권리를 침해하지 아니한다.(헌재 2021.10.

⑤ [○] 검찰수사관인 피청구인이 피의자신문에 참여한 변호인인 청구인에게 피의자 후방에 앉으라고 요구한 행위(이하 '이 사건 후방착석요구행위'라 한다)는 변호인인 청구인의 변호권을 침해한다.(헌재 2017.11.30. 2016헌마503)

[1] 이 사건 후방착석요구행위는 권력적 사실행위로서 헌법소원의 대상이 되는 공권력의 행사에 해당한다. 피청구인이 청구인에게 변호인 참여신청서의 작성을 요구한 행위는 비권력적 사실행위로서 헌법소원의 대상이 되는 공권력의 행사가 아니다.

[2] '변호인의 피의자신문 참여 운영 지침' 제5조 제1항은 헌법소원의 대상이 되는 공권력의 행사가 아니다.

[3] 이 사건 후방착석요구행위에 대하여 형사소송법 제417조의 준항고로 다툴 수 있는지 여부가 불명확하므로, 보충성 원칙의 예외가 인정된다. 이 사건 후방착석요구행위는 종료되었으나, 수사기관이 이 사건 지침에 근거하여 후방착석요구행위를 반복할 위험성이 있고, 변호인의 피의자신문참여권의 헌법적 성격과 범위를 확인하고 이를 제한하는 행위의 한계를 확정짓는 것은 헌법적 해명이 필요한 문제에 해당하므로, 심판이익을 인정할 수 있다.

[4] 제한되는 기본권(변호인의 변호권)
변호인의 피의자 및 피고인을 조력할 권리 중 그것이 보장되지 않으면 그들이 변호인의 조력을 받는다는 것이 유명무실하게 되는 핵심적인 부분은 헌법상 기본권으로서 보호되어야 한다.
형사절차에서 피의자신문의 중요성을 고려할 때, 변호인이 피의자신문에 자유롭게 참여할 수 있는 권리는 헌법상 기본권인 변호인의 변호권으로서 보호되어야 한다. 피의자신문시 변호인이 피의자의 옆에서 조력하는 것은 변호인의 피의자신문참여권의 주요부분이므로, 수사기관이 피의자신문에 참여한 변호인에 대하여 후방착석을 요구하는 행위는 변호인의 피의자신문참여를 제한함으로써 헌법상 기본권인 변호인의 변호권을 제한한다.

[5] 이 사건 후방착석요구행위는 기본권을 침해한다.
피의자신문에 참여한 변호인이 피의자 옆에 앉는다고 하여 피의자 뒤에 앉는 경우보다 수사를 방해할 가능성이 높아진다거나 수사기밀을 유출할 가능성이 높아진다고 볼 수 없으므로, 이 사건 후방착석요구행위의 목적의 정당성과 수단의 적절성을 인정할 수 없다. 이 사건에서 변호인의 수사방해나 수사기밀의 유출에 대한 우려가 없고, 조사실의 장소적 제약 등과 같이 이 사건 후방착석요구행위를 정당화할 그 외의 특별한 사정도 발견되지 아니하므로, 이 사건 후방착석요구행위는 침해의 최소성 요건을 충족하지 못한다.

17 정답 ①

① [×] 수사의 필요성이 있는 경우 기지국수사를 허용한 통신비밀보호법 제13조 제1항 중 '검사 또는 사법경찰관은 수사를 위하여 필요한 경우 전기통신사업법에 의한 전기통신사업자에게 제2조 제11호 가목 내지 라목의 통신사실 확인자료의 열람이나 제출을 요청할 수 있다' 부분은 개인정보자기결정권과 통신의 자유를 침해한다.(헌재 2018.6.28. 2012헌마538) [헌법불합치(잠정적용)]
이 사건 허가조항은 수사기관이 전기통신사업자에게 통신사실 확인자료 제공을 요청함에 있어 관할 지방법원 또는 지원의 허가를 받도록 규정하고 있다. 따라서 이 사건 허가조항은 헌법상 영장주의에 위배되지 아니한다.

② [○] 인터넷회선 감청은 검사가 법원의 허가를 받으면, 피의자 및 피내사자에 해당하는 감청대상자나 해당 인터넷회선의 가입자의 동의나 승낙을 얻지 아니하고도, 전기통신사업자의 협조를 통해 해당 인터넷회선을 통해 송·수신되는 전기통신에 대해 감청을 집행함으로써 정보주체의 기본권을 제한할 수 있으므로, 법이 정한 강제처분에 해당한다. 또한 인터넷회선 감청은 서버에 저장된 정보가 아니라, 인터넷상에서 발신되어 수신되기까지의 과정 중에 수집되는 정보, 즉 전송 중인 정보의 수집을 위한 수사이므로, 압수·수색과 구별된다.(헌재 2018.8.30. 2016헌마263)

③ [○] 헌재 2018.6.28. 2016헌가15

④ [○] 헌법재판소는 2023년 10월 26일 재판관 전원일치 의견으로, 방송통신심의위원회가 2019. 2. 11. 주식회사 케이티 외 9개 정보통신서비스제공자 등에 대하여 895개 웹사이트에 대한 이용자들의 접속을 차단하도록 시정을 요구한 행위에 대한 심판청구를 기각한다는 결정을 선고하였다. [기각]
이 사건 시정요구는 청구인들의 통신의 비밀과 자유 및 알 권리를 침해하지 아니한다.

⑤ [○] 헌법 제18조로 보장되는 기본권인 통신의 자유란 통신수단을 자유로이 이용하여 의사소통할 권리이다. '통신수단의 자유로운 이용'에는 자신의 인적 사항을 누구에게도 밝히지 않는 상태로 통신수단을 이용할 자유, 즉 통신수단의 익명성 보장도 포함된다. 심판대상조항은 휴대전화를 통한 문자·전화·모바일 인터넷 등 통신기능을 사용하고자 하는 자에게 반드시 사전에 본인확인 절차를 거치는 데 동의해야만 이를 사용할 수 있도록 하므로, 익명으로 통신하고자 하는 청구인들의 통신의 자유를 제한한다. 반면, 심판대상조항이 통신의 비밀을 제한하는 것은 아니다. 가입자의 인적 사항이라는 정보는 통신의 내용·상황과 관계없는 '비 내용적 정보'이며 휴대전화 통신계약 체결 단계에서는 아직 통신수단을 통하여 어떠한 의사소통이 이루어지는 것이 아니므로 통신의 비밀에 대한 제한이 이루어진다고 보기는 어렵기 때문이다.
개인정보자기결정권, 통신의 자유가 제한되는 불이익과 비교했을 때, 명의도용피해를 막고, 차명휴대전화의 생성을 억제하여 보이스피싱 등 범죄의 범행도구로 악용될 가능성을 방지함으로써 잠재적 범죄 피해 방지 및 통신망 질서 유지라는 더욱 중대한 공익의 달성효과가 인정된다. 따라서

심판대상조항은 청구인들의 개인정보자기결정권 및 통신의 자유를 침해하지 않는다.(헌재 2019.9.26. 2017헌마1209)

18

① [○] 환경권의 개념이다.
② [○] 환경권은 미래세대의 기본권이기도 하다.
③ [○] 소음, 빛공해와 같은 인공환경도 환경권의 보호대상이다.
④ [×] 국민의 생명·신체의 안전이 질병 등으로부터 위협받거나 받게 될 우려가 있는 경우, 국가로서는 그 위험의 원인과 정도에 따라 사회·경제적인 여건 및 재정사정 등을 감안하여 국민의 생명·신체의 안전을 보호하기에 필요한 적절하고 효율적인 입법·행정상의 조치를 취함으로써, 그 침해의 위험을 방지하고 이를 유지할 포괄적인 의무를 진다.(헌재 2008.12.26. 2008헌마419)
⑤ [○]

> 헌법 제35조 ① 모든 국민은 건강하고 쾌적한 환경에서 생활할 권리를 가지며, 국가와 국민은 환경보전을 위하여 노력하여야 한다.
> ② 환경권의 내용과 행사에 관하여는 법률로 정한다.
> ③ 국가는 주택개발정책등을 통하여 모든 국민이 쾌적한 주거생활을 할 수 있도록 노력하여야 한다.

19

① [○] 법사위 전체회의의 기재내용에 의하면, 법사위는 체계·자구 심사를 위해 반드시 필요하다고 보기 어려운 절차를 반복하면서 체계·자구 심사절차를 지연시키고 있었던 것으로 보이고, 달리 국회 내의 사정에 비추어 법사위가 심사절차를 진행하는 것이 현저히 곤란하거나 심사기간 내에 심사를 마치는 것이 물리적으로 불가능하였다고 볼만한 사정도 인정되지 아니하므로, 국회법 제86조 제3항의 '이유 없이'를 실체적으로 판단하더라도 법사위의 심사지연에는 여전히 이유가 없다. 따라서 피청구인 환노위 위원장의 이 사건 본회의 부의 요구행위는 청구인들의 법률안 심의·표결권을 침해하지 아니한다.(헌재 2023.10.26. 2023헌라3)
② [×]

> 국회법 제5조의3(법률안 제출계획의 통지) ① 정부는 부득이한 경우를 제외하고는 매년 1월 31일까지 해당 연도에 제출할 법률안에 관한 계획을 국회에 통지하여야 한다.
> ② 정부는 제1항에 따른 계획을 변경하였을 때에는 분기별로 주요 사항을 국회에 통지하여야 한다.

③ [○] 국회규칙에서는 국회가 처리할 수 있는 범위 내에서 국민의 의견을 취합하여 국민 다수가 동의하는 의제가 효과적으로 국회의 논의 대상이 될 수 있도록 적정한 수준으로 구체적인 국민동의 요건과 절차가 설정될 것임을 예측할 수 있다. 따라서 국민동의조항은 포괄위임금지원칙에 위반되어 청원권을 침해하지 않는다.(헌재 2023.3.23. 2018헌마460)
④ [○]

> 국회법 제3조(의석 배정) 국회의원의 의석은 국회의장이 각 교섭단체 대표의원과 협의하여 정한다. 다만, 협의가 이루어지지 아니할 때에는 의장이 잠정적으로 이를 정한다.

⑤ [○] 본회의의 경우도 같다.

20

① [×] 이 사건 탄핵소추안을 의결할 당시 국회 법사위의 조사도 없이 공소장과 신문기사 정도만 증거로 제시되었다는 점에 대하여 국회의 의사절차의 자율권은 권력분립의 원칙상 존중되어야 하고 국회법에 의하더라도 탄핵소추발의시 사유조사 여부는 국회의 재량으로 규정하고 있으므로 그 의결이 헌법이나 법률을 위배한 것이라고 볼 수 없다.(헌재 2017.3.10. 2016헌나1) [인용, 파면]
② [○]

> 국회법 제134조(소추의결서의 송달과 효과) ① 탄핵소추가 의결되었을 때에는 의장은 지체 없이 소추의결서 정본(正本)을 법제사법위원장인 소추위원에게 송달하고, 그 등본(謄本)을 헌법재판소, 소추된 사람과 그 소속 기관의 장에게 송달한다.
> ② 소추의결서가 송달되었을 때에는 소추된 사람의 권한 행사는 정지되며, 임명권자는 소추된 사람의 사직원을 접수하거나 소추된 사람을 해임할 수 없다.

③ [○] 헌법재판소는 국회의 소추사유에 구속되지만 소추사유의 체계나 법률의 적용에는 구속되지 않는다.
④ [○] 소추사유가 여러 개 있을 경우 사유별로 표결할 것인지, 여러 사유를 하나의 소추안으로 표결할 것인지는 소추안을 발의하는 국회의원의 자유로운 의사에 달린 것이고, 표결방법에 관한 어떠한 명문규정도 없다.(헌재 2017.3.10. 2016헌나1) [인용, 파면]
⑤ [○]

헌법상 탄핵대상자	대통령·국무총리·국무위원·행정각부의 장·헌법재판소재판관·법관·중앙선거관리위원회 위원·감사원장·감사위원
법률상 탄핵대상자	검사, 검찰총장, 경찰청장, 방송통신위원장
탄핵사유	직무집행에 있어서 헌법이나 법률을 위배한 때(중대한 법위반이 있어야 한다.)
탄핵 발의와 의결	대통령에 대한 탄핵소추는 국회재적의원 과반수의 발의와 국회재적의원 3분의 2 이상의 찬성이 있어야 한다.
	(대통령 이외)탄핵소추는 국회재적의원 3분의 1 이상의 발의가 있어야 하며, 그 의결은 국회재적의원 과반수의 찬성이 있어야 한다.
탄핵 결정	헌법재판소 재판관 7인 이상의 심리와 6인 이상의 찬성
헌재의 원칙	구술심리
권한행사 정지	헌재의 결정까지 권한 행사가 정지
탄핵의 효력	탄핵결정은 공직으로부터 파면함에 그친다. 그러나, 이에 의하여 민사상이나 형사상의 책임이 면제되지는 아니한다.
가처분	헌재법에 가처분에 관한 명문의 규정이 있다.

21

① [×] ② [×] ③ [×]

> 헌법 제53조 ① 국회에서 의결된 법률안은 정부에 이송되어 15일 이내에 대통령이 공포한다.
> ② 법률안에 이의가 있을 때에는 대통령은 제1항의 기간내에 이의서를 붙여 국회로 환부하고, 그 재의를 요구할 수 있다. 국회의 폐회 중에도 또한 같다.
> ③ 대통령은 법률안의 일부에 대하여 또는 법률안을 수정하여 재의를 요구할 수 없다.
> ④ 재의의 요구가 있을 때에는 국회는 재의에 붙이고, 재적의원 과반수의 출석과 출석의원 3분의 2 이상의 찬성으로 전과 같은 의결을 하면 그 법률안은 법률로서 확정된다.
> ⑤ 대통령이 제1항의 기간 내에 공포나 재의의 요구를 하지 아니한 때에도 그 법률안은 법률로서 확정된다.
> ⑥ 대통령은 제4항과 제5항의 규정에 의하여 확정된 법률을 지체없이 공포하여야 한다. 제5항에 의하여 법률이 확정된 후 또는 제4항에 의한 확정법률이 정부에 이송된 후 5일 이내에 대통령이 공포하지 아니할 때에는 국회의장이 이를 공포한다.
> ⑦ 법률은 특별한 규정이 없는 한 공포한 날로부터 20일을 경과함으로써 효력을 발생한다.

④ [×] 사면·감형 또는 복권은 모두 국무회의의 심의를 거쳐야 하지만, 일반사면만 국회의 동의를 받아야 한다.

⑤ [○] 헌법 제76조

22

① [○]

> 헌법재판소법 제63조(청구기간) ① 권한쟁의 심판은 그 사유가 있음을 안 날부터 60일 이내에, 그 사유가 있는 날부터 180일 이내에 청구하여야 한다. ② 제1항의 기간은 불변기간으로 한다.

② [○] ① 사회보장위원회가 2015.8.11. '지방자치단체 유사·중복 사회보장사업 정비 추진방안'을 의결한 행위, ② 국무총리가 보건복지부장관 및 광역지방자치단체의 장에게 위 추진방안을 통지한 행위, ③ 보건복지부장관이 2015. 8.13. 광역지방자치단체의 장에게 '지방자치단체 유사·중복 사회보장사업 정비지침'에 따라 정비를 추진하고 정비계획(실적) 등을 제출해주기 바란다는 취지의 통보를 한 행위에 대한 청구인들의 권한쟁의심판 청구는 부적법하다.(헌재 2018.7.26. 2015헌라4) [각하]

③ [○] 경상남도 교육감이 경상남도를 상대로 학교급식에 관한 감사권한을 침해당하였다며 제기한 권한쟁의심판 사건에서, 교육감은 해당 지방자치단체의 교육·학예에 관한 집행기관일 뿐 독립한 권리주체로 볼 수 없으므로, 교육감이 해당 지방자치단체를 상대로 제기한 심판청구는 헌법재판소가 관장하는 지방자치단체 상호간의 권한쟁의심판청구로 볼 수 없어 부적법하다.(헌재 2016.6.30. 2014헌라1)

(1) 지방자치단체 상호간의 권한쟁의심판청구로 볼 수 없다. 지방자치단체 '상호간'의 권한쟁의심판에서 말하는 '상호간'이란 '서로 상이한 권리주체간'을 의미한다. 그런데 '지방교육자치에 관한 법률'은 교육감을 명시적으로 시·도의 교육·학예에 관한 사무의 '집행기관'으로 규정

하여(제18조 제1항), 교육감을 지방자치단체 그 자체라거나 지방자치단체와 독립한 권리주체로 볼 수 없다. 따라서 이 사건 심판청구는 '서로 상이한 권리주체간'의 권한쟁의심판청구로 볼 수 없다.

(2) 지방자치단체의 종류를 예시적으로 볼 수 없다.

④ [○] 청구인 국회 행정안전위원회 제천화재관련평가소위원회 위원장이 국회 행정안전위원회 위원장을 상대로 제기한 권한쟁의심판청구에 대하여, 국회 소위원회 위원장에게 권한쟁의심판의 청구인능력이 인정되지 않는다는 이유로 부적법 각하하였다.(헌재 2020.5.27. 2019헌라4)

헌법 제62조는 '국회의 위원회'를 명시하고 있으나 '국회의 소위원회'는 명시하지 않고 있는 점, 국회법 제57조는 위원회로 하여금 소위원회를 둘 수 있도록 하고, 소위원회의 활동을 위원회가 의결로 정하는 범위로 한정하고 있으므로, 소위원회는 위원회의 의결에 따라 그 설치·폐지 및 권한이 결정될 뿐인 위원회의 부분기관에 불과한 점 등을 종합하면, 소위원회 및 그 위원장은 헌법에 의하여 설치된 국가기관에 해당한다고 볼 수 없다.

소위원회 위원장이 그 소위원회를 설치한 위원회의 위원장과의 관계에서 어떠한 법률상 권한을 가진다고 보기도 어렵다. 또한, 위원회와 그 부분기관인 소위원회 사이의 쟁의 또는 위원회 위원장과 소속 소위원회 위원장과의 쟁의가 발생하더라도 이는 위원회에서 해결될 수 있으므로, 이러한 쟁의를 해결할 적당한 기관이나 방법이 없다고 할 수 없다.

⑤ [×] 권한쟁의심판의 당사자가 되려면 헌법에 의해 설치된 기관이어야 한다. 국가인권위원회는 법률상 기관이므로 권한쟁의심판의 당사자가 아니다.

23

ㄱ. [○] 이 사건 합의는 양국 외교장관의 공동발표와 정상의 추인을 거친 공식적인 약속이지만, 서면으로 이루어지지 않았고, 통상적으로 조약에 부여되는 명칭이나 주로 쓰이는 조문 형식을 사용하지 않았으며, 헌법이 규정한 조약체결 절차를 거치지 않았다. 또한 합의 내용상 합의의 효력에 관한 양 당사자의 의사가 표시되어 있지 않을 뿐만 아니라, 구체적인 법적 권리·의무를 창설하는 내용을 포함하고 있지도 않다. 이 사건 합의를 통해 일본군 '위안부' 피해자들의 권리가 처분되었다거나 대한민국 정부의 외교적 보호권한이 소멸하였다고 볼 수 없는 이상 이 사건 합의가 일본군 '위안부' 피해자들의 법적 지위에 영향을 미친다고 볼 수 없으므로 위 피해자들의 배상청구권 등 기본권을 침해할 가능성이 있다고 보기 어렵고, 따라서 이 사건 합의를 대상으로 한 헌법소원심판청구는 허용되지 않는다.(헌재 2019.12.27. 2016헌마253)

ㄴ. [○] 대학은 기본권의 주체이다.

ㄷ. [×] '금융위원회가 시중 은행들을 상대로 가상통화 거래를 위한 가상계좌의 신규 제공을 중단하도록 한 조치' 및 '금융위원회가 가상통화 거래 실명제를 2018.1.30.부터 시행하도록 한 조치'는 헌법소원의 대상이 되는 공권력의 행사에

해당하지 아니하여 그에 관한 심판청구는 부적법하므로 이를 모두 각하한다.(헌재 2021.11.25. 2017헌마1384) [각하]

이 사건 조치는, 금융기관에 방향을 제시하고 자발적 호응을 유도하려는 일종의 '단계적 가이드라인'일 따름이다. 그러므로 이 사건 조치는 당국의 우월적인 지위에 따라 일방적으로 강제된 것으로 볼 수 없고, 나아가 헌법소원의 대상이 되는 공권력의 행사에 해당된다고 볼 수 없으므로, 이 사건 심판청구는 모두 부적법하다.

ㄹ. [×] 이 사건 의견제시는 청구인의 권리와 의무에 영향을 미치는 것이라고 보기는 어려우므로, 헌법소원의 대상이 되는 '공권력 행사'에 해당한다고 볼 수 없어 이 부분 심판청구는 부적법하다.(헌재 2018.4.26. 2016헌마46)

ㅁ. [○] 헌법(憲法) 제111조 제1항 제1호, 제5호 및 헌법재판소법(憲法裁判所法) 제41조 제1항, 제68조 제2항은 위헌심사의 대상이 되는 규범을 '법률'로 명시하고 있으며, 여기서 '법률'이라고 함은 국회의 의결을 거쳐 제정된 이른바 형식적 의미의 법률을 의미하므로 헌법의 개별규정 자체는 헌법소원에 의한 위헌심사의 대상이 아니다.(헌재 1996.6.13. 94헌마118)

24   정답 ①,⑤

① [×]

> **헌법재판소법 제47조(위헌결정의 효력)** ① 법률의 위헌결정은 법원과 그 밖의 국가기관 및 지방자치단체를 기속(羈束)한다.
> ② 위헌으로 결정된 법률 또는 법률의 조항은 그 결정이 있는 날부터 효력을 상실한다.
> ③ 제2항에도 불구하고 형벌에 관한 법률 또는 법률의 조항은 소급하여 그 효력을 상실한다. 다만, 해당 법률 또는 법률의 조항에 대하여 종전에 합헌으로 결정한 사건이 있는 경우에는 그 결정이 있는 날의 다음 날로 소급하여 효력을 상실한다.
> ④ 제3항의 경우에 위헌으로 결정된 법률 또는 법률의 조항에 근거한 유죄의 확정판결에 대하여는 재심을 청구할 수 있다.

② [○] 헌법재판소법 제69조

③ [○]

> **헌법재판소법 제26조(심판청구의 방식)** ① 헌법재판소에의 심판청구는 심판절차별로 정하여진 청구서를 헌법재판소에 제출함으로써 한다. 다만, 위헌법률심판에서는 법원의 제청서, 탄핵심판에서는 국회의 소추의결서(訴追議決書)의 정본(正本)으로 청구서를 갈음한다.

④ [○]

> **헌법재판소법 제73조(각하 및 심판회부 결정의 통지)** ① 지정재판부는 헌법소원을 각하하거나 심판회부결정을 한 때에는 그 결정일부터 14일 이내에 청구인 또는 그 대리인 및 피청구인에게 그 사실을 통지하여야 한다. 제72조 제4항 후단의 경우에도 또한 같다.
> ② 헌법재판소장은 헌법소원이 제72조 제4항에 따라 재판부의 심판에 회부된 때에는 다음 각 호의 자에게 지체 없이 그 사실을 통지하여야 한다.
> 1. 법무부장관
> 2. 제68조 제2항에 따른 헌법소원심판에서는 청구인이 아닌 당해 사건의 당사자

⑤ [×]

> **헌법재판소법 제32조(자료제출 요구 등)** 재판부는 결정으로 다른 국가기관 또는 공공단체의 기관에 심판에 필요한 사실을 조회하거나, 기록의 송부나 자료의 제출을 요구할 수 있다. 다만, 재판·소추 또는 범죄수사가 진행 중인 사건의 기록에 대하여는 송부를 요구할 수 없다.

25   정답 ②

ㄱ. [○] 국무회의는 위원 과반수의 출석과 출석 3분의 2 이상의 찬성으로 의결한다.

ㄴ. [○] ㄷ. [×] 시도지사 선거, 비례대표 시도의원 선거에 대한 불복은 소청 후 대법원에 소를 제기한다.

> **공직선거법 제222조(선거소송)** ① 대통령선거 및 국회의원선거에 있어서 선거의 효력에 관하여 이의가 있는 선거인·정당(候補者를 추천한 政黨에 한한다) 또는 후보자는 선거일부터 30일 이내에 당해 선거구선거관리위원회위원장을 피고로 하여 대법원에 소를 제기할 수 있다.
> ② 지방의회의원 및 지방자치단체의 장의 선거에 있어서 선거의 효력에 관한 제220조의 결정에 불복이 있는 소청인(當選人을 포함한다)은 해당 소청에 대하여 기각 또는 각하 결정이 있는 경우(제220조 제1항의 기간 내에 결정하지 아니한 때를 포함한다)에는 해당 선거구선거관리위원회 위원장을, 인용결정이 있는 경우에는 그 인용결정을 한 선거관리위원회 위원장을 피고로 하여 그 결정서를 받은 날(제220조 제1항의 기간 내에 결정하지 아니한 때에는 그 기간이 종료된 날)부터 10일 이내에 비례대표시·도의원선거 및 시·도지사선거에 있어서는 대법원에, 지역구시·도의원선거, 자치구·시·군의원선거 및 자치구·시·군의 장 선거에 있어서는 그 선거구를 관할하는 고등법원에 소를 제기할 수 있다.

ㄹ. [×] 대법관회의의 의장과 선거관리위원회 의장은 의결에서 표결권과 가부동수일 때에 결정권을 가진다.

ㅁ. [○]

> **헌법 제110조** ① 군사재판을 관할하기 위하여 특별법원으로서 군사법원을 둘 수 있다.
> ② 군사법원의 상고심은 대법원에서 관할한다.
> ③ 군사법원의 조직·권한 및 재판관의 자격은 법률로 정한다.
> ④ 비상계엄하의 군사재판은 군인·군무원의 범죄나 군사에 관한 간첩죄의 경우와 초병·초소·유독음식물공급·포로에 관한 죄 중 법률이 정한 경우에 한하여 단심으로 할 수 있다. 다만, 사형을 선고한 경우에는 그러하지 아니하다.

01	③	02	①	03	②	04	③	05	①
06	②	07	①	08	④	09	④	10	④
11	④	12	③	13	④	14	③	15	③
16	②	17	③	18	②	19	②	20	③
21	①	22	③	23	④	24	②	25	③

01　　　　　　　　　　　　　　　　　정답 ③

ㄱ. [×] "공공의 안녕질서 또는 미풍양속을 해하는"이라는 불
온통신의 개념은 너무나 불명확하고 애매하다.(헌재 2002.6.
27.99헌마480)

ㄴ. [○]

ㄷ. [○] 주택 임차인이 계약갱신요구를 할 경우 임대인이 정당
한 사유 없이 거절하지 못하도록 하고, 임대인이 실제 거주
를 이유로 갱신을 거절한 후 정당한 사유 없이 제3자에게
임대한 경우 손해배상책임을 부담시키는 주택임대차보호법
제6조의3 제1항, 제3항 본문, 제5항, 제6항, 계약갱신시
차임이나 보증금 증액청구의 상한을 제한하는 제6조의3 제
3항 단서 중 제7조 제2항에 관한 부분, 보증금을 월 단위
차임으로 전환하는 경우 그 산정률을 정한 제7조의2, 개정
법 시행 당시 존속 중인 임대차에도 개정조항을 적용하도록
한 부칙 제2조는 헌법에 위반되지 않고[합헌, 기각], 개정
주택임대차보호법 해설집의 발간·배포행위에 대한 심판청
구는 부적법하다.(헌재 2024.2.28. 2020헌마343) [각하]

ㄹ. [×] 최소한의 명확성(헌재 1998.4.30. 95헌가16)
모든 법규범의 문언을 순수하게 기술적 개념만으로 구성하
는 것은 입법기술적으로 불가능하고 또 바람직하지도 않기
때문에 어느 정도 가치개념을 포함한 일반적, 규범적 개념
을 사용하지 않을 수 없다. 따라서 명확성의 원칙이란 기본
적으로 최대한이 아닌 최소한의 명확성을 요구하는 것이다.
그러므로 법문언이 해석을 통해서, 즉 법관의 보충적인 가치
판단을 통해서 그 의미내용을 확인해낼 수 있고, 그러한 보
충적 해석이 해석자의 개인적인 취향에 따라 좌우될 가능성
이 없다면 명확성의 원칙에 반한다고 할 수 없다 할 것이다.

02　　　　　　　　　　　　　　　　　정답 ①

① [○] 심판대상조항은 방송편성의 자유와 독립을 보장하기
위하여 방송에 개입하여 부당하게 영향력을 행사하는 '간섭'
에 이르는 행위만을 금지하고 처벌할 뿐이고, 방송법과 다
른 법률들은 방송 보도에 대한 의견 개진 내지 비판의 통로
를 충분히 마련하고 있다. 따라서 심판대상조항이 과잉금지
원칙에 반하여 표현의 자유를 침해한다고 볼 수 없다.(헌재
2021.8.31. 2019헌바439)

② [×] 의료기기법상 의료기기 광고의 심의는 식약처장으로
부터 위탁받은 한국의료기기산업협회가 수행하고 있지만,
법상 심의주체는 행정기관인 식약처장이고, 식약처장이 언
제든지 그 위탁을 철회할 수 있으며, 심의위원회의 구성에
관하여도 식약처고시를 통해 행정권이 개입하고 지속적으

로 영향을 미칠 가능성이 존재하는 이상 그 구성에 자율성
이 보장되어 있다고 보기 어렵다. 식약처장이 심의기준 등
의 개정을 통해 심의 내용 및 절차에 영향을 줄 수 있고,
심의기관의 장이 매 심의결과를 식약처장에게 보고하여야
하며, 식약처장이 재심의를 요청하면 심의기관은 특별한 사
정이 없는 한 이에 따라야 한다는 점에서도 그 심의업무 처
리에 있어 독립성 및 자율성이 보장되어 있다고 보기 어렵
다. 따라서 이 사건 의료기기 광고 사전심의는 행정권이 주
체가 된 사전심사로서 헌법이 금지하는 사전검열에 해당하
고, 이러한 사전심의제도를 구성하는 심판대상조항은 헌법
제21조 제2항의 사전검열금지원칙에 위반된다.(헌재 2020.8.
28. 2017헌가35)

③ [×] 언론의 자유는 한계가 없으므로 음란도 언론 출판의
자유의 보호영역에 해당한다.

④ [×] 인터넷언론사는 선거운동기간 중 당해 홈페이지 게시
판 등에 정당·후보자에 대한 지지·반대 등의 정보를 게시
하는 경우 실명을 확인받는 기술적 조치를 해야 하고, 행정
안전부장관 및 신용정보업자는 실명인증자료를 관리하고
중앙선거관리위원회가 요구하는 경우 지체없이 그 자료를
제출해야 하며, 실명확인을 위한 기술적 조치를 하지 아니
하거나 실명인증의 표시가 없는 정보를 삭제하지 않는 경우
과태료를 부과하도록 정한 공직선거법 조항은 모두 헌법에
위반된다.(헌재 2021.1.28. 2018헌마456)

03　　　　　　　　　　　　　　　　　정답 ②

① [○] 비교집단이 설정되지 않으므로 평등권 침해가 아니다.

② [×] 심판대상조항은 이 사건 형법조항과 똑같은 구성요건
을 규정하면서 법정형의 상한에 '사형'을 추가하고 하한을
2년에서 5년으로 올려놓았다. 이러한 경우 검사는 심판대
상조항을 적용하여 기소하는 것이 특별법 우선의 법리에 부
합할 것이나, 이 사건 형법조항을 적용하여 기소할 수도 있
으므로 어느 법률조항이 적용되는지에 따라 심각한 형의 불
균형이 초래된다. 심판대상조항은 이 사건 형법조항의 구성
요건 이외에 별도의 가중적 구성요건 표지 없이 법적용을
오로지 검사의 기소재량에만 맡기고 있어 법집행기관 스스
로도 혼란을 겪을 수 있고, 수사과정에서 악용될 소지도 있
다. 따라서 심판대상조항은 형벌체계상의 균형을 잃은 것이
명백하므로 평등원칙에 위반된다.(헌재 2014.11.27. 2014헌바224)

③ [○] 평등권 심사의 기준이다.

④ [○] 평등원칙은 기본권의 상향적 제도개선을 언제, 어디
서, 실시하는가를 방해하지 않는다. 즉, 중학교 의무교육을
일시에 전면실시하는 대신 단계적으로 확대실시하도록 한
것은 주로 전면실시에 따르는 국가의 재정적 부담을 고려
한 것으로 실질적 평등의 원칙에 부합된다.(헌재 1991.2.11.
90헌가27)

04　　　　　　　　　　　　　　　　　정답 ③

① [○] 헌재 1991.2.11. 90헌가27

② [○] 헌재 2016.2.25. 2013헌마838

③ [×] 헌법 제31조 제6항에 근거하여 교원의 지위를 정하는 법률을 제정함에 있어서는 교원의 기본권 보장 내지 지위 보장과 함께 국민의 교육을 받을 권리를 보다 효율적으로 보장하기 위한 규정도 반드시 함께 담겨 있어야 할 것이다. 그러므로 위 헌법조항을 근거로 하여 제정되는 법률에는 교원의 신분보장, 경제적·사회적 지위보장 등 교원의 권리에 해당하는 사항뿐만 아니라 국민의 교육을 받을 권리를 저해할 우려 있는 행위의 금지 등 교원의 의무에 관한 사항도 당연히 규정할 수 있는 것이므로 결과적으로 교원의 기본권을 제한하는 사항까지도 규정할 수 있게 되는 것이다.(헌재 1991.7.22. 89헌가106)

④ [○] 헌재 1991.7.22. 89헌가106

05   정답 ①

① [×] 정치자금법상 회계보고된 자료의 열람기간을 3월간으로 정한 정치자금법 제42조 제2항 본문 중 '3월간' 부분은 알 권리를 침해하여 헌법에 위반된다.(헌재 2021.5.27. 2018헌마1168) [위헌, 각하]
열람기간을 제한한 것은 위 입법목적을 달성하는 데 기여하는 적합한 수단이다. 정치자금을 둘러싼 분쟁 등의 장기화 방지 및 행정부담의 경감을 위해 기간의 제한 자체는 둘 수 있다고 하더라도, 현행 열람기간이 지나치게 짧다는 점은 명확하다.

② [○] 헌법재판소는 정보공개법이 제정되기 이전부터, 정부가 보유하고 있는 정보에 대하여 정당한 이해관계가 있는 자가 그 공개를 요구할 수 있는 권리를 알 권리로 인정하고, 이를 표현의 자유에 당연히 포함되는 기본권이라고 선언하였다.(헌재 1989.9.4. 88헌마22)

③ [○] 변호사 성적을 합격자에게 공개하지 않도록 규정한 변호사법 제18조 제1항 본문은 청구인들의 알 권리(정보공개청구권)를 침해한다.(헌재 2015.6.25. 2011헌마769 등) — 수단의 적합성이 인정되지 않았고, 이 사건에서 직업의 자유는 제한되는 기본권이 아니다.

④ [○] 알권리는 헌법에 명문의 규정이 없지만 표현의 자유에서 도출된다.

06   정답 ②

① [×] 1차 TV수신료 사건(헌재 1999.5.27. 98헌바70) [헌법불합치(잠정적용)]
오늘날 법률유보원칙은 단순히 행정작용이 법률에 근거를 두기만 하면 충분한 것이 아니라, 국가공동체와 그 구성원에게 기본적이고도 중요한 의미를 갖는 영역, 특히 국민의 기본권 실현과 관련된 영역에 있어서는 국민의 대표자인 입법자가 그 본질적 사항에 대해서 스스로 결정하여야 한다는 요구까지 내포하고 있다.(의회유보원칙)

② [○] 장애인 의무고용률의 수준 또는 장애인 고용부담금의 금액이 과도하다고 볼 수 없어 최소침해성원칙에 위반되지 아니하며, 장애인의 고용촉진이라는 공익은 그로 인하여 제

한되는 청구인의 직업의 자유 및 재산권에 비하여 적지 않다고 할 것이어서 법익의 균형성도 충족한다. 그러므로 이 사건 고용의무조항 및 고용부담금조항은 청구인의 직업의 자유 및 재산권을 침해하지 아니한다.(헌재 2012.3.29. 2010헌바432)

③ [×] 수신료는 공영방송사업이라는 특정한 공익사업의 소요경비를 충당하기 위한 것으로서 일반 재정수입을 목적으로 하는 조세와 다르다. 또, 텔레비전방송을 수신하기 위하여 수상기를 소지한 자에게만 부과되어 공영방송의 시청가능성이 있는 이해관계인에게만 부과된다는 점에서도 일반 국민 주민을 대상으로 하는 조세와 차이가 있다. 그리고 '공사의 텔레비전방송을 수신하는 자'가 아니라 '텔레비전방송을 수신하기 위하여 수상기를 소지한 자'가 부과대상이므로 실제 방송시청 여부와 관계없이 부과된다는 점, 그 금액이 공사의 텔레비전방송의 수신정도와 관계없이 정액으로 정해져 있는 점 등을 감안할 때 이를 공사의 서비스에 대한 대가나 수익자부담금으로 보기도 어렵다. 따라서 수신료는 공영방송사업이라는 특정한 공익사업의 경비조달에 충당하기 위하여 수상기를 소지한 특정집단에 대하여 부과되는 특별부담금에 해당한다고 할 것이다.(헌재 1999.5.27. 98헌바70) [헌법불합치(잠정적용)]

④ [×] 보건의료기관개설자의 손해배상금 대불비용 부담은, 손해배상금 대불제도를 운영하기 위한 재원 마련을 위한 것이다. 따라서 심판대상조항에 따라 손해배상금 대불비용을 보건의료기관개설자가 부담하는 것은, 손해배상금 대불제도의 시행이라는 특정한 공적 과제의 수행을 위한 재원 마련을 목적으로 보건의료기관개설자라는 특정한 집단이 반대급부 없이 납부하는 공과금의 성격을 가지므로, 재정조달목적 부담금에 해당한다.(헌재 2022.7.21. 2018헌바504)
(1) 의료사고 피해구제 및 의료분쟁 조정 등에 관한 법률 제47조 제2항 후단 중 '그 금액' 부분이 헌법에 합치되지 아니한다. [헌법불합치]
(2) 의료사고 피해구제 및 의료분쟁 조정 등에 관한 법률 제47조 제2항 전단, 같은 항 후단 중 '납부방법 및 관리 등' 부분, 의료사고 피해구제 및 의료분쟁 조정 등에 관한 법률 제47조 제4항은 각 헌법에 위반되지 아니한다. [합헌]
(3) 이 사건 위임조항 중 '그 금액' 부분은 포괄위임금지원칙에 위배된다. [헌법불합치]

07   정답 ①

① [×] 좁은 의미의 직업선택의 자유를 제한함에 있어, 어떤 직업의 수행을 위한 전제요건으로서 일정한 주관적 요건을 갖춘 자에게만 그 직업에 종사할 수 있도록 제한하는 경우에는 이러한 주관적 요건을 갖추도록 요구하는 것이 누구에게나 제한 없이 그 직업에 종사하도록 방임함으로써 발생할 우려가 있는 공공의 손실과 위험을 방지하기 위한 적절한 수단이고, 그 직업을 희망하는 모든 사람에게 동일하게 적용되어야 하며, 주관적 요건 자체가 그 제한목적과 합리적

인 관계가 있어야 한다는 과잉금지원칙이 적용되어야 할 것이다. 다만 과잉금지원칙을 적용함에 있어 일정한 직업의 업무에 실질적으로 필요한 자격요건과 결격사유를 어떻게 설정할 것인가에 관하여는 업무의 내용과 제반여건 등을 종합적으로 고려하여 입법자가 결정할 사항으로서 폭넓은 입법재량권이 부여되어 있으므로, 다른 방법으로 직업의 자유를 제한하는 경우에 비하여 보다 유연하고 탄력적인 심사가 필요하다.(헌재 2005.5.26. 2002헌바67)

② [○] 직업의 자유에 의한 보호의 대상이 되는 직업은 생활의 기본적 수요를 충족시키기 위한 계속적 소득활동을 의미하며, 그 개념표지가 되는 '계속성'은 어느 정도의 계속성만 있으면 되므로, 휴가중에 하는 일, 수습직으로서의 활동 등도 포함된다.

③ [○] 성매매를 한 자를 형사처벌하도록 규정한 '성매매알선 등 행위의 처벌에 관한 법률' 제21조 제1항은 헌법에 위반되지 않는다.(헌재 2016.3.31. 2013헌가2)
   (1) 심판대상조항은 성매매를 형사처벌하여 성매매 당사자(성판매자와 성구매자)의 성적 자기결정권, 사생활의 비밀과 자유 및 성판매자의 직업선택의 자유를 제한하고 있다.
   (2) 불특정인을 상대로 한 성매매와 특정인을 상대로 한 성매매는, 건전한 성풍속 및 성도덕에 미치는 영향, 제3자의 착취 문제 등에 있어 다르다고 할 것이므로, 불특정인에 대한 성매매만을 금지대상으로 규정하고 있는 것이 평등권을 침해한다고 볼 수도 없다

④ [○] 헌법 제15조의 직업의 자유 또는 헌법 제32조의 근로의 권리, 사회국가원리 등에 근거하여 실업방지 및 부당한 해고로부터 근로자를 보호하여야 할 국가의 의무를 도출할 수는 있을 것이나, 국가에 대한 직접적인 직장존속보장청구권을 근로자에게 인정할 헌법상의 근거는 없다.(헌재 2002. 11.28. 2001헌바50)

08 정답 ④

① [○] 비용보상청구권의 제척기간을 무죄판결이 확정된 날부터 6개월로 규정한 구 형사소송법 제194조의3 제2항은 재판청구권 및 재산권을 침해하지 않는다.(헌재 2015.4.30. 2014헌바408)

② [○] 금융회사등에 종사하는 자에게 거래정보등의 제공을 요구하는 것을 금지하고 위반 시 형사처벌하는 구 금융실명거래 및 비밀보장에 관한 법률 제4조 제1항 본문 중 '누구든지 금융회사등에 종사하는 자에게 거래정보등의 제공을 요구하여서는 아니 된다'는 부분 및 제6조 제1항 중 위 해당 부분, 금융실명거래 및 비밀보장에 관한 법률 제4조 제1항 본문 중 '누구든지 금융회사등에 종사하는 자에게 거래정보등의 제공을 요구하여서는 아니 된다'는 부분 및 제6조 제1항 중 위 해당 부분은 과잉금지원칙에 반하여 일반적 행동자유권을 침해하므로 헌법에 위반된다.(헌재 2022.2.24. 2020헌가5) [위헌]
   (1) 심판대상조항은 금융거래정보 유출을 막음으로써 금융

거래의 비밀을 보장하기 위하여 명의인의 동의 없이 금융기관에게 금융거래정보를 요구하는 것을 금지하고 그 위반행위에 대하여 형사처벌을 가하는 것으로, 입법목적의 정당성과 수단의 적합성이 인정된다.
   (2) 심판대상조항은 정보제공요구의 사유나 경위, 행위 태양, 요구한 거래정보의 내용 등을 전혀 고려하지 아니하고 일률적으로 금지하고, 그 위반 시 형사처벌을 하도록 하고 있다. 이는 입법목적을 달성하기 위하여 필요한 범위를 넘어선 것으로 최소침해성의 원칙에 위반된다.

③ [○] 의료인이 임신 32주 이전에 태아의 성별을 임부 등에게 알리는 것을 금지한 의료법 제20조 제2항은 헌법에 위반된다.(헌재 2024.2.28. 2022헌마356) [위헌]
   심판대상조항은 의료인에게 임신 32주 이전에 태아의 성별고지를 금지하여 낙태, 특히 성별을 이유로 한 낙태를 방지함으로써 성비의 불균형을 해소하고 태아의 생명을 보호하기 위해 입법된 것이므로 그 목적의 정당성을 수긍할 수 있다.
   부모가 태아의 성별을 알고자 하는 것은 본능적이고 자연스러운 욕구로 태아의 성별을 비롯하여 태아에 대한 모든 정보에 접근을 방해받지 않을 권리는 부모로서 누려야 할 마땅한 권리이다. 따라서 심판대상조항은 태아의 생명 보호라는 입법목적을 달성하기 위한 수단으로서 적합하지 아니하고, 부모가 태아의 성별 정보에 대한 접근을 방해받지 않을 권리를 필요 이상으로 제약하여 침해의 최소성에 반한다. 이에 따라 심판대상조항은 법익의 균형성도 상실하였고, 결국 과잉금지원칙을 위반하여 부모가 태아의 성별 정보에 대한 접근을 방해받지 않을 권리를 침해한다.

④ [×] 북한 지역으로 전단 등 살포를 하여 국민의 생명·신체에 위해를 끼치거나 심각한 위험을 발생시키는 것을 금지하고, 이를 위반한 경우 처벌하는 '남북관계 발전에 관한 법률' 제24조 제1항 제3호 및 제25조 중 제24조 제1항 제3호에 관한 부분은 헌법에 위반된다.(헌재 2023.9.26. 2020헌마1724) [위헌]
   국가가 이러한 표현 내용을 규제하는 것은 원칙적으로 중대한 공익의 실현을 위하여 불가피한 경우에 한하여 허용되고, 특히 정치적 표현의 내용 중에서도 특정한 견해, 이념, 관점에 기초한 제한은 과잉금지원칙 준수 여부를 심사할 때 더 엄격한 기준이 적용되어야 한다.
   심판대상조항은 국민의 생명·신체의 안전을 보장하고 남북간 긴장을 완화하며 평화통일을 지향하여야 하는 국가의 책무를 달성하기 위한 것으로서 목적의 정당성이 인정되며, 심판대상조항은 입법목적 달성에 적합한 수단이 된다.
   심판대상조항은 전단 등 살포를 금지하면서 미수범도 처벌하고, 징역형까지 두고 있는데, 이는 국가형벌권의 과도한 행사라 하지 않을 수 없는바, 심판대상조항은 침해의 최소성을 충족하지 못한다. 그렇다면 심판대상조항은 과잉금지원칙에 위배되어 청구인들의 표현의 자유를 침해한다.

09 　　　정답 ④

① [○] 헌법 제75조, 제95조
② [○] ③ [○] 포괄위임금지원칙에 대한 설명이다.
④ [×] 법률규정 자체에 위임의 구체적 범위를 명확히 규정하고 있지 아니하여 외형상으로는 일반적·포괄적으로 위임한 것처럼 보이더라도, 그 법률의 전반적인 체계와 취지·목적, 당해 조항의 규정형식과 내용 및 관련 법규를 살펴 이에 대한 해석을 통하여 그 내재적인 위임의 범위나 한계를 객관적으로 분명히 확정될 수 있는 것이라면 이를 일반적·포괄적인 위임에 해당하는 것으로 볼 수는 없다.(대판 1996.3.21. 95누3640 전원합의체)

10 　　　정답 ④

① [○] 거주이전의 자유의 내용이다.
② [○] 심판대상조항에 따른 출국금지결정은 성질상 신속성과 밀행성을 요하므로, 출국금지 대상자에게 사전통지를 하거나 청문을 실시하도록 한다면 국가형벌권 확보라는 출국금지제도의 목적을 달성하는 데 지장을 초래할 우려가 있다. 나아가 출국금지 후 즉시 서면으로 통지하도록 하고 있고, 이의신청이나 행정소송을 통하여 출국금지결정에 대해 사후적으로 다툴 수 있는 기회를 제공하여 절차적 참여를 보장해주고 있으므로 적법절차원칙에 위배된다고 보기 어렵다.(헌재 2015.9.24. 2012헌바302)
③ [○] 헌재 2020.5.27. 2017헌바464
④ [×] 서울특별시 서울광장을 둘러싸 통행을 제지한 행위는 거주·이전과는 관계가 없고 일반적 행동자유권을 침해하는 것이다.

11 　　　정답 ④

① [○] ② [○] 주택 임차인이 계약갱신요구를 할 경우 임대인이 정당한 사유 없이 거절하지 못하도록 하고, 임대인이 실제 거주를 이유로 갱신을 거절한 후 정당한 사유 없이 제3자에게 임대한 경우 손해배상책임을 부담시키는 주택임대차보호법 제6조의3 제1항, 제3항 본문, 제5항, 제6항, 계약갱신시 차임이나 보증금 증액청구의 상한을 제한하는 제6조의3 제3항 단서 중 제7조 제2항에 관한 부분, 보증금을 월 단위 차임으로 전환하는 경우 그 산정률을 정한 제7조의2, 개정 법 시행 당시 존속 중인 임대차에도 개정조항을 적용하도록 한 부칙 제2조는 헌법에 위반되지 않고[합헌, 기각], 개정 주택임대차보호법 해설집의 발간·배포행위에 대한 심판청구는 부적법하다.(헌재 2024.2.28. 2020헌마1343) [각하]
③ [○] 재산권의 범위이다.
④ [×] 선거범죄로 당선이 무효로 된 자에게 이미 반환받은 기탁금과 보전받은 선거비용을 다시 반환하도록 한 구 공직선거법 규정은 공직취임을 배제하거나 공무원 신분을 박탈하는 내용이 아니므로 공무담임권의 보호영역에 속하는 사항을 규정한 것이라고 할 수 없고, 선거범죄를 저지르지 않고 선거를 치르는 대부분의 후보자는 제재대상에 포함되지 아니하여 자력이 충분하지 못한 국민의 입후보를 곤란하게 하는 효과를 갖는다고 할 수 없으므로 이 사건 법률조항은 공무담임권을 제한한다고 할 수 없다. 그 외 재산권, 평등권 등을 침해하지 않는다.(헌재 2011.4.28. 2010헌바232)

12 　　　정답 ③

① [○] 사회적 기본권은 대부분 추상적 권리이므로 법률에 의한 구체화가 필요하다.
② [○] 모든 국민은 인간다운 생활을 할 권리를 가지며 국가는 생활능력 없는 국민을 보호할 의무가 있다는 헌법의 규정은 입법부와 행정부에 대하여는 국민소득, 국가의 재정능력과 정책 등을 고려하여 가능한 범위 안에서 최대한으로 모든 국민이 물질적인 최저생활을 넘어서 인간의 존엄성에 맞는 건강하고 문화적인 생활을 누릴 수 있도록 하여야 한다는 행위의 지침, 즉 행위규범으로서 작용하지만, 헌법재판에 있어서는 다른 국가기관, 즉 입법부나 행정부가 국민으로 하여금 인간다운 생활을 영위하도록 하기 위하여 객관적으로 필요한 최소한의 조치를 취할 의무를 다하였는지의 여부를 기준으로 국가기관의 행위의 합헌성을 심사하여야 한다는 통제규범으로 작용하는 것이다. 그러므로 국가가 인간다운 생활을 보장하기 위한 헌법적인 의무를 다하였는지의 여부가 사법적 심사의 대상이 된 경우에는, 국가가 생계보호에 관한 입법을 전혀 하지 아니하였다든가 그 내용이 현저히 불합리하여 헌법상 용인될 수 있는 재량의 범위를 명백히 일탈한 경우에 한하여 헌법에 위반된다고 할 수 있다.(헌재 1997.5.29. 94헌마33)
③ [×] 헌법 제119조 제2항은 국가가 경제영역에서 실현하여야 할 목표의 하나로서 '적정한 소득의 분배'를 규정하고 있지만, 이로부터 소득에 대하여 누진세율에 따른 종합과세를 시

행하여야 할 구체적인 헌법적 의무가 도출되는 것은 아니다.
④ [○] 헌재 2018.8.30. 2017헌바197

13   정답 ④

① [○] 출생과 동시에 자에게 안정된 법적 지위를 부여함으로써 자의 출생 시 법적 보호의 공백을 없앴다는 측면에서 친생추정은 여전히 자의 복리를 위하여 매우 중요하다.(헌재 2015.4.30. 2013헌마623)

② [○] ③ [○] ④ [×] '혼인 중 여자와 남편 아닌 남자 사이에서 출생한 자녀에 대한 생부의 출생신고'를 허용하는 규정을 두지 아니한 '가족관계의 등록 등에 관한 법률' 제46조 제2항, '가족관계의 등록 등에 관한 법률' 제57조 제1항, 제2항은 모두 헌법에 합치되지 아니한다.(헌재 2023.3.23. 2021헌마975) [헌법불합치(잠정적용)]

(1) 태어난 즉시 '출생등록될 권리'는 기본권이다.
태어난 즉시 '출생등록될 권리'는 '헌법 제10조의 인간의 존엄과 가치 및 행복추구권으로부터 도출되는 일반적 인격권을 실현하기 위한 기본적인 전제로서 헌법 제10조뿐만 아니라, 헌법 제34조 제1항의 인간다운 생활을 할 권리, 헌법 제36조 제1항의 가족생활의 보장, 헌법 제34조 제4항의 국가의 청소년 복지향상을 위한 정책실시 의무 등에도 근거가 있다. 이와 같은 태어난 즉시 '출생등록될 권리'는 앞서 언급한 기본권 등의 어느 하나에 완전히 포섭되지 않으며, 이들을 이념적 기초로 하는 헌법에 명시되지 아니한 독자적 기본권으로서, 자유로운 인격실현을 보장하는 자유권적 성격과 아동의 건강한 성장과 발달을 보장하는 사회적 기본권의 성격을 함께 지닌다.

(2) 혼인 외 출생자인 청구인들의 태어난 즉시 '출생등록될 권리'를 침해한다.
혼인 중인 여자와 남편이 아닌 남자 사이에서 출생한 자녀의 경우, 혼인 중인 여자와 그 남편이 출생신고의 의무자에 해당한다.(가족관계등록법 제46조 제1항) 생부는 모의 남편의 친생자로 추정되는 자신의 혼인 외 자녀에 대하여 곧바로 인지의 효력이 있는 친생자출생신고를 할 수 없다. 그런데 모가 장기간 남편 아닌 남자와 살면서 혼인 외 자녀의 출생신고를 한다는 것은 자신이 아직 혼인관계가 해소되지 않은 상황에서 부정한 행위를 하였다는 점을 자백하는 것이고, 혼인 외 출생한 자녀가 모의 남편의 자녀로 추정됨으로써 남편이 자신의 가족관계등록부를 통하여 쉽게 아내의 부정한 행위를 확인할 수 있다는 점에서 모가 신고의무를 이행할 것이라는 점이 담보되지 않는다.
따라서 심판대상조항들은 입법형성권의 한계를 넘어서서 실효적으로 출생등록될 권리를 보장하고 있다고 볼 수 없으므로, 혼인 중 여자와 남편 아닌 남자 사이에서 출생한 자녀에 해당하는 혼인 외 출생자인 청구인들의 태어난 즉시 '출생등록될 권리'를 침해한다.
심판대상조항들이 생부인 청구인들의 평등권을 침해하는 것은 아니다.

14   정답 ③

① [×] 예비후보자 선거비용을 보전해줄 경우 선거가 조기에 과열되어 예비후보자 제도의 취지를 넘어서 악용될 수 있고, 탈법적인 선거운동 등을 단속하기 위한 행정력의 낭비도 증가할 수 있는 반면, 선거비용 보전 제한조항으로 인하여 후보자가 받는 불이익은 일부 경제적 부담을 지는 것인데, 후원금을 기부받아 선거비용을 지출할 수 있으므로 그 부담이 경감될 수 있다. 따라서 선거비용 보전 제한조항은 법익균형성원칙에도 반하지 않는다. 그러므로 선거비용 보전 제한조항은 청구인들의 선거운동의 자유를 침해하지 않는다.(헌재 2018.7.26. 2016헌마524)

② [×] 국회의원을 후원회지정권자로 정하면서 지방자치법 제2조 제1항 제1호의 '도'의회의원과 같은 항 제2호의 '시'의 회의원을 후원회지정권자에서 제외하고 있는 정치자금법 제6조 제2호는 지방의회의원인 청구인들의 평등권을 침해한다.(헌재 2022.11.24. 2019헌마528) [헌법불합치]
[1] 심판대상조항이 평등권을 침해하는지 여부(적극)
이러한 사정들을 종합하여 보면, 심판대상조항이 국회의원과 달리 지방의회의원을 후원회지정권자에서 제외하고 있는 것은 불합리한 차별로서 청구인들의 평등권을 침해한다.

③ [○] 지역구 국회의원 예비후보자의 기탁금 반환사유를 예비후보자의 사망, 당내경선 탈락으로 한정(공천탈락 제외)하고 있는 공직선거법 제57조 제1항 제1호 다목 중 지역구 국회의원 선거와 관련된 부분은 재산권을 침해한다.(헌재 2018.1.28. 2016헌마541) [헌법불합치(계속적용)] – 목적의 정당성 및 수단의 적합성은 인정되지만 침해의 최소성원칙, 법익균형성에 위반된다.

④ [×] 심판대상조항은 입법목적을 달성하는 데 지장이 없는 선거운동방법, 즉 돈이 들지 않는 방법으로서 '후보자 간 경제력 차이에 따른 불균형 문제'나 '사회·경제적 손실을 초래할 위험성'이 낮은, 개별적으로 대면하여 말로 지지를 호소하는 선거운동까지 금지하고 처벌함으로써, 과잉금지원칙에 반하여 선거운동 등 정치적 표현의 자유를 과도하게 제한하고 있다. 결국 이 사건 선거운동기간조항 중 선거운동기간 전에 개별적으로 대면하여 말로 하는 선거운동에 관한 부분, 이 사건 처벌조항 중 '그 밖의 방법'에 관한 부분 가운데 개별적으로 대면하여 말로 하는 선거운동을 한 자에 관한 부분은 과잉금지원칙에 반하여 선거운동 등 정치적 표현의 자유를 침해한다.(헌재 2022.2.24. 2018헌바146)

15   정답 ③

① [×] 공무담임권은 공직취임권, 신분보유권, 승진의 기회균등 3가지로 이루어진다.

② [×] 국가공무원법 제33조 제6호의4 나목 중 아동복지법 제17조 제2호 가운데 '아동에게 성적 수치심을 주는 성희롱 등의 성적 학대행위로 형을 선고받아 그 형이 확정된 사람은 국가공무원법 제2조 제2항 제1호의 일반직공무원으로 임용될 수 없도록 한 것'에 관한 부분 및 군인사법 제10조

제2항 제6호의4 나목 중 아동복지법 제17조 제2호 가운데 '아동에게 성적 수치심을 주는 성희롱 등의 성적 학대행위로 형을 선고받아 그 형이 확정된 사람은 부사관으로 임용될 수 없도록 한 것'에 관한 부분이 헌법에 합치되지 아니한다.(헌재 2022.11.24. 2020헌마181) [헌법불합치]
수단의 적합성도 인정된다. 개별 범죄의 비난가능성 및 재범위험성 등을 고려하여 상당한 기간 동안 임용을 제한하는 덜 침해적인 방법으로도 입법목적을 충분히 달성할 수 있다. 따라서 심판대상조항은 과잉금지원칙에 위반되어 청구인의 공무담임권을 침해한다.

③ [○] 이 사건 법률조항은 과잉금지원칙에 위배하여 공무담임권을 침해하는 조항이라고 할 것이다.(헌재 2003.10.30. 2002헌마684)

④ [×] 국가공무원이 피성년후견인이 된 경우 당연퇴직되도록 한 구 국가공무원법 제69조 제1호 중 제33조 제1호 가운데 '피성년후견인'에 관한 부분, 구 국가공무원법 제69조 제1항 중 제33조 제1호 가운데 '피성년후견인'에 관한 부분 및 국가공무원법 제69조 제1항 중 제33조 제1호에 관한 부분은 모두 헌법에 위반된다.(헌재 2022.12.22. 2020헌가8) [위헌]
수단의 적합성도 인정된다. 심판대상조항은 침해의 최소성에 반한다. 결국 심판대상조항은 과잉금지원칙에 반하여 공무담임권을 침해한다.

16
정답 ②

① [○] 신앙의 자유와 양심형성의 자유는 성질상 제한 불가능한 기본권이다.

② [×] 연 2회 실시되는 간호조무사 국가시험을 모두 토요일에 실시하고 시험 요일을 다양화하지 않았다고 하여 그로 인한 기본권 제한이 지나치다고 볼 수 없다.(헌재 2023.6.29. 2021헌마171)

③ [○] ④ [○] 종교의 자유에서 종교에 대한 적극적인 우대조치를 요구할 권리가 직접 도출되거나 우대할 국가의 의무가 발생하지 아니한다. 종교시설의 건축행위에만 기반시설부담금을 면제한다면 국가가 종교를 지원하여 종교를 승인하거나 우대하는 것으로 비칠 소지가 있어 헌법 제20조 제2항의 국교금지·정교분리에 위배될 수도 있다고 할 것이므로 종교시설의 건축행위에 대하여 기반시설부담금 부과를 제외하거나 감경하지 아니하였더라도, 종교의 자유를 침해하는 것이 아니다.(헌재 2010.2.25. 2007헌바31)

17
정답 ③

① [○] 강제퇴거명령을 받은 사람을 보호할 수 있도록 하면서 보호기간의 상한을 마련하지 아니한 출입국관리법 제63조 제1항은 과잉금지원칙 및 적법절차원칙에 위배되어 피보호자의 신체의 자유를 침해하는 것으로, 헌법에 합치되지 아니한다.(헌재 2023.3.23. 2020헌가1) [헌법불합치(잠정적용)]

[1] 과잉금지원칙 위반
심판대상조항은 강제퇴거대상자를 대한민국 밖으로 송환할 수 있을 때까지 보호시설에 인치·수용하여 강제퇴거명령을 효율적으로 집행할 수 있도록 함으로써 외국인의 출입국과 체류를 적절하게 통제하고 조정하여 국가의 안전과 질서를 도모하고자 하는 것으로, 입법목적의 정당성과 수단의 적합성은 인정된다.
그러나 보호기간의 상한을 두지 아니함으로써 강제퇴거대상자를 무기한 보호하는 것을 가능하게 하는 것은 보호의 일시적·잠정적 강제조치로서의 한계를 벗어나는 것이라는 점, … 등을 고려하면, 심판대상조항은 침해의 최소성과 법익균형성을 충족하지 못한다. 따라서 심판대상조항은 과잉금지원칙을 위반하여 피보호자의 신체의 자유를 침해한다.

[2] 적법절차원칙 위반
당사자에게 의견 및 자료 제출의 기회를 부여하는 것은 적법절차원칙에서 도출되는 중요한 절차적 요청이므로, 심판대상조항에 따라 보호를 하는 경우에도 피보호자에게 위와 같은 기회가 보장되어야 하나, 심판대상조항에 따른 보호명령을 발령하기 전에 당사자에게 의견을 제출할 수 있는 절차적 기회가 마련되어 있지 아니하다. 따라서 심판대상조항은 적법절차원칙에 위배되어 피보호자의 신체의 자유를 침해한다.

② [○] 금치처분 받은 수용자에 대한 처우제한 사건(헌재 2016. 5.26. 2014헌마45)

(1) 조사기간 중 다른 사람과의 접촉이 가능한 처우를 제한할 수 있도록 한 형의 집행 및 수용자의 처우에 관한 법률 제110조 제2항, 금치기간 중 신문열람, 자비구매물품 중 신문·도서·잡지 사용, 전화통화, 집필, 서신수수, 접견을 제한하도록 한 형집행법 제112조 제3항 본문 중 제108조 제5호, 제7호의 신문·도서·잡지에 관한 부분에 대한 심판청구는 모두 부적법하다.

(2) 금치기간 중 공동행사 참가, 신문·도서·잡지 외 자비구매물품 사용을 제한하도록 한 형집행법 제112조 제3항 중 제108조 제4호, 제7호의 신문·도서·잡지 외 자비구매물품에 관한 부분은 모두 헌법에 위반되지 아니한다.

(3) 금치기간 중 실외운동을 제한하도록 한 형집행법 제112조 제3항 중 제108조 제13호에 관한 부분은 기본권을 침해하여 헌법에 위반된다.

(4) 금치기간 중 텔레비전 시청을 제한하는 형집행법 제112조 제3항 중 제108조 제6호에 관한 부분은 헌법에 위반되지 아니한다.

③ [×] 외국에서 형의 전부 또는 일부의 집행을 받은 자에 대하여 형을 감경 또는 면제할 수 있도록 규정한 형법 제7조는 이중처벌금지원칙에 위배되지 않지만, 신체의 자유를 침해한다. (헌재 2015.5.28. 2013헌바129) [헌법불합치(잠정적용)]
형사판결은 국가주권의 일부분인 형벌권 행사에 기초한 것으로서, 외국의 형사판결은 원칙적으로 우리 법원을 기속하지 않으므로 동일한 범죄행위에 관하여 다수의 국가에서 재판 또는 처벌을 받는 것이 배제되지 않는다. 따라서 이중처벌금지원칙은 동일한 범죄에 대하여 대한민국 내에서 거듭

형벌권이 행사되어서는 안 된다는 뜻으로 새겨야 할 것이므로 이 사건 법률조항은 헌법 제13조 제1항의 이중처벌금지 원칙에 위배되지 아니한다.

이 사건 법률조항은 신체의 자유를 침해한다.

④ [○] 정식재판청구권 회복청구를 하는 자는 약식명령의 확정력을 다투는 자이긴 하나 여전히 약식명령의 확정력을 받고 있는 자이므로 재판의 집행을 받았다고 하여 부당하다고 볼 수 없고, 설령 회복된 정식재판에서 무죄판결을 받는다고 하더라도 형사보상을 받을 수 있으며, 재판의 부당한 집행으로부터 피고인을 보호하면서 국가형벌권의 적정한 실현을 조화롭게 달성하기 위해서는 일률적으로 재판의 집행을 정지하는 것보다 법원이 구체적 사정을 고려하여 재판의 집행정지 여부를 결정하도록 하는 것이 바람직하다. 따라서 이 사건 법률조항이 신체의 자유를 침해한다고 볼 수 없다.
(헌재 2014.5.29. 2012헌마104)

18 　　　　　　　　　　　　　　　　　　정답 ②

① [○] 국가배상법 제2조 소정의 '공무원'이라 함은 국가공무원법이나 지방공무원법에 의하여 공무원으로서의 신분을 가진 자에 국한하지 않고, 널리 공무를 위탁받아 실질적으로 공무에 종사하고 있는 일체의 자를 가리킨다. (대판 1991.7.9. 91다5570)

② [×]
(1) 형사보상청구의 제척기간을 1년으로 정한 것(헌재 2010.7.29. 2008헌가4) [헌법불합치]
형사보상의 청구는 무죄재판이 확정된 때로부터 1년 이내에 하도록 규정하고 있는 형사보상법 제7조는 헌법 제28조에 합치되지 아니한다. … 이 사건 법률조항은 형사소송법상 형사피고인이 재정하지 아니한 가운데 재판할 수 있는 예외적인 경우를 상정하고 있는 등 형사피고인은 당사자가 책임질 수 없는 사유에 의하여 무죄재판의 확정사실을 모를 수 있는 가능성이 있으므로, 형사피고인이 책임질 수 없는 사유에 의하여 제척기간을 도과할 가능성이 있는 바, 이는 국가의 잘못된 형사사법작용에 의하여 신체의 자유라는 중대한 법익을 침해받은 국민의 기본권을 사법상의 권리보다도 가볍게 보호하는 것으로서 부당하다.
(2) 형사보상결정에 대한 불복금지(헌재 2010.10.28. 2008헌마514) [일부각하, 위헌]
가. 형사보상청구금액의 상한제 [기각]
형사보상청구권은 헌법 제28조에 따라 '법률이 정하는 바에 의하여' 행사되므로 그 내용은 법률에 의해 정해지는 바, 형사보상의 구체적 내용과 금액 및 절차에 관한 사항은 입법자가 정하여야 할 사항이다. … 보상금액의 구체화·개별화를 추구할 경우에는 개별적인 보상금액을 산정하는데 상당한 기간의 소요 및 절차의 지연을 초래하여 형사보상제도의 취지에 반하는 결과가 될 위험이 크고 나아가 그로 인하여 형사보상금의 액수에 지나친 차등

이 발생하여 오히려 공평의 관념을 저해할 우려가 있는 바, 이 사건 보상금조항 및 이 사건 보상금시행령조항은 청구인들의 형사보상청구권을 침해한다고 볼 수 없다.
나. 형사보상결정에 대한 불복금지 [위헌]
형사보상의 청구에 대하여 한 보상의 결정에 대하여는 불복을 신청할 수 없도록 하여 형사보상의 결정을 단심재판으로 규정한 형사보상법 제19조 제1항은 청구인들의 형사보상청구권 및 재판청구권을 침해한다.

③ [○]

④ [○] 국가배상은 사경제작용을 제외한 모든 국가작용에 인정된다.

19 　　　　　　　　　　　　　　　　　　정답 ②

① [○] 헌재 1992.10.1. 92헌마68 등

② [×] 대학의 자치의 주체를 기본적으로 대학으로 본다고 하더라도 교수나 교수회의 주체성이 부정된다고 볼 수는 없고, 가령 학문의 자유를 침해하는 대학의 장에 대한 관계에서는 교수나 교수회가 주체가 될 수 있고, 또한 국가에 의한 침해에 있어서는 대학 자체 외에도 대학 전구성원이 자율성을 갖는 경우도 있을 것이므로 문제되는 경우에 따라서 대학, 교수, 교수회 모두가 단독 혹은 중첩적으로 주체가 될 수 있다. (헌재 2006.4.27. 2005헌마1047)

③ [○]

④ [○] 헌재 2015.11.26. 2012헌바300

20 　　　　　　　　　　　　　　　　　　정답 ③

① [×] 위헌결정이 선고된 법률에 대한 헌법소원심판청구는, 비록 위헌결정이 선고되기 이전에 심판청구된 것일지라도 더 이상 심판의 대상이 될 수 없으므로 부적법하다. (헌재 1994.4.28. 92헌마280)

② [×] 명령·규칙이 헌법이나 법률에 위반되는 여부가 재판의 전제가 된 경우에는 대법원이 이를 최종적으로 심사할 권한을 가지고 헌법재판소가 판단하지 못하지만, 명령·규칙에 의하여 직접 기본권을 침해당하는 경우에는 헌법재판소법 제68조 제1항의 헌법소원심판을 청구할 수 있다.

③ [○] 행정규칙은 원칙적으로 헌법소원의 대상이 아니지만, 재량준칙과 법령보충적행정규칙은 헌법소원의 대상이 된다.

④ [×] 원행정처분(행정소송을 거친 처분)에 대한 헌법소원은 원칙적으로 안되지만, 그 행정처분을 심판대상으로 삼았던 법원의 그 재판 자체가 취소되는 경우에만 당해 행정처분이 헌법재판소법 제68조 제1항의 헌법소원심판의 대상이 된다.

21 정답 ①

① [×] ② [○] ③ [○] ④ [○]
　탄핵사건 주요 내용 정리(헌재 2017.3.10. 2016헌나1) [인용, 파면]
　적법요건에 관한 판단
　이사건 소추의결이 아무런 토론없이 진행되었다는 점에 관
　하여 의결 당시 상황을 살펴보면, 토론없이 표결이 이루어
　진 것은 사실이나, 국회법상 반드시 토론을 거쳐야 한다는
　규정이 없다.

22 정답 ③

① [○]
② [○] 사면, 감형, 복권은 모두 국무회의를 거쳐야 하지만,
　일반사면은 국회의 동의도 필요하다.
③ [×] ④ [○] 형의 선고에 따른 기성의 효과는 사면, 감형
　및 복권으로 인하여 변경될 수 없다.

23 정답 ④

① [○] 피청구인이 징계처분에 대하여 불복하려는 경우에는
　징계처분이 있음을 안날부터 14일 이내에 전심(前審)절차
　를 거치지 아니하고 대법원에 징계처분의 취소를 청구하여
　야 한다.(법관징계법 제27조 제1항) 대법원은 제1항의 취
　소청구사건을 단심(單審)으로 재판한다.(같은 법 제27조
　제2항)
② [○]

> **헌법 제105조** ① 대법원장의 임기는 6년으로 하며, 중임할 수
> 없다.
> ② 대법관의 임기는 6년으로 하며, 법률이 정하는 바에 의하여
> 연임할 수 있다.
> ③ 대법원장과 대법관이 아닌 법관의 임기는 10년으로 하며,
> 법률이 정하는 바에 의하여 연임할 수 있다.

③ [○] 헌법 제109조
④ [×]

> **헌법 제108조** 대법원은 법률에 저촉되지 아니하는 범위 안에서
> 소송에 관한 절차, 법원의 내부규율과 사무처리에 관한 규칙을
> 제정할 수 있다.

24 정답 ②

① [○] 헌재 1997.7.16. 96헌라2
② [×] ③ [○] 정당은 현대의 대의제 민주주의에 없어서는
　안 될 중요한 공적 기능을 수행하고 있으나, 정당은 국민의
　자발적 조직으로, 그 법적 성격은 일반적으로 사적ㆍ정치적
　결사 내지는 법인격 없는 사단인바, 공권력의 행사 주체로
　서 국가기관의 지위를 갖는 것은 아니다. 따라서 정당은 특
　별한 사정이 없는 한 권한쟁의심판절차의 당사자가 될 수
　없다.(헌재 2020.5.27. 2019헌라6)
　국회법 제33조 제1항 본문은 정당이 교섭단체가 될 수 있다
　고 규정하고 있다. 그러나 헌법은 권한쟁의심판청구의 당사

자로 국회의원들의 모임인 교섭단체에 대해서 규정하고 있
지 않다. 또한 교섭단체의 권한 침해는 교섭단체에 속한 국
회의원 개개인의 심의ㆍ표결권 등 권한 침해로 이어질 가능
성이 높은바, 교섭단체와 국회의장 등 사이에 쟁의가 발생하
더라도 국회의원과 국회의장 등 사이의 권한쟁의심판으로
해결할 수 있어, 위와 같은 쟁의를 해결할 적당한 기관이나
방법이 없다고 할 수 없다. 이러한 점을 종합하면, 교섭단체
는 그 권한침해를 이유로 권한쟁의심판을 청구할 수 없다.
④ [○] 경상남도 교육감이 경상남도를 상대로 학교급식에 관
　한 감사권한을 침해당하였다며 제기한 권한쟁의심판 사건
　에서, 교육감은 해당 지방자치단체의 교육ㆍ학예에 관한 집
　행기관일 뿐 독립한 권리주체로 볼 수 없으므로, 교육감이
　해당 지방자치단체를 상대로 제기한 심판청구는 헌법재판
　소가 관장하는 지방자치단체 상호 간의 권한쟁의심판 청구
　로 볼 수 없어 부적법하다. (헌재 2016.6.30. 2014헌라1)
　(1) 지방자치단체상호간의 권한쟁의심판청구로 볼 수 없다.
　(2) 지방자치단체의 종류를 예시적으로 볼 수 없다.

25 정답 ③

① [○]

> **헌법재판소법 제30조(심리의 방식)** ① 탄핵의 심판, 정당해산의
> 심판 및 권한쟁의 심판은 구두변론에 의한다.
> ② 위헌법률의 심판과 헌법소원에 관한 심판은 서면심리에 의
> 한다. 다만, 재판부는 필요하다고 인정하는 경우에는 변론을 열
> 어 당사자, 이해관계인, 그 밖의 참고인의 진술을 들을 수 있다.
> ③ 재판부가 변론을 열 때에는 기일을 정하여 당사자와 관계인
> 을 소환하여야 한다.

② [○]
③ [×]

> **헌법재판소법 제47조(위헌결정의 효력)** ① 법률의 위헌결정은 법
> 원과 그 밖의 국가기관 및 지방자치단체를 기속(羈束)한다.
> ② 위헌으로 결정된 법률 또는 법률의 조항은 그 결정이 있는
> 날부터 효력을 상실한다.
> ③ 제2항에도 불구하고 형벌에 관한 법률 또는 법률의 조항은
> 소급하여 그 효력을 상실한다. 다만, 해당 법률 또는 법률의 조
> 항에 대하여 종전에 합헌으로 결정한 사건이 있는 경우에는 그
> 결정이 있는 날의 다음 날로 소급하여 효력을 상실한다.
> ④ 제3항의 경우에 위헌으로 결정된 법률 또는 법률의 조항에
> 근거한 유죄의 확정판결에 대하여는 재심을 청구할 수 있다.

④ [○]

> **헌법재판소법 제25조(대표자ㆍ대리인)** ① 각종 심판절차에서 정
> 부가 당사자(참가인을 포함한다. 이하 같다)인 경우에는 법무부
> 장관이 이를 대표한다.
> ② 각종 심판절차에서 당사자인 국가기관 또는 지방자치단체는
> 변호사 또는 변호사의 자격이 있는 소속 직원을 대리인으로 선
> 임하여 심판을 수행하게 할 수 있다.
> ③ 각종 심판절차에서 당사자인 사인(私人)은 변호사를 대리인
> 으로 선임하지 아니하면 심판청구를 하거나 심판 수행을 하지
> 못한다. 다만, 그가 변호사의 자격이 있는 경우에는 그러하지
> 아니하다.

01	③	02	①	03	②	04	③	05	①
06	③	07	④	08	①	09	②	10	②
11	③	12	②	13	②	14	③	15	①
16	②	17	③	18	④	19	②	20	①
21	④	22	①	23	③	24	④	25	①
26	②	27	①	28	②	29	③	30	④
31	①	32	②	33	③	34	④	35	①
36	②	37	③	38	④	39	②	40	③

01   정답 ③

① [○] 헌법은 전문과 각 개별조항이 서로 밀접한 관련을 맺으면서 하나의 통일된 가치체계를 이루고 있는 것으로서, 헌법의 제규정 가운데는 헌법의 근본가치를 보다 추상적으로 선언한 것도 있으므로 이념적·논리적으로는 헌법규범 상호 간의 우열을 인정할 수 있는 것이 사실이다. 그러나 이때 인정되는 헌법규범 상호 간의 우열은 추상적 가치규범의 구체화에 따른 것으로서 헌법의 통일적 해석에 있어서는 유용할 것이지만, 그것이 헌법의 어느 특정 규정이 다른 규정의 효력을 전면적으로 부인할 수 있을 정도의 개별적 헌법규정 상호 간에 효력상의 차등을 의미하는 것이라고는 볼 수 없다. (헌재 1996.6.13. 94헌마118)

② [○] 헌법 개정은 헌법 제130조가 규정하는 절차에 의해서만 가능하다.

③ [×]

> 공직선거법 제224조(선거무효의 판결 등) 소청이나 소장을 접수한 선거관리위원회 또는 대법원이나 고등법원은 선거쟁송에 있어 선거에 관한 규정에 위반된 사실이 있는 때라도 선거의 결과에 영향을 미쳤다고 인정하는 때에 한하여 선거의 전부나 일부의 무효 또는 당선의 무효를 결정하거나 판결한다.

④ [○]

> 국민투표법 제92조(국민투표무효의 소송) 국민투표의 효력에 관하여 이의가 있는 투표인은 투표인 10만인 이상의 찬성을 얻어 중앙선거관리위원회위원장을 피고로 하여 투표일로부터 20일 이내에 대법원에 제소할 수 있다.

02   정답 ①

① [×] 개별법률의 적용 내지 준용에 있어서는 남북한의 특수관계적 성격을 고려하여 북한지역을 외국에 준하는 지역으로, 북한주민 등을 외국인에 준하는 지위에 있는 자로 규정할 수 있다고 할 것이다. (대판 2004.11.12. 2004도4044)

② [○] 북한이탈주민의 보호 및 정착지원에 관한 법률 제9조 제1항 제1호 위헌소원(헌재 2014.3.27. 2012헌바192)

　(1) 이 사건 법률조항의 문언과 입법취지 등에 비추어 볼 때, 이 사건 법률조항의 마약거래는 향정신성의약품의 거래를 포함하는 것으로서 영리 목적이나 상습성이 있는 거래에 국한되는 것이 아님을 알 수 있으므로, 이 사

건 법률조항은 명확성원칙에 위배되지 않는다.

　(2) 마약거래범죄자라는 이유로 보호대상자로 결정되지 못한 북한이탈주민도 북한이탈주민의 보호 및 정착지원에 관한 법률에 따른 정착지원시설 보호, 거주지 보호, 학력 및 자격 인정, 국민연금 특례 등의 보호 및 지원을 받을 수 있고, 일정한 요건 아래 국민기초생활 보장법에 따른 급여 등을 받을 수 있는 등으로 인간다운 생활을 위한 객관적인 최소한의 보장을 받고 있으므로, 이 사건 법률조항이 마약거래범죄자인 북한이탈주민의 인간다운 생활을 할 권리를 침해한다고 볼 수 없다.

③ [○]

> 북한이탈주민의 보호 및 정착지원에 관한 법률 제2조(정의) 이 법에서 사용하는 용어의 뜻은 다음과 같다.
> 1. "북한이탈주민"이란 군사분계선 이북지역(이하 "북한"이라 한다)에 주소, 직계가족, 배우자, 직장 등을 두고 있는 사람으로서 북한을 벗어난 후 외국 국적을 취득하지 아니한 사람을 말한다.

④ [○] 헌재 2006.11.30. 2006헌마679

03   정답 ②

가. [○] 제5차개헌에서 헌법전문을 처음으로 규정했으며, 4·19, 5·16을 규정하였다.

나. [×] "자유민주적 기본질서에 입각한 평화적 통일정책"은 현행 헌법에서 처음 규정 했으며, 전문이 아니라 본문에 있다. 평화통일은 제7차 개헌에서 규정했으며 헌법전문에 있다.

다. [○] 임시정부의 법통계승 부분의 효력(헌재 2005.6.30. 2004헌마859)

　이는 대한민국이 일제에 항거한 독립운동가의 공헌과 희생을 바탕으로 이룩된 것임을 선언한 것이고, 그렇다면 국가는 일제로부터 조국의 자주독립을 위하여 공헌한 독립유공자와 그 유족에 대하여는 응분의 예우를 하여야 할 헌법적 의무를 지닌다.

라. [○] 헌법 전문에서 '대한민국은 3·1운동으로 건립된 대한민국임시정부의 법통을 계승하(였다)'라고 규정되어 있지만, 위 내용만으로 위와 같은 작위의무가 헌법에서 유래하는 작위의무로 특별히 구체적으로 규정되어 있다거나 해석상 도출된다고 볼 수 없다. (헌재 2019.7.2. 2019헌마647)

04   정답 ③

① [○] 헌재 2000.3.30. 99헌바113

② [○] 대의제 민주주의에서 주권의 소재는 국민이지만, 통치권의 담당자는 대통령, 국회 등이다.

③ [×] 민주주의 원리의 한 내용인 국민주권주의는 모든 국가권력이 국민의 의사에 기초해야 한다는 의미이지만, 국민이 정치적 의사결정에 관한 모든 정보를 제공받고 직접 참여하여야 한다는 것은 아니다.

④ [○] 국민주권의 내용이다.

05 정답 ①

① [×] 양심적 병역거부를 이유로 유죄판결을 받은 청구인들의 개인통보에 대하여 자유권규약위원회(Human Rights Committee)가 채택한 견해(Views)에 따른, 전과기록 말소 및 충분한 보상 등 구제조치를 이행하는 법률을 제정할 입법의무가 피청구인인 대한민국 국회에게 발생하였다고 볼 수 없으므로, 그러한 법률을 제정하지 아니한 입법부작위의 위헌확인을 구하는 헌법소원심판청구는 부적법하다. (헌재 2018.7.26. 2011헌마306) [각하]

자유권규약의 조약상 기구인 자유권규약위원회의 견해는 규약을 해석함에 있어 중요한 참고기준이 되고, 규약 당사국은 그 견해를 존중하여야 한다. 특히 우리나라는 자유권규약을 비준함과 동시에, 자유권규약위원회의 개인통보 접수·심리 권한을 인정하는 내용의 선택의정서(Optional Protocol to the International Covenant on Civil and Political Rights)에 가입하였으므로, 대한민국 국민이 제기한 개인통보에 대한 자유권규약위원회의 견해(Views)를 존중하고, 그 이행을 위하여 가능한 범위에서 충분한 노력을 기울여야 한다. 다만, 자유권규약위원회의 심리는 서면으로 비공개로 진행되는 점 등을 고려하면, 개인통보에 대한 자유권규약위원회의 견해(Views)에 사법적인 판결이나 결정과 같은 법적 구속력이 인정된다고 단정하기는 어렵다.

② [○] 소송비용 담보제공명령에 관한 법률 규정은, 우리나라에 효력이 있는 국제법과 조약 중 국내에 주소 등을 두고 있지 아니한 외국인이 소를 제기한 경우에 소송비용 담보제공명령을 금지하는 것을 찾아 볼 수 없으므로, 헌법 제6조 제2항에 위배되지 아니한다.(헌재 2012.11.29. 2011헌바173)

③ [○] 우리 헌법에서 말하는 '전통', '전통문화'란 오늘날의 의미로 재해석되어야 하므로, 전래의 어떤 가족제도가 헌법 제36조 제1항이 요구하는 개인의 존엄과 양성평등에 반한다면 헌법 제9조를 근거로 그 헌법적 정당성을 주장할 수는 없다.

④ [○] 문화유산은 존속가치가 중요한 것이지 가치보장은 문화유산의 보호와는 거리가 있다.

06 정답 ③

① [○] 헌법상 근로의 권리는 '일할 자리에 관한 권리'만이 아니라 '일할 환경에 관한 권리'도 의미하는데, '일할 환경에 관한 권리'는 인간의 존엄성에 대한 침해를 방어하기 위한 권리로서 외국인에게도 인정되며, 건강한 작업환경, 일에 대한 정당한 보수, 합리적인 근로조건의 보장 등을 요구할 수 있는 권리 등을 포함한다. … 이 사건 출국만기보험금은 퇴직금의 성질을 가지고 있어서 그 지급시기에 관한 것은 근로조건의 문제이므로 외국인 청구인들에게도 기본권주체성이 인정된다.(헌재 2016.3.31. 2014헌마367)

② [○] 외국인고용법이 외국인 근로자에게 사업장 변경을 3회로 제한한 것은 헌법에 위반되지 않는다.(헌재 2011.9.29. 2007헌마1083) [기각]

(1) 관련 기본권의 확정

직장변경의 횟수를 제한하고 있는 이 사건 법률조항은 위와 같은 근로의 권리를 제한하는 것은 아니라 할 것이다. 한편, 이 사건 법률조항은 외국인 근로자의 사업장 최대변경가능 횟수를 설정하고 있는바, 이로 인하여 외국인 근로자는 일단 형성된 근로관계를 포기(직장이탈)하는데 있어 제한을 받게 되므로 이는 직업선택의 자유 중 직장선택의 자유를 제한하고 있다.

(2) 자유로운 직업을 선택·결정을 할 자유는 외국인도 누릴 수 있는 인간의 권리로서의 성질을 지닌다고 볼 것이다. 직업의 자유 중 이 사건에서 문제되는 직장선택의 자유는 인간의 존엄과 가치 및 행복추구권과도 밀접한 관련을 가지는 만큼 단순히 국민의 권리가 아닌 인간의 권리로 보아야 할 것이므로 권리의 성질상 참정권, 사회권적 기본권, 입국의 자유 등과 같이 외국인의 기본권 주체성을 전면적으로 부정할 수는 없고, 외국인도 제한적으로라도 직장선택의 자유를 향유할 수 있다고 보아야 한다. 한편 외국인에게 직장선택의 자유에 대한 기본권 주체성을 인정한다는 것이 곧바로 이들에게 우리 국민과 동일한 수준의 직장선택의 자유가 보장된다는 것을 의미하는 것은 아니라고 할 것이다.

③ [×] 의료인의 면허된 의료행위 이외의 의료행위를 금지하고 처벌하는 의료법 규정에 관한 부분에 대한 심판청구에 대하여 외국인인 청구인의 직업의 자유 및 평등권에 관한 기본권주체성은 인정되지 않는다. (헌재 2014.8.28. 2013헌마359)

(1) 심판대상조항이 제한하고 있는 직업의 자유는 국가자격제도정책과 국가의 경제상황에 따라 법률에 의하여 제한할 수 있는 국민의 권리에 해당한다. 국가정책에 따라 정부의 허가를 받은 외국인은 정부가 허가한 범위 내에서 소득활동을 할 수 있는 것이므로, 외국인이 국내에서 누리는 직업의 자유는 법률에 따른 정부의 허가에 의해 비로소 발생하는 권리이다. 따라서 외국인인 청구인에게는 그 기본권주체성이 인정되지 아니하며, 자격제도 자체를 다툴 수 있는 기본권주체성이 인정되지 아니하는 이상 국가자격제도에 관련된 평등권에 관하여 따로 기본권주체성을 인정할 수 없다.

(2) 의료인을 수범자로 한 심판대상조항에 대한 심판청구에 대해 의료소비자인 청구인은 자기관련성이 인정되지 않는다.

④ [○] 외국인이 대한민국 국적을 취득한 경우 일정 기간 내에 그 외국 국적을 포기하도록 한 국적법 제10조 제1항에 대한 심판청구에 대해 외국인인 청구인들의 참정권, 입국의 자유, 재산권, 행복추구권에 관한 기본권 주체성 또는 기본권 침해가능성 요건이 인정되지 않는다. (헌재 2014.6.26. 2011헌마502)

(1) 참정권과 입국의 자유에 대한 외국인의 기본권 주체성이 인정되지 않고, 외국인이 대한민국 국적을 취득하면서 자신의 외국 국적을 포기한다 하더라도 이로 인하여 재산권 행사가 직접 제한되지 않으며, 외국인이 복수국적을 누릴 자유가 우리 헌법상 행복추구권에 의하여 보

호되는 기본권이라고 보기 어려우므로, 외국인의 기본권 주체성 내지 기본권 침해가능성을 인정할 수 없다.

(2) 대한민국 국민이 자진하여 외국 국적을 취득한 경우 대한민국 국적을 상실하도록 한 국적법 제15조 제1항은 청구인의 거주·이전의 자유 및 행복추구권을 침해하지 않는다.

07
정답 ④

① [○] ② [○] 기본권보호의무의 내용이다.

③ [○] 권리능력의 존재 여부를 출생시를 기준으로 확정하고 태아에 대해서는 살아서 출생할 것을 조건으로 손해배상청구권을 인정한 법률조항은 국가의 생명권 보호의무를 위반한 것이라 볼 수 없다

④ [×] 국민의 기본권에 대한 국가의 적극적 보호의무는 궁극적으로 입법자의 입법행위를 통하여 비로소 실현될 수 있는 것이기 때문에, 입법자의 입법행위를 매개로 하지 아니하고 단순히 기본권이 존재한다는 것만으로 헌법상 광범위한 방어적 기능을 갖게 되는 기본권의 소극적 방어권으로서의 측면과 근본적인 차이가 있다. 즉, 기본권에 대한 보호의무자로서의 국가는 국민의 기본권에 대한 침해자로서의 지위에 서는 것이 아니라 국민과 동반자로서의 지위에 서는 점에서 서로 다르다. 따라서 국가가 국민의 기본권을 보호하기 위한 충분한 입법조치를 취하지 아니함으로써 기본권 보호의무를 다하지 못하였다는 이유로 입법부작위 내지 불완전한 입법이 헌법에 위반된다고 판단하기 위하여는, 국가권력에 의해 국민의 기본권이 침해당하는 경우와는 다른 판단기준이 적용되어야 마땅하다. (헌재 1997.1.16. 90헌마110)

08
정답 ①

① [×] 선거구 획정에 있어서 인구비례의 원칙에 의한 투표가치의 평등은 기본적이고 일차적인 기준이어야 하지만 자치구·시·군의원 선거구 획정에 있어서는 행정구역 내지 지역대표성 등 2차적 요소도 인구비례의 원칙에 못지않게 함께 고려해야 한다

② [○] 헌재 2007.6.28. 2004헌마644

③ [○] 비례대표제와 1인 1표제(헌재 2001.7.19. 2000헌마91) [위헌] 공직선거법에서 1인 1표제를 채택하여 정당에 대한 별도의 투표없이 개인에 대한 투표를 정당에 대한 투표로 의제하는 것은 위헌이다.

(1) 민주주의 원리에 부합하지 않는다.

(2) 평등선거 원칙에 위배된다.

(3) 직접선거 원칙에 위배된다

④ [○] 예비후보자 선거비용을 보전해줄 경우 선거가 조기에 과열되어 예비후보자 제도의 취지를 넘어서 악용될 수 있고, 탈법적인 선거운동 등을 단속하기 위한 행정력의 낭비도 증가할 수 있는 반면, 선거비용 보전 제한조항으로 인하여 후보자가 받는 불이익은 일부 경제적 부담을 지는 것인데, 후원금을 기부받아 선거비용을 지출할 수 있으므로 그

부담이 경감될 수 있다. 따라서 선거비용 보전 제한조항은 법익균형성원칙에도 반하지 않는다. 그러므로 선거비용 보전 제한조항은 청구인들의 선거운동의 자유를 침해하지 않는다. (헌재 2018.7.26. 2016헌마524)

09
정답 ②

가. [○] 민법 제정 이후 사회적·의학적·법률적 사정변경을 전혀 반영하지 아니하고 아무런 예외 없이 일률적으로 300일의 기준만 강요함으로써 가족 구성원이 겪는 구체적이고 심각한 불이익에 대한 해결책을 마련하지 아니하고 있는 것은, 입법형성의 한계를 벗어난 것으로서 모가 가정생활과 신분관계에서 누려야 할 인격권 및 행복추구권, 개인의 존엄과 양성의 평등에 기초한 혼인과 가족생활에 관한 기본권을 침해하는 것이다. (헌재 2015.4.30. 2013헌마623)

나. [×] 수형자가 행정법정에 출정하는 경우 교도관의 수, 교정설비의 한계 등으로 인해 구금기능이 취약해질 수 있으므로 방청석에서 대기하는 동안 보호장비를 사용함으로써 도주 등 교정사고를 실효적으로 예방하는 것은 불가피한 측면이 있다. … 피청구인은 청구인으로 하여금 방청석에서 수갑 1개만을 착용한 상태로 대기하게 하였고, 교도관들은 청구인의 변론 순서가 되자 위 수갑을 해제하여 청구인으로 하여금 보호장비를 착용하지 않은 상태에서 변론을 진행할 수 있도록 하였다. … 이 사건 보호장비 사용행위는 과잉금지원칙을 위반하여 청구인의 신체의 자유와 인격권을 침해하지 않는다. (헌재 2018.7.26. 2017헌마1238) - 민사법정의 경우에도 같다.

다. [○] 형사재판에 사복을 입지 못하게 하는 것은 위헌이지만, 민사재판에서 사복을 입지 못하게 하는 것과 운동화를 신지 못하게 하는 것은 합헌이다.

라. [○] 헌재 2005.10.27. 2002헌마425

10
정답 ②

가. [○] 변호인과의 접견권은 변호인의 조력을 받을 권리이지만, 가족 친지와의 접견권은 일반적 행동자유권의 내용이다.

나. [○] 자신이 속한 부분사회의 자치적 운영에 참여하는 것은 사회공동체의 유지, 발전을 위하여 필요한 행위로서 특정한 기본권의 보호범위에 들어가지 않는 경우에는 일반적 행동자유권의 대상이 되므로, 사적 자치의 영역에 국가가 개입하여 법령으로 자치활동의 목적이나 절차, 그 방식 또는 내용을 규율함으로써 일부 구성원들의 자치활동에 대한 참여를 제한한다면 해당 구성원들의 일반적 행동자유권이 침해될 가능성이 있다. 그러나 법령에서 공동체의 구성원으로 하여금 대표기관을 선출하여 공동체의 의사결정권한을 위임하는 방식으로 자치활동을 하도록 규율하는 경우, 대표기관을 선출할 권리와 그 선거에 입후보할 기회는 자치활동에 대한 참여로서 보장되지만, 실제로 대표기관의 지위를 취득할 권리까지 구성원의 일반적 행동자유권으로 보장된다고 보기는 어렵고, 주택법령상 의무관리대상 공동주택의 동별

대표자를 선출하는 것은 입주자대표회의의 구성 또는 그 구성원의 변경을 위한 것인데, 심판대상조항은 동별 대표자선거의 입후보자가 1명인 경우 그 선출요건에 대하여 규정하고 있을 뿐 입주자대표회의의 구성과 운영에의 참여 자체를 제한하거나 동별 대표자를 선출할 권리 또는 그 선거에 입후보할 기회를 제한하고 있지 아니하므로, 청구인의 일반적 행동자유권을 제한한다고 보기 어렵다. (헌재 2015.7.30. 2012헌마957)

다. [×] 거짓이나 그 밖의 부정한 수단으로 운전면허를 받은 경우 모든 범위의 운전면허를 필요적으로 취소하도록 한 구 도로교통법 제93조 제1항 단서, 구 도로교통법 제93조 제1항 단서, 도로교통법 제93조 제1항 단서 중 각 제8호의 '거짓이나 그 밖의 부정한 수단으로 운전면허를 받은 경우'에 관한 부분 가운데, 각 '거짓이나 그 밖의 부정한 수단으로 받은 운전면허를 제외한 운전면허'를 필요적으로 취소하도록 한 부분은 모두 헌법에 위반된다. (헌재 2020.6.25. 2019헌가9) [위헌] 심판대상조항이 '부정 취득한 운전면허'를 필요적으로 취소하도록 한 것은, 피해의 최소성과 법익의 균형성 원칙에 위배되지 않는다. 반면, 심판대상조항이 '부정 취득하지 않은 운전면허'까지 필요적으로 취소하도록 한 것은, 피해의 최소성과 법익의 균형성 원칙에 위배된다.

라. [×] 헌법 제10조의 행복추구권에서 파생하는 일반적 행동자유권은 모든 행위를 하거나 하지 않을 자유를 내용으로 하나, 그 보호대상으로서의 행동이란 국가가 간섭하지 않으면 자유롭게 할 수 있는 행위 내지 활동을 의미하고, 이를 국가권력이 가로막거나 강제하는 경우 자유권의 침해로서 논의될 수 있다 할 것인데, 병역의무의 이행으로서의 현역병 복무는 국가가 간섭하지 않으면 자유롭게 할 수 있는 행위에 속하지 않으므로, 현역병으로 복무할 권리가 일반적 행동자유권에 포함된다고 할 수도 없다. (헌재 2010.12.28. 2008헌마527)

11

정답 ③

① [○] 헌재 2012.8.23. 2010헌바402
② [○] 간통행위 및 그와의 상간행위를 2년 이하의 징역에 처하도록 규정한 「형법」 제241조는 입법목적의 정당성이 인정되지만, 수단의 적합성이 인정되지 않는다.
③ [×] 임신한 여성의 자기낙태를 처벌하는 형법 제269조 제1항, 의사가 임신한 여성의 촉탁 또는 승낙을 받아 낙태하게 한 경우를 처벌하는 형법 제270조 제1항 중 '의사'에 관한 부분은 모두 헌법에 합치되지 아니하며, 위 조항들은 2020.12.31.을 시한으로 입법자가 개정할 때까지 계속 적용된다. (헌재 2019.4.11. 2017헌바127) [헌법불합치]
자기낙태죄 조항의 존재와 역할을 간과한 채 임신한 여성의 자기결정권과 태아의 생명권의 직접적인 충돌을 해결해야 하는 사안으로 보는 것은 적절하지 않다.
[1] 자기낙태죄 조항에 대한 판단
  (1) 제한되는 기본권
      자기낙태죄 조항은 모자보건법이 정한 일정한 예외

를 제외하고는 임신기간 전체를 통틀어 모든 낙태를 전면적·일률적으로 금지하고, 이를 위반할 경우 형벌을 부과하도록 정함으로써 임신한 여성에게 임신의 유지·출산을 강제하고 있으므로, 임신한 여성의 자기결정권을 제한하고 있다.
  (2) 임신한 여성의 자기결정권 침해 여부
    가. 입법목적의 정당성 및 수단의 적합성
      ㉠ 태아는 비록 그 생명의 유지를 위하여 모(母)에게 의존해야 하지만, 그 자체로 모(母)와 별개의 생명체이고, 특별한 사정이 없는 한 인간으로 성장할 가능성이 크므로, 태아도 헌법상 생명권의 주체가 되며, 국가는 태아의 생명을 보호할 의무가 있다.
      ㉡ 자기낙태죄 조항은 태아의 생명을 보호하기 위한 것으로서 그 입법목적이 정당하고, 낙태를 방지하기 위하여 임신한 여성의 낙태를 형사처벌하는 것은 이러한 입법목적을 달성하는 데 적합한 수단이다.
    나. 침해의 최소성 및 법익의 균형성
      ㉠ 국가가 생명을 보호하는 입법적 조치를 취함에 있어 인간생명의 발달단계에 따라 그 보호정도나 보호수단을 달리하는 것은 불가능하지 않다. 산부인과 학계에 의하면 현 시점에서 최선의 의료기술과 의료인력이 뒷받침될 경우 태아는 마지막 생리기간의 첫날부터 기산하여 22주(이하 "임신 22주"라 한다) 내외부터 독자적인 생존이 가능하다고 한다. 이처럼 태아가 모체를 떠난 상태에서 독자적인 생존을 할 수 있는 경우에는, 그렇지 않은 경우와 비교할 때 훨씬 인간에 근접한 상태에 도달하였다고 볼 수 있다.
      ㉡ 이러한 점들을 고려하면, 태아가 모체를 떠난 상태에서 독자적으로 생존할 수 있는 시점인 임신 22주 내외에 도달하기 전이면서 동시에 임신 유지와 출산 여부에 관한 자기결정권을 행사하기에 충분한 시간이 보장되는 시기(이하 착상시부터 이 시기까지를 '결정가능기간'이라 한다)까지의 낙태에 대해서는 국가가 생명보호의 수단 및 정도를 달리 정할 수 있다고 봄이 타당하다.
      ㉢ 따라서, 자기낙태죄 조항은 입법목적을 달성하기 위하여 필요한 최소한의 정도를 넘어 임신한 여성의 자기결정권을 제한하고 있어 침해의 최소성을 갖추지 못하였고, 태아의 생명 보호라는 공익에 대하여만 일방적이고 절대적인 우위를 부여함으로써 법익균형성의 원칙도 위반하였다고 할 것이므로, 과잉금지원칙을 위반하여 임신한 여성의 자기결정권을 침해하는 위헌적인 규정이다.

[2] 의사낙태죄 조항에 대한 판단

자기낙태죄 조항은 모자보건법에서 정한 사유에 해당하지 않는다면, 결정가능기간 중에 다양하고 광범위한 사회적·경제적 사유로 인하여 낙태갈등 상황을 겪고 있는 경우까지도 예외 없이 임신한 여성에게 임신의 유지 및 출산을 강제하고, 이를 위반한 경우 형사처벌한다는 점에서 위헌이므로, 동일한 목표를 실현하기 위하여 임신한 여성의 촉탁 또는 승낙을 받아 낙태하게 한 의사낙태죄 조항도 같은 이유에서 위헌이라고 보아야 한다.

④ [○] 헌재 2009.10.29. 2008헌마454

12
정답 ②

① [완화된 기준] 공공주택사업자와 임차인이 10년 임대주택을 조기분양전환하는 데 합의하여 10년 임대주택의 실제 임대차기간이 5년에 근접하게 될 가능성이 있다는 사후적 사정만으로, 10년 임대주택에 5년 임대주택과 다른 분양전환가격 산정기준을 적용하는 것이 불합리하다고 볼 수는 없다. (헌재 2022.11.24. 2020헌마636)

② [엄격기준] 국민의 생명·신체의 안전은 다른 모든 기본권의 전제가 되며, 인간의 존엄성에 직결되는 것이므로, 단서조항에 해당하지 않는 교통사고로 중상해를 입은 피해자 와 단서조항에 해당하는 교통사고의 중상해 피해자 및 사망사고 피해자 사이의 차별 문제는 단지 자의성이 있었느냐의 점을 넘어서 입법목적과 차별 간에 비례성을 갖추었는지 여부를 더 엄격하게 심사하는 것이 바람직하고, 교통사고 운전자의 기소 여부에 따라 피해자의 헌법상 보장된 재판절차진술권이 행사될 수 있는지 여부가 결정되어 이는 기본권 행사에 있어서 중대한 제한을 구성하기 때문에, 엄격한 심사기준에 의하여 판단하기로 한다. (헌재 2009.2.26. 2005헌마764)

③ [완화된 기준] 입법자가 연금수급권의 구체적 내용을 어떻게 형성할 것인지에 관해서 원칙적으로 광범위한 형성의 자유를 가지고 있는바, 이는 헌법에서 특별히 평등을 요구하고 있는 분야도 아니고, 기본권에 중대한 제한을 초래하는 영역도 아니어서 엄격한 심사가 아닌 완화된 심사척도 즉, 입법재량의 일탈 혹은 남용 여부의 판단에 따른다. (헌재 2013. 9.26. 2011헌바272) [합헌]

④ [완화된 기준] 이 사건 유족 범위 조항에 의한 차별은 헌법에서 특별히 평등을 요구하고 있는 영역에 관한 것이거나 관련 기본권에 대한 중대한 제한을 초래하는 것이 아니므로, 이 사건 유족 범위 조항이 청구인들의 평등권을 침해하는지 여부를 심사함에 있어서는 완화된 심사기준에 따라 입법자의 결정에 합리적인 이유가 있는지를 심사하기로 한다. (헌재 2019.2.28. 2017헌마432) [기각]

13
정답 ②

① [○] 헌재 2024.4.25. 2022헌바65
② [×] 해당 개발이익은 학교법인과 사립학교의 학생 및 교직

원 등만이 독점적으로 향유할 뿐 공동체 전체가 공평하게 향유할 수도 없으므로, 개발부담금 제외 또는 경감 대상으로 규정할 특별한 이유를 찾을 수 없다. 결국 심판대상조항은 국가 등과 학교법인을 합리적인 이유 없이 차별취급한다고 볼 수 없으므로, 평등원칙에 위반되지 않는다. (헌재 2024. 5.30. 2020헌바179)

③ [○] 실질적인 혼인관계가 존재하지 아니한 기간을 제외하고 분할연금을 산정하도록 개정된 국민연금법 제64조 제1항, 제4항을 개정법 시행 후 최초로 분할연금 지급사유가 발생한 경우부터 적용하도록 규정한 국민연금법 부칙 제2조는 헌법에 합치되지 아니한다. (헌재 2024.5.30. 2019헌가29) [헌법불합치]

이미 이행기에 도달한 분할연금 수급권의 내용을 변경하는 것은 진정소급입법으로서 원칙적으로 금지되므로 신법 조항 시행 당시 이미 이행기에 도달한 분할연금 수급권에 대해 소급 적용하지 아니한 것은 합리적인 이유가 인정된다. 반면 아직 이행기가 도래하지 아니한 분할연금 수급권의 경우에는 소급입법금지원칙이나 신뢰보호원칙 위반이 문제되지 아니하므로 신법 조항의 적용을 배제하는 데에 합리적인 이유가 있다고 볼 수 없다.

입법자는 경과규정을 전혀 두지 아니하여 노령연금 수급권자를 보호하기 위한 최소한의 조치도 취하지 아니하였는바, 분할연금 수급권자의 신뢰보호나 법적 안정성 등을 고려하더라도 그 차별을 정당화할 만한 합리적인 이유가 있는 것으로 보기 어렵고, 종전 헌법 불합치결정의 취지에도 어긋난다. 따라서 심판대상조항은 평등원칙에 위반된다.

④ [○] 직계혈족, 배우자, 동거친족, 동거가족 또는 그 배우자간의 권리행사방해죄는 그 형을 면제하도록 한 형법 제328조 제1항은 헌법에 합치되지 아니한다. (헌재 2024.6.27. 2020헌마468) [헌법불합치(적용중지)]

[1] 형사피해자의 재판절차진술권

헌법 제27조 제5항은 "형사피해자는 법률이 정하는 바에 의하여 당해 사건의 재판절차에서 진술할 수 있다."라고 규정하여 형사피해자의 재판절차진술권을 보장하고 있다. 다만, 형사피해자의 재판절차진술권을 어떠한 내용으로 구체화할 것인가에 관하여는 입법자에게 입법형성의 자유가 부여되고 있으므로, 그것이 재량의 범위를 넘어 명백히 불합리한 경우에 비로소 위헌의 문제가 생길 수 있다.

[2] 심판대상조항이 형사피해자의 재판절차진술권을 침해하는지 여부(적극)

친족상도례의 규정 취지는, 가정 내부의 문제는 국가형벌권이 간섭하지 않는 것이 바람직하다는 정책적 고려와 함께 가정의 평온이 형사처벌로 인해 깨지는 것을 막으려는 데에 있다. 가족·친족 관계에 관한 우리나라의 역사적·문화적 특징이나 재산범죄의 특성, 형벌의 보충성을 종합적으로 고려할 때, 경제적 이해를 같이하거나 정서적으로 친밀한 가족 구성원 사이에서 발생하는 수인 가능한 수준의 재산범죄에 대한 형사소추 내지 처벌에 관한 특례의 필요성은 수긍할 수 있다. 로마법

전통에 따라 친족상도례의 규정을 두고 있는 대륙법계 국가들의 입법례를 살펴보더라도, 일률적으로 광범위한 친족의 재산범죄에 대해 필요적으로 형을 면제하거나 고소 유무에 관계없이 형사소추할 수 없도록 한 경우는 많지 않으며, 그 경우에도 대상 친족 및 재산범죄의 범위 등이 우리 형법이 규정한 것보다 훨씬 좁다. 위와 같은 점을 종합하면, 심판대상조항은 형사피해자가 법관에게 적절한 형벌권을 행사하여 줄 것을 청구할 수 없도록 하는바, 이는 입법재량을 명백히 일탈하여 현저히 불합리하거나 불공정한 것으로서 형사피해자의 재판절차진술권을 침해한다.

14
정답 ③

① [×] 식품이 의약품과 동일한 성분을 함유하였다고 하더라도 식품이라는 본질적 한계로 인하여 그 효능·효과의 광고에 있어서 의약품과 같은 효능·효과가 있다는 표시·광고를 금지해야할 합리적인 이유가 있으므로 이 사건 법률조항은 죄형법정주의에 위반되지 않는다.(헌재 2004.11.25. 2003헌바104)

② [×] '특정범죄 가중처벌 등에 관한 법률' 제5조 중 '회계관계직원 등의 책임에 관한 법률 제2조 제1호 카목에 규정된 사람이 국고에 손실을 입힐 것을 알면서 그 직무에 관하여 형법 제355조 제1항의 죄를 범한 경우'에 관한 부분, '회계관계직원 등의 책임에 관한 법률' 제2조 제1호 카목, 형법 제355조 제1항 중 횡령에 관한 부분이 헌법에 위반되지 않는다.(헌재 2024.4.25. 2021헌바21) [합헌]

③ [○] 허위재무제표작성죄와 허위감사보고서작성죄에 대하여 배수벌금형을 규정하면서도, '그 위반행위로 얻은 이익 또는 회피한 손실액이 없거나 산정하기 곤란한 경우'에 관한 벌금 상한액을 규정하지 아니한'주식회사 등의 외부감사에 관한 법률 제39조 제1항 중 '그 위반행위로 얻은 이익 또는 회피한 손실액의 2배 이상 5배 이하의 벌금 '가운데' 그 위반행위로 얻은 이익 또는 회피한 손실액이 없거나 산정하기 곤란한 경우'에 관한 부분은 헌법에 합치되지 아니한다.(헌재 2024.7.18. 2022헌가6) [헌법불합치]

[1] 죄형법정주의의 명확성원칙 위배 여부 – 소극

　(1) 심판대상조항에서 사용된'위반행위', '얻은', '이익', '회피', '손실액'등의 개념 자체는 건전한 상식과 통상적인 법감정을 가진 수범자라면 손쉽게 그 의미를 파악할 수 있다.

　(2) 이러한 사정을 종합하면, 심판대상조항은 죄형법정주의의 명확성원칙에 위배되지 않는다.

[2] 책임과 형벌간의 비례원칙 위배 여부 – 적극

　심판대상조항은, 허위재무제표작성죄나 허위감사보고서작성죄에서 그와 같이 이익 또는 회피한 손실액이 없거나 산정이 곤란한 경우에 법원으로 하여금 그 죄질과 책임에 비례하는 벌금형을 선고할 수 없도록 하여 책임과 형벌 간의 비례원칙에 위배된다고 할 것이다.

④ [×] 누구든지 선박의 감항성의 결함을 발견한 때에는 그

내용을 해양수산부장관에게 신고하여야 한다고 규정한 구 선박안전법 제74조 제1항 중 '선박의 감항성의 결함'에 관한 부분과, 선박소유자, 선장 또는 선박직원이 위와 같은 신고의무를 위반한 경우 처벌하도록 하는 같은 법 제84조 제1항 제11호 중 제74조 제1항의 '선박의 감항성의 결함'에 관한 부분은 헌법에 위반되지 않는다.(헌재 2024.5.30. 2020헌바234) [합헌]

신고의무조항의 '선박의 감항성의 결함'이란 '선박안전법에서 규정하고 있는 각종 검사 기준에 부합하지 아니하는 상태로서, 선박이 안전하게 항해할 수 있는 성능인 감항성과 직접적인 관련이 있는 흠결'이라는 의미로 명확하게 해석할 수 있다. 따라서 신고의무조항은 죄형법정주의의 명확성원칙에 위배되지 아니한다.

15
정답 ①

① [×] 형사재판에 있어 '사실, 법리, 양형'과 관련하여 피고인이 자신에게 유리한 주장 및 자료를 제출할 수 있는 기회를 보장하는 것은, 헌법이 보장한 '공정한 재판을 받을 권리'의 보호영역에 포함된다.

형사공탁에서도 피공탁자의 특정을 일반 공탁제도와 동일하게 정하고 있는 심판대상조항은, 입법형성권의 한계를 일탈하여 피고인의 공정한 재판을 받을 권리를 침해하지 아니한다.(헌재 2021.8.31. 2019헌마516)

② [○] 체포되어 구속영장이 청구된 피의자를 신문하는 과정에서 변호사인 청구인이 위 피의자 가족의 의뢰를 받아 접견신청을 하였음에도 검사가 이를 허용하기 위한 조치를 취하지 않은 것은, 변호인이 되려는 청구인의 접견교통권을 침해한 것이고, 위 접견교통권은 헌법상 보장된 기본권에 해당하여 그 침해를 이유로 헌법소원심판을 청구할 수 있다는 취지로, 청구인의 심판청구를 인용하는 결정을 선고하였다.(헌재 2019.2.28. 2015헌마1204) [인용]

(1) 변호인 선임을 위하여 피의자 등이 가지는 '변호인이 되려는 자'와의 접견교통권은 헌법상 기본권으로 보호되어야 하고, '변호인이 되려는 자'의 접견교통권은 피의자 등이 변호인을 선임하여 그로부터 조력을 받을 권리를 공고히 하기 위한 것으로서, 그것이 보장되지 않으면 피의자 등이 변호인 선임을 통하여 변호인으로부터 충분한 조력을 받는다는 것이 유명무실하게 될 수밖에 없다. 이와 같이 '변호인이 되려는 자'의 접견교통권은 피의자 등을 조력하기 위한 핵심적인 부분으로서 헌법상의 기본권인 '변호인이 되려는 자'와의 접견교통권과 표리의 관계에 있으므로, 피의자 등이 가지는 '변호인이 되려는 자'의 조력을 받을 권리가 실질적으로 확보되기 위해서는 '변호인이 되려는 자'의 접견교통권 역시 헌법상 기본권으로서 보장되어야 한다.(기본권 침해 가능성 인정)

(2) 청구인의 피의자에 대한 접견신청은 '변호인이 되려는 자'에게 보장된 접견교통권의 행사 범위 내에서 이루어진 것이고, 또한 이 사건 검사의 접견불허행위는 헌법이나 법률의 근거 없이 이를 제한한 것이므로, 청구인

의 접견교통권을 침해하였다고 할 것이다.

③ [○] 헌재 2021.10.28. 2019헌마973

④ [○] '빈곤'은 경제적 사정으로 소송비용을 납부할 수 없는 경우를 지칭하는 것으로 해석될 수 있으므로 집행면제 신청 조항은 명확성원칙에 위배되지 않는다.

집행면제 신청 조항은 피고인의 재판청구권을 침해하지 아니한다.(헌재 2021.2.25. 2019헌바64)

16

① [×] 심판대상조항에 의한 보호는 강제퇴거명령의 집행 확보를 목적으로 하면서도 신체의 자유를 제한하는 정도가 박탈에 이르러 형사절차상 '체포 또는 구속'에 준하는 것으로 볼 수 있는 점을 고려하면, 적법절차원칙상 보호의 개시 또는 연장 단계에서 그 집행기관인 출입국관리공무원으로부터 독립되고 중립적인 지위에 있는 기관이 보호의 타당성을 심사하여 이를 통제할 수 있어야 한다.(헌재 2023.3.23. 2020헌가1) [헌법불합치(잠정적용)]

② [○] 이 사건 녹음조항에 따라 접견내용을 녹음·녹화하는 것은 직접적으로 물리적 강제력을 수반하는 강제처분이 아니므로 영장주의가 적용되지 않아 영장주의에 위배된다고 할 수 없다. 또한, 미결수용자와 불구속 피의자·피고인을 본질적으로 동일한 집단이라고 할 수 없고, 불구속 피의자·피고인과는 달리 미결수용자에 대하여 법원의 허가 없이 접견내용을 녹음·녹화하도록 하는 것도 충분히 합리적 이유가 있으므로 이 사건 녹음조항은 평등원칙에 위배되지 않는다.(헌재 2016.11.24. 2014헌바401)

③ [×] 수사의 필요성이 있는 경우 기지국수사를 허용한 통신비밀보호법 제13조 제1항 중 '검사 또는 사법경찰관은 수사를 위하여 필요한 경우 전기통신사업법에 의한 전기통신사업자에게 제2조 제11호 가목 내지 라목의 통신사실 확인자료의 열람이나 제출을 요청할 수 있다.' 부분은 개인정보자기결정권과 통신의 자유를 침해한다.[헌법불합치(잠정적용)] 이 사건 허가조항은 영장주의에 위반되지 않는다. [기각] (헌재 2018.6.28. 2012헌마538)

이 사건 허가조항은 수사기관이 전기통신사업자에게 통신사실 확인자료 제공을 요청함에 있어 관할 지방법원 또는 지원의 허가를 받도록 규정하고 있다. 따라서 이 사건 허가조항은 헌법상 영장주의에 위배되지 아니한다.

④ [×] 병(兵)에 대한 징계처분으로 영창을 보내는 것에 대하여 법정의견은 영장주의가 적용되지 않는다는 입장이다. 다만 침해의 최소성 위반으로 위헌 결정되었다.

17

① [×] 심판대상조항은 '직계존속이 외국에서 영주할 목적 없이 체류한 상태에서 출생한 자'에 대해서는 병역의무를 해소한 경우에만 대한민국 국적이탈을 신고할 수 있도록 하므로, 위와 같이 출생한 사람의 국적이탈의 자유를 제한한다. 다만 거주·이전의 자유를 규정한 헌법 제14조는 국적이탈의 자유의 근거조항이고 심판대상조항은 출입국 등 거주·이전 그 자체에 어떠한 제한을 가한다고 보기 어려운바, 출입국에 관련하여 거주·이전의 자유가 침해된다는 청구인의 주장에 대해서는 판단하지 아니한다. 선천적 복수국적자가 지닌 대한민국 국민으로서의 지위는 혈통에 의하여 출생과 동시에 국적법에 따라 자동적으로 취득하는 것으로, 복수국적의 선천적 취득과 이로 인한 국적이탈의 문제는 헌법상 연좌제금지원칙에서 규율하고자 하는 대상이라 볼 수 없다.(헌재 2023.2.23. 2019헌바462)

② [×] 고위공직자의 가족은 고위공직자의 직무와 관련하여 스스로 범한 죄에 대해서만 수사처의 수사를 받거나 기소되므로, 친족의 행위와 본인 간에 실질적으로 의미 있는 아무런 관련성을 인정할 수 없음에도 불구하고 오로지 친족이라는 사유 그 자체만으로 불이익한 처우를 가하는 경우에만 적용되는 연좌제금지 원칙이나 자기책임의 원리 위반 여부는 문제되지 않는다.(헌재 2021.1.28. 2020헌마264)

③ [○] 법 제54조의3 제3항은 그 제한이 이루어지는 영역이 공공성과 함께 학교법인으로부터의 자주성도 담보되어야 하는 사립학교의 장이라는 직책이라는 점에서, 가족 간에 실질적으로 의미 있는 아무런 관련성을 인정할 수 없음에도 불구하고 오로지 배우자 등의 관계에 있다는 사유 자체만으로 불이익을 주는 것이 아니라, 아래에서 보는 바와 같이 배우자나 직계가족이라는 인적 관계의 특성상 당연히 예상할 수 있는 일체성 내지 유착가능성을 근거로 일정한 제약을 가하는 것이다.(헌재 2013.11.28. 2007헌마1189) [기각]

④ [×] 친족관계의 존부를 필요조건으로 하지 아니하는 법무법인 구성원변호사 사이의 관계에 연좌제 금지 원칙이 적용될 여지가 없고, 행복추구권 침해 여부는 보다 밀접한 기본권인 재산권 침해여부에 대하여 판단하는 이상 따로 판단하지 아니한다.(헌재 2016.11.24. 2014헌바203) [합헌]

18

① [○] 상속개시 후 인지에 의하여 공동상속인이 된 자가 다른 공동상속인에 대해 그 상속분에 상당한 가액의 지급에 관한 청구권(상속분가액지급청구권)을 행사하는 경우에도 상속회복청구권에 관한 10년의 제척기간을 적용하도록 한 민법 조항이 청구인의 재산권과 재판청구권을 침해하여 헌법에 위반된다.(헌재 2024.6.27. 2021헌마1588) [위헌]

상속개시 후 인지 또는 재판의 확정에 의하여 공동상속인이 된 자의 상속분가액지급청구권의 경우에도 '침해행위가 있은 날부터 10년'의 제척기간을 정하고 있는 것은, 법적 안정성만을 지나치게 중시한 나머지 사후에 공동상속인이 된 자의 권리구제 실효성을 외면하는 것이므로, 심판대상조항은 입법형성의 한계를 일탈하여 청구인의 재산권 및 재판청구권을 침해한다.

② [○] 헌재 2005.3.31. 2004헌가27

③ [○] '조세범 처벌절차법'에 따른 통고처분은 형벌의 비범죄화 정신에 접근하는 제도로서 형벌적 제재의 불이익을 감면해주는 제도이다. 심판대상조항으로 인해 통고처분을 받은

당사자가 행정쟁송을 제기하는 등으로 적극적·능동적으로 다툴 수는 없지만, 통고받은 벌금상당액을 납부하지 않음으로써 고발, 나아가 형사재판절차로 이행되게 하여, 여기에서 재판절차에 따라 법관에 의한 판단을 받을 수 있으므로, 당사자에게는 정식재판의 절차도 보장되어 있다. '조세범 처벌절차법'에 따른 통고처분에 대하여 형사절차와 별도의 행정쟁송절차를 두는 것은 신속한 사건 처리를 저해할 수 있고, 절차의 중복과 비효율을 초래할 수 있다. 위와 같은 점을 종합하여 보면, '조세범 처벌절차법'에 따른 통고처분에 대하여 행정쟁송을 배제하고 있는 입법적 결단이 현저히 불합리하다고 보기 어렵다. 따라서 심판대상조항이 청구인의 재판청구권을 침해한다고 할 수 없다.(헌재 2024.4.25. 2022헌마251)

④ [×] 의료급여기관이 의료법 제33조 제2항을 위반하였다는 사실을 수사기관의 수사 결과로 확인한 경우 시장·군수·구청장으로 하여금 의료급여비용의 지급을 보류할 수 있도록 규정한 의료급여법 제11조의5 제1항 중 '의료법 제33조 제2항'에 관한 부분은 헌법에 합치되지 아니한다.(헌재 2024.6.27. 2021헌가19) [헌법불합치(계속적용)]
심판대상조항은 무죄추정의 원칙에 위반된다고 볼 수 없다.
과잉금지원칙 위반 여부
무죄판결이 확정되기 전이라도 하급심 법원에서 무죄판결이 선고되는 경우에는 그때부터 일정 부분에 대하여 의료급여비용을 지급하도록 할 필요가 있다. 나아가, 앞서 본 사정변경사유가 발생할 경우 지급보류처분이 취소될 수 있도록 한다면, 이와 함께 지급보류기간동안 의료기관의 개설자가 수인해야 했던 재산권 제한상황에 대한 적절하고 상당한 보상으로서의 이자 내지 지연손해금의 비율에 대해서도 규율이 필요하다. 이러한 사항들은, 심판대상조항으로 인한 기본권 제한이 입법목적 달성에 필요한 최소한도에 그치기 위해 필요한 조치들이지만, 현재 이에 대한 어떠한 입법적 규율도 없다. 이러한 점을 종합하면, 심판대상조항은 과잉금지원칙에 반하여 의료급여기관 개설자의 재산권을 침해한다.

19
정답 ①

① [×] 형사보상청구권은 국가의 형사사법절차에 내재하는 불가피한 위험에 의하여 국민의 신체의 자유에 관하여 피해가 발생한 경우 형사사법기관의 귀책사유를 따지지 않고 국가에 대하여 정당한 보상을 청구할 수 있는 권리로서, 실질적으로 국민의 신체의 자유와 밀접하게 관련된 중대한 기본권이다.(헌재 2022.2.24. 2018헌마998)

② [○] 형사보상법 조항은 입법 취지와 목적 및 내용 등에 비추어 재판에 의하여 무죄의 판단을 받은 자가 재판에 이르기까지 억울하게 미결구금을 당한 경우 보상을 청구할 수 있도록 하기 위한 것이므로, 판결 주문에서 무죄가 선고된 경우뿐만 아니라 판결 이유에서 무죄로 판단된 경우에도 미결구금 가운데 무죄로 판단된 부분의 수사와 심리에 필요하였다고 인정된 부분에 관하여는 보상을 청구할 수 있고, 다만 형사보상법 제4조 제3호를 유추적용하여 법원의 재량으

로 보상청구의 전부 또는 일부를 기각할 수 있을 뿐이다.(대판 2016.3.11. 2014모2521)

③ [○] '원판결의 근거가 된 가중처벌규정에 대하여 헌법재판소의 위헌결정이 있었음을 이유로 개시된 재심절차에서, 공소장 변경을 통해 위헌결정된 가중처벌규정보다 법정형이 가벼운 처벌규정으로 적용법조가 변경되어 피고인이 무죄재판을 받지는 않았으나 원판결보다 가벼운 형으로 유죄판결이 확정된 경우, 재심판결에서 선고된 형을 초과하여 집행된 구금에 대하여 보상요건을 전혀 규정하지 아니한 '형사보상 및 명예회복에 관한 법률'제26조 제1항은 평등원칙을 위반하여 청구인들의 평등권을 침해한다.(헌재 2022.2.24. 2018헌마998) [헌법불합치]

④ [○] 대판 2013.4.18. 2011초기689

20
정답 ③

① [○] 헌재 2011.12.29. 2009헌마354

② [○] 헌재 2011.12.29. 2009헌마354

③ [×]

> 범죄피해자 보호법 제3조(정의) ① 이 법에서 사용하는 용어의 뜻은 다음과 같다.
> 1. "범죄피해자"란 타인의 범죄행위로 피해를 당한 사람과 그 배우자(사실상의 혼인관계를 포함한다), 직계친족 및 형제자매를 말한다.
> ② 제1항 제1호에 해당하는 사람 외에 범죄피해 방지 및 범죄피해자 구조 활동으로 피해를 당한 사람도 범죄피해자로 본다.

④ [○]

> 범죄피해자 보호법 제20조(다른 법령에 따른 급여 등과의 관계) 구조피해자나 유족이 해당 구조대상 범죄피해를 원인으로 하여 「국가배상법」이나 그 밖의 법령에 따른 급여 등을 받을 수 있는 경우에는 대통령령으로 정하는 바에 따라 구조금을 지급하지 아니한다.

21
정답 ④

① [○] 한국방송공사로부터 수신료 징수업무를 위탁받은 자가 수신료를 징수할 때 그 고유업무와 관련된 고지행위와 결합하여 이를 행사하여서는 안 된다고 규정한 방송법 시행령 제43조 제2항은 청구인의 방송의 자유를 침해하지 아니하므로 심판청구를 기각하고, 위 시행령 조항 개정 과정에서의 입법예고기간 단축에 관한 심판청구는 각하한다는 결정을 선고하였다.(헌재 2024.5.30. 2023헌마820) [기각, 각하]
수신료의 분리징수를 규정하는 심판대상조항이 법률유보원칙, 적법절차원칙, 신뢰보호원칙을 위반하지 않고, 입법재량의 한계를 일탈하지 않아 청구인의 방송운영의 자유를 침해하지 않는다고 판단하였다.

② [○] 헌재 2024.4.25. 2021헌마316

③ [○] 공무원에게 재해보상을 위하여 실시되는 급여의 종류로 일반 근로자에 대한 산업재해보상보험법과 달리 휴업급여 또는 상병보상연금 규정을 두고 있지 않은 '공무원 재해

보상법' 제8조는 헌법에 위반되지 않는다.(헌재 2024.2.28.
2020헌마587) [기각]

④ [×] 유자녀 생활자금 대출금의 상환의무를 대출신청자(법
정대리인) 아닌 유자녀에게 부과하는 구'자동차손해배상 보
장법 시행령' 제18조 제1항 제2호에 대한 심판청구를 기각
한다.(헌재 2024.4.25. 2021헌마473) [기각]

[1] 아동으로서의 인간다운 생활을 할 권리 침해 여부−소극
  (1) 국가는 헌법 제36조 제1항, 제34조 제4항에 따라
    가족생활을 보장하고, 청소년의 복지향상을 위한
    정책을 실시할 의무를 진다. 유자녀는 18세 미만의
    자로서 우리나라가 비준한 '아동의 권리에 관한 협
    약' 및 아동복지법에서 정의하는 '아동'에 속하는 집
    단이고, 국가가 아동에 관한 복지정책을 실시할 때
    에는 아동의 이익을 최우선적으로 고려하여야 한다
    는 입법형성권의 한계가 존재한다.
  (2) 이를 비롯하여 유자녀에 대한 적기의 경제적 지원
    목적 달성 및 자동차 피해지원사업의 지속가능성
    확보의 중요성, 대출 신청자의 이해충돌행위에 대
    한 민법상 부당이득반환청구 등 각종 일반적 구제
    수단의 존재 등을 고려하면, 심판대상조항이 청구
    인 강ㅁㅁ의 아동으로서의 인간다운 생활을 할 권
    리를 침해하였다고 보기 어렵다.

22
정답 ①

① [×] 재외국민 특별전형지원자격 가운데 학생의 부모의 해
외체류요건 부분은 일반전형을 통한 진학기회를 전혀 축소
하지 않고, 국내 교육과정 수학 결손이 불가피하여 대학교
육의 균등한 기회를 갖기 어려운 때로 지원자격을 한정하고
자 한 것으로서 그 문언상 해외근무자의 배우자가 없는 한
부모 가족에는 적용이 없는 점을 고려할 때, 청구인 학생을
불합리하게 차별하여 균등하게 교육을 받을 권리를 침해하
는 것이라고 볼 수 없다.(헌재 2020.3.26. 2019헌마212)

② [○] 변호사시험을 준비하는 법학전문대학원 졸업생에 대
해 법학전문대학원에서의 보수교육을 시행하도록 하는 내
용의 구체적이고 명시적인 입법의무를 입법자에게 부여하
고 있다고 볼 수 없고, 그 밖에 다른 헌법조항을 살펴보아도
위와 같은 내용에 대한 명시적인 입법위임을 발견할 수 없
다.(헌재 2024.1.25. 2021헌마13)

③ [○] 2015 개정 교육과정을 이수한 사람들이 대부분 가산
점 2점을 받는다면 해당 모집단위에 지원한 다른 교육과정
지원자들도 대부분 가산점 2점을 받게 되는 구조이므로, 청
구인을 불합리하게 차별하여 균등하게 교육받을 권리를 침
해하는 것이라고 볼 수 없다.(헌재 2022.3.31. 2021헌마1230)

④ [○] 헌재 2021.4.29. 2019헌바444

23
정답 ③

① [○] 해직 교원을 포함하지 않는 것이 합헌이라는 의미이
다.(헌재 2015.5.28. 2013헌마671)

② [○] 운영비 원조 행위가 노동조합의 자주성을 저해할 위험
이 없는 경우에는 이를 금지하더라도 위와 같은 입법목적의
달성에 아무런 도움이 되지 않는다. 그런데 운영비원조금지
조항은 단서에서 정한 두 가지 예외를 제외한 일체의 운영비
원조 행위를 금지함으로써 노동조합의 자주성을 저해할 위
험이 없는 경우까지 금지하고 있으므로, 입법목적 달성을 위
한 적합한 수단이라고 볼 수 없다.(헌재 2018.5.31. 2012헌바90)

③ [×] 교섭창구 단일화 제도는 근로조건의 결정권이 있는 사
업 또는 사업장 단위에서 복수 노동조합과 사용자 사이의
교섭절차를 일원화하여 효율적이고 안정적인 교섭체계를
구축하고, 소속 노동조합이 어디든 관계없이 조합원들의 근
로조건을 통일하기 위한 것이다. … 청구인들의 단체교섭권
을 침해하지 아니하며 단체교섭권의 본질적 내용을 침해하
지도 아니한다.(헌재 2024.6.27. 2020헌마237)

④ [○] 심판대상조항은 단체교섭권·단체행동권이 제한되는
근로자의 범위를 구체적으로 제한함이 없이, 단체교섭권·단
체행동권의 행사요건 및 한계 등에 관한 기본적 사항조차
법률에서 정하지 아니한 채, 그 허용 여부를 주무관청의 조
정결정에 포괄적으로 위임하고 이에 위반할 경우 형사처벌
하도록 하고 있는바, 이는 모든 근로자의 단체교섭권·단체
행동권을 사실상 전면적으로 부정하는 것으로서 헌법에 규
정된 근로3권의 본질적 내용을 침해하는 것이다.(헌재 2015.
3.26. 2014헌가5)

24
정답 ④

① [○] 헌재 2008.7.31. 2006헌마711
② [○] 헌재 2020.3.26. 2017헌마1281
③ [○] 헌재 2012.8.23. 2010헌바28
④ [×] 기본권보호의무니까 과잉금지가 아니라 과소보호금지
원칙이 적용된다.
[판례] 학교시설의 유해중금속 등 유해물질의 예방 및 관리
기준으로서 운동장 바닥재 중 인조잔디 및 탄성포장재(우레
탄)에 대해서만 품질기준 및 주기적 점검·조치 의무를 규정
하고 마사토 운동장에 대해서는 별다른 규정을 두지 아니한
학교보건법 시행규칙 제3조 제1항 제1호의2 [별표 2의2]
제1호 및 제2호에 대한 심판청구를 기각한다.(헌재 2024.4.25.
2020헌마107) [기각]

25
정답 ①

① [×] '가족관계등록부의 재작성에 관한 사무처리지침' 제2조
제1호 중 '혼인무효'에 관한 부분 및 제3조 제3항 중 제2조
제1호의 사유로 인한 가족관계등록부 재작성 신청시 '혼인
무효가 한쪽 당사자나 제3자의 범죄행위로 인한 것임을 소
명하는 서면 첨부'에 관한 부분에 대한 심판청구를 기각한
다.(헌재 2024.1.25. 2020헌마65) [기각]
심판대상조항은 신분등록제도에 관한 규정일 뿐, 혼인과 가
족생활을 스스로 결정하고 형성할 수 있는 자유를 제한하고
있다고 볼 수 없고, 청구인의 개인정보자기결정권이 제한된

다. 심판대상조항은 과잉금지원칙을 위반하여 청구인의 개인정보자기결정권을 침해하지 않는다.

② [○] 헌재 2022.10.27. 2018헌바115

③ [○] 자산소득 합산대상 배우자의 자산소득이 주된 소득자의 연간 종합소득에 합산되면 합산 전의 경우보다 일반적으로 더 높은 누진세율을 적용받기 때문에, 더 높은 세율이 적용되는 만큼 소득세액이 더 증가하게 되어 합산대상소득을 가진 부부는 자산소득이 개인과세되는 독신자 또는 사실혼관계의 부부보다 더 많은 조세를 부담하게 되는바, 특정한 조세법률 조항이 혼인을 근거로 혼인한 부부를 혼인하지 아니한 자에 비해 차별 취급하는 것이라면 비례의 원칙에 의한 심사에 의해 정당화되지 않는 한 헌법 제36조 제1항에 위반된다.(헌재 2005.5.26. 2004헌가6)

④ [○] 이는 성별에 의한 차별금지 및 혼인과 가족생활에서의 양성의 평등을 천명하고 있는 헌법에 정면으로 위배되는 것으로 그 목적의 정당성을 인정할 수 없다. 따라서 이 사건 부칙조항은 평등원칙에 위배된다.(헌재 2021.9.30. 2019헌가3)

26　　　　　　　　　　　　　　　　정답 ②

① [○] 신고의무 이행시 곧바로 조세포탈행위의 처벌을 위한 자료의 수집·획득 절차로 이어지는 것도 아니다. 위와 같은 점들에 비추어 보면, 심판대상조항이 형사상 불리한 진술을 강요하는 것이라고 볼 수 없으므로, 심판대상조항으로 인하여 헌법 제12조 제2항에 규정된 진술거부권이 제한된다고 볼 수 없다. 따라서 진술거부권 침해여부와 관련된 주장은 더 나아가 판단하지 아니한다.(헌재 2022.2.24. 2019헌바225)

② [×] 진술은 언어적 표현과 등가물을 말한다. 따라서 정치자금의 수수내역을 회계장부에 기재한 행위는 진술에 해당한다. 그러나 영수증의 보관행위는 진술이 아니다.(헌재 2005.12.22. 2004헌바25) － 진술거부권이 제한은 되었지만 침해는 아니다.

③ [○] 헌재 1990.8.27. 89헌가118

④ [○] 재산목록을 제출하고 그 진실함을 법관 앞에서 선서하는 것은 개인의 인격형성에 관계되는 내심의 가치적·윤리적 판단에 해당하지 않아 양심의 자유의 보호대상이 아니고, 감치의 제재를 통해 이를 강제하는 것이 형사상 불이익한 진술을 강요하는 것이라고 할 수 없으므로, 심판대상조항은 청구인의 양심의 자유 및 진술거부권을 침해하지 아니한다.(헌재 2014.9.25. 2013헌마11)

27　　　　　　　　　　　　　　　　정답 ①

① [×] 심판대상조항에 따른 출국금지결정은 성질상 신속성과 밀행성을 요하므로, 출국금지 대상자에게 사전통지를 하거나 청문을 실시하도록 한다면 국가형벌권 확보라는 출국금지제도의 목적을 달성하는 데 지장을 초래할 우려가 있다. 나아가 출국금지 후 즉시 서면으로 통지하도록 하고 있고, 이의신청이나 행정소송을 통하여 출국금지결정에 대해 사후적으로 다툴 수 있는 기회를 제공하여 절차적 참여를

보장해주고 있으므로 적법절차원칙에 위배된다고 보기 어렵다.(헌재 2015.9.24. 2012헌바302)

② [○] 복수국적자가 외국에 주소가 있는 경우에만 국적이탈을 신고할 수 있도록 하는 국적법 제14조 제1항 본문은 헌법에 위반되지 않는다.(헌재 2023.2.23. 2020헌바603) [합헌]

③ [○] 헌재 2023.2.23. 2019헌마1157

④ [○] 헌재 2020.2.27. 2016헌마945

28　　　　　　　　　　　　　　　　정답 ②

① [○] 세무사 자격 보유 변호사로 하여금 세무사의 명칭을 사용하지 못하게 하는 것은 헌법에 위반되지 않지만, 지문과 같이 세무업무를 하지 못하게 하는 것은 헌법에 위반된다. 세무사 자격 보유 변호사로 하여금 세무사로서 세무사의 업무를 할 수 없도록 규정한 세무사법 제6조 제1항 및 세무사법 제20조 제1항 본문 중 변호사에 관한 부분과 세무조정업무를 할 수 없도록 규정한 법인세법 제60조 제9항 제3호 및 소득세법 제70조 제6항 제3호는 헌법에 합치되지 아니한다.(헌재 2018.4.26. 2015헌가19) [헌법불합치(잠정적용)]

(1) 법무법인은 심판대상조항에 의해 세무조정업무를 수행할 수 없는 것이 아니라, 법무법인의 구성원 등이 심판대상조항에 의해 세무조정업무를 수행할 수 없는 경우 결과적으로 세무조정업무를 수행할 수 없게 되는 것에 불과하므로, 청구인 법무법인 ○○은 기본권 침해의 자기관련성이 인정되지 않는다.

(2) 세무대리의 전문성을 확보하고 부실 세무대리를 방지함으로써 납세자의 권익을 보호하고 세무행정의 원활한 수행 및 납세의무의 적정한 이행을 도모하려는 심판대상조항의 입법목적은 일응 수긍할 수 있다.

(3) 세법 및 관련 법령에 대한 해석·적용에 있어서는 일반 세무사나 공인회계사보다 법률사무 전반을 취급·처리하는 법률 전문직인 변호사에게 오히려 그 전문성과 능력이 인정된다. 그럼에도 불구하고 심판대상조항은 세무사 자격 보유 변호사로 하여금 세무대리를 일체 할 수 없도록 전면적으로 금지하고 있으므로, 수단의 적합성을 인정할 수 없다. 그렇다면, 심판대상조항은 과잉금지원칙을 위반하여 세무사 자격 보유 변호사의 직업선택의 자유를 침해하므로 헌법에 위반된다.

② [×] 법인 안경업소가 허용되면 영리추구 극대화를 위해 무면허자로 하여금 안경 조제·판매를 하게 하는 등의 문제가 발생할 가능성이 높아지고, 안경 조제·판매 서비스의 질이 하락할 우려가 있다. 또한 대규모 자본을 가진 비안경사들이 법인의 형태로 안경시장을 장악하여 개인 안경업소들이 폐업하면 안경사와 소비자 간 신뢰관계 형성이 어려워지고, 독과점으로 인해 안경 구매비용이 상승할 수 있다. 반면 현행법에 의하더라도 안경사들은 협동조합, 가맹점 가입, 동업 등의 방법으로 법인의 안경업소 개설과 같은 조직화, 대형화 효과를 어느 정도 누릴 수 있다. 따라서 심판대상조항은 과잉금지원칙에 반하지 아니하여 자연인안경사와 법인의 직업의 자유를 침해하지 아니한다.(헌재 2021.6.24. 2017헌가31)

③ [○] 간행물 판매자에게 정가 판매 의무를 부과하고, 가격 할인의 범위를 가격할인과 경제상의 이익을 합하여 정가의 15퍼센트 이하로 제한하는 출판문화산업 진흥법 제22조 제4항 및 제5항은 청구인의 직업의 자유를 침해한다고 할 수 없다. (헌재 2023.7.20. 2020헌마104) [기각]

④ [○] 변호사의 자격이 있는 자에게 더 이상 세무사 자격을 부여하지 않는 구 세무사법 제3조는 시행일 이후 변호사 자격을 취득한 청구인들의 직업선택의 자유를 침해하지 않는다. (헌재 2021.7.15. 2018헌마279)

29
정답 ③

① [○] 헌재 2020.9.24. 2018헌바171

② [○] 일반인의 출입이 허용된 음식점에 영업주의 승낙을 받아 통상적인 출입방법으로 들어갔다면 특별한 사정이 없는 한 주거침입죄에서 규정하는 침입행위에 해당하지 않는다. 설령 행위자가 범죄 등을 목적으로 음식점에 출입하였거나 영업주가 행위자의 실제 출입 목적을 알았다면 출입을 승낙하지 않았을 것이라는 사정이 인정되더라도 그러한 사정만으로는 출입 당시 객관적·외형적으로 드러난 행위태양에 비추어 사실상의 평온상태를 해치는 방법으로 음식점에 들어갔다고 평가할 수 없으므로 침입행위에 해당하지 않는다. (대판 2022.3.24. 2017도18272 전원합의체)

③ [×] 청구인이 피해자의 집 마당을 넘어간 행위 및 외부출입문을 열고 들어가 내부출입문을 손으로 두드린 행위가 각각 주거침입에 해당함이 합리적 의심의 여지없이 증명되었다고 보기 어려움에도, 피청구인은 이와 관련된 보강수사를 하지 아니한 채 주거침입에 해당한다고 단정하여 이 사건 기소유예처분에 이르렀다. 이 사건 기소유예처분에는 그 결정에 영향을 미친 중대한 법리오해, 수사미진 또는 증거판단의 잘못이 있고, 그로 인하여 청구인의 평등권과 행복추구권이 침해되었다. (헌재 2022.10.27. 2020헌마866)

④ [○] 헌법 제12조 제3항과는 달리 헌법 제16조 후문은 "주거에 대한 압수나 수색을 할 때에는 검사의 신청에 의하여 법관이 발부한 영장을 제시하여야 한다."라고 규정하고 있을 뿐 영장주의에 대한 예외를 명문화하고 있지 않다. 그러나 헌법 제12조 제3항과 헌법 제16조의 관계, 주거 공간에 대한 긴급한 압수수색의 필요성, 주거의 자유와 관련하여 영장주의를 선언하고 있는 헌법 제16조의 취지 등을 종합하면, 헌법 제16조의 영장주의에 대해서도 그 예외를 인정하되, 이는 ① 그 장소에 범죄혐의 등을 입증할 자료나 피의자가 존재할 개연성이 소명되고, ② 사전에 영장을 발부받기 어려운 긴급한 사정이 있는 경우에만 제한적으로 허용될 수 있다고 보는 것이 타당하다. (헌재 2018.4.26. 2015헌바370)

30
정답 ④

① [○] 헌재 2021.6.24. 2017헌마408

② [○] 헌재 2013.12.26. 2009헌마747

③ [○] 4급 이상 공무원의 병역면제사유인 질병명 공개는 사생활의 비밀과 자유를 침해하는 것이다. (헌재 2007.5.31. 2005

헌마1139) [헌법불합치(잠정적용)]

공직자 등의 병역사항 신고 및 공개에 관한 법률 제8조 제1항 본문 가운데 '4급 이상의 공무원 본인의 질병명에 관한 부분에 의하여 그 공개가 강제되는 질병명은 내밀한 사적 영역에 근접하는 민감한 개인정보로서, 특별한 사정이 없는 한 타인의 지득(知得), 외부에 대한 공개로부터 차단되어 개인의 내밀한 영역 내에 유보되어야 하는 정보이다. 이러한 성격의 개인정보를 공개함으로써 사생활의 비밀과 자유를 제한하는 국가적 조치는 엄격한 기준과 방법에 따라 섬세하게 행하여지지 않으면 아니된다. … 결론적으로, 이 사건 법률조항이 공적 관심의 정도가 약한 4급 이상의 공무원들까지 대상으로 삼아 모든 질병명을 아무런 예외 없이 공개토록 한 것은 입법목적 실현에 치중한 나머지 사생활 보호의 헌법적 요청을 현저히 무시한 것이고, 이로 인하여 청구인들을 비롯한 해당 공무원들의 헌법 제17조가 보장하는 기본권인 사생활의 비밀과 자유를 침해하는 것이다.

④ [×] 인체면역결핍바이러스에 감염된 사람이 혈액 또는 체액을 통하여 다른 사람에게 전파매개행위를 하는 것을 금지하고 이를 위반한 경우 3년 이하의 징역형으로 처벌한다고 규정한 '후천성면역결핍증 예방법' 제19조, 제25조 제2호는 모두 헌법에 위반되지 아니한다. (헌재 2023.10.26. 2019헌가30) [합헌]

31
정답 ①

① [×] 인터넷개인방송의 방송자가 비밀번호를 설정하는 등 그 수신 범위를 한정하는 비공개 조치를 취하지 않고 방송을 송출하는 경우, 누구든지 시청하는 것을 포괄적으로 허용하는 의사라고 볼 수 있으므로, 그 시청자는 인터넷개인방송의 당사자인 수신인에 해당하고, 이러한 시청자가 방송내용을 지득·채록하는 것은 통신비밀보호법에서 정한 감청에 해당하지 않는다. 그러나 인터넷개인방송의 방송자가 비밀번호를 설정하는 등으로 비공개 조치를 취한 후 방송을 송출하는 경우에는, 방송자로부터 허가를 받지 못한 사람은 당해 인터넷개인방송의 당사자가 아닌 '제3자'에 해당하고, 이러한 제3자가 비공개 조치가 된 인터넷개인방송을 비정상적인 방법으로 시청·녹화하는 것은 통신비밀보호법상의 감청에 해당할 수 있다. (대판 2022.10.27. 2022도9877)

② [○] 구 통신비밀보호법 제3조 제1항이 공개되지 아니한 타인간의 대화를 녹음 또는 청취하지 못하도록 한 것은, 대화에 원래부터 참여하지 않는 제3자가 그 대화를 하는 타인간의 발언을 녹음 또는 청취해서는 아니 된다는 취지이다. 따라서 대화에 원래부터 참여하지 않는 제3자가 일반 공중이 알 수 있도록 공개되지 아니한 타인간의 발언을 녹음하거나 전자장치 또는 기계적 수단을 이용하여 청취하는 것은 특별한 사정이 없는 한 같은 법 제3조 제1항에 위반된다. (대판 2016.5.12. 2013도15616)

③ [○] 방송통신심의위원회가 2019.2.11. 주식회사 케이티 외 9개 정보통신서비스제공자 등에 대하여 895개 웹사이트에 대한 이용자들의 접속을 차단하도록 시정을 요구한 행

위에 대한 심판청구를 기각한다.(헌재 2023.10.26. 2019헌마158) [기각]

이 사건 시정요구는 청구인들의 통신의 비밀과 자유 및 알 권리를 침해하지 아니한다.

④ [○] 헌재 2019.9.26. 2017헌마1209

32　　　　　　　　　　　　　　　정답 ②

① [○] 사죄광고의 강제는 양심도 아닌 것이 양심인 것처럼 표현할 것의 강제로 인간양심의 왜곡·굴절이고 겉과 속이 다른 이중인격형성의 강요인 것으로서 침묵의 자유의 파생인 양심에 반하는 행위의 강제금지에 저촉되는 것이며 따라서 우리 헌법이 보호하고자 하는 정신적 기본권의 하나인 양심의 자유의 제약(법인의 경우라면 그 대표자에게 양심표명의 강제를 요구하는 결과가 된다)이라고 보지 않을 수 없다.(헌재 1994.4.1. 89헌마160)

② [×] 양심의 자유가 아니라 인격권 침해이다.(헌재 2012.8.23. 2009헌가27)

③ [○] 구체적인 병역법위반 사건에서 피고인이 양심적 병역거부를 주장할 경우, 그 양심이 과연 위와 같이 깊고 확고하며 진실한 것인지 가려내는 일이 무엇보다 중요하다. 인간의 내면에 있는 양심을 직접 객관적으로 증명할 수는 없으므로 사물의 성질상 양심과 관련성이 있는 간접사실 또는 정황사실을 증명하는 방법으로 판단하여야 한다.(대판 2018. 11.1. 2016도10912 전원합의체)

④ [○] 가해학생에 대한 조치로 피해학생에 대한 서면사과를 규정한 구'학교폭력예방 및 대책에 관한 법률'(이하'구 학교폭력예방법'이라 한다) 제17조 제1항 제1호는 가해학생의 양심의 자유와 인격권을 침해하지 않는다.(헌재 2023.2.23. 2019헌바93) [합헌]

33　　　　　　　　　　　　　　　정답 ③

① [○] 연 2회 실시하는 2021년도 간호조무사 국가시험의 시행일시를 모두 토요일 일몰 전으로 정한 '2021년도 간호조무사 국가시험 시행계획 공고'는 종교의 자유를 제한하지만 침해하지 않는다.(헌재 2023.6.29. 2021헌마171)

② [○] 종교단체 내에서의 직무상 행위를 이용한 선거운동을 금지하는 공직선거법 제85조 제3항 중 '누구든지 종교적인 기관·단체 등의 조직내에서의 직무상 행위를 이용하여 그 구성원에 대하여 선거운동을 하거나 하게 할 수 없다' 부분, 이를 위반한 경우 처벌하는 같은 법 제255조 제1항 제9호 중 위 금지조항에 관한 부분이 헌법에 위반되지 아니하고, 선거운동기간 전에 같은 법에 규정된 방법을 제외하고 선거운동을 한 자를 처벌하는 공직선거법 제254조 제2항에 대한 심판청구를 각하하는 결정을 선고하였다.(헌재 2024.1.25. 2021헌바233) [합헌, 각하]

직무이용 금지조항 중 '직무상 행위를 이용하여' 부분은 죄형법정주의의 명확성원칙에 위배되지 않는다.

③ [×] 육군훈련소장이 훈련병에게 개신교, 불교, 천주교, 원

불교 종교행사 중 하나에 참석하도록 한 것은 국가가 종교를 군사력 강화라는 목적을 달성하기 위한 수단으로 전락시키거나, 반대로 종교단체가 군대라는 국가권력에 개입하여 선교행위를 하는 등 영향력을 행사할 수 있는 기회를 제공하므로, 국가와 종교의 밀접한 결합을 초래한다는 점에서 헌법상 정교분리원칙에 위배된다.(헌재 2022.11.24. 2019헌마941)

④ [○] 헌재 2022.12.22. 2021헌마271

34　　　　　　　　　　　　　　　정답 ④

① [○] 헌재 2023.5.25. 2019헌가13

② [○] 공직선거법 제250조 제2항 허위사실공표죄 중 '후보자가 되고자 하는 자에 관하여 허위의 사실을 공표한 자'에 관한 부분(허위사실공표죄)은 헌법에 위반되지 아니하나 [합헌], 공직선거법 제251조 후보자비방죄 중 '후보자가 되고자 하는 자'에 관한 부분(후보자 비방죄)은 과잉금지원칙에 위배되어 정치적 표현의 자유를 침해하므로 헌법에 위반된다.(헌재 2024.6.27. 2023헌바78) [위헌]

[1] 이 사건 허위사실공표금지 조항 [합헌]

[2] 이 사건 비방금지 조항 [위헌]

　가. 이 사건 비방금지 조항은 죄형법정주의의 명확성원칙에 위배되지 아니한다.

　나. 정치적 표현의 자유 침해 여부

　　㉠ 심사기준

　　　선거운동 등에 대한 제한이 정치적 표현의 자유를 침해하는지 여부를 판단함에 있어서는 표현의 자유의 규제에 관한 판단기준으로서 엄격한 심사기준을 적용하여야 한다.

　　㉡ 목적의 정당성과 수단의 적합성

　　　이 사건 비방금지 조항은 후보자가 되고자 하는 자의 인격과 명예를 보호하고 선거의 공정성을 보장하기 위한 것으로 목적의 정당성과 수단의 적합성은 인정된다.

　　㉢ 침해의 최소성

　　　정치적 표현의 자유는 우리 헌법상 민주주의의 근간이 되는 핵심적 기본권이므로 최대한 보장되어야 하고, 이에 대한 제한은 입법목적을 달성하는 데에 필요최소한으로 이루어져야 한다. 따라서 이 사건 비방금지 조항은 침해의 최소성에 반한다.

③ [○] 공직선거법 제90조 제1항 제1호 중'화환 설치'에 관한 부분 및 공직선거법 제256조 제3항 제1호 아목 중'제90조 제1항 제1호의 화환 설치'에 관한 부분은 모두 헌법에 합치되지 아니하고, 위 조항들에 대하여 2024.5.31.을 시한으로 입법자가 개정할 때까지 계속 적용되도록 하는 결정을 선고하였다.(헌재 2023.6.29. 2023헌가12) [헌법불합치]

심판대상조항은 선거일 전 180일부터 선거일까지라는 장기간 동안 선거와 관련한 정치적 표현의 자유를 광범위하게 제한하고 있다. 이러한 점들을 종합하면, 심판대상조항은

목적 달성에 필요한 범위를 넘어 장기간 동안 선거에 영향을 미치게 하기 위한 화환의 설치를 금지하는 것으로, 과잉금지원칙에 위반되어 정치적 표현의 자유를 침해한다.

④ [×] 북한 지역으로 전단 등 살포를 하여 국민의 생명·신체에 위해를 끼치거나 심각한 위험을 발생시키는 것을 금지하고, 이를 위반한 경우 처벌하는'남북관계 발전에 관한 법률' 제24조 제1항 제3호 및 제25조 중 제24조 제1항 제3호에 관한 부분은 헌법에 표현의 자유를 침해한다.(헌재 2023.9.26. 2020헌마1724) [위헌]

35 정답 ①

① [×] 법률이 직접 장소를 규제하므로 허가제는 아니다.
[판례] 심판대상조항은 법률로써 직접 옥외집회 또는 시위의 장소적 제한을 규정한 것으로서 헌법 제21조 제2항의 허가제 금지에 위반되지 않는다.(헌재 2023.7.20. 2020헌바131)

② [○] 집회에 대한 금지되는 허가는 행정권이 주체가 되는 집회를 말한다. 지문은 조례에 의해서 직접 제한되므로 허가제는 아니다. 다만 과잉금지원칙으로 헌법에 위반된다.
[판례] 집회·시위를 위한 인천애뜰 잔디마당의 사용허가를 예외 없이 제한하는 '인천애(愛)뜰의 사용 및 관리에 관한 조례 제7조 제1항 제5호 가목'은 헌법에 위반된다.(헌재 2023. 9.26. 2019헌마1417) [위헌]
심판대상조항은 법률의 위임 내지는 이에 근거하여 규정된 것이므로, 법률유보원칙에 위배되는 것으로 볼 수 없다. 입법목적은 정당하고, 집회·시위를 위한 잔디마당 사용허가를 전면적·일률적으로 제한하는 것은 헌법에 위반된다. 잔디마당이 현재 일반인에게 널리 개방되어 자유로운 통행과 휴식 등 공간으로 활용되고 있는 이상, 이곳이 여전히 국토계획법상 공공청사 부지에 속하고, 집회·시위를 목적으로 한 분수광장의 사용이 용이하다는 점만으로, 심판대상조항에 따른 제한이 정당화될 수 없다. 따라서 심판대상조항은 침해의 최소성 요건을 갖추지 못하였다. 그렇다면 심판대상조항은 과잉금지원칙에 위배되어 청구인들의 집회의 자유를 침해한다.

③ [○] 헌재 2023.3.23. 2021헌가1

④ [○] 헌재 2022.12.22. 2018헌바48

36 정답 ②

① [○] 헌재 2023.5.25. 2021헌바136

② [×] 비상장법인의 과점주주 전원에게 법인의 체납액 전부에 대하여 2차 납세의무를 부과하는 것(헌재 1997.6.26. 93헌바49) [한정위헌]
(1) 제2차 납세의무는 국세 부과 및 세법 적용상의 원칙으로서의 실질과세의 원칙을 구현하려는 것으로서, 형식적으로는 제3자에게 재산이 귀속되어 있으나 실질적으로는 주된 납세의무자와 동일한 책임을 인정하더라도 공평을 잃지 않을 특별한 관계에 있는 제3자를 제2차 납세의무자로 하여 보충적인 납세의무를 지게 하여 그

재산의 형식적인 권리 귀속을 부인함으로써 그 내용상의 합리성과 타당성 내지 조세형평을 기하는 한편 조세징수의 확보라는 공익을 달성하기 위한 제도이므로, 그 제도의 취지 자체는 실질적 조세법률주의에 위반되지 않는다 할 것이다.
(2) 이 사건 법률조항은 과점주주의 주식의 소유 정도 및 과점주주 소유의 주식에 대한 실질적인 권리의 행사 여부와 법인의 경영에 대한 사실상의 지배 여부 등 제2차 납세의무의 부과를 정당화시키는 실질적인 요소에 대하여는 고려함이 없이, 과점주주 전원에 대하여 일률적으로 법인의 체납액 전부에 관하여 제2차 납세의무를 부담토록 함으로써 … 조세법률주의 및 조세평등주의에 위반된다.

③ [○] 헌재 2024.2.28. 2021헌가16

④ [○] 헌재 2021.7.15. 2020헌가9

37 정답 ③

① [×] 개성공단 전면중단 조치는 공익 목적을 위하여 개별적, 구체적으로 형성된 구체적인 재산권의 이용을 제한하는 공용제한이 아니므로, 이에 대한 정당한 보상이 지급되지 않았다고 하더라도, 그 조치가 헌법 제23조 제3항을 위반하여 개성공단 투자기업인 청구인들의 재산권을 침해한 것으로 볼 수 없다.(헌재 2022.1.27. 2016헌마364)

② [×] 통일부장관이 2010.5.24. 발표한 북한에 대한 신규 투자 불허 및 진행 중인 사업의 투자확대 금지 등을 내용으로 하는 대북조치는 헌법 제23조 제3항 소정의 재산권의 공용제한에 해당하지 않는다. 2010.5.24.자 대북조치로 인하여 재산상 손실을 입은 자에 대한 보상입법을 마련하지 아니한 입법부작위에 대한 심판청구는 부적법 하다.(헌재 2022.5.26. 2016헌마95)

③ [○] 댐사용권변경조항은 이미 형성된 구체적인 재산권을 공익을 위하여 개별적이고 구체적으로 박탈·제한하는 것으로서 보상을 요하는 헌법 제23조 제3항의 수용·사용·제한을 규정한 것이라고 볼 수 없고, 적정한 수자원의 공급 및 수재방지 등 공익적 목적에서 건설되는 다목적댐에 관한 독점적 사용권인 댐사용권의 내용과 한계를 정하는 규정인 동시에 공익적 요청에 따른 재산권의 사회적 제약을 구체화하는 규정이라고 보아야 한다.(헌재 2022.10.27. 2019헌바44)

④ [×] 심판대상조항은 재산권의 법률적 수용이라는 법적 외관을 가지고 있으나 그 실질은 공공시설의 설치와 그 비용부담자 등에 관하여 규율하고 있는 것이므로, 이를 심사하려면 그것이 헌법 제23조 제3항에 따른 정당한 보상의 원칙에 위배되었는지가 아니라 이러한 공공시설의 설치와 관련한 부담의 부과와 그 소유권의 국가귀속이 재산권에 대한 사회적 제약의 범위 내의 제한인지 여부가 검토되어야 한다.(헌재 2015.2.26. 2014헌바177)

38 정답 ④

① [○] 헌재 2012.11.29. 2012헌마330
② [○] ③ [○] 국회규칙에서는 국회가 처리할 수 있는 범위 내에서 국민의 의견을 취합하여 국민 다수가 동의하는 의제가 효과적으로 국회의논의 대상이 될 수 있도록 적정한 수준으로 구체적인 국민동의 요건과 절차가 설정될 것임을 예측할 수 있다. 따라서 국민동의 조항은 포괄위임금지원칙에 위반되어 청원권을 침해하지 않는다.(헌재 2023.3.23. 2018헌마460)
④ [×] 청원서의 일반인에 대한 공개를 위해 30일 이내에 100명 이상의 찬성을 받도록 하고, 청원서가 일반인에게 공개되면 그로부터 30일 이내에 10만 명 이상의 동의를 받도록 한 「국회청원심사규칙」 조항이 설정하고 있는 청원찬성·동의를 구하는 기간 및 그 인원수는 불합리하다고 보기 어렵다. 따라서 국민동의법령조항들은 입법재량을 일탈하여 청원권을 침해하였다고 볼 수 없다.(헌재 2023.3.23. 2018헌마460)

39 정답 ②

① [○] 헌재 2022.3.31. 2019헌마986
② [×] 공직선거법 제218조의16 제3항 중 '재외투표기간 개시일 전에 귀국한 재외선거인등'에 대해 선거권을 인정하지 않는 것은 헌법에 합치되지 아니한다.(헌재 2022.1.27. 2020헌마895) [헌법불합치]
재외투표기간 개시일 전에 귀국한 사람에 한하여 국내에서 투표할 수 있도록 한 것은 입법목적을 위한 적합한 수단이다. 재외투표기간 개시일에 임박하여 또는 재외투표기간 중에 재외선거사무 중지결정이 있었고 그에 대한 재개결정이 없었던 예외적인 경우 재외투표기간 개시일 이후에 귀국한 재외선거인등의 귀국투표를 허용하여 재외선거인등의 선거권을 보장하면서도 중복투표를 차단하여 선거의 공정성을 훼손하지 않을 수 있는 대안이 존재하므로, 심판대상조항은 침해의 최소성 원칙에 위배된다.
③ [○] ④ [○] ㉮ 큐알(QR) 코드가 표기된 사전투표용지 발급행위에 대한 심판청구를 각하하고, ㉯ 사전투표관리관이 사전투표용지의 일련번호를 떼지 않고 선거인에게 교부하도록 정한 공직선거법 제158조 제3항 중 '일련번호를 떼지 아니하고' 부분에 대한 심판청구는 기각하는 결정을 선고하였다.(헌재 2023.10.26. 2022헌마231) [기각]

40 정답 ③

① [○] ② [○] 헌법 제72조에 의한 중요정책에 관한 국민투표는 국가안위에 관계되는 사항에 관하여 대통령이 제시한 구체적인 정책에 대한 주권자인 국민의 승인절차라 할 수 있고, 헌법 제130조 제2항에 의한 헌법개정에 관한 국민투표는 대통령 또는 국회가 제안하고 국회의 의결을 거쳐 확정된 헌법개정안에 대하여 주권자인 국민이 최종적으로 그 승인 여부를 결정하는 절차이다.(헌재 2007.6.28. 2004헌마644)

③ [×] ④ [○] 대의기관의 선출주체가 곧 대의기관의 의사결정에 대한 승인주체가 되는 것은 당연한 논리적 귀결이다. 재외선거인은 대의기관을 선출할 권리가 있는 국민으로서 대의기관의 의사결정에 대해 승인할 권리가 있으므로, 국민투표권자에는 재외선거인이 포함된다고 보아야 한다. 또한, 국민투표는 선거와 달리 국민이 직접 국가의 정치에 참여하는 절차이므로, 국민투표권은 대한민국 국민의 자격이 있는 사람에게 반드시 인정되어야 하는 권리이다. 이처럼 국민의 본질적 지위에서 도출되는 국민투표권을 추상적 위험 내지 선거기술상의 사유로 배제하는 것은 헌법이 부여한 참정권을 사실상 박탈한 것과 다름없다. 따라서 국회의원 선거권자인 재외선거인에게 국민투표권을 인정하지 않은 국민투표법 조항은 재외선거인의 국민투표권을 침해한다.(헌재 2014.7.24. 2009헌마256)

01	②	02	③	03	④	04	④	05	③
06	④	07	①	08	③	09	④	10	②
11	④	12	③	13	②	14	①	15	①
16	②	17	①	18	③	19	③	20	④

01
정답 ②

ㄱ. [×] ㄴ. [○]

> **헌법 제128조** ① 헌법개정은 국회재적의원 과반수 또는 대통령의 발의로 제안된다.
> ② 대통령의 임기연장 또는 중임변경을 위한 헌법개정은 그 헌법개정 제안 당시의 대통령에 대하여는 효력이 없다.

ㄷ. [×]

> **헌법 제129조** 제안된 헌법개정안은 대통령이 20일 이상의 기간 이를 공고하여야 한다.

ㄹ. [×] 헌법개정안은 기명으로 표결한다.

ㅁ.

> **헌법 제130조** ① 국회는 헌법개정안이 공고된 날로부터 60일 이내에 의결하여야 하며, 국회의 의결은 재적의원 3분의 2 이상의 찬성을 얻어야 한다.

02
정답 ③

① [×] 헌법 제6조 제1항에서 선언하고 있는 국제법존중주의는 국제법과 국내법의 동등한 효력을 인정한다는 취지일 뿐이므로 유엔 자유권위원회가 국가보안법의 폐지나 개정을 권고하였다는 이유만으로 이적행위조항과 이적표현물 소지 조항이 국제법존중주의에 위배되는 것은 아니다.(헌재 2024.2.28. 2023헌바381)

② [×] 양심적 병역거부를 이유로 유죄판결을 받은 청구인들의 개인통보에 대하여 자유권규약위원회(Human Rights Committee)가 채택한 견해(Views)에 따른, 전과기록 말소 및 충분한 보상 등 구제조치를 이행하는 법률을 제정할 입법의무가 피청구인인 대한민국 국회에게 발생하였다고 볼 수 없으므로, 그러한 법률을 제정하지 아니한 입법부작위의 위헌확인을 구하는 헌법소원심판청구는 부적법하다. (헌재 2018.7.26. 2011헌마306) [각하]
자유권규약의 조약상 기구인 자유권규약위원회의 견해는 규약을 해석함에 있어 중요한 참고기준이 되고, 규약 당사국은 그 견해를 존중하여야 한다. 특히 우리나라는 자유권규약을 비준함과 동시에, 자유권규약위원회의 개인통보 접수·심리 권한을 인정하는 내용의 선택의정서(Optional Protocol to the International Covenant on Civil and Political Rights)에 가입하였으므로, 대한민국 국민이 제기한 개인통보에 대한 자유권규약위원회의 견해(Views)를 존중하고, 그 이행을 위하여 가능한 범위에서 충분한 노력을 기울여야 한다. 다만, 자유권규약위원회의 심리는 서면으로 비공개로 진행되는 점 등을 고려하면, 개인통보에 대한 자유권규약위원회의 견해(Views)에 사법적인 판결이나 결정과 같은 법적 구속력이 인정된다고 단정하기는 어렵다.

③ [○] 국제통화기금조약은 법률의 효력을 가진 것으로 위헌법률심판의 대상이 된다.(헌재 2001.9.27. 2000헌바20)
국제통화기금조약은 각 국회의 동의를 얻어 체결된 것으로서, 헌법 제6조 제1항에 따라 국내법적, 법률적 효력을 가지는바, 가입국의 재판권 면제에 관한 것이므로 성질상 국내에 바로 적용될 수 있는 법규범으로서 위헌법률심판의 대상이 된다.

④ [×] 마라케쉬협정도 적법하게 체결되어 공포된 조약이므로 국내법과 같은 효력을 갖는 것이어서 그로 인하여 새로운 범죄를 구성하거나 범죄자에 대한 처벌이 가중된다고 하더라도 이것은 국내법에 의하여 형사처벌을 가중한 것과 같은 효력을 갖게 되는 것이다.(헌재 1998.11.26. 97헌바65)

03
정답 ④

① [○] 정당의 역할에 대한 내용이다.

② [○] 국회의원은 의원직 상실결정을 하였으나 지방의원에 대해서는 판단하지 않았다.

③ [○] 정당은 국가기관이 아니므로 헌법소원을 할 수 있다.

④ [×] 임기만료에 의한 국회의원선거에 참여하여 의석을 얻지 못하고 유효투표총수의 100분의 2 이상을 득표하지 못한 때 정당등록을 취소하는 것은 헌법에 위반된다. 그리고 그러한 정당의 명칭을 일정기간 사용하지 못하게 하는 것도 헌법에 위반된다.(헌재 2014.1.28. 2012헌마431)

04
정답 ④

① [○] 근로자의 이익분배균점권은 제5차개헌에서 삭제되었다.

② [○] ③ [○] ④ [×] 사상의 자유는 우리헌법에 규정된 적이 없다.

05
정답 ③

① [×] 외국국적동포는 국적법상 외국인이므로 인간의 권리가 인정되는 것은 가능하지만 국민의 권리가 인정되는 것은 아니다.

② [×] 18세 이상으로서 선거인명부작성기준일 현재 영주의 체류자격 취득일 후 3년이 지난 외국인으로서 해당 지방자치단체의 외국인등록대장에 올라 있는 사람에게 그 구역에서 선거하는 지방자치단체 의회의원과 지방자치단체장 선거권이 인정되지만 피선거권이 인정되는 것은 아니다.

③ [○] 국가나 지자체를 제외한 공법인은 지문과 같은 경우 예외적으로 기본권 주체가 될 수 있다.

④ [×] 강원대학교, 세무대학교 등도 기본권 주체로 인정되었다.

06
정답 ④

① [○] 이 사건 경고의 경우 법률에서 명시적으로 규정된 제재보다 더 가벼운 것을 하위 규칙에서 규정한 경우이므로, 그러한 제재가 행정법에서 요구되는 법률유보원칙에 어긋났다고 단정하기 어려운 측면이 있다. 그러나 만일 그것이 기본권 제한적 효과를 지니게 된다면, 이는 행정법적 법률유보원칙의 위배 여부에도 불구하고 헌법 제37조 제2항에 따라 엄격한 법률적 근거를 지녀야 한다.(헌재 2007.11.29. 2004헌마290)

② [○] 헌재 1997.12.24. 95헌마390

③ [○] 대판 2012.12.20. 2011두30878 전원합의체

④ [×] 일반적으로 법률에서 일부 내용을 하위 법령에 위임하고 있는 경우 위임을 둘러싼 법률 규정 자체에 대한 명확성의 문제는 포괄위임금지원칙 위반의 문제가 될 것이다. 다만 위임 규정이 하위 법령에 위임하고 있는 내용과는 무관하게 법률 자체에서 해당 부분을 완결적으로 정하고 있는 경우 포괄위임금지원칙 위반 여부와는 별도로 명확성의 원칙이 문제될 수 있는바, 위임입법에서 사용하고 있는 추상적 용어가 하위 법령에 규정될 내용의 범위를 구체적으로 정해주기 위한 역할을 하는지, 아니면 그와는 별도로 독자적인 규율 내용을 정하기 위한 것인지 여부에 따라 별도로 명확성원칙 위반의 문제가 나타날 수도 있고, 그렇지 않을 수도 있게 된다.(헌재 2011.12.29. 2010헌바385)

07
정답 ①

① [×] 일반적 행동자유권의 보호영역에는 개인의 생활방식과 취미에 관한 사항이 포함되며, 여기에는 위험한 스포츠를 즐길 권리와 같은 위험한 생활방식으로 살아갈 권리도 포함된다.(헌재 2003.10.30. 2002헌마518)

② [○] ③ [○] ④ [○] 일반적행동자유권의 내용이다.

08
정답 ③

① [×] 정부는 이 사건 폐지법률안을 국회에 제출하기에 앞서 행정절차법 제41조와 법제업무운영규정 제15조에 따라 입법예고를 통해 이해당사자는 물론 전 국민에게 세무대학 폐지의 의사를 미리 공표하였으며, 헌법 제89조에 따라 국무회의의 심의를 거치는 등 헌법과 법률이 정한 절차와 방법을 준수하였다. 따라서 국회가 이 사건 폐지법을 제정하는 과정에서 별도의 청문절차를 거치지 않았다고 해서 그것만으로 곧 헌법 제12조의 적법절차를 위반하였다고 볼 수는 없다.(헌재 2001.2.22. 99헌마613)

② [×] 행정절차상 강제처분에 의해 신체의 자유가 제한되는 경우, 강제처분의 집행기관으로부터 독립된 중립적인 기관이 이를 통제하도록 하는 것은 적법절차원칙의 중요한 내용에 해당하는바, 구체적인 통제의 모습이나 수준은 강제처분의 목적과 이로써 달성하고자 하는 공익, 강제처분으로 인해 신체의 자유가 제한되는 정도 등 모든 요소를 고려하여 결정되어야 할 것이다.(헌재 2023.3.23. 2020헌가1)

③ [○] 헌재 2015.9.24. 2012헌바302

④ [×] 수사기관이 수사의 필요성 있는 경우 전기통신사업자에게 위치정보 추적자료를 제공요청할 수 있도록 한 통신비밀보호법 제13조 제1항 중 '검사 또는 사법경찰관은 수사를 위하여 필요한 경우 전기통신사업법에 의한 전기통신사업자에게 제2조 제11호 바목, 사목의 통신사실 확인자료의 열람이나 제출을 요청할 수 있다.' 부분, 수사종료 후 위치정보 추적자료를 제공받은 사실 등을 통지하도록 한 통신비밀보호법 제13조의3 제1항 중 제2조 제11호 바목, 사목의 통신사실 확인자료에 관한 부분은 개인정보자기결정권과 통신의 자유를 침해한다.(헌재 2018.6.28. 2012헌마191) [헌법불합치(잠정적용)]

(1) 이 사건 요청조항은 명확성원칙에 위반되지 아니한다.

(2) 입법목적의 정당성과 수단의 적정성이 인정된다. '수사의 필요성'만을 그 요건으로 하고 있어 절차적 통제마저도 제대로 이루어지기 어려운 현실인 점 등을 고려할 때, 이 사건 요청조항은 침해의 최소성과 법익의 균형성이 인정되지 아니한다.

(3) 이 사건 허가조항은 수사기관이 전기통신사업자에게 위치정보 추적자료 제공을 요청함에 있어 관할 지방법원 또는 지원의 허가를 받도록 규정하고 있다. 따라서 이 사건 허가조항은 헌법상 영장주의에 위배되지 아니한다.

(4) 이 사건 통지조항에 대한 판단 [헌법불합치]
수사의 밀행성 확보는 필요하지만, 헌법상 적법절차원칙을 통하여 수사기관의 권한남용을 방지하고 정보주체의 기본권을 보호하기 위해서는, 위치정보 추적자료 제공과 관련하여 정보주체에게 적절한 고지와 실질적인 의견진술의 기회를 부여해야 한다. 이러한 점들을 종합할 때, 이 사건 통지조항은 헌법상 적법절차원칙에 위배되어 청구인들의 개인정보자기결정권을 침해한다.

09
정답 ④

① [×] 이 사건 처벌조항은 과잉금지원칙에 반하여 청구인의 거주·이전의 자유를 침해하지 않는다.(헌재 2020.2.27. 2016헌마945)

② [×] 외국인은 입국의 자유는 인정되지 않고 출국의 자유는 보장된다.

③ [×] 거주·이전의 자유는 국가의 간섭 없이 자유롭게 거주와 체류지를 정할 수 있는 자유로서 정치·경제·사회·문화 등 모든 생활영역에서 개성신장을 촉진함으로써 헌법상 보장되고 있는 다른 기본권들의 실효성을 증대시켜주는 기능을 한다. 구체적으로는 국내에서 체류지와 거주지를 자유롭게 정할 수 있는 자유영역뿐 아니라 나아가 국외에서 체류지와 거주지를 자유롭게 정할 수 있는 '해외여행 및 해외이주의 자유'를 포함하고 덧붙여 대한민국의 국적을 이탈할 수 있는 '국적변경의 자유' 등도 그 내용에 포섭된다고 보아야 한다. 따라서 해외여행 및 해외이주의 자유는 필연적으로 외국에서 체류 또는 거주하기 위해서 대한민국을 떠날

수 있는 "출국의 자유"와 외국체류 또는 거주를 중단하고 다시 대한민국으로 돌아올 수 있는 '입국의 자유'를 포함한다. (헌재 2004.10.28. 2003헌가18)

④ [○] 현역병으로 근무하는 자인 영내에 기거하는 군인은 그가 속한 세대의 거주지에서 등록하여야 한다고 규정하고 있는 주민등록법 규정은 헌법에 위반되지 아니한다. (헌재 2011.6.30. 2009헌마59)

주민등록은 행정법상의 제도로서 주민등록을 하는 것 자체를 거주하는 사람의 권리로 인정할 수 없고, 한편 누구든지 주민등록 여부와 무관하게 거주지를 자유롭게 이전할 수 있으므로 주민등록 여부가 거주·이전의 자유와 직접적인 관계가 있다고 보기도 어렵다. 더욱이 영내로의 주민등록 가능 여부가 해당 현역병의 거주·이전의 자유에 영향을 미친다고 보기 어렵다. 따라서 이 사건 법률조항은 영내 기거하는 현역병의 거주·이전의 자유를 제한하지 않는다 할 것이다.

10 정답 ②

① [×] '원하는 직장을 제공하여 줄 것을 청구할 권리'는 직업의 자유의 내용이 아니다.

② [○] 경쟁의 자유 전직의 자유는 직업의 자유의 내용이다.

③ [×] 겸직의 자유는 직업의 자유의 내용이지만, '사용자의 처분에 따른 직장 상실로부터 직접 보호하여 줄 것을 청구할 권리'는 직업의 자유가 아니다.

④ [×] 직업교육장 선택의 자유는 직업의 자유에 포함되지만, '한번 선택한 직장의 존속 보호를 청구할 권리'는 직업의 자유의 내용이 아니다.

11 정답 ④

① [×] CCTV 설치 조항의 입법목적의 효과적인 달성을 위하여 달리 덜 제약적인 수단이 있다고 보기 어렵고, CCTV 설치 조항은 입법목적 달성을 위하여 필요한 범위 내에서 기본권을 제한하고 있다고 할 수 있으므로 침해의 최소성이 인정된다. CCTV 설치 조항은 과잉금지원칙을 위반하여 청구인들의 기본권을 침해하지 않는다. (헌재 2017.12.28. 2015헌마994)

② [×] ㉮ 대체복무요원의 복무기간을 '36개월'로 한 '대체역의 편입 및 복무 등에 관한 법률'제18조 제1항, ㉯ 대체복무요원으로 하여금 '합숙'하여 복무하도록 한 같은 법 제21조 제2항, ㉰ 대체복무기관을 '교정시설'로 한정한 같은 법 시행령 제18조에 대한 심판청구를 모두 기각하는 결정을 선고하였다. (헌재 2024.5.30. 2021헌마117) [기각]

③ [×] 이 사건 동행계호행위는 교정사고를 예방하고 수용자 및 진료 담당 의사의 신체 등을 보호하기 위한 것이다. 청구인이 상습적으로 교정질서 문란행위를 저지른 전력이 있는 점, 정신질환의 증상으로 자해 또는 타해 행동이 나타날 우려가 있는 점, 교정시설은 수형자의 교정교화와 건전한 사회복귀를 도모하기 위한 시설로서 정신질환자의 치료 중심 수용 환경 조성에는 한계가 있는 점 등을 고려하면 이 사건

동행계호행위는 과잉금지원칙에 반하여 청구인의 사생활의 비밀과 자유를 침해하지 않는다. (헌재 2024.1.25. 2020헌마725)

④ [○] 공적인 영역의 활동은 다른 기본권에 의한 보호는 별론으로 하고 사생활의 비밀과 자유가 보호하는 것은 아니라고 할 것이다. (헌재 2003.10.30. 2002헌마518)

12 정답 ③

① [×] 양심이란 인간의 윤리적·도덕적 내심영역의 문제이고, 헌법이 보호하려는 양심은 어떤 일의 옳고 그름을 판단함에 있어서 그렇게 행동하지 아니하고는 자신의 인격적인 존재가치가 허물어지고 말 것이라는 강력하고 진지한 마음의 소리이지, 막연하고 추상적인 개념으로서의 양심이 아니다. 음주측정에 응해야 할 것인지, 거부해야 할 것인지 그 상황에서 고민에 빠질 수는 있겠으나 그러한 고민은 선(善)과 악(惡)의 범주에 관한 진지한 윤리적 결정을 위한 고민이라 할 수 없으므로 그 고민 끝에 어쩔 수 없이 음주측정에 응하였다 하여 내면적으로 구축된 인간양심이 왜곡·굴절된다고 할 수도 없다. 따라서 음주측정요구와 그 거부는 양심의 자유의 보호영역에 포괄되지 아니하므로 이 사건 법률조항을 두고 헌법 제19조에서 보장하는 양심의 자유를 침해하는 것이라고 할 수 없다. (헌재 1997.3.27. 96헌가11)

② [×] ③ [○] 양심적 병역거부에 대한 처벌은 헌법에 위반되지 아니한다. (헌재 2004.8.26. 2002헌가1) [합헌]

(1) '양심의 자유'가 보장하고자 하는 '양심'은 민주적 다수의 사고나 가치관과 일치하는 것이 아니라, 개인적 현상으로서 지극히 주관적인 것이다. 양심은 그 대상이나 내용 또는 동기에 의하여 판단될 수 없으며, 특히 양심상의 결정이 이성적·합리적인가, 타당한가 또는 법질서나 사회규범, 도덕률과 일치하는가 하는 관점은 양심의 존재를 판단하는 기준이 될 수 없다.

(2) 일반적으로 민주적 다수는 법질서와 사회질서를 그의 정치적 의사와 도덕적 기준에 따라 형성하기 때문에, 그들이 국가의 법질서나 사회의 도덕률과 양심상의 갈등을 일으키는 것은 예외에 속한다. 양심의 자유에서 현실적으로 문제가 되는 것은 사회적 다수의 양심이 아니라, 국가의 법질서나 사회의 도덕률에서 벗어나려는 소수의 양심이다. 따라서 양심상의 결정이 어떠한 종교관·세계관 또는 그 외의 가치체계에 기초하고 있는가와 관계없이, 모든 내용의 양심상의 결정이 양심의 자유에 의하여 보장된다.

④ [×] 특정한 내적인 확신 또는 신념이 양심으로 형성된 이상 그 내용 여하를 떠나 양심의 자유에 의해 보호되는 양심이 될 수 있으므로, 헌법상 양심의 자유에 의해 보호받는 '양심'으로 인정할 것인지의 판단은 그것이 깊고, 확고하며, 진실된 것인지 여부에 따르게 된다. 그리하여 양심적 병역거부를 주장하는 사람은 자신의 '양심'을 외부로 표명하여 증명할 최소한의 의무를 진다. (헌재 2018.6.28. 2011헌바379)

13

정답 ②

① [○] ③ [○] 미지정 수형자의 경우 추가사건의 공범이나 동일사건 관련자가 없는 때에는 출력수와 함께 종교집회를 실시하는 등의 방법으로 청구인의 기본권을 덜 침해하는 수단이 있음에도 불구하고 이를 전혀 고려하지 아니하였다. 따라서 이 사건 종교집회 참석 제한 처우는 부산구치소의 열악한 시설을 감안하더라도 과잉금지원칙을 위반하여 청구인의 종교의 자유를 침해한 것이다.(헌재 2014.6.26. 2012헌마782)

② [×] 미결수용자를 대상으로 한 개신교 종교행사를 4주에 1회, 일요일이 아닌 요일에 실시한 행위는 헌법에 위반되지 않는다.(헌재 2015.4.30. 2013헌마190)
　　○○구치소에 종교행사 공간이 1개뿐이고, 종교행사는 종교, 수형자와 미결수용자, 성별, 수용동 별로 진행되며, 미결수용자는 공범이나 동일 사건 관련자가 있는 경우 이를 분리하여 참석하게 해야 하는 점을 고려하면 피청구인이 미결수용자 대상 종교행사를 4주에 1회 실시했더라도 종교의 자유를 과도하게 제한하였다고 보기 어렵고, 구치소의 인적·물적 여건상 하루에 여러 종교행사를 동시에 하기 어려우며, 개신교의 경우에만 그 교리에 따라 일요일에 종교행사를 허용할 경우 다른 종교와의 형평에 맞지 않고, 공휴일인 일요일에 종교행사를 할 행정적 여건도 마련되어 있지 않다는 점을 고려하면, 이 사건 종교행사 처우는 청구인의 종교의 자유를 침해하지 않는다.

④ [○] 헌재 2001.6.28. 99헌가14

14

정답 ①

① [○] 심판대상조항은 정치적 의사표현 중 당선 또는 낙선을 위한 직접적인 활동만을 금지할 뿐이므로, 협동조합의 상근직원은 여전히 선거와 관련하여 일정 범위 내에서는 자유롭게 자신의 정치적 의사를 표현하면서 후보자에 대한 정보를 충분히 교환할 수 있다. 따라서 심판대상조항은 침해의 최소성 및 법익의 균형성을 충족한다. 결국 심판대상조항은 과잉금지원칙에 반하여 청구인들의 선거운동의 자유를 침해하지 않는다.(헌재 2022.11.24. 2020헌마417)

② [×] 직급에 따른 업무 내용과 수행하는 개별·구체적인 직무의 성격을 고려하여 지방공사 상근직원 중 선거운동이 제한되는 주체의 범위를 최소화하거나, 지방공사 상근직원에 대하여 '그 지위를 이용하여' 또는 '그 직무 범위 내에서' 하는 선거운동을 금지하는 방법으로도 선거의 공정성이 충분히 담보될 수 있다. 결국 심판대상조항은 과잉금지원칙을 위반하여 지방공사 상근직원의 선거운동의 자유를 침해한다.(헌재 2024.1.25. 2021헌가14)

③ [×] 정치적 표현의 자유의 중대한 제한에 비하여, 안성시 시설관리공단의 상근직원이 당내경선에서 공무원에 준하는 영향력이 있다고 볼 수 없는 점 등을 고려하면 심판대상조항이 당내경선의 형평성과 공정성의 확보라는 공익에 기여하는 바가 크다고 보기 어렵다. 따라서 심판대상조항은 과잉금지원칙에 반하여 정치적 표현의 자유를 침해한다.(헌재 2022.12.22. 2021헌가36)

④ [×] 정치적 표현의 자유의 중대한 제한에 비하여, 이 사건 공단의 상근직원이 당내경선에서 공무원에 준하는 영향력이 있다고 볼 수 없는 점 등을 고려하면 심판대상조항이 당내경선의 형평성과 공정성의 확보라는 공익에 기여하는 바가 크다고 보기 어렵다. 따라서 심판대상조항은 과잉금지원칙에 반하여 정치적 표현의 자유를 침해한다.(헌재 2021.4.29. 2019헌가11)

15

정답 ①

ㄱ. [○] 교육받을 권리로부터 공무원이 휴직하여 법학전문대학원에서 수학할 것을 보장받을 권리가 도출된다고 할 수 없으므로 휴직조항으로 인하여 교육받을 권리가 침해될 가능성은 없다. 휴직조항은 공직 취임이나 공무원 신분과 관련이 없으므로 공무담임권을 제한하지 않는다. 청구인은 연수휴직이 2년까지 가능한 지방자치단체 공무원과 연수휴직이 3년까지 가능한 교육공무원 사이의 차별 취급이 부당하다고 주장하나, 지방자치단체 공무원과 교육공무원은 비교대상이 되기 어려울 뿐만 아니라 교육공무원이라도 법조인 양성을 목적으로 하는 법학전문대학원에 진학하기 위하여 당연히 연수휴직을 할 수 있는 것은 아니므로, 청구인이 주장하는 평등권 침해가 발생할 가능성이 인정되지 않는다. 따라서 휴직조항에 대한 심판청구는 기본권 침해의 가능성이 인정되지 아니한다.(헌재 2024.2.28. 2020헌마377)

ㄴ. [×] 위 심판대상 법률규정을 정부투자기관의 경영에 관한 결정이나 집행에 상당한 영향력을 행사할 수 있는 지위에 있다고 볼 수 없는 직원을 임원이나 집행간부들과 마찬가지로 취급하여 지방의회의원선거에 적용하는 것은 헌법에 위반된다.(헌재 1995.6.12. 95헌마172)

ㄷ. [×] 당선무효조항은 친족인 배우자의 행위와 본인 간에 실질적으로 의미 있는 아무런 관련성을 인정할 수 없음에도 불구하고 오로지 배우자라는 사유 그 자체만으로 불이익한 처우를 가하는 것이 아니라, 후보자와 불가분의 선거운명공동체를 형성하여 활동하게 마련인 배우자의 실질적 지위와 역할을 근거로 후보자에게 연대책임을 부여한 것이므로, 헌법 제13조 제3항에서 금지하고 있는 연좌제에 해당하지 아니하고, 자기책임원칙에도 위배되지 아니한다.(헌재 2016.9.29. 2015헌마548)

ㄹ. [×] 국가공무원법 제33조 제6호의4 나목 중 구 아동·청소년의 성보호에 관한 법률 제11조 제5항 가운데'아동·청소년이용음란물임을 알면서 이를 소지한 죄로 형을 선고받아 그 형이 확정된 사람은 국가공무원법 제2조 제2항 제1호의 일반직공무원으로 임용될 수 없도록 한 것'에 관한 부분 및 지방공무원법 제31조 제6호의4 나목 중 구 아동·청소년의 성보호에 관한 법률 제11조 제5항 가운데'아동·청소년이용음란물임을 알면서 이를 소지한 죄로 형을 선고받아 그 형이 확정된 사람은 지방공무원법 제2조 제2항 제1호의 일반직공무원으로 임용될 수 없도록 한 것'에 관한 부분은 모두 헌법에 합치되지 아니한다.(헌재 2023.6.29. 2020헌마1605)
[헌법불합치]

심판대상조항은 아동·청소년과 관련이 없는 직무를 포함하여 모든 일반직공무원에 임용될 수 없도록 하므로, 제한의 범위가 지나치게 넓고 포괄적이다. 또한, 심판대상조항은 영구적으로 임용을 제한하고, 결격사유가 해소될 수 있는 어떠한 가능성도 인정하지 않는다. 그런데 아동·청소년이용음란물소지죄로 형을 선고받은 경우라고 하여도 범죄의 종류, 죄질 등은 다양하므로, 개별 범죄의 비난가능성 및 재범 위험성 등을 고려하여 상당한 기간 동안 임용을 제한하는 덜 침해적인 방법으로도 입법목적을 충분히 달성할 수 있다. 따라서 심판대상조항은 과잉금지원칙에 위배되어 청구인들의 공무담임권을 침해한다.

16 정답 ②

① [×] 심판대상조항이 정식재판절차에 불이익변경금지원칙을 적용하지 않은 것은 약식절차의 목적과 특징, 사법 효율성의 도모 필요성, 불이익변경금지원칙 적용에 따른 문제점, 정식재판청구권의 실질적 보장 정도 등을 종합적으로 고려한 것으로 합리적인 이유가 있다. 따라서 심판대상조항이 약식명령에 대하여 피고인만이 정식재판을 청구한 사건에 불이익변경금지원칙을 적용하지 아니하였다는 이유만으로 재판청구권에 관한 합리적인 입법형성권의 범위를 일탈하여 공정한 재판을 받을 권리를 침해한다고 볼 수 없다.(헌재 2024.5.30. 2021헌바6)

② [○] 헌재 2009.12.29. 2008헌바124

③ [×] 교정시설의 장이 미결수용자의 교정시설 내 규율위반 내용 및 징벌처분 결과를 법원에 통보한다고 하더라도 이는 법관이 양형에 참고할 수 있는 자료 중 하나로 작용할 수 있을 뿐이고, 그 내용이 공개된 법정에서 양형을 위한 증거조사의 대상이 되는 데에 어떠한 장애가 되거나, 이와 관련한 청구인의 공격·방어권 행사에 영향을 미치는 것은 아니다. 청구인은 그 내용이 양형에 불리하게 작용하지 않도록 자신에게 유리한 주장을 하거나 반증을 제출할 수 있다. 따라서 이 사건 통보행위가 청구인의 공정한 재판을 받을 권리를 제한한다고 보기 어렵다.(헌재 2023.9.26. 2022헌마926)

④ [×] 19세 미만 성폭력범죄 피해자의 진술이 수록된 영상물에 관하여 조사 과정에 동석하였던 신뢰관계인 등이 그 성립의 진정함을 인정한 경우 이를 증거로 할 수 있도록 정한, '성폭력범죄의 처벌 등에 관한 특례법' 제30조 제6항 중 '제1항에 따라 촬영한 영상물에 수록된 피해자의 진술은 공판준비기일 또는 공판기일에 조사 과정에 동석하였던 신뢰관계에 있는 사람 또는 진술조력인의 진술에 의하여 그 성립의 진정함이 인정된 경우에 증거로 할 수 있다' 부분 가운데 19세 미만 성폭력범죄 피해자에 관한 부분은 과잉금지원칙을 위반하여 청구인의 공정한 재판을 받을 권리를 침해한다.(헌재 2021.12.23. 2018헌바524) [위헌]

[1] 수단의 적합성도 인정된다.

[2] 피해의 최소성

성폭력범죄의 특성상 영상물에 수록된 미성년 피해자 진술이 사건의 핵심 증거인 경우가 적지 않고, 이러한

진술증거에 대한 탄핵의 필요성이 인정됨에도 심판대상조항은 그러한 주요 진술증거의 왜곡이나 오류를 탄핵할 수 있는 효과적인 방법인 피고인의 반대신문권을 보장하지 않고 있으며, 이를 대체할 만한 수단도 마련하고 있지 못하다. 즉, 영상물에 수록된 미성년 피해자의 진술은, 범행 과정 등을 촬영한 영상증거가 아니라, 수사과정에서 피고인의 참여 없이 이루어진 미성년 피해자의 답변을 녹화한 진술증거이다. 그러므로 영상물이 제공할 수 있는 제한적인 정보 및 그 형성과정 등을 고려할 때, 영상물이 미성년 피해자의 진술 장면을 그대로 재현할 수 있다 하더라도, 그러한 사정만으로 위 증거가 반대신문을 통한 검증의 필요성이 적은 증거방법이라 할 수 없고, 위 영상물의 내용을 바탕으로 한 탄핵만으로 피고인의 반대신문권의 역할을 대체하기에도 일정한 한계가 존재할 수밖에 없다. 또한, 조사 과정에 동석하였던 신뢰관계인 등은 범행 과정 등을 직접 경험하거나 목격한 사람이 아니므로, 그에 대한 반대신문은 원진술자에 대한 반대신문을 대체하는 수단으로는 제대로 기능할 수 없다. 나아가 심판대상조항에도 불구하고, 법원이 제반 사정을 고려하여 피고인 등의 신청이나 직권으로 미성년 피해자를 증인으로 소환할 여지가 있기는 하다. 그러나 이러한 증인신청이 반드시 받아들여진다거나 이미 자신의 진술에 증거능력을 부여받은 미성년 피해자가 법정에 출석하리라는 보장이 없으므로, 피고인은 여전히 자신이 탄핵하지 못한 진술증거에 의하여 유죄를 인정받을 위험에 놓이게 된다. 따라서 위와 같은 사정을 근거로 피고인의 반대신문권이 보장되고 있다고 볼 수는 없다.

위와 같은 사정들을 종합할 때, 피고인의 반대신문권을 보장하면서도 미성년 피해자를 보호할 수 있는 조화적인 방법을 상정할 수 있음에도, 영상물의 원진술자인 미성년 피해자에 대한 피고인의 반대신문권을 실질적으로 배제하여 피고인의 방어권을 과도하게 제한하는 심판대상조항은 피해의 최소성 요건을 갖추지 못하였다.

17 정답 ①

ㄱ. [×] 이 사건 심의조항은 학교운영이 민주적 절차에 따라 공정하고 투명하게 이루어질 수 있도록 대학평의원회로 하여금 학교운영의 기본사항인 학칙의 제·개정 등에 관한 사항을 심의하도록 한 것이므로 그 제도적 취지를 고려할 때 충분히 합리적 이유가 있다. 따라서 이 사건 심의조항은 청구인 교수회들 및 교수들의 대학의 자율권을 침해하지 않는다.(헌재 2023.10.26. 2018헌마872)

ㄴ. [×] 교원이 교육과 연구라는 대학의 본래적 기능의 중심에 있는 대학 구성원이자 전문가로서, 교육과 연구에 관한 사항에 관하여 주도적 권한을 가져야 한다고 하더라도, 이것이 교육과 연구에 관한 사항은 모두 교원이 전적으로 결정할 수 있어야 한다는 의미는 아니다.(헌재 2023.10.26. 2018헌마872)

ㄷ. [×] 서울대학교 2023학년도 저소득학생 특별전형의 모집

인원을 모두 수능위주전형으로 선발하도록 정한, 피청구인의 2021.4.29.자 '서울대학교 2023학년도 대학 신입학생 입학전형 시행계획' 중 '2023학년도 모집단위와 모집인원' 가운데 기회균형특별전형Ⅱ의 모집인원 합계를 정한 부분, Ⅵ. 수능위주전형 정시모집 '나'군 기회균형특별전형Ⅱ 2. 전형방법 ■전형요소 및 배점 가운데 '수능 100%' 부분은 신뢰보호원칙에 위배하여 청구인의 균등하게 교육을 받을 권리를 침해하지 않는다.(헌재 2022.9.29. 2021헌마929)

ㄹ. [○] 이는 집회·시위의 자유, 학문의 자유와 대학의 자율성 내지 대학자치의 원칙을 본질적으로 침해하는 것이며, 행위자의 소속 학교나 단체 등에 대한 불이익을 규정하여, 자기가 결정하지 않은 것이나 결정할 수 없는 것에 대하여는 책임을 지지 않고 책임부담의 범위도 스스로 결정한 결과 내지 그와 상관관계가 있는 부분에 국한됨을 의미하여 책임의 한정원리로 기능하는 헌법상의 자기책임의 원리에도 위반된다.(헌재 2013.3.21. 2010헌바70)

18
정답 ③

① [×] 지방자치단체장을 공무원연금법의 적용대상에서 제외하고 있다고 하더라도, 이들의 인간다운 생활을 보장하기 위하여 국가가 실현해야 할 객관적 내용의 최소한도 보장에도 이르지 못하였다고 보기 어려우므로, 선례조항은 지방자치단체장의 인간다운 생활을 할 권리를 침해하지 아니한다.(헌재 2024.4.25. 2020헌바322)

② [×] 외국인 중 영주권자 및 결혼이민자만을 긴급재난지원금 지급대상에 포함시키고 난민인정자를 제외한 2020. 5.13.자 관계부처합동 '긴급재난지원금 가구구성 및 이의신청 처리기준(2차)' 중 'Ⅰ. 가구구성 관련 기준, ② 가구구성 세부기준' 가운데 '외국인만으로 구성된 가구'에 관한 부분은 헌법에 위반된다.(헌재 2024.3.28. 2020헌마1079) [인용]
1994년 이후 2023년 6월 말까지 1,381명이 난민인정을 받았는바, 난민인정자에게 긴급재난지원금을 지급한다 하여 재정에 큰 어려움이 있다고 할 수 없고, 가족관계 증명이 어렵다는 행정적 이유 역시 난민인정자를 긴급재난지원금의 지급대상에서 제외하여야 할 합리적인 이유가 될 수 없다. 그렇다면 이 사건 처리기준이 긴급재난지원금 지급 대상에 외국인 중에서도 '영주권자 및 결혼이민자'를 포함시키면서 '난민인정자'를 제외한 것은 합리적 이유 없는 차별이라 할 것이므로, 이 사건 처리기준은 청구인의 평등권을 침해한다.

③ [○] 산업재해보상보험법 소정의 유족의 범위에 '직계혈족의 배우자'(며느리, 사위를 말한다)를 포함시키고 있지 않는 것은 헌법에 위반되지 않는다.(헌재 2012.3.29. 2011헌바133)

④ [×] 이는 한정된 재원으로 노인의 생활안정과 복리향상이라는 기초연금법의 목적을 달성하기 위한 것으로서 합리성이 인정되고, 국가가 기초연금제도 외에도 다양한 노인복지제도와 저소득층 노인의 노후소득보장을 위한 기초생활보장제도를 실시하고 있으며, 퇴직공무원의 후생복지 및 재취업을 위한 사업을 실시하고 있는 점을 고려할 때 인간다운

생활을 할 권리를 침해한다고 볼 수 없다.(헌재 2018.8.30. 2017헌바197)

19
정답 ③

① [×] 의료인이 임신 32주 이전에 태아의 성별을 임부 등에게 알리는 것을 금지한 의료법 제20조 제2항은 헌법에 위반된다.(헌재 2024.2.28. 2022헌마356) [위헌]
심판대상조항은 의료인에게 임신 32주 이전에 태아의 성별고지를 금지하여 낙태, 특히 성별을 이유로 한 낙태를 방지함으로써 성비의 불균형을 해소하고 태아의 생명을 보호하기 위해 입법된 것이므로 그 목적의 정당성을 수긍할 수 있다.
부모가 태아의 성별을 알고자 하는 것은 본능적이고 자연스러운 욕구로 태아의 성별을 비롯하여 태아에 대한 모든 정보에 접근을 방해받지 않을 권리는 부모로서 누려야 할 마땅한 권리이다. 따라서 심판대상조항은 태아의 생명 보호라는 입법목적을 달성하기 위한 수단으로서 적합하지 아니하고, 부모가 태아의 성별 정보에 대한 접근을 방해받지 않을 권리를 필요 이상으로 제약하여 침해의 최소성에 반한다. 이에 따라 심판대상조항은 법익의 균형성도 상실하였고, 결국 과잉금지원칙을 위반하여 부모가 태아의 성별 정보에 대한 접근을 방해받지 않을 권리를 침해한다.

② [×] '가족관계등록부의 재작성에 관한 사무처리지침'제2조 제1호 중 '혼인무효'에 관한 부분 및 제3조 제3항 중 제2조 제1호의 사유로 인한 가족관계등록부 재작성 신청시 '혼인무효가 한쪽 당사자나 제3자의 범죄행위로 인한 것임을 소명하는 서면 첨부'에 관한 부분에 대한 심판청구를 기각한다.(헌재 2024.1.25. 2020헌마65) [기각]
심판대상조항은 청구인의 개인정보자기결정권이 제한된다. 심판대상조항은 과잉금지원칙을 위반하여 청구인의 개인정보자기결정권을 침해하지 않는다.

③ [○] ㉮ 대체복무요원의 복무기간을 '36개월'로 한 '대체역의 편입 및 복무 등에 관한 법률'제18조 제1항, ㉯ 대체복무요원으로 하여금 '합숙'하여 복무하도록 한 같은 법 제21조 제2항, ㉰ 대체복무기관을 '교정시설'로 한정한 같은 법 시행령 제18조에 대한 심판청구를 모두 기각하는 결정을 선고하였다.(헌재 2024.5.30. 2021헌마117) [기각]

④ [×] '혼인 중 여자와 남편 아닌 남자 사이에서 출생한 자녀에 대한 생부의 출생신고'를 허용하는 규정을 두지 아니한 '가족관계의 등록 등에 관한 법률' 제46조 제2항, '가족관계의 등록 등에 관한 법률' 제57조 제1항, 제2항은 모두 헌법에 합치되지 아니한다.(헌재 2023.3.23. 2021헌마975) [헌법불합치] (잠정적용)
생부인 청구인들의 위 법률조항들에 대한 심판청구는 기각한다. [기각]
[1] 태어난 즉시 '출생등록될 권리'는 기본권이다.
태어난 즉시 '출생등록될 권리'는 '출생 후 아동이 보호를 받을 수 있을 최대한 빠른 시점'에 아동의 출생과 관련된 기본적인 정보를 국가가 관리할 수 있도록 등록할

권리로서, 아동이 사람으로서 인격을 자유로이 발현하고, 부모와 가족 등의 보호 하에 건강한 성장과 발달을 할 수 있도록 최소한의 보호장치를 마련하도록 요구할 수 있는 권리이다. 이는 헌법 제10조의 인간의 존엄과 가치 및 행복추구권으로부터 도출되는 일반적 인격권을 실현하기 위한 기본적인 전제로서 헌법 제10조뿐만 아니라, 헌법 제34조 제1항의 인간다운 생활을 할 권리, 헌법 제36조 제1항의 가족생활의 보장, 헌법 제34조 제4항의 국가의 청소년 복지향상을 위한 정책실시의무 등에도 근거가 있다. 이와 같은 태어난 즉시 '출생등록될 권리'는 앞서 언급한 기본권 등의 어느 하나에 완전히 포섭되지 않으며, 이들을 이념적 기초로 하는 헌법에 명시되지 아니한 독자적 기본권으로서, 자유로운 인격실현을 보장하는 자유권적 성격과 아동의 건강한 성장과 발달을 보장하는 사회적 기본권의 성격을 함께 지닌다.

[2] 혼인 외 출생자인 청구인들의 태어난 즉시 '출생등록될 권리'를 침해한다.

혼인 중인 여자와 남편이 아닌 남자 사이에서 출생한 자녀의 경우, 혼인 중인 여자와 그 남편이 출생신고의 의무자에 해당한다.(가족관계등록법 제46조 제1항) 생부는 모의 남편의 친생자로 추정되는 자신의 혼인 외 자녀에 대하여 곧바로 인지의 효력이 있는 친생자출생신고를 할 수 없다. 그런데 모가 장기간 남편 아닌 남자와 살면서 혼인 외 자녀의 출생신고를 한다는 것은 자신이 아직 혼인관계가 해소되지 않은 상황에서 부정한 행위를 하였다는 점을 자백하는 것이고, 혼인 외 출생한 자녀가 모의 남편의 자녀로 추정됨으로써 남편이 자신의 가족관계등록부를 통하여 쉽게 아내의 부정한 행위를 확인할 수 있다는 점에서 모가 신고의무를 이행할 것이라는 점이 담보되지 않는다.

심판대상조항들이 혼인 외 출생자의 신고의무를 모에게만 부과하고, 남편 아닌 남자인 생부에게 자신의 혼인 외 자녀에 대해서 출생신고를 할 수 있도록 규정하지 아니한 것은 합리적인 이유가 있다. 그렇다면, 심판대상조항들은 생부인 청구인들의 평등권을 침해하지 않는다.

못하는 것은 헌법 제39조 제2항에서 금지하는 '불이익한 처우'라 볼 수 없다.

20

정답 ④

① [○] 병역의무의 내용이다.
② [○] 헌재 2010.11.25. 2006헌마328
③ [○] 헌재 2011.6.30. 2010헌마460
④ [×] 국가정보원 채용시험에서 군미필자 응시자격 제한 (헌재 2007.5.31. 2006헌마627) [기각]

이 사건 공고는 현역군인 신분자에게 다른 직종의 시험응시 기회를 제한하고 있으나 이는 병역의무 그 자체를 이행하느라 받는 불이익으로서 병역의무 중에 입는 불이익에 해당될 뿐, 병역의무의 이행을 이유로 한 불이익은 아니므로 이 사건 공고로 인하여 현역군인이 타 직종에 시험응시를 하지

01	②	02	③	03	③	04	②	05	②
06	①	07	⑤	08	③	09	⑤	10	③
11	①	12	⑤	13	②	14	①	15	④
16	⑤	17	②	18	⑤	19	③	20	④

01
정답 ②

① [○] 의료인이 임신 32주 이전에 태아의 성별을 임부 등에게 알리는 것을 금지한 의료법 제20조 제2항은 헌법에 위반된다.(헌재 2024.2.28. 2022헌마356) [위헌]
심판대상조항은 목적의 정당성을 수긍할 수 있다.
부모가 태아의 성별을 알고자 하는 것은 본능적이고 자연스러운 욕구로 태아의 성별을 비롯하여 태아에 대한 모든 정보에 접근을 방해받지 않을 권리는 부모로서 누려야 할 마땅한 권리이다. 따라서 심판대상조항은 태아의 생명 보호라는 입법목적을 달성하기 위한 수단으로서 적합하지 아니하고, 부모가 태아의 성별 정보에 대한 접근을 방해받지 않을 권리를 필요 이상으로 제약하여 침해의 최소성에 반한다. 이에 따라 심판대상조항은 법익의 균형성도 상실하였고, 결국 과잉금지원칙을 위반하여 부모가 태아의 성별 정보에 대한 접근을 방해받지 않을 권리를 침해한다.
② [×] 금융회사등에 종사하는 자에게 거래정보등의 제공을 요구하는 것을 금지하고 위반 시 형사처벌하는 구 금융실명거래 및 비밀보장에 관한 법률 제4조 제1항 본문 중 '누구든지 금융회사등에 종사하는 자에게 거래정보등의 제공을 요구하여서는 아니 된다'는 부분 및 제6조 제1항 중 위 해당 부분, 금융실명거래 및 비밀보장에 관한 법률 제4조 제1항 본문 중 '누구든지 금융회사등에 종사하는 자에게 거래정보등의 제공을 요구하여서는 아니 된다'는 부분 및 제6조 제1항 중 위 해당 부분은 과잉금지원칙에 반하여 일반적 행동자유권을 침해하므로 헌법에 위반된다.(헌재 2022.2.24. 2020헌가5) [위헌]
  (1) 심판대상조항은 금융거래정보 유출을 막음으로써 금융거래의 비밀을 보장하기 위하여 명의인의 동의 없이 금융기관에게 금융거래정보를 요구하는 것을 금지하고 그 위반행위에 대하여 형사처벌을 가하는 것으로, 입법목적의 정당성과 수단의 적합성이 인정된다.
  (2) 심판대상조항은 정보제공요구의 사유나 경위, 행위 태양, 요구한 거래정보의 내용 등을 전혀 고려하지 아니하고 일률적으로 금지하고, 그 위반 시 형사처벌을 하도록 하고 있다. 이는 입법목적을 달성하기 위하여 필요한 범위를 넘어선 것으로 최소침해성의 원칙에 위반된다.
③ [○] 대판 2023.6.29. 2021다286000
④ [○] 헌재 2019.4.11. 2017헌바127
⑤ [○] 대판 2009.5.21. 2009다17417

02
정답 ③

① [×] 정당은 권리능력 없는 사단으로 기본권 주체이지만, 공권력 행사의 주체는 아니다. 따라서 헌법소원은 가능하지만, 권한쟁의심판은 하지 못한다.
② [×]

> **정당법 제17조(법정시·도당수)** 정당은 5 이상의 시·도당을 가져야 한다.
> **제18조(시·도당의 법정당원수)** ① 시·도당은 1천인 이상의 당원을 가져야 한다.
> ② 제1항의 규정에 의한 법정당원수에 해당하는 수의 당원은 당해 시·도당의 관할구역 안에 주소를 두어야 한다.

③ [○]

> **정당법 제33조(정당소속 국회의원의 제명)** 정당이 그 소속 국회의원을 제명하기 위해서는 당헌이 정하는 절차를 거치는 외에 그 소속 국회의원 전원의 2분의 1 이상의 찬성이 있어야 한다.

④ [×]

> **정당법 제48조(해산된 경우 등의 잔여재산 처분)** ① 정당이 제44조(등록의 취소)제1항의 규정에 의하여 등록이 취소되거나 제45조(자진해산)의 규정에 의하여 자진해산한 때에는 그 잔여재산은 당헌이 정하는 바에 따라 처분한다.
> ② 제1항의 규정에 의하여 처분되지 아니한 정당의 잔여재산 및 헌법재판소의 해산결정에 의하여 해산된 정당의 잔여재산은 국고에 귀속한다.

⑤ [×] 정당은 등록이 취소되어도 권리능력 없는 사단이므로 헌법소원이 가능하다.

03
정답 ③

① [○] ② [○] ③ [×] ④ [○] ⑤ [○]
  (1) 개성공단 전면중단 조치가 고도의 정치적 결단을 요하는 문제이기는 하나, 조치 결과 개성공단 투자기업인 청구인들에게 기본권 제한이 발생하였고, 국민의 기본권 제한과 직접 관련된 공권력의 행사는 고도의 정치적 고려가 필요한 행위라도 헌법과 법률에 따라 결정하고 집행하도록 견제하는 것이 헌법재판소 본연의 임무이므로, 그 한도에서 헌법소원심판의 대상이 될 수 있다.
  (2) 개성공단 전면중단 조치는 국제평화를 위협하는 북한의 핵무기 개발을 경제적 제재조치를 통해 저지하려는 국제적 합의에 이바지하기 위한 조치로서, 통일부장관의 조정명령에 관한 '남북교류협력에 관한 법률' 제18조 제1항 제2호, 대통령의 국가의 계속성 보장 책무, 행정에 대한 지휘·감독권 등을 규정한 헌법 제66조, 정부조직법 제11조 등이 근거가 될 수 있으므로, 헌법과 법률에 근거한 조치로 보아야 한다.
  (3) 개성공단 전면중단 조치는 국가안보와 관련된 조치로서, 현지 체류 국민들의 신변안전을 위해 최대한 기밀로 유지하면서 신속하게 처리할 필요가 있었다. 위 조치과정에서 국가안보에 관한 필수 기관이 참여하는 국가안전보장회의 상임위원회의 협의를 거쳤고, '남북교류협력에 관한 법률'이 규정하는 조정명령이 국무회의

를 사전 절차로 요구하지 않으며, 관련 기업인들과의 간담회가 개최되기도 하였으므로, 조치의 특성, 절차 이행으로 제고될 가치, 국가작용의 효율성 등의 형량에 따른 필수적 절차는 거친 것으로 보아야 한다. 따라서 국무회의 심의, 이해관계자에 대한 의견청취절차 등을 거치지 않았더라도 개성공단 전면중단 조치가 적법절차원칙을 위반하여 개성공단 투자기업인 청구인들의 영업의 자유와 재산권을 침해한다고 볼 수 없다.(헌재 2022.1.27. 2016헌마364)

04
정답 ②

① [○] ③ [○] 헌재 2005.12.22. 2003헌가5
② [×] 이 사건 법률조항은 계자의 친부와 계모의 혼인의사를 일률적으로 계자에 대한 입양 또는 그 대리의 의사로 간주하기는 어려우므로, 계자의 친부와 계모의 혼인에 따라 가족생활을 자유롭게 형성할 권리를 침해하지 아니하고, 또한 개인의 존엄과 양성평등에 반하는 전래의 가족제도를 개선하기 위한 입법이므로 가족제도를 보장하는 헌법 제36조 제1항에 위반된다고 볼 수도 없다.(헌재 2011.2.24. 2009헌바89)
④ [○] 자산소득이 있는 모든 납세의무자 중에서 혼인한 부부가 혼인하였다는 이유만으로 혼인하지 않은 자산소득자보다 더 많은 조세부담을 하여 소득을 재분배하도록 강요받는 것은 부당하며, 부부 자산소득 합산과세를 통해서 혼인한 부부에게 가하는 조세부담의 증가라는 불이익이 자산소득합산과세를 통하여 달성하는 사회적 공익보다 크다고 할 것이므로, 소득세법 제61조 제1항이 자산소득합산과세의 대상이 되는 혼인한 부부를 혼인하지 않은 부부나 독신자에 비하여 차별취급하는 것은 헌법상 정당화되지 아니하기 때문에 헌법 제36조 제1항에 위반된다.(헌재 2002.8.29. 2001헌바82)
⑤ [○] 헌법 제36조 제1항은 혼인과 가족생활을 스스로 결정하고 형성할 수 있는 자유를 기본권으로서 보장하고, 혼인과 가족에 대한 제도를 보장하며, 공사법의 모든 영역에 미치는 헌법원리이다.

05
정답 ②

① [○] 이 사건 선거운동기간조항 중 선거운동기간 전에 개별적으로 대면하여 말로 하는 선거운동에 관한 부분, 이 사건 처벌조항 중 '그 밖의 방법'에 관한 부분 가운데 개별적으로 대면하여 말로 하는 선거운동을 한 자에 관한 부분은 과잉금지원칙에 반하여 선거운동 등 정치적 표현의 자유를 침해한다.(헌재 2022.2.24. 2018헌마146)
② [×] ㉮ 공직선거법 제103조 제3항 중 '누구든지 선거기간 중 선거에 영향을 미치게 하기 위하여 그 밖의 집회나 모임을 개최할 수 없다' 부분, ㉯ 공직선거법 제256조 제3항 제1호 카목 가운데 ㉮ 조항 부분은, 집회의 자유, 정치적 표현의 자유를 침해하여 헌법에 위반된다.(헌재 2022.7.21. 2018헌바357) [위헌]
ㄱ. 공직선거법 제90조 제1항 제1호 중'현수막, 그 밖의 광고물 게시'에 관한 부분, 공직선거법 제256조 제3항 제1호

아목 중'제90조 제1항 제1호의 현수막, 그 밖의 광고물 게시'에 관한 부분, ㄴ. 공직선거법 제93조 제1항 본문 중'광고, 문서·도화 첩부·게시'에 관한 부분 및 제255조 제2항 제5호 중'제93조 제1항 본문의 광고, 문서·도화 첩부·게시'에 관한 부분은 모두 헌법에 합치되지 아니하고, ㄷ. 공직선거법 규정에 의한 공개장소에서의 연설·대담장소 또는 대담·토론회장에서 연설·대담·토론용으로 사용하는 경우를 제외하고는 선거운동을 위하여 확성장치를 사용할 수 없도록 하고, 이를 위반할 경우 처벌하도록 한 공직선거법 제91조 제1항 및 구 공직선거법 제255조 제2항 제4호 중 '제91조 제1항의 규정에 위반하여 확성장치를 사용하여 선거운동을 한 자'부분은 헌법에 위반되지 않는다. [헌법불합치, 합헌]
③ [○] 헌재 2023.3.23. 2023헌가4
④ [○] 헌재 2022.7.21. 2018헌바164
⑤ [○] 헌재 2022.7.21. 2018헌바100

06
정답 ①

① [×] 그 입법목적은 정당하고, 학원법 위반으로 벌금형을 선고받을 경우 학원설립·운영 등록이 당연히 실효되도록 한 것은 이와 같은 입법목적을 달성하기 위한 적절한 수단이 될 수 있다. 그러나 등록의 실효에 관한 소명의 기회도 제공되지 않으며, 형사재판이 약식절차에 따라 진행될 경우 소명의 기회가 사실상 차단되는 반면, 이 사건 효력상실조항을 삭제하더라도 교육감은 위반행위의 내용을 감안하여 적절한 지도·감독을 하거나 등록말소, 교습정지 등의 처분을 할 수 있어 입법목적을 달성하는 데 아무런 어려움이 발생하지 않는다. 따라서 이 사건 효력상실조항은 최소침해성원칙에 위배된다. 과잉금지원칙을 위배하여 직업선택의 자유를 침해한다.(헌재 2014.1.28. 2011헌바252)
② [○] 헌법 제15조에 의한 직업선택의 자유라 함은 자신이 원하는 직업 내지 직종을 자유롭게 선택하는 직업선택의 자유뿐만 아니라 그가 선택한 직업을 자기가 결정한 방식으로 자유롭게 수행할 수 있는 직업수행의 자유를 포함한다. 그리고 직업선택의 자유에는 자신이 원하는 직업 내지 직종에 종사하는데 필요한 전문지식을 습득하기 위한 직업교육장을 임의로 선택할 수 있는 '직업교육장 선택의 자유'도 포함된다.(헌재 2009.2.26. 2007헌마1262)
③ [○] 이장은 읍·면 행정의 보조적 역할 내지 행정기관과 주민의 가교적 역할을 하는 자주적이고 자율적인 봉사업무를 하는 자로서 헌법상 보호되는 공무담임권 대상으로서의 공무원이라고 보기 어렵다고 할 것이어서 이 사건 규칙 조항이 청구인의 공무담임권 침해와 관련되는 것은 아니다.
이장이라는 지위는 위에서 살펴본 바와 같이 "생활의 기본적 수요를 충족시키기 위한 계속적인 소득활동"으로 정의되는 직업의 자유에서 말하는 직업에 해당한다고 할 수 없으므로, 이 부분 주장도 이유 없다.(헌재 2009.10.29. 2009헌마127)
④ [○] 헌재 2010.10.28. 2008헌마612
⑤ [○] 헌재 2003.6.26. 2002헌마677

07
정답 ⑤

① [○] 청구인이 착용한 수갑은 형집행법이 열거하는 8가지의 보호장비 중 청구인의 신체를 비교적 적게 억압하면서 외부로의 노출 정도 또한 크지 않은 보호장비에 해당한다. 수갑을 앞으로 사용한 것 역시 뒤로 사용하는 것에 비해 신체의 억압 정도가 적은 보호장비 사용방법에 해당한다. 그렇다면 피청구인이 청구인을 관리하고 계호하는 방법의 일환으로 법정 대기실 내 쇠창살 격리시설에서 보호장비인 양손수갑 1개를 앞으로 착용하도록 한 행위를 두고 과도한 기본권 제한이라고 보기는 어렵다. (헌재 2023.6.29. 2018헌마1215)

② [○] 죄형법정주의는 형벌에만 적용되는 원칙이다.

③ [○] 심판대상조항에 의한 자료제출요구는 행정조사의 성격을 가지는 것으로 수사기관의 수사와 근본적으로 그 성격을 달리하며, 청구인에 대하여 직접적으로 어떠한 물리적 강제력을 행사하는 강제처분을 수반하는 것이 아니므로 영장주의의 적용대상이 아니다. (헌재 2019.9.26. 2016헌바381)

④ [○] 헌재 2005.12.22. 2004헌바25

⑤ [×] 검찰수사관인 피청구인이 피의자 신문에 참여한 변호인인 청구인에게 피의자 후방에 앉으라고 요구한 행위(이하 '이 사건 후방착석요구행위'라 한다)는 변호인인 청구인의 변호권을 침해한다. (헌재 2017.11.30. 2016헌마503)

　[1] 이 사건 후방착석요구행위는 권력적 사실행위로서 헌법소원의 대상이 되는 공권력의 행사에 해당한다. 피청구인이 청구인에게 변호인 참여신청서의 작성을 요구한 행위는 비권력적 사실행위로서 헌법소원의 대상이 되는 공권력의 행사가 아니다.

　[2] 변호인의 피의자 신문 참여 운영 지침 제5조 제1항은 헌법소원의 대상이 되는 공권력의 행사가 아니다.

　[3] 이 사건 후방착석요구행위에 대하여 형사소송법 제417조의 준항고로 다툴 수 있는지 여부가 불명확하므로, 보충성원칙의 예외가 인정된다. 이 사건 후방착석요구행위는 종료되었으나, 수사기관이 이 사건 지침에 근거하여 후방착석요구행위를 반복할 위험성이 있고, 변호인의 피의자 신문참여권의 헌법적 성격과 범위를 확인하고 이를 제한하는 행위의 한계를 확정짓는 것은 헌법적 해명이 필요한 문제에 해당하므로, 심판이익을 인정할 수 있다.

　[4] 제한되는 기본권(변호인의 변호권)
　　변호인의 피의자 및 피고인을 조력할 권리 중 그것이 보장되지 않으면 그들이 변호인의 조력을 받는다는 것이 유명무실하게 되는 핵심적인 부분은 헌법상 기본권으로서 보호되어야 한다.
　　형사절차에서 피의자 신문의 중요성을 고려할 때, 변호인이 피의자 신문에 자유롭게 참여할 수 있는 권리는 헌법상 기본권인 변호인의 변호권으로서 보호되어야 한다. 피의자 신문시 변호인이 피의자의 옆에서 조력하는 것은 변호인의 피의자 신문참여권의 주요부분이므로, 수사기관이 피의자 신문에 참여한 변호인에 대하여 후방착석을 요구하는 행위는 변호인의 피의자 신문참여를 제한함으로써 헌법상 기본권인 변호인의 변호권을 제한한다.

　[5] 이 사건 후방착석요구행위는 기본권을 침해한다.
　　피의자 신문에 참여한 변호인이 피의자 옆에 앉는다고 하여 피의자 뒤에 앉는 경우보다 수사를 방해할 가능성이 높아진다거나 수사기밀을 유출할 가능성이 높아진다고 볼 수 없으므로, 이 사건 후방착석요구행위의 목적의 정당성과 수단의 적절성을 인정할 수 없다.
　　이 사건 후방착석요구행위로 인하여 위축된 피의자가 변호인에게 적극적으로 조언과 상담을 요청할 것을 기대하기 어렵고, 변호인이 피의자의 뒤에 앉게 되면 피의자의 상태를 즉각적으로 파악하거나 수사기관이 피의자에게 제시한 서류등의 내용을 정확하게 파악하기 어려우므로, 이 사건 후방착석요구행위는 변호인인 청구인의 피의자 신문참여권을 과도하게 제한한다. 그런데 이 사건에서 변호인의 수사방해나 수사기밀의 유출에 대한 우려가 없고, 조사실의 장소적 제약 등과 같이 이 사건 후방착석요구행위를 정당화할 그 외의 특별한 사정도 발견되지 아니하므로, 이 사건 후방착석요구행위는 침해의 최소성 요건을 충족하지 못한다.

　[6] 이 사건 접견불허행위
　　청구인이 변호인 접견신청서를 제출하라는 말을 듣고 피의자에게 다음 날 구치소로 찾아가겠다고 말한 당시의 정황을 고려하면, 청구인이 스스로 접견을 하지 않기로 결정한 것이지 피청구인의 접견 불허행위가 있었다고 보기 어려우므로, 이 사건 접견불허행위에 대하여 공권력의 행사가 존재한다고 할 수 없다. 따라서 이 부분 심판청구는 부적법하다.

08
정답 ③

① [○] ② [○] 이익형량으로 해결한다.

③ [×] 학생의 수학권은 교사의 수업권보다 상위의 기본권이므로 이익형량으로 해결한다.

④ [○] 법률에 근거가 있다면 하위법으로도 기본권 제한이 가능하다.

⑤ [○] 기본권 경합의 해결에 대한 헌법재판소의 기준이다.

09
정답 ⑤

① [○] 지방자치법 제28조 제2항

② [○] 다만 기관위임사무도 법령의 위임이 있으면 조례제정이 가능하다.

③ [○] 대판 2002.4.26. 2002추23

④ [○]

> **주민조례발안에 관한 법률 제4조(주민조례청구 제외 대상)** 다음 각 호의 사항은 주민조례청구 대상에서 제외한다.
> 1. 법령을 위반하는 사항
> 2. 지방세·사용료·수수료·부담금을 부과·징수 또는 감면하는 사항

3. 행정기구를 설치하거나 변경하는 사항
4. 공공시설의 설치를 반대하는 사항

⑤ [×] 제도적 보장으로서 주민의 자치권은 원칙적으로 개별 주민들에게 인정된 권리라 볼 수 없으며, 청구인들의 주장을 주민들의 지역에 관한 의사결정에 참여 내지 주민투표에 관한 권리침해로 이해하더라도 이러한 권리를 헌법이 보장하는 기본권인 참정권이라고 할 수 없는 것이다. 즉, 헌법상의 주민자치의 범위는 법률에 의하여 형성되고, 핵심영역이 아닌 한 법률에 의하여 제한될 수 있는 것이다. 돌이켜 이 사건 법률조항에 관하여 살펴보면, 이 사건 법률조항이 현직 자치단체 장에 대하여 3기 초과 연임을 제한하고 있더라도 그것만으로는 주민의 자치권을 심각하게 훼손한다고 볼 수 없다. 더욱이 새로운 자치단체 장 역시 주민에 의하여 직접 선출되어 자치행정을 담당하게 되므로 주민자치의 본질적 기능에 침해가 있다고 보기 어렵다. 따라서 이 사건 법률조항은 지방자치제도에 있어서 주민자치를 과도하게 제한함으로써 입법형성의 한계를 벗어났다고 할 수 없다.(헌재 2006.2.23. 2005헌마403)

10 정답 ③

① [○] 보훈보상대상자의 부모에 대한 유족보상금 지급시 수급권자를 1인에 한정하고 나이가 많은 자를 우선하도록 규정한 '보훈보상대상자 지원에 관한 법률' 제11조 제1항 제2호 중 '부모 중 선순위자 1명에 한정하여 보상금을 지급하는 부분', 같은 법 제12조 제2항 제1호 중 '부모 중 나이가 많은 사람을 우선하는 부분'은 나이가 적은 부모 일방을 합리적 이유 없이 차별한다.(헌재 2018.6.28. 2016헌가14)

② [○] 헌재 1990.10.8. 89헌마89

③ [×] 심판대상조항은 이와 같은 실질적 차이를 고려하여 상대적으로 열악한 환경에서 병역의무를 이행한 것으로 평가되는 현역병 및 사회복무요원의 공로를 보상하도록 한 것으로 산업기능요원과의 차별취급에 합리적 이유가 있으므로, 청구인의 평등권을 침해하지 아니한다.(헌재 2016.6.30. 2014헌마192)

④ [○] 헌재 2019.2.28. 2017헌가33

⑤ [○] 헌재 2021.5.27. 2018헌바127

11 정답 ①

① [×]

국가인권위원회법 제5조(위원회의 구성) ① 위원회는 위원장 1명과 상임위원 3명을 포함한 11명의 인권위원(이하 "위원"이라 한다)으로 구성한다.

② [○] 권한쟁의심판은 헌법에 의해 설치된 기관이어야 한다.

③ [○]

제13조(회의 의사 및 의결정족수) ① 위원회의 회의는 위원장이 주재하며, 이 법에 특별한 규정이 없으면 재적위원 과반수의 찬성으로 의결한다.
② 상임위원회 및 소위원회의 회의는 구성위원 3명 이상의 출석과 3명 이상의 찬성으로 의결한다.

④ [○]

제30조(위원회의 조사대상) ① 다음 각 호의 어느 하나에 해당하는 경우에 인권침해나 차별행위를 당한 사람(이하 "피해자"라 한다) 또는 그 사실을 알고 있는 사람이나 단체는 위원회에 그 내용을 진정할 수 있다.
1. 국가기관, 지방자치단체, 「초·중등교육법」 제2조, 「고등교육법」 제2조와 그 밖의 다른 법률에 따라 설치된 각급 학교, 「공직자윤리법」 제3조의2제1항에 따른 공직유관단체 또는 구금·보호시설의 업무 수행(국회의 입법 및 법원·헌법재판소의 재판은 제외한다)과 관련하여 「대한민국헌법」 제10조부터 제22조까지의 규정에서 보장된 인권을 침해당하거나 차별행위를 당한 경우
2. 법인, 단체 또는 사인(私人)으로부터 차별행위를 당한 경우
③ 위원회는 제1항의 진정이 없는 경우에도 인권침해나 차별행위가 있다고 믿을 만한 상당한 근거가 있고 그 내용이 중대하다고 인정할 때에는 직권으로 조사할 수 있다.

⑤ [○] 국가인권위원회법 제47조

12 정답 ⑤

① [○] 불법체류라 하더라도 인간의 권리는 외국인에게도 인정된다.

② [○] 의료인의 면허된 의료행위 이외의 의료행위를 금지하고 처벌하는 의료법 규정에 관한 부분에 대한 심판청구에 대하여 외국인인 청구인의 직업의 자유 및 평등권에 관한 기본권 주체성은 인정되지 않는다.(헌재 2014.8.28. 2013헌마359) 심판대상조항이 제한하고 있는 직업의 자유는 국가자격제도정책과 국가의 경제상황에 따라 법률에 의하여 제한할 수 있는 국민의 권리에 해당한다. 국가정책에 따라 정부의 허가를 받은 외국인은 정부가 허가한 범위 내에서 소득활동을 할 수 있는 것이므로, 외국인이 국내에서 누리는 직업의 자유는 법률에 따른 정부의 허가에 의해 비로소 발생하는 권리이다. 따라서 외국인인 청구인에게는 그 기본권 주체성이 인정되지 아니하며, 자격제도 자체를 다툴 수 있는 기본권 주체성이 인정되지 아니하는 이상 국가자격제도에 관련된 평등권에 관하여 따로 기본권 주체성을 인정할 수 없다.

③ [○] ④ [○] 공법인은 원칙적으로 기본권 주체가 아니다.

⑤ [×] 국가나 지방자치단체는 기본권의 주체가 아니므로 헌법소원을 할 수 없다.

13 정답 ②

① [○] ② [×] ③ [○] ④ [○] ⑤ [○]
'혼인 중 여자와 남편 아닌 남자 사이에서 출생한 자녀에 대한 생부의 출생신고'를 허용하는 규정을 두지 아니한 '가족관계의 등록 등에 관한 법률' 제46조 제2항,'가족관계의 등록 등에 관한 법률' 제57조 제1항, 제2항은 모두 헌법에 합치되지 아니한다.(헌재 2023.3.23. 2021헌마975) [헌법불합치(잠정적용)] 생부인 청구인들의 위 법률조항들에 대한 심판청구는 기각한다. [기각]
[1] 태어난 즉시 '출생등록될 권리'는 기본권이다.
    태어난 즉시 '출생등록될 권리'는 '출생 후 아동이 보호

를 받을 수 있는 최대한 빠른 시점'에 아동의 출생과 관련된 기본적인 정보를 국가가 관리할 수 있도록 등록할 권리로서, 아동이 사람으로서 인격을 자유로이 발현하고, 부모와 가족 등의 보호 하에 건강한 성장과 발달을 할 수 있도록 최소한의 보호장치를 마련하도록 요구할 수 있는 권리이다. 이는 헌법 제10조의 인간의 존엄과 가치 및 행복추구권으로부터 도출되는 일반적 인격권을 실현하기 위한 기본적인 전제로서 헌법 제10조뿐만 아니라, 헌법 제34조 제1항의 인간다운 생활을 할 권리, 헌법 제36조 제1항의 가족생활의 보장, 헌법 제34조 제4항의 국가의 청소년 복지향상을 위한 정책실시의무 등에도 근거가 있다. 이와 같은 태어난 즉시 '출생등록될 권리'는 앞서 언급한 기본권 등의 어느 하나에 완전히 포섭되지 않으며, 이들을 이념적 기초로 하는 헌법에 명시되지 아니한 독자적 기본권으로서, 자유로운 인격실현을 보장하는 자유권적 성격과 아동의 건강한 성장과 발달을 보장하는 사회적 기본권의 성격을 함께 지닌다.

[2] 혼인 외 출생자인 청구인들의 태어난 즉시 '출생등록될 권리'를 침해한다.

혼인 중인 여자와 남편이 아닌 남자 사이에서 출생한 자녀의 경우, 혼인 중인 여자와 그 남편이 출생신고의 의무자에 해당한다.(가족관계등록법 제46조 제1항) 생부는 모의 남편의 친생자로 추정되는 자신의 혼인 외 자녀에 대하여 곧바로 인지의 효력이 있는 친생자출생신고를 할 수 없다. 그런데 모가 장기간 남편 아닌 남자와 살면서 혼인 외 자녀의 출생신고를 한다는 것은 자신이 아직 혼인관계가 해소되지 않은 상황에서 부정한 행위를 하였다는 점을 자백하는 것이고, 혼인 외 출생한 자녀가 모의 남편의 자녀로 추정됨으로써 남편이 자신의 가족관계등록부를 통하여 쉽게 아내의 부정한 행위를 확인할 수 있다는 점에서 모가 신고의무를 이행할 것이라는 점이 담보되지 않는다.

심판대상조항들이 혼인 외 출생자의 신고의무를 모에게만 부과하고, 남편 아닌 남자인 생부에게 자신의 혼인 외 자녀에 대해서 출생신고를 할 수 있도록 규정하지 아니한 것은 합리적인 이유가 있다. 그렇다면, 심판대상조항들은 생부인 청구인들의 평등권을 침해하지 않는다.

14
정답 ①

① [×] 석조, 석회조, 연와조 또는 이와 유사한 견고한 건물 기타 공작물의 소유를 목적으로 하는 토지임대차나 식목, 채염을 목적으로 하는 토지임대차를 제외한 임대차의 존속기간을 예외 없이 20년으로 제한한 조항은 사적 자치에 의한 자율적 거래관계 형성을 왜곡하므로 계약의 자유를 침해한다.(헌재 2013.12.26. 2011헌바234)

② [O] 일반적행동자유권의 내용이다.

③ [O] 주택 임차인이 계약갱신요구를 할 경우 임대인이 정당

한 사유 없이 거절하지 못하도록 하고, 임대인이 실제 거주를 이유로 갱신을 거절한 후 정당한 사유 없이 제3자에게 임대한 경우 손해배상책임을 부담시키는 주택임대차보호법 제6조의3 제1항, 제3항 본문, 제5항, 제6항, 계약갱신시 차임이나 보증금 증액청구의 상한을 제한하는 제6조의3 제3항 단서 중 제7조 제2항에 관한 부분, 보증금을 월 단위 차임으로 전환하는 경우 그 산정률을 정한 제7조의2, 개정법 시행 당시 존속 중인 임대차에도 개정조항을 적용하도록 한 부칙 제2조는 헌법에 위반되지 않고[합헌, 기각], 개정 주택임대차보호법 해설집의 발간·배포행위에 대한 심판청구는 부적법하다.(헌재 2024.2.28. 2020헌마343) [각하]

차임증액한도 조항과 손해배상 조항 중 제6조의3 제5항은 명확성원칙에 반하지 아니한다.

계약갱신요구 조항, 차임증액한도 조항, 손해배상 조항은 과잉금지원칙에 반하여 청구인들의 계약의 자유와 재산권을 침해한다고 볼 수 없다.

④ [O] 주 52시간 상한제를 정한 근로기준법 제53조 제1항이 계약의 자유와 직업의 자유를 침해하지 않는다.(헌재 2024. 2.28. 2019헌마500) [기각, 각하]

⑤ [O] 금융위원회위원장이 2019.12.16. 시중 은행을 상대로 '투기지역·투기과열지구 내 초고가 아파트(시가 15억 원 초과)에 대한 주택구입용 주택담보대출을 2019.12.17.부터 금지한 조치'는 청구인의 재산권 및 계약의 자유를 침해하지 않는다.(헌재 2023.3.23. 2019헌마1399) [기각]

15
정답 ④

① [O] ② [O] ③ [O] ④ [×] ⑤ [O]

수사기관 등에 의한 통신자료 취득행위에 대한 심판청구에 대하여는 각하하는 한편, 그 근거조항인 전기통신사업법 제83조 제3항 중 '검사 또는 수사관서의 장(군 수사기관의 장을 포함한다), 정보수사기관의 장의 수사, 형의 집행 또는 국가안전보장에 대한 위해 방지를 위한 정보수집을 위한 통신자료 제공요청'에 관한 부분에 대하여는 사후통지절차를 마련하지 않은 것이 적법절차원칙에 위배된다는 이유로 2023.12.31.을 시한으로 입법자가 개정할 때까지 계속 적용을 명하는 헌법불합치 결정을 선고하였다.(헌재 2022.7.21. 2016헌마388) [헌법불합치]

[1] 영장주의 위배 여부 ─ 위배 ×

헌법상 영장주의는 체포·구속·압수·수색 등 기본권을 제한하는 강제처분에 적용되므로, 강제력이 개입되지 않은 임의수사에 해당하는 수사기관 등의 통신자료 취득에는 영장주의가 적용되지 않는다.

[2] 명확성원칙 위배 여부 ─ 위배 ×

청구인들은 이 사건 법률조항 중 '국가안전보장에 대한 위해'의 의미가 불분명하다고 주장한다. 그런데 '국가안전보장에 대한 위해를 방지하기 위한 정보수집'은 국가의 존립이나 헌법의 기본질서에 대한 위험을 방지하기 위한 목적을 달성함에 있어 요구되는 최소한의 범위 내에서의 정보수집을 의미하는 것으로 해석되므로, 명

2025 윤우혁 헌법 합격보장 1개년 기출문제집

확성원칙에 위배되지 않는다.

[3] 과잉금지원칙 위배 여부 ― 위배 ×

이 사건 법률조항은 범죄수사나 정보수집의 초기단계에서 수사기관 등이 통신자료를 취득할 수 있도록 함으로써 수사나 형의 집행, 국가안전보장 활동의 신속성과 효율성을 도모하고, 이를 통하여 실체적 진실발견, 국가 형벌권의 적정한 행사 및 국가안전보장에 기여하므로, 입법목적의 정당성 및 수단의 적합성이 인정된다. 이 사건 법률조항은 수사기관 등이 통신자료 제공요청을 할 수 있는 정보의 범위를 성명, 주민등록번호, 주소 등 피의자나 피해자를 특정하기 위한 불가피한 최소한의 기초정보로 한정하고, 민감정보를 포함하고 있지 않으며, 그 사유 또한 '수사, 형의 집행 또는 국가안전보장에 대한 위해를 방지하기 위한 정보수집'으로 한정하고 있다. 더불어 전기통신사업법은 통신자료 제공요청 방법이나 통신자료 제공현황 보고에 관한 규정 등을 두어 통신자료가 수사 등 정보수집의 목적달성에 필요한 최소한의 범위 내에서 이루어지도록 하고 있다. 따라서 침해의 최소성 및 법익균형성에 위배되지 않는다.

[4] 적법절차원칙 위배 여부 ― 위배 ○

이 사건 법률조항에 의한 통신자료 제공요청이 있는 경우 통신자료의 정보주체인 이용자에게는 통신자료 제공요청이 있었다는 점이 사전에 고지되지 아니하며, 전기통신사업자가 수사기관 등에게 통신자료를 제공한 경우에도 이러한 사실이 이용자에게 별도로 통지되지 않는다.

그런데 당사자에 대한 통지는 당사자가 기본권 제한 사실을 확인하고 그 정당성 여부를 다툴 수 있는 전제조건이 된다는 점에서 매우 중요하다. 효율적인 수사와 정보수집의 신속성, 밀행성 등의 필요성을 고려하여 사전에 정보주체인 이용자에게 그 내역을 통지하도록 하는 것이 적절하지 않다면 수사기관 등이 통신자료를 취득한 이후에 수사 등 정보수집의 목적에 방해가 되지 않는 범위 내에서 통신자료의 취득사실을 이용자에게 통지하는 것이 얼마든지 가능하다. 그럼에도 이 사건 법률조항은 통신자료 취득에 대한 사후통지절차를 두지 않아 적법절차원칙에 위배되어 개인정보자기결정권을 침해한다.

16
 정답 ⑤

① [○] ③ [○] 정당해산심판과 권한쟁의심판은 명문의 규정으로 가처분이 인정된다. 탄핵은 국회가 소추하면 권한행사가 정지되므로 가처분이 인정될 여지가 없다. 그 외의 사건은 사건별로 가처분이 인정될 수 있다.

② [○] 가처분의 요건이다.

④ [○] 법령의 효력을 정지시키는 가처분이 가능하다.

⑤ [×] 신청인이 위 소송 제기 후 5개월 이상 변호인을 접견하지 못하여 공정한 재판을 받을 권리가 심각한 제한을 받고 있는데, 이러한 상황에서 피신청인의 재항고가 인용될

경우 신청인은 변호인 접견을 하지 못한 채 불복의 기회마저 상실하게 되므로 회복하기 어려운 중대한 손해를 입을 수 있다. 위 인신보호청구의 소는 재항고에 대한 결정이 머지않아 날 것으로 보이므로 손해를 방지할 긴급한 필요 역시 인정되고, 이 사건 신청을 기각한 뒤 본안 청구가 인용될 경우 발생하게 될 불이익이 크므로 이 사건 신청을 인용함이 상당하다. (헌재 2014.6.5. 2014헌사592)

17
 정답 ②

① [○]

> 헌법 제83조 대통령은 국무총리·국무위원·행정각부의 장 기타 법률이 정하는 공사의 직을 겸할 수 없다.

② [×]

> 헌법 제90조 ① 국정의 중요한 사항에 관한 대통령의 자문에 응하기 위하여 국가원로로 구성되는 국가원로자문회의를 둘 수 있다.
> ② 국가원로자문회의의 의장은 직전대통령이 된다. 다만, 직전대통령이 없을 때에는 대통령이 지명한다.

③ [○]

> 헌법 제67조 ① 대통령은 국민의 보통·평등·직접·비밀선거에 의하여 선출한다.
> ② 제1항의 선거에 있어서 최고득표자가 2인 이상인 때에는 국회의 재적의원 과반수가 출석한 공개회의에서 다수표를 얻은 자를 당선자로 한다.
> ③ 대통령후보자가 1인일 때에는 그 득표수가 선거권자 총수의 3분의 1 이상이 아니면 대통령으로 당선될 수 없다.
> ④ 대통령으로 선거될 수 있는 자는 국회의원의 피선거권이 있고 선거일 현재 40세에 달하여야 한다.

④ [○]

> 헌법 제76조 ① 대통령은 내우·외환·천재·지변 또는 중대한 재정·경제상의 위기에 있어서 국가의 안전보장 또는 공공의 안녕질서를 유지하기 위하여 긴급한 조치가 필요하고 국회의 집회를 기다릴 여유가 없을 때에 한하여 최소한으로 필요한 재정·경제상의 처분을 하거나 이에 관하여 법률의 효력을 가지는 명령을 발할 수 있다.
> ② 대통령은 국가의 안위에 관계되는 중대한 교전상태에 있어서 국가를 보위하기 위하여 긴급한 조치가 필요하고 국회의 집회가 불가능한 때에 한하여 법률의 효력을 가지는 명령을 발할 수 있다.
> ③ 대통령은 제1항과 제2항의 처분 또는 명령을 한 때에는 지체없이 국회에 보고하여 그 승인을 얻어야 한다.
> ④ 제3항의 승인을 얻지 못한 때에는 그 처분 또는 명령은 그 때부터 효력을 상실한다. 이 경우 그 명령에 의하여 개정 또는 폐지되었던 법률은 그 명령이 승인을 얻지 못한 때부터 당연히 효력을 회복한다.
> ⑤ 대통령은 제3항과 제4항의 사유를 지체없이 공포하여야 한다.

⑤ [○]

> 헌법 제77조 ① 대통령은 전시·사변 또는 이에 준하는 국가비상사태에 있어서 병력으로써 군사상의 필요에 응하거나 공공의

안녕질서를 유지할 필요가 있을 때에는 법률이 정하는 바에 의하여 계엄을 선포할 수 있다.
② 계엄은 비상계엄과 경비계엄으로 한다.
③ 비상계엄이 선포된 때에는 법률이 정하는 바에 의하여 영장제도, 언론·출판·집회·결사의 자유, 정부나 법원의 권한에 관하여 특별한 조치를 할 수 있다.
④ 계엄을 선포한 때에는 대통령은 지체없이 국회에 통고하여야 한다.
⑤ 국회가 재적의원 과반수의 찬성으로 계엄의 해제를 요구한 때에는 대통령은 이를 해제하여야 한다.

18
 ⑤

① [○] ② [○] ③ [○] ④ [○] 헌재 2023.7.25. 2023헌나1
⑤ [×] 헌법재판소의 법정의견은 각하이고, 절차종료는 소수의견이다.

[판례] 헌법 및 헌법재판소법 등 규정의 문언과 취지에 비추어 보면, 탄핵심판청구가 이유 있는 경우에는 헌법재판소가 피청구인을 해당 공직에서 파면하는 결정을 선고하도록 되어 있는데, 이를 위해서는 탄핵결정 선고 당시 피청구인이 해당 공직을 보유하는 것이 반드시 요구된다는 점이 명백히 확인된다.
결국 헌법 및 헌법재판소법 등 규정의 문언과 취지 및 탄핵심판절차의 헌법수호기능을 종합적으로 감안하더라도 이 사건 탄핵심판의 이익은 인정할 수 없으므로 이 사건 탄핵심판청구를 각하해야 한다.(헌재 2021.10.28. 2021헌나1)

19
 ③

① [○] 국가긴급권은 공공복리와 같은 적극적 목적으로 발동하지 못한다.
② [○] 사법심사의 한계이다.
③ [×] 대법원은 긴급조치의 성격을 법률이 아닌 명령의 효력을 가지는 것으로 보았고, 심사기준은 유신헌법과 현행헌법을 기준으로 위헌결정하였다. 헌법재판소는 긴급조치의 성격을 법률의 효력을 가지는 것으로 보고 현행헌법만을 기준으로 위헌결정하였다.
④ [○] 긴급재정경제명령은 법률과 동일한 효력이 있으므로 위헌법률심판이나 헌법소원심판의 대상이 된다.
⑤ [○]

> **계엄법 제11조(계엄의 해제)** ① 대통령은 제2조 제2항 또는 제3항에 따른 계엄 상황이 평상상태로 회복되거나 국회가 계엄의 해제를 요구한 경우에는 지체 없이 계엄을 해제하고 이를 공고하여야 한다.
> ② 대통령이 제1항에 따라 계엄을 해제하려는 경우에는 국무회의의 심의를 거쳐야 한다.
> ③ 국방부장관 또는 행정안전부장관은 제2조 제2항 또는 제3항에 따른 계엄 상황이 평상상태로 회복된 경우에는 국무총리를 거쳐 대통령에게 계엄의 해제를 건의할 수 있다.

20

① [○] ② [○] ③ [○]

> **국회법 제112조(표결방법)** ① 표결할 때에는 전자투표에 의한 기록표결로 가부(可否)를 결정한다. 다만, 투표기기의 고장 등 특별한 사정이 있을 때에는 기립표결로, 기립표결이 어려운 의원이 있는 경우에는 의장의 허가를 받아 본인의 의사표시를 할 수 있는 방법에 의한 표결로 가부를 결정할 수 있다. 〈개정 2021. 12. 28.〉
> ② 중요한 안건으로서 의장의 제의 또는 의원의 동의(動議)로 본회의 의결이 있거나 재적의원 5분의 1 이상의 요구가 있을 때에는 기명투표·호명투표(呼名投票) 또는 무기명투표로 표결한다.
> ③ 의장은 안건에 대하여 이의가 있는지 물어서 이의가 없다고 인정할 때에는 가결되었음을 선포할 수 있다. 다만, 이의가 있을 때에는 제1항이나 제2항의 방법으로 표결하여야 한다.
> ④ 헌법개정안은 기명투표로 표결한다.
> ⑤ 대통령으로부터 환부(還付)된 법률안과 그 밖에 인사에 관한 안건은 무기명투표로 표결한다. 다만, 겸직으로 인한 의원 사직과 위원장 사임에 대하여 의장이 각 교섭단체 대표의원과 협의한 경우에는 그러하지 아니하다.
> ⑥ 국회에서 실시하는 각종 선거는 법률에 특별한 규정이 없으면 무기명투표로 한다. 투표 결과 당선자가 없을 때에는 최고득표자와 차점자에 대하여 결선투표를 하여 다수표를 얻은 사람을 당선자로 한다. 다만, 득표수가 같을 때에는 연장자를 당선자로 한다.
> ⑦ 국무총리 또는 국무위원의 해임건의안이 발의되었을 때에는 의장은 그 해임건의안이 발의된 후 처음 개의하는 본회의에 그 사실을 보고하고, 본회의에 보고된 때부터 24시간 이후 72시간 이내에 무기명투표로 표결한다. 이 기간 내에 표결하지 아니한 해임건의안은 폐기된 것으로 본다.

④ [×]

> **국회법 제8조(휴회)** ① 국회는 의결로 기간을 정하여 휴회할 수 있다.
> ② 국회는 휴회 중이라도 대통령의 요구가 있을 때, 의장이 긴급한 필요가 있다고 인정할 때 또는 재적의원 4분의 1 이상의 요구가 있을 때에는 국회의 회의(이하 "본회의"라 한다)를 재개한다.

⑤ [○]

> **국회법 제156조(징계의 요구와 회부)** ① 의장은 제155조 각 호의 어느 하나에 해당하는 행위를 한 의원(이하 "징계대상자"라 한다)이 있을 때에는 윤리특별위원회에 회부하고 본회의에 보고한다.
> ② 위원장은 소속 위원 중에 징계대상자가 있을 때에는 의장에게 보고하며, 의장은 이를 윤리특별위원회에 회부하고 본회의에 보고한다.
> ③ 의원이 징계대상자에 대한 징계를 요구하려는 경우에는 의원 20명 이상의 찬성으로 그 사유를 적은 요구서를 의장에게 제출하여야 한다.

01	①	02	④	03	④	04	③	05	②
06	④	07	④	08	③	09	①	10	②
11	①	12	①	13	④	14	②	15	②
16	④	17	①	18	③	19	③	20	③
21	②	22	④	23	②	24	②	25	④

01
정답 ①

① [×] 이 사건 전형사항으로 인해 재외국민 특별전형 지원을 제한받는 사람은 각 대학의 2021학년도 재외국민 특별전형 지원(예정)자이다. 학부모인 청구인의 부담은 간접적인 사실상의 불이익에 해당하므로, 이 사건 전형사항으로 인한 기본권침해의 자기관련성이 인정되지 않는다.
이 사건 전형사항은 구 고등교육법 제34조의5 제1항에 따라 입학전형에 관한 기본사항으로서 수립·공표된 것이므로 법률유보원칙에 위반하여 청구인 학생의 균등하게 교육받을 권리를 침해하지 않는다. (헌재 2020.3.26. 2019헌마212)
② [○] 헌재 2011.8.30. 2006헌마788
③ [○] 헌재 2021.5.27. 2019헌마177
④ [○] 대통령선거나 비례대표국회의원 선거는 국민의 지위만으로 선거가 가능하므로 재외국민에게 선거권을 인정하지 않는 것은 헌법에 합치되지 아니한다. 따라서 국내주민등록과 관계없이 선거가 가능하다. (헌재 2007.6.28. 2004헌마644)

02
정답 ④

① [×] 헌법 제6조 제1항에서 선언하고 있는 국제법존중주의는 국제법과 국내법의 동등한 효력을 인정한다는 취지일 뿐이므로 유엔 자유권위원회가 국가보안법의 폐지나 개정을 권고하였다는 이유만으로 이적행위조항과 이적표현물 소지 조항이 국제법존중주의에 위배되는 것은 아니다. (헌재 2024. 2.28. 2023헌바381)
② [×] 노동조합을 지배·개입하는 행위를 금지하는 노동조합 및 노동관계조정법 제81조 제4호 본문 중 '근로자가 노동조합을 조직 또는 운영하는 것을 지배하거나 이에 개입하는 행위' 부분은 죄형법정주의의 명확성원칙에 위배되지 않는다. (헌재 2022.5.26. 2019헌바341)
노동조합의 전임자의 급여를 지원하는 행위를 금지하는 노동조합 및 노동관계조정법 제81조 제4호 본문 중 '노동조합의 전임자에게 급여를 지원하는 행위' 부분은 과잉금지원칙에 위배되지 않는다.
③ [×] 양심적 병역거부를 이유로 유죄판결을 받은 청구인들의 개인통보에 대하여 자유권규약위원회(Human Rights Committee)가 채택한 견해(Views)에 따른, 전과기록 말소 및 충분한 보상 등 구제조치를 이행하는 법률을 제정할 입법의무가 피청구인인 대한민국 국회에게 발생하였다고 볼 수 없으므로, 그러한 법률을 제정하지 아니한 입법부작위의 위헌확인을 구하는 헌법소원심판청구는 부적법하다.

(헌재 2018.7.26. 2011헌마306) [각하]
자유권규약의 조약상 기구인 자유권규약위원회의 견해는 규약을 해석함에 있어 중요한 참고기준이 되고, 규약 당사국은 그 견해를 존중하여야 한다. 특히 우리나라는 자유권규약을 비준함과 동시에, 자유권규약위원회의 개인통보 접수·심리 권한을 인정하는 내용의 선택의정서(Optional Protocol to the International Covenant on Civil and Political Rights)에 가입하였으므로, 대한민국 국민이 제기한 개인통보에 대한 자유권규약위원회의 견해(Views)를 존중하고, 그 이행을 위하여 가능한 범위에서 충분한 노력을 기울여야 한다. 다만, 자유권규약위원회의 심리는 서면으로 비공개로 진행되는 점 등을 고려하면, 개인통보에 대한 자유권규약위원회의 견해(Views)에 사법적인 판결이나 결정과 같은 법적 구속력이 인정된다고 단정하기는 어렵다.
④ [○] 조약과 국내법은 어느 것이 우선적용된다고 할 수 없고 사건별로 정해진다.

03
정답 ④

① [○] 법관에 대한 징계는 전심절차를 거치지 않고 대법원의 단심으로 재판한다. (헌재 2012.2.23. 2009헌바34)
② [○] 우리 헌법상 헌법과 법률이 정한 법관에 의한 재판을 받을 권리는 직업법관에 의한 재판을 주된 내용으로 하는 것이므로 국민참여재판을 받을 권리가 헌법 제27조 제1항에서 규정한 재판을 받을 권리의 보호범위에 속한다고 볼 수 없다. (헌재 2009.11.26. 2008헌바12)
③ [○] 사법보좌관에게 소송비용액 확정결정절차를 처리하도록 한 이 사건 조항이 그 입법재량권을 현저히 불합리하게 또는 자의적으로 행사하였다고 단정할 수 없으므로 헌법 제27조 제1항에 위반된다고 할 수 없다. (헌재 2009.2.26. 2007헌바8)
사법보좌관의 처분에 대한 이의신청을 허용함으로써 동일 심급 내에서 법관으로부터 다시 재판받을 수 있는 권리를 보장하고 있는데, 이 사건 조항에 의한 소송비용액 확정결정절차의 경우에도 이러한 이의절차에 의하여 법관에 의한 판단을 거치도록 함으로써 법관에 의한 사실확정과 법률해석의 기회를 보장하고 있다.
④ [×] 수형자(사기미수로 형이 확정된 자)와 그의 민사소송 대리인인 변호사와의 접견을 시간을 일반 접견과 동일하게 회당 30분 이내로, 횟수는 다른 일반 접견과 합하여 월 4회로 제한하는 구 형의 집행 및 수용자의 처우에 관한 법률 시행령 및 형집행법 시행령 각 규정은 청구인의 재판청구권을 침해하므로 헌법에 합치되지 아니한다. (헌재 2015.11.26. 2012헌마858)

04
정답 ③

① [×] 법무부장관으로 하여금 변호사시험 합격자의 성명을 공개하도록 하는 변호사시험법 제11조 중 명단 공고는 헌법에 위반되지 않는다. (헌재 2020.3.26. 2018헌마77) [기각]

합격자 명단이 공고되면 누구나, 언제든지 이를 검색할 수 있으므로, 심판대상조항은 공공성을 지닌 전문직인 변호사 자격 소지에 대한 일반 국민의 신뢰를 형성하는 데 기여하며, 변호사에 대한 정보를 얻는 수단이 확보되어 법률서비스 수요자의 편의가 증진된다. 합격자 명단을 공고하는 경우, 시험 관리 당국이 더 엄정한 기준과 절차를 통해 합격자를 선정할 것이 기대되므로 시험 관리 업무의 공정성과 투명성이 강화될 수 있다.

② [×] 감염병예방법 제76조의2 제3항에 의해 정보를 전달받은 자가 감염병예방법의 규정을 위반하여 해당 정보를 처리한 경우에는 개인정보 보호법에 따르는 바(제76조의2 제8항), 감염병예방법에서 허용하는 범위를 벗어나 개인정보를 이용하거나 제3자에게 제공하는 등의 경우 형사처벌도 가능하다(개인정보 보호법 제71조). 이상의 점을 고려하면, 정보의 남용 가능성에 대한 사후적인 통제장치가 있다고 볼 수 있다. … 이 사건 심판대상조항은 과잉금지원칙을 위반하여 청구인의 개인정보자기결정권을 침해하지 않는다.(헌재 2024.4.25. 2020헌마1028)

③ [○] 무효인 혼인의 기록사항 전체에 하나의 선을 긋고, 말소 내용과 사유를 각 해당 사항란에 기재하는 방식의 정정 표시는 청구인의 인격주체성을 식별할 수 있게 하는 개인정보에 해당하고, 이와 같은 정보를 보존하는 심판대상조항은 청구인의 개인정보자기결정권을 제한한다. … 심판대상조항이 가족관계의 변동에 관한 진실성을 담보하는 공익은 훨씬 중대하므로 심판대상조항은 법익균형성이 인정된다. 심판대상조항은 과잉금지원칙을 위반하여 청구인의 개인정보자기결정권을 침해하지 않는다.(헌재 2024.1.25. 2020헌마65)

④ [×] 지문은 보호대상정보에는 해당하나, 주민등록발급을 위해 수집된 지문을 경찰청장이 보관하여 범죄수사목적에 이용하는 것은 개인정보자기결정권을 제한하지만 침해하는 것이 아니다.(헌재 2005.5.26. 99헌마513)

05 정답 ②

① [×] 건강기능식품광고에 대한 사전심의는 검열에 해당한다.(헌재 2018.6.28. 2016헌가8)
이 사건 건강기능식품 기능성광고사전심의는 그 검열이 행정권에 의하여 행하여진다 볼 수 있고, 헌법이 금지하는 사전검열에 해당하므로 헌법에 위반된다.

② [○] 의료기기와 관련하여 심의를 받지 아니하거나 심의받은 내용과 다른 내용의 광고를 하는 것을 금지하고, 이를 위반한 경우 행정제재와 형벌을 부과하도록 한 의료기기법 제24조 제2항 제6호 및 구 의료기기법 제36조 제1항 제14호 중 '제24조 제2항 제6호를 위반하여 의료기기를 광고한 경우' 부분, 구 의료기기법 제52조 제1항 제1호 중 '제24조 제2항 제6호를 위반한 자' 부분은 모두 헌법에 위반된다.(헌재 2020.8.28. 2017헌가35) [위헌]
이 사건 의료기기 광고 사전심의는 행정권이 주체가 된 사전심사로서 헌법이 금지하는 사전검열에 해당하고, 이러한 사전심의제도를 구성하는 심판대상조항은 헌법에 위반

된다.

③ [×] 법률이 직접 장소를 제한하므로 허가제는 아니지만, 침해의 최소성원칙 위반으로 헌법에 위반된다.(헌재 2003.10.30. 2000헌바67) [위헌]

④ [×] 등록은 내용에 대한 심사가 아니므로 사전통제가 아니다.

06 정답 ④

① [○] 남녀가 각 주택을 소유하다가 혼인으로 1가구 3주택이 된 후 주택을 양도할 때 60%의 고율의 양도소득세를 적용하는 것은 헌법에 합치되지 아니한다.(헌재 2011.11.24. 2009헌바146) [헌법불합치(잠정적용)]
이 사건 법률조항이 완화규정을 두지 아니한 채 1세대 3주택 이상에 해당한다는 이유만으로 주택 양도소득세를 중과세하도록 하는 것은 과잉금지원칙에 반하여 헌법 제36조 제1항이 정하고 있는 혼인의 자유를 침해하고, 혼인에 따른 차별금지원칙에 위배된다.

② [○] 가족보호에 대한 입법자의 의무이다.

③ [○] 혼인한 등록의무자 모두 배우자가 아닌 본인의 직계존·비속의 재산을 등록하도록 공직자윤리법이 개정되었음에도 불구하고, 개정 전의 공직자윤리법 조항에 따라 이미 배우자의 직계존·비속의 재산을 등록한 혼인한 여성 등록의무자의 경우에만 종전과 동일하게 계속해서 배우자의 직계존·비속의 재산을 등록하도록 규정한 공직자윤리법 부칙 제2조는 평등원칙에 위배되는 것으로 헌법에 위반된다.(헌재 2021.9.30. 2019헌가3) [위헌]
제11조 제1항은 성별에 의한 차별을 금지하고 있고, 헌법 제36조 제1항은 혼인과 가족생활에 있어서 특별히 양성의 평등대우를 명하고 있으므로, 이 사건 부칙조항이 평등원칙에 위배되는지 여부를 판단함에 있어서는 엄격한 심사척도를 적용하여 비례성원칙에 따른 심사를 하여야 한다.(목적의 정당성 위반)

④ [×] 입양신고 시 신고사건 본인이 시·읍·면에 출석하지 아니하는 경우에는 신고사건 본인의 주민등록증·운전면허증·여권, 그 밖에 대법원규칙으로 정하는 신분증명서를 제시하도록 한 가족관계의 등록 등에 관한 법률 제23조 제2항은 입양당사자의 가족생활의 자유를 침해한다고 보기 어렵다.(헌재 2022.11.24. 2019헌바108) [합헌]

07 정답 ④

① [×] 법인은 거주·이전의 자유의 주체이다.(헌재 1998.2.27. 97헌바79) [합헌]
지방세법 제138조 제1항 제3호가 법인의 대도시 내의 부동산등기에 대하여 통상세율의 5배를 규정하고 있다 하더라도 그것이 대도시 내에서 업무용 부동산을 취득할 정도의 재정능력을 갖춘 법인의 담세능력을 일반적으로 또는 절대적으로 초과하는 것이어서 그 때문에 법인이 대도시 내에서 향유하여야 할 직업수행의 자유나 거주·이전의 자유의 자

유가 형해화할 정도에 이르러 그 기본적인 내용이 침해되었다고 볼 수 없다.

② [×] 거주이전의 자유를 제한하지만 침해는 아니다.

③ [×] 제1국민역의 경우 특별한 사정이 없는 한 27세까지만 단기 국외여행을 허용하는 병역의무자 국외여행업무처리규정 제6조 제1항 [별표 1]은 거주·이전의 자유를 침해하지 않는다. (헌재 2013.6.27. 2011헌마475)

④ [○] 심판대상조항은 과잉금지원칙에 반하여 재산권, 거주이전의 자유 및 직업의 자유를 침해하지 않는다. (헌재 2020.5.27. 2017헌바464)

08   정답 ③

① [○] ④ [○] 헌법 제76조
② [○] 헌법 제77조
③ [×]

> 계엄법 제2조(계엄의 종류와 선포 등) ② 비상계엄은 대통령이 전시·사변 또는 이에 준하는 국가비상사태 시 적과 교전(交戰) 상태에 있거나 사회질서가 극도로 교란(攪亂)되어 행정 및 사법(司法) 기능의 수행이 현저히 곤란한 경우에 군사상 필요에 따르거나 공공의 안녕질서를 유지하기 위하여 선포한다.
> ③ 경비계엄은 대통령이 전시·사변 또는 이에 준하는 국가비상사태 시 사회질서가 교란되어 일반 행정기관만으로는 치안을 확보할 수 없는 경우에 공공의 안녕질서를 유지하기 위하여 선포한다.

09   정답 ①

① [○] 이 법에 의해 부과·징수되는 수신료는 조세도 아니고 서비스의 대가로서 지불하는 수수료도 아니다. 텔레비전방송수신료는 재정조달목적 부담금이다. (헌재 1999.5.27. 98헌바70)

② [×] 물이용부담금은 상수도의 직접적인 이용 대가로 볼 수 있는 수도요금과 구별되는 별개의 금전이고, 한강수계로부터 취수된 원수를 정수하여 직접 공급받는 최종 수요자 중 하류지역에만 부과되는바(한강수계법 제19조 제1항 단서 제1호), 특정 부류의 집단에만 강제적·일률적으로 부과된다. … 이러한 점을 종합적으로 고려할 때, 물이용부담금은 조세와는 구별되는 것으로 부담금에 해당한다고 볼 수 있다. 물이용부담금은 재정조달목적 부담금에 해당한다. (헌재 2020.8.28. 2018헌바425)

③ [×] 개발부담금은 재정조달목적 부담금이다.

④ [×] 영화상영관 입장권 부과금은 재정조달목적 부담금이다.

10   정답 ②

① [○] ④ [○] 개별사건금지원칙의 근거는 평등원칙과 권력분립원리이다.

② [×] 세무대학 폐지가 세무대학의 자율성을 침해하는 것은 아니다. (헌재 2001.2.22. 99헌마613) [기각]
　(1) 세무대학설치법과 폐지법은 처분적 법률이다.

(2) 세무대학은 기본권 주체이다.
(3) 대학의 자율성은 그 보호영역이 대학자체의 계속적 존립에까지 미치는 것은 아니다.

③ [○] 처분적 법률이지만 헌법에 위반되지 않는다.

11   정답 ①

① [×] 헌법재판소는 선고유예를 받은 공무원을 당연퇴직 대상으로 한 것을 위헌이라고 판단한 바 있지만, 공무원이 되기 전에 선고유예기간 동안 공무원 임용이 금지되는 것은 합헌이라고 판단하였다. 그렇다면 헌법재판소는 공무원의 신분보장을 공직취임권보다 더 중요하다고 본 것이다.

② [○] 공무담임권은 공직취임권, 신분보유권, 승진의 기회균등으로 이루어진다.

③ [○] 헌재 2020.10.29. 2017헌마1128

④ [○] 선고유예를 받은 공무원을 당연퇴직 대상으로 한 것은 공무담임권 침해이지만, 집행유예를 받은 공무원을 당연퇴직 대상으로 한 것은 공무담임권 침해가 아니다.

12   정답 ①

① [×] 이 사건 녹음조항에 따라 접견내용을 녹음·녹화하는 것은 직접적으로 물리적 강제력을 수반하는 강제처분이 아니므로 영장주의가 적용되지 않아 영장주의에 위배된다고 할 수 없다. 또한, 미결수용자와 불구속 피의자·피고인을 본질적으로 동일한 집단이라고 할 수 없고, 불구속 피의자·피고인과는 달리 미결수용자에 대하여 법원의 허가 없이 접견내용을 녹음·녹화하도록 하는 것도 충분히 합리적 이유가 있으므로 이 사건 녹음조항은 평등원칙에 위배되지 않는다. (헌재 2016.11.24. 2014헌마401)

② [○]

③ [○] 이 사건 사실조회행위는 강제력이 개입되지 아니한 임의수사에 해당하므로, 이에 응하여 이루어진 이 사건 정보제공행위에도 영장주의가 적용되지 않는다. 그러므로 이 사건 정보제공행위가 영장주의에 위배되어 청구인들의 개인정보자기결정권을 침해한다고 볼 수 없다. (헌재 2018.8.30. 2016헌마483)

④ [○] 체포영장을 집행하는 경우 필요한 때에는 타인의 주거 등 내에서 피의자 수색을 할 수 있도록 한 형사소송법 제216조 제1항 제1호 중 제200조의2에 관한 부분은 영장주의에 위반된다. (헌재 2018.4.26. 2015헌바370) [헌법불합치]
　[1] '필요한 때에는' 부분은 명확성원칙 위반은 아니다.
　[2] 영장주의 위반 여부(적극)
　　심판대상조항은 체포영장을 발부받아 피의자를 체포하는 경우에 '필요한 때'에는 영장 없이 타인의 주거 등내에서 피의자 수사를 할 수 있다고 규정함으로써, 별도로 영장을 발부받기 어려운 긴급한 사정이 있는지 여부를 구별하지 아니하고 피의자가 소재할 개연성이 있으면 영장 없이 타인의 주거 등을 수색할 수 있도록 허용하고 있다. 이는 체포영장이 발부된 피의자가 타인의 주거 등에 소재할 개연성은 인정되나, 수색에 앞서 영장을 발부받기 어려운 긴급한 사정이 인정되지 않는 경우에도 영장 없이 피의자 수색을 할 수 있다는 것이므로, 위에서 본 헌법 제16조의 영장주의 예외 요건을 벗어난다.

13
정답 ④

① [○] 헌재 1995.10.26. 94헌바12
② [○] 헌재 2010.10.28. 2009헌바67
③ [○] 헌재 1998.11.26. 97헌바67
④ [×] 부당환급받은 세액을 징수하는 근거규정인 개정조항을 개정된 법 시행 후 최초로 환급세액을 징수하는 분부터 적용하도록 규정한 법인세법 부칙 제9조는 진정소급입법으로서 재산권을 침해한다. (헌재 2014.7.24. 2012헌바105)

14
정답 ②

① [○] 강제퇴거명령을 받은 사람을 보호할 수 있도록 하면서 보호기간의 상한을 마련하지 아니한 출입국관리법 제63조 제1항은 과잉금지원칙 및 적법절차원칙에 위배되어 피보호자의 신체의 자유를 침해하는 것으로, 헌법에 합치되지 아니한다. (헌재 2023.3.23. 2020헌가1) [헌법불합치(잠정적용)]
  [1] 과잉금지원칙 위반
    입법목적의 정당성과 수단의 적합성은 인정된다. 그러나 보호기간의 상한을 두지 아니함으로써 강제퇴거대상자를 무기한 보호하는 것을 가능하게 하는 것은 보호의 일시적·잠정적 강제조치로서의 한계를 벗어나는 것이라는 점, … 등을 고려하면, 심판대상조항은 침해의 최소성과 법익균형성을 충족하지 못한다. 따라서 심판대상조항은 과잉금지원칙을 위반하여 피보호자의 신체의 자유를 침해한다.
  [2] 적법절차원칙 위반
    심판대상조항에 따른 보호명령을 발령하기 전에 당사자에게 의견을 제출할 수 있는 절차적 기회가 마련되어 있지 아니하다. 따라서 심판대상조항은 적법절차원칙에 위배되어 피보호자의 신체의 자유를 침해한다
② [×] 심판대상조항이 정비예정구역 내 토지등소유자의 100분의 30 이상의 해제 요청이라는 비교적 완화된 요건만으로 정비예정구역 해제 절차에 나아갈 수 있도록 하였다고 하여 적법절차원칙에 위반된다고 보기 어렵다. (헌재 2023. 6.29. 2020헌바63)
③ [○] 피치료감호자에 대한 치료감호가 가종료되었을 때 필요적으로 3년간의 보호관찰이 시작되도록 규정하고 있는 치료감호법 규정은 거듭처벌금지원칙에 반하지 않는다. (헌재 2012.12.27. 2011헌마285)
④ [○] 국가안전보장에 대한 위해 방지를 위한 정보수집을 위한 통신자료 제공요청'에 관한 부분에 대하여는 사후통지절차를 마련하지 않은 것이 적법절차원칙에 위배된다는 이유로 2023.12.31.을 시한으로 입법자가 개정할 때까지 계속 적용을 명하는 헌법불합치 결정을 선고하였다. (헌재 2022.

7.21. 2016헌마388) [헌법불합치]
  [1] 영장주의 위배 여부 – 위배 ×
    헌법상 영장주의는 체포·구속·압수·수색 등 기본권을 제한하는 강제처분에 적용되므로, 강제력이 개입되지 않은 임의수사에 해당하는 수사기관 등의 통신자료 취득에는 영장주의가 적용되지 않는다.
  [2] 명확성원칙 위배 여부 – 위배 ×
    '국가안전보장에 대한 위해를 방지하기 위한 정보수집'은 국가의 존립이나 헌법의 기본질서에 대한 위험을 방지하기 위한 목적을 달성함에 있어 요구되는 최소한의 범위 내에서의 정보수집을 의미하는 것으로 해석되므로, 명확성원칙에 위배되지 않는다.
  [3] 과잉금지원칙 위배 여부 – 위배 ×
    전기통신사업법은 통신자료 제공요청 방법이나 통신자료 제공현황 보고에 관한 규정 등을 두어 통신자료가 수사 등 정보수집의 목적달성에 필요한 최소한의 범위 내에서 이루어지도록 하고 있다. 따라서 침해의 최소성 및 법익균형성에 위배되지 않는다.
  [4] 적법절차원칙 위배 여부 – 위배 ○
    효율적인 수사와 정보수집의 신속성, 밀행성 등의 필요성을 고려하여 사전에 정보주체인 이용자에게 그 내역을 통지하도록 하는 것이 적절하지 않다면 수사기관 등이 통신자료를 취득한 이후에 수사 등 정보수집의 목적에 방해가 되지 않는 범위 내에서 통신자료의 취득사실을 이용자에게 통지하는 것이 얼마든지 가능하다. 그럼에도 이 사건 법률조항은 통신자료 취득에 대한 사후통지절차를 두지 않아 적법절차원칙에 위배되어 개인정보자기결정권을 침해한다.

15
정답 ②

① [○] 살처분된 가축의 소유자가 축산계열화사업자인 경우에는 수급권 보호를 위하여 보상금을 계약사육농가에 지급한다고 규정한 「가축전염병 예방법」 제48조 제1항 제3호 단서는 헌법에 합치되지 아니한다. (헌재 2024.5.30. 2021헌가3) [헌법불합치(계속적용)]
  가축의 살처분으로 인한 재산권의 제약은 가축의 소유자가 수인해야 하는 사회적 제약의 범위에 속한다. 그러나 헌법 제23조 제1항 및 제2항에 따라 재산권의 사회적 제약을 구체화하는 법률조항이라 하더라도 권리자에게 수인의 한계를 넘어 가혹한 부담이 발생하는 예외적인 경우에는 이를 완화하는 보상규정을 두어야 한다.
  양돈업을 영위하는 축산계열화사업자는 양계업처럼 다수의 계약사육농가와 위탁사육계약을 맺은 대기업이 아닌 영세업체인 경우도 많아, 계약사육농가에 비해 우월한 교섭력을 행사한다고 보기 어려운 경우도 많다. 그뿐만 아니라 경우에 따라서는 당해 사건에서와 같이 살처분된 가축에 대한 사육수수료는 계약사육농가에게 전부 지급되었던 상황임에도 축산계열화사업자는 살처분 보상금을 지급받지 못하는 사례도 있다.

따라서 심판대상조항은 조정적 보상조치에 관하여 인정되는 입법형성의 한계를 벗어나 가축의 소유자인 축산계열화사업자의 재산권을 침해한다.

② [×] 광업권주의를 취하는 법제상의 특성과 채굴작업의 성격상 광업권에 대해서는 공익과의 조화를 위해 그 한계를 정함에 있어 폭넓은 입법재량이 인정되는바, 이 사건 심판대상조항은 도로 등 영조물 주변 50m 범위 내에서는 관할관청의 허가 또는 소유자 등의 승낙이 없으면 광물을 채굴할 수 없도록 정하면서 보상의무를 따로 규정하지 않고 있는데, 이는 비례의 원칙에 위배되지 않고 광업권자가 수인하여야 하는 사회적 제약의 범주 내에서 광업권을 제한하는 것이므로, 광업권자의 재산권을 침해하지 않는다. (헌재 2014. 2.27. 2010헌바483)

③ [○] 요양기관이 의료법 제33조 제2항을 위반하였다는 사실을 수사기관의 수사 결과로 확인한 경우 국민건강보험공단으로 하여금 요양급여비용의 지급을 보류할 수 있도록 규정한 구 국민건강보험법 제47조의2 제1항 중 '의료법 제33조 제2항'에 관한 부분은 헌법에 합치되지 아니하고, 위 법률조항의 적용을 중지하며, 국민건강보험법 제47조의2 제1항 전문 중 '의료법 제33조 제2항'에 관한 부분이 헌법에 합치되지 아니한다. (헌재 2023.3.23. 2018헌바433) [헌법불합치(잠정적용)]

(1) 이 사건 지급보류조항은 무죄추정의 원칙에 위반된다고 볼 수 없다.

(2) 무죄판결이 확정되기 전이라도 하급심 법원에서 무죄판결이 선고되는 경우에는 그때부터 일정 부분에 대하여 요양급여비용을 지급하도록 할 필요가 있다. 나아가, 앞서 본 사정변경사유가 발생할 경우 지급보류처분이 취소될 수 있도록 한다면, 이와 함께 지급보류기간 동안 의료기관의 개설자가 수인해야 했던 재산권 제한 상황에 대한 적절하고 상당한 보상으로서의 이자 내지 지연손해금의 비율에 대해서도 규율이 필요하다. 이 사건 지급보류조항은 과잉금지원칙에 반하여 요양기관 개설자의 재산권을 침해한다.

④ [○] 헌재 2021.4.29. 2019헌바444

16
정답 ④

① [○] 지방자치단체는 관할권을 가지지만 영토고권은 국가만 가진다. 따라서 영토·영해·영공을 자유로이 관리하고 관할구역 내의 사람과 물건을 독점적·배타적으로 지배할 수 있는 권리는 국가만 가진다.

② [○] 헌재 2020.9.24. 2016헌라4

③ [○] 집회·시위를 위한 인천애뜰 잔디마당의 사용허가를 예외 없이 제한하는 '인천애(愛)뜰의 사용 및 관리에 관한 조례 제7조 제1항 제5호 가목은 헌법에 위반된다. (헌재 2023. 9.26. 2019헌마1417) [위헌]

심판대상조항은 법률의 위임 내지는 이에 근거하여 규정된 것이므로, 법률유보원칙에 위배되는 것으로 볼 수 없다. 집회·시위를 위한 잔디마당 사용허가를 전면적·일률적으로 제한하는 것은 이에 적합한 수단이다.

심판대상조항은 침해의 최소성 요건을 갖추지 못하였다. 그렇다면 심판대상조항은 과잉금지원칙에 위배되어 청구인들의 집회의 자유를 침해한다.

④ [×] 조례와 정관에 대해서는 포괄위임이 가능하다.

17
정답 ①

① [○] 「헌법재판소법」 제68조 제1항의 헌법소원심판의 요건으로 권리보호이익이 필요하다. 제68조 제2항의 헌법소원은 재판의 전제성이 필요하고 권리보호이익은 필요 없다.

② [×] 이 사건 법률조항은 수사기관 등의 전기통신사업자에 대한 통신자료 제공요청이라는 행위를 예정하고 있어, 수사기관 등의 통신자료 제공요청만으로는 이용자에 대한 기본권 제한의 효과가 발생하지 아니하며 공권력주체가 아닌 사인인 전기통신사업자가 수사기관 등의 제공요청에 응하여 수사기관 등에게 이용자의 통신자료를 제공한 시점에 비로소 이용자의 기본권이 제한된다. 또한 청구인들은 수사기관 등이 영장 없이 전기통신사업자에게 통신자료 제공요청을 할 수 있도록 하면서 사후통지 절차마저 마련하고 있지 아니한 것의 위헌성을 주장하고 있는데, 이 사건 법률조항은 최소한 영장주의 및 적법절차 원칙 위반 등과 관련하여서는 법률 그 자체에 의하여 청구인들의 법적 지위에 영향을 미친다고 볼 수 있다. 따라서 이 사건 법률조항은 기본권침해의 직접성이 인정된다. (헌재 2022.7.21. 2016헌마388)

③ [×] 「헌법재판소법」 제68조 제1항의 헌법소원심판은 기본권 침해가 있어야 하고 구체적으로 국민의 기본권을 보장하기 위한 절차이다. 다만 객관적인 규범통제의 성격도 있지만 추상적인 것은 아니다.

④ [×] 행정기관인 피청구인의 시정요구는 정보통신서비스제공자에게 조치결과 통지의무를 부과하고 있고, 시정요구에 따르지 않는 경우 방송통신위원회에 의하여 해당 정보의 취급거부·정지 또는 제한명령이라는 법적 조치가 내려질 수 있으며, 이를 따르지 않는 경우에는 형사처벌까지 예정하고 있으므로, 이 사건 시정요구는 단순한 행정지도로서의 한계를 넘어 규제적·구속적 성격을 갖는 것으로서 헌법소원심판의 대상이 되는 공권력의 행사라고 봄이 상당하다. (헌재 2023.10.26. 2019헌마158) [기각]

18
정답 ③

① [○] 감사원은 직접 명령을 하거나 징계할 수는 없고 징계를 요구할 수 있다.

② [○] 감사원법 제24조 제3항

③ [×] 헌법에는 감사원규칙에 관한 근거규정이 없다. 다만, 감사원법에 근거가 있고 행정기본법은 감사원규칙을 법령의 일종으로 규정하고 있다.

④ [○]

> **감사원법 제23조(선택적 검사사항)** 감사원은 필요하다고 인정하거나 국무총리의 요구가 있는 경우에는 다음 각 호의 사항을 검사할 수 있다.

1. 국가기관 또는 지방자치단체 외의 자가 국가 또는 지방자치단체를 위하여 취급하는 국가 또는 지방자치단체의 현금·물품 또는 유가증권의 출납
2. 국가 또는 지방자치단체가 직접 또는 간접으로 보조금·장려금·조성금 및 출연금 등을 교부(交付)하거나 대부금 등 재정 원조를 제공한 자의 회계
3. 제2호에 규정된 자가 그 보조금·장려금·조성금 및 출연금 등을 다시 교부한 자의 회계
4. 국가 또는 지방자치단체가 자본금의 일부를 출자한 자의 회계
5. 제4호 또는 제22조 제1항 제3호에 규정된 자가 출자한 자의 회계
6. 국가 또는 지방자치단체가 채무를 보증한 자의 회계
7. 「민법」 또는 「상법」 외의 다른 법률에 따라 설립되고 그 임원의 전부 또는 일부나 대표자가 국가 또는 지방자치단체에 의하여 임명되거나 임명 승인되는 단체 등의 회계
8. 국가, 지방자치단체, 제2호부터 제6호까지 또는 제22조 제1항 제3호·제4호에 규정된 자와 계약을 체결한 자의 그 계약에 관련된 사항에 관한 회계
9. 「국가재정법」 제5조의 적용을 받는 기금을 관리하는 자의 회계
10. 제9호에 따른 자가 그 기금에서 다시 출연 및 보조한 단체 등의 회계

19　　정답 ③

① [○]

> **국회법 제29조의2(영리업무 종사 금지)** ① 의원은 그 직무 외에 영리를 목적으로 하는 업무에 종사할 수 없다. 다만, 의원 본인 소유의 토지·건물 등의 재산을 활용한 임대업 등 영리업무를 하는 경우로서 의원 직무수행에 지장이 없는 경우에는 그러하지 아니하다.

② [○] 대통령 보궐선거는 임기가 새로 시작되지만 그 외의 보궐선거는 잔여 임기를 적용한다.

③ [×]

> **국회법 제60조(위원의 발언)** ① 위원은 위원회에서 같은 의제(議題)에 대하여 횟수 및 시간 등에 제한 없이 발언할 수 있다. 다만, 위원장은 발언을 원하는 위원이 2명 이상일 경우에는 간사와 협의하여 15분의 범위에서 각 위원의 첫 번째 발언시간을 균등하게 정하여야 한다.
> ② 위원회에서의 질의는 일문일답(一問一答)의 방식으로 한다. 다만, 위원회의 의결이 있는 경우 일괄질의의 방식으로 할 수 있다.

④ [○]

> **국회법 제75조(회의의 공개)** ① 본회의는 공개한다. 다만, 의장의 제의 또는 의원 10명 이상의 연서에 의한 동의(動議)로 본회의 의결이 있거나 의장이 각 교섭단체 대표의원과 협의하여 국가의 안전보장을 위하여 필요하다고 인정할 때에는 공개하지 아니할 수 있다.
> ② 제1항 단서에 따른 제의나 동의에 대해서는 토론을 하지 아니하고 표결한다.

20　　정답 ③

① [○] 수정안의 판단여부를 본회의에서 심사하는 것이 기준이 아니라 위원회에서 심사할 수 있었는지를 기준으로 한다는 의미이다. (헌재 2020.5.27. 2019헌라6)

② [○] '회기결정의 건'에 대한 무제한토론을 허용할 경우 국회의 운영에 심각한 장애가 초래될 수 있는 점, 국회법 제106조의2의 규정, 국회 선례 등을 체계적·종합적으로 고려하면, '회기결정의 건'은 그 본질상 국회법 제106조의2에 따른 무제한토론의 대상이 되지 않는다고 보는 것이 타당하다. (헌재 2020.5.27. 2019헌라6)

③ [×] 위원의 의사에 반하는 개선을 허용하더라도, 직접 국회의원이 자유위임원칙에 따라 정당이나 교섭단체의 의사와 달리 표결하거나 독자적으로 의안을 발의하거나 발언하는 것까지 금지하게 되는 것은 아니다. (헌재 2020.5.27. 2019헌라1)

④ [○] 헌재 2003.10.30. 2002헌라1

21　　정답 ②

① [○] 헌재 2011.9.29. 2009헌라4

② [×] ③ [○] 권한쟁의심판의 당사자능력은 헌법에 의하여 설치된 국가기관에 한정하여 인정된다. 문화재청장, 경찰위원회는 헌법상 기관이 아니므로 권한쟁의심판의 당사자가 아니다.

④ [○] 상임위원장은 권한쟁의심판의 당사자이지만, 소위원회는 헌법기구가 아니므로 소위원회 위원장은 권한쟁의심판의 당사자가 아니다.

22　　정답 ④

① [×] 재판의 심리는 비공개가 가능하지만, 판결은 반드시 공개해야 한다.

> **헌법 제109조** 재판의 심리와 판결은 공개한다. 다만, 심리는 국가의 안전보장 또는 안녕질서를 방해하거나 선량한 풍속을 해할 염려가 있을 때에는 법원의 결정으로 공개하지 아니할 수 있다.

② [×]

> **법원조직법 제81조의7(양형기준의 효력 등)** ① 법관은 형의 종류를 선택하고 형량을 정할 때 양형기준을 존중하여야 한다. 다만, 양형기준은 법적 구속력을 갖지 아니한다.
> ② 법원이 양형기준을 벗어난 판결을 하는 경우에는 판결서에 양형의 이유를 적어야 한다. 다만, 약식절차 또는 즉결심판절차에 따라 심판하는 경우에는 그러하지 아니하다.

③ [×] 재판을 받을 권리는 적어도 한번의 사실심과 법률심을 받을 권리이므로 모든 사건에서 대법원의 재판을 받을 권리가 인정되는 것은 아니다.

④ [○] 과거 3년 이내의 당원 경력을 법관 임용 결격사유로 정하고 있는 법원조직법 조항은 청구인의 공무담임권을 침해하여 헌법에 위반된다. (헌재 2024.7.18. 2021헌마460) [위헌] 심판대상조항과 같이 과거 3년 이내의 모든 당원 경력을 법관 임용 결격사유로 정하는 것은, 입법목적 달성을 위해 합

리적인 범위를 넘어 정치적 중립성과 재판 독립에 긴밀한 연관성 없는 경우까지 과도하게 공직취임의 기회를 제한한다. 따라서 심판대상조항은 과잉금지원칙에 반하여 청구인의 공무담임권을 침해한다.

23
정답 ②

① [○] 헌법 제105조 제3항
② [×]

> **법원조직법 제16조(대법관회의의 구성과 의결방법)** ① 대법관회의는 대법관으로 구성되며, 대법원장이 그 의장이 된다.
> ② 대법관회의는 대법관 전원의 3분의 2 이상의 출석과 출석인원 과반수의 찬성으로 의결한다.
> ③ 의장은 의결에서 표결권을 가지며, 가부동수(可否同數)일 때에는 결정권을 가진다.

③ [○] 법원조직법 제13조
④ [○]

> **법원조직법 제4조(대법관)** ② 대법관의 수는 대법원장을 포함하여 14명으로 한다.
> **헌법 제102조** ① 대법원에 부를 둘 수 있다.
> ② 대법원에 대법관을 둔다. 다만, 법률이 정하는 바에 의하여 대법관이 아닌 법관을 둘 수 있다.

24
정답 ②

① [○] 헌법재판소법 제45조
② [×]

> **헌법재판소법 제47조(위헌결정의 효력)** ② 위헌으로 결정된 법률 또는 법률의 조항은 그 결정이 있는 날부터 효력을 상실한다.
> ③ 제2항에도 불구하고 형벌에 관한 법률 또는 법률의 조항은 소급하여 그 효력을 상실한다. 다만, 해당 법률 또는 법률의 조항에 대하여 종전에 합헌으로 결정한 사건이 있는 경우에는 그 결정이 있는 날의 다음 날로 소급하여 효력을 상실한다.
> ④ 제3항의 경우에 위헌으로 결정된 법률 또는 법률의 조항에 근거한 유죄의 확정판결에 대하여는 재심을 청구할 수 있다.

③ [○] 헌법재판소법 제75조 제3항
④ [○] 헌법재판소법 제37조

25
정답 ④

① [×]

> **헌법 제89조** 다음 사항은 국무회의의 심의를 거쳐야 한다.
> 1. 국정의 기본계획과 정부의 일반정책
> 2. 선전·강화 기타 중요한 대외정책
> 3. 헌법개정안·국민투표안·조약안·법률안 및 대통령령안
> 4. 예산안·결산·국유재산처분의 기본계획·국가의 부담이 될 계약 기타 재정에 관한 중요사항
> 5. 대통령의 긴급명령·긴급재정경제처분 및 명령 또는 계엄과 그 해제
> 6. 군사에 관한 중요사항
> 7. 국회의 임시회 집회의 요구
> 8. 영전수여

> 9. 사면·감형과 복권
> 10. 행정각부간의 권한의 획정
> 11. 정부 안의 권한의 위임 또는 배정에 관한 기본계획
> 12. 국정처리상황의 평가·분석
> 13. 행정각부의 중요한 정책의 수립과 조정
> 14. 정당해산의 제소
> 15. 정부에 제출 또는 회부된 정부의 정책에 관계되는 청원의 심사
> 16. 검찰총장·합동참모의장·각군참모총장·국립대학교총장·대사 기타 법률이 정한 공무원과 국영기업체관리자의 임명
> 17. 기타 대통령·국무총리 또는 국무위원이 제출한 사항

② [×] 헌법 제95조는 총리령과 부령에의 위임근거를 마련하면서 헌법 제75조와 같이 '구체적으로 범위를 정하여'라는 문구를 사용하고 있지 않지만, 당연히 구체적으로 범위를 정해서 위임해야 한다.
③ [×]

> **법령 등 공포에 관한 법률 제13조(시행일)** 대통령령, 총리령 및 부령은 특별한 규정이 없으면 공포한 날부터 20일이 경과함으로써 효력을 발생한다. 제13조의2(법령의 시행유예기간) 국민의 권리 제한 또는 의무 부과와 직접 관련되는 법률, 대통령령, 총리령 및 부령은 긴급히 시행하여야 할 특별한 사유가 있는 경우를 제외하고는 공포일부터 적어도 30일이 경과한 날부터 시행되도록 하여야 한다.

④ [○] 헌재 2010.4.29. 2007헌마910

01	①	02	③	03	①	04	②	05	①
06	④	07	③	08	④	09	④	10	②
11	③	12	②	13	②	14	②	15	③
16	②	17	④	18	③	19	③	20	②

01
정답 ①

① [×] 정당은 법인격 없는 사단으로 기본권주체이다. 헌법소원은 가능하지만, 공권력 행사의 주체는 아니므로 권한쟁의 심판의 당사자는 아니다.

② [○] ④ [○] 헌재 2014.12.19. 2013헌다1

③ [○]

> 정당법 제48조(해산된 경우 등의 잔여재산 처분) ① 정당이 제44조(등록의 취소)제1항의 규정에 의하여 등록이 취소되거나 제45조(자진해산)의 규정에 의하여 자진해산한 때에는 그 잔여재산은 당헌이 정하는 바에 따라 처분한다.
> ② 제1항의 규정에 의하여 처분되지 아니한 정당의 잔여재산 및 헌법재판소의 해산결정에 의하여 해산된 정당의 잔여재산은 국고에 귀속한다.

02
정답 ③

① [○] 건강보험수급권은 재산권의 성격과 사회보장수급권의 성격이 혼재되어 있다.

② [○] 기본권제한에 대한 심사기준은 사건에 따라 다른데 지문은 사회연관성 이론에 대한 설명이다.

③ [×] 헌법 제23조 제3항은 정당한 보상을 전제로 하여 재산권의 수용 등에 관한 가능성을 규정하고 있지만, 재산권 수용의 주체를 한정하지 않고 있다. 위 헌법조항의 핵심은 당해 수용이 공공필요에 부합하는가, 정당한 보상이 지급되고 있는가 여부 등에 있는 것이지, 그 수용의 주체가 국가인지 민간기업인지 여부에 달려 있다고 볼 수 없다. 또한 국가 등의 공적 기관이 직접 수용의 주체가 되는 것이든 그러한 공적 기관의 최종적인 허부판단과 승인결정하에 민간기업이 수용의 주체가 되는 것이든, 양자 사이에 공공필요에 대한 판단과 수용의 범위에 있어서 본질적인 차이를 가져올 것으로 보이지 않는다. 따라서 위 수용 등의 주체를 국가 등의 공적 기관에 한정하여 해석할 이유가 없다.(헌재 2009. 9.24. 2007헌바114)

④ [○] 헌법 제23조 제2항은 무보상의 사회적 제약이고 제23조는 지문과 같은 내용이다.

03
정답 ①

① [×] 법정형의 종류와 범위를 정함에 있어서 고려해야 할 사항 중 가장 중요한 것은 위에서 본 바와 같이 당해 범죄의 보호법익과 죄질이다. 따라서 보호법익이 다르면 법정형의 내용이 다를 수 있고 보호법익이 같다고 하더라도 죄질이 다르면 또 그에 따라 법정형의 내용이 달라질 수밖에 없다.

그러므로 보호법익과 죄질이 서로 다른 둘 또는 그 이상의 범죄를 동일선상에 놓고 그 중 어느 한 범죄의 법정형을 기준으로 하여 단순한 평면적인 비교로써 다른 범죄의 법정형의 과중여부를 판정하여서는 아니된다.(헌재 1995.4.20. 93헌바40)

② [○] 호주제 위헌사건(헌재 2005.2.3. 2001헌가9)

③ [○] 외국인 지역가입자에 대하여 ① 보험료 체납시 다음 달부터 곧바로 보험급여를 제한하는 국민건강보험법 제109조 제10항(보험급여제한 조항)은 헌법에 합치되지 아니하여 2025.6.30.을 시한으로 입법자가 개정할 때까지 계속 적용되도록 하고, ② 납부할 월별 보험료 하한을 전년도 전체 가입자의 보험료 평균을 고려하여 정하는 구 장기체류 재외국민 및 외국인에 대한 건강보험 적용기준 제6조 제1항에 의한 별표 2 제1호 단서(보험료하한 조항) 및 ③ 보험료 납부단위인 '세대'의 인정범위를 가입자와 그의 배우자 및 미성년 자녀로 한정한 위 보건복지부고시 제6조 제1항에 의한 별표 2 제4호(세대구성 조항)에 대한 심판청구를 모두 기각하고, ④ 법무부장관이 외국인에 대한 체류 허가 심사를 함에 있어 보험료 체납정보를 요청할 수 있다고 규정한 출입국관리법 제78조 제2항 제3호 중 '외국인의 국민건강보험 관련 체납정보'에 관한 부분(정보요청 조항)에 대한 심판청구를 각하한다는 결정을 선고하였다.(헌재 2023.9.26. 2019헌마1165) [①: 헌법불합치, ②·③: 기각, ④: 각하]

④ [○] 특별시장·광역시장·특별자치시장·도지사·특별자치도지사 선거의 예비후보자를 후원회지정권자에서 제외하고 있는 정치자금법 제6조 제6호 부분은 청구인들의 평등권을 침해한다.
자치구의 지역구의회의원 선거의 예비후보자를 후원회지정권자에서 제외하고 있는 정치자금법 제6조 제6호 부분은 청구인들의 평등권을 침해하지 않는다.(헌재 2019.12.27. 2018헌마301)

04
정답 ②

① [○] 금융감독원의 4급 이상 직원에 대하여 재산등록의무를 부과하는 구 「공직자윤리법」 제3조 제1항 제13호 중 구 「공직자윤리법 시행령」 제3조 제4항 제15호에 관한 부분이 금융감독원의 4급 직원인 청구인의 사생활의 비밀과 자유를 침해하는 것은 아니다.
금융감독원의 4급 이상 직원에 대하여 공직자윤리법상 재산등록의무를 부과하는 공직자윤리법 규정은 금융감독원의 4급 직원인 청구인들의 사생활의 비밀의 자유 및 평등권을 침해하지 않는다.(헌재 2014.6.26. 2012헌마331)

② [×] 청구인은 '사생활 등 조사업 금지조항'에 의하여 특정인의 소재 및 연락처를 알아내거나 사생활 등을 조사하는 일을 업으로 할 수 없게 됨으로써 직업선택의 자유가 제한되고, '탐정 등 명칭사용 금지조항'에 의하여 탐정명칭을 사용할 수 없게 됨으로써 직업수행의 자유가 제한되므로, 이 사건 금지조항이 청구인의 직업의 자유를 침해하는지 여부가 문제된다. 청구인은 행복추구권 침해도 주장하고 있으나, 이에 관하여는 보다 밀접한 기본권인 직업의 자유 침해

여부에 대하여 판단하는 이상 따로 판단하지 아니한다. (헌재 2018.6.28. 2016헌마473)

③ [○] 헌재 2013.8.29. 2011헌바176 – 침해는 아니다.

④ [○] 헌재 1995.12.28. 91헌마114

05
정답 ①

① [×] 누구든지 중앙선거관리위원회의 경계 지점으로부터 100미터 이내의 장소에서는 옥외집회 또는 시위를 하여서는 아니된다는 규정은 없다.

② [○] 헌재 2003.10.30. 2000헌바67

③ [○] ④ [○] 헌법 제21조 제2항은, 집회에 대한 허가제는 집회에 대한 검열제와 마찬가지이므로 이를 절대적으로 금지하겠다는 헌법개정권력자인 국민들의 헌법가치적 합의이며 헌법적 결단이다. 또한 위 조항은 헌법 자체에서 직접 집회의 자유에 대한 제한의 한계를 명시한 것이므로 기본권제한에 관한 일반적 법률유보조항인 헌법 제37조 제2항에 앞서서, 우선적이고 제1차적인 위헌심사기준이 되어야 한다. 헌법 제21조 제2항에서 금지하고 있는 '허가'는 행정권이 주체가 되어 집회 이전에 예방적 조치로서 집회의 내용·시간·장소 등을 사전심사하여 일반적인 집회금지를 특정한 경우에 해제함으로써 집회를 할 수 있게 하는 제도, 즉 허가를 받지 아니한 집회를 금지하는 제도를 의미한다. (헌재 2009.9.24.2008헌가25)

06
정답 ④

① [○] 영토조항은 건국헌법에서 처음 규정하였다.

② [○] 남북합의서는 조약도 아니고 조약에 준하는 것도 아니다.

③ [○] 영해는 기선으로부터 측정하여 그 바깥쪽 12해리의 선까지이고 다시 거기서부터 12해리를 접속수역이라고 한다. 접속수역에서는 관세, 출입국관리, 위생에 관한 법규 위반행위를 단속한다. 영해기선으로부터 외측 200해리까지에 이르는 수역 중 영해를 제외한 수역을 경제적 배타수역이라고 한다. 천연자원의 탐사, 인공섬의 설치 등이 가능하다.

④ [×] 조선인을 부친으로 하여 출생한 자는 남조선과도정부법률 제11호 국적에관한임시조례의 규정에 따라 조선국적을 취득하였다가 제헌헌법의 공포와 동시에 대한민국 국적을 취득하였다 할 것이고, 설사 그가 북한법의 규정에 따라 북한국적을 취득하여 중국 주재 북한대사관으로부터 북한의 해외공민증을 발급받은 자라 하더라도 북한지역 역시 대한민국의 영토에 속하는 한반도의 일부를 이루는 것이어서 대한민국의 주권이 미칠 뿐이고, 대한민국의 주권과 부딪치는 어떠한 국가단체나 주권을 법리상 인정할 수 없는 점에 비추어 볼 때, 그러한 사정은 그가 대한민국 국적을 취득하고 이를 유지함에 있어 아무런 영향을 끼칠 수 없다. (대판 1996.11.12. 96누1221)

07
정답 ③

① [○] 헌재 1999.5.27. 98헌바70

② [○] 처분적 법률도 다른 이유로 정당화되는 경우에는 가능하다.

③ [×] 법률유보의 원칙은 '법률에 의한' 규율만을 뜻하는 것이 아니라 '법률에 근거한' 규율을 요청하는 것이므로 기본권제한의 형식이 반드시 법률의 형식일 필요는 없고 법률에 근거를 두면서 헌법 제75조가 요구하는 위임의 구체성과 명확성을 구비하면 위임입법에 의하여도 기본권제한을 할 수 있다. (헌재 2005.2.24. 2003헌마289)

④ [○] 대판 2019.10.17. 2018두104

08
정답 ④

① [○] 헌법 제107조 제2항

② [○] 법원조직법 제7조

③ [○] 대법원의 위헌결정은 개별적 효력이므로 조문이 개정될 때까지 적용을 제한할 필요가 있으므로 행안부장관에게 통보하고 행안부장관은 관보에 게재한다.

④ [×]

> 헌법재판소법 제68조 제2항의 헌법소원은 법률 또는 법률과 동일한 효력을 가지는 것을 대상으로 하므로 대법원규칙은 제68조 제2항의 대상이 아니다. 다만, 헌법재판소법 제68조 제1항의 헌법소원 대상은 된다.

09
정답 ④

① [○] 수신료 징수업무를 한국방송공사가 직접 수행할 것인지 제3자에게 위탁할 것인지, 위탁한다면 누구에게 위탁하도록 할 것인지, 위탁받은 자가 자신의 고유업무와 결합하여 징수업무를 할 수 있는지는 징수업무 처리의 효율성 등을 감안하여 결정할 수 있는 사항으로서 국민의 기본권제한에 관한 본질적인 사항이 아니라 할 것이다. 따라서 방송법 제64조 및 제67조 제2항은 법률유보의 원칙에 위반되지 아니한다. (헌재 2008.2.28. 2006헌바70)

② [○] 헌재 2013.5.30. 2012헌바335

③ [○] 부진정소급의 경우에도 신뢰보호원칙이 적용되는 경우가 있다는 의미이다.

④ [×] 헌법 제31조 제2항 및 제3항은 이에 상응하여 국가가 제공하는 의무교육을 받게 해야 할 '부모의 의무' 및 '의무교육은 무상임'을 규정하고 있다. 특히 같은 조 제6항은 "학교교육 및 평생교육을 포함한 교육제도와 그 운영, 교육재정 및 교원의 지위에 관한 기본적인 사항은 법률로 정한다"고 함으로써 학교교육에 관한 국가의 권한과 책임을 규정하고 있다. 위 조항은 국가에게 학교제도를 통한 교육을 시행하도록 위임하였고, 이로써 국가는 학교제도에 관한 포괄적인 규율권한과 자녀에 대한 학교교육의 책임을 부여받았다. 따라서 국가는 헌법 제31조 제6항에 의하여 모든 학교제도의 조직, 계획, 운영, 감독에 관한 포괄적인 권한, 즉, 학교제도에 관한 전반적인 형성권과 규율권을 가지고 있다. (헌재 2000.4.27. 98헌가16)

10

① [○] ② [×] ③ [○] ④ [○]

지방자치법에 따른 감사의 절차와 방법 등에 관한 사항을 규정하는 '지방자치단체에 대한 행정감사규정'(이하 '행정감사규정'이라 한다) 등 관련 법령에서 이 사건 감사와 같이 연간 감사계획에 포함되지 아니한 감사의 경우 감사대상이나 내용을 통보할 것을 요구하는 명시적인 규정을 발견할 수 없는바, 광역지방자치단체가 자치사무에 대한 감사에 착수하기 위해서는 감사대상을 특정하여야 하나, 특정된 감사대상을 사전에 통보할 것까지 요구된다고 볼 수는 없다. 따라서 피청구인이 조사개시 통보를 하면서 내부적으로 특정한 감사대상을 통보하지 않았다고 하더라도, 그러한 사정만으로는 이 사건 감사가 위법하다고 할 수 없다.

지방자치단체의 자치사무에 대한 무분별한 감사권의 행사는 헌법상 보장된 지방자치권을 침해할 가능성이 크므로, 원칙적으로 감사 과정에서 사전에 감사대상으로 특정되지 아니한 사항에 관하여 위법사실이 발견되었다고 하더라도 감사대상을 확장하거나 추가하는 것은 허용되지 않는다. 다만, 자치사무의 합법성 통제라는 감사의 목적이나 감사의 효율성 측면을 고려할 때, 당초 특정된 감사대상과 관련성이 인정되는 것으로서 당해 절차에서 함께 감사를 진행하더라도 감사대상 지방자치단체가 절차적인 불이익을 받을 우려가 없고, 해당 감사대상을 적발하기 위한 목적으로 감사가 진행된 것으로 볼 수 없는 사항에 대하여는 감사대상의 확장 내지 추가가 허용된다. (헌재 2023.3.23. 2020헌라5)

11

① [○] 기본권의 이중성, 즉 주관적 공권과 객관적 가치질서에 대한 내용이다.

② [○] 기본권의 대사인효에 대한 판례의 내용이다.

③ [×] 사적 단체를 포함하여 사회공동체 내에서 개인이 성별에 따른 불합리한 차별을 받지 아니하고 자신의 희망과 소양에 따라 다양한 사회적·경제적 활동을 영위하는 것은 그 인격권 실현의 본질적 부분에 해당하므로 평등권이라는 기본권의 침해도 민법 제750조의 일반규정을 통하여 사법상 보호되는 인격적 법익침해의 형태로 구체화되어 논하여질 수 있고, 그 위법성 인정을 위하여 반드시 사인간의 평등권 보호에 관한 별개의 입법이 있어야만 하는 것은 아니다.

(대판 2011.1.27. 2009다19864)

④ [○] 사적 단체는 사적 자치의 원칙 내지 결사의 자유에 따라 그 단체의 형성과 조직, 운영을 자유롭게 할 수 있으므로, 사적 단체가 그 성격이나 목적에 비추어 그 구성원을 성별에 따라 달리 취급하는 것이 일반적으로 금지된다고 할 수는 없다. 그러나 사적 단체의 구성원에 대한 성별에 따른 차별처우가 사회공동체의 건전한 상식과 법감정에 비추어 볼 때 도저히 용인될 수 있는 한계를 벗어난 경우에는 사회질서에 위반되는 행위로서 위법한 것으로 평가할 수 있고, 위와 같은 한계를 벗어났는지 여부는 사적 단체의 성격이나 목적, 차별처우의 필요성, 차별처우에 의한 법익 침해의 양

상 및 정도 등을 종합적으로 고려하여 판단하여야 한다. (대판 2011.1.27. 2009다19864)

12

① [○]

> **헌법 제63조** ① 국회는 국무총리 또는 국무위원의 해임을 대통령에게 건의할 수 있다.
> ② 제1항의 해임건의는 국회재적의원 3분의 1 이상의 발의에 의하여 국회재적의원 과반수의 찬성이 있어야 한다.

② [×]

> **헌법 제95조** 국무총리 또는 행정각부의 장은 소관사무에 관하여 법률이나 대통령령의 위임 또는 직권으로 총리령 또는 부령을 발할 수 있다.

③ [○] 정부조직법 제34조 제2항

④ [○] 헌법 제86조 제2항은 그 위치나 내용으로 보아 국무총리의 헌법상 주된 지위가 대통령의 보좌기관이라는 것과 그 보좌기관인 지위에서 행정에 관하여 대통령의 명을 받아 행정각부를 통할할 수 있다는 것을 규정한 것일 뿐, 국가의 공권력을 집행하는 행정부의 조직은 헌법상 예외적으로 열거되어 있거나 그 성질상 대통령의 직속기관으로 설치할 수 있는 것을 제외하고는 모두 국무총리의 통할을 받아야 하며, 그 통할을 받지 않는 행정기관은 법률에 의하더라도 이를 설치할 수 없음을 의미한다고는 볼 수 없을 뿐만 아니라, 헌법 제94조, 제95조 등의 규정취지에 비추어 정부의 구성단위로서 그 권한에 속하는 사항을 집행하는 모든 중앙행정기관이 곧 헌법 제86조 제2항 소정의 "행정각부"라고 볼 수도 없으므로, 결국 정부조직법 제14조가 국가안전기획부를 대통령직속기관으로 규정하고 있다 하더라도 위 규정이 헌법 제86조 제2항에 위반된다 할 수 없다. (헌재 1994.4.28. 89헌마86)

13

① [○] 헌법 제67조 제3항

② [×]

> **헌법 제77조** ① 대통령은 전시·사변 또는 이에 준하는 국가비상사태에 있어서 병력으로써 군사상의 필요에 응하거나 공공의 안녕질서를 유지할 필요가 있을 때에는 법률이 정하는 바에 의하여 계엄을 선포할 수 있다.
> ② 계엄은 비상계엄과 경비계엄으로 한다.
> ③ 비상계엄이 선포된 때에는 법률이 정하는 바에 의하여 영장제도, 언론·출판·집회·결사의 자유, 정부나 법원의 권한에 관하여 특별한 조치를 할 수 있다.
> ④ 계엄을 선포한 때에는 대통령은 지체없이 국회에 통고하여야 한다.
> ⑤ 국회가 재적의원 과반수의 찬성으로 계엄의 해제를 요구한 때에는 대통령은 이를 해제하여야 한다.

③ [○]

> **헌법 제98조** ① 감사원은 원장을 포함한 5인 이상 11인 이하의 감사위원으로 구성한다.

② 원장은 국회의 동의를 얻어 대통령이 임명하고, 그 임기는 4년으로 하며, 1차에 한하여 중임할 수 있다.
③ 감사위원은 원장의 제청으로 대통령이 임명하고, 그 임기는 4년으로 하며, 1차에 한하여 중임할 수 있다.

④ [○]

헌법 제82조 대통령의 국법상 행위는 문서로써 하며, 이 문서에는 국무총리와 관계 국무위원이 부서한다. 군사에 관한 것도 또한 같다.

14   정답 ②
① [○] 국정감사 및 조사에 관한 법률 제3조 제1항
② [×]

국정감사 및 조사에 관한 법률 제7조(감사의 대상) 감사의 대상기관은 다음 각 호와 같다.
1. 「정부조직법」, 그 밖의 법률에 따라 설치된 국가기관
2. 지방자치단체 중 특별시·광역시·도. 다만, 그 감사범위는 국가위임사무와 국가가 보조금 등 예산을 지원하는 사업으로 한다.

③ [○] 국정감사 및 조사에 관한 법률 제2조 제1항
④ [○]

국정감사 및 조사에 관한 법률 제16조(감사 또는 조사 결과에 대한 처리) ① 국회는 본회의 의결로 감사 또는 조사 결과를 처리한다.
② 국회가 제1항에 따라 감사 결과를 처리하는 경우에는 감사 종료 후 90일 이내에 의결하여야 한다.
③ 국회는 감사 또는 조사 결과 위법하거나 부당한 사항이 있을 때에는 그 정도에 따라 정부 또는 해당 기관에 변상, 징계조치, 제도개선, 예산조정 등 시정을 요구하고, 정부 또는 해당 기관에서 처리함이 타당하다고 인정되는 사항은 정부 또는 해당 기관에 이송한다.
④ 정부 또는 해당 기관은 제3항에 따른 시정요구를 받거나 이송받은 사항을 지체 없이 처리하고 그 결과를 국회에 보고하여야 한다.
⑤ 국회는 제4항에 따른 처리결과보고에 대하여 적절한 조치를 취할 수 있다.
⑥ 국회는 소관 위원회의 활동기한 종료 등의 사유로 제4항에 따른 처리결과보고에 대하여 조치할 위원회가 불분명할 경우 의장이 각 교섭단체 대표의원과 협의하여 지정하는 위원회로 하여금 이를 대신하게 하여야 한다.

15   정답 ①
① [×] 권한쟁의심판을 청구하였다가 심판절차 계속 중 사망한 경우, 절차종료선언을 한다.
② [○] 따라서 정부가 국회에 법률안을 제출하는 행위는 법적으로 중요하지 않으므로 청구인의 법적지위에 영향을 미칠 가능성이 없다. 그 결과 권정부가 국회에 법률안을 제출하는 행위에 대한 한쟁의심판은 각하된다.
③ [○] 헌재 2009.7.30. 2005헌라2
④ [○] 지방자치단체는 자치사무에 대한 권한쟁의를 할 수 있지만, 기관위임사무에 대해서는 할 수 없다.

16   정답 ②
① [×] 국무위원은 국회의 동의를 받지 않으므로 인사청문특별위원회의 대상이 아니라 상임위원회의 인사청문대상이다.
② [○]

대통령직 인수에 관한 법률 제5조(국무총리 후보자의 지명 등) ① 대통령당선인은 대통령 임기 시작 전에 국회의 인사청문 절차를 거치게 하기 위하여 국무총리 및 국무위원 후보자를 지명할 수 있다. 이 경우 국무위원 후보자에 대하여는 국무총리 후보자의 추천이 있어야 한다.
② 대통령당선인은 제1항에 따라 국무총리 및 국무위원 후보자를 지명한 경우에는 국회의장에게 「국회법」 제65조의2 및 「인사청문회법」에 따른 인사청문의 실시를 요청하여야 한다.

③ [×] ④ [×] 인사청문회의 부적격결정은 대통령을 구속하지 않고, 국회의 동의와는 다른 절차이다.

17   정답 ④
① [○] 헌재 2014.4.24. 2012헌마2
② [○] 헌재 2003.10.30. 2002헌라1
③ [○] 헌재 2020.5.27. 2019헌라3
④ [×]

국회법 제26조(체포동의 요청의 절차) ① 의원을 체포하거나 구금하기 위하여 국회의 동의를 받으려고 할 때에는 관할법원의 판사는 영장을 발부하기 전에 체포동의 요구서를 정부에 제출하여야 하며, 정부는 이를 수리(受理)한 후 지체 없이 그 사본을 첨부하여 국회에 체포동의를 요청하여야 한다.
② 의장은 제1항에 따른 체포동의를 요청받은 후 처음 개의하는 본회의에 이를 보고하고, 본회의에 보고된 때부터 24시간 이후 72시간 이내에 표결한다. 다만, 체포동의안이 72시간 이내에 표결되지 아니하는 경우에는 그 이후에 최초로 개의하는 본회의에 상정하여 표결한다.

18   정답 ③
① [×]

헌법재판소법 제72조(사전심사) ① 헌법재판소장은 헌법재판소에 재판관 3명으로 구성되는 지정재판부를 두어 헌법소원심판의 사전심사를 담당하게 할 수 있다.
③ 지정재판부는 다음 각 호의 어느 하나에 해당되는 경우에는 지정재판부 재판관 전원의 일치된 의견에 의한 결정으로 헌법소원의 심판청구를 각하한다.
1. 다른 법률에 따른 구제절차가 있는 경우 그 절차를 모두 거치지 아니하거나 또는 법원의 재판에 대하여 헌법소원의 심판이 청구된 경우
2. 제69조의 청구기간이 지난 후 헌법소원심판이 청구된 경우
3. 제25조에 따른 대리인의 선임 없이 청구된 경우
4. 그 밖에 헌법소원심판의 청구가 부적법하고 그 흠결을 보정할 수 없는 경우
④ 지정재판부는 전원의 일치된 의견으로 제3항의 각하결정을 하지 아니하는 경우에는 결정으로 헌법소원을 재판부의 심판에 회부하여야 한다. 헌법소원심판의 청구 후 30일이 지날 때까지 각하결정이 없는 때에는 심판에 회부하는 결정(이하 "심판회부결정"이라 한다)이 있는 것으로 본다.

② [×] 공권력 행사에 대한 헌법재판은 판단유탈이 있으면, 재심이 가능하지만 법령에 대한 위헌결정은 성질상 재심이 불가능하다. 왜냐하면 위헌 결정된 법령을 재심을 하여 다시 합헌이 된다면 위헌 이후에 발생한 많은 법률관계에 혼란을 가져오기 때문이다.

③ [○] 헌법재판소법 제24조 제3항

④ [×] 권한쟁의심판의 경우에는 인용이든 기각이든 기속력이 인정된다.

19
 ③

① [○] 헌법 제54조 제2항

② [○] 국가재정법 제35조

③ [×] 법률안은 헌법소원의 대상이 되지만, 예산안은 헌법소원의 대상이 아니다.

④ [○] 국회법 제84조 제6항

20
 ②

① [○] 국정감사 및 조사에 관한 법률 제8조

② [×] 재판의 독립, 즉 물적독립을 확보하기 위해서는 법관의 신분보장 즉 인적독립이 필요하다.

③ [○]

> **헌법 제105조** ① 대법원장의 임기는 6년으로 하며, 중임할 수 없다.
> ② 대법관의 임기는 6년으로 하며, 법률이 정하는 바에 의하여 연임할 수 있다.
> ③ 대법원장과 대법관이 아닌 법관의 임기는 10년으로 하며, 법률이 정하는 바에 의하여 연임할 수 있다.
> ④ 법관의 정년은 법률로 정한다.

④ [○] 법관징계법 제27조